필립 얀시의

성경을 만나다

Meet the Bible

성경을 알고 이해하고 받아들이는 첫걸음

필립 얀시의 성경을 만나다

P H I L I P Y A N C E Y

MEET The BIBLE

필립 얀시 · 브렌다 퀸

신순호 옮김

포이에마
POIEMA

필립 얀시의 성경을 만나다

필립 얀시, 브렌다 퀸 지음 | 신순호 옮김

1판 1쇄 발행 2010. 12. 14. | **1판 6쇄 발행** 2024. 2. 26. | **발행처** 포이에마 | **발행인** 박강휘 | **등록번호** 제300-2006-190호 | **등록일자** 2006. 10. 16. | 서울특별시 종로구 북촌로 63-3 우편번호 03052 | 마케팅부 02)3668-3260, 편집부 02)730-8648, 팩시밀리 02)745-4827

값은 뒤표지에 있습니다. ISBN 978-89-93474-45-9 03230 | 이메일 masterpiece@poiema.co.kr | 좋은 독자가 좋은 책을 만듭니다. | 포이에마는 독자 여러분의 의견에 항상 귀를 기울이고 있습니다.

이 율법책을

네 입에서 떠나지 말게 하며

주야로 그것을 묵상하여

그 안에 기록된 대로 다 지켜 행하라.

그리하면 네 길이 평탄하게 될 것이며

네가 형통하리라.

—

여호수아 1장 8절

차례

들어가는 말

이 책은 여러분이 창세기부터 요한계시록까지 성경을 읽고 이해하도록 도와드릴 것입니다.

성경을 이해하는 데 도움이 필요한가요?

선뜻 성경을 읽을 엄두가 나지 않을 수도 있습니다. 우선 페이지도 너무 많고, 내용이 다른 책이 66권이나 되는데다 수십 명의 작가가 각각 다른 문체로 쓴 책이기 때문입니다. 성경이 쓰인 시기도 수천 년 전이다 보니 기록 당시의 사회문화적 배경이 오늘날과는 큰 차이가 있을 수밖에 없습니다. 시대에 맞지 않는 관습과 발음하기도 어려운 이름이 매 쪽마다 나옵니다. 게다가 신학적이고 철학적인 개념들 때문에 시작부터 이해하기 쉽지 않다고 토로하는 이들도 많습니다. 그리고 이런 이유들 때문에 성경을 너무 어려운 책이라 여겨 펼쳐볼 엄두조차 내지 못하는 사람이 많습니다. 그러나 누군가 조금만 도와주면 상황이 달라질 수 있습니다.

누가 읽어야 하나요?

성경에 대해 아는 게 거의 없는 사람, 성경에 나오는 이야기는 많이 알지만 안 읽은 지 오래된 사람, 성경을 꾸준히 읽고 있지만 새로운 방법으로 읽어보고 싶은 사람 모두에게 적합한 책입니다.

어떤 내용을 담고 있나요?

독자들은 먼저 성경을 펼치고 매일 읽으라고 표시해둔 본문을 찾아서 꼼꼼하게 읽어야 합니다. 그러고 나면 저자들이 구약과 신약에 나오는 등장인물과 사건과 사상을 설명해줄 겁니다. 설명을 듣고 나면 여러분은 머릿속에 위대한 나라의 그림을 그릴 수 있습니다. 바로 하나님나라에 대한 그림입니다. 이 새로운 왕국은 우리에게도 열려 있습니다. 그림 속에는 혁명적인 인물이 올 거라는 선포도 들어 있습니다. 창세기부터 요한계시록까지 성경 전체가 예언하고 선포했던 그분의 삶과 죽음을 통해 하나님나라에 들어갈 수 있는 기회가 전 인류에게 실현되었습니다.

어떻게 구성되어 있나요?

하루에 하나씩 일 년 동안 읽도록 꾸며져 있습니다. 매일 읽어야 할 성경 본문이 적혀 있는데, 필립 얀시의 글을 읽기 전에 꼭 성경 본문을 찾아 읽으라고 권하고 싶습니다. 성경 말씀을 읽고 나면 해당 본문에 대한 해석과 설명을 읽을 수 있습니다. 중간에 '깊이 생각하기'라는 제목으로 묵상의 글도 실려 있습니다.

300여 개의 본문을 매일 읽다 보면 어느새 성경 전체에 대한 조감도가 그려질 겁니다. 성경 66권에서 적어도 한 장 이상의 본문을 뽑아서 매일 읽게 했습니다. 물론 이런 방법으로 성경 전체를 통달할 수는 없지만, 다시 성경을 읽으려고 마음먹을 때 느끼는 막연한 장벽을 허무는 한편 더 깊이 있는 성경 공부로 나아가는 길을 안내받을 수 있을 겁니다. 어마어마하게 큰 박물관을 한 번에 쓰윽 둘러보는 가이드 투어라고 할 수 있습니다. 박물관에 전시된 그림을 하나하나 다 구경할 수는 없지만, 기본 구도를 이해할 수 있게 될 겁니다. 그리고 계속 다시 오고 싶은 마음이 생길 겁니다.

몇몇 예외를 제외하고는 읽어야 할 성경 본문을 대강의 연대순으로 뽑았습니다. 다윗의 인생을 다룬 성경 구절을 읽을 때는 다윗이 쓴 시편을 함께 읽는 식입니다. 선지서들은 역사적 배경이 되는 본문과 함께 읽게 될 겁니다. 복음서의 본문도 여기저기 흩어져 있습니다. 지상에서의 예수님의 생애를 더 입체적으로 그리기 위해서입니다. 바울 서신은 바울의 인생 여정에 맞춰 배열했습니다. 성경 전체 줄거리를 이해하는 데 도움이 될 겁니다.

성경 본문과 저자의 해설은 어떻게 활용해야 하나요?

이 책에서 뽑은 핵심 구절들은 하나님이 이스라엘 백성과 맺은 관계에 초점이 맞춰져 있습니다. 창세기에서 시작되어 요한계시록의 약속에 이르는 장구한 이야기를 핵심만 뽑은 구절들입니다. 읽어야 할 성경 구절 아래에는 본격적으로 저자의 해석이 나오는데 여러분이 읽은 성경 본문의 내용을 설명하는 부분입니다. 예를 들어, 어떤 이야기에 등장하는 뜻밖의 반전이나 전환, 매우 중요한 부분과 덜 중요한 부분, 선인과 악인들, 영생에 대한 개념과 성경에 나오는 하나님과 독생자에 대한 묘사 등을 살펴볼 것입니다. 그러므로 저자의 해설을 읽기 전에 반드시 해당 성경 본문을 찾아 읽으셔야 합니다.

'깊이 생각하기' 에는 어떤 내용이 나오나요?

'깊이 생각하기'라는 제목으로 묵상의 글이 사이사이에 실려 있습니다. 이 글은 일상을 살면서 앞서 읽은 성경 구절들을 돌이켜보고 다시금 깊이 묵상하도록 마련했습니다.

이 책을 어떻게 읽어야 하나요?

일 년 중 어느 날에 시작해도 괜찮습니다. 그날이 1월 1일이든 12월 15일이든 그날부터 읽기 시작해서 일 년 만에 끝내면 됩니다. 어떤 날은 분량이 많아서 이틀에 나눠 읽어야 할 때도 있습니다. 읽기 스케줄에 얽매일 필요는 없습니다. 상황에 따라 적절히 조절하십시오.

이 책의 저자는 어떤 사람인가요?

이 책은 스타일이 다른 두 작가가 헌신적으로 노력한 결과물입니다. 필립 얀시는 성경 진리에 대한 정확한 이해, 공정하고 솔직한 관찰력, 다수의 수상 경력이 입증하는 집필 실력을 바탕으로 날카로운 통찰력을 발휘하였고, 이전의 그의 저서들에서 인용한 귀한 내용으로 이 책에 깊이를 더해주었습니다.

브렌다 퀸은 오랜 편집 경험을 바탕으로 묵상에 관한 글을 쓰고 자료를 수집하면서 성경 공부와 소그룹용 자료를 체계적으로 정리하고 집필했습니다.

두 작가의 통찰력과 해석과 믿음의 합동 결과물인 이 책은 앞서 말한 것처럼 독자들의 이해를 돕기 위해 성경의 전체적인 줄거리 및 부분적인 이야기를 연대순으로 재배열했습니다. 신학자들에게만 해석이 가능해 보였던 여러 개념을 이해하는 데 도움이 될 것입니다.

덧붙이는 말

구약 시대가 신약 시대로 이어지면서 하나의 계획이 다른 계획으로 교체됩니다. 하나님이 선택하신 백성, 위대한 한 나라에 대한 계획이 새로운 왕국, 하나님나라에 대한 계획으로 바뀝니다. 새로운 왕국은 유대 지도자나 왕들이 이끄는 나라가 아닙니다. 그 새 왕국을 선포하신 분을 믿는 사도들이 이끌 것입니다. 성경은 이 두 개의 계획을 설명하고 있습니다. 이 책도 마찬가지입니다.

이제 시작일 뿐입니다. 이 책을 계기로 성경을 계속 읽고 묵상하는 성도들이 되길 바랍니다.

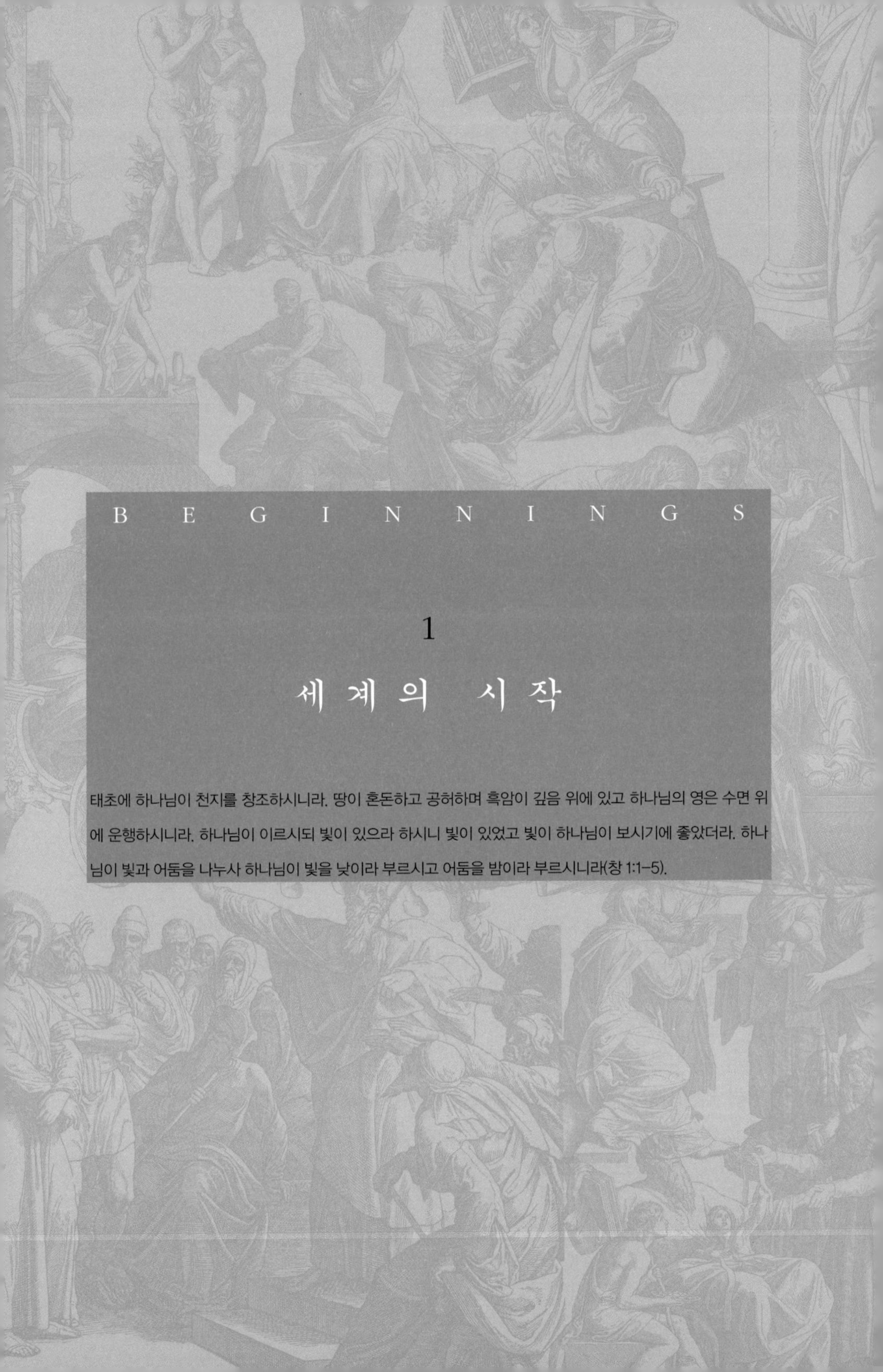

B E G I N N I N G S

1

세계의 시작

태초에 하나님이 천지를 창조하시니라. 땅이 혼돈하고 공허하며 흑암이 깊음 위에 있고 하나님의 영은 수면 위에 운행하시니라. 하나님이 이르시되 빛이 있으라 하시니 빛이 있었고 빛이 하나님이 보시기에 좋았더라. 하나님이 빛과 어둠을 나누사 하나님이 빛을 낮이라 부르시고 어둠을 밤이라 부르시니라(창 1:1–5).

Creation

태초에 하나님이 천지를 창조하시니라.
… 하나님이 지으신 그 모든 것을 보시니
보시기에 심히 좋았더라
(창 1:1, 31).

창조 / 창 1:1-2:3 /

"태초에 하나님이 천지를 창조하시니라." 이것이 모든 것의 출발점입니다. 성경의 모든 이야기, 좀 더 구체적으로 우주에 존재하는 모든 것은 이 한마디에서 시작합니다. 이 말을 시작으로 하나님이 창조하신 별, 바다, 식물, 새, 물고기, 온갖 짐승, 그리고 남자와 여자가 세상에 나옵니다.

창세기 1장은 하나님의 창조 과정에 대해 자세히 설명하지 않습니다. 창조의 과학 원리나 DNA에 관한 설명은 전혀 없습니다. 대신에 두 가지 핵심 사항을 강조합니다. 첫째, 창조는 하나님의 사역이라는 것입니다. "하나님이 이르시되… 하나님이 이르시되… 하나님이 이르시되…." 이 구절은 창세기 1장 내내 후렴구처럼 반복됩니다. 30번이나 반복되는 하나님이란 단어, 이 단어에서 느껴지는 하나님의 첫인상은 예술가입니다. 나비, 폭포수, 돌고래, 사마귀, 캥거루 등등. 이 경이로운 세계에 존재하는 모든 것은 하나님의 아이디어이며 그분이 내놓으신 창조의 산물입니다. 창세기 1장에서 시작하여 성경 전체를 관통하며 강조되는 메시지는 "모든 역사의 배후에는 하나님이 계신다"는 것입니다.

창조의 결과는 아름다웠습니다. 창세기 1장에서 종소리처럼 부드럽게 반복되는 또 다른 구절이 있습니다. "하나님이 보시기에 좋았더라"는 구절입니다. 요즘 들어 오존층 파괴, 해양 오염, 멸종 위기에 처한 동물들, 열대우림 파괴 등 자연 훼손을 경고하는 이야기를 자주 접합니다. 창조 이래로 너무 많이 변했고 너무 많이 파괴되었습니다. 창세기 1장이 그려내는 세계는 하나님이 바라셨던, 즉 파괴되기 이전의 세계입니다. 오늘 자연에서 느끼는 그 어떤 아름다움도 창조의 원형이 희미하게 돌려보내는 메아리에 불과합니다.

미국 아폴로 우주선에 탑승했던 프랭크 보먼 선장이 크리스마스이브에 우주 공간에서 창세기 1장을 낭독하는 모습이 TV로 중계된 적이 있습니다. 우주선에서 창문을 통해 바라본 지구는 캄캄한 공간에 홀로 매달려 밝게 빛나는 작은 행성이었습니다. 지구는 무척 아름다우면서도 너무나 연약해 보였습니다. 이때 지구는 창세기 1장이 그리고 있는 바로 그 모습이었습니다.

오늘의 묵상

최근에 자연의 아름다움에 진심으로 감탄한 적이 있습니까?
오늘은 무엇을 느낍니까?

Adam and Eve

여호와 하나님이 땅의 흙으로 사람을 지으시고
생기를 그 코에 불어넣으시니
사람이 생령이 되니라
(창 2:7).

아담과 하와 / 창 2:4-25 /

성경 기자는 창세기 1장에서 우주의 창조를 소개한 다음 인간에게 시선을 모읍니다. 하나님의 모든 피조물 가운데 인간만이 하나님의 형상대로 지음을 받았습니다. '하나님의 형상'이 정확하게 무엇을 의미하는지에 대해서는 오랜 세월 의견이 분분했습니다. 영생을 의미하는가? 아니면 지성? 창조성? 관계? 그러나 하나님의 형상을 가장 잘 설명하는 단어는 거울입니다. 하나님은 우리 인간 안에 하나님 자신의 특성이 반영되도록 창조하셨습니다.

하나님이 만드신 다른 어떤 피조물도 그분의 형상을 지닌 것이 없습니다. 하나님은 오직 인간에게만 생기를 불어넣으셨습니다. 하나님이 보시기에 인간은 다른 모든 생물을 능가하는 가치를 지녔다고 창세기는 선언합니다. 인간은 그 무엇도 필적할 수 없는 가치를 지니고 있습니다. 날로 발전하는 컴퓨터나 로봇이 제아무리 지능적이고 인간과 거의 비슷한 모습으로 발전한다 해도 인간의 가치에는 결코 미치지 못합니다.

창세기 2장은 인류 역사의 출발을 보여줍니다. 부부관계가 여기서 시작됩니다. 모든 것을 갖춘 아담이지만 외로움과 욕망을 느끼므로 하나님은 여자를 만들어 짝을 지어주십니다. 그 후 결혼은 모든 인간관계 중 최우선 순위가 되었습니다. 노동 또한 여기서 시작합니다. 아담이 동식물을 다스리는 역할을 부여받은 후 인간은 모든 피조물에 대한 지배력을 갖게 됩니다.

그런데 행복이 넘치는 이 낙원에 아주 희미하게 드리운 어두운 전조가 하나 있었습니다. 그 전조는 창세기 2장 17절에서 하나님으로부터 내려온 유일한 금지 명령입니다. 아담이 만끽하는 온전한 자유 속에 순종을 시험하기 위해 작은 예외를 둔 것입니다.

역사가 진행되는 동안 예술가들은 언어나 그림을 통해 죄나 고통이나 부끄러움이 없는, 사랑과 아름다움이 가득한 완벽한 세계를 재창조하려고 애써왔습니다. 창세기 1-2장이 바로 그 세계를 묘사하고 있습니다. 평화로 충만한 시간입니다. 하나님은 자신이 창조하신 모든 것을 바라보면서 인간의 본성에 대해 "보시기에 심히 좋다"는 최고의 찬사를 보내십니다. 창조가 비로소 완성되었습니다.

오늘의 묵상

가까운 친구나 가족을 떠올려보십시오. 그는 어떤 방식으로 하나님의 형상을 드러냅니까? 그가 가진 자질이나 특성 중에 분명히 하나님의 형상이라고 할 만한 것이 보입니까?

The Fall of Man

여호와 하나님이 아담을 부르시며 그에게 이르시되 네가 어디 있느냐.
이르되 내가 동산에서 하나님의 소리를 듣고 내가 벗었으므로
두려워하여 숨었나이다
(창 3:9-10).

인간의 타락 / 창 3:1-24 /

신학자들은 이 사건을 '인간의 타락'이라고 부르지만, 사실상 그것은 파멸에 가깝습니다. 아담과 하와는 낙원에 있는 모든 것을 누릴 수 있었습니다. 그런데 미련을 갖게 하는 한 가지 생각이 머릿속을 떠나지 않았습니다. '우리가 뭔가를 놓친 건 아닐까? 하나님이 우리에게 감추신 것이 있을지도 몰라.' 지구상에 살아온 모든 사람과 똑같이 아담과 하와도 허락된 범위 너머의 것을 탐하는 유혹을 이겨내지 못합니다.

창세기는 그 최초의 죄가 무엇인지 자세히 보여주지는 않습니다. 중요한 것은 하나님이 나무 한 그루, 단지 한 그루만을 금하셨다는 점입니다. 흔히들 이 일이 성性 문제라고 오해하지만, 실제로는 훨씬 더 기본적인 것과 관련이 있습니다. 요점은 "누가 주도권을 가지는가? 인간인가, 하나님인가?"의 문제입니다. 그런데 아담과 하와는 자기가 원하는 대로 결정했

습니다. 그러자 세상은 전혀 다른 모습이 되었습니다.

아담과 하와가 자신의 죄에 반응하는 모습은 뭇사람들의 반응과 다를 게 없습니다. 합리화하고 변명하고 타인에게 책임을 전가합니다. 벌거벗은 것에 대해 처음으로 부끄러움을 느끼며 자기 모습을 숨깁니다. 그러나 그 무엇보다 가장 큰 변화는 하나님과의 관계가 달라진 것입니다. 이전에 그들은 하나님과 친구처럼 함께 거닐고 이야기를 나누던 사이였습니다. 그런데 이제는 하나님의 음성을 듣고 몸을 숨기는 지경이 되었습니다.

창세기 3장에서는 피조물이 창조주의 뜻에 거스르는 선택을 했을 때 나타나는 심각한 변화를 보여줍니다. 이 변화는 세상에 영향을 끼칩니다. 고통은 배가되고 노동은 더욱 힘들어지고 '죽음'이라는 낯선 단어가 모습을 드러냅니다. 완전함이 영원히 파괴되고 말았습니다.

창세기의 기저에 흐르는 메시지는 인류 역사를 바라보는 상식적인 가정들과 잘 부합되지 않습니다. 창세기 1-3장을 살펴볼 때, 세상과 인간 본성은 더 나은 상태로 차츰 진화된 것이 결코 아닙니다. 그때 이미 인류는 교만과 아집이라는 바위에 부딪쳐 난파하고 말았습니다. 그 결과가 여전히 우리 주변에 널려 있습니다. 전쟁, 폭력, 깨어진 관계, 비통, 슬픔 등은 에덴동산에서 있었던 그 역사적인 날에 기원을 두고 있습니다.

오늘의 묵상

하나님의 명령 때문에 압박감을 느끼거나 답답했던 적이 있습니까?
그런 느낌에 어떻게 반응했습니까?

Cain and Abel

여호와께서 가인에게 이르시되 네 아우 아벨이 어디 있느냐.
그가 이르되 내가 알지 못하나이다.
내가 내 아우를 지키는 자니이까
(창 4:9).

가인과 아벨 / 창 4:1-24 /

만물의 창조, 남자와 여자의 기원 그리고 타락. 창세기 3장까지 인류 역사의 무대가 마련되었다면, 이제부터 그 역사는 저절로 굴러가기 시작합니다. 최초의 아기 탄생, 그 충격을 상상해보십시오! 최초의 제사, 최초의 노동 분업, 최초의 가족, 그리고 도시와 문화의 징후 등이 모두 창세기 4장에 등장합니다. 그러나 또 하나의 '최초'가 다른 모든 것들에 어두운 그림자를 드리웁니다. 바로 인간 최초의 죽음, 살인에 의한 최초의 죽음이 그것입니다.

한 세대 만에 죄가 세상에 들어왔고, 두 번째 세대에서 이미 사람들이 서로를 죽이고 있습니다. 타락의 사악한 결과는 그렇게도 빨리 퍼집니다. 가인은 하나님께 불경한 태도로 제물을 바칩니다. 그리고 하나님이 동생 아벨의 제물을 더 기뻐하시는 걸 보고는 동생을 죽입니다(히 11:4 참조). 하나님은 가인 한 사람에게 가장 적절한 방식으로 징계를 내리십니다. 가인은 평생 부끄러움의 표식을 지녀야 했습니다. 그런데 이런 사태가 반복됩니다. 몇 세대가 지난 후 라멕은 자신이 저지른 살인을 뽐내기까지 합니다.

나쁜 소식만 있는 것은 아닙니다. 어떤 사람들은 농사를 배우고, 어떤 이들은 구리와 철로 만든 연장으로 일을 하고, 또 어떤 이들은 음악과 예술을 발견함으로써 문명이 급속히 발전합니다. 이런 식으로 인류는 창조된 세계를 다스리는 임무를 수행합니다. 하지만 이런 발전에도 불구하고 역사는 또 다른 수렁으로 빠져듭니다. 아담과 하와 이후의 모든 인간은 인류 최초의 조상처럼 하나님 말씀에 순종할 것인가 말 것인가를 선택하게 됩니다. 그리고 어이없게도 어쩌면 하나같이 조상들과 똑같은 결정을 내립니다. 이어서 다음 몇 장에서는 불순종과 악이 점점 더 심화되는 소용돌이를 볼 것입니다.

오늘의 묵상

가인이 하나님과 대면했을 때 어떤 반응을 했는지 눈여겨보십시오.
만일 하나님이 당신 앞에 나타나셔서 당신의 죄에 대해 물으신다면 어떤 말을 하겠습니까?

하나님이 참으로 말씀하시더냐

성경은 하나님의 위대한 이야기책입니다. 이 땅에 살면서 하나님과 함께 거닐고 하나님의 사랑을 경험하고 하나님의 말씀을 믿으려고 고군분투하는 사람들에 관한 이야기가 성경에는 가득합니다. 창세기에서부터 이런 이야기들이 시작됩니다. 하나님은 최고의 아름다움과 오묘함으로 세상을 지으시고, 이어서 남자와 여자를 만드십니다. 그리고 그들에게 이 세상 전부를 주셨습니다. 그러나 아담과 하와는 만족하지 않고 사탄의 올무에 걸려 타락하고 맙니다.

"하나님이 참으로 말씀하시더냐?" 이 말에 아담과 하와를 비롯한 모든 인간이 넘어졌습니다. 창세기 3장 1절에서 뱀이 이 질문으로 하와를 꾀었듯이, 사탄은 이와 비슷한 논리로 우리를 유혹합니다. 우리로 하여금 하나님의 말씀을 희석시키거나, 하나님이 사랑으로 보호하시는 경계를 벗어나게 하거나, 불순종하여 우리 뜻대로 결정하게 하려는 수작입니다. 사탄의 논리는 매우 합리적이고 매력적으로 보이거나, 때로는 순수하게 보일 수도 있습니다. 우리는 다들 자신에게 무엇이 필요한지 잘 알고 있다고 생각합니다. 그래서 하나님께 "정말로 말씀하셨나요?"라고 묻는 대신, "하나님이 실제로 말씀하신 게 아니야…"라고 생각하고 자기 뜻대로 행동하려고 합니다.

하지만 결국 우리는 아담과 하와처럼 하나님의 경고를 무시했던 일을 후회하고, 그 결과가 우리 미래를 뒤흔드는 광경을 고통스럽게 바라봐야 합니다. 현명한 사람은 하나님의 인도하심에 맞서기를 멈추고, 귀를 기울여 하나님의 목소리와 현혹하는 목소리를 구분하려고 노력합니다. 그러면 한때 그렇게도 합리적이고 희망적으로 보였던 거짓 약속들은 설득력을 잃고, 오직 하나님의 약속만이 신뢰할 만한 것으로 남게 됩니다.

모든 결정에 대한 세부 지침이 성경에 나와 있는 건 아닙니다. 하지만 우리가 하나님의 말씀을 의지하고 하나님과의 관계를 굳건히 한다면 어떤 경우에도 충분히 하나님의 뜻에 맞는 결정을 내릴 수 있습니다. 하나님은 결코 우리를 속이거나 잘못 인도하거나 저버리지 않으실 분임을 믿을 수 있기 때문입니다. 이사야 41장 10절에 바로 그 약속이 기록되어 있습니다. "두려워하지 말라. 내가 너와 함께 함이라. 놀라지 말라. 나는 네 하나님이 됨이라. 내가 너를 굳세게 하리라. 참으로 너를 도와주리라. 참으로 나의 의로운 오른손으로 너를 붙들리라."

오늘의 묵상

경이로 가득한 세상을 지으시고 오묘한 섭리로 아름다운 인간을 창조하신 하나님 아버지가 당신을 속속들이 보살피십니다. 당신은 이 사실을 어떻게 알게 되었습니까? 잠시 틈을 내어 하나님과 이야기를 나누십시오. "하나님, 당신이 하시는 말씀을 진정으로 듣기 원합니다"라고 말씀드리십시오.

The Flood

여호와께서 노아에게 이르시되
너와 네 온 집은 방주로 들어가라.
이 세대에서 네가 내 앞에 의로움을 내가 보았음이니라
(창 7:1).

홍수 / 창 6:1-7:24 /

하나님은 자신이 만든 아름다운 세계에 만연한 포악을 더 이상 참아보실 수 없으셨습니다. 실험은 실패한 듯했습니다. 창조하신 세계를 그렇게도 뿌듯해 하시던 하나님이 모든 것을 쓸어버리려 하십니다.

대홍수에 관한 전설은 중동과 아시아 지역, 그리고 남미 지역에 기록으로 남아 있습니다. 바빌론 문서 중 하나인 〈길가메시 서사시〉에는 창세기 6-7장과 매우 유사한 내용이 기록되어 있습니다. 그러나 창세기는 이 사건이 단순히 지리나 기후 문제가 아니라, 하나님에게 등을 돌린 인간들을 쓸어버리려 하신 하나님의 역사라고 설명합니다. 하지만 한편에서는 노아의 방주, 볼품은 없으나 폭풍을 견딜 수 있는 거대한 배가 하나님의 자비의 상징으로 등장합니다. 하나님은 이 세상에 기회를 한 번 더 주기로 하셨습니다.

창세기가 특별히 강조하는 메시지는 '지구상에 등장한 최초의 인류가 완벽한 세계를 망가뜨렸다'는 것입니다. 그들의 불순종이 모든 창조물을 멸망으로 이끌었습니다. 그러나 하나님은 노아와 그의 식구들을 남겨놓으셨습니다. 새로 태어날 인류를 위하여, 그리고 하나님의 백성을 향한 그분의 영원한 사랑을 이야기하기 위하여!

오늘의 묵상

사람들은 대부분 선과 악, 옳고 그름을 정하는 건 개인의 몫이라고 생각합니다.
당신도 그렇게 생각합니까?

The Land Dries

노아가 여호와께 제단을 쌓고
모든 정결한 짐승과 모든 정결한 새 중에서 제물을 취하여
번제로 제단에 드렸더니
(창 8:20).

땅이 마르다 / 창 8:1-22 /

7장에서의 암울함이 걷히고 분위기가 다시 밝아집니다. 8장에서 노아와 식구들은 새 삶을 안겨줄 깨끗한 땅에 발을 내딛습니다. 하나님을 통탄하게 했던 인간들은 모두 멸망했습니다. 참으로 오랜만에 인류는 하나님을 기쁘시게 해드리려고 합니다. 땅에 발을 내딛은 노아는 가장 먼저 하나님께 감사의 제사를 드립니다.

노아는 이웃 사람들에게 일어난 엄청난 재난을 지켜보면서, 자신과 식구들을 보살펴주신 하나님께 감사드리지 않을 수 없었습니다. 노아는 하나님의 계획에 순종한 최초의 인간입니다. 처음에는 불합리해 보였던 하나님의 계획이 결국에는 하나님을 향한 경외심을 회복시키고 하나님의 깊은 사랑을 확인시켜주었습니다.

어마어마하게 큰 배를 짓고 내부를 동물원으로 만들 때 노아가 받았을

조롱과 비웃음을 상상해보십시오. 노아의 뒤를 이어 이 땅의 모든 인간들도 참으로 불합리해 보이고 때론 어리석어 보이기까지 하는 하나님의 뜻을 따를 것인지 거부할 것인지 선택해야 합니다. 하나님의 뜻에 순종하는 사람들은 노아가 그랬듯이 하나님께 감사를 드리게 될 것입니다. 하나님의 뜻을 다 이해할 수는 없으나 그분을 신뢰하고 따를 수 있음을 새롭게 깨닫기 때문입니다. 하나님은 신뢰할 수 있는 분이요 아름다운 경이로 가득한 분입니다.

오늘의 묵상

과거에 겪었던 고난을 돌이켜보십시오.
하나님이 당신의 필요를 아시고 보살펴주셨음을 깨닫고 감사한 일이 있습니까?

God's Covenant Rainbow

내가 구름으로 땅을 덮을 때에 무지개가 구름 속에 나타나면
내가 나와 너희와 및 육체를 가진 모든 생물 사이의
내 언약을 기억하리니
(창 9:14-15).

무지개 언약 / 창 9:1-17 /

하나님은 노아를 기뻐하시며 엄숙한 약속으로 응답하십니다. 성경에 나오는 최초의 언약입니다. 언약의 내용을 보면 아담의 타락이 모든 피조물에게 얼마나 심각한 영향을 끼쳤는지 알 수 있습니다. 인간은 자연계 전체에 어두운 그림자를 드리워놓았습니다. 그 두려움과 공포는 동물의 세계에 계속해서 퍼져나갈 것입니다. 인간은 앞으로도 계속 동물뿐 아니라 서로 살육할 것이 자명하기 때문입니다. 태초에 창조된 세계는 조정이 불가피한 상황에 이를 것입니다. 하나님은 최초의 언약을 통해 이 사실을 말씀하십니다.

조정이 있기는 하지만, 어떤 일이 있어도 다시는 그렇게 엄청난 규모로 생명이 파괴되는 일은 없을 거라고 하나님은 약속하십니다. "사람의 마음이 계획하는 바가 어려서부터 악하기는 하나"(창 8:21), 사람의 불순종과

포악함을 다룰 방법을 달리 찾으시겠다는 것입니다.

하나님은 최초로 기록된 언약에 무지개를 증거로 세우십니다. 노아도 이 땅에서 무지개를 보면서 하나님의 언약을 기억할 것입니다. 성경이 창세기 9장 뒷부분에서 노아에 관해 슬쩍 비춰주는 모습은 그가 장막 안에서 술에 취하여 벌거벗고 널브러져 있는 모습입니다. 하나님과 철저히 동행했던 훌륭한 인물이었으나 그 역시 실수를 범합니다. 그도 언제든 하나님을 실망시킬 수 있으며, 하나님의 자비가 필요한 존재임을 깨닫습니다.

오늘의 묵상

당신에게 실수를 하거나 부당하게 대우하는 사람들에게
어떤 식으로 반응합니까?

The Tower of Babel

그 이름을 바벨이라 하니 이는 여호와께서
거기서 온 땅의 언어를 혼잡하게 하셨음이니라.
여호와께서 거기서 그들을 온 지면에 흩으셨더라
(창 11:9).

바벨탑 / 창 11:1-9 /

인류는 바벨탑에 사로잡혀 또 한 번 심각한 변화를 겪습니다. 사람들은 운명을 스스로 개척하려고 하지만, 하나님을 능가할 수 없다는 걸 배웁니다. 하나님은 사람들의 언어를 혼잡하게 하시고 온 지면으로 흩어지게 하십니다. 하나님의 은혜입니다. 이를 통해 사람들을 서로 떼어놓으시고 다시 한 번 인간에게 하나님이 필요하다는 걸 깨닫게 하십니다. 여기서도 사랑의 하나님을 볼 수 있습니다. 하나님은 우리를 매우 사랑하시기에 우리가 하나님나라를 벗어나 파멸의 길로 가는 것을 내버려두지 못하십니다.

오늘의 묵상

하나님이 필요하다는 사실을 알리려 당신 삶에 개입하신
하나님의 사랑을 느껴본 적이 있습니까?

God Becomes a Parent / 깊이 생각하기 /

부모가 되시는 하나님

"하나님이 부모 되는 법을 배우시다." 창세기 내용을 한 문장으로 요약한 것입니다. 에덴동산에서 일어난 사건은 세상을 영원히 바꿔놓았고, 아담과 하와가 하나님과 나누었던 친밀함을 파괴해버렸습니다. 역사를 이끌어가기 위한 일종의 준비 단계로 하나님과 사람들은 서로에게 익숙해져야 했습니다. 사람들은 모든 법을 어기면서 나아갔고, 하나님은 개별적인 징계로 반응하셨습니다. 하나님이 된다는 것은 어떤 느낌일까요? 두 살짜리 아기의 부모가 된다는 것은 어떤 느낌일까요? 처음에는 개입을 조심스러워했던 하나님을 비난할 수 있는 사람은 아무도 없습니다. 하나님은 마치 헬리콥터를 타고 공중에서 관찰하듯이 한발 떨어져 있는 부모였습니다. 그러나 아담이 죄를 범하자 하나님은 직접 나타나셔서 설명하십니다. 이제 모든 피조물은 아담의 선택에 맞추어 살아가야 한다는 것입니다. 겨우

한 세대가 지나자 살인이라는 새로운 공포가 세상에 등장합니다. "네가 무엇을 하였느냐?" 하나님이 가인에게 물으십니다. "들으라! 네 아우의 핏소리가 땅에서부터 내게 호소하느니라." 다시 한 번 하나님은 죄인을 직접 만나셔서 그에게 맞는 징계를 내리십니다.

이 세상과 모든 인류는 절망에 이르기까지 타락합니다. 성경은 그 내용을 다음과 같은 통렬한 문장으로 요약합니다. "여호와께서 땅 위에 사람을 지으셨음을 한탄하사 마음에 근심하시고"(창 6:6). 이 문장에는 하나님이 부모로서 느끼는 슬픔과 충격이 모두 담겨 있습니다.

사람의 부모 가운데 그런 회한의 고통을 한 번이라도 겪지 않은 사람이 어디 있겠습니까? 십대 아들아이가 돌발적으로 반항을 합니다. "싫어요!" 아들은 소리 지르며 부모에게 가장 고통스런 말을 쏟아놓습니다. 마치 부모의 배에 칼을 들이대는 것 같습니다. 하나님도 같은 경험을 하십니다. 그것도 한 명의 자녀가 아니라 온 인류가 반항합니다. 결국 하나님은 자신이 창조하신 것을 직접 파괴하십니다. 창세기 1장에 나타난 모든 기쁨은 대홍수의 소용돌이 속으로 사라집니다.

그러나 여기 노아가 있습니다. 그는 하나님과 동행한 유일한 의인입니다. 창세기 3-7장에서 하나님은 후회하십니다. 그런데 노아는 땅에 발을 디딘 후 무엇보다도 먼저 자기를 구원하신 하나님께 제사를 드립니다. 마치 하나님이 내쉬는 안도의 한숨이 들리는 듯합니다. '드디어 역사를 새로 시작할 사람이 나타났다.' 세월이 흘러 에스겔에게 말씀하시면서 하나님은 하나님을 따르는 가장 의로운 사람 세 명 중 하나로 노아를 언급하셨습니다. 이 세상이 완전히 정화되고 생명이 새롭게 솟아오를 때, 하나님은 노아만이 아니라 모든 피조물에 대해서도 언약을 맺으십니다. 다시는 모든 생물을 멸하지 않으시겠다는 약속입니다.

하나님은 또 약속으로 자신을 제한하십니다. 온 우주의 모든 악을 불공대천의 원수로 여기시는 하나님이 당분간은 이 땅의 불의를 참아주시겠다는 것입니다. 아니, 멸절이 아닌 다른 방법으로 해결하시겠다고 약속하십니다. 반항하는 사춘기 자녀를 둔 부모처럼 하나님은 집을 나간 탕자를 기다리는 아버지의 역할을 수행하십니다. 오래지 않아 바벨이라는 지역에서 일어난 또 다른 집단 불순종이 하나님의 결심을 시험합니다. 그러나 하나님은 멸하지 않겠다고 하신 약속을 지키십니다.

역사가 시작되는 초기에는 하나님의 행동이 단순명료하여 아무도 하나님이 숨어 계시거나 침묵하신다고 불평하지 않았습니다. 하지만 인류 역사 초기에 있었던 하나님의 개입에는 한 가지 특징이 있습니다. 인간의 불순종에 대한 반응을 징계로 나타내신 것입니다. 만일 하나님이 원하시는 바가 자유의지를 가진 사람과 성숙한 관계를 맺는 것이라면, 하나님은 분명 엄청난 좌절을 겪으실 것입니다. 하나님은 여전히 어린애처럼 행동하는 피조물을 어떻게 어른으로 대접해주실까요?

이제 곧 아브라함이 등장합니다. 그리고 하나님은 인류 역사에 대한 새로운 계획을 실행에 옮길 것입니다. 온 세상을 단번에 회복시키는 대신 하나님은 선민을 정착시키는 것으로 회복의 첫발을 떼실 것입니다. 그들은 모든 사람들과 구별되어 살며 하나님의 계획을 이루어갈 새로운 민족입니다.

오늘의 묵상

과거든 현재든 하나님께 반항하는 어린아이처럼 행동했던 경험을 떠올려보십시오.
지금 당신은 노아처럼 하나님과 동행하며 그분의 인도를 따릅니까?
아니면 바벨의 백성처럼 자신의 방법으로 삶을 주도합니까?

The Call of Abram

여호와께서 아브람에게 이르시되
너는 너의 고향과 친척과 아버지의 집을 떠나
내가 네게 보여 줄 땅으로 가라
(창 12 : 1).

아브람을 부르심 / 창 12 : 1-20 /

경제적으로 성공한 중년의 아브람에게 갑자기 하나님의 음성이 들립니다. 친척과 아버지의 집이 있는 고향에서 누리던 안락한 삶을 버리고 떠나라는 명령입니다. 떠나라는 하나님의 명령이 아니면 아브람이 고향을 떠날 이유가 전혀 없습니다. 그 당시 아브람은 큰 그림을 보지 못했지만, 하나님은 아브람을 이스라엘의 조상으로 삼으려고 하셨습니다. 아브람은 큰 민족을 이룰 것입니다. "내가 네게 보여줄 땅으로 가라." 이제 하나님이 계획하신 일들이 시작됩니다.

성경에 등장하는 모든 인물 가운데 믿음이 무엇인지 가장 잘 보여주는 사람이 아브람일 것입니다. 아브람은 하나님의 계획을 위하여 자신을 내어드립니다. 그리하여 하나님과 인간의 사랑을 본보기로 보여줄 나라가 탄생합니다. 하나님에게는 아브람을 위한 계획이 있습니다. 하나님은 아브람에게 첫발을 내딛으라고 요구하십니다. 그리하면 그에게 복을 주시고 그를 복의 근원으로 삼으시겠다고 약속하십니다.

아브람은 비옥하고 풍요로운 고향 땅을 떠나 척박하고 빈곤한 땅을 향해 걸어갑니다. 오직 믿음으로 갑니다. 그러나 그 길을 가는 동안 아브람은 용기를 잃고 머뭇거립니다. 심지어 애굽에서는 자신의 안녕을 위해 아내를 두고 거짓말을 합니다. 아브람 이야기의 앞부분은 이 위대한 믿음의 의인조차 실족한다는 사실을 보여줍니다. 그러나 하나님은 언약을 신실하게 지키시며 하나님의 계획이 아브람의 실수에 의해 훼손되는 것을 막으십니다.

오늘의 묵상

혹시 하나님이 안락한 삶에 안주하는 당신을 부르시지 않습니까?

Abram and Lot Separate

네 앞에 온 땅이 있지 아니하냐.
나를 떠나가라. 네가 좌하면 나는 우하고 네가 우하면
나는 좌하리라
(창 13:9).

아브람과 롯 / 창 13:1-18 /

아브람과 롯은 각기 헤어져 자기 몫의 땅을 취해야 한다는 것을 압니다. 아브람의 태도는 성숙합니다. 서둘러 좋은 땅을 차지하려 하지 않고, 롯에게 먼저 선택하라고 너그럽게 말합니다. 반대로 롯은 자기 몫에 넘치는 땅을 갖는 이기적인 선택을 합니다. 아브람은 자신이 하나님과의 약속을 이끌어낼 수 없다는 사실을 알게 되었습니다. 그는 기꺼이 통제권을 포기하고 하나님께 삶의 주도권을 내맡깁니다. 이 아름다운 이야기는 아브람의 믿음을 증거합니다. 아브람은 하나님께서 자유롭게 계획을 실행하시도록 자신을 내어드리고 하나님의 품에서 평강을 누립니다.

오늘의 묵상

오늘 당신에게 필요한 것은 무엇입니까?
모든 것을 하나님께 맡기며 하나님이 그 모든 필요를 공급해주실 것을 믿습니까?

God's Covenant with Abram

그날에 여호와께서 아브람과 더불어 언약을 세워 이르시되
내가 이 땅을 애굽 강에서부터 그 큰 강 유브라데까지
네 자손에게 주노니
(창 15:18).

아브람과 맺은 언약 / 창 15:1-21 /

하나님은 여러 차례 인류 역사에 개입하셨습니다. 대부분이 징계를 위한 것이었습니다. 아담과 가인의 경우가 그랬고 노아의 시대나 바벨에서도 그랬습니다. 창세기는 이렇게 비참한 실패를 거쳐 오다가 12장에 이르러 분위기가 극적으로 바뀝니다. 인류 역사의 큰 그림을 보여주던 창세기가 갑자기 한 사람을 주목합니다. 그는 위대한 왕이나 부유한 지주가 아닙니다. 자식 하나 없는 유목민, 아브람입니다.

아브라함이 성경에서 얼마나 중요한 인물인지는 새삼 강조할 필요도 없습니다. 유대인에게 그는 단순히 민족의 조상이지만, 그리스도인에게는 그보다 훨씬 중요한 의미를 갖습니다. 오랜 세월 사람들이 하나님을 '아브라함의 하나님'이라고 생각했을 정도로, 아브라함은 유난히도 하나님과 돈독한 관계를 누렸던 믿음의 사람이었습니다.

실제로 아브라함의 시대에 하나님은 시야를 좁혀서 일개 민족을 구별해 내십니다. 그리고 그 민족과 특별한 관계를 맺으려 하십니다. 아브라함은 유달리 사랑스러운 자녀처럼 다른 사람들과는 구별된 제사장 나라가 될 것입니다. 이 특별한 민족은 하나님을 사랑하고 하나님을 섬기는 삶의 유익을 세상 모든 사람에게 가르치는 본보기가 될 것입니다. 이렇게 해서 아브라함은 새로운 인류의 조상이 됩니다.

선택된 민족과 맺은 하나님의 언약은 구약에 자세히 기록되어 있습니다. 구약의 '약約'은 약속, 언약이란 뜻입니다. 이 언약의 조건이 창세기 15장에서 상세히 기술됩니다.

"새 삶을 새 땅에서." 이것이 아브라함과 하나님이 맺은 약속입니다. 하나님을 신뢰하는 아브라함은 가나안을 향하여 수백 킬로미터를 여행합니다. "번영하는 큰 민족." 이 꿈이 아브라함을 사로잡습니다. 그러나 꿈이 너무 멀게 느껴질 무렵 아브라함의 믿음도 시험을 받게 됩니다. "위대한 나라." 아브라함 이후 수백 년이 지나고 다윗과 솔로몬 시대에 이르러 히브리 민족은 드디어 하나의 국가로 탄생합니다. "온 세상을 위한 복의 근원." 하나님은 히브리 민족을 선택하신 이유를 처음부터 분명히 밝히셨습니다. 그들만 복 받게 하려고 선택하신 것이 아닙니다. 모든 나라가 히브리 민족을 통해 복을 받게 하려고 그들을 택하셨습니다.

오늘의 묵상

하나님은 당신을 사랑하는 자녀로 택하셨습니다.
하나님이 당신을 자녀로서 사랑하신다는 사실을 믿기 어렵습니까?

Hagar and Ishmael

여호와의 사자가 또 그에게 이르되
네가 임신하였은즉 아들을 낳으리니 그 이름을 이스마엘이라 하라.
이는 여호와께서 네 고통을 들으셨음이니라
(창 16:11).

하갈과 이스마엘 / 창 16:1-16 /

아브람과 아내 사래는 다시 믿음의 방황을 합니다. 아무리 기다려도 하나님이 약속하신 아들이 태어나지 않자 두 사람은 자기 뜻과 계획대로 약속을 이루고자 합니다. 하지만 그러자마자 갈등이 시작됩니다. 사래와 하갈이 서로 시기합니다. 아브람과 사래 사이가 비난과 질투로 흔들립니다. 그리고 한 아기가 태어나려고 합니다. 그런데 그 아기의 후손들은 하나님의 사람들에게 오래도록 적개심을 품을 것입니다.

사래와 아브람과 하갈의 이야기를 통해 알 수 있는 사실은 비록 우리 눈에 하나님이 안 계시는 것처럼 보여도 그분은 다 듣고 보신다는 것입니다(11절, 13절). 하나님은 사랑하는 사람들을 향하여 일깨워주십니다. 하나님의 언약은 신뢰할 만하며 그 언약이 성취될 때까지 기다려야 한다고 말입니다. 하나님은 참고 기다리는 것이 어려운 일임을 아십니다. 그리고 우리의 슬픔을 안타까워하십니다. 하나님은 우리의 울부짖음을 들으시며 우리가 직면한 문제를 보고 계십니다. 그럼에도 여전히 우리에게 기다리라고 하십니다. 하나님은 약속하신 것을 반드시 이루어주시기 때문입니다.

오늘의 묵상

당신은 무엇을 기다리고 있습니까? 기다리는 과정을 잘 견뎌내고 있습니까?

The Three Visitors

사라가 속으로 웃고 이르되
내가 노쇠하였고 내 주인도 늙었으니
내게 무슨 즐거움이 있으리요
(창 18:12).

방문객 세 사람 / 창 18:1-15 /

18장이 시작되기 전, 이스마엘은 열세 살이 되었고 하나님은 아브람과 사래의 이름을 바꾸셨습니다. 그리고 택하신 두 사람에게 약속하신 대로 자녀를 예비하셨습니다. 하지만 그 약속을 이루기 전에 이름을 바꾸는 준비 단계가 필요했습니다. 아브람은 '고귀한 아버지'라는 뜻으로서 그가 높은 집안 출신임을 알려주는 과거 지향적 이름입니다. 반면에 '많은 무리의 아버지'를 뜻하는 아브라함 은 수많은 자손을 거느리게 될 미래 지향적 이름입니다. 사래는 '공주'를 뜻하는 이름 사라로 바뀝니다. 실로 왕들이 태어나게 될 집안의 여주인에게 걸맞은 이름입니다.

얼마 후 하나님의 천사 셋이 아브라함에게 나타납니다. 하나님이 사람의 모습으로 찾아오신 것은 하나님과 아브라함의 관계가 얼마나 친밀해지고 있는지 분명히 보여줍니다. 그런데 하나님이 여러 번 아브라함에게 약속하셨음에도 불구하고 사라는 다음 해에 아들이 태어날 거라는 말씀을 듣자 웃어버립니다. 여자 나이 아흔을 넘어 임신을 한다는 것은 어처구니 없는 일입니다. 하지만 우리는 하나님께는 불가능한 일이 없음을 다시 한 번 배웁니다. 하나님의 약속은 결코 웃어넘길 일이 아닙니다.

오늘의 묵상

하나님이 당신에게 어떤 약속을 믿으라고 하십니까? 당신의 반응은 냉소입니까, 믿음입니까?

God Calls / 깊이 생각하기 /

하나님의 부르심

아브라함의 이야기는 사람의 마음이 얼마나 변덕스러운지 잘 보여줍니다. 오늘은 가진 것에 만족하지만 내일은 또 다른 것을 원합니다. 어느 날은 희망으로 가득 찼다가, 또 어느 날은 절망의 늪에서 허우적거립니다. 위대한 믿음의 조상 아브라함도 여러 번 흔들렸습니다. 하나님을 믿었지만 끊임없이 찾아오는 의심과 두려움은 그의 믿음을 혼란스럽게 했습니다.

19장에서도 계속되는 아브라함의 빛나는 믿음의 행동들을 볼 때 궁극적으로 신실함을 지키시는 분은 하나님이심을 알게 됩니다. 하나님이 우리를 구원하실 때는 우리에게 적합한 계획을 가지고 부르십니다. 아브라함에게도 그러셨듯이 하나님은 우리 삶에서도 그분의 부르심을 서서히 드러내십니다. 우리의 믿음이 굳건할 때나 그렇지 못할 때나 한결같이.

우리도 아브라함처럼 하나님이 우리를 잊으신 건 아닌가 생각할 때가 있습니다. 하나님의 계획은 까마득해 보이고 과연 하나님이 우리를 위해 뭔가를 준비하고 계시기는 한 건지 의심스럽기만 합니다. 그러나 아브라함의 삶을 통해 알 수 있듯이, 하나님의 계획은 결코 모호하지 않습니다. 상황이 어떠하든 하나님은 지치거나 싫증내지 않으시고 계속 앞장서 나가셨습니다. 때로는 조용하고 느리게, 때로는 신속하고 분명하게 일하십니다. 절대로 우리를 포기하지 않으십니다.

아브라함의 이야기는 곧 하나님의 이야기입니다. 사람들은 흔들리고 실패하지만 하나님은 결코 그렇지 않습니다. 하나님은 창의적이고 감동적이고 분명한 음성으로 반복에 반복을 거듭하여 우리를 일깨우십니다. 우리를 사랑하시고 우리를 위한 목적을 갖고 계시며 결코 우리를 무심하게 내버려두지 않으실 거라고 끊임없이 말씀하십니다. 오늘 하나님과 아브라함의 이야기를 읽는 우리들은 아브라함보다 믿음이 훨씬 더 깊어질 수 있는 특권을 얻은 셈입니다. 일단 시작하신 일을 반드시 끝내시는 하나님을 보았기 때문입니다. 불가능도 가능케 하시는 하나님을 보았기 때문입니다. 그 하나님은 아브라함의 하나님일 뿐만 아니라 우리의 하나님입니다.

오늘의 묵상

당신의 삶에서 하나님의 부르심을 느낍니까?
하나님의 계획을 믿고 따를 수 있게 도와달라고, 계획을 이루어달라고 기도하십시오.
하나님이 어떻게 당신을 부르시는지 확신이 서지 않을 때는 음성을 들려달라고 간구하십시오.
당신을 위한 계획을 예비하시는 하나님을 믿고 그 뜻이 드러날 때까지 기다리십시오.

Abraham Pleads for Sodom

아브라함이 또 이르되 주는 노하지 마옵소서.
내가 이번만 더 아뢰리이다.
거기서 십 명을 찾으시면 어찌하려 하시나이까
(창 18:32).

소돔을 위하여 / 창 18:16-33 /

아브라함은 겸손하고 하나님을 경외하는 태도로 소돔과 고모라의 백성을 구해달라고 간구합니다. 의인 몇 명을 봐서라도 모든 사람을 다 구해달라는 것입니다. 아브라함은 하나님을 사랑하지만 파멸을 목전에 둔 사람들에게 깊은 연민을 느낍니다. 그는 주체할 수 없는 연민으로 위기에 처한 백성들을 위해 감히 하나님 앞에서 고집을 부립니다. 아브라함은 자기가 거느리고 있는 식솔을 하나님의 길로 신실하게 인도할 뿐 아니라, 자신의 가족을 넘어 다른 사람들, 즉 소돔에 사는 조카 롯의 가족들까지도 염려합니다.

오늘의 묵상

오늘 당신의 중보기도가 필요한 사람은 누구입니까?

Sodom and Gomorrah Destroyed

여호와께서… 유황과 불을 소돔과 고모라에 비같이 내리사
그 성들과 온 들과 성에 거주하는 모든 백성과
땅에 난 것을 다 엎어 멸하셨더라
(창 19:24-25).

소돔과 고모라의 멸망 / 창 19:1-29 /

창세기 19장은 사진의 원판처럼 아브라함이 세우려는 새로운 하나님의 나라와 곤경에 처한 도시를 대조시킵니다. 아브라함의 조카 롯은 소돔 시에 살고 있습니다. 소돔은 나중에 천사로 밝혀진 낯선 방문객을 집단으로 강간하려 했던 사악한 도시입니다. 성폭행은 소돔의 여러 문제 중 하나에 불과합니다. 에스겔서 16장 49절에서 소돔은 "그와 그의 딸들에게 교만함과 음식물의 풍족함과 태평함이 있음이며 또 그가 가난하고 궁핍한 자를 도와주지 아니하였다" 고 기록되어 있습니다.

이 이야기에서 롯의 성격을 짐작할 수 있습니다. 롯은 소돔의 사악함에 어느 정도 대항했으나 유혹에 넘어가고 말았습니다. 그는 위선적입니다. 방문객을 보호하겠다고 자신의 딸들을 내어주니 말입니다. 그야말로 도를 넘는 호의입니다. 롯과 가족들은 당시 타락한 소돔에 물들어 있었습니다.

하나님은 소돔과 고모라에 대하여 더 이상 참을 수 없었습니다. 그래서 다시 한 번 직접적인 심판으로 개입하십니다. 이제 전 세계를 다 파괴하는 일은 하지 않습니다. 악의 소굴인 두 도시만 쓸어버리십니다. 성경의 표현이 늘 그렇듯이 이번 일에서도 파괴에 관한 과학적 설명은 자세히 나오지 않습니다. 화산 폭발이었을까요? 성경은 침묵합니다. 지금은 사해의 바닥이 되어버린 그 지역은 조사하기도 쉽지 않습니다. 창세기는 소돔이 어떻게 파괴됐는지에 대해서는 침묵합니다. 다만 그 이유를 강조할 뿐입니다.

이 이야기에 따르면 롯은 소돔 사건을 통해 아무것도 깨닫지 못한 것 같습니다. 19장 후반에 그는 만취한 상태에서 딸들과 근친상간을 저지르고, 그 결과 두 민족의 시조가 태어납니다. 이 민족들은 자자손손 아브라함의 후손인 유대 민족과 대적하게 됩니다.

나중에 예수님은 자신의 기적을 보고도 믿지 않는 사람들에 대한 경고로 소돔과 고모라 이야기를 언급하십니다(마 11장). 하나님이 늘 그렇게 엄청난 재앙으로 개입하시는 것은 아니지만, 이 이야기는 악에 대한 하나님의 인내에도 한계가 있다고 경고합니다.

오늘의 묵상

현대 사회에서 하나님이 참아 보실 수 없는 문제들은 어떤 게 있을까요?

Isaac's Birth

사라가 임신하고 하나님이 말씀하신 시기가 되어
노년의 아브라함에게
아들을 낳으니
(창 2:2).

이삭의 출생 / 창 21:1-21 /

갈라디아서의 저자 사도 바울은 사라에게서 이삭이 태어나는 사건의 의미를 매우 중요하게 다룹니다(갈 4:21-31). 사도 바울은 이 이야기를 인용하면서 그리스도께서 어떻게 우리의 삶을 바꾸셨는지 설명합니다. 이스마엘은 "여종에게서 육체를 따라" 태어난 아들, 아브라함이 기다리지 못하고 조급하게 행동하여 인간의 노력으로 태어난 결과물이었습니다. 반면에 이삭은 언약의 결과로 태어난 아들, 아브라함이 늦은 나이에 얻은 선물이었습니다. 이삭은 나중에 하나님이 세우실 제사장 나라의 상속자가 됩니다. 사도 바울에 따르면 이스마엘은 하나님의 율법에 의해서만 구원받을 수 있다고 생각했던 구약 시대를 의미합니다. 그리고 이삭은 예수님, 하나님의 독생자, 구세주의 예표입니다.

예수님께 속한 사람들은 하나님의 아들이신 예수님처럼 하나님의 자녀가 됩니다. 우리들 역시 그 약속의 자녀들입니다. 아브라함이 하갈을 이스마엘과 함께 멀리 떠나보냈듯이, 우리도 선행을 통하여 하나님의 인정을 받겠다는 생각을 버려야 합니다. 그리고 오직 예수님께만 소망을 두어야 합니다. 예수님께서 우리를 사랑하셨고 또 우리를 위해 돌아가셨기 때문에 우리는 행위를 통하여 스스로 구원해야 하는 짐에서 자유로워진 것입니다.

오늘의 묵상

당신은 하나님이 원하셔서 예비하신 자녀입니다.
이런 생각을 할 때 하나님에 대해 어떤 마음을 가집니까?

Abraham Tested

여호와께서 이르시되
네 아들 네 사랑하는 독자 이삭을 데리고 모리아 땅으로 가서
내가 네게 일러준 한 산 거기서 그를 번제로 드리라
(창 22:2).

아브라함의 마지막 시험 / 창 22:1-19 /

아브라함의 믿음이 다시 한 번 시험을 받습니다. 하나님은 아브라함의 미래에 대한 전체적인 계획을 장엄하게 보여주셨습니다. 하지만 그 계획을 실행하기 위해서는 수많은 장애와 함정을 극복해야 합니다.

하나님이 원하시는 것은 과연 무엇일까요? 성경에 의하면, 하나님은 신실한 믿음, 도저히 납득할 수 없는 일마저도 전적으로 순복하는 온전한 믿음을 원하십니다. 아브라함과 사라는 하늘의 별들처럼 수많은 자손을 볼 때까지 오래 살 수 없습니다. 그러나 그들에게는 사랑하는 아들이 하나 있습니다. '웃음'을 뜻하는 이삭이라는 이름은 자식을 낳을 수 없는 나이에 아들을 얻은 기막힌 기적을 상기시킵니다.

하나님은 마지막으로 믿음의 시험을 제시하십니다. 이 시험이 얼마나 가혹한지, 다른 모든 시험은 마치 유치한 놀이처럼 보일 정도입니다. 성경

에는 하나님이 아브라함으로 하여금 실제로 아들을 희생 제물로 바치게 할 뜻이 전혀 없으셨다는 것이 명시되어 있습니다. 후에 이스라엘 사람들은 실제로 자녀를 제물로 바쳤는데, 하나님은 이것을 "내가 명령하거나 말하거나 뜻한 바가 아니라"(렘 19:5)고 말씀하셨습니다. 하나님은 이미 다른 희생 제물을 준비해두셨습니다. 뿔이 수풀에 걸려 옴짝달싹 못하는 숫양 한 마리였습니다. 하지만 아브라함은 이러한 하나님의 계획을 전혀 모른 채 아들을 데리고 가파른 산을 올랐습니다. 바로 이 산이 훗날 예루살렘의 터전이 됩니다. 하나님이 자신의 독생자를 이 세상 모든 사람을 위한 최후의 희생 제물로 내어주는 장소가 된 것입니다.

아브라함은 그동안 여러 번 하나님을 의심했습니다. 그러나 이번만큼은 무슨 일이 있어도 순종하려 합니다. 100년이 넘는 긴 세월을 통해 마침내 진정으로 하나님을 믿고 의지하는 법을 배운 것입니다. 이후로 아브라함은 위대한 믿음의 조상으로 널리 알려지게 됩니다.

오늘의 묵상

모리아 산의 아브라함과 같은 경험을 한 적이 있습니까?
극도의 심각한 상황에서 하나님을 향한 큰 믿음이 필요하다고 느꼈습니까?
하나님은 당신이 하나님을 믿고 따를 수 있다는 것을 어떻게 가르치십니까?

Isaac and Rebekah

그가 이르되 우리 주인 아브라함의 하나님 여호와여 원하건대
늘 나에게 순조롭게 만나게 하사
내 주인 아브라함에게 은혜를 베푸시옵소서
(창 24:12).

이삭과 리브가 / 창 24:1-30, 50-66 /

이 이야기에는 하나님의 말씀이나 기적, 예언이 전혀 나오지 않습니다. 하지만 이삭과 리브가를 맺어주는 전 과정에 하나님이 친밀하게 개입하셨다는 점을 분명히 보여줍니다. 하나님을 따르는 모든 사람을 돌보시는 하나님의 사랑을 이 이야기가 증명합니다.

히브리어 원전에는 '헤세드*hesed*'라는 말이 여러 번 나옵니다. 그 뜻은 '미쁘신 사랑'으로 하나님과 그의 백성이 서로 사랑하는 가운데 하나님의 계획을 이루어 간다는 의미입니다.

하나님의 헤세드는 이삭의 삶 곳곳에서 섬세하게 나타납니다. 우리의

삶에도 하나님의 헤세드가 함께하리라는 것을 확신할 수 있습니다. 하나님은 그분의 선한 계획을 실행하실 뿐 아니라, 우리가 하나님을 믿고 따르기만 하면 사랑과 신실함으로 우리의 앞길을 인도하십니다.

오늘의 묵상

이번 주에 하나님은 당신의 삶에서 어떻게 헤세드를 보여주셨습니까?

믿음의 내면

아브라함처럼 위대한 믿음의 사람을 대할 때 어떤 생각이 듭니까? 아마도 내적으로 강인한 사람, 하나님에 대한 믿음의 확신을 가진 사람, 하나님과의 관계가 돈독한 사람? 그런 사람들은 문제가 생겨도 쉽사리 동요하지 않고 어떤 일이 닥쳐도 다 감당할 수 있을 거라고 생각할 것입니다.

아브라함은 그런 이미지에 부합하는 인물입니다. 그러나 겉으로 드러나는 모습이 전부는 아니었습니다. 그 누구라도 믿음의 내면에는 마음과 육체를 탈진하게 하는 갈등과 슬픔과 도전이 있습니다. 아브라함의 고난은 고향을 떠나 하나님이 지시하신 곳에 가기로 했을 때부터 시작됩니다. 그는 곧 조카 롯과의 갈등에 직면하고, 이어서 아내의 불임을 인정해야 하는 문제에 부딪힙니다. 그리고 마침내 늦은 나이에 어렵게 얻은 아들을 제물로 바치라는 가혹한 시험을 받습니다.

아브라함이 믿음의 조상이라고 칭송받는 것은 그의 삶을 송두리째 흔들었던 여러 고난을 실제로 겪으며 견뎌냈기 때문입니다. 그렇게 힘들었던 고난의 시간 속에서 예측할 수 없는 방식으로 계획을 이끌어 가시는 하나님의 사랑을 보면서 아브라함의 믿음은 성장했습니다.

고난을 통해서만 믿음이 성장합니다. 그래도 믿음의 사람이 되고 싶습니까? 좀 더 명확하게 질문하겠습니다. 고난에 처했을 때 당신과 함께하시는 하나님을 믿고 따르는 법을 배우겠습니까? 인생 이야기는 믿음으로 고난을 극복하면서 하나님과 함께 써내려가는 것입니다. 고난 중에 하나님께 어떻게 반응하느냐에 따라 그 결과가 달라집니다. 다른 사람들이 문제와 갈등을 스스로 해결해보겠다고 헤매고 다닐 때, 당신은 고난을 통해 하나님의 승리를 선포하는 강한 믿음의 사람이 되어야 합니다. 당신은 그런 사람입니까?

오늘의 묵상

지금 하나님께 나아가 당신이 고민하는 문제를 아뢰십시오.
세월이 흐르고 이 어려움을 어떻게 극복했는지 되돌아보면 어떤 생각이 들까요?
하나님께 모든 것을 맡기고 순종하는 자녀가 되게 해달라고 기도하십시오.
그리고 그분께서 이 고난을 승리로 바꾸실 때까지 조용히 기다리십시오.

Jacob and Esau

야곱이 이르되
형의 장자의 명분을
오늘 내게 팔라
(창 25:31).

야곱과 에서 / 창 25:19-34 /

큰 민족을 세우시겠다는 하나님의 약속은 리브가와 이삭에게서 태어난 쌍둥이 아들에게로 이어집니다. 이들은 태내에서부터 다퉜습니다. 이 모습에서 이들이 세울 두 민족의 장래가 어두우리라는 것을 예견할 수 있습니다. 야곱의 후손인 이스라엘과 에서의 후손인 에돔은 앞으로 계속 다툴 것입니다.

두 소년이 태어나 자라는 과정에서 하나님이 에서보다 야곱을 더 좋아하신다는 사실이 점점 명확해집니다. 에서는 장자로서 아버지의 재산을 대부분 상속받을 권리를 가지고 있으나, 야곱이 음모와 속임수를 써서 당시의 장자법을 깨뜨립니다. 영적으로 대단히 중요한 일을 다루는 방법에서 에서와 야곱은 상반된 태도를 보입니다. 전통에 따라 이삭의 뒤를 이어 족장 자리를 물려받을 에서는 "장자의 명분을 가볍게" 여겼습니다(34절).

그는 하나님께서 택하신 가정의 가장 큰 축복을 경시하고, 자신에게 주어진 영적 상속권의 의미를 전혀 알아보지 못합니다. 에서는 당장 급한 육체적 허기에만 골몰할 뿐 훨씬 중요한 영적 허기에 대해서는 관심조차 기울이지 않습니다.

야곱은 자기 형과는 정반대로 영적 축복에 대한 욕심이 대단합니다. 하지만 그는 자신의 야망을 위하여 인간적인 모략과 조작을 택합니다. 추구하는 바는 옳지만 오직 자신만을 위한 추구입니다. 하나님의 영광을 생각하기보다는 자기의 유익에 더 집중합니다. 이런 그에게 하나님은 영적 목적을 위해 쓰임 받는 종이 된다는 게 무엇을 의미하는지 가르치실 것입니다.

오늘의 묵상

당신은 눈앞의 욕구에 집중했던 에서를 닮았습니까,
아니면 영원한 영적 유익을 추구했던 야곱을 닮았습니까?
영적 유익을 추구한다면 어떤 방식으로 합니까?
하나님의 도움을 구합니까, 자신의 노력에 의존합니까?

Jacob Gets Isaac's Blessing

이삭이 야곱에게 축복하기를 마치매
야곱이 그의 아버지 이삭 앞에서 나가자
곧 그의 형 에서가 사냥하여 돌아온지라
(창 27:30).

복을 가로챈 야곱 / 창 27:1-40 /

아브라함이 신실한 믿음으로 유명하다면, 야곱은 속임수와 배반으로 유명합니다. 쌍둥이로 태어난 야곱은 자기보다 앞서 나오던 형의 발꿈치를 붙잡고 나왔습니다. 부모는 그 장면을 기념하여 '발꿈치를 잡다' 혹은 '속이다'는 뜻의 '야곱'이라는 이름을 지어줍니다.

고대 사회에는 장자에게 주어지는 두 가지 특권이 있었습니다. '장자권'과 아버지의 '축복'을 받을 권리입니다. 장자권은 유산 상속 문서처럼 가족과 모든 재산을 다스리고 관리할 권한을 인정해주는 것입니다. 야곱은 이미 음식을 이용한 간교한 거래로 에서에게서 장자권을 얻어냈습니다.

당시 사람들은 축복을 번영과 행운이 다음 세대로 이어지도록 빌어주는 일종의 주술처럼 생각했습니다. 하지만 이삭은 축

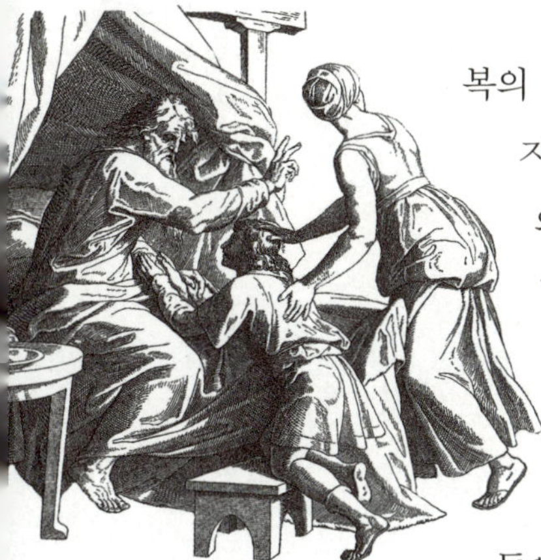

복의 의미를 훨씬 더 중요하게 생각합니다. 이삭은 지금 아버지 아브라함으로부터 물려받은 '언약의 축복'을 아들에게 전해주고 있습니다. 하나님이 언젠가는 사랑하는 백성들을 위해 큰 나라를 세우신다는 복입니다. 오늘 본문에는 아주 정교한 야곱의 속임수가 나옵니다. 나이 들어 쇠약해진 아버지를 속여 마땅히 형에게 돌아갈 복을 가로채는 계략을 쓰고 있습니다.

이 이야기를 읽다 보면 에서에게 동정심을 가질 법도 합니다. 겨우 죽 한 그릇에 장자권을 팔아버리고 속임수로 복도 빼앗긴 에서가 불쌍하게 느껴집니다. 그러나 성경은 명백하게 야곱의 편을 들고 있습니다. 에서는 "장자의 명분을 가볍게" 여긴 잘못에 대해 분명히 책임을 져야 했습니다(창 25:34; 히 12:16).

거짓말로 형과 아버지를 속이고 하나님의 복을 훔친 야곱은 도덕적으로는 형편없는 사람입니다. 창세기는 그런 속임수를 결코 칭찬하지 않습니다. 야곱은 훗날 그에 대한 대가를 톡톡히 치르게 됩니다. 하지만 야곱의 삶은 매우 중요한 교훈을 줍니다. 하나님은 그 어떤 이와도 관계를 맺으신다는 것입니다. 아무리 흠이 많고 부족해도 하나님을 간절히 찾는 사람이라면 하나님은 그와 관계를 맺으십니다. 그래서 야곱의 이야기는 이 세상의 모든 불완전한 사람들에게 소망을 줍니다.

오늘의 묵상

구약 시대에는 '웃음'을 뜻하는 이삭 혹은 '붙잡다'는 뜻의 야곱처럼 이름이 중요한 의미를 지녔습니다. 당신의 이름은 무슨 뜻을 가지고 있습니까? 그 뜻이 당신에게 어울립니까? 그렇지 않다면 어떤 이름이 더 잘 어울린다고 생각합니까?

Jacob's Dream at Bethel

야곱이 잠이 깨어 이르되
여호와께서 과연 여기 계시거늘
내가 알지 못하였도다
(창 28:16).

벧엘에서 본 환상 / 창 27:41-43; 28:10-22 /

야곱과 리브가는 속임수를 써서 장자권과 복을 가로챕니다. 자신들의 이기적 목적을 위해서였습니다. 그들이 가로챈 것은 하나님이 원래 야곱에게 주려하셨던 권리와 복이었습니다. 하지만 빼앗는 과정에서 많은 것을 잃어야 했습니다. 야곱은 분노하는 형 에서에게서 도망치기 위해 집을 떠나야만 합니다. 야곱은 험난한 세월을 살아야 하고, 리브가는 야곱의 얼굴을 다시 보지 못할 것입니다.

야곱의 이기적인 태도에도 불구하고 하나님은 벧엘에서 환상을 보여주십니다. 하나님이 함께하시고 결코 그를 떠나지 않으시며, 아브라함과 이삭을 거쳐 야곱에게 하신 언약을 성취하마 확인해주십니다. 야곱의 반응은 하나님의 신실하심과 은혜에 반응하는 태도의 모범이 됩니다.

벧엘에서의 환상을 보기 전에 야곱은 하나님을 자신의 조상들에게 속한 분이라고 생각했습니다. 그런데 이제는 "여호와께서 나의 하나님이 되신다"(21절)는 것을 깨닫습니다. 또한 자신이 가진 모든 것이 하나님께 속한 것임을 알게 됩니다. 야곱은 자기 모든 소유의 십분의 일을 하나님께 드리겠다고 맹세합니다. 앞으로 야곱은 이렇게 하나님을 찬양하고 다른 사람들을 축복할 것입니다.

야곱은 벧엘에서 본 환상 중에 들었던 하나님의 말씀에 깊은 감동을 받습니다. 그래서 하나님이 친히 찾아오신 것을 기념하여 그 자리에 돌을 세웁니다. 우리 삶에서 하나님의 역사하심을 기념하는 기념물이나 이정표들을 중요하게 생각하는 전통이 여기서부터 생겼습니다. 나무를 심는다든지 벽걸이를 만든다든지 아니면 일지를 기록하는 등의 기념 작업들을 할 때, 우리는 하나님의 임재하심과 인격적 돌보심을 기억할 실체적 기념물을 만들곤 합니다.

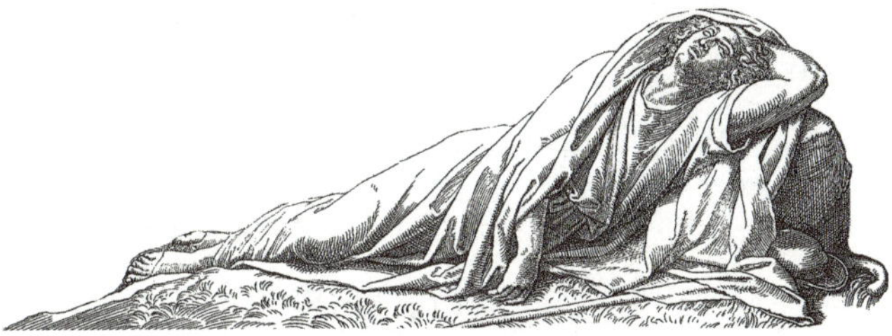

오늘의 묵상

하나님이 아주 선명하게 어떤 약속을 보여주신 기억이 있습니까?
그 약속을 기억하기 위해 어떤 기념물을 만들었습니까?

Jacob Marries Leah and Rachel

라반에게 이르되
외삼촌이 어찌하여 내게 이같이 행하셨나이까.
… 외삼촌이 나를 속이심은 어찌됨이니이까
(창 29 : 25).

레아와 라헬을 아내로 맞다 / 창 29 : 1-30 /

"뿌린 대로 거둔다." 야곱은 이 속담이 이야기하는 당위를 경험하는 데 겨우 7년밖에 걸리지 않았습니다. 아버지를 속이고 자기 몫이 아닌 것을 부정직하게 가로챈 결과 야곱은 탐탁지 않은 사람을 아내로 맞게 됩니다. 만일 하나님이 주실 때까지 기다렸다면, 하나님이 예비하신 대로 장자권과 복을 받을 수 있었을 겁니다. 그리고 속임을 당하거나 레아에게 상처를 주지 않고도 라헬을 얻을 수 있었을 것입니다. 안타깝게도 야곱의 이기심과 부족한 믿음은 고통스런 결과를 가져옵니다. 하나님은 어떤 경우에도 야곱을 떠나지 않으십니다. 야곱 스스로 속임을 당하게 하여 그를 가르치십니다.

오늘 본문은 야곱이 어떻게 성숙해 가는지를 보여줍니다. 처한 상황을 받아들이고 자신이 시작한 일을 끝낼 수 있게 되면서, 야곱은 라반을 통한 하나님의 훈련에 순종합니다. 그렇게 함으로써 자신의 능력을 의지하지 않고 하나님의 도우심을 구하는 믿음을 배웁니다.

오늘의 묵상

삶 가운데 견디기 힘든 상황이 있습니까? 그런 힘든 일들을 스스로 해결합니까?
하나님께 의뢰하며 그 상황들 가운데 함께해주시기를 간구합니까?

Jacob's Children

여호와께서 레아가 사랑 받지 못함을 보시고
그의 태를 여셨으나
라헬은 자녀가 없었더라
(창 29:31).

야곱의 자녀들 / 창 29:31-30:24 /

창세기 앞부분에는 사라와 리브가가 자식 낳을 능력이 없어 괴로워하는 이야기가 등장합니다. 라헬의 이야기 역시 생명을 주시는 분, 태를 열어주시는 분은 하나님이신 것을 반복해서 말합니다. 하녀도, 임신에 도움이 된다고 여겼던 합환채도 불임 문제를 해결하지 못했습니다. 하지만 하나님은 이 여인들에게 자녀를 허락하십니다. 그리고 이들은 오직 하나님을 향해 소망하고 기도해야 한다는 사실을 배웁니다.

또한 하나님은 사랑받지 못하는 사람들에 대한 크신 사랑과 연민을 보여주십니다. 야곱은 분명 레아보다는 라헬을 더 아낍니다. 레아는 자식을 낳아서 남편의 마음을 얻고자 했습니다. 하지만 라헬의 그늘에 가려 여생을 보내게 됩니다. 하나님은 레아의 아픔을 아시고 많은 자녀로 복을 주시며 여러 방법으로 격려하십니다. 하나님은 레아를 야곱의 아내들 가운데 첫째 어머니가 되게 하시고, 그녀의 후손들 중에 유다 족속을 왕으로, 레위 족속을 제사장으로 세우십니다.

야곱은 레아와 라헬, 빌하 그리고 실바에게서 열두 명의 아들을 얻습니다. 그리고 이 아들들은 각각 이스라엘 열두 지파의 우두머리가 됩니다. 메시아이신 예수님은 레아의 후손 유다 지파에서 태어나십니다. 예수님처럼 레아도 사람에게는 버림받았지만 하나님은 그를 지극히 사랑하셨습니다.

오늘의 묵상

사랑받지 못한다고 느낀 적이 있습니까?
당신이 그런 고통 중에 있을 때 하나님이 크고 깊은 사랑을 어떻게 보여주셨습니까?

God Shinning from the Shadows / 깊이 생각하기 /

어둠 속에 빛이 되시는 분

창세기는 이스라엘의 세 번째 족장 야곱의 모습을 다소 노골적으로 그립니다. 이전에 아브라함과 이삭도 인간적인 실수를 하긴 했지만, 야곱은 이 두 사람을 능가하는 잘못을 저지릅니다..

젊어서는 욕심에 눈이 멀어 모략으로 형의 권리를 빼앗고 노쇠한 아버지를 속입니다. 그 결과 형의 분노를 피해 도망쳐야 했습니다. 또한 두 아내 중 한 명을 무시해 질투를 부추겼습니다. 야곱은 영적 의인으로서 본이 될 수 없는 사람일 것입니다.

그런데 이 시점에서 야곱의 인생 파노라마를 펼쳐 보면, 진정 하나님에 관한 이야기인 것을 알게 됩니다. 우리는 야곱이 초기에 범한 속임수 이면에서 더 높은 차원의 목적을 가지고 일하시는 하나님의 모습을 어렴풋이 봅니다. 야곱이 아무리 자기 능력으로 일을 해결하려고 고집을 부려도 하나님은 준비하신 계획을 그냥 실행하십니다. 야곱이 도망칠 때도 하나님은 그림자로 앞서 가시며 그를 보호하시고, 꿈에까지 나타나셔서 위로를 주시며 끝까지 지키실 언약을 상기시키십니다. 또한 야곱이 두 명의 아내를 얻자 하나님은 사랑이 부족한 한쪽을 당신의 사랑으로 채워주십니다.

야곱의 삶 전체를 돌아보면, 하나님은 부적합한 남자와 사랑받지 못한 여자, 오랫동안 하나님께 버림받았다고 느낀 여자를 통해 나라를 세워가셨습니다. 완벽한 사람들이 하나님의 계획을 이뤄가는 것이 아닙니다. 최고의 아이러니는 하나님 대를 잇기 위해 하나님께서 흠이 많고 이기적인 사람들을 선택하셨다는 것입니다. 그 나라는 장차 오실 완전한 메시아, 모든 죄 많은 인간들을 하나님께로 되돌려 보내는 길이 되실 메시아가 태어나실 나라입니다.

야곱의 모습은 우리와 많이 닮았습니다. 그리스도인 한 사람 한 사람은 하나님의 택함을 받았습니다. 우리 역시 하나님이 택하셨습니다. 우리를 향한 하나님의 사랑은 변함이 없습니다. 어떤 잘못이나 실수도 우리에 대한 하나님의 돌보심을 막아서지 못합니다. 야곱이 그랬듯이 우리도 하나님과 동행하며 하나님 말씀에 귀를 기울이면 우리의 마음과 뜻이 하나님의 뜻을 점차 닮아갈 것입니다.

오늘의 묵상

어떤 실수나 잘못이 당신의 삶을 지배하고 있습니까? 이 실수들 때문에 하나님과 소원해졌습니까?
잘못이나 실수를 하나님께 고백하지 않았다면, 지금 고백하며 용서를 구하십시오.
하나님이 들으시고 용서해주신다는 것을 믿으십시오.
당신을 여전히 사랑하시는 하나님은 이미 당신 곁에 계십니다.

Jacob Flees from Laban

라반이 양털을 깎으러 갔으므로
라헬은 그의 아버지의 드라빔을 도둑질하고
야곱은 그 거취를 아람 사람 라반에게 말하지 아니하고 가만히 떠났더라
(창 31:19-20).

라반에게서 도망치는 야곱 / 창 31:1-21 /

하나님이 마침내 야곱을 고향땅으로 부르십니다. 야곱에게는 떠날 명분이 확실합니다. 라반이 야곱과 그의 아내들을 속였기 때문입니다. 하지만 더 중요한 것은 이제 야곱을 집으로 돌아가게 할 하나님의 때가 되었다는 것입니다. 히브리어 원문은 야곱이 몰래 떠날 때 라헬이 아버지의 신상 드라빔을 훔쳤다고 강조합니다. 야곱의 부정직함이 아내에게 전염된 것입니다. 고대 사회에서 한 가정의 신상을 소유한다는 것은 집안 재산의 상속권을 갖는다는 의미였습니다. 아마도 드라빔을 훔침으로써 라헬은 아버지 재산의 상속권을 가지려 했던 것 같습니다.

오늘의 묵상

자신의 신변을 위해 무엇을 의지합니까?
야곱처럼 자신을 보호할 방법을 스스로 찾는 경향이 있습니까?

Laban Pursues Jacob

라헬이 그 드라빔을 가져
낙타 안장 아래에 넣고 그 위에 앉은지라.
라반이 그 장막에서 찾다가 찾아내지 못하매
(창 31:34).

야곱을 추궁하는 라반 / 창 31:22-55 /

야곱이 이삭을 속였듯이 라헬도 자기 아버지를 속이는 데 성공합니다. 라헬은 쓸데없는 신상과 자기에게 무의미한 상속권을 보호하려고 거짓말을 합니다. 야곱의 속이는 습성이 그의 가족들에게 전염됩니다. 야곱의 입장에서 보면, 자기 딸과 사위를 속여 놓고는 이제 와서 신변의 안전을 꾀하고 분쟁의 소지를 없애려고 계약을 제안하는 라반이 얄미울 것입니다.

하나님은 야곱과 라반에게 서로 헤어져 살라고 각각 말씀하셨습니다. 하나님은 원한을 품은 라반에게서 야곱을 보호하시고 고향으로 안전하게 인도하십니다. 야곱의 여정은 나중에 이스라엘이 애굽의 속박에서 풀려나와 야곱의 고향땅 가나안으로 돌아갈 길을 미리 보여줍니다. 하나님은 흠이 많은 야곱과 함께하셨듯이 결함 많은 이스라엘 민족을 인도하고 보호하실 것입니다.

고대 이스라엘 민족이나 오늘의 신앙인들이나 모두 야곱 같은 태도를 반복하고 있습니다. 하나님의 뜻을 믿고 따르기보다는 자신의 뜻을 고집하고 자신의 방법으로 원하는 바를 찾으려 합니다. 그 결과는 당연히 고통스럽습니다. 하지만 이렇듯 이기적인 방황에도 불구하고 하나님은 절대로 우리를 버리지 않으십니다.

오늘의 묵상

당신에게 가족 고유의 특성이 나타납니까?
당신의 어떤 특성이 다른 가족들에게 스며들고 있습니까?

Jacob Prepares to Meet Esau

내가 주께 간구하오니 내 형의 손에서, 에서의 손에서 나를 건져내시옵소서.
내가 그를 두려워함은 그가 와서 나와 내 처자들을 칠까
겁이 나기 때문이니이다
(창 32:11).

에서를 만나러 가는 길 / 창 32:1-21 /

야곱은 신뢰를 잃었고 부정직한 사람으로 낙인찍혔습니다. 그러나 그의 인격적 결함에도 불구하고 하나님은 끝까지 그를 책임지십니다. 오늘 본문은 야곱의 내면 깊은 곳에 정직함이 자리하고 있음을 보여줍니다. 그는 하나님이 그에게 베푸신 "모든 은총과 모든 진실하심을 조금도 감당할 수 없다"(10절)고 고백합니다.

야곱이 고향으로 돌아갑니다. 그리고 과거의 잘못이 안겨준 고통을 마주하게 됩니다. 야곱의 기도는 두려운 상황에 처한 모든 신앙인의 기도입니다. "나를 건져내시옵소서… 겁이 나기 때문이니이다"(11절).

이것이 바로 하나님이 기다리시는 진실한 모습입니다.

오늘의 묵상

오늘 당신은 무엇을 두려워하고 있습니까? 하나님께 그 두려움에 관해 말씀드렸습니까?

Jacob Wrestles with God

그가 이르되 네 이름을 다시는 야곱이라 부를 것이 아니요
이스라엘이라 부를 것이니
이는 네가 하나님과 및 사람들과 겨루어 이겼음이니라
(창 32:28).

하나님과 씨름하다 / 창 32:22-32 /

로마서 9장에서 사도 바울은 야곱을 하나님의 은혜(긍휼)의 본보기로 언급합니다. 하나님나라를 세우는 계획에 왜 야곱과 같은 사기꾼을 사용하실까요? "내가 긍휼히 여길 자를 긍휼히 여기고 불쌍히 여길 자를 불쌍히 여기리라"는 15절 말씀이 하나님의 대답입니다. 사도 바울은 '거저 주시는 선물'을 뜻하는 '은혜'라는 말을 좋아했습니다. 예전에 하나님의 뜻을 거스르며 살았으나, 그래도 하나님은 바울을 사랑하셨기 때문입니다.

야곱의 인생에서 두 장면이 특히 은혜를 베푸시는 하나님을 보여줍니다. 두 번의 결정적인 순간에 하나님은 낙담하고 있던 야곱을 극적으로 만나주셨습니다.

첫 장면은 야곱이 혼자 도망쳐 광야를 건널 때였습니다. 형에게서 장자 상속권을 빼앗은 뒤 죽이려고 위협하는 형을 피해 달아나고 있었습니다.

하지만 하나님은 힐난을 받아 마땅한 그에게 희망찬 약속을 가지고 나타나셨습니다. 야곱이 하나님을 찾은 것이 아닙니다. 하나님이 그를 찾아 오셨습니다. 그 불안한 순간에 하나님은 아브라함에게 약속하셨던 모든 복이 불명예스럽게 도망이나 치는 야곱에게 이뤄질 거라는 사실을 분명히 하셨습니다.

두 번째 만남은 수십 년이 지나 야곱이 형 에서와 화해를 시도하려던 전날 밤에 이루어졌습니다. 그간에 야곱은 많은 시련을 통해 성장했지만, 막상 에서를 만날 생각을 하니 두렵기만 했습니다. 야곱이 하나님께 언약을 지켜달라고 간청하자 하나님은 초자연적 만남으로 응답하십니다. 이 만남은 성경 전체를 통틀어 아주 보기 드문 만남입니다. '붙잡는 자' 야곱은 드디어 가장 만만치 않은 적수를 만났습니다. 그는 하나님과 직접 맞붙어 씨름을 합니다. 이 특별한 밤을 보낸 뒤 야곱은 평생 다리를 절며 지내게 됩니다. 그에게는 영원히 잊을 수 없는 기억으로 남을 것입니다.

게다가 야곱은 '이스라엘'이라는 새로운 이름을 받습니다. 이 새 이름은 야곱을 향해 하나님이 베푸신 은혜를 최종적으로 인증합니다. 사기꾼 야곱은 하나님이 선택하신 백성 '이스라엘'과 같은 이름을 가지게 되었습니다.

오늘의 묵상

야곱처럼 하나님과 극적으로 만나는 사람은 많지 않습니다.
당신이 곤경에 처했을 때 하나님은 어떻게 찾아 오셨습니까?

Jacob Meets Esau

에서가 달려와서
그를 맞이하여 안고 목을 어긋맞추어
그와 입 맞추고 서로 우니라
(창 33:4).

에서를 만나다 / 창 33:1-20 /

도움을 청하는 야곱의 기도에 하나님은 상상을 초월하는 방식으로 대답하십니다. 형 에서는 동생을 해치기는커녕 두 팔 벌리고 달려옵니다. 하나님은 두 형제의 마음을 모두 바꿔놓으셨습니다. 에서는 복수가 아니라 화해를 원합니다. 그리고 야곱은 에서와 떨어져 있는 동안 겸손해지고 아량도 넓어졌습니다.

오랜만에 이루어진 이 만남에서 야곱은 그 어느 때보다 선명하게 하나님의 얼굴을 봅니다. 야곱은 그간의 삶에서 자신의 방식대로 살겠다고 고집하며 너무 오랫동안 하나님과 씨름했습니다. 제일 마지막 씨름에서 하나님은 야곱에게 권능을 보여주셨고 다시 한 번 그에게 복을 내려주셨습니다. 이제 자신을 원망하는 형을 만나러 고향으로 간 야곱은, 반가워서 눈물을 흘리며 자기를 끌어안는 형에게서 하나님의 얼굴을 봅니다.

성경 전체를 통해 하나님은 그리스도인들에게 이와 똑같은 모습을 여러 번 보여주실 것입니다. 에서처럼 화가 나서 용서를 생각할 수 없는 사람이 오히려 비난받아 마땅한 사람을 받아들입니다. 이것이 하나님의 자녀인 우리를 변함없이 사랑하시는 하나님의 모습입니다. 우리 모두가 야곱과 같은 안목을 갖게 되기 바랍니다.

오늘의 묵상

전혀 예상치 못했던 사람이 베푼 사랑을 통해
하나님의 모습을 발견한 적이 있습니까?

Jacob Returns to Bethel

일어나 벧엘로 올라가서 거기 거주하며
네가 네 형 에서의 낯을 피하여 도망하던 때에 네게 나타났던
하나님께 거기서 제단을 쌓으라
(창 35:1).

벧엘로 돌아오다 / 창 35:1-15 /

야곱은 한 바퀴를 빙 돌아 제자리로 왔습니다. 실수를 범했고, 제 뜻을 고집했으며, 못된 행실 탓에 시련을 겪었고, 하나님의 긍휼을 힘입어 결국 고향으로 돌아왔습니다. 야곱은 익숙하고 안전한 곳으로 돌아온 것입니다. 하나님이 약속하신 나라가 계속 성장하려면 야곱이 돌아와야 합니다.

하나님은 벧엘로 야곱을 부르십니다. 그가 지나온 여정을 회상하고 그의 삶에서 하나님이 차지하시는 역할을 기억하게 하시려는 것입니다. 결국 야곱은 보고 경험한 것을 가족들에게 전해야 합니다. 언제나 의롭고 신실하신 하나님을 믿는 믿음을 남겨줘야 합니다.

야곱은 여정을 시작하면서 오래전 벧엘에서 하나님께 드린 맹세를 회상합니다. 하나님께 서약한 충성을 기억하는 야곱은 가족들이 하나님을 섬기는 동시에 우상도 섬기는 모습을 봅니다. 그들은 자기들이 믿고 돌보는

이 우상들을 없애야 합니다. 여호와께 드리는 제단 앞에 나아가기 전에 그들은 순결해져야 합니다.

다시 한 번 하나님은 벧엘에서 야곱에게 말씀하십니다. 하나님은 약속을 반드시 성취하겠다고 다시금 천명하십니다. 비록 야곱은 신실하지 않았지만 하나님은 야곱을 항상 신실하게 대하셨습니다. 벧엘에서의 약속은 결코 바뀌지 않았습니다.

오늘의 묵상

하나님과 함께하는 여정의 어디쯤에 있습니까? 자신의 길을 주장하고 있지 않습니까? 하나님의 긍휼을 경험하고 있습니까? 하나님의 약속이 성취되는 것을 보고 있습니까?

Wrestling with God / 깊이 생각하기 /

하나님과의 씨름

누군가와 강가에서 씨름을 하며 밤을 지새운 한 사기꾼이 있습니다. 나중에야 안 일이지만 이 사람의 상대는 하나님이었습니다. 성경이 이 남자에 관해 들려주는 옛이야기의 교훈은 무엇일까요? 하나님은 사랑받을 자격이 없는 사람들조차 모두 사랑하신다는 놀라운 진실이 이 이야기에 담겨 있습니다. 또한 우리 삶의 계획과 그 계획을 실행하시는 권능의 하나님, 그런 하나님과 동행하는 삶의 과정에 대해서도 배웁니다.

씨름하는 장면은 실생활 속에서 우리가 하나님과 맺고 있는 관계를 잘 표현해줍니다. 야곱처럼 우리는 하나님을 알고 나서 그분을 따르겠다는 맹세를 합니다. 그러다가도 스스로 선택한 길에서 문제가 생기면 순간 옳다고 생각되는 일들을 해버립니다. 가끔 우리는 하나님께 의뢰하기도 합니다. 때로는 진지하게, 때로는 형식적으로. 그러나 고집 센 아이들처럼 또다시 자신의 뜻을 주장하며 앞서 나가려 합니다. 우리는 끊임없이 하나님과 씨름합니다. 씨름 상대인 하나님의 성품을 이해할 수 있을 만큼 성숙하지 못하기 때문입니다. 그리고 우리가 씨름을 포기할 때 하나님이 이루실 승리가 어떤 것인지 깨닫지 못하는 까닭입니다.

하나님은 우리에게 자신을 강요하지 않으십니다. 우리가 고집을 부리면 갈등이 생겨도 내버려 두십니다. 그러다가 우리가 정말로 절벽 끝에 서는 순간, 하나님은 등을 받쳐 주시며 우리의 연약함을 일깨우십니다. 그때에야 비로소 언제나 하나님이 승리하신다는 진리를 깨닫습니다. 그리고 하나님이 승리하실 때에만 우리도 승리할 수 있다는 이치도 알게 됩니다. 하나님을 처음 만나 설레던 그 순간, 그리고 머뭇거리며 서약한 최초의 맹세들, 이런 경험들은 모두 사랑의 하나님이 우리의 연약함을 하나님의 능력으로 바꾸시는 순간들입니다.

얼마 동안은 하나님과 씨름할 수도 있습니다. 하지만 시간이 지나면 씨름을 멈추고 야곱처럼 고백할 것입니다. "당신을 그냥 보내지 않을 겁니다." 우리는 사도 바울이 했던 말을 그대로 따라하게 될 것입니다. "내가 약한 그때에 강함이라"(고후 12:10).

오늘의 묵상

하나님과 씨름하고 있습니까? 무엇을 얻고자 합니까?
당신 자신을 이해할 수 있도록, 그리고 당신이 바라는 것
중심에 무엇이 있는지 이해할 수 있도록 도와달라고 하나님께 간구하십시오.
하나님의 계획을 신뢰하고 그분의 능력에 의지할 수 있게 해달라고 기도드리십시오.

Joseph's Dreams

요셉이 꿈을 꾸고
자기 형들에게 말하매
그들이 그를 더욱 미워하였더라
(창 37:5).

요셉의 꿈 / 창 37:1-36 /

형제자매 간의 갈등만큼 치열한 싸움도 없습니다. 가족의 친밀함은 때로 관계에서 오는 상처에 소금을 문지르는 것과 같습니다. 창세기에 나오는 몇몇 이야기들을 통해 형제 간의 경쟁이 얼마나 치열하고 무서운지 알 수 있습니다. 가인과 아벨, 이삭과 이스마엘, 그리고 야곱과 에서가 그랬습니다. 창세기의 마지막 이야기에 나오는 요셉은 열한 명의 형제와 대항합니다.

창세기의 이야기 진행 속도가 요셉에 이르러 다소 느려집니다. 성경은 다른 사람들의 경우와 달리 요셉의 인생 여정을 자세하게 기술하여 많은 부분을 할애합니다. 요셉이 그 누구보다도 우여곡절이 많은 사람이기 때문입니다. 노예로 팔렸다가 억울한 옥살이를 하고, 마침내 그 당시 가장 위대한 제국의 제2인자로 등극합니다. 이 무용담이 바로 오늘 본문에 나온 비극적 사건에서 시작됩니다.

아버지가 특별히 총애하는 아들 요셉은 형들의 질투 어린 태도에 매우 무심한 것 같습니다. 심지어 가족들이 자신에게 절하는 꿈을 꿨다는 말을 하며 은근히 자랑하기까지 합니다. 어찌 됐든 요셉은 형들과 너무 소원하게 지냈고, 형들은 복수하기로 결심합니다.

처음에 형들은 요셉을 죽이기로 계획합니다. 하지만 차마 그렇게는 못하고, 애굽으로 가던 미디안 상인들에게 요셉을 팔아넘깁니다. 아버지 야곱은 요셉이 들짐승에게 잡아먹혔다는 형들의 말을 그대로 받아들입니다. 형들도, 슬퍼하는 아버지 야곱도 다시는 요셉을 만나리라고 생각하지 않습니다. 그러나 하나님은 다른 계획을 갖고 계십니다. 요셉이 꾸는 이상한 꿈들이 고향에서는 그를 곤경에 빠뜨리지만, 멀고 먼 땅 애굽에서는 구원의 수단이 될 것입니다.

오늘의 묵상

처음에는 큰 불행으로 여겨졌던 일들이 하나님의 손길로 말미암아
좋은 결과를 내었던 경험이 있습니까?

Joseph and Potiphar's Wife

여인이 날마다 요셉에게 청하였으나
요셉이 듣지 아니하여 동침하지 아니할 뿐더러
함께 있지도 아니하니라
(창 39:10).

요셉과 보디발의 아내 / 창 39:1-23 /

"여호와께서 요셉과 함께하시므로…." 오늘 본문은 이 문장으로 시작하고 끝맺습니다. 또한 요셉의 이야기가 진행되는 내내, 하나님의 손길이 항상 요셉에게 있고 어떤 상황이나 처지에서도 하나님이 요셉과 함께하시는 것을 볼 수 있습니다. 요셉을 향한 보디발의 마음을 움직이신 분은 틀림없이 하나님이십니다. 요셉이 보디발의 집에서 하인으로 수행한 모든 일들이 성공한 것도 하나님이 주신 복입니다. 감옥에서 요셉이 친위대장의 호의를 얻게 되는 것 역시 하나님의 역사입니다. 하나님이 요셉을 보호하시며 어떤 어려운 상황에서도 선한 결과를 만들어내신다는 것은 의심할 여지가 없습니다.

다만 보디발의 아내와 관련된 사건에서 하나님의 손길이 역사하지 않는 듯한 느낌이 듭니다. 그날 아침 단 몇 시간 동안 하나님이 요셉을 떠나신 걸까요? 하나님이 요셉의 순종을 시험하신 걸까요? 왜 다시 누군가가 요셉을 학대하고 배반하게 내버려두셨는지 하나님은 말씀하시지 않습니다. 그러나 하나님은 요셉을 떠나신 게 아니라는 점을 분명히 하십니다.

모든 시련과 유혹에도 불구하고 요셉은 여전히 신실합니다. 하나님을 욕되게 하는 순간적 쾌락에 결코 굴복하지 않습니다. 감옥에 갇힌 요셉에게 하나님은 새로운 확신을 주십니다. 그에게 늘 가까이 계시며 사랑을 보이시고 어려움을 견딜 수 있게 해주십니다. 옥에 갇힌 상태에서도 요셉의 성공을 계속 도와주십니다.

하나님은 요셉을 위해 원대한 계획을 세워두셨습니다. 하인으로, 죄수로 지내는 요셉은 그 원대한 계획이 당대에 어떻게 실현될지 전혀 알지 못합니다. 어쨌거나 그는 이스라엘을 돕는 하나님의 도구로 쓰일 것입니다. 요셉은 유혹을 이겨내고 하나님의 복을 기다릴 수 있는 자신을 보았습니다. 하인과 죄수로 보낸 시간은 허송세월이 아닙니다. 그런 고난을 통해 요셉은 하나님이 계획하신 더 위대한 일을 할 수 있는 자리에 오르게 됩니다.

오늘의 묵상

순간의 쾌락이 당신을 유혹하고 있습니까? 유혹에 굴복하는 것이 하나님을 욕되게 하거나 당신을 위한 하나님의 원대한 계획을 방해하지는 않을까요?

The Cupbearer and the Baker

요셉이 그들에게 해석함과 같이 되었으나
술 맡은 관원장이 요셉을 기억하지 못하고
그를 잊었더라
(창 40:22-23).

술 맡은 관원과 떡 굽는 관원 / 창 40:1-23 /

하나님은 다시 요셉을 꿈꾸게 하십니다. 꿈 속에서 그의 장래에 어떤 일들이 일어날지 말씀하십니다. 술 맡은 자와 떡 굽는 자의 꿈은 요셉과 직접적인 관련이 없습니다. 그러나 이 꿈에 대한 해석이 실현됨으로써 하나님이 정말로 요셉에게 해몽하는 능력을 주셨다는 것이 증명됩니다. 동료 죄수들의 꿈을 풀게 인도하신 하나님은 같은 방식으로 요셉의 꿈에 예언된 일들이 실현되게 하실 겁니다. 요셉이 감옥에서 풀려나게 도와줄 것 같았던 술 맡은 관원장은 요셉을 완전히 잊어버립니다. 그러나 하나님은 그를 잊지 않으십니다. 그 무엇도 하나님의 계획을 제한할 수 없습니다.

오늘의 묵상

암울하게만 보이는 지금 상황을 하나님의 시각으로 본다면 어떻게 보일까요?

Pharaoh's Dreams

바로가 그의 신하들에게 이르되
이와 같이 하나님의 영에 감동된 사람을
우리가 어찌 찾을 수 있으리요 하고
(창 41:38).

바로의 꿈 / 창 41:1, 8-43, 53-55 /

창세기는 하나님이 그의 백성을 인도하시는 다양한 방법들을 멋지게 그리고 있습니다. 아브라함의 경우처럼 때로는 장엄하게 인격적으로 나타나시거나 천사들을 보내시기도 합니다. 밤새도록 씨름을 하고 하늘에 닿은 사다리를 보았던 야곱과 같이, 어떤 사람들에게는 신비로운 방법으로 인도하십니다. 요셉의 경우는 그 인도하심이 간접적이고 매우 이해하기 어려운 방법인 듯합니다.

하나님은 요셉에게 천사보다는 주로 꿈을 통해 말씀하십니다. 함께 갇힌 죄수와 포악한 애굽 왕 바로처럼 미덥지 않은 사람들로부터 들은 이상한 꿈들입니다. 하나님은 이 꿈들의 정확한 의미를 요셉에게 알려주셔서 요셉의 탁월함을 드러내십니다. 그 당시 애굽 사람들은 꿈의 의미를 아주 중요하게 여겼습니다. 고고학자들이 꿈 해석에 대한 아주 길고 긴 문서들

을 발굴한 적이 있습니다. 해몽의 대가 요셉은 애굽 정부의 최고 직위에 오릅니다.

요셉의 인생에서 하나님은 늘 무대 뒤편에서 일하십니다. 사실 겉으로 보기에 요셉에게 일어난 일들은 잘 납득되지 않습니다. 형들에게 자기의 꿈을 이야기하자 형들은 그를 구덩이에 던져 넣습니다. 보디발의 아내의 유혹을 거절한 결과 감옥에 갇힙니다. 함께 감옥에 갇힌 사람의 꿈을 해석해주지만, 그는 곧 요셉을 잊어버립니다.

하지만 요셉은 단 한 번도 하나님에 대한 믿음을 저버리지 않습니다. 아마도 이것이 창세기가 많은 지면을 요셉의 이야기에 할애한 이유일 것입니다. 요셉은 그의 삶에 찾아오는 시련을 통해 하나님의 손길을 보게 됩니다. 예를 들어 노예로 팔려간 일이 오히려 좋은 결과를 가져온 것처럼 말입니다. 그 결과로 요셉은 막강한 지위에 오릅니다. 그리고 그는 곧 자기 가족들을 굶주림으로부터 구할 능력을 갖게 됩니다.

오늘의 묵상

만일 하나님이 당신에게 중요한 메시지를 전하신다면, 어떤 방법으로 전해주실까요?

A Life Motto / 깊이 생각하기 /

인생의 잠언

"인생은 불공평하다."

부당한 일을 당할 때마다 이 말에 얼마나 많은 상처를 받았습니까? 불공평한 일들로 속상해하면서 스스로 이 말을 중얼거린 적이 얼마나 많았습니까? 많은 사람들이 어린 나이에 이 경구를 배웁니다. 인생이 뜻대로 되지 않는다는 것을 우리는 어릴 때부터 깨닫습니다. 시간이 흐를수록 '인생이 불공평하다'는 이 경구가 사실로 확인되는 경험을 반복합니다. 결국 우리 마음은 굳어지고 냉랭해집니다. 무엇 때문에 더 나은 것을 바라겠습니까?

우리는 성경으로 돌아가서, 인생에 제멋대로 나타나는 수많은 불공평한 일들에서 빠져나올 수 있는 방법을 찾습니다. 하나님과 함께하는 삶이 세상의 불공평을 깨끗이 해결할 거라고 확신합니다. 그러나 하나님과 함께

한 요셉의 인생도 불공평했습니다.

요셉이 살던 세상이나 우리가 살고 있는 세상은 아직도 죄의 권세가 남아 있는 까닭에 여전히 불공평합니다. 그러나 그리스도인의 현실은 여기서 멈추지 않습니다. 신앙인들은 공평함에만 초점을 맞출 게 아니라 그 너머를 볼 수 있어야 합니다. 하나님과 그의 선하심을 바라봐야 합니다. 요셉의 인생은 불공평했지만 하나님은 그를 무한한 사랑과 선하심으로 대해주셨습니다. 요셉에게 부당한 사건들이 일어나고 시련의 어둔 밤이 왔을 때에도 하나님은 사랑하는 요셉에게 선을 이루어주시기 위해 역사하셨습니다.

영국 베네딕트 수도회 수녀였던 노르위치의 줄리안은 흑사병으로 사회적 불안과 공포가 극심했던 때를 살던 인물입니다. 젊은 나이에 그녀 자신도 흑사병으로 거의 죽을 뻔했다고 합니다. 그녀는 다음과 같은 글을 남깁니다. "우리 육신이 옷으로 덮여 있듯이, 우리 영혼과 몸도 하나님의 선하심으로 덮이고 감싸여 있습니다. 의복과 육신은 사라져도 하나님의 선하심은 사라지지 않고 남아 우리 육신보다 더 친밀하게 우리 곁에 있을 것입니다."

인생은 공평하지 않지만 하나님은 선하십니다.

오늘의 묵상

부당한 일로 갈등을 겪고 있습니까? 하나님께 나아와 당신이 느끼는 분노를 털어놓으십시오. 마음속의 아픔을 아뢰십시오. 당신의 삶에서 하나님의 선함을 선명하게 보여주시기를 간구하십시오.

Joseph's Brothers Go to Egypt

우리가 아우의 일로 말미암아 범죄하였도다.
그가 우리에게 애걸할 때에 그 마음의 괴로움을 보고도 듣지 아니하였으므로
이 괴로움이 우리에게 임하도다
(창 42:21).

애굽에 내려온 형제들 / 창 42:1-26 /

20여 년 만에 드디어 요셉과 형들이 다시 만납니다. 요셉은 형들을 알아보지만, 형들은 애굽의 총리가 된 요셉을 알아보지 못합니다. 요셉의 마음속에 만감이 교차합니다. 오랜 전에 꾸었던 꿈이 생각나자 복수하고픈 욕망이 끓어오릅니다. 과거에는 잔인한 형들의 희생물이었지만, 지금은 그들의 운명을 쥐락펴락할 수 있는 위치에 있습니다.

요셉의 형들이 무방비 상태에 처하자 그들의 죄가 밝히 드러납니다. 자신들의 행동이 가져온 결과에 대해 대가를 치러야 한다고 생각합니다. 성경은 부당한 일들이 난무하는 인생을 보여주기도 하지만, 뿌린 대로 거둔다는 사실을 확인시켜주기도 합니다. 이제 형들의 장래에는 고통이 따를 것입니다. 이것이 곧 세상이 정당하다는 증거입니다. 자기들이 저지른 행동에 대해 대가를 치러야 마땅합니다.

여기서 요셉의 진짜 성품이 빛을 발하기 시작합니다. 그는 자기 삶의 여정에 대한 의문으로 헤아릴 수 없이 많은 밤낮을 지새웠습니다. 이제는 형들이 자신들의 장래가 어찌될까 막막해합니다. 마침내 요셉은 하나님이 왜 자기를 애굽으로 이끄셨는지 알게 됩니다. 자기 가족들을 죽음에서 구할 수 있는 곳이 바로 애굽이었던 것입니다.

요셉이 다른 방에서 통곡하고 돌아와서는, 막내 베냐민을 데려오라고 아홉 명의 형들을 고향으로 돌려보내며 마음을 가다듬습니다. 곧 그토록 사랑하던 동생을 만날 것입니다. 요셉은 사건의 추이를 지켜보며 생각할 시간을 갖습니다. 형들도 자신들의 잘못에 대해 돌이켜보고 반성할 시간을 갖게 됩니다.

오늘의 묵상

자신의 행동에 대해 뿌린 대로 거둔 경험이 있습니까?

Joseph's Brothers Return to Canaan

각기 자루를 쏟고 본즉
각 사람의 돈뭉치가 그 자루 속에 있는지라.
그들과 그들의 아버지가 돈뭉치를 보고 다 두려워하더니
(창 42:35).

가나안에 돌아온 형제들 / 창 42:27-38 /

요셉은 돈을 곡식 자루에 도로 집어넣게 하여 형들에게 누명을 씌우려 합니다. 형들의 생각에는 하나님이 자신들을 벌주시려고 일부러 이런 일을 하시는 것 같습니다. 사실 하나님은 야곱의 가족을 기근으로부터 보호하시려는 것입니다. 요셉을 통하여 가족들을 애굽으로 데려오시는데, 이곳에서 이스라엘 민족은 400여 년을 보내며 큰 민족으로 성장합니다.

야곱의 가족이 애굽으로 들어오는 순간, 그들은 하나님을 향해 돌아서야 합니다. 얼마 동안은 두렵겠지만, 하나님은 그들을 돌이켜 다시 하나님과 하나 되게 하십니다.

오늘의 묵상

두려움 때문에 하나님을 찾은 경험이 있습니까?
하나님이 당신의 두려움을 선으로 바꿔주셨습니까?

The Second Journey to Egypt

그들이 애굽에서 가져온 곡식을 다 먹으매
그 아버지가 그들에게 이르되 다시 가서 우리를 위하여
양식을 조금 사오라
(창 43:2).

애굽으로 가는 두 번째 여정 / 창 43:1-2, 8-31 /

야곱의 아들들은 다시 애굽으로 떠나야 합니다. 시간이 흘러 애굽에서 얻어온 곡식도 바닥났습니다. 야곱은 걱정이 앞서지만 더 이상 결정을 미룰 수 없습니다. 베냐민의 목숨을 거는 위험을 감수하느냐, 아니면 가족 전체가 굶주려 죽도록 내버려두느냐 하는 문제입니다. 형들이 애굽에 도착하여 요셉이 베푼 점심식사에 초대를 받습니다. 그들은 곡식 자루에 도로 담겼던 돈에 대하여 요셉의 청지기에게 변명합니다. 청지기의 대답은 그들이 애굽에서 겪은 모든 일들에 초점을 맞춥니다. "너희는 안심하라. 두려워하지 말라. 너희 하나님 너희 아버지의 하나님이 재물을 너희 자루에 넣어 너희에게 주신 것이니라."

요셉의 형들은 자기들이 곡식보다 훨씬 중요한 이유로 애굽에 왔음을 곧 깨달을 것입니다. 오랫동안 헤어졌던 동생과 다시 만날 것입니다. 새

집을 얻고 이곳에서 하나님이 선택하신 귀한 백성으로 성장할 것입니다. 자루에 도로 담긴 돈이 함정인 줄 알았는데, 사실은 이방 나라의 수많은 사람들 중에서 하나님이 사랑하는 백성을 그분의 손 안에 감추시고 보호하신다는 상징이었습니다.

오늘의 묵상

오늘 당신을 두렵게 하는 것은 무엇입니까?
당신이 두려워하는 것에 보물이 감춰져 있지는 않을까요?

A Silver Cup in a Sack

우리가 어떻게 우리의 정직함을 나타내리이까.
하나님이 종들의 죄악을 찾아내셨으니
우리와 이 잔이 발견된 자가 다 내 주의 노예가 되겠나이다
(창 44:16).

자루 속 은잔 / 창 44:1-18, 27-34 /

요셉의 형들은 다시 도둑 누명을 씁니다. 이번에는 베냐민이 의심의 표적이 됩니다. 요셉은 이 마지막 시험을 통하여 형들의 깨달음을 확인하려 합니다. 그들이 아버지와 막내 동생에게 동정심을 갖는다면, 요셉에게 저지른 죄에 대해서도 후회하고 있을 것이기 때문입니다. 그래야 하나님의 언약을 성취하는 데 동참할 수 있습니다. 형들이 시험을 통과합니다. "하나님이 종들의 죄악을 찾아내셨다"고 유다가 인정합니다. 유다는 베냐민을 포기하고 그냥 집으로 돌아가느니 자기가 요셉의 노예가 되겠다고 나섭니다. 자신의 안위보다 아버지를 더 염려합니다.

오늘의 묵상

과거에 저지른 실수를 통해 깨달음을 얻습니까?

Jeseph Makes Himself Known

당신들은 나를 해하려 하였으나
하나님은 그것을 선으로 바꾸사
오늘과 같이 많은 백성의 생명을 구원하게 하시려 하셨나니
(창 50:20).

형제들 앞에 선 요셉 / 창 45:1-46:4; 47:11; 49:33; 50:14-21 /

요셉은 거의 2년에 걸쳐 교묘한 시험을 했습니다. 형들에게 정탐꾼이 아니냐고 다그쳤고 속임수를 써서 누명을 씌우기도 했습니다. 이 과정에서 형들은 혼란과 두려움을 겪었고, 동생에게 저질렀던 잘못을 반성하게 되었습니다. 요셉은 해야 할 일을 한 것입니다.

이 드라마는 여기서 그치지 않습니다. 요셉은 북받치는 감정의 소용돌이를 겪습니다. 그는 다섯 번이나 울음을 터뜨렸고, 한 번은 옆방에서도 들릴 만큼 큰 소리로 통곡했습니다. 요셉은 용서해야 한다는 두려운 중압감을 느끼고 있습니다. 마침내 형제들은 놀라운 사실을 알게 됩니다. 자기들이 거의 죽일 뻔하다가 노예로 팔았던 십대의 동생이 지금 대제국 애굽의 공식적인 2인자가 되어 있습니다. 자기들의 운명이 그 동생의 손에 달려 있습니다.

하지만 요셉은 복수할 생각이 조금도 없습니다. 마침내 용서할 준비가 된 요셉이 말합니다. "형들은 나를 해치려 했지만, 하나님은 그 일을 선으로 바꾸셔서 많은 생명을 구원하셨습니다." 자신의 시련과 고난을 하나님의 큰 그림의 한 부분으로 보면서 요셉은 분노로부터 자유로워집니다. 이리하여 형제들의 화해는 이스라엘 백성이 열두 지파로 이루어진 한 가족, 단일 국가가 될 수 있는 길을 열어줍니다.

가나안 땅 고향집에 남아 있던 노인 야곱은 죽은 줄 알았던 아들이 살아 있다는 소식을 듣고 정신을 차릴 수 없습니다. 하지만 하나님이 나타나셔서 일러주시는 말씀을 듣고 애굽을 향해 부지런히 길을 떠납니다.

큰 민족, 국가, 영토. 하나님이 아브라함과 이삭과 야곱에게 약속하신 것들입니다. 창세기는 이 세 가지 중 첫째 약속만이 실현되는 것으로 끝이 납니다. 야곱의 열두 아들들에게서 무수한 자녀들이 탄생합니다. 이 아들들이 결코 거룩하지 않다는 것을 성경은 솔직하게 보여줍니다. 그 가운데 열한 명이 요셉을 배반하기까지 했습니다. 그러나 하나님은 이렇게 부족하게 시작하여 그의 나라를 세우실 것입니다.

오늘의 묵상

우리가 다른 사람들을 용서할 때 가장 힘든 것은 무엇입니까?

Why Forgive? / 깊이 생각하기 /

왜 용서해야 하는가

상대방이 "미안하다"고 말했다는 이유만으로 갈등을 마무리해야 한다는 책임감을 느낄 때, 용서는 부담으로 다가올 수밖에 없습니다. 내가 부당한 대우를 받았다고 느끼면, 용서할 수 없는 이유가 수도 없이 떠오릅니다. '그이도 깨달아야 해. 당분간은 그가 속을 좀 끓이게 해야지. 그에게도 도움이 될 거야. 내가 먼저 나설 필요는 없어.' 그러다가 결국 마음이 약해져서 용서를 하게 되면, 마치 단단한 논리에서 흐늘흐늘한 감상으로 건너뛰어 항복한 듯한 기분이 듭니다.

왜 마음이 그렇게 움직일까요? 마음을 움직이는 한 가지 요인은 그리스도인으로서, 즉 용서하시는 아버지 하나님의 자녀로서 그래야 한다는 당위성 때문입니다. 하지만 그리스도인이 아닌 사람들도 용서하기로 선택합니다. 그리스도인이든 아니든 이런 선택을 하는 데는 적어도 세 가지 실제적인 이유가 있습니다.

첫째, 용서만이 냉정의 사슬을 끊고 비난과 고통의 악순환을 멈출 수 있기 때문입니다. 신약성경에 용서의 의미로 가장 자주 등장하는 헬라어는 글자 그대로 '풀어주다', '내쫓다', '자유롭게 해주다' 등을 뜻합니다. 우리의 본성을 뛰어넘지 못하면 우리가 용서하지 못하는 그 사람들에게 얽매이고 그들의 손아귀에 잡혀 있게 됩니다. 한쪽은 완전히 결백하고 다른 한쪽은 철저히 비난받아야 하는 경우에도 이 원리는 적용됩니다. 결백한 사람은 상처를 치유받을 방법을 찾을 때까지 그 상처를 끌어안고 가야 합니다. 그 방법이 바로 용서입니다.

형들에게 원한을 품어 마땅했던 요셉은 눈물과 신음을 터트리며 용서했습니다. 산모가 분만을 하고 나서 그 몸이 자유로워지는 것과 같이 요셉도 이 과정을 통해 마침내 자유를 얻었습니다. 그는 아들의 이름을 므낫세로 지었습니다. '잊히게 하는 사람'이라는 뜻입니다.

둘째, 용서가 가해자의 목을 조이는 죄책감을 풀어줄 수 있는 위력을 갖고 있기 때문입니다. 관대한 용서는 죄책감을 가진 사람을 변화시킵니다. 루이스 스미디즈는 용서와 사면이 같지 않다고 지적합니다. 당신에게 부당한 일을 저지른 사람을 사면해주면 상대의 잘못에 대해서 여전히 징계를 요구할 수 있습니다. 하지만 용서하기로 마음먹으면, 자신에게도 잘못을 저지른 상대방에게도 치유의 힘이 작용합니다.

용서는 비난의 악순환을 끊고 목을 조이는 죄책감을 풀어줍니다. 용서가 이 두 가지를 성취할 수 있는 것은 용서할 사람과 용서받을 사람을 같은 편으로 만드는 놀라운 화합 때문입니다. 우리는 그 과정을 통해서 가해자와 자신이 크게 다르지 않다는 것을 깨닫게 됩니다. "나 역시 내가 생각하는 자신과는 다른 사람이다. 이것을 아는 것이 용서다." 시몬 베유가 한 말입니다.

하나님의 자비로우신 용서의 기적은 그리스도가 이 땅에 오시어 이루신 연합으로 인해 가능해졌습니다. 하나님은 당신이 간절히 사랑하시는 피조물들의 한계를 감수하셔야만 했습니다. 하지만 어떻게? 하나님은 죄를 짓도록 유혹을 받고 견디기 힘든 시간을 보내는 것이 어떤 것인지 경험하지 못하셨습니다. 그래서 하나님은 이 땅으로 내려와 우리들 가운데 사시면서 그것을 배우셨습니다. 하나님이 스스로 우리 편이 되신 것입니다.

오늘의 묵상

용서의 논리로 괴로워한 적이 있습니까? 도저히 용서할 수 없는 사람이 있습니까? 하나님께 당신의 마음을 누그러뜨리시고 용서의 길로 인도해달라고 간구하십시오. 그리고 당신의 모든 것을 용서하신 하나님께 감사하십시오.

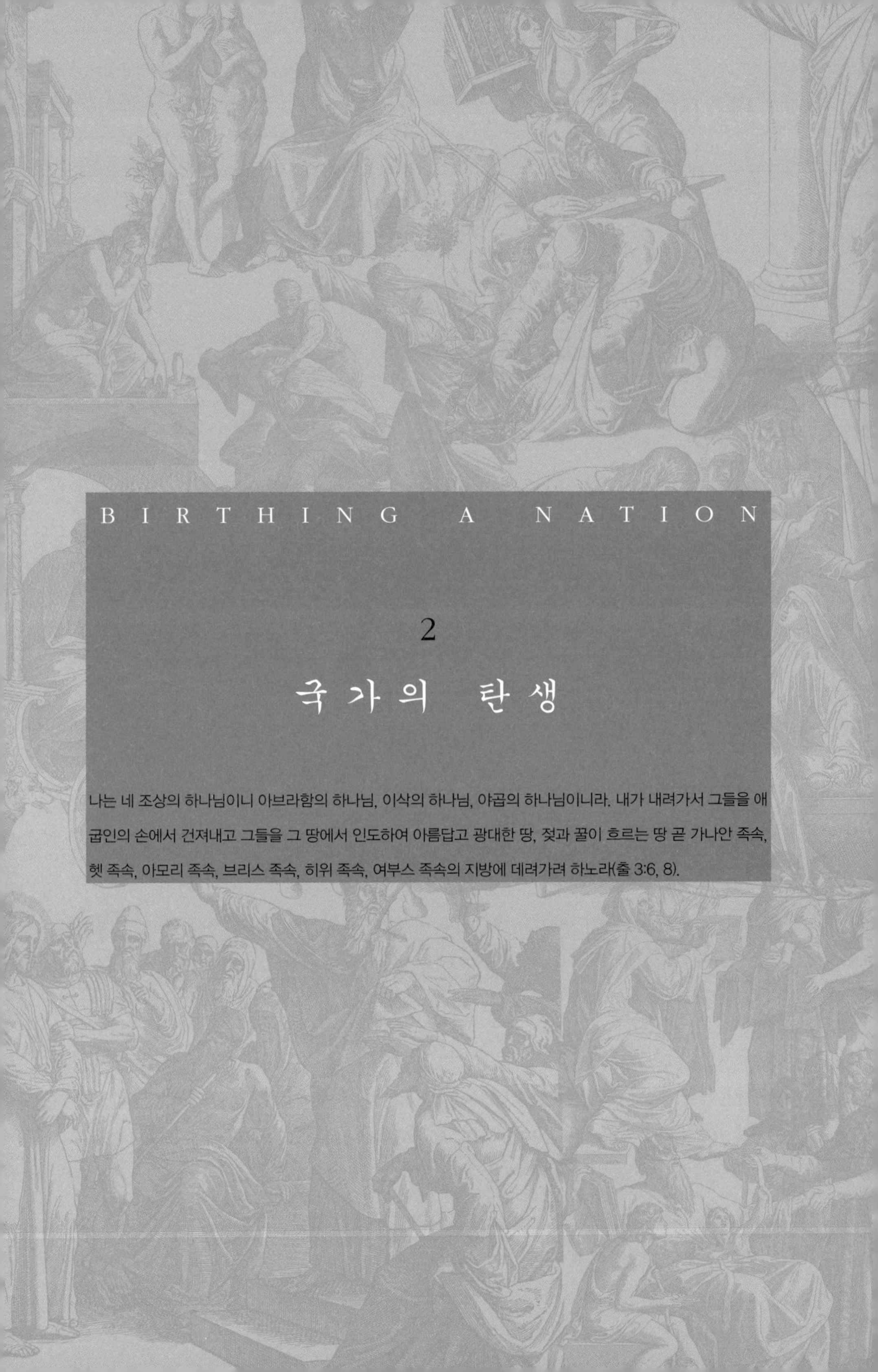

BIRTHING A NATION

2
국가의 탄생

나는 네 조상의 하나님이니 아브라함의 하나님, 이삭의 하나님, 야곱의 하나님이니라. 내가 내려가서 그들을 애굽인의 손에서 건져내고 그들을 그 땅에서 인도하여 아름답고 광대한 땅, 젖과 꿀이 흐르는 땅 곧 가나안 족속, 헷 족속, 아모리 족속, 브리스 족속, 히위 족속, 여부스 족속의 지방에 데려가려 하노라(출 3:6, 8).

The Birth of Moses

그 아기가 자라매
바로의 딸에게로 데려가니
그가 그의 아들이 되니라
(출 2:10).

모세의 출생 / 출 1:1-2:15 /

야곱의 가족이 애굽으로 들어간 이후 수많은 세대가 흘렀습니다. 불과 몇 백년 만에 이스라엘 민족은 그 수가 엄청나게 늘었습니다. 그들이 애굽에서 번성하고 있지만 여기는 그들의 본토가 아닙니다. 애굽 사람들과 이스라엘 사람들 사이에 긴장 관계가 생기자 하나님은 이스라엘에게 떠날 준비를 시키십니다.

애굽 사람들은 이전 어느 때보다 히브리 사람들을 더욱 가혹하게 대합니다. 이제 하나님은 그의 백성을 인도해내기 위해 한 사람을 택하여 세우십니다. 바로 모세입니다. 모든 히브리족의 사내아기들이 나일 강에 버려져 죽게 되지만, 모세만은 바로 가족의 손에 건짐을 받습니다. 모세의 생모가 유모 노릇을 하며 그를 키우고, 자라서는 애굽의 전통 교육을 받습니다. 고등교육을 받으며 자란 모세는 애굽 언어와 히브리 언어 모두를 유창하게 합니다. 하나님은 이렇게 예측할 수 없는 방식으로 택하신 사람을 훈련하십니다. 그분의 계획을 성취하기 위해서 말입니다.

오늘의 묵상

하나님은 당신을 어떻게 훈련하셨습니까?

Moses and the Burning Bush

여호와의 사자가 떨기나무 가운데로부터 나오는 불꽃 안에서 그에게 나타나시니라.
그가 보니 떨기나무에 불이 붙었으나
그 떨기나무가 사라지지 아니하는지라
(출 3:2).

불타는 떨기나무 / 출 3:1-22 /

야곱의 가족은 거대한 민족을 이루었습니다. 하나님의 계획이 천천히 진행되고 있습니다. 한 가지 문제는 그들이 강팍한 바로 밑에서 노예로 고생하고 있다는 점입니다.

아브라함과 이삭과 야곱에게 하신 하나님의 약속은 대를 이어 내려왔습니다. 하지만 이 상황에서 누가 그 언약을 믿겠습니까? 이스라엘 백성들은 매일같이 애굽의 채찍 아래서 신음합니다. 동쪽 어딘가에 있는 약속의 땅은 여러 왕들이 각각 나누어 지배하고 있습니다.

드디어 하나님은 때가 찼다고 생각하셨습니다. "내가 애굽에 있는 내 백성의 고통을 분명히 보았노라. … 이제 내가 할 일을 보여주겠다." 하나님이 말씀하십니다. 이후에 이어지는 본문은 천지창조 이래로 가장 놀랍고도 감동적인 하나님의 역사를 기록합니다.

우선 하나님은 리더가 필요했습니다. 그래서 모세를 택하셨는데 참으로 어처구니없는 선택입니다. 모세를 리더로 준비시키는데, 애굽에서 40년, 광야에서 다시 40년이 걸렸습니다. 하나님의 부르심은 모세에게 결코 잊을 수 없는 만남입니다. 불타는 떨기나무 가운데서 이상한 목소리가 들려옵니다. "나는 네 조상 아브라함과 이삭과 야곱의 하나님이라." 하나님은 오래 전에 하신 약속을 통해 자신을 소개하십니다. 이제 그 약속을 실행할 때가 된 것입니다. 모세는 애굽의 노예로 있는 이스라엘 백성을 자유가 있는 약속의 땅으로 인도해내기 위해 하나님이 직접 택하신 사람입니다.

오늘 본문에서 알 수 있듯이, 모세는 선택받기 위해 노력한 사람이 절대 아닙니다. 그래서인지 모세는 하나님의 계획에 저항했습니다. 이런 모세의 태도는 이스라엘 백성, 그리고 애굽 사람들에 비하면 아무것도 아닙니다.

오늘의 묵상

당신을 위해 예비하신 일을 알려주려고
하나님은 어떻게 당신의 주의를 환기시키셨습니까?

Signs for Moses

모세가 대답하여 이르되
그러나 그들이 나를 믿지 아니하며 내 말을 듣지 아니하고
이르기를 여호와께서 네게 나타나지 아니하셨다 하리이다
(출 4:1).

모세의 표적 / 출 4:1-17 /

모세는 하나님으로부터 큰 임무를 부여받았습니다. 너무도 부담스러웠습니다. 불타는 떨기나무에서 하나님과 대화하던 모세는 그가 맡을 엄청난 역할에 마음이 위축됩니다. 그는 양떼를 돌보고 땅과 벗하며 세상을 등지고 40년의 세월을 보낸 목동이었습니다. 하나님이 그런 모세에게 애굽 왕 바로를 만나고 히브리 백성을 애굽 밖으로 이끌어 내라고 말씀하십니다.

하나님은 모세의 두려움을 이해하시고 사람들이 모세의 말을 믿을 수 있도록 세 가지 기적을 행하게 하십니다. 하지만 모세는 자신의 능력을 의심하며 다른 사람을 찾아보라고 간청합니다. 하나님은 화를 내십니다. 모세의 이런 태도는 불순종입니다. 그는 자신이 없었고 자격이 없다고 생각했습니다. 하지만 하나님은 맡기신 일을 감당할 능력을 충분히 주십니다. 모세가 여전히 믿지 못하자 하나님은 모세의 대변자로 아론을 택하십

니다. 이제야 모세가 잠잠해졌습니다. 이제 온갖 복된 일들이 나타날 것입니다.

호렙산에서 하나님은 모세에게 명하십니다. "이스라엘을 하나님의 백성다운 삶으로 인도하라." 나중에 모세는 호렙산에 다시 오릅니다. 이곳에서 하나님은 이스라엘을 다스릴 율법, 십계명을 내려주십니다.

오늘의 묵상

최근에 하나님이 당신에게 명하신 일은 무엇입니까? 그 일에 적합한 사람이 아니라고 느꼈습니까? 어떤 식으로든 하나님이 당신을 준비시키지 않으실까요?

The Plagues of Blood and Frogs

여호와께서 모세에게 이르시되
바로의 마음이 완강하여
백성 보내기를 거절하는도다
(출 7:14).

피와 개구리 재앙 / 출 7:14-8:15 /

모세와 아론이 바로를 찾아가 이스라엘 백성을 놓아달라고 요청합니다. 그러나 바로는 하나님이 예언하신 대로 허락하지 않습니다. 오히려 작업량을 늘려서 사람들을 더 고되게 만듭니다. 결국 애굽에 열 가지 재앙이 내리기 시작합니다. 이제 바로는 일 년 안에 고집을 꺾고 이스라엘 백성을 놓아줄 것입니다.

하나님의 첫째 재앙은 나일 강물을 피로 바꾸는 것입니다. 어떤 성서학자들은 실제로 강물이 피로 바뀐 게 아니라고 주장합니다. 나일 강은 붉은 흙을 잔뜩 싣고 에티오피아로부터 흘러나와 자주 범람했습니다. 그래서 핏빛처럼 붉게 보였을 거라는 말입니다. 하나님의 방법이 무엇이었든, 바로가 마음을 바꾸게 하기 위해 계획된 재앙들이 기적처럼 일어납니다.

둘째 재앙은 개구리의 습격입니다. 개구리가 애굽 전역을 덮습니다. 부엌과 침실, 심지어 애굽 사람들 몸에도 기어오릅니다. 만일 이 일이 자연 현상을 이용하여 일으키신 재앙이라면 나일 강에서 무수하게 번식하던 개구리들이 죽은 물고기와 썩은 물 때문에 강에서 올라왔을지도 모릅니다. 바로는 모세가 하나님께 간구하여 개구리를 치워주면 이스라엘 백성을 풀어주겠다고 약속합니다. 그러나 개구리들이 없어지자 바로는 다시 돌변합니다.

오늘의 묵상

사람의 마음을 바꾸려고 하나님이 어떤 사건을 통해 역사하시는 것을 본 적 있습니까?

The Plagues of Gnats, Flies, and Livestock

그러나 바로가 이때에도
그의 마음을 완강하게 하여
그 백성을 보내지 아니하였더라
(출 8:32).

이, 파리, 가축의 재앙 / 출 8:16-9:7 /

하나님이 이번에는 이와 파리로 애굽 사람들을 공격하십니다. 이는 강물이 범람했던 애굽 들판에서 번식했고 파리는 물이 빠진 나일 강의 젖은 강둑에서 생겨났을 가능성이 큽니다. 바로는 파리가 너무 싫어서 이스라엘 백성을 풀어주겠다고 다시 약속합니다. 하지만 파리가 사라지자 다시 약속을 번복합니다. 다음으로 하나님은 애굽 사람들이 기르는 가축들에게 전염병이 돌게 하여 모두 죽게 만드십니다. 이 가축 재앙은 애굽 사람들에게 경제적 타격일 뿐 아니라 그들이 섬기는 신들에 대한 모독이기도 합니다. 그런데 이런 손실에도 불구하고 바로는 여전히 고집을 꺾지 않습니다.

오늘의 묵상

스스로 생각하기에 당신은 유연한 편입니까, 고집스런 편입니까?

Prayer of a Reluctant Servant / 깊이 생각하기 /

주저하는 종의 기도

하나님, 저는 이제 결정을 내려야 합니다. 제가 이런 고민을 하는 것조차도 믿지 못할 일입니다. 너무나 큰 책임이며 엄청난 변화입니다. 이 일이 저에게 합당한지 확신이 서지 않습니다. 제가 누구이기에 이 길을 가야 합니까? 모든 사람들 가운데 왜 저를 택하셨습니까? 제가 정말로 이 일을 감당할 수 있을지 잘 모르겠습니다.

만약 제가 하겠다고 한다면, 어떻게 시작해야 합니까? 모든 사람들이 으레 저를 신뢰하겠거니 생각하면서 덥석 지휘권을 떠맡을 수가 없습니다. 그들에게 무슨 말을 해야 합니까? 그들이 저를 받아들이지 않을 수도 있습니다. 어쩌면 저를 싫어할지도 모릅니다. 그들의 도움 없이는 이 일을 할 수 없습니다. 만약 저를 믿지 않으면 어떻게 합니까? 제가 자격이 없다고 생각하거나, 설상가상으로 저의 도움을 원하지 않는다면 어떻게 합니까? 하나님, 저는 거부당하는 것을 참을 수 없습니다. 제 마음이 얼마나 연약한지 당신은 잘 아십니다.

이 일을 해내는 제 모습을 상상할 수 없습니다. 저는 이 일에 적당치 않습니다. 저는 많은 사람들 앞에서 말해본 적이 없습니다. 더 이상의 두려움은 원치 않습니다. 하나님, 이 일을 수행하는 데 필요한 능력이 제겐 없습니다. 오! 주님, 제발 다른 사람을 보내세요. 주님은 틀림없이 저보다 훨씬 잘할 수 있는 사람을 알고 계십니다.

그런데 주님은 여전히 저를 지목하십니다. 지금 주님의 명령이 매우 진지하다는 생각을 떨쳐버릴 수가 없습니다. 주님은 정말 '저'를 원하십니다, 그렇죠? 저의 고집스런 말들을 용서해주세요. 이제야 알았습니다. 주님은 저보다 저를 잘 아십니다. 저를 믿어주시니 고맙습니다. 주님과 저, 둘 다 누가 그 일을 해낼지 잘 알고 있는 듯합니다. 주님, 도와주세요. 그래요. 저는 주님의 도움이 절실합니다.

오늘의 묵상

자격이 충분치 않다고 생각되는 일에 하나님이 당신을 부르고 계십니까?
하나님께 당신이 왜 갈등하는지를 말씀드리고 두려움을 가라앉혀 주시기를 간구하십시오.
하나님이 정말로 당신을 부르신 것인지 알고 싶다면, 분명하게 보여달라고 청하십시오.
그리고 기꺼이 일을 맡을 수 있는 힘을 달라고 기도하십시오.

The Plagues of Boils and Hail

그들이 화덕의 재를 가지고 바로 앞에 서서
모세가 하늘을 향하여 날리니
사람과 짐승에게 붙어 악성 종기가 생기고
(출 9:10).

종기와 우박 재앙 / 출 9:8-35 /

종기 재앙은 애굽 사람들의 신체를 직접 공격한 첫 번째 재앙입니다. 이 재앙은 요술사들까지도 무력하게 만들었습니다. 그런데도 바로는 아직도 고집스럽게 마음을 움직이지 않습니다. 바로의 완악한 마음을 다룰 다음 재앙은 우박입니다. 모세는 애굽 역사 이래 가장 지독한 우박이 내릴 거라는 하나님의 경고를 전합니다. 하나님은 바로에게 말씀하시며 주권이 하나님께 있음을 가르치십니다. 하나님은 얼마든지 바로와 애굽을 단번에 제거해버리실 수 있었지만 바로의 완악한 마음을 통하여 많은 사람들에게 권능을 나타내 보이기로 하셨습니다.

오늘의 묵상

자연현상을 통하여 하나님의 권능을 느껴본 적이 있습니까?

The Plagues of Locusts, Darkness, and Plague on the Firstborn

여호와께서 모세에게 이르시되 바로에게로 들어가라.
내가 그의 마음과 그의 신하들의 마음을 완강하게 함은
나의 표징을 그들 중에 보이기 위함이며
(출 10:1).

메뚜기와 흑암, 초태생의 재앙 /출10:1-11:10/

이스라엘을 노예 상태에서 해방시키기 위해 하나님은 열 가지 재앙이라는 무시무시한 결전을 펼치십니다. 이 결전은 너무나 드라마틱하여 할리우드 최고의 특수효과 팀도 연출하기 어려울 것입니다. 한 나라가 태동하고 있습니다. 이스라엘 백성을 애굽에서 완전히 빠져나오게 하기 위해서 하나님의 개입이 필요합니다.

우선, 이스라엘 사람들이 하나님의 능력에 대해 확신을 가져야 합니다. 때로 침묵하시거나 무관심하신 것처럼 보여도 그의 택하신 백성을 결코 잊으신 적이 없다는 것을 하나님은 어떻게든 증명하셔야 합니다. 또한 애굽 사람들에게도 납득이 필요합니다. 어떤 제국도 쓸 만한 노예들을 순순히 풀어주지는 않을 것입니다. 이스라엘과 애굽 백성 모두가 이스라엘의 하나님이 얼마나 전지전능하신지를 깨닫게 하려고 하나님은 열 가지 재앙을 일으키셨습니다. 출애굽기는 이 사실을 여러 차례 강조합니다.

그런데 훨씬 더 중요한 문제가 있습니다. 하나님에 대한 개인적인 신뢰입니다. 하나님이 애굽 사람들이 숭배하는 신들처럼 단순히 어느 한 부족의 신에 불과합니까? 실제로 열 가지 재앙은 애굽의 신들에 대한 하나님의 전면전입니다. "애굽의 모든 신을 내가 심판하리라"(출 12:12)고 하나님이 직접 선포하십니다. 성서학자들은 각각의 재앙이 애굽의 우상 신 하나하나에 대한 공격이라고 봅니다. 예를 들어, 나일 강에 내린 피 재앙은 애굽 사람들이 섬기는 강의 신을, 파리 재앙은 파리 우상을, 흑암은 태양 신을, 가축 재앙은 황소 우상을 공격한 것이라고 합니다.

결국 열 가지 재앙은 효력을 발휘하여 수많은 노예들을 아무런 방해 없이 애굽에서 구출해냈습니다. 게다가 이 노예들은 애굽과 이별하면서 재물까지 잔뜩 받아 가지고 나옵니다. "나는 너희들을 애굽에서 인도해낸 여호와라." 하나님은 이스라엘 백성들이 그의 권능과 돌보심을 의심하려할 때마다 이 사실을 반복해서 일깨우실 것입니다.

오늘의 묵상

현대 사회의 우상은 무엇입니까?

The Passover

이는 여호와의 유월절 제사라.
여호와께서 애굽 사람에게 재앙을 내리실 때에
애굽에 있는 이스라엘 자손의 집을 넘으사 우리의 집을 구원하셨느니라
(출 12:27).

유월절 / 출 12:1-30 /

애굽에서의 생활은 지옥 같았습니다. 수백 년 동안 이스라엘 백성들은 무능하고 거짓된 우상을 섬기는 사람들에게 노예로 사로잡혀 지냈습니다. 마침내 때가 왔습니다. 참되신 하나님 이외에 다른 신을 섬기는 사람들에게는 죽음밖에 없다는 것을 하나님은 분명히 보여주실 것입니다. 하지만 이스라엘은 보호하실 것입니다. 자신의 백성으로 택하셨기 때문이고, 그들이 하나님께 속한 자의 표시로 양의 피를 사용하기 때문입니다.

이 이야기는 왠지 낯설지 않습니다. 전에 들어본 적이 있어서가 아니라, 성경의 중심 메시지를 위한 무대를 마련해주기 때문입니다. 바로 예수 그리스도의 이야기입니다. 하나님을 사랑하는 사람들의 생명을 구하시려고, 그들을 죄 많은 세상으로부터 구원하시려고 죽임을 당하신 어린 양의 이야기입니다. 구약의 이스라엘 백성은 구원을 위해 하나님이 직접 선택하

신 사람들입니다. 그의 백성과 동행하시는 하나님의 이야기는 성경 전체를 관통하며 계속됩니다. 이제는 유대 민족뿐만 아니라 예수님을 따르는 모든 사람이 하나님의 백성입니다.

우리는 신앙인으로서 유월절 이야기를 공유합니다. 애굽이 이스라엘 백성의 고향이 될 수 없었듯이 고통과 시련이 가득한 이 세상도 우리의 본향일 수 없습니다. 그래서 우리는 하나님과 함께 떠날 채비를 합니다. 우리를 위해 돌아가신 예수님의 희생에 소망을 두고, 약속의 땅에서 영원히 주님과 함께할 날을 기다리는 것입니다.

오늘의 묵상

당신이 예수님을 알기 전인 '애굽의 삶'과 비교해서 지금의 삶은 어떻습니까?

The Exodus

밤에 바로가 모세와 아론을 불러서 이르되
너희와 이스라엘 자손은 일어나 내 백성 가운데에서 떠나
너희의 말대로 가서 여호와를 섬기며
(출 12:31).

출애굽 / 출 12:31-42 /

여정은 시작되었습니다. 거의 1년 동안 꼬리에 꼬리를 무는 재앙들이 애굽 사람들을 괴롭혔지만 바로의 마음은 오히려 더 완악해져만 갔습니다. 자유를 찾는 것은 도무지 불가능해 보였고, 암울한 환경은 하나님의 약속을 더욱 어둡게 만들었습니다. 그런데 갑자기 바로가 이스라엘 사람들에게 당장 떠나줄 것을 요구합니다.

일순간 모든 것이 바뀝니다. 자기 백성에게 신으로 추앙받던 애굽 왕이 갑자기 이스라엘 사람들에게 모든 소유물을 가지고 당장 떠나라고 합니다. 바로는 자신을 위해 축복해달라고까지 합니다. 이스라엘 백성이 떠날 때 이웃의 애굽 사람들은 금, 은, 옷가지 등을 작별의 선물로 잔뜩 챙겨줍니다. 믿을 수 없을 만큼 신나는 일입니다.

몇 시간 만에 이 거대한 민족은 광야를 향해 길을 떠납니다. 이스라엘은

말씀하신 것을 반드시 이루시는 하나님을 알게 됩니다. 그러나 불행하게도 광야에서 지내는 동안 이 백성들은 그 교훈을 수없이 잊어버립니다. 심지어 약속의 땅에 도착한 후에도 마찬가지입니다. 이들이 잊어버리는 이 교훈은 미래의 모든 신앙인들도 붙잡아야 할 교훈입니다.

오늘의 묵상

하나님이 당신을 위해 예비하신 계획이 있습니다.
그런데 그 계획에 대한 소망을 어둡게 하는 것은 무엇입니까?

Crossing the Red Sea

모세가 바다 위로 손을 내밀매
여호와께서 큰 동풍이 밤새도록 바닷물을 물러가게 하시니
물이 갈라져 바다가 마른 땅이 된지라
(출 14:21).

홍해를 건너다 / 출 13:17-14:31 /

바로와 그의 신하들은 얼마 지나지 않아서 이스라엘 노예들을 풀어준 것을 후회하며 생각을 바꿉니다. 곧 전차와 말 탄 병사들이 완전 무방비 상태의 이스라엘 백성들을 뒤쫓아옵니다.

그런데 이스라엘 백성들이 애굽을 떠난 일을 후회하기까지도 그리 오랜 시간이 걸리지 않습니다. 그들은 바로의 군대를 보는 순간, 두려움에 떨며 모세를 향해 어찌하여 자기들을 이끌어내 광야에서 죽게 하느냐고 항의합니다.

오늘 본문에서도 볼 수 있듯이, 이스라엘 백성이 애굽과 마지막으로 맞대결하는 장면 역시 하나님이 뜻하신 일입니다. 오직 하나님 한 분만이 이스라엘 백성의 해방을 책임지신다는 사실을 증명하려는 것입니다. 무엇보다도 출애굽 사건이 강조하는 명백한 사실이 하나 있습니다. 이스라엘에

는 강력한 애굽 군대와 맞서 싸울 병력이 전혀 없습니다. 마지막 순간 하나님은 극적인 구조 작업을 실행하십니다. 그것은 애굽 군대를 무너뜨린 장대한 승리이기도 합니다. 도망가던 노예들은 겸손과 찬양으로 반응할 뿐입니다. 거기에는 교만이 들어설 자리가 전혀 없습니다. 애굽으로부터의 해방은 하나님께로의 종속을 의미합니다.

출애굽 사건 이후 이스라엘은 줄곧 하나님을 의지합니다. 광야에서 물이 없어 방황할 때 하나님이 공급하십니다. 식량이 떨어지면 하나님이 공급하십니다. 침략자들이 공격해오면 하나님이 보호하십니다. 실제로 출애굽기에는 복음서를 제외하고 성경 전체에서 하나님이 직접 인도하신 초자연적 기적들이 가장 많이 나타납니다. 시편 기자들은 이 출애굽 사건과 기적들을 수많은 노래로 찬양하고, 선지자들은 이스라엘의 양심을 흔들어 깨우기 위해 출애굽 당시의 이야기를 여러 차례 상기시킵니다. 홍해의 기적은 이스라엘 역사가 시종일관 역동적으로 일하시는 하나님의 역사임을 알리는 시작에 불과합니다.

오늘의 묵상

무언가 해로운 것으로부터 당신을 구하기 위해
하나님이 당신 인생의 '홍해'를 가르신 적이 있습니까?

Spiritual Amnesia / 깊이 생각하기 /

영적 건망증

태초의 천지창조에 관해 읽었고 또 믿음의 조상들에 대해 잘 알게 되었습니다. 하나님이 택하신 백성들의 삶 가운데 그의 뜻을 어떻게 실행하셨는지 기억하고 있습니까?

먼저 대홍수를 기억해야 합니다. 하나님이 단 한 가족을 배에 태워 구원하시고 그 가족을 통해 이 땅에 다시 사람들을 거주시키셨습니다. 아브라함과 사라는 아이가 없는 상태로 나이가 들어 자식을 기대하지 않았으나 뒤늦게 아들을 낳게 되었고, 이 아들 이삭은 하나님의 명령으로 생명을 보존했습니다. 쌍둥이 형제 야곱과 에서는 경쟁과 속임수로 인하여 오랜 세월을 떨어져 지내다가 눈물로 재회하고 화해했습니다. 야곱의 아들 요셉은 노예로 살다가 애굽 총리가 되어 부를 거머쥐었습니다. 애굽의 고등교육을 받으며 성장한 히브리 사람 모세는 여러 재앙으로 애굽을 멸하시고 탈출할 길을 내시려 홍해를 가르시는 하나님을 보았습니다.

하나님은 이런 여러 방법을 통해 약속을 지키셨습니다. 뜻하신 계획을 실행하시는 방식은 늘 그의 백성을 놀라게 했습니다. 모세의 뒤를 이을 사람들은 하나님의 역사를 기억할 것입니다. 다윗 왕은 하나님의 역사하심을 떠올리며 위로를 얻습니다. 그리고 "주는 한결같으시다"(시 102:27)라고 기도합니다. 히브리서 기자는 "예수 그리스도는 어제나 오늘이나 영원토록 동일하시다"(히 13:8)라고 단언합니다. 지금까지 성경을 통해 알게 된 하나님은 2000년 전 초대교회 그리스도인들이 알았던 하나님과 같은 분이며, 오늘 우리가 알고 있는 하나님과 동일한 분입니다.

그런데 왜 우리의 믿음은 좀처럼 나아지지 않을까요? 이스라엘 백성은 하나님의 수많은 위업을 기억했으나 시간이 좀 지나면 잊어버렸습니다. 초대교회 교인들도 기억은 했지만, 마찬가지였습니다. 어느 시대를 막론하고, 신앙인들의 기억력은 선택적입니다. 하나님의 권능을 상기하다가도 두려움이 생기면 곧 새까맣게 잊어버립니다. 이것은 영적 건망증입니다. 세상의 시련과 밀접한 관련이 있는 증상입니다. 과거의 많은 그리스도인들이 그랬듯이, 영적 건망증을 치료하기 위해서는 처음으로 돌아가서 하나님의 역사를 되짚어 보아야 합니다.

당신의 기억력은 안녕합니까?

오늘의 묵상

과거에 하나님이 당신을 구하신 여러 방법들에 대해 잠시 묵상하십시오.
지금 하나님의 구원이 필요합니까? 당신을 위해 역사하신 하나님께 감사드리고,
지금 하나님이 필요하다고 말씀드리십시오.

Manna and Quail

그때에 여호와께서 모세에게 이르시되 보라
내가 너희를 위하여 하늘에서 양식을 비 같이 내리리니
백성이 나가서 일용할 것을 날마다 거둘 것이라
(출 16:4).

만나와 메추라기 / 출 16:1-26, 31 /

갈라진 홍해를 건너가면서 뒤쫓아오던 애굽 군대가 물속에 빠져 죽는 것을 본 지 겨우 일주일 만에 이스라엘 백성들은 당장 죽을 것 같다고 불평합니다. 하나님은 즉각 무한정으로 식량을 공급하기로 하십니다. 또한 일주일에 하루는 쉬면서 남은 음식을 먹게끔 하십니다. 하나님은 광야 생활을 하는 이스라엘 백성에게 아침마다 만나를 비처럼 내려주셨습니다. 그런데 예수님께서는 자신을 가리켜 "하늘에서 내려온 살아 있는 떡"(요 6:51)이라고 말씀하십니다. 하나님은 우리의 육체적인 필요를 즉각적으로 공급하실 뿐 아니라, 매일의 영적인 삶을 돌보시고 영생을 주시기 위해 예수님을 이 땅에 보내셨습니다.

오늘의 묵상

앞으로 하나님이 어떤 만나를 공급해주시기를 원합니까?

Jethro Visits Moses

모세의 장인이 그에게 이르되…
너와 또 너와 함께 한 이 백성이 필경 기력이 쇠하리니 이 일이 네게 너무 중함이라.
네가 혼자 할 수 없으리라
(출 18:17-18).

이드로의 방문 / 출 18:1-27 /

모세의 장인 이드로는 지나치게 일을 많이 하는 사람들에게 경고를 주는 최초의 카운슬러입니다. 하나님은 모세로 하여금 백성들을 대표하여 하나님 앞에 나오고 또 그들에게 살아갈 방법을 가르치게 하셨습니다. 하지만 모세는 처음부터 끝까지 모든 일을 혼자 감당해야 한다고 생각합니다. 모세에게는 도움이 필요합니다. 하나님은 그러다가 곧 지칠 거라 말해줄 사람을 보내십니다. 다른 사람들과 함께 할 수 있는 일은 나눠서 하고 모세는 혼자서 해야 할 일만 하면 됩니다. 늘 이렇게 새로운 마음가짐으로 사는 것, 하나님은 그것을 원하십니다.

오늘의 묵상

당신은 일을 과하게 하는 편입니까? 하나님이 당신에게 특별히 부여하신 임무는 무엇입니까? 다른 사람들과 일을 나누어 하려면 무엇이 필요할까요?

The Ten Commandments

세계가 다 내게 속하였나니
너희가 내 말을 잘 듣고 내 언약을 지키면
너희는 모든 민족 중에서 내 소유가 되겠고
(출 19:5).

십계명 / 출 19:1-6, 17-19; 20:1-17 /

십계명에 대해 들어보지 못한 사람은 거의 없을 것입니다. 대부분의 사람들은 십계명을 윤리의 핵심이자, 하나님이 요구하시는 기본이라고 생각합니다. 그러나 광야 생활을 하는 이스라엘 백성에게 십계명은 훨씬 더 큰 의미를 갖습니다. 적어도 주된 돌파구 이상의 역할을 합니다. 이스라엘 주변국들은 여러 우상을 섬기면서 변덕스러운 신들에 대해 늘 두려움을 갖고 있습니다. 신들을 화나게 하고 기쁘게 하는 것이 뭔지 누가 알겠습니까? 그러나 천지만물의 창조주이신 하나님은 손수 서명하신 계약을 이스라엘에게 주십니다. 그들은 하나님이 무엇을 요구하시는지, 하나님 앞에서 어떤 태도를 취해야 하는지 언제나 알 수 있습니다.

하나님은 그들에게 몇 가지 놀라운 보상을 약속하십니다. 번영, 풍작,

승리하는 군대, 질병으로부터의 안전 등입니다. 사실상 일상생활에서 접하는 거의 모든 장애를 다 제거해주신다는 약속입니다. 그 대신 하나님이 요구하시는 것은 율법에 순종하는 것입니다. 아브라함과 처음 맺었던 언약을 공식화하여 나라 전체에 적용하십니다. 출애굽기 중간에 나오는 이 부분을 언약의 책이라고도 하는데, 이스라엘 백성과 하나님 사이에 맺은 정식 계약의 핵심 내용을 담고 있기 때문입니다.

"세계가 다 내게 속하였나니 너희가 내 말을 잘 듣고 내 언약을 지키면 너희는 모든 민족 중에서 내 소유가 되겠다"고 말씀하십니다. 하나님은 다른 나라와 구별되는 나라를 원하십니다. 하나님과 맺은 언약을 중심에 두는 표본이 될 나라입니다. 모세가 하나님을 맞으려고 어둡고 연기가 자욱한 산을 오릅니다. 그곳에 있던 사람들 누구라도 이 회합이 얼마나 중요한지 알 수 있었습니다. 천둥 번개와 함께 큰 나팔 소리, 불 등이 이 만남의 의미를 강조합니다. 지진이 일어난 듯 땅이 진동합니다.

시내 산의 회합에서 오늘 본문에 요약된 십계명이 등장합니다. 성경에는 계약의 자세한 내용이 기록되어 있습니다. 하지만 하나님이 그의 백성에게 원하시는 행실을 설명하기에는 이 십계명이면 충분합니다. 희망이 넘치는 흥분된 날입니다. "여호와께서 명령하신 대로 우리가 다 행하리이다"(출 19:8). 이스라엘 백성이 모두 한 목소리로 외쳐 맹세합니다.

오늘의 묵상

십계명 가운데 부정문으로 쓰인 부분을 긍정문으로 고치면 어떻게 되겠습니까?

The Golden Calf

백성이 아론에게 이르러 말하되
일어나라 우리를 위하여
우리를 인도할 신을 만들라
(출 32:1).

금송아지 / 출 32:1-35 /

출애굽기 20장에 넘치던 희망의 빛은 32장에 이르러 완전히 소멸합니다. 성경에서 이보다 더 심각한 명암 대조는 찾을 수 없습니다. 모세는 40일을 시내 산에 머물면서 하나님으로부터 약속의 말씀을 받습니다. 그 약속은 하나님과 인간 사이에 전례 없는 친밀감을 형성할 것입니다. 그러나 산 아래에서 일어나는 일은 하나님을 믿는 믿음에 대한 도전입니다.

이스라엘 백성이 누구입니까? 애굽에서 열 가지 재앙을 지켜보았고, 홍해를 건널 때 마른 땅을 디뎠던 사람들입니다. 바위틈에서 솟는 물을 마셨고 지금 이 순간 배 속에서 기적의 만나를 소화시키고 있는 사람들입니다. 이런 그들이 지루함과 조급함과 반항심과 질투심과 인간적 충동을 다스리지 못합니다. 그리고 틀림없이 하나님에 관한 모든 것을 잊어버렸습니다. 모세가 시내 산에서 내려왔을 때, 하나님의 백성 이스라엘 사람들은 우상

숭배자처럼 금송아지 주위를 돌며 춤을 추고 있었습니다.

모세는 미친 듯이 화를 내며 하나님이 손수 서명하신 돌판을 땅바닥에 내던집니다. 하나님도 몹시 화가 나셔서 이 말썽쟁이들을 완전히 파멸시키려 하십니다.

오늘 본문의 내용은 창세기 3장에 나오는 인류 최초의 반역과 비슷한 점이 많습니다. 두 경우 모두, 하나님의 사랑을 받은 사람들이 하나님을 신뢰하지 못하고 오히려 그분의 명령에 반항하고 맞섭니다. 그리고 반역하는 사람들은 자기들의 행동을 합리화시킬 변명거리를 생각해냅니다. 결국에는 하나님의 자녀에게 주어진 특권을 잃고 가혹한 징계로 고통을 당합니다.

잠시 인류 역사에 새로운 일이 생길 것 같았습니다. 이스라엘 백성 모두가 하나님을 따르겠다고 맹세했으니 말입니다. 그런데 과거와 똑같은 이야기가 반복됩니다. 하나님이 어떤 식으로든 관계를 맺으시려 해도, 사람들은 그 관계를 깨뜨릴 방법을 잘도 찾아냅니다.

이 암울한 장면을 비추는 한 줄기 희망의 빛이 있습니다. 말을 더듬는 자신감 없는 지도자 모세가 결국 제 몫을 해냅니다. 모세의 감동적인 기도에 하나님이 응답하셨고, 이스라엘에게 다시 한 번 기회를 허락하십니다.

오늘의 묵상

이스라엘 백성이 왜 반항했다고 생각합니까?
비슷한 이유로 반항한 경험이 있습니까?

Traveling on God's Wings / 깊이 생각하기 /

하나님의 날개를 타고

노예 상태에서 해방을 얻고 처음 몇 주 동안 이스라엘 사람들은 하나님의 돌보심을 경험했습니다. 하나님은 여호와이자 인도자요 부모로서 그들을 사랑하셨습니다. 광야 생활 초기에 하나님은 부모 됨과 자녀 됨이 무엇인지 가르쳐주셨습니다.

하나님은 우선 이스라엘 백성에게 가장 기본적으로 필요한 음식을 공급하셨습니다. 매일 먹고 배부를 수 있는 양식이었습니다. 그 다음 하나님은 자세한 가르침을 주셨습니다. "그것을 들지 말거라. 너에게는 너무 무겁단다. 내가 도와주마." 부모가 자녀에게 충고하듯이 하나님은 모세와 백성들에게 어떻게 지치지 않고 함께 일할 수 있는지 가르치셨습니다. 이스라엘이 육체의 욕구를 충족하고 정서적인 안정을 얻자 하나님은 그들을 다음 단계로 인도하십니다. 먼저 가정을 다스리는 규율을 알려주십니다. 규율이 없으면 자녀들은 목적 없이 살아갈 것입니다. 그러나 정확한 지침이 주어지면, 하나님을 섬기기에 적합한 기본을 갖춘 백성이 될 것입니다.

이스라엘을 돌보셨듯이 하나님은 당신의 자녀인 우리들도 돌보십니다. 하나님은 우리가 삶을 지탱하는 데 필요한 매일의 양식을 주십니다. 또한 매일매일 우리의 일상을 인도하십니다. 그래서 어떤 결정을 해야 할 때 우리는 행동의 근본이 되는 하나님의 율법을 찾아갑니다. 자녀로서 사랑받는다고 느낄 수 있는 규칙이 우리에게 필요합니다. 우리에게 좋은 것이 무엇인지 우리보다 더 잘 아는 부모가 필요한 것입니다.

애굽을 탈출하는 과정에서 하나님은 다소 가혹하고 힘든 일을 요구하시는 것 같습니다. 하지만 동시에 하나님은 이스라엘 백성에 대한 연민을 보이십니다. "내가 애굽 사람에게 어떻게 행하였음과 내가 어떻게 독수리 날개로 너희를 업어 내게로 인도하였음을 너희가 보았느니라"(출 19:4). 하나님이 모세에게 십계명을 주시며 하신 말씀입니다.

하나님은 멀리서 호통이나 치는 노인처럼 말씀하시지 않습니다. 오히려 어린 새끼에게 나는 법을 가르치는 어미 독수리와 더 닮아 있습니다. 새끼 바로 아래서 날며 혹시라도 새끼가 제대로 날지 못해 떨어지면 받아 안으려는 어미 독수리와 같은 하나님이십니다. 멀리서 무의미한 충고나 던지며 황무지에서 혼자 살아가라고 자녀들을 내버려두지 않으십니다. 불과 몇 센티미터 아래에서 날면서 종종 자녀들을 자신에게로 이끌어 쉬게 하십니다.

오늘의 묵상

하나님이 당신의 부모로서 어떻게 행하셨는지 묵상하십시오.
당신이 떨어질 때 받아 안으시려고 가까이서 날개를 펼치고 계심을 느낍니까?

Reward for Obedience and Punishment for Disobedience

너희가 내 규례와 계명을 준행하면
내가 너희에게 철따라 비를 주리니
땅은 그 산물을 내고 밭의 나무는 열매를 맺으리라
(레 26:3-4).

순종과 불순종에 대한 상벌 / 레 26:3-43 /

레위기는 현대인의 눈에 아주 이상한 책으로 보입니다. 성경을 처음부터 통독할라치면 처음 만나는 수렁이 바로 레위기입니다. 성경의 다른 책들과 달리 레위기에는 이야기도, 인물도, 시도 등장하지 않습니다. 규칙과 절차에 관한 세부 사항들만 빽빽이 들어차 있습니다.

하나님이 구별된 백성을 부르시기 위해 필요했던 이 많은 규례들은 신약 시대에 와서 바뀌었습니다. 그 율법 조항들을 자세히 살펴보면 보상에 대해 설명한다는 점을 알 수 있습니다. 하나님이 최우선으로 생각하시는 것은 땅을 돌보시고 가난한 사람들을 염려하시며 가족과 이웃에 대한 학대를 막으시는 것입니다.

출애굽기, 레위기, 민수기, 신명기에 기록되어 있는 구약의 율법이 장황하고 지루하다고 제쳐둘 일이 아니라 그 내용을 올바르게 이해해야 합니다. 600여 가지나 되는 이 규례들은 한 국가를 세우기에 필요한 모든 법 조항들로 완벽하게 구성되어 있습니다. 지금까지 알려져 있는 바로는 그렇습니다. 현대 사회에는 교통 법규가 추가됐을 뿐입니다! 그리고 이 규례들은 간단하고 명료합니다. 내용을 이해하기 위해 법과대학에 갈 필요가 전혀 없습니다.

다양하고 상세하게 기록되어 있는 율법 조항을 통해, 이스라엘 백성의 모든 삶에 직접 개입하시려는 하나님을 볼 수 있습니다. 주술을 금하는 규례가 부적절한 두발 관리, 문신, 매춘 등에 관한 법률들과 뒤섞여 있습니다. 하나님은 구별된 문화를 만드시고 이스라엘 백성을 위한 계획을 진행하고 계십니다. 400년 넘게 애굽에서 노예로 살다가 이제 막 풀려난 이들은 무엇보다도 애굽 문화에 깊이 젖어 있기 때문에 전면 개조가 필요합니다. 많은 율법 조항들은 이스라엘 백성을 주변의 이교도들과 구별하기 위해 만들어진 것입니다.

구약 시대의 이스라엘 백성은 다른 민족들과 달리 하나님의 선택을 받은 유일한 민족입니다. 주변국들에게 거룩함과 순결함의 본보기로 보여주시기 위해 하나님이 부르신 백성입니다. 이스라엘이 율법을 준행하면 주변 국가들이 질투할 만큼의 보상을 받을 것입니다. 하지만 준행하지 않는다면? 그들은 무시무시한 징계를 받을 것입니다.

오늘의 묵상

누구에게나 삶의 규칙들이 있습니다. 당신은 그 규칙들을 어디에서 얻습니까?

The Cloud above the Tabernacle

성막을 세운 날에 구름이 성막 곧 증거의 성막을 덮었고
저녁이 되면 성막 위에 불 모양 같은 것이 나타나서
아침까지 이르렀으되
(민 9:15).

성막을 덮은 구름 / 민 9:15-23 /

하나님은 구름이라는 가시적 상징을 통해 이스라엘 백성에게 하나님의 임재를 매일 보여주십니다. 그들은 하나님이 함께하시며 여정을 인도하신다는 것을 추호도 의심하지 않습니다. 하나님의 뜻은 예측할 수 없어서 때로는 잠시 머물기도 하고 때로는 몇 주, 몇 달을 진영 안에 머물기도 합니다. 그러나 하나님은 항상 그들의 일상과 여정의 중심에 임재하십니다. 이스라엘 백성은 하나님의 돌보심을 의심할 이유가 전혀 없습니다. 매일 하나님이 공급하시는 만나를 먹고 구름기둥으로 인도받습니다. 그럼에도 그들은 곧 이런 하나님의 돌보심을 잊어버립니다.

오늘의 묵상

하나님이 매일 당신과 함께하신다는 것을 무엇을 통해 느낍니까?

Quail from the Lord

바람이 여호와에게서 나와 바다에서부터 메추라기를 몰아
진영 곁 이쪽저쪽 곧 진영 사방으로
각기 하룻길 되는 지면 위 두 규빗쯤에 내리게 한지라
(민 11:31).

메추라기를 보내신 하나님 / 민 11:4-23, 31-34 /

민수기는 2주면 건너갈 광야에서 40년을 보낸 이스라엘의 여정을 그립니다. 처음 시나이 반도를 건널 때 그들은 희망과 모험에 대한 흥분으로 들떠 있었습니다. 마침내 노예 생활에서 풀려나 약속의 땅을 향해 갑니다. 그러나 황량한 광야에서 몇 주, 몇 달을 보내고 그러다 몇 년을 방황하면서 모든 희망과 기대를 잃고 맙니다.

짧은 여행길이 40년의 방랑길이 된 이유가 무엇인지 민수기는 적나라하게 주저 않고 설명합니다. 먹을 것에 대한 끊임없는 불평을 보아 알 수 있듯이 이스라엘 백성은 사소한 일에 짜증을 냅니다. 그들은 거의 매일 아침 똑같은 음식을 먹습니다. 아침마다 이슬처럼 땅 위에 내리는 만나입니다. 만나라는 간단한 식사가 노예 생활과 자유를 맞바꾼 대가라고 하기에는 하찮을 수 있습니다. 그러나 오늘 본문에 나오는 그들의 불만을 눈여겨

보십시오.

여기에 나오는 반항적인 태도는 여정 내내 반복되는 이스라엘의 전형적인 불순종의 모습입니다. 백성들이 유치하고 어리석게 행동할수록 지도자들은 더욱 엄한 부모 노릇을 하게 됩니다. 모세와 하나님은 백성들이 끊임없이 보채는 소리에 점점 더 진노합니다.

사실 주변 상황은 매우 가혹합니다. 적군의 위협이 항상 눈앞에 있고, 타는 듯한 불볕 아래에서 뱀과 전갈의 공격, 계속되는 갈증을 견디며 이스라엘 백성은 광야를 건너가야 합니다. 그러나 이 상황이 주는 중심 메시지는 간단합니다. 바로 믿음을 시험하는 것입니다. 그렇게 힘들고 어려운 상황에서도 이들이 과연 하나님을 신뢰할 것인가 하는 시험입니다. 하나님이 손수 서명하신 언약을 따르면 보호하시겠다는 하나님의 약속을 그들이 의지할까요?

오늘의 묵상

하나님께 불평한 적이 있습니까?
그런 경험이 있다면 무엇 때문에 불만을 터트렸습니까?

Miriam and Aaron Oppose Moses

모세가 구스 여자를 취하였더니
그 구스 여자를 취하였으므로
미리암과 아론이 모세를 비방하니라
(민 12:1).

미리암과 아론의 비방 / 민 12:1-16 /

미리암과 아론이 동생 모세를 질투합니다. 모세만이 특별히 하나님의 음성을 들을 수 있도록 선택받았기 때문입니다. 하나님은 약속의 땅을 향하여 광야를 건너는 이스라엘의 대표자로 한 사람을 택하셨습니다. 형과 누나로서 모세와 자신들을 비교하는 모습에서 불완전한 인간 본성의 특징을 볼 수 있습니다. 미리암과 아론은 자신들보다 더 높은 지위에서 하나님의 사랑을 받고 있는 모세를 질투하고 비방합니다. 그러나 하나님은 이런 인간 본성을 그냥 내버려두지 않으십니다. 하나님은 모세를 통해 모든 사람들에게 복을 주시지만, 하나님의 돌보시는 방법에 의심을 품는 사람은 누구라도 묵인하지 않으십니다.

오늘의 묵상

당신은 하나님이 권위를 부여한 사람을 존경하라는 하나님의 말씀을 따르고 있습니까?

이해할 수 없는 하나님

퍼즐 맞추기는 신경을 곤두서게 합니다. 모든 조각을 제자리에 끼워 맞출 자신이 없습니다. 그래서 즐거워야 할 게임 시간에 짜증을 낼 때가 더 많습니다. 그러나 이 퍼즐 맞추기 게임은 인생에 대해 뭔가를 가르쳐줍니다. 나는 언제나 하나님이 일하시는 방식으로만 세상만사를 헤아릴 수가 없습니다. 많은 사람들이 그럴 것입니다. 하나님은 우리의 삶을 그분이 그려놓으신 큰 그림의 조각들로 보십니다. 그분의 큰 그림은 하나님의 목적을 따라 완성되어갑니다. 하나님은 우리가 엉뚱한 길에서 방황하며 고통받기를 원하지 않으십니다. 설사 그런 일이 생겼다 해도 겸손한 마음으로 하나님께 나아오면, 방황했던 경험조차도 작품이 됩니다.

불행하게도 우리는 퍼즐 조각 하나를 손에 쥐고 고민합니다. 그 조각이 불길하고 시시해 보이면 이스라엘 백성처럼 반응합니다. "하나님, 이 먼지 나고 힘든 광야 생활이 너무 지겨워요. 애굽에 그대로 남아 있었더라면, 진력나는 만나 대신에 잔치음식처럼 맛있는 것을 매일 먹었을 거 아닙니까." 그러나 애굽을 떠나기 전 이스라엘 사람들이 했던 말을 들어봅시다. "하나님, 우상을 섬기는 애굽의 압제를 더 이상 못 견디겠어요. 저희를 자유롭게 해주실 수 없나요? 여기서 사는 것이 진절머리나요."

이스라엘 백성들은 어느 조각도 마음에 들어 하지 않았습니다. 더 심각한 문제는 그들의 눈에 이상하게 보이는 일들이 하나님나라의 큰 그림을 이루는 작은 조각들이라는 사실을 이해하려고 하지 않았다는 점입니다. 하나님의 약속을 되돌아보고 그 약속의 확실한 성취에 소망을 두었더라면, 지금 겪는 시련은 일시적이며 오히려 하나님의 계획을 완성하기 위해 한 발 더 나가는 것이라는 사실을 믿었더라면, 그들은 다른 목소리를 냈을 것입니다. "하나님, 우리에게 허락하신 땅에서 하나님의 백성으로 살 수 있는 자유를 소망합니다. 하나님은 백성을 번성케 하시고 굶주림으로부터 구원하셨습니다. 저희에게 약속하신 선한 계획에 감사드립니다. 하지만 여호와 하나님, 광야 생활이 쉽지 않습니다. 좋은 음식과 물이 있는 안전한 곳에 정착하고 싶습니다. 그래도 이제 우리는 자유를 얻었습니다. 하나님이 우리를 먹이시고 보호하십니다. 그리고 곧 본향으로 데려가실 것입니다." 퍼즐 맞추기를 즐기지 못할 수 있습니다. 그러나 어디에 맞춰야 할지 모르는 귀찮은 조각에서 눈을 떼고 반쯤 완성된 그림을 바라보면, 하나님이 만드시는 아름다운 작품을 기대할 수 있을 겁니다.

오늘의 묵상

현재 상황의 세부적인 문제에 초점을 맞추고 있습니까?
한 발 뒤로 물러서서 하나님의 시각으로 세상을 보게 해달라고,
지금 받는 도전은 하나님의 계획의 일부인 것을 알게 해달라고 간구하십시오.

Exploring Canaan

갈렙이 모세 앞에서 백성을 조용하게 하고 이르되
우리가 곧 올라가서 그 땅을 취하자
능히 이기리라 하나
(민 13:30).

가나안 정탐 / 민 13:1-3, 17-33 /

드디어 이스라엘 백성들이 약속의 땅 경계에 이르렀습니다. 가나안에는 그 땅을 굳건히 지키는 힘센 족속들이 살고 있습니다. 이스라엘은 가나안을 차지할 준비를 갖췄습니다. 그럼에도 정탐꾼들은 적들을 한 번 보고는 위축되어버립니다. 기골이 장대하고 자신만만해 보이는 거주민들을 물리치는 게 불가능할 것 같습니다. 가나안을 살피고 온 정탐꾼들은 오직 자신들의 제한된 시각으로 사태를 파악합니다.

그러나 정탐꾼 중 한 사람 갈렙은 믿음의 눈으로 가나안을 판단합니다. 그는 가나안 땅의 거주민들을 보지 않고 대홍수에서 노아의 가족을 구하신 하나님, 온

땅에 깃든 기근에서 야곱 가족을 구하신 하나님, 홍해를 가르시며 이스라엘을 구하시고 애굽을 멸하신 하나님, 광야를 지나는 동안 물과 만나를 공급해주신 하나님을 보았습니다. 갈렙은 생각합니다. 어떤 족속이나 나라도 하나님의 능력에 털끝만큼의 위협도 줄 수 없다고.

갈렙은 하나님의 약속이 세상 그 어떤 위협도 능히 물리친다는 것을 알고 있습니다. 이 땅의 시각으로 세상을 보는 사람들에게는 하나님의 계획이 이해되지 않습니다. 그러나 하나님은 계획하신 일들을 그분의 뜻대로 행하십니다.

오늘의 묵상

당신에게는 자신의 시각이 아니라 하나님의 시각으로 봐야 하는 문제가 있습니까?

The People Rebel

이스라엘 자손이 다 모세와 아론을 원망하며
온 회중이 그들에게 이르되 우리가 애굽 땅에서 죽었거나
이 광야에서 죽었으면 좋았을 것을
(민 14:2).

원망하는 백성들 / 민 14:1-44 /

대부분 고대 역사에는 강력한 전사들과 흠 없는 지도자들에 관한 영웅담이 기록돼 있습니다. 한편으로 성경은 민수기에 등장하는 잔인한 장면들처럼 전혀 다른 그림을 보여줍니다. 이스라엘 백성들은 무슨 일이 생길 때마다 끊임없이 절망하고 분노하고 폭동을 일으킵니다. 지도자들에게 대들고 하나님을 원망합니다. 이스라엘의 반항심은 제사장들에게, 군대에게, 모세의 가족에게, 그리고 마침내는 모세 한 사람에게 옮겨갑니다.

오늘 본문은 민수기의 중심 사건, 출애굽 이후 가장 결정적인 사건을 언급합니다. 이스라엘 백성은 약속의 땅 경계 지역에 들어섰습니다. 그저 하나님만 신뢰하고 의지하면 고된 광야 생활을 끝내고 젖과 꿀이 흐르는 땅으로 들어갈 수 있습니다.

그러나 이스라엘은 하나님이 보여주신 수차례의 기적에도 불구하고 다

시 한 번 하나님을 불신하기로 합니다. 적들의 세력이 막강하다는 정탐꾼들의 보고를 듣고 잔뜩 겁을 먹은 이스라엘 백성들은 애굽을 떠나온 것을 후회하며 큰 소리로 울부짖습니다. 그렇게 폭동이 일어났고 급기야 사람들은 모세와 아론을 돌로 치려고까지 합니다.

이 폭동의 진짜 대상인 하나님은 연인에게 버림받은 사람처럼 모멸감을 느끼십니다. 결국 이 반역의 무리들이 약속의 땅을 정복할 준비가 덜 되었다고 판단하신 하나님은 모든 계획을 연기하십니다. 새 땅과 새 나라에 대한 언약의 성취는 불평만 하던 모든 성인 세대가 다 죽고 없어질 때까지 연기됩니다. 애굽을 떠나온 수많은 사람들 중에 단 두 사람, 여호수아와 갈렙만이 살아남아 약속의 땅으로 들어가게 됩니다.

이스라엘 백성들은 자신들에 대한 믿음도, 하나님에 대한 신뢰도 모두 잃었습니다. 이런 실패에 대해 사도 바울은 경고합니다. "본보기가 되고 또한 말세를 만난 우리를 깨우치기 위하여 기록되었느니라. 그런즉 선 줄로 생각하는 자는 넘어질까 조심하라"(고전 10:11-12).

오늘의 묵상

당신이 두려워하는 '아낙 자손'은 무엇입니까?
그에 대해 어떻게 반응합니까?

Water from the Rock; The Bronze Snake

그들의 목전에서 너희는 반석에게 명령하여 물을 내라 하라.
네가 그 반석이 물을 내게 하여 회중과
그들의 짐승에게 마시게 할지니라
(민 20:8).

반석에서 솟은 물과 놋뱀 / 민 20:1-13; 21:4-9 /

이스라엘 백성들은 고달픈 광야 생활에 다시 짜증을 부립니다. 하나님이 여러 차례 필요한 것들을 공급해주시는 것을 보았으나 툭하면 불평이 터져 나옵니다. 모세와 아론은 40년 동안 그 불평과 불신을 참아왔습니다. 가나안 땅에 들어갈 때가 찬 것을 두 지도자는 알고 있습니다. 그러나 지금 부르짖는 불평과 불만의 목소리는 어느 때보다 드높습니다. 더 이상 참을 수 없던 모세는 평정을 잃고 백성들에게는 분노로, 하나님께는 불경스런 태도로 반응합니다.

후에 기록된 성경에서 하나님은 다음과 같이 말씀하십니다. "무릇 많이 받은 자에게는 많이 요구할 것이요. 많이 맡은 자에게는 많이 달라 할 것이니라"(눅 12:48). 모세와 아론은 막중한 책임을 맡았습니다. 그런데 백성들 앞에서 자신들의 능력을 앞세우며 하나님께 불경한 태도를 취했습니다. 결국 하나님은 그들이 약속의 땅에 들어가는 것을 허락하지 않으십니다.

이스라엘 백성들은 하나님을 원망하면서 지금껏 공급해주신 만나에 대해 심각할 정도로 불평합니다. "이 형편없는 만나는 보기도 싫다!" 이스라엘 백성들은 이렇게 소리치며 하나님의 자비를 경멸합니다. 거룩하신 하나님은 그들의 오만을 징계하실 수밖에 없습니다.

요한복음은 놋뱀 사건을 예수님의 구원 사역에 비유합니다. "모세가 광야에서 뱀을 든 것 같이 인자도 들려야 하리니 이는 그를 믿는 자마다 영생을 얻게 하려 하심이니라"(요 3:14-15).

오늘의 묵상

하나님이 당신에게 어떤 책임을 맡기셨습니까?

Obedience Commanded

오직 너는 스스로 삼가며 네 마음을 힘써 지키라.
그리하여 네가 눈으로 본 그 일을
잊어버리지 말라
(민 4:9).

순종하라는 명령 / 신 1:1; 4:7-38 /

40년이 지나 약속의 땅을 바로 눈앞에 둔 이스라엘. 이들은 광야 생활을 통해 영적, 육적 훈련을 받았습니다. 애굽은 이제 어린 시절의 희미한 기억과도 같습니다. 의심하고 불평하던 노장들은 모두 세상을 떠나고 새로운 청년 세대가 약속의 땅을 찾겠다고 앞다퉈 행진합니다.

노인이 된 모세는 경계 지역에 서서 세 번 설교합니다. 성경 어느 곳에도 이 설교들만큼 장중하고 설득력 있는 글이 없습니다. 모세에게 이 설교는 시끌벅적했던 지난 40년 동안 이끌고 온 백성들에게 마지막으로 들려주는 충고와 격려입니다. 모세는 열정적으로, 침착하게, 떨리는 목소리로 지나온 역사를 하나하나 되짚습니다. 이따금씩 고통스런 기억으로 화가 치솟기도 하지만 자식을 끔찍이 생각하는 부모처럼 가슴 아픈 사랑을 쏟아 붓습니다. 연설은 내면의 슬픔과 함께 흘러갑니다. 모세는 가나안으로 들어가는 승리의 행진에 자신이 동참하지 못할 것을 잘 알고 있습니다.

모세는 세 번의 설교 중 가장 긴 설교에서 이스라엘 백성들이 언약의 한 부분으로 지키겠노라 맹세한 모든 율법을 다시 설명합니다. 그리고 시내 산에서 하나님께 십계명을 받았던 특별한 날을 회상합니다. 불길이 타오르고 어둠과 구름과 흑암이 뒤덮었던 순간을 기억합니다. "너희가 그 말소리만 듣고 형상은 보지 못하였느니라." 모세가 백성들의 기억을 일깨웁니다. 하나님의 임재는 어떤 형상으로도 표현할 수 없습니다. "광야에서 배운 교훈을 절대 잊지 말라!" 모세가 전하는 핵심 메시지입니다.

충고와 경고 후에 격려도 잊지 않습니다. 마지막으로 이스라엘 백성들에게 한 나라로 부르심을 받은 유일한 민족인 것을 잊지 말라고 도전합니다. 그들이 하나님의 규례와 법도를 따르면 언약 안에 있는 모든 은혜가 그들의 것이 됩니다. 그러면 이방 나라들이 그 모습을 보고 하나님을 알고 싶어 할 것입니다. 모세는 하나님이 자신과 이스라엘 백성들을 위해 하신 모든 역사에 진정으로 감동을 받은 것 같습니다. 모세의 설교는 경이와 감사를 표현하는 마지막 기회가 되었습니다.

오늘의 묵상

하나님이 지금 당신에게 무엇을 가르치십니까?
이 가르침은 하나님과 함께하는 인생 여정의 한 부분이 될 것입니다.

Do Not Forget the Lord

네가 만일 네 하나님 여호와를 잊어버리고
다른 신들을 따라 그들을 섬기며 그들에게 절하면…
너희가 반드시 멸망할 것이라
(신 8:19).

여호와를 잊지 말라 / 신 8:1-20 /

알렉산더 솔제니친은 시베리아 집단수용소에서 처음 기도를 배웠다고 합니다. 모든 희망이 사라졌을 때 기도하게 된 것입니다. 체포되기 전, 모든 일이 순조로웠을 때는 하나님 생각을 거의 하지 않던 그였습니다.

모세도 이스라엘 백성이 시내 광야에서 다른 선택의 여지가 전혀 없었을 때 하나님께 의지하는 법을 배웠다고 생각했습니다. 매일의 양식을 위해서도 하나님의 개입이 반드시 필요했습니다. 그러나 지금 요단 강가에 선 그들은 더 어려운 믿음의 시험을 눈앞에 두고 있습니다. 이스라엘 백성들이 젖과 꿀이 흐르는 풍요의 땅으로 들어간 뒤에 약속의 땅을 주신 하나님을 곧 잊지는 않을까요?

광야에서 태어난 이스라엘의 새로운 세대는 주변 다른 문화가 어떻게 유혹해올지 거의 예상하지 못합니다. 음란함으로 가득한 이방 종교들과 현란한 번영이 이스라엘을 유혹할 것입니다. 이스라엘 사람들은 그런 유혹이 가득한 땅으로 행진해 들어갈 준비를 하고 있습니다. 그리고 모세는 고되고 힘들었던 광야 생활보다 다가올 부와 번영에 대해 훨씬 더 큰 두려움을 느낍니다. 아름다운 땅, 약속의 땅에서 이스라엘 백성들은 하나님을 뒷전에 두고 그들의 성공을 자랑으로 삼을지 모릅니다.

"기억하라!" 모세는 끊임없이 강조합니다. 애굽에서 노예로 살던 때를, 그리고 하나님의 역사로 풀려난 것을 기억하라. 광막하고 황량한 광야에서의 시련 중에 하나님이 신실하게 돌보셨던 것을 기억하라. 이스라엘을 귀한 자녀로 삼으신 하나님의 특별한 부르심을 기억하라.

모세가 이렇게 염려하는 이유가 있습니다. 미래를 아시는 하나님이 어떤 일이 일어날지 분명히 말씀해주셨기 때문입니다. "내가 그들의 조상들에게 맹세한 바 젖과 꿀이 흐르는 땅으로 그들을 인도하여 들인 후에 그들이 먹어 배부르고 살찌면 돌이켜 다른 신들을 섬기며 나를 멸시하여 내 언약을 어기리니"(신 31:20). 신명기 이후에 기록된 다른 책들을 보면 모세의 염려가 모두 현실로 나타납니다.

신명기가 보여준 대로 성공은 하나님께 의존하는 것을 더 어렵게 만듭니다. 그야말로 역설입니다. 이스라엘 백성들도 약속의 땅에 들어간 후 하나님에 대한 믿음이 오히려 약해집니다. 원하던 것을 마침내 손에 넣는 순간 심각한 위험에 노출되는 것입니다.

오늘의 묵상

하나님에 대해 많이 묵상할 때는 언제입니까?
일이 순조롭게 잘 풀릴 때입니까, 아니면 어려움을 겪고 있을 때입니까?

A Jekyll and Hyde God? / 깊이 생각하기 /

하나님의 성품

이스라엘 백성에게 하신 하나님의 말씀 중에 매우 엄하고 가혹한 말씀들이 신명기에 나옵니다. "네 하나님 여호와는 소멸하는 불이시요 질투하시는 하나님이시니라"(신 4:24). "여호와께서 너희 앞에서 멸망시키신 민족들 같이 너희도 멸망하리니 이는 너희가 너희의 하나님 여호와의 소리를 청종하지 아니함이니라"(신 8:20). 그러나 다른 한편에서는 아주 부드럽고 사랑이 넘치는 말씀들을 읽을 수 있습니다. "네 하나님 여호와는 자비하신 하나님이심이라. 그가 너를 버리지 아니하시며 너를 멸하지 아니하시며 네 조상들에게 맹세하신 언약을 잊지 아니하시리라"(신 4:31).

하나님은 이스라엘 백성들이 그분을 따르지 않으면 당하게 될 운명에 대해 경고하시다가도, 그들을 반기시고 그들에 대한 하나님의 사랑을 확인시켜주십니다. 이스라엘 백성들 입장에서는 하나님의 달라지는 태도가 분명 혼란스럽습니다. 과연 그들이 섬기는 하나님은 어떤 분이십니까? 하나님의 진정한 성품은 무엇입니까?

구약 전체에 드러나는 하나님의 모습을 자세히 살펴보면 이렇게 두 얼굴을 한 하나님에 대해 누구나 의아해할 것입니다. 하나님은 우리를 용서하시고 사랑으로 자녀 삼으신 분이 맞습니다. 자비함으로 돌보시는 하나님이십니다. 하지만 구약에는 이스라엘 백성들이 저지른 행위에 대한 대가를 단호하게 말씀하시는 하나님, 엄격하고 뜻을 굽히지 않는 권능의 하나님을 자주 볼 수 있습니다. 너무 많은 요구를 하시는 무뚝뚝한 하나님이십니다. 그러나 얼마 지나지 않아 다시 용서하시겠다는 뜻을 분명하게 밝히십니다. 우리가 지킬 박사와 하이드를 섬기고 있는 것일까요? 하나님은 이 신실하지 못한 자녀들을 어떻게 다뤄야 할지 아직 마음을 정하지 못하신 걸까요? 지금도 당신의 백성들을 그렇게 대하실 테니 우리는 각오해야 할까요?

신자로서 하나님의 본성을 정확하게 아는 것은 대단히 중요합니다. 그래야 하나님의 큰 그림과 사랑을 볼 수 있으며 구약에 나타나는 이해할 수 없고 혼란스런 부분들이 해결됩니다.

거룩하신 하나님은 물에 비유할 수 있습니다. 생명을 주시는 순결한 물입니다. 예수님은 이 비유로 영생의 선물을 생명수라고 말씀하셨습니다. 그러나 사람들은 죄로 얼룩져 있습니다. 마치 물과 섞이지 않는 기름 같습니다. 바다에 유출된 기름은 서로 엉겨붙어 기름 덩어리가 되어 물 위를 떠다닙니다. 물과 기름은 한쪽이 아무리 열심히 노력한다 해도 섞이지 않습니다.

이것이 하나님과 죄 많은 인간의 모습입니다. 하나님의 성품은 절대로 죄와 공존할 수 없습니다. 하나님이 죄인인 인간들에 대해 어떻게 느끼시든 하나님의 본성은 죄를 가진 인간과는 엄격하게 구분되어 있습니다. 하나님의 사랑은 거침없이 흐르지만 이 사랑은 믿음을 저버리고 불순종한 백성들은 가차 없이 내치기도 합니다.

예수님에 대한 비유를 살펴봅니다. 예수님은 비누 같은 분입니다. 물과 기름이 결코 섞이지 못할 때 비누는 물이 기름과 잘 섞이도록 도와줍니다. 비누는 기름을 정화하고 녹입니다. 하나님은 오직 죄인들을 위해 돌아가신 예수님의 죽음을 통해서 죄를 깨끗하게 하시고 그들을 이끌어 오십니다.

하나님의 거룩하심은 절대 변하지 않습니다. 또한 죄와 공존할 수 없는 그분의 속성도 바뀌지 않습니다. 그러나 그리스도의 구원의 은총을 통해 하나님께로 나온 사람에 대해서는, 비록 다시 죄를 반복한다 해도 아낌없는 사랑과 용서로 늘 동행해주십니다. 하나님은 여전히 그의 백성들에게 거룩하라고 요구하십니다. 여전히 하나님을 경외하고 충성하라고 하십니다. 하나님은 이 일이 가능하도록 성령을 주시며 우리의 실패를 자비로 덮어주십니다. 예수님으로 말미암아 하나님은 그분의 백성들을 향한 신실한 사랑을 거두지 않으십니다.

오늘의 묵상

예수님과의 관계를 통해 하나님을 잘 이해하고 그분과의 관계가 더욱 돈독해졌습니까?
이해할 수 없을 만큼 엄격하신 하나님, 벅찬 요구를 하시는 하나님을 보고 있다면 기도하십시오.
하나님이 자비와 사랑을 모두 드러내 보이실 것입니다.

Rahab and the Spies

이제 청하노니 내가 너희를 선대하였은즉
너희도 내 아버지의 집을 선대하도록
여호와로 내게 맹세하고 내게 증표를 내라
(수 2:12).

라합과 정탐꾼 / 수 2:1-24 /

출애굽기, 민수기, 신명기 등을 통해 알 수 있듯이 이스라엘 사람들은 따르지 말아야 할 본을 보입니다. 그러나 구약성경 가운데 가장 희망찬 책 여호수아서에서 몇 가지 밝은 소망을 봅니다.

여호수아의 첫 장면은 이전 장면을 반복하고 있습니다. 피난 중에 이스라엘 백성들은 모세의 고별 설교를 들은 뒤 요단 강가에서 다시 용기와 믿음의 시험을 받습니다. '과연 약속의 땅으로 들어갈 준비가 되어 있는가?' 40년 전 그들의 선조들은 두려움을 이기지 못했습니다. 현재 그들의 전설적인 지도자 모세가 없는 상황에서 이스라엘 백성들은 다시 겁에 질려 당황할까요? 그들에게는 병거도 기병도 없습니다. 겨우 단순한 무기와 아직 검증되지 않은 새로운 지도자, 그리고 하나님이 보호하신다는 약속만 있을 뿐입니다.

그런데 지금 이스라엘 백성들에게는 전혀 새로운 영성이 깃들어 있습니다. 여호수아 2장에서 그 달라진 모습이 명확히 나타납니다. 40년 전 백성들이 원망에 찬 폭동을 일으켰을 때는 열두 명의 정탐꾼 중 단지 두 명만이 낙관적 보고를 했습니다. 그런데 겁 많은 노예근성을 버리지 못했던 노장 세대가 광야에서 모두 죽고 신세대가 낙관적인 정탐꾼 중 하나인 여호수아를 새로운 지도자로 삼아 요단강을 건너려고 합니다.

이번에는 여호수아가 두 명의 정탐꾼을 엄선하여 보냈고 그들이 다녀온 후 보고하는 내용은 민수기에 나오는 정탐 보고(민 13:31-33)와 확연히 다릅니다. 이 두 명의 정탐꾼은 하나님이 가나안 땅을 이스라엘 사람들 손에 붙이셨고 그 땅의 모든 주민들이 이스라엘을 두려워하고 있다고 보고합니다. 구약의 복음서라 할 수 있는 여호수아서는 민수기의 실망과 신명기의 숙명론으로부터 구원받는 기쁨으로 시작됩니다. 40년의 세월이 만든 변화가 놀랍지 않습니까?

오늘 본문의 주인공 라합은 이방인 기생으로서 후에 유대인들과 성경 기자들에게 사랑과 존경을 받는 인물입니다(히 11:31; 약 2:25). 하나님은 인종이나 종교적 배경과는 상관없이 진정한 믿음을 가진 모든 사람을 높이십니다. 라합이 증인입니다. 라합은 여리고에서 살아남아 훗날 예수님의 직계 조상이 됩니다.

오늘의 묵상

어떤 장애를 마주쳤을 때 그것을 문제라고 생각합니까,
아니면 기회라고 생각합니까?

Crossing the Jordan

백성이 요단을 건너려고 자기들의 장막을 떠날 때에
제사장들은 언약궤를 메고
백성 앞에서 나아가니라
(수 3:7).

요단을 건너다 / 수 3:1-4:7, 9, 13, 18, 20-24 /

약속의 땅으로 출발하기로 한 날이 밝았습니다. 홍해를 가르신 하나님에게는 아무리 큰 강이라도 장애가 될 수 없습니다. 하나님은 강물을 멈추시고 마른 땅을 드러내시어 이스라엘 백성들이 언약궤를 따라 가나안을 향해 가도록 하십니다.

가장 거룩한 성물로서 성막에 보관된 언약궤는 여호와의 보좌를 상징합니다. 언약궤를 따라 요단강을 건너는 이스라엘 사람들은 직접 약속의 땅으로 인도하시는 하나님의 임재를 온몸으로 체험합니다. 그들은 언약궤가 상징하는 하나님의 거룩하심을 바라보면서 일정한 거리를 두고 따라가야 합니다.

모든 사람들이 강을 건너자 하나님은 이스라엘 백성들이 또 한 번의 기적을 잊지 않기를 기대하십니다. 그리고 홍해의 기적처럼 이 이야기 역시

자손들에게 계속 반복해서 가르치라 명령하십니다. 이야기만 되새기는 것이 아니라 열두 지파의 대표들이 각각 이 날을 기념하여 세워놓은 돌을 볼 때마다 이 기적을 기억할 것입니다.

하나님은 인간의 본성이 어떤지 잘 아십니다. 지난 몇 십 년에 걸쳐 이 백성들이 취했던 행동을 보면 알 수 있습니다. 사람들은 하나님의 신실하심을 쉽게 잊어버리고 자신들의 시각으로 삶을 바라봅니다. 하나님은 여호수아에게 그들이 기억할 수 있게 도와주라고 가르치십니다.

오늘의 묵상

하나님이 당신에게 하신 일을 잊지 않고 기억하게 해주는 것은 무엇입니까?

The Fall of Jericho

이에 백성은 외치고 제사장들은 나팔을 불매
백성이 나팔 소리를 들을 때에 크게 소리 질러 외치니
성벽이 무너져 내린지라
(수 6:20).

여리고 성 함락 / 수 5:13-6:23 /

이스라엘은 불순종의 문제로 광야 생활에 실패합니다. 하나님의 명백한 인도하심에도 불구하고, 이스라엘 백성들은 자신들의 길을 고집했습니다. 신세대는 좀 다른 태도를 보일까요? 그들이 가나안으로 들어간 뒤, 하나님은 순종하겠다는 그들의 새로운 결심을 시험하십니다.

가나안 거주민들은 이스라엘 백성들이 가나안을 점령할 거라는 이야기를 오래 전부터 들어왔습니다. 그들이 저항할수록 사태는 더욱 나빠집니다. 첫 번째로 점령할 도시였던 여리고 성에서 사람들은 방어벽 뒤에 숨어 언제 습격을 당할까 두려워하고 있습니다. 한편, 자신 있게 약속의 땅으로 들어왔던 이스라엘 사람들은 가나안에서의 첫 주를 어떻게 보냈습니까? 하나님을 기억하기 위해 열두 개의 돌로 기념탑을 쌓고, 할례를 행하고, 유월절을 지킵니다. 정복자들이 취하는 행동과는 거리가 너무 멉니다.

여호수아서에 기록된 이야기들의 핵심은 하나님만이 전쟁을 주관하신다는 것입니다. 여리고 전투를 시작하기 직전에 어떤 초자연적 존재가 여호수아 앞에 나타납니다. 그는 이 출정의 진정한 지휘관, 여호와의 군대 대장입니다. 여리고를 함락시키기 위해 이스라엘이 이용하는 괴상한 전술을 보면 누가 주관하고 계신지 의심할 여지가 없습니다. 싸우려는 군대가 고작 성을 돌며 소리치는 것이 전부라고 하면 믿음직스런 군대라고 보기 어렵습니다.

여리고 성은 달의 신에게 드리는 제사의 중심지였습니다. 따라서 애굽의 열 가지 재앙처럼, 이 도시가 함락되는 사건은 그 지역 이방신들에 대한 하나님과 이스라엘의 선전 포고입니다. 가나안 사람들에 대한 처벌이 가혹해 보입니다. 성경은 그들이 가나안 땅에 대한 권리를 몰수당했다는 점을 강조합니다. 모세가 말했습니다. "네가 가서 그 땅을 차지함은 네 공의로 말미암음도 아니요 이 민족들이 악함으로 말미암아 네 하나님 여호와께서 그들을 네 앞에서 쫓아내심이라"(신 9:5). 그러나 라합처럼 하나님께로 돌아선 가나안 사람들은 목숨을 구했습니다.

오늘의 묵상

분명히 하나님의 계획이라고 생각되는 것을 따르면서
어리석거나 이상하다고 느낀 적이 있습니까?

Achan's Sin

유다 지파 세라의 증손 삽디의 손자 갈미의 아들 아간이
온전히 바친 물건을 가졌음이라.
여호와께서 이스라엘 자손들에게 진노하시니라
(수7:1).

아간의 범죄 / 수 7:1-26 /

성경은 단지 역사를 기록하기 위해 쓰인 책이 아닙니다. 그보다는 실제적이고 영적인 교훈을 주는 특정한 사건들을 뽑아서 강조합니다. 예를 들면, 여호수아서에서 거의 7년에 걸쳐 일어난 전쟁을 단지 몇 문장으로 기술해놓았습니다. 그러나 여리고 성 함락과 같은 주요 사건들은 아주 상세히 기록되어 있습니다. 이스라엘의 전쟁에는 중요한 원리가 있습니다. 이스라엘 백성들이 군사력이 아니라 오직 하나님만 의지하면 승리한다는 것입니다.

이스라엘 백성들은 여리고 사건 이후 교만해질 게 뻔합니다. 그 견고한 성을 화살 하나 쏘지 않고 점령했으니 다음 목적지인 작은 도시 아이 성은 겁나지 않습니다. 수천 명의 군사들이 아이 성을 향해 느긋하게 걸어갑니다. 그러나 잠시 후 그들은 허겁지겁 도망쳐 나옵니다.

여리고 성과 아이 성 이야기를 이렇게 나란히 기록해놓은 이유는 중요한 교훈을 전달하려는 것입니다. 이스라엘 백성이 하나님께 순종하고 그분을 신뢰하면 아무리 큰 어려움도 능히 극복할 수 있습니다. 반면 자신들의 뜻을 고집한다면 아주 사소한 문제에도 걸려 넘어질 것입니다.

아이 성이 수백 년 전 하나님이 아브라함에게 나타나셔서 언약의 말씀을 주셨던 장소와 아주 가깝다는 것은 의미심장합니다. 바로 그곳에서 참담하게 패배했다는 사실 때문에 여호수아는 두려움으로 마음이 녹아내립니다. 그리고 하나님의 단호한 꾸짖음을 듣습니다. "일어나라! 어찌하여 이렇게 엎드렸느냐?"

하나님이 보호하시지 않으면 이스라엘은 아무 희망 없는 연약한 존재라는 것을 여호수아가 깨닫습니다. 아이 성의 쓰라린 교훈을 배운 뒤 여호수아는 기본으로 돌아갑니다. 아간의 죄를 공개한 것은 전쟁과 같은 세상일에도 하나님의 명령을 견실하게 따라야 한다는 것을 천명하기 위해서입니다. 하나님은 침략자들의 전형적인 거짓과 약탈을 결코 용서하시지 않습니다.

오늘의 묵상

아간이 속인 것과 같이 대수롭게 보이지 않는 죄가 어떻게 그처럼 엄청난 결과를 가져왔을까요?

The Covenant Renewed at Shechem

그날에 여호수아가 세겜에서
백성과 더불어 언약을 맺고
그들을 위하여 율례와 법도를 제정하였더라
(수 24:25).

세겜에서 맺은 새 언약 / 수 24:1-29 /

모세가 그랬던 것처럼 여호수아도 마지막 고별 설교를 하기 위해 이스라엘 백성들 앞에 섰습니다. 그의 지도하에 모든 일이 순조롭게 진행되어 왔습니다. "이스라엘이 여호수아가 사는 날 동안과 여호수아 뒤에 생존한 장로들 곧 여호와께서 이스라엘을 위하여 행하신 모든 일을 아는 자들이 사는 날 동안 여호와를 섬겼더라"(31절). 여호수아는 고별 설교를 하면서, 하나님이 지금까지 하신 모든 일을 회상하고 하나님의 언약 아래서 이스라엘 백성들이 지켜야 할 도리를 다시 일깨웁니다.

"나 여호와는 너희가 수고하지 아니한 땅과 너희가 건설하지 아니한 성읍들을 너희에게 주었다." 여호수아는 구절구절마다 하나님만이 성공의 유일한 근원임을 강조합니다. 하나님이 아브라함을 부르시고 자녀로 그를 축복하셨으며, 애굽의 노예로 있던 이스라엘을 이끌어내셨고 광야를 건너게 하셨습니다. 그리고 여호수아가 사는 동안 하나님은 한 가지 약속을 더 성취하십니다. 바로 약속의 땅을 주신 것입니다. 이스라엘 백성들이 살아갈 곳입니다.

"너희가 섬길 자를 오늘 택하라." 연설이 절정에 이르자 여호수아는 떨리는 목소리로 백성들에게 촉구합니다. 여호수아의 말을 듣고 있던 모든 사람들은 언약을 지키신 신실하신 하나님께 충성을 맹세합니다. 여호수아는 엄숙하게 언약을 재가한 후 사람들을 돌려보내고 조용히 죽음을 맞이합니다.

여호수아서는 깊은 상징적 의미를 가진 의식으로 끝납니다. 이스라엘 백성들이 마침내 요셉의 유골을 장사했습니다. 이 유골은 이스라엘 백성들이 400여 년 동안 본향으로 돌아갈 때를 기다리며 애굽에서부터 보관해 온 것입니다. 그리고 광야 생활 40년 동안 그들은 과거를 기념하는 보물처럼 유골을 간직했습니다. 드디어 아브라함의 자손들이 고향으로 돌아왔습니다. 요셉의 유골을 묻음으로써 죽은 자들도 평화롭게 잠들 수 있게 되었습니다.

오늘의 묵상

성공을 경험할 때 누구 덕분이라고 생각합니까?
당신 자신입니까, 아니면 하나님입니까?

Choosing to Love God / 깊이 생각하기 /

하나님을 사랑하기로 하다

"너희가 섬길 자를 오늘 택하라!"

여호수아는 죽음을 앞두고 이스라엘 백성들에게 이렇게 도전합니다. 그는 이스라엘 백성들이 하나님을 택하여 앞으로도 계속 하나님만을 섬기기를 간절히 소망합니다. 그러나 이 결정이 끝까지 지켜지지 않으리라는 사실을 여호수아는 너무도 잘 알고 있었습니다. 결정은 매일 매일의 결심에 의해서 다져집니다. 그렇지 않으면 지속될 수 없습니다.

"사랑은 결심이다." 크리스천 작가이자 심리학자인 게리 스몰리와 존 트렌트는 결혼에 관한 글에서 하나의 격언을 만들었습니다. "일반적인 생각과는 달리, 실제로 사랑은 상대방을 얼마나 존중하는가를 반영합니다. 진정한 사랑은 그 중심이 감정이 아니라 결심이기 때문입니다." 결혼 생활에서 사랑이 유지되려면 무슨 감정이 일든지 남편과 아내는 매일매일

상대방을 사랑하고 존중할 것을 결심해야 합니다. 이 개념이 전통적 결혼 서약에 잘 나타나 있습니다. "기쁠 때나 슬플 때나 부유할 때나 가난할 때나 아플 때나 건강할 때나 오늘부터 영원히, 죽음이 우리를 갈라놓을 때까지 언제나 사랑하고 존중할 것을 맹세합니다." 두 사람이 평생 동안 어떤 상황에서도 배우자를 사랑하기로 선택하는 것입니다.

이스라엘 백성은 하나님과의 결혼에서 그분을 섬길 것인가 말 것인가를 선택해야 하는 여러 가지 상황을 겪었습니다. 라합은 이스라엘 민족이 아니었음에도 하나님을 선택했습니다. 약속의 땅 건너편 요단 강가에서 이스라엘 사람들은 강을 건너기로 선택했습니다. 여리고 성을 정복했을 때 그들은 자신들이 승리했다고 주장하지 않고 하나님께 영광을 돌리기로 선택했습니다. 그러나 한 사람이 잘못된 결정을 했습니다. 세상 재물에 눈이 먼 아간은 하나님보다 재물을 선택했습니다. 그는 여리고에서 가져온 약탈품들 중에 외투와 금은을 제외하고 바쳤습니다. 온전히 바치지 않고 전리품을 자기 소유로 삼고 말았습니다.

하나님은 구약과 신약에서 여러 번 그의 백성과 교회를 그리스도의 신부라고 칭하십니다. 그리스도인들은 하나님과 부부 같은 관계를 맺은 사람들입니다. 그러므로 감정 상태가 어떠하든지 매일 하나님을 경외하기로 결심한다면 우리의 결혼서약은 언제까지나 유효할 것입니다. 우리가 사랑하기로 결심만 한다면 늘 하나님께 신실할 수 있습니다.

오늘 당신은 누구를 사랑하시겠습니까?

오늘의 묵상

지금 이 순간 하나님께 어떤 감정을 느낍니까? 당신의 감정을 하나님께 솔직하게 말하십시오. 오늘 하나님을 사랑하기로 선택하십시오. 계속 그 길로 인도해달라고 기도하십시오.

Deborah

그때에 랍비돗의 아내
여선지자 드보라가
이스라엘의 사사가 되었는데
(삿 4:4).

드보라 / 삿 4:1-24 /

하나님이 이스라엘을 애굽으로부터 이끌어내신 지 200여 년이 지났습니다. 이스라엘 백성들은 가나안에 들어온 이후 하나님을 버리고 빗나갔습니다. 하나님은 그에 대한 징계로 그들을 가나안 사람들 손에 넘기셨습니다. 그러나 그들의 울부짖음을 들으시고 여선지자 드보라를 사사로 세우셔서 가나안 사람들을 물리치게 하십니다. 드보라는 이스라엘이 약속의 땅에 거주하는 동안 이스라엘 사람들을 다스렸던 열두 사사 중 유일한 여성입니다. 가부장 시대에 살았음에도 예언의 은사가 있었고 성격은 강인했습니다. 하나님은 그녀를 이스라엘의 지도자로 택하십니다. 그리고 맡기신 역할을 수행하도록 인도하셨습니다.

오늘의 묵상

하나님이 당신에게 전통이나 관습에서 벗어나는
뜻밖의 일을 하도록 요구하신다고 느낀 적이 있습니까?

Gideon

여호와의 사자가 기드온에게 나타나 이르되
큰 용사여 여호와께서
너와 함께 계시도다 하매
(삿6:12).

기드온 / 삿6:1, 11-40 /

여호수아서의 희망찬 분위기가 돌변합니다. 끓어오르던 초반의 열정은 어디로 사라지고 이스라엘 백성들은 하나님이 명하신 길에서 멀리, 아주 멀리 벗어납니다. 약속의 땅에서 이방 민족을 쓸어내라던 여호수아의 명령을 무시하고 오히려 그들 속에 섞여 안주합니다. 새 이웃들은 자신들의 신을 위해 음란하고 방탕한 제사를 드리고 자녀를 제물로 바칩니다.

겨우 한 세대가 지났을 뿐인데 이스라엘 사람들은 정체성을 잃어버렸고, 언약을 지키라는 선조들의 경종을 모두 잊었습니다. 그들은 이방신 바알을 섬기고 있습니다. 모든 도덕적 기준이 파괴되고 이스라엘은 혼란 속으로 빠져듭니다. 사사기의 마지막 구절이 이 사태를 잘 요약합니다. "사람이 각기 자기의 소견에 옳은 대로 행하였더라."

이스라엘 사람들은 리더십의 위기에 봉착했습니다. 과거 80여 년 동안 그들에게는 누구도 필적할 수 없을 만큼 뛰어난 두 지도자가 있었습니다. 열두 지파가 각기 흩어져 자기 영역에서 살게 되자 하나님은 사사를 세우십니다. 재판관을 뜻하는 이 단어는 다소 생소할 것입니다. 사사들은 법적 다툼을 위한 재판관이기보다는 외부 침략자들에 대항하는 군대 지도자로 임명받습니다. 오늘날의 게릴라나 자유의 투사에 해당한다고 볼 수 있습니다.

드보라나 오늘 본문의 기드온 같은 몇몇 사사들은 용기와 믿음의 전형으로 등장합니다. 기드온의 삶을 자세히 들여다보면, 하나님이 어떤 자질을 사용하시는지 알 수 있습니다. 기드온의 가족과 마을은 여호와가 아닌 바알을 섬깁니다. 하나님의 분명한 지시에도 불구하고 기드온은 변명을 늘어놓으며 하나님께 증거를 요구합니다. 미루기 작전을 쓰며 사람들에게 들킬까 봐 밤에 제사를 드립니다. 전투하기 전날까지도 두려움에 어쩔 줄 모릅니다. 그러나 기드온의 가능성을 아시는 하나님은 그가 용기를 갖도록 한 발 한 발 이끄십니다.

오늘의 묵상

하나님의 분명한 인도하심이 당신에게는 어떤 방식으로 나타납니까?

Gideon Defeats the Midianites

여호와께서 기드온에게 이르시되
내가 이 물을 핥아 먹은 삼백 명으로 너희를 구원하며
미디안을 네 손에 넘겨주리니
(삿 7:7).

기드온의 용사 / 삿 7:1-25; 8:28, 33 /

여호수아는 통상적인 군사 전략을 무시하고 하나님의 명령을 따름으로써 여리고성 전투에서 승리했습니다. 기드온에게도 이스라엘의 승리를 위해 일격을 가할 기회가 왔습니다. 하나님은 기드온 같은 풋내기는 물론이고, 경력이 대단한 장수들도 주춤거릴 전략을 지시하십니다. 3만 2,000명이나 되는 군사를 300명으로 줄이라고 하십니다. 이 전투에서 싸우시는 분은 바로 히브리인의 하나님이라는 사실을 조금도 의심할 수 없게 하시려는 것입니다.

기드온이 살던 시대에 이스라엘은 약탈 유목민 베두인에게 늘 시달리며 살았습니다. 그들은 지역 농부들의 생산물을 마음대로 갈취했습니다. 그러나 기드온이 하나님의 명령에 따라 승리하여 억압받던 이스라엘 백성들에게 자유를 가져옵니다.

갖은 어려움을 이기고 승리한 기드온 이야기와 같은 영웅담들이 사사기에서 반복됩니다. 여성들을 하대하던 시대에 하나님은 드보라를 지도자로 택하십니다. 하나님이 입다를 선택하시기 전에 그는 시정잡배들의 우두머리였습니다. 하나님이 찾는 사람은 빼어날 정도로 유능한 사람도, 착한 사람도 아닙니다. 하나님이 이처럼 지도자로서 어울리지 않는 자질들을 이용하시는 데는 이유가 있습니다. 오직 한 분, 하나님만이 역사하시는 것을 모든 이들이 알게 하기 위해서입니다.

천 년이 흐른 뒤 사도 바울은 이 사실에 경탄해마지 않습니다. "형제들아 너희를 부르심을 보라. 육체를 따라 지혜로운 자가 많지 아니하며 능한 자가 많지 아니하며 문벌 좋은 자가 많지 아니하도다. 그러나 하나님이 세상의 미련한 것들을 택하사 지혜 있는 자들을 부끄럽게 하려 하시고 세상의 약한 것들을 택하사 강한 것들을 부끄럽게 하려 하시며… 기록된 바 자랑하는 자는 주 안에서 자랑하라 함과 같게 하려 함이라"(고전 1:26-27, 31).

오늘의 묵상

하나님이 당신의 배경과 능력에는 전혀 어울리지 않는 방법으로 당신을 쓰시지는 않습니까?

지도자를 따르라

어린 시절 '따라 하기' 놀이를 했던 경험이 있을 것입니다. 기차놀이 하듯이 한 줄로 늘어서서 앞사람의 우스꽝스런 몸짓을 따라합니다.

이 놀이는 현실 생활과 크게 다르지 않습니다. 깨닫든 못 깨닫든, 현재의 모습은 리더들을 따라 살아온 삶의 결과물입니다. 부모, 선생, 코치, 교관, 성직자, 동료들은 우리가 인식하고 있는 것보다 훨씬 더 많은 부분에 영향을 줍니다. 이들이 가장 가까운 인생 모델이고 행동과 삶의 방향에 깊은 영향을 주는 위치에 있기 때문입니다.

드보라와 기드온은 이스라엘 백성들에게 그런 존재였습니다. 하나님은 이 두 사람을 지도자로 택하시고 그들에게 꿈을 주십니다. 가나안의 억압에서 백성들을 구하고 그들을 다시 하나님께로 돌아오게 하는 꿈입니다. 이스라엘 사람들이 어린아이들처럼 쉽게 지도자를 따른다는 사실을 하나님은 알고 계셨습니다. 그래서 이스라엘 백성들의 눈을 다시 하나님께로 돌리게 할 지도자로 두 사람을 택하시는 은혜를 베푸셨습니다.

리더십 발달연구소 인조이의 창립자 존 맥스웰이 말합니다. "비전의 초점을 리더에게 두어야 합니다. 그 리더에 그 추종자입니다. 사람들은 리더를 먼저 보고 그 다음에 비전을 봅니다. 리더는 비전을 보고 나서 따르는 사람들을 봅니다." 이 말은 사사 시대의 상황을 상기시켜줍니다. 사람들은 하나님께 초점을 맞춘 리더와 더불어 하나님의 방법에 대한 비전을 갖게 됩니다. 그런 리더가 없으면 사람들은 자기중심적인 리더와 함께 그의 방법을 따라갑니다. 드보라와 기드온이 죽고 난 뒤 이스라엘 백성들이 그렇게 행동했습니다.

구약에 나타난 이스라엘의 긴 역사를 살펴보면, 하나님을 멀리한 시기는 하나님 중심의 리더가 없을 때 더 오래 지속되었고 상황은 더 심각했던 것을 알 수 있습니다. 구약의 다른 책들뿐 아니라 신약에서까지도 좋은 리더를 찾기란 쉽지 않습니다. 이런 이유로 하나님은 성경을 통해 리더십의 중요성을 자주 강조하십니다.

"하나님의 말씀을 너희에게 일러주고 너희를 인도하던 자들을 생각하며 그들의 행실의 결말을 주의하여 보고 그들의 믿음을 본받으라"(히 13:7). "너희를 인도하는 자들에게 순종하고 복종하라. 그들은 너희 영혼을 위하여 경성하기를 자신들이 청산할 자인 것 같이 하느니라. 그들로 하여금 즐거움으로 이것을 하게 하고 근심으로 하게 하지 말라. 그렇지 않으면 너희에게 유익이 없느니라"(히 13:17). "마땅히 행할 길을 아이에게 가르치라. 그리하면 늙어도 그것을 떠나지 아니하리라"(잠 22:6). "또 아비들아 너희 자녀를 노엽게 하지 말고 오직 주의 교훈과 훈계로 양육하라"(엡 6:4). "내 형제들아 너희는 선생된 우리가 더 큰 심판을 받을 줄 알고 선생이 많이 되지 말라"(약 3:1).

우리는 인생에서 리더가 되기도 하고 따르는 자가 되기도 합니다. 리더가 되면 겸손한 마음과 하나님에 대한 경외심으로 행동하며 오직 그분의 인도하심을 따라야 합니다. 따르는 위치에서는 하나님의 리더를 찾아 따르며 그 리더를 위해서 중보기도 해야 합니다. 무엇보다 매 순간 하나님이 성령을 통해 우리의 가장 위대한 리더가 되시도록 해야 합니다.

오늘의 묵상

잠시 당신 삶에 영향을 주는 사람들을 떠올려보십시오. 그들의 리더십이 어떤 영향을 주었습니까? 당신을 살리기 위해 하나님이 사용하신 사람들에 대해 하나님께 감사드리십시오. 현재 리더입니까? 하나님께 도움을 구하십시오.

The Birth of Samson

보라 네가 임신하여 아들을 낳으리니 그의 머리 위에
삭도를 대지 말라. 이 아이는 태에서 나옴으로부터
하나님께 바쳐진 나실인이 됨이라
(삿 13:5).

삼손의 출생 / 삿 13:1-25 /

잉태하지 못하는 여인이 하나님의 명에 따라 장차 중요한 일을 할 아이를 낳게 됩니다. 바로 삼손입니다. 하나님이 이스라엘을 다스릴 새로운 사사로 삼손을 세우십니다. 삼손은 드보라나 기드온과는 전혀 다른 방식으로 백성들을 인도할 것입니다. 삼손은 홀로 떠도는 방랑자가 되어 이스라엘 영토를 차지하고 있는 블레셋 사람들을 쳐낼 것입니다. 군대를 동원하여 전투를 일으켰던 사사들과는 다릅니다. 삼손의 성격과 자질도 드보라나 기드온과는 차이가 있습니다. 삼손을 통해 알 수 있듯이 하나님은 강점과 약점을 모두 사용하십니다.

오늘의 묵상

하나님이 당신 삶을 인도하시는 데 사용하신 사람에게서
뜻밖의 성격을 발견하고 놀란 경험이 있습니까?

Samson's Marriage

내가 딤나에서 블레셋 사람의
딸들 중에서 한 여자를 보았사오니
이제 그를 맞이하여 내 아내로 삼게 하소서
(삿 14:2).

삼손의 결혼 / 삿 14:1-20 /

이스라엘 사람은 이방 여인과 혼인할 수 없다는 모세의 율법에도 불구하고 삼손은 블레셋 여인과 결혼하겠다고 고집을 부립니다. 삼손의 부모님들은 그 결혼을 꺼려하면서도 말리지 못했습니다. 하나님이 블레셋 사람들을 정복하라고 삼손에게 강한 힘을 주신 것처럼 그의 강한 의지 또한 하나님의 계획을 위해 사용하실 것입니다. 하나님은 삼손이 규례를 어기고 이방 여인과 혼인하는 것을 싫어하시지만 백성들을 위한 선한 목적을 위해 삼손의 반항을 묵인하십니다. 앞으로 드러나겠지만 삼손의 끓어오르는 열정이 그에게 행복을 주지 못합니다. 그렇지만 하나님은 이 힘센 장사를 이스라엘 백성의 지도자로 쓰십니다.

오늘의 묵상

하나님이 당신에게 어떤 강점을 주셨다고 생각합니까?

Samson and Delilah

들릴라가 삼손에게 자기 무릎을 베고 자게 하고
사람을 불러 그의 머리털 일곱 가닥을 밀고 괴롭게 하여 본즉
그의 힘이 없어졌더라
(삿 16:19).

삼손과 들릴라 / 삿 16:1-10, 16-30 /

모든 사사들 중에 가장 유명한 인물이 사사기의 끝 부분에 등장합니다. 성경은 그의 드라마틱한 인생을 그리는 데 지면을 네 장이나 할애합니다. 하나님이 능력의 한계를 가진 사람을 어떻게 위대하게 사용하시는지를 보여주는 인물이 기드온이었다면 삼손은 정반대입니다. 삼손은 엄청난 능력을 헛되이 써버린 인물입니다.

삼손이 등장할 무렵, 역시나 이스라엘 백성들은 이방인들의 지배 아래서 고통을 당하고 있었습니다. 천사가 나타나 삼손이 태어날 것이고 하나님이 그에게 중대한 것을 예비하셨다고 알려줍니다. 그리고 삼손은 특별히 구별되어야 한다고 말합니다.

실제로 삼손은 초자연적 재능을 타고났습니다. 여호와의 영이 임하시면 사자도 넘어뜨리고 적의 군대 전체를 단번에 물리칩니다. 그러나 그의 젊

은 시절 이야기에서 드러나듯이, 삼손은 그 막강한 힘을 영적 지도자보다는 골목대장에게나 어울리는 방법으로 허비해버립니다.

삼손이 한 여자를 아내로 삼습니다. 이 선택은 삼손의 부모님과 하나님께 큰 슬픔을 안겨드립니다. 결국 그 결혼은 일주일을 넘기지 못했고, 다음으로 삼손이 선택한 여자는 블레셋의 기생이었습니다. 오늘 본문은 세 번째 여자 들릴라와 놀아나면서 그 막강한 힘을 소진해버리는 어리석은 삼손의 이야기입니다. 마치 교훈극을 보는 것 같습니다.

그의 힘을 당해낼 사람이 없습니다. 그러나 그의 도덕적 자제력은 형편없었습니다. 모든 세대의 영적 지도자들이 삼손과 같은 실수를 반복해왔습니다. 그래서인지 삼손의 실수를 이해할 것도 같습니다.

결국 백성들의 구원자로 선택되었던 삼손은 체포자들의 손에 넘어가 훈련받는 곰 신세가 되었습니다. 이스라엘의 하나님이 이방인들과 그들이 섬기는 이방신들에게 참패당한 듯합니다. 그러나 삼손과 하나님은 블레셋 사람들이 예상치 못한 최후의 일격을 가합니다.

오늘의 묵상

어떤 분야에서 당신의 능력을 발휘하고 있습니까?
능력이 부족한 분야는 무엇입니까?

A Strong Need for God / 깊이 생각하기 /

하나님이 필요합니다

권력. 독립심. 자부심.

익숙하게 들립니까? 이런 특성은 현대 서구 사회에서 하나의 규칙이 되었습니다. 무의식적으로 사람들은 권력이 빈곤을 벗어나게 하는 수단이라고 생각합니다. 힘을 가진 사람들은 자기 생각대로 살아갑니다. 길을 가다 장애물을 만나면, 이를 악물고 자신에게 더욱 몰입합니다. 장애를 극복하고 평정을 회복할 때까지 계속 전진합니다. 정신적, 감정적 강인함이 이 게임의 핵심입니다. 외형은 힘으로 결정됩니다. 당신이 강하게 보이는 그곳에만 당신이 존재합니다.

그러나 삼손의 삶을 통해 보았듯이 겉모습과 실체는 전혀 다릅니다. 삼손은 분명히 강한 체력을 가지고 있었습니다. 그 당시에는 남녀를 불문하고 체력적 강인함을 선망했습니다. 동물이나 사람을 제압할 수 있는 힘은 삼손으로 하여금 최고의 지위를 갖게 했습니다. 하지만 그의 강한 체력도 성욕이나 이방 여인들에 대한 무절제를 제압하지 못했습니다. 옳은 결정을 내리게 하거나 삶의 진정한 기쁨을 찾도록 도와주지도 못했습니다.

삼손에게 필요했던 것은 하나님이 주신 강한 체력만이 아닙니다. 그에게는 매일 매일 하나님의 인도하심이 필요했습니다. 유혹을 이겨내고 하나님의 가장 선한 것을 바라며 장래의 소망을 위해 순간적 쾌락을 유보할 수 있는 힘을 여호와의 영께 간구해야 했습니다. 자신은 깨닫지 못했으나 삼손에게 필요했던 것은 그의 연약함을 돌보시는 하나님이었습니다.

우리도 삼손과 다르지 않습니다. 아무리 유능한 사람이라도 우리 안에 살아 계시고 우리를 통하여 역사하시는 하나님과 매일 동행해야 합니다. 하나님이 주시는 용기와 그분에 대한 소망과 사랑과 교제가 언제나 필요합니다. 그리고 하나님의 구원하심이 필요합니다. 하나님 없이 우리는 한 순간도 살 수 없습니다.

현대 사회가 추구하는 독립심으로 살고자 하는 건 자신의 부족함을 은폐하는 것입니다. 결코 그 부족을 채울 수 없습니다. 인간은 누구나 내적으로 연약한 존재입니다. 내면을 조금만 열어 봐도 하나님을 필요로 하는 아픈 구석이 누구에게나 있습니다. 일상을 살면서 각자에게 주어진 역할에 도전하고 도움이 필요할 때는 언제나 하나님께 요청할 수 있습니다. 부족한 것을 하나님께 말씀드릴 수 있습니다. 도와달라고 하나님께 매달릴 수 있습니다. 하나님보다 더 강력한 존재는 없습니다.

오늘의 묵상

당신은 하나님이 필요하다는 사실을 얼마나 자각하고 있습니까?
"주님, 저는 주님이 필요합니다." 반복해서 이 기도를 드리며 하나님께 당신의 문제를 말씀드리십시오.

Naomi and Ruth

어머니께서 가시는 곳에 나도 가고
어머니께서 머무시는 곳에서 나도 머물겠나이다.
… 어머니의 하나님이 나의 하나님이 되시리니
(룻 1:16).

나오미와 룻 / 룻 1:1-22 /

씩씩한 두 여인에 관한 이 이야기는 사사기에 기록된 광대한 역사와는 분위기가 사뭇 다릅니다. 룻기는 혼란스런 시기를 견디며 살아가는 한 가족의 이야기에 초점을 맞추고 있습니다.

가나안 지역은 심한 흉년이 들어 상황이 매우 나빠졌습니다. 나오미 일가는 오직 먹고 살기 위해 적의가 가득한 이방나라로 이주합니다. 그곳에서 두 아들은 이방 여인과 결혼했습니다. 몇 년 후 두 아들과 남편이 죽자 나오미는 고향땅으로 돌아갈 결심을 합니다. 룻기는 나오미의 두 며느리 중 한 명인 룻의 고집스런 충성심을 그립니다.

룻과 나오미의 관계는 다소 특이합니다. 룻은 젊고 강인한 반면 나오미는 중년을 넘긴데다가 마음의 상처도 많습니다. 게다가 두 사람의 민족적, 종교적 배경도 완전히 다릅니다. 누가 두 사람을 연결시켜줄 수 있을까

요? 그런데 어느 시점에선가 룻은 여호와 하나님을 섬기기로 마음을 굳히고는 나오미를 따라 이스라엘 땅으로 들어가겠다고 고집합니다.

몇 장 안 되는 룻기를 통해 고대 농경사회의 단면을 볼 수 있습니다. 남성 중심의 가부장적 사회에서 배우자 없는 여자들의 문제가 늘 존재하듯이, 이 두 여인은 참으로 힘들고 고달픈 세월을 살아갑니다. 룻은 잠시 농장에서 일하는데, 추수가 끝난 밭에서 떨어진 이삭을 주워 연명합니다.

이 짧은 책은 여러 관점에서 읽을 수 있습니다. 고대 사회의 삶을 그린, 소박하지만 기품 있는 이야기로 보거나 불쌍한 사람들에 대한 하나님의 긍휼에 대한 기록으로 보거나 혹은 소멸하지 않는 사랑에 관한 감동적인 이야기로도 볼 수 있을 겁니다. 하지만 룻기를 전도 이야기로 보는 관점이 가장 정확합니다. 하나님은 멸시받는 모압 여인 룻을 그의 백성으로 받아들이실 뿐 아니라 이스라엘의 가장 위대한 왕의 혈통으로 사용하십니다. 룻의 증손자가 바로 다윗 왕입니다. 하나님은 이스라엘만을 사랑하신다고 생각했던 사람들에게 룻의 인생은 충격적인 모순으로 느껴질 것입니다.

오늘의 묵상

친구가 당신을 위해 위험을 무릅쓴 적이 있습니까?

Ruth Meets Boaz

보아스가 룻에게 이르되 내 딸아 들으라.
이삭을 주우러 다른 밭으로 가지 말며
여기서 떠나지 말고 나의 소녀들과 함께 있으라
(룻 2:8).

룻과 보아스 / 룻 2:1-23 /

하나님이 룻에게 복을 주셔서 그녀를 보아스의 밭으로 인도하셨습니다. 그곳에서 룻은 풍족한 이삭을 줍고 친족의 호의를 받았습니다. 하나님에 대한 신실한 믿음과 홀로 되신 시어머니에 대한 효성의 보상으로 하나님이 룻의 궁핍을 채워주십니다. 보아스는 룻에게 자기 밭에서 계속 이삭을 주워도 좋다고 말합니다.

보리와 밀은 4월부터 7월에 걸쳐 추수합니다. 그리고 보통 추수가 끝나고 일꾼들이 밭을 떠난 뒤 이삭줍기를 시작합니다. 그러나 룻은 추수하는 일꾼들과 더불어 밭에서 머물며 그들과 물도 함께 마실 수 있게 허락을 받았습니다. 보아스는 일꾼들이 룻을 건드리지 못하도록 보호하기로 약속합니다. 수백 년 후 구세주가 탄생하실 이곳 베들레헴에서 하나님은 계획을 실행할 길을 내십니다. 하나님은 전혀 어울리지 않을 것 같은 두 사람, 나오미와 룻을 서로 만나게 하시고 장차 한 아기가 태어날 곳으로 두 사람을 데려오셨습니다. 수백 년 후 탄생하실 아기 예수님처럼, 이 아기도 이스라엘 백성들에 대한 하나님의 사랑과 믿음의 언약을 재차 확인할 것입니다. 예수님 이야기처럼 룻 이야기도 세상의 방법은 하나님의 방법과 다르다는 메시지를 전합니다. 나오미의 삶은 고달팠지만 하나님은 절망적인 상황을 새로운 기쁨으로 바꿔주실 것입니다.

오늘의 묵상

최근에 전혀 예상하지 못한 방법으로 당신에게 선을 베푼 사람은 누구입니까?

Boaz Marries Ruth

이에 보아스가 룻을 맞이하여 아내로 삼고 그에게 들어갔더니
여호와께서 그에게 임신하게 하시므로
그가 아들을 낳은지라
(룻 4:13).

보아스와 룻의 결혼 / 룻 3:1-4:17 /

보아스와 룻이 친밀해집니다. 나오미는 중매를 서고, 룻은 나오미의 대담한 계획을 부끄러워하지 않습니다. 보아스는 밤새도록 룻이 안전하게 머물게 하고 더 가까운 친족의 권리를 확인함으로써 책임감 있게 행동합니다. 나이 많은 사람과 기꺼이 결혼하려는 룻의 태도에 감동한 보아스는 그래도 룻이 법적으로 온전하게 자기와 결혼할 수 있는지 확인한 후에 일을 진행시키려 합니다.

보아스는 룻을 아내로 삼기 위한 모든 정식 절차를 완수합니다. 당시 사회 관습상 룻과 땅에 대한 권리를 최우선으로 행사할 수 있었던 친족이 권리를 사양합니다. 추측하건대, 룻이 아들을 낳을 경우 그 아들이 자신의 재산에 대한 상속권을 가지면 이것이 가족 불화로 번질까 두려웠던 모양입니다. 보아스가 땅을 사고 룻과 결혼할 수 있는 상황이 되었습니다.

모압 땅에서 십여 년을 불임으로 지냈던 룻은 보아스와 결혼한 후 곧 임신하여 아들을 낳습니다. 그 아들 오벳은 후일 다윗 왕의 증조부가 되고 예수님의 조상이 됩니다. 보아스가 룻의 가족에게 기업을 무른 친족이 된 것처럼, 예수 그리스도께서도 전 인류라는 가족을 위해 기업 무를 친족이 되실 것입니다. 하나님은 베들레헴에 살던 한 작은 가족을 통해서, 아무도 기대하지 않았던 신실한 구세주를 통해서 이 땅위의 고달픈 삶을 어떻게 끝맺으실지 보여주십니다.

오늘의 묵상

하나님이 누군가를 당신에게 보내시어 어둡고 힘든 시기를 돕게 하시고
하나님의 약속을 일깨우게 하신 일이 있습니까?

The Looks of a Believer / 깊이 생각하기 /

신앙인의 모습

당신은 그리스도인이라는 이미지에 얼마나 어울린다고 생각합니까? 당신은 하나님에 관한 이야기를 못할 수도 있고, 목사님을 당황하게 할 과거를 갖고 있을 수도 있습니다. 어쩌면 가족 때문에 실족할 뻔했던 적이 있을지도 모릅니다.

그리스도께 삶을 드렸음에도 주변인처럼 느끼는 사람이 당신 혼자만은 아닙니다. 수많은 그리스도인들이 당신처럼 느끼며, 실제로 먼 옛날로 거슬러 올라가면 룻이나 그 이전의 신앙인들도 그런 느낌을 받았습니다. 룻은 이방 민족의 딸이었습니다. 아기를 낳지 못했고 결혼한 지 얼마 안 되어 남편을 잃었습니다. 그런 룻이 마음의 상처가 깊은 시어머니를 따라 고향 모압을 떠나기로 합니다. 두 사람은 베들레헴에 가서 친척을 찾아 새 삶을 살 작정이었습니다. 그러나 실제로 룻은 잘 적응하지 못했습니다.

룻의 조상은 아브라함의 조카 롯에게로 거슬러 올라갑니다. 롯은 요단 평야의 비옥한 땅을 차지하고 악의 도시 소돔 근처에 정착합니다. 나중에 하나님이 소돔을 파멸시킨 후 롯의 딸들은 아버지를 술 취하게 하고 동침합니다. 그렇게 하여 낳은 두 아들이 모압과 벤암미입니다. 그 후손은 모압 족속과 암몬 족속이 되어 오랜 세월 이스라엘과 끊임없이 전쟁합니다. 룻은 원래 모압 족속입니다. 그러나 나오미의 가족에게 시집간 후 룻은 히브리 민족의 참되신 하나님을 섬기기로 마음먹습니다. 그녀는 모압 족속이 섬기던 신을 버리고 하나님과 하나님이 주신 새 가족에 대한 충심으로 고향을 떠납니다. 룻은 혼자였습니다. 나오미에게 속했다고는 하지만 이스라엘 백성인 나오미나 베들레헴 사람들과는 다른 점이 많았을 겁니다. 그녀는 오직 그들의 호의를 바랄 수밖에 없었습니다.

그러나 룻은 하나님을 믿기로 했고 하나님께는 그녀의 믿음 이외에 아무것도 중요하지 않았습니다. 룻은 어려운 선택을 했습니다. 룻이 생계를 위해 다소 어색한 일, 즉 추수하는 일꾼들 뒤에서 이삭을 줍는다든지, 한밤중에 나이 많은 남자 곁에 눕는다든지 하는 일들을 했지만, 하나님께만은 늘 신실했습니다.

다른 그리스도인들을 바라볼 때 자신이 그리스도인의 이미지에 잘 어울리지 않는다고 생각할 수 있습니다. 그러나 하나님은 고정된 이미지나 모습을 중요하게 여기지 않으십니다. 하나님께 중요한 것은 당신의 삶을 그분께 온전히 드렸느냐 하는 겁니다. 하나님은 오로지 마음을 보십니다.

오늘의 묵상

당신은 주류 그리스도인들과 어떤 면에서 다르다고 생각합니까?
하나님이 당신을 지금 이 모습으로 창조하신 것에 감사하십시오. 그렇게 만드신 이유가 있습니다.
하나님은 당신에게 꼭 맞고 가장 당신다운 목적으로 당신을 사용하실 것입니다.

The Birth of Samuel

만군의 여호와여 만일 주의 여종의 고통을 돌보시고…
주의 여종에게 아들을 주시면
내가 그의 평생에 그를 여호와께 드리고
(삼상 1:11).

사무엘의 출생 / 삼상 1:1-28 /

라헬과 레아처럼 한나와 브닌나는 남편의 사랑을 놓고 다툽니다. 두 사람은 아이 낳기 경쟁을 벌입니다. 이들이 살던 시기는 사사시대 말기였습니다. 그 당시 사회는 도덕적으로나 영적으로 부패하고 타락한 분위기였습니다. 엘가나는 한나와 브닌나를 둘 다 아내로 맞이했습니다. 이것은 하나님이 인정하신 법도가 결코 아닙니다.

한나는 아들을 주시면 여호와께 드리겠다고 간절히 서원합니다. 하나님이 그 기도를 들으시고 사무엘을 허락하십니다. 사무엘은 장차 이스라엘의 지도자가 되어 재판관, 선지자, 제사장으로서 섬길 것입니다.

오늘의 묵상

하나님께 서원한 적이 있습니까? 그 약속을 지켰습니까?

The Load Calls Samuel

여호와께서 임하여 서서 전과 같이 사무엘아 사무엘아 부르시는지라.
사무엘이 이르되 말씀하옵소서
주의 종이 듣겠나이다 하니
(삼상 3 : 10).

사무엘을 부르심 / 삼상 2:18-21 ; 3:1-21 /

사사시대에 이르러 하나님과 맺은 언약의 대부분은 이미 성취된 상태였습니다. 아브라함의 후손인 열두 지파의 수많은 사람들은 각자 자기의 땅을 차지하였습니다. 그러나 한 가지 문제가 있습니다. 엉성한 조각보처럼 족속별로 나뉜 영토들은 도저히 통일된 나라로 볼 수 없었습니다. 사실 사사시대 내내 이스라엘 사람들은 이방의 적들과 싸우는 것 못지않게 자기들끼리 빈번히 싸워왔습니다.

오랜 숙적인 블레셋은 통일되지 않은 이스라엘의 상황을 이용하여 점점 더 깊숙이 영토를 침범해 들어오고 있습니다. 블레셋은 전차와 같은 월등한 무기를 가지고 있는 반면, 이스라엘은 전투를 지휘할 사령부도, 효과적인 방어 전략을 펼칠 정규군도 없습니다. 지도력의 위기가 더욱 심각해지고 있으며, 그것은 이스라엘의 존재 자체를 위협하는 요인입니다. 허약한 군사력으로 인해 유대 역사상 가장 암울한 시기를 맞게 되는데, 때마침 블레셋 군대가 언약궤를 빼앗아 가는 일까지 벌어집니다. 하나님이 이스라엘 백성을 버리시고 언약도 포기하신 것이 아닌가 의아할 정도입니다.

"여호와의 말씀이 희귀하여 이상이 흔히 보이지 않았더라." 사무엘상 3장은 이렇게 시작합니다. 그러나 곧 이어지는 내용은 이스라엘을 위한 지도자를 부르시려 직접 다가오시는 하나님을 보여줍니다. 그 모습은 예전에 아브라함과 모세에게 나타나셨던 것과 비슷합니다. "보라. 내가 이스라엘 중에 한 일을 행하리니 그것을 듣는 자마다 두 귀가 울리리라." 하나님이 선포하십니다. 하나님이 사무엘의 간절한 기도에 응답하시므로 사무엘은 자라서 이스라엘의 위대한 지도자가 됩니다.

사무엘은 많은 능력으로 이스라엘을 섬기게 됩니다. 재판관이자 선지자로서의 역할을 할 뿐 아니라, 제사장으로서 훈련을 받아 나라의 제사도 맡게 됩니다. 필요할 때는 군사령관으로 선봉에 나서서 빼앗긴 영토를 되찾아 오는 승리를 이룩합니다. 드디어 하나님의 명령에 따라 사무엘이 이스라엘의 초대 왕 두 명을 임명합니다. 이렇게 다양한 역할을 수행하면서 사무엘이 남긴 중요한 유산이 있습니다. 그는 1세기 만에 처음으로 흩어진 족속들을 어떻게든 통일시키려고 합니다. 그의 지도력 아래 이스라엘은 나라의 면모를 갖추게 됩니다. 하나님이 언약을 잊지 않으셨다는 증거입니다.

오늘의 묵상

어떤 일에 대해 하나님의 부르심을 느낀 적이 있습니까?
어떻게 반응했습니까?

Israel Asks for a King

이스라엘 모든 장로가 모여 라마에 있는 사무엘에게 나아가서…
모든 나라와 같이 우리에게 왕을 세워
우리를 다스리게 하소서 한지라
(삼상 8:4-5).

왕을 구하는 이스라엘 / 삼상 8:1-22 /

사무엘이 군사적 맹위를 떨쳤음에도 블레셋의 위협은 완전히 사라지지 않습니다. 사무엘은 늙어갑니다. 그의 뒤를 이을 강력한 지도력이 필요합니다. 그러나 그의 아들들은 지도자가 될 만한 자격이 없습니다. 어떻게 해야 할까요? 주위를 둘러본 이스라엘 족속들은 다른 모든 나라에는 왕이 있다는 것을 알았습니다. 그들은 '아, 바로 저거다!'라고 결론을 내리고 사무엘에게 왕을 임명해줄 것을 강력히 요구합니다.

모든 사람들이 왕을 세우기 원했습니다. 그러나 사무엘과 하나님은 옳지 않다고 생각합니다. 백성들의 생각 저변에 하나님의 왕 되심을 거부하는 마음이 깔려 있기 때문입니다. 사무엘은 장로들에게 왕정의 문제점에 대해 엄중히 경고합니다. 폭정, 억압, 군사 동원, 높은 세금, 심지어 노예 제도까지 문제가 될 것입니다. 하지만 백성들은 그런 경고를 무시하고 계속 왕을 요구합니다.

하나님이 왕정 자체를 반대하시는 걸까요? 그렇지는 않습니다. 오래 전 모세는 이스라엘이 언젠가는 왕을 세울 것이라고 예언했습니다(창 17:6; 신 17:14-20). 그리고 하나님은 왕족의 혈통에서 왕 중 왕이신 독생자 예수님을 탄생시키실 것입니다. 하지만 성경이 한 가지 분명하게 지적하는 것이 있습니다. 백성들이 왕을 요구하는 동기가 틀렸다는 것입니다. "그러면 우리도 모든 나라와 같이 되리라." 하나님은 이스라엘이 다른 모든 나라와 같이 되는 것을 원치 않으십니다. 하나님만이 이스라엘의 진정한 왕이십니다.

오늘의 묵상

오늘 부족하다고 느끼는 건 무엇입니까?
그것을 원하는 동기는 무엇입니까?

Samuel Anoints Saul

사무엘이 사울을 볼 때에 여호와께서 그에게 이르시되
보라 이는 내가 네게 말한 사람이니
이가 내 백성을 다스리리라 하시니라
(삼상 9:17).

사울에게 기름을 붓다 /삼상 9:1-6, 14-10:8 /

백성들이 왕을 요구하자 하나님은 기름 부음을 받을 자로 사울을 택하십니다. 최선의 선택은 아니지만, 하나님은 백성들이 원하는 바를 들어주기로 하셨습니다. 적어도 사울의 겉모습은 왕에게 걸맞습니다. 그런데 처음에는 그런 영예의 자리에 앉을 자격이 없다던 겸손한 사울이 훗날 겸손을 잃고 교만해지며 자신을 위협하는 사람은 누구든 해하려고 합니다. 이처럼 권력을 가진 모든 지도자들은 오만과 고집에 빠질 위험이 있습니다. 사울처럼 그런 위험에 빠져버리면, 지도자는 백성들의 사랑과 지지를 잃을 뿐 아니라 유능한 지도력도 잃게 됩니다.

오늘의 묵상

현재 지도자의 위치에서 섬기고 있는 곳이 있습니까?
겸손한 마음을 유지하고 있습니까?

Passionate Prayer / 깊이 생각하기 /

간절한 기도

"함부로 기도하지 마. 그러다 이뤄지면 어떻게 하려고…."

이런 농담조의 충고를 들어보았을지 모릅니다. 이 경고는 왕을 요구하는 이스라엘 백성들이 들어야 할 충고입니다. 사사들이 다스리던 세월 동안 이스라엘은 부도덕한 사회가 되었습니다. 백성들은 자기의 유익만을 구하는 지도자들에게 조종당하고 있었습니다. 그래서 이스라엘 사람들은 주변 다른 나라들처럼 왕을 보내달라고 기도했고, 결국 원하던 대로 다른 왕을 갖게 되었습니다. 그러나 왕이 된 사울은 곧 하나님의 길이 아닌 자신의 길을 가기 시작했습니다.

어떻게 해야 이스라엘 백성들이 저질렀던 큰 실수를 피할 수 있을까요? 기도하는 방법에 주의를 기울여야 합니다. 예수님께서는 주기도문을 통해 기도의 핵심을 가르쳐주셨습니다. 그 핵심은 얼마나 감동적이고 종교적인 언어로 기도하느냐는 것과는 상관이 없습니다. 중요한 것은 언어 뒤에 숨은 태도입니다. "하늘에 계신 우리 아버지여 이름이 거룩히 여김을 받으시오며 나라가 임하시오며 뜻이 하늘에서 이루어진 것 같이 땅에서도 이루어지이다"(마 6:9-10).

"이름이 거룩히 여김을 받으신다"는 것은 우리가 하나님을 경외하고 섬긴다는 뜻입니다. 하나님나라가 임하기를 기도하는 것은 우리 마음을 하나님 마음 곁에 두며 하나님의 크신 계획이 성취되기를 바라는 소망을 표현하는 것입니다. 하나님의 뜻이 하늘에서처럼 땅에서도 이루어지기를 원하는 것은, 하나님이 바라시는 것이 더 중요하며 또 그것이 우리가 바라는 것보다 우리 자신에게 훨씬 더 좋다는 것을 인정하는 것입니다. 이렇게 하나님이 더 선한 기도로 우리를 인도하시고 그 기도에 응답도 해주시기를 간구하는 것이 기도의 핵심입니다. 요구와 욕망으로 가득 찬 우리 손을 펴서 하나님의 손에 맡기는 것입니다.

왕을 요구했던 이스라엘 사람들이 이런 식으로 하나님께 나아갔다면 하나님은 이렇게 응답하셨을 것입니다. "기다려라. 지금 너희들이 원하는 바를 다른 방법으로 채워주겠다. 조금만 기다리면 최고의 왕을 세워줄 것이다. 지금 왕정을 시작하면 사태가 더 복잡해질 뿐이다."

하나님은 이런 식으로 많은 사람들의 기도에 응답하십니다. 관계, 배우자, 직업, 가정, 자녀, 그 외에 수많은 요청에 대해 응답해주십니다. 이스라엘 백성들이 그랬듯이 많은 신앙인들이 하나님으로부터 기도 응답을 바라면서도 귀는 닫고 자신들의 길을 고집합니다. 하나님은 요청을 들어주시고 허락하시는 분입니다. 물론 선택에 동반되는 고난 또한 허락하십니다. 때로는 하나님의 응답을 받아들이며 기다리다 보면, 자신의 욕구가 바뀌거나 하나님의 때와 선택이 자기가 바라던 것보다 훨씬 좋다는 것을 발견하게 됩니다.

기도할 때 유의하십시오. 그대로 이루어질 수 있습니다. 원하는 바를 그대로 하나님께 맡기면서 나의 기도가 하나님의 기도가 되도록 하십시오. 그리고 모든 것을 내려놓고 그분의 기도를 나의 기도로 받아들이십시오.

오늘의 묵상

오늘 당신 안에서 끓어오르는 욕구는 무엇입니까? 그것에 대해 하나님께 말씀드렸습니까? 당신에게 무엇이 참으로 선한 것인지 잘 아시는 하나님께 그것을 허락해달라고 기도드리십시오.

The Lord Rejects Saul As King

여호와께서 번제와 다른 제사를
그의 목소리를 청종하는 것을 좋아하심 같이 좋아하시겠나이까. 순종이 제사보다 낫고 듣는 것이 숫양의 기름보다 나으니
(삼상 15 : 22).

사울을 버리신 하나님 / 삼상 15:1-29 /

하나님께 불순종하는 사울의 태도가 조금씩 드러납니다. 사울은 아말렉과의 전쟁에서 승리하지만 모든 것을 진멸하라고 하신 하나님의 명령을 따르지 않고 가장 좋은 짐승들을 따로 챙겨둡니다. 그리고 아말렉 왕을 살려두어 백성들에게 자신의 능력을 뽐내는 자랑거리로 삼습니다. 사무엘이 이런 행위에 대해 추궁하자 사울은 결백한 척하며 그 동물들은 하나님께 드릴 제물이라고 주장합니다. 이런 불순종으로 인해 사울은 하나님의 인정을 영원히 상실합니다. 그는 이후로 15년 동안 왕 노릇하지만 이미 하나님의 눈 밖에 난 사람입니다.

처음에는 겸손한 마음으로 왕위에 오른 사울이었습니다. 시간이 흐르자 자만하여 겸손함 대신 교만과 불순종만 남습니다. 그러다 나중에는 두려

움이 엄습하여 자신의 권력에 집착하면서 초조해하고 파괴적으로 변합니다. 그러한 사울을 통해서 자기중심적 지도자들이 빠질 수 있는 권력과 부패의 함정을 봅니다. 우리도 사울처럼 때로는 필요 이상의 것을 탐내며 욕심을 부리고 자신의 이름을 높이려고 머리를 씁니다. 하나님의 은혜로 말미암아 우리의 탐욕을 용서받을 수 있으나 오늘 본문에서 보았듯이 하나님 보시기에 탐욕과 교만은 결코 작은 죄가 아닙니다.

오늘의 묵상

어느 것이 더 쉽습니까?
순종입니까 제사입니까?

Samuel Anoints David

사무엘이 기름 뿔병을 가져다가
그의 형제 중에서 그에게 부었더니
이 날 이후로 다윗이 여호와의 영에게 크게 감동되니라
(삼상 16:13).

기름 부음을 받은 다윗 / 삼상 16:1-23 /

이스라엘의 초대 왕은 사람들의 기대를 한 몸에 받으며 통치를 시작했습니다. 사울의 외모는 준수했습니다. 잘생기고 힘도 세고 머리도 좋고 키도 컸습니다. 그러나 한 가지 이유로 실패합니다. 하나님을 진정한 통치자로 여기지 않고 하나님께 불순종했기 때문입니다. 그러자 하나님은 주저 없이 그의 왕권을 폐하시고 그를 대신할 사람을 찾으셨습니다. 사울을 대신할 왕은 초대 왕 사울과는 전혀 다른 사람입니다. 양치기 소년 다윗에게서 왕이 될 가능성을 본 사람은 아무도 없었습니다. 다윗은 하나님이 역사하실 수 있는 마음을 가졌습니다. 시작은 초라하고 실수도 많이 하지만, 이스라엘 역사상 가장 위대한 왕이 됩니다.

오늘의 묵상

하나님이 중요하게 보시는 자질들은 대통령에 입후보하려는 사람에게 장점이 될까요 단점이 될까요?

A Shepherd's Song

여호와는 나의 목자시니 내게 부족함이 없으리로다.
그가 나를 푸른 풀밭에 누이시며
쉴 만한 물 가로 인도하시는도다
(시 23:1-2).

목동의 노래 / 시 23:1-6 /

다윗은 다재다능한 사람입니다. 골리앗 같은 구척 거인을 상대할 만큼 용기가 대단하지만 사나이다운 건장한 체구는 아닙니다. 사실 다윗이 사울의 관심을 받게 된 것은 군사다운 용맹함 때문이 아니라 음악적 재능 때문이었습니다. 다윗이 처음 군대로 불려온 이유는 그의 수금 연주가 불안해하는 왕의 불편한 심기를 달래주었기 때문입니다.

시편의 절반에 달하는 다윗의 저작 중에서, 그의 생애와 관련 있는 작품들을 뽑아서 읽어보면 도움이 될 것입니다. 이 유명한 시편은 다윗의 시적 재능과 더불어 믿음의 비밀을 드러내는 작품입니다.

다윗의 시는 주로 자신을 둘러싼 주변 사물로 시작됩니다. 예를 들어 바위, 동굴, 별, 전쟁터, 양 등의 물질세계로부터 시작하여 하나님에 대한 깊은 믿음을 표현합니다. 시편 23편에서도 목동이었던 자신의 경험을 바탕으로 노래합니다. 양치는 일에 비유하여 하나님을 경외하는 마음을 아름다운 운율로 읊어냅니다.

시편은 다윗의 신앙의 정수가 정확하게 표현되어 빛을 발하는 책입니다. 양떼는 우두머리에 대해 맹목적인 신뢰를 가지고 있습니다. 혹시 우두머리 양이 절벽으로 떨어진대도 양떼 전체가 따라 뛰어내릴 것입니다. 바로 그런 흔들림 없는 믿음이 하나님과 동행하는 삶에서 다윗이 구하는 믿음입니다.

그러나 다윗이 장밋빛 인생을 살았다고 생각할 사람은 아무도 없습니다. 바로 앞에 있는 시편 22편은 그가 얼마나 거칠고 억세며 잔인할 정도로 솔직한가를 보여줍니다. 어쨌든 다윗은 주변 상황이 어떠하든 하나님을 삶의 중심에 모시고 살아갑니다. 하나님의 특별하신 위로를 받을 때나 무자비하게 버림받았다고 느낄 때도 그의 믿음은 달라지지 않습니다. "어떤 사람은 병거 어떤 사람은 말을 의지하나 우리는 여호와 우리 하나님의 이름을 자랑하리로다"(시 20:7)라고 노래하는 이 사람은 대부분의 시간을 병거와 말 위에서 보내는 군사 다윗입니다.

고대의 기도문인 시편을 직접 하나님께 읊어드리며 자기의 기도가 되도록 해봅시다. 이것이 시편을 읽는 가장 좋은 방법입니다. 오랜 세월 수많은 사람들이 시편 23편의 감동적인 언어들로 기도하면서 많은 위로와 영감을 얻었습니다. 이 시편을 쓴 사람은 장차 왕이 될 목동입니다.

오늘의 묵상

당신의 신앙은 어느 쪽을 닮았습니까? 시편 23편과 같은 순수한 믿음입니까, 아니면 시편 22편에서와 같이 간신히 견디며 붙들고 있는 믿음입니까?

David and Goliath

너는 칼과 창과 단창으로 내게 나아오거니와
나는 만군의 여호와의 이름 곧 네가 모욕하는 이스라엘 군대의
하나님의 이름으로 네게 나아가노라
(삼상 17:45).

다윗과 골리앗 / 삼상 17:1, 3-7, 16-27, 32-54 /

다윗 왕은 구약과 히브리 역사에 있어서 큰 비중을 차지합니다. 소년시절의 이 흥미진진한 이야기는 그 내용이 자세하고 다채롭게 묘사되어 있습니다. 성경을 통틀어 가장 유명한 다윗의 이야기는 실패한 모든 낙오자들에게 희망의 불빛이 됩니다.

다윗은 사울 왕의 노여움을 피해 거의 10년 내내 도망을 다닙니다. 사울의 적개심은 아마도 이 장면에서 시작되었다고 볼 수 있습니다. 대군을 이끌고 있는 사울은 거인 골리앗의 조롱에 압도되어 자기 진영에 그대로 앉아 있습니다. 반면 소년 다윗은 갑옷도 걸치지 않고 맨몸으로 골리앗의 도전에 용감하게 나섭니다. 사울이 이 뛰어난 젊은이를 두려워하여 분노를 느낄 만도 합니다.

오늘 본문의 장면은 그렇게 이상한 싸움이 아닙니다. 고대에는 일대일

결투 혹은 대표자 전투를 분쟁 해결 방법으로 인정했습니다. 톰 울프가 《필사의 도전*The Right Stuff*》에 썼듯이 "전투에는 원래 주술적 의미가 있었다. … 사람들은 신들이 일대일 결투의 승패를 정한다고 믿었다. 따라서 어차피 한쪽은 지게 되어 있는데 전면전을 하는 건 쓸데없는 짓이었다."

목동으로 많은 시간을 무료하게 보냈을 다윗은 그동안 돌팔매 기술을 갈고 닦았습니다. 그러나 개인적으로 승리를 확신하지 않았습니다. "너는 칼과 창과 단창으로 내게 나아오거니와 나는 만군의 여호와의 이름 곧 네가 모욕하는 이스라엘 군대의 하나님의 이름으로 네게 나아가노라." 다윗이 골리앗을 향하여 소리칩니다. 여호수아와 기드온이 가졌던 믿음의 전통을 따라 온전히 하나님만 의지합니다. 사울 왕이 결코 배우지 못한 믿음의 교훈입니다.

골리앗이 쓰러지자 블레셋 사람들은 앞다퉈 도망갑니다. 곧 이스라엘 사람들이 뛰어나와 덩실덩실 춤을 추며 이 노래를 부릅니다. "사울이 죽인 자는 천천이요 다윗이 죽인 자는 만만이로다." 백성들은 다윗에게서 훌륭한 왕이 될 가능성을 보기 시작합니다. 하지만 사울에겐 순순히 왕좌를 물려줄 생각이 전혀 없습니다.

오늘의 묵상

하나님이 그분을 전적으로 의지하라고 말씀하시는데도 두려움이나 위험을 느끼고 있습니까?

Outdoor Lessons

하늘이 하나님의 영광을 선포하고
궁창이 그의 손으로 하신 일을
나타내는도다
(시 19:1).

자연의 가르침 / 시 19:1-14 /

다윗은 많은 시간을 들판에서 보냈습니다. 그래서 다윗이 쓴 시편에는 유독 자연에 대한 사랑과 경외심이 자주 등장합니다.

시편은 전체적으로 조화를 이루는 아름다운 세계를 묘사합니다. 밤에는 들짐승들이 사냥하고 낮에는 사람들이 일하러 나갑니다. 내리는 비는 사람이 먹을 곡식과 가축이 먹을 풀들을 자라게 하고 들짐승이 살고 있는 수풀도 적셔줍니다. 그러나 시편 기자는 자연의 아름다움과 경이로움만을 노래하지 않습니다. 모든 것 뒤에 계신 하나님의 손을 봅니다. 친밀하고 인격적인 하나님이 돌보시므로 이 세상이 움직입니다. 모든 생명의 호흡 하나 하나가 그분의 뜻에 달려 있습니다. 날씨나 바람, 구름, 그리고 지구의 안전도 하나님의 손에 달려 있습니다.

시편 19편에는 다윗이 좋아하는 두 가지 주제가 혼합되어 있습니다. 하나는 세상에 대한 하나님의 돌보심이고 다른 하나는 선택받은 이스라엘 백성에 대한 돌보심입니다. 온 땅을 덮고 있는 별의 장막에 대한 경탄과 자연계에 대한 묘사로 시작되는 시입니다. 그러나 다윗과 이스라엘 사람들은 이방인들처럼 해와 별을 신으로 섬기는 것이 아니라 우주만물을 굽어보시는 하나님의 위대한 작품으로 바라봅니다.

그런데 중간 부분에서 다윗은 자연으로부터 여호와의 율법으로 관심을 옮겨갑니다. 그 변화를 나타내기 위해 히브리어로 쓰인 이 시는 하나님의 또 다른 이름, 더 인격적인 이름을 사용합니다. 초반 여섯 절에는 일반적인 하나님의 이름, 즉 종교에 상관없이 누구나 쓸 수 있는 영어의 'God'에 해당하는 이름을 쓰고 있습니다. 그러나 7절부터는 불타는 떨기나무에서 모세에게 나타나셔서 가르쳐주신 이름인 '야훼'를 사용합니다.

천체는 하나님의 영광을 드러냅니다. 그러나 하나님의 율법은 그 이상을 나타냅니다. 바로 그분이 선택하신 백성에게 인격적으로 말씀하시는 하나님의 음성을 들려줍니다.

오늘의 묵상

자연을 통해 하나님의 영광이 드러나는 것이 보입니까?
하나님의 율법, 즉 삶의 지침을 통해 하나님의 의와 지혜와 신실하심을 봅니까?

거인과의 싸움

"내 삶의 거인은 누구일까?" 다윗과 골리앗의 이야기를 재미있게 읽으면서 늘 떠올리는 질문입니다. 용감한 소년이 거대한 괴물에게 접근하여 한 점의 두려움 없이 하나님의 승리를 선포합니다. 그리고 승리합니다. 다윗의 흔들림 없는 태도, 하나님이 반드시 승리하신다는 절대적 믿음을 사랑하지 않을 수 없습니다.

이 이야기의 감동을 더하는 것은 정복당한 거인에 대한 시각입니다.

그때는 사람들이 모두 지켜보는 가운데 거인 한 명과 소년 한 명이 맞섰습니다. 하지만 지금은 수많은 거인들이 우리의 삶을 노립니다. 마약중독, 사소한 감정, 실패에 대한 두려움, 관계의 실패에서 오는 상처, 실수에 대한 죄책감, 고립감, 질병이나 죽음에 대한 두려움 등등. 이러한 거인들은 내면 깊은 곳에 숨어 있습니다. 우리는 종종 너무 두렵고 부끄러워서 이

싸움을 공개하지 못합니다. 승리할 수 있다는 생각도 전혀 들지 않습니다.

이런 두려움을 느낄 때 다윗의 이야기를 떠올려봅니다. 재미난 상상 속에서 선과 악이 대치하는 디즈니 애니메이션과는 달리, 이 이야기는 이스라엘 역사에 실존했던 왕에게 일어난 역사적 사실입니다. 정말로 하나님이 승리하셨습니다. 그분의 선이 파괴적 악의 거인을 물리치셨습니다. 하나님은 분명 우리를 위해서도 역사하십니다.

나의 내면에 있는 거인들을 바라볼 때마다 에베소서 6장 12절을 되새깁니다. "우리의 씨름은 혈과 육을 상대하는 것이 아니요. 통치자들과 권세들과 이 어둠의 세상 주관자들과 하늘에 있는 악의 영들을 상대함이라." 우리의 삶에 접근하는 거인들, 생명을 파괴하고 우리 안에 계시는 하나님의 임재를 훼방하는 세력들을 하나님은 다 알고 계십니다. 그러나 이런 세력들은 절대로 하나님과 대적하지 못합니다. 다윗은 돌팔매를 사용했습니다. 사도 바울은 에베소서에서 진리, 의, 평안의 복음, 믿음, 구원, 기도와 간구를 사용하여 싸우라고 말합니다. 하나님이 승리하시리라 확신하는 믿음을 우리도 가질 수 있습니다. 그것은 참으로 가슴 벅찬 소망입니다.

오늘의 묵상

당신을 파멸시키려는 거인과의 싸움에서 어떤 무기를 사용했습니까?
하나님이 다윗의 이야기를 당신의 이야기로 만드실 것을 믿습니까?
하나님이 하실 일에 대한 확신을 키워주시기를 기도하십시오.
그리고 거인과 어떻게 싸워야 할지 가르쳐주시기를 간구하십시오.

Saul Tries to Kill David

사울이 단창으로 다윗을 벽에 박으려 하였으나
그는 사울의 앞을 피하고
사울의 창은 벽에 박힌지라
(삼상 19:10).

다윗을 죽이려는 사울 / 삼상 18:1-9; 19:1-18 /

사울이 다윗을 질투하기 시작합니다. 하나님의 영이 사울을 떠났음에도 사울은 왕위에 대한 미련을 버리지 못합니다. 그러나 백성들은 사울보다 다윗을 지지합니다. 사울의 자녀인 요나단과 미갈조차 다윗을 더 좋아합니다. 아무도 사울을 왕위에서 몰아내려고 하지는 않으나 사울 스스로 권위를 점점 잃어가고 있음을 느낍니다. 질투와 두려움이 그의 숨통을 조입니다.

사울의 명령에 따라 그의 신하들이 다윗을 죽이려다 거듭 실패하자 사울이 직접 다윗을 죽이겠다고 나섭니다. 이때 우스꽝스러운 장면이 나오는데, 사울에게도 하나님의 영이 임하셔서 그가 몸을 움직일 수 없는 무아지경에 빠집니다(삼상 19:19-24). 이는 사울의 어떤 악한 의도도 다윗을 이기지 못하며 다윗이 대응하지 않아도 결과는 마찬가지라는 것을 분명히 한 사건입니다. 하나님은 메시아의 혈통을 세우기 위해 택하신 사람에 대한 계획을 계속 실행해 나가십니다.

오늘의 묵상

어떤 사람에 대하여 참을 수 없는 질투심을 느낀 적이 있습니까?

David and Jonathan

아이가 가매 다윗이 곧 바위 남쪽에서 일어나서
땅에 엎드려 세 번 절한 후에 서로 입 맞추고 같이 울되
다윗이 더욱 심하더니
(삼상 20:41).

다윗과 요나단 / 삼상 20:4-42 /

다윗이 주변 사람들에게 미치는 영향력을 볼 때 그 인격의 강인함을 느낄 수 있습니다. 다윗과 사울 왕의 사이가 급격히 나빠지기 전, 이들은 어린 시절부터 오랫동안 우정을 지켜왔습니다. 사울의 아들 요나단은 다윗과의 우정을 너무도 소중하게 생각한 나머지 차기 왕권도 포기합니다.

사울은 어느 저녁식사 자리에서 아들 요나단에게 다윗에 대한 살의를 극적으로 표현합니다. 이에 놀란 요나단은 다윗에게 조심하라는 경고를 줍니다. 그리하여 경쟁하는 두 왕 사이에 심각한 갈등이 시작됩니다. 하나님이 버리신 왕 사울은 궁궐에서 호화롭게 지냅니다. 반면 사울을 대신할 왕으로 비밀리에 기름 부음을 받은 다윗은 광야에서 살아남기 위해 온갖 고생을 합니다. 사울에게는 잘 훈련된 군대가 있습니다. 반면 다윗의 무리는 기껏해야 가족들과 범법자나 도망자들이 전부입니다.

이후 몇 년 동안 일어나는 일들은 두 사람의 성격을 잘 보여줍니다. 사울은 이스라엘 왕의 정통성에 대한 하나님의 뜻을 알고 있으나 평생 동안 그 뜻을 거부합니다. 반대로 다윗은 예언이 성취되기를 기다리며 놀라운 인내심을 보입니다. 사울이 우연히 두 번이나 자기 수중에 잡혔지만 다윗은 그를 죽이지 않습니다.

사무엘상 뒷부분에 셰익스피어의 연극 같은 드라마가 펼쳐집니다. 고대의 맥베스라고 할 수 있는 사울 왕은 지배력을 잃고 점점 파멸해갑니다. 그의 아들 요나단은 다윗을 지지합니다. 다윗과 결혼한 그의 딸 미갈 역시 다윗에게 충성합니다. 분노로 미쳐버린 사울의 흥분은 극에 달합니다. 과연 다윗은 끝까지 견뎌낼 수 있을까요?

때때로 다윗은 절망합니다. "내가 후일에는 사울의 손에 붙잡히리니"(삼상 27:1). 그의 상황은 절망적입니다. 다윗에게 남은 유일한 희망은 그가 왕이 되리라는 하나님의 약속입니다. 이 약속에 대한 믿음을 혹독하게 시험받는 다윗은 하나님의 때를 기다리는 법을 배웁니다. 결국 셰익스피어의 비극처럼 사울은 스스로 목숨을 끊습니다.

한편 다윗은 이스라엘의 왕위를 물려받습니다.

오늘의 묵상

다윗과 요나단처럼 친구들과 돈독한 우정을 맺고 있습니까?

Ups and Downs

여호와는 나의 빛이요 나의 구원이시니 내가 누구를 두려워하리요.
여호와는 내 생명의 능력이시니
내가 누구를 무서워하리요
(시 27 : 1).

감정의 기복 / 시 27:1-14 /

시편은 다윗의 내면을 들여다볼 수 있는 창문입니다. 그 창문을 통해 놀라운 점을 발견합니다. 다윗은 결코 성인이 아닙니다. 또한 영적인 사람들에게서 흔히 볼 수 있는 평안이나 고요함도 거의 보이지 않습니다. 실제로 그는 하나님을 향해 울부짖기도 하고 상황이 악화되면 원망을 하다가 또 구원을 간청하기도 합니다.

시편은 경건한 기도문이 아닙니다. 오히려 책략과 험담과 폭력을 일삼는 적들에 관한 이야기로 가득합니다. 시편 기자들에게 있어 하나님에 대한 믿음은 때로 하나님보다 더 실제적으로 보이는 강력한 힘에 맞서 싸우는 끊임없는 싸움을 의미합니다. 시편 기자들은 계속 묻습니다. "하나님, 어디 계십니까? 왜 저를 도와주지 않으십니까?" 때로는 버림받고 이용당하고, 배신당한 것 같이 느껴집니다.

예를 들어 27편을 살펴보면 각 연마다 분위기가 다릅니다. 첫째 연(1-3절)은 두려움이 전혀 없는 저자가 하나님에 대한 확신을 담대하게 선언하는 것으로 시작합니다. 둘째 연(4-6절)은 저자의 실제 상황을 암시하고 있는데, 도망에 지친 저자가 하나님의 집에 안주하여 원수들 위로 올라설 날을 소망합니다. 셋째 연에 이르면, 모든 확신이 무너지고 하나님의 도움을 간청합니다. 그러다가 다시 톤이 부드러워지면서 다윗이 실제 경험했던 실질적 충고로 끝을 맺습니다. "여호와를 기다릴지어다."

이런 시련을 통해 하나님에 대한 강하고 굳건한 믿음이 생깁니다. 사울을 피해 도망 다니던 시절, 다윗이 숨은 곳은 광야의 바위와 요새였습니다. 경험 많은 군사로서 다윗은 그런 지형이 얼마나 유리한지 잘 압니다. 다윗은 하나님을 그의 바위와 요새라고 부릅니다. 오직 하나님만이 진정으로 자신을 보호해줄 분이라는 것을 온 마음으로 인정합니다.

다윗이 왕위에 오른 후에도 위험은 사라지지 않습니다. 그는 외적의 끊임없는 침략과 내부 폭동, 반란 기도를 수없이 이겨내야 합니다. 하지만 다윗은 광야 생활을 통해 하나님에 대한 철저한 신뢰와 의존을 배웠습니다.

오늘의 묵상

당신의 감정 상태는 비교적 평온한 편입니까, 아니면 기복이 심합니까? 영적 상태는 어떻습니까?

Davis Spares Saul's Life

내가 손을 들어
여호와의 기름 부음을 받은 내 주를 치는 것은
여호와께서 금하시는 것이니
(삼상 24:6).

사울을 살려주는 다윗 / 삼상 24:1-22 /

스무 살도 채 안 된 다윗은 사울의 노여움을 피해 유대 광야로 도망가야 했습니다. 그는 사울이 블레셋과의 전쟁에서 죽을 때까지 10년을 로빈 후드처럼 생활합니다.

다윗은 도망 중에도 하나님 앞에서 흔들리지 않는 충성심을 보입니다. 사울은 다윗을 찾아 죽일 결심으로 다윗의 뒤를 쫓고 있습니다. 그런데 갑자기 극적인 상황이 벌어집니다. 다윗에게 단 번에 사울의 목숨을 끊을 수 있는 기회가 찾아옵니다. 그러나 다윗은 아무리 잔인한 자라 해도 하나님이 기름 부으신 사람을 함부로

죽일 수 없다고 생각합니다. 하나님이 행하시도록 모든 것을 하나님께 맡기는 것이 정의입니다.

이와 비슷한 사건이 또 있습니다. 다윗은 사울을 죽일 수 있는 기회를 다시 얻지만 그를 살려 보냅니다(삼상 26장). 결국 다윗의 믿음대로 하나님이 정의를 이루실 것입니다.

오늘의 묵상

시련을 겪고 있습니까?
탈출구를 찾으면서 하나님의 방법보다는 자신의 방법을 쓰고 싶은 유혹을 느끼지 않습니까?

David, Naval, and Abigail

그 사람의 이름은 나발이요. 그의 아내의 이름은 아비가일이라.
그 여자는 총명하고 용모가 아름다우나
남자는 완고하고 행실이 악하며
(삼상 25:3).

다윗과 나발과 아비가일 / 삼상 25:1-42 /

다윗의 좌절감이 극에 달합니다. 어리석은 나발은 다윗의 사람들이 그의 목동들에게 친절을 베푼 것에 대한 보답으로 도움을 청하자 거절합니다. 다윗이 이번에는 스스로 나발을 징계하고자 했으나 총명한 여인 아비가일이 그를 막아섭니다. 아비가일은 하나님께 깊은 경외심을 가진 강인한 여성의 모습을 보여줍니다. 라합과 룻처럼 아비가일 역시 하나님과 하나님의 사람들에게 충성할 것을 결심합니다. 그녀는 오직 하나님만이 하셔야 할 원수 갚는 일에 다윗이 나서지 않도록 신속하고 현명하게 행동합니다. 하나님은 아비가일을 사용하시어 다윗으로 하여금 폭력을 쓰지 않도록 은총을 베푸십니다.

오늘의 묵상

하나님이 당신에게 도움을 주고 현명한 충고를 해줄 사람으로 누구를 보내주셨습니까?

위험 속에 하나님을 신뢰하는 삶

인생은 위험한 일들의 연속입니다.

여러 상황에 따라 재정, 직장, 학업, 가정 등과 관련된 위험이 주변에 얼마나 많은지 모릅니다. 또한 운동, 폭력, 자동차나 비행기를 타고 가는 여행, 나쁜 식습관, 흡연, 마약 등등 신체적 위험도 항상 도사리고 있습니다. 그 밖에도 가족, 배우자, 자녀, 친구 등 가장 가깝다고 생각하는 사람들과의 관계에서 오는 위기들도 우리를 힘들게 합니다.

다윗은 삶이 곧 위험인 것을 알았습니다. 10년 동안 그는 온갖 위험을 다 겪었습니다. 다윗이 사울을 살려주기로 한 결정은 언젠가 사울의 역공을 받을 가능성이 다분한 위험한 결정이었습니다. 요나단 역시 아버지에 대한 충성심과 왕위에 대한 욕심으로 다윗을 쉽게 배반할 수도 있었습니다. 아비가일이 자기 남편의 목숨을 구하기 위해 거짓을 꾸며 다윗을 파멸시킬 수도 있었습니다. 그러나 다윗은 하나님의 보호하심을 믿고 하나님이 보내신 사람들을 신뢰했습니다. 의로운 다윗은 결코 회의적이거나 냉소적이지 않았습니다.

인생을 살면서 마주치는 사람들과 상황들을 믿지 못할 이유는 다분합니다. 때로는 그런 의심이 그릇된 결정을 내리거나 믿을 수 없는 사람에게 의존하는 것을 막아줍니다. 그러나 어떤 경우는 그것이 현명한 조심성이 아니라 부적절한 두려움이 될 수 있습니다. 하나님이 우리를 축복하시려고 사용하시는 사람들이나 상황들을 기피하는 결과가 되기 때문입니다. 그 차이를 어떻게 구별할 수 있을까요? 다윗처럼 끊임없이 하나님을 찾으며 옳은 결정을 할 수 있는 지혜를 구해야 합니다.

다윗이 기도합니다. "여호와여 주의 도를 내게 가르치시고 내 원수를 인하여 평탄한 길로 나를 인도하소서"(시 27:11). 하나님의 지혜와 보호하심을 믿어야 합니다. 그렇게 할 때, 우리 삶을 그분께 내어드리게 되며 하나님이 선택하시는 사람들과 상황들을 통해 우리에게 주시는 하나님의 복을 누리게 됩니다.

오늘의 묵상

당신의 불신은 주로 어디에 집중되어 있습니까?
하나님이 그 불신을 털어버리라고 하시며 직접 보호하시겠다고 말씀하시는 것을 느낍니까?
하나님의 지혜와 보호하심을 구하는 기도를 드리십시오.

King David Brings the Ark to Jerusalem

다윗이 여호와 앞에서
힘을 다하여 춤을 추는데
그때에 다윗이 베 에봇을 입었더라
(삼하 6:14).

언약궤를 옮긴 다윗 / 삼상 31:3, 6; 삼하 5:3; 6:1-23 /

다윗의 삶을 보다 보면 한 가지 의문이 듭니다. 간음을 하고 살인을 저지른, 명백한 흠이 있는 사람을 어떻게 하나님의 마음에 합한 자라고 부를 수 있을까?

다윗은 하나님만이 이스라엘의 진정한 통치자이신 것을 언제나 마음에 새기고 있습니다. 왕으로서 내린 최초의 공식 명령이 50여 년 전 블레셋에게 빼앗긴 여호와의 언약궤를 찾아오라는 것이었습니다. 그는 언약궤를 예루살렘에 안치하려고 합니다. 예루살렘은 그가 세울 새로운 수도로서 하나님의 통치를 상징합니다.

예루살렘으로 언약궤를 옮기려고 시도하는 과정에 몇 가지 실수가 발생합니다. 이스라엘 사람들은 모세가 받은 규례를 따르지 않고 언약궤를 소가 끄는 수레에 실어 옮기려 합니다. 이 방법은 블레셋 사람들이 그들의 신을 모시고 행진하는 방식입니다. 언약궤는 하나님이 명령하신 대로 레위인들이 어깨에 메고 가야 합니다. 결국 하나님의 진노로 사람이 죽고 다윗은 두려움에 빠지고 여호와의 궤는 가드 사람 오벧에돔의 집에서 석 달간 머뭅니다. 그러다 마침내 언약궤가 예루살렘으로 출발합니다. 사람들이 기뻐 환호하고 나팔 소리는 드높습니다. 다윗 왕은 감격에 겨워 기쁨을 억누를 수 없습니다. 그는 막 금메달을 따고 환호하는 올림픽 체조선수처럼 공중제비를 돌며 으쓱거립니다.

소박한 베옷을 입고 공중제비를 도는 다윗의 모습은 통치자의 면모를 갖추고 위엄 있게 보이려는 다른 지도자들과는 판이합니다. 다윗의 아내는 이를 못마땅하게 여깁니다. 그러자 다윗이 단호하게 말합니다. “그 앞에서 내가 춤추고 기뻐할 자는 오직 여호와 한 분 뿐이시다.” 그는 자신이 왕이든 아니든, 또 다른 사람들이 어떻게 생각하든 상관하지 않습니다. 오로지 단 한 분의 관객이신 하나님이 그의 환호를 기뻐 받으시기를 원합니다.

다윗은 열정을 가진 사람입니다. 그는 이 세상 그 무엇보다도 하나님을 향해 강한 열정을 가졌습니다. 이 메시지가 나라 전체로 퍼져갑니다. 프레더릭 뷰크너가 말합니다. “다윗도 우리들처럼 흙으로 빚은 발을 가지고 있었다. 이기적이었고 사람들을 속였으며 욕정이 강했고 우쭐대는 사람이었다. 그런데 왜 이스라엘 백성들이 다른 누구보다도 다윗에게 마음을 빼앗겼는지, 그리고 천 년 뒤에 나사렛 예수님이 노새를 타고 초라한 모습으로 예루살렘에 들어오실 때 왜 사람들이 다윗의 자손이라고 환호했는지 바로 그 춤을 통해 알 수 있다.”

오늘의 묵상

예배를 드리다가 감동을 억누를 수 없었던 경험이 있습니까?
그런 사람을 보면 어떻게 반응하겠습니까?

God's Promise to David

네 생명의 연한이 차서 네가 조상들에게로 돌아가면
내가 네 뒤에 네 씨 곧 네 아들 중 하나를 세우고
그 나라를 견고하게 하리니
(대상 17:11).

다윗에게 주신 하나님의 약속 / 대상 17:1-27 /

언약궤를 예루살렘으로 옮겨온 후 다윗은 그 언약궤를 위하여 빛나는 하나님의 집, 이스라엘의 하나님께 헌정될 화려한 성전을 건축하려는 꿈을 꿉니다. 그 당시 이방신들의 신전이 놀라울 정도로 거대하게 세워져 있었지만 다윗은 오직 참된 신이신 하나님이 거하실 집을 짓기 위해서만 나라의 부를 아낌없이 쓰겠다고 생각합니다. 그러나 하나님은 그런 성전을 지을 사람은 다윗이 아니라고 말씀하십니다. 성경은 다른 부분(대상 22:8)에서 그 이유를 설명합니다. 수많은 전쟁을 통해 다윗은 그의 왕좌에 숱하게 피를 뿌렸습니다. 하지만 하나님은 평화의 사람이 그분의 집을 지었으면 하십니다. 그 임무는 다윗의 아들에게 돌아갑니다.

비록 하나님이 성전을 지으려는 다윗의 계획은 막으시지만 그에게 훨씬 많은 것을 허락하십니다. 이스라엘과 맺은 언약을 상기시키시며 부드러운 어조로 다윗의 아들로 하여금 집을 짓게 하고 그 자손을 영원히 지켜주시리라 약속하십니다. 왕을 원하는 이스라엘 백성의 요구 조건이 무엇이었든, 하나님은 다윗을 이 나라에서 하나님의 대표자로 인정하십니다. 놀란 다윗은 그다운 겸손한 태도로 감사의 기도를 올립니다.

하나님과 다윗 사이에 오간 이 친밀한 언약은 유대인들의 오랜 희망이 될 씨앗을 심습니다. 장차 오실 기름 부음 받은 자, 영광의 메시아에 대한 소망입니다. 사울 왕조는 시작하자마자 끝이 나고, 다윗 왕조는 계속 이어져 하나님의 독생자가 탄생할 때 정점에 이릅니다. 그분은 다윗의 고향 베들레헴에서 다윗의 혈통을 이어 태어나실 분입니다. 하나님의 언약이 성취된 것입니까? 과거 세계 역사 속에 더 훌륭하고 놀라운 업적을 이뤘던 여러 왕들은 다 사라졌습니다. 그런데 오늘날까지 사람들은 작은 나라 이스라엘의 다윗 왕 및 여러 왕들의 삶을 깊이 공부합니다. 그리고 다윗 자손 가운데 단 한 분만을 진정한 메시아로 인정합니다. 이 사실을 통해 언약이 성취되었는지 알 수 있습니다.

주_ 사무엘서, 열왕기, 역대기는 같은 역사를 각기 다른 관점에서 기술한 책이다. 오늘 살펴본 역대기상 본문은 사무엘하 7장의 내용을 거의 똑같이 반복한다.

오늘의 묵상

하나님께 무엇을 해드리고 싶습니까?

The Goodness of God

여호와는 긍휼이 많으시고 은혜로우시며
노하기를 더디 하시고
인자하심이 풍부하시도다
(시 103:8).

하나님의 선하심 /시 103:1-22/

다윗은 하나님이 그를 위해 하신 일을 보고 놀라움을 금치 못합니다. 나이가 들어 자신의 삶을 되돌아보면서, 수많은 시련 가운데서 하나님이 언제나 구해주셨음을 깨닫습니다. 하나님은 약속을 계속 지켜오셨습니다. 다윗은 감사의 뜻으로 하나님의 신실하심을 찬양하는 시를 여러 편 씁니다. 실제로 다윗은 백성들이 하나님의 은혜를 잊지 않도록 도와주는 기억의 창고 역할을 합니다.

이스라엘 사람들이 하나님을 찬양할 때, 그들의 생각은 노예 상태에서 풀어주시고 약속의 땅으로 그들을 인도해내신 하나님의 역사하심에 집중됩니다. 시편은 역사적 잠언입니다. 다른 역사들과 더불어 특별히 모세의 지도 아래 이스라엘의 대이동이 있었던 역사를 대략 기록하고 있습니다. 이스라엘 사람들은 '토라'라고 하는 모세오경을 통해 지난날을 공부하고 그 과거를 기념하는 노래를 씁니다.

긍정적인 내용만 기억하는 건 아닙니다. 이스라엘의 노래는 조상들의 불순종, 불평, 감사할 줄 모르는 태도 등에 대해 지독할 정도로 솔직합니다. 그러나 그들이 기뻐 찬양하는 이유가 한 가지 있습니다. 그들을 사랑하신다는 약속을 지켜오신 하나님을 기쁘게 찬양하는 것입니다. 다윗과 같은 시편 기자들에게 이스라엘의 역사적 사건들은 하나님의 은총을 확실하게 나타내주는 신호입니다. 그들이 하나님의 사랑을 받을 만한 일을 하지는 않았으나 하나님은 그들에게 사랑을 부어주셨습니다.

시편 103편은 '하나님의 선하심'이라고 제목을 붙일 수 있습니다. 질병, 억압, 죄와 불순종 등의 어두운 시절을 회상하다가 그 모든 시련을 바꿔놓으신 하나님의 놀라운 방법을 감탄하며 노래합니다. 하나님은 우리의 연약함을 이해하시며 묵과하지 않으십니다. "그가 우리의 체질을 아시며 우리가 단지 먼지뿐임을 기억하심이로다"(14절). 또한 우리의 부족함에도 불구하고 우리를 향한 영원불멸의 사랑을 간직하고 계십니다.

"우리는 받을 만한 것을 받는 것이 아니다. 그보다 훨씬 많은 것을 받는다." 다윗이 찬양하며 외치는 메시지입니다. 이 시의 마지막 부분은 우주의 모든 천군천사들과 함께하는 찬양으로 시작하여, 깊은 내면에서부터 하나님을 찬양하는 첫 줄과 똑 같은 구절로 끝맺습니다.

오늘의 묵상

과거를 되돌아볼 때, 승리에 초점을 맞추는 편입니까,
아니면 실패에 맞추는 편입니까?

David and Bathsheba

저녁때에 다윗이 그의 침상에서 일어나
왕궁 옥상에서 거닐다가 그곳에서 보니
한 여인이 목욕을 하는데 심히 아름다워 보이는지라
(삼하 11:2).

다윗과 밧세바 / 삼하 11:1-27 /

다윗과 밧세바에 관한 이야기만큼 단순한 이야기도 없을 것입니다. '한 남자가 한 여자를 보았고 동침했고, 그녀는 임신했다.' 특별할 것이 하나도 없습니다. 가십을 다루는 신문이나 잡지들은 이런 유의 이야기들을 해마다 쏟아냅니다. 왕 대신 정치가, 그리고 밧세바 대신 미인대회 우승자가 등장할 뿐입니다. 새로울 것이 무엇입니까?

이스라엘 사람들에게 특별히 충격을 주는 스캔들이 아닙니다. 법 제정에 관여하는 고위 공무원들은 그 법규대로 살려고 애쓰지 않는다는 사실을 이스라엘 사람들도 알고 있었습니다. 역사상 많은 지도자들이 이 전례에 따라 자신들이 원하는 전리품, 돈, 특혜 등을 취할 수 있었습니다. 그래서 이런 로마 속담도 있습니다. '왕이 곧 법이다.' 법이 곧 왕이라고는 말하지 않습니다.

그런데 밧세바의 임신이 상황을 좀 복잡하게 만듭니다. 다윗의 처지에 있는 이 시대의 지도자라면 간단하게 낙태수술을 통하여 증거를 없애려 할 것입니다. 다윗도 나름대로 잘못을 감출 계획을 꾸밉니다. 밧세바의 남편이 아이의 아버지인양 꾸밀 계략을 시도합니다. 그러나 양심적인 우리아로 인해 다윗 왕은 부끄러움을 당합니다. 그 후로 한 가지 범죄는 다른 범죄를 낳는다는 속담이 실현됩니다. 결국 하나님의 마음에 합한 자 다윗은 십계명 가운데 여섯째, 일곱째, 아홉째, 열째 계명을 모두 어깁니다. 다윗의 신하 우리아는 충성심에 대한 보상으로 죽임을 당하고, 다른 군사들도 함께 죽습니다.

이 이야기에서 다윗은 권모술수의 대가입니다. 냉혈한이자 무자비하게 권력을 휘두르는 왕입니다. 그러나 그에 대한 저항의 목소리는 전혀 들리지 않습니다. 왕이 원하는 바를 얻은 것뿐이니 문제 될 게 없습니다.

애도의 기간이 끝난 후 밧세바가 궁으로 들어오고 다윗은 그녀와 결혼합니다. 이쯤 되면 무슨 일이 있었는지 아는 사람들이 꽤 많았을 겁니다. 적어도 왕의 신하들은 알았을 것이나, 성경에는 누구 한 사람 항의했다는 기록이 없습니다. 다윗의 배신에 관한 이야기는 여기서 끝날 수도 있습니다. 본문의 마지막 절이 없었다면 말입니다. "그 일이 여호와 보시기에 악하였더라." 사태가 단순히 여기서 끝나지 않을 거라는 전조를 알리는 말씀입니다.

오늘의 묵상

다윗처럼 자신의 잘못을 감추고 위기를 모면하려고 안간힘을 쓴 경험이 있습니까?

Sin and God' s Love through the Eyes of an Unbeliever / 깊이 생각하기 /

세상의 눈에 비친 죄와 하나님의 사랑

우리는 포스트모던 시대에 살고 있습니다. 포스트모더니즘은 옳고 그름에 대한 판단을 개인의 몫으로 넘겨줍니다. 모든 사람이 따라야 하는 옳고 그름에 대한 기준이 존재하지 않는다는 뜻입니다. 나에게 옳은 것이 너에게는 그렇지 않을 수 있으며 그래도 별 상관이 없다는 입장입니다. 이런 관점은 우리 문화 속에 깊이 뿌리내려서, 마치 자연법칙처럼 당연하게 여겨집니다. 그러나 그리스도인들은 성경이 옳고 그름에 대한 절대적 기준이며 최종적 권위라고 믿습니다. 성경은 하나님의 말씀입니다. 이 세상을 살고 영생을 준비함에 있어 믿고 따를 유일한 진리의 안내서로 성경을 받아들입니다.

다윗도 모세를 통해 받은 하나님의 율법을 잘 알고 있었습니다. 목동의 마음을 가진 다윗은 평생을 하나님의 법을 따르며 살았습니다. 그렇게 살면 매우 비옥한 풀밭에서 그분의 양떼인 우리가 보호받는다는 것을 늘 자각하고 있었습니다. 그러나 밧세바를 훔쳐본 그날 밤 다윗은 하나님의 율법에 대해 눈을 감아버렸습니다. 큰 실수로 몰고 가는 욕정을 억제하지 못했고, 그 결과 극도의 심적 고통을 당하게 됩니다. 죄가 처음에는 재미를 줄지 모르나 결국에는 고통을 가져오기 마련입니다.

다윗처럼 우리들도 모두 실수를 합니다. 신앙인이 되기 전 모르고 저지르는 실수가 있고, 잘못인 줄 알면서 저지르는 실수가 있습니다. 이런 실수들은 종종 힘든 결과를 초래합니다. 그러나 하나님이 우리를 어떤 사랑으로 돌보신다는 것을 안다면 시편 103편처럼 노래할 수 있습니다. "우리의 죄를 따라 우리를 처벌하지는 아니하시며 우리의 죄악을 따라 우리에게 그대로 갚지는 아니하셨으니"(10절). 죄에 대해 우리가 치르는 대가는 우리가 진 빚에 비하면 아무것도 아닙니다. 예수님께서 우리를 대신하여 그 모든 대가를 치르셨기 때문입니다.

이것을 이해해야 비로소 삶의 중심 없이 포스트모던 사회를 살아가는 사람들에게 다가갈 수 있습니다. 믿지 않는 사람들이 그들에 대한 하나님의 깊은 사랑을 깨닫게 되면, 성경에 드러난 지침을 통해서도 하나님의 사랑을 이해하기 시작합니다. 그리고 예수님께서 우리를 사랑하셔서 행하신 그 일이 그들을 위해서도 하신 일이라는 것을 알게 됩니다. 그들도 성경을 하나님의 측량할 수 없는 깊은 사랑에 관한 이야기로 볼 것입니다.

오늘의 묵상

하나님이 당신의 실수를 용서해주신 적이 있습니까?
당신이 생각지도 못한 놀라운 일을 하셨습니까?
당신의 실수에도 불구하고 당신이 받고 있는 하나님의 사랑에 대해
다른 사람들과 이야기할 수 있도록 도와달라고 기도하십시오.

Nathan Rebukes David

나단이 다윗에게 이르되 당신이 그 사람이라.
… 어찌하여 네가 여호와의 말씀을 업신여기고
나 보기에 악을 행하였느냐
(삼하 12:7, 9).

나단의 책망 / 삼하 12:1-25 /

독재자의 압제하에 사는 사람들이 묻는 질문이 있습니다. "그 독재자를 세운 책임을 누구에게 물을 것인가?" 하나님은 처음부터 이스라엘을 자신의 왕국으로 세우셨고, 하나님을 대신할 사람으로 지도자를 세우셨습니다. 그래서 최종 권위는 언제나 하나님께 있었습니다. 다윗이 큰 죄를 범한 후, 하나님은 선지자 나단을 다윗에게 보내십니다.

하나님이 거하실 집에 대한 하나님의 계획을 다윗에게 전한 사람이 바로 나단이었습니다(대상 17장 참조). 그런데 이번에는 가난과 탐욕과 불의에 관한 비통한 이야기를 가지고 다윗 왕을 찾아옵니다. 그는 이스라엘 최고의 재판관 다윗에게 그 이야기에 대한 판결을 묻습니다. 다윗은 어떻게 판결해야 할지 정확하게 알고 있습니다. 그 남자를 죽이라는 것입니다. 다윗이 그렇게 말하자 너무나 놀라운 나단의 판결이 다윗의 귀를 울립니다. "당신이 그 사람이라!"

이 극적인 장면에서 다윗의 위대함이 드러납니다. 그는 나단을 죽여 없앨 수도 있었습니다. 아니면 어이없다는 듯이 웃으며 그를 궁에서 쫓아낼 수도 있었습니다. 그러나 다윗은 나단에게 "내가 여호와께 죄를 범하였노라"고 말하며 자신의 잘못을 즉시 인정하고 하나님만이 참된 왕이심을 고백합니다. 다윗이 했던 자백의 진가를 알아보려면, 오늘날 현장에서 붙잡힌 지도자들의 반응을 살펴보면 됩니다. 리처드 닉슨은 마지못해 실수였다고 인정했습니다. 이란게이트 청문회에 나온 여러 공무원들은 상원의회에서 알리바이를 만들고 변명하여 자기들의 실수를 합리화하려고만 했습니다. 빌 클린턴은 여직원과의 부적절한 정사에 대하여 충분한 증거로 고발당했으나 처음에는 부인했습니다. 반면 다윗 왕은 문제의 핵심을 즉시 알아보았습니다. 우리아나 백성들에게 죄를 지은 게 아니라 여호와께 죄를 지은 것입니다.

다윗이 위대한 이유는 다른 왕들처럼 거만하지 않기 때문입니다. 진실이 밝혀지자 즉시 회개합니다. 그리고 바로 용서를 받습니다. 그러나 다윗이 범한 실수의 결과는 수십 년 동안 나라 전체를 괴롭힐 것입니다. 우선 그는 가족들에게 도덕적 권위를 잃었습니다. 그 이후 몇 년에 걸쳐 아들 하나가 누이를 겁탈하고, 다른 아들이 자기 형제를 죽이고, 마침내는 아버지인 다윗에 대항하여 반란을 일으킵니다. 다윗 왕은 권력 남용의 유산을 남긴 셈입니다. 그런데 그의 후손들은 그리 쉽게 회개하지 않습니다.

오늘의 묵상

누군가 당신의 잘못을 지적하고 나설 때 당신은 본능적으로 어떻게 반응합니까?

True Confession

무릇 나는 내 죄과를 아오니
내 죄가 항상
내 앞에 있나이다
(시 51:3).

진실한 고백 / 시 51:1-17 /

이 회상의 시는 다윗과 밧세바의 불륜으로 인해 생긴 가장 인상적인 결과물이라고 할 수 있습니다. 왕이 자신의 잘못을 선지자 앞에서 개인적으로 고백할 수는 있습니다. 그러나 그 고백의 내용을 온 나라 안에 두루 퍼지게 될 시로 읊는 것은 전혀 다른 문제입니다.

이스라엘은 가장 위대한 영웅의 잘못에 관하여 서사시를 만들어낸 유일한 나라일 것입니다. 이 감동적인 시는 흔히 참회의 지침으로서 예배드릴 때 자주 사용됩니다. 그런데 이스라엘 사람들은 이 시를 통해 다윗의 정치적 업적보다는 하나님에 대한 헌신에 더 감동합니다.

이 시는 독자로 하여금 회개의 단계를 하나하나 거쳐 가게 합니다. '아, 기회가 한 번만 더 주어진다면…' 하는 염원이 계속 반복됩니다. 마음을 괴롭히는 죄악과 수치심을 고백하고, 끝에서는 진정한 회개에서 시작되는 새로운 출발을 간절히 소망합니다.

구약의 율법 시대에 다윗에게 내려질 징계는 돌로 쳐서 죽이는 끔찍한 벌입니다. 그러나 이 시는 엄격한 율법적 처벌을 초월하여, 죄의 본질은 하나님과의 관계가 깨어진 것이라고 밝힙니다. "내가 오직 주께만 범죄하였사오니"라고 다윗은 울부짖습니다. 그는 어떤 의식적 제사나 종교 행위가 자신의 죄를 씻어주지 못함을 알고 있습니다. 하나님이 원하시는 제사는 상한 심령, 상하고 통회하는 마음입니다. 다윗은 그 마음을 갖고 있었습니다.

이 기도 중에 다윗은 자신의 비극 이면에 있는 선의 가능성과 희망의 빛을 봅니다. 자신의 경험을 바탕으로 다른 사람들에게 도덕적 교훈을 가르칠 수 있게 해달라고 간구합니다. 그의 죄에 관한 이야기를 읽은 사람들은 똑같은 실수를 하지 않을 것이고, 그의 고백을 읽으면서 죄 사함의 소망을 얻을 것입니다. 완전히 응답을 받은 다윗의 기도는 왕으로서 물려준 최고의 유산이 되었습니다. 가장 위대한 왕이 가장 깊은 나락으로 떨어졌습니다. 그러나 그를 포함하여 그 누구도 하나님의 사랑과 용서가 미치지 못할 만큼 멀고 깊게 떨어져나갈 수는 없습니다.

오늘의 묵상

어떤 지도자가 자신의 잘못을 다윗처럼 완전히 공개한다면,
당신은 그에 대한 존경심을 잃게 될까요?

David's Spiritual Secret

여호와여 주께서
나를 살펴보셨으므로
나를 아시나이다
(시 139:1).

다윗의 영적 비밀 / 시 139:1-24 /

다윗 왕은 결국 하나님의 친구라는 명성을 얻습니다. 이스라엘에서는 한동안 여호와 하나님을 다윗의 하나님이라 불렀습니다. 다윗과 하나님은 그 정도로 친밀했습니다. 원기 왕성하고 복수심에 불타던 다윗에게는 어떤 비밀이 있기에 그런 특권을 누렸을까요? 이 장엄한 시가 답해줍니다.

시편 139편은 주로 하나님과 다윗 사이의 친밀함을 드러냅니다. 놀라운 업적을 세운 덕에 백성들의 눈에는 다윗이 영웅으로 보입니다. 들짐승을 맨손으로 죽였고, 골리앗을 쓰러뜨렸으며, 사울의 맹습에도 살아남았고, 블레셋을 완전히 물리치는 등 다윗의 업적은 대단했습니다. 그러나 다윗은 언제나 무대 중앙을 하나님께 내어 드리는 법을 알았습니다. 일평생 그는 하나님을 진심으로 신뢰했습니다. 검과 창과 동굴과 왕좌로 이루어진 육적 세계처럼 영적 세계 역시 실재하는 세계라는 사실을 진심으로 믿었습니다.

눈에 보이지 않으나 실제로 존재하는 영적 세계에 일상의 삶을 종속시키려고 의식적으로 노력했던 다윗, 그에 대한 기록이 바로 시편입니다. 하나님의 임재 연습이라는 말이 무엇을 뜻하든 다윗은 그것을 경험합니다. 그는 의식적으로 일상의 모든 순간에 하나님과 동행하려고 노력합니다.

자신이 하나님께 의미 있는 존재임을 다윗은 확고히 믿습니다. "나를 기뻐하시므로 나를 구원하셨도다"(시 18:19). 간신히 도망쳐나온 뒤 쓴 시입니다. 어떤 때는 하나님께 따지기도 합니다. "여호와여 내가 죽는 것이 무슨 유익이 되겠습니까. 내가 죽고 나면 누가 주를 찬양하겠습니까"(시 30:9 참조). 그리고 오늘 본문 139편에서는 하나님의 사랑과 돌보심에 대해 자신이 느낀 경이로움을 표현하고 있습니다.

감정의 고저가 모두 담긴 다윗의 시를 읽다 보면, 다윗은 영적으로나 정서적으로 흔들릴 때마다 시편을 썼다는 걸 알 수 있습니다. 일종의 영적 치료법이었고 스스로 믿음을 확고히 하는 방법이었습니다. 오랜 세월이 흐른 지금, 우리는 바로 이 기도를 믿음의 계단으로 삼을 수 있습니다. 이 기도들은 자기 자신에게 갇혀 있는 상태에서 하나님의 임재로 나아가는 통로가 될 것입니다.

오늘의 묵상

일상에서 하나님의 임재를 어떻게 연습합니까?
139편을 다시 읽으면서 이 시가 하나님께 드리는 당신의 기도가 되게 하십시오.

Practicing His Presence / 깊이 생각하기 /

하나님의 임재 연습

하나님은 항상 우리와 함께하십니다. 늘 우리에게 집중하시며 우리를 생각하시고 우리가 하는 일, 생각, 느낌을 모두 알고 계십니다. 단 한 순간도 우리에게서 눈길을 돌리지 않으십니다. 하나님의 관심과 집중은 모두 우리를 향한 열정적 사랑에서 나옵니다. 그 사랑은 결코 식거나 시들지 않습니다. 마찬가지로 우리의 관심을 하나님께로 집중한다면, 그분과 사랑의 관계를 지속할 수 있습니다. 그렇게 할 때 하나님은 일상의 삶을 조망할 수 있는 시각을 허락하시고, 우리 영혼의 부족함을 속속들이 다 채워주십니다. 다윗은 늘 함께하시는 하나님을 인식했고 언제나 하나님 앞에 나아갔습니다. 하나님의 임재를 이해함으로써 그는 하나님과 더욱 가까이 동행할 수 있었습니다.

신앙인들이 이 개념을 더욱 확실히 이해할 수 있도록 도와준 사람이 또 있습니다. 로렌스 형제입니다. 그는 17세기에 프랑스 카르멜 수도원에서 살았습니다. 80세로 생을 마감할 때까지 수도원 주방에서 일했습니다. 이 세상의 기준으로 보면 특별할 것이 없는 삶입니다. 그러나 로렌스 형제는 자신의 일을 통하여 그의 뒤를 따른 수많은 사람들에게 깊은 영감을 주었습니다. 부엌에서 일하는 동안 그는 꾸준히 영적으로 성장하여 자신이 '하나님의 임재 연습'이라고 부른 상태를 경험합니다.

> 나는 하나님께 집중하고 하나님을 사랑함으로써 하나님의 거룩한 임재를 늘 경험합니다. 하나님의 거룩한 임재 안에서 참고 견디는 것만이 내가 할 일이라고 생각합니다. 나는 그것을 하나님의 현존이라고 부릅니다. 다른 말로 하면, 내 영혼이 하나님과 침묵으로 은밀하게 대화를 나누는 습관이라 할 수 있습니다. … 간단히 말해서 이런 행동을 반복하면 습관이 되고, 하나님의 임재가 우리에게 자연스럽게 다가오는 것입니다.

다윗과 로렌스 형제 모두 인간의 한계에 부딪혔고, 그 마음이 자주 방황하는 이 세상 사람들이었습니다. 그러나 훈련과 하나님을 향한 참사랑을 통해 하나님의 임재를 자각하는 습관을 들일 수 있었습니다.

사도 바울은 그의 서신에서 교우들에게 "쉬지 말고 기도하라. 범사에 감사하라"고 늘 당부했습니다. 하나님 앞에 앉아서 그분을 느끼고, 때로는 말로 때로는 마음속의 언어로 속삭이는 영적 연습이 누구에게나 가능할 뿐 아니라, 그것이 곧 하나님의 뜻임을 알고 있었습니다.

오늘의 묵상

하루에 얼마나 자주 하나님의 임재를 느낍니까? 얼마나 자주 기도합니까?
고요할 때나 활동할 때나 늘 하나님께 마음을 모을 수 있게 해달라고 기도하십시오.

Solomon Asks for Wisdom

기브온에서 밤에 여호와께서 솔로몬의 꿈에 나타나시니라.
하나님이 이르시되 내가 네게 무엇을 줄꼬
너는 구하라
(왕상 3:5).

지혜를 구하는 솔로몬 / 왕상 1:28-30; 3:1-28 /

열왕기상의 전반부는 전혀 힘들이지 않고 세상 복을 얻은 사람에 대하여 기술합니다. 다윗 왕과 밧세바의 사랑스런 아들 솔로몬 왕자는 왕궁에서 나고 자랍니다. 하나님이 그에게 많은 은총을 부어주십니다. 일련의 기이한 꿈을 통해 솔로몬은 평범한 어린이들이 정말 듣고 싶어 하는 말을 듣습니다. 하나님께서 그에게 무슨 소원이든 말해보라고 하신 것입니다. 솔로몬은 장수나 부를 구하는 대신 지혜를 구합니다. 하나님은 기뻐하시며 지혜 외에도 부와 영예와 화평을 덤으로 주십니다. 일찍이 이 어른스런 왕자는 작곡과 박물학에 뛰어난 재능을 보여 사람들을 깜짝 놀라게 했습니다.

이스라엘의 왕위를 물려받았을 때 겨우 십대 청소년이었던 솔로몬은 그 당시 가장 부유하고 가장 훌륭한 지도자가 됩니다. 예루살렘에는 은이 돌만큼이나 흔합니다(왕상 10:27). 무역선들이 아프리카 원숭이를 실어 오고, 어마어마한 상아와 금을 실어 날랐습니다. 솔로몬은 세상에서 가장 지혜로운 자라 일컬음을 받아 각국의 왕과 여왕들이 그를 만나려고 수천 킬로미터를 달려옵니다. 그들은 이스라엘 왕의 지혜와 부유함에 넋을 잃고 떠납니다.

이스라엘은 솔로몬의 통치하에 황금시대를 맞습니다. 실로 길고 긴 시련의 역사 가운데 빛나는 평강의 순간입니다. 약속의 땅 대부분이 솔로몬의 지배하에 있으며 나라 전체가 평화롭습니다. 문학이 꽃을 피우고 문화가 발달합니다. 성경은 백성들에 대해서 이렇게 기록합니다. "먹고 마시며 즐거워하였다"(왕상 4:20).

그러나 이렇게 평화로운 시기에도 위험 요소가 있었습니다. 솔로몬 왕이 약삭빠르게 애굽의 바로와 정치적 동맹을 맺습니다. 그는 안전을 보장받기 위해 하나님이 아닌 군사력에 눈을 돌립니다. 게다가 이방 여인들에 대한 탐욕으로 모압, 암몬, 에돔, 시돈, 그 밖에 여러 이방 나라 공주들과 결혼하여 700명의 아내와 300명의 첩을 둡니다. 결국 그 아내들의 비위를 맞추느라 그들이 섬기는 이방신들의 제단을 쌓는 끔찍한 길로 들어섭니다.

오늘의 묵상

하나님이 당신에게 주신 능력은 무엇입니까?
그 재능을 하나님을 위해 쓰겠습니까?

The Ark Brought to the Temple

이에 솔로몬이
여호와의 언약궤를
다윗 성 곧 시온에서 메어 올리고자 하여
(왕상 8 : 1).

언약궤를 성전으로 옮기다 / 왕상 6:1, 38; 8:1-34 /

솔로몬의 여러 업적 가운데 특히 두드러진 업적이 하나 있습니다. 그는 조금도 아낌이 없이 하나님이 거하실 집, 성전을 건축했습니다. 20만 명의 인부가 동원되어 지은 솔로몬 성전은 세계 불가사의의 하나로 기록됩니다. 멀리서 바라본 성전은 흰 눈 덮인 산처럼 빛이 납니다. 내부의 모든 벽과 바닥은 순금을 입혔습니다.

여러 면에서 오늘 본문의 장면은 이스라엘에 대한 하나님의 언약의 완성이요, 구약의 최고 정점을 나타냅니다. 솔로몬은 성전을 하나님께 헌정하는 자리에 백성들을 모두 불러모읍니다. 수많은 사람들이 장엄한 의식을 바라보고 있는 가운데, 하늘로부터 여호와의 영광이 구름처럼 성전에 가득합니다. 제사장들도 그 위엄 앞에 뒤로 물러섭니다.

하나님은 솔로몬 성전을 이 땅 위에 역사하실 중심 처소로 삼으실 것입니다. 백성들이 모두 함께 두 주를 더 머물면서 성전 완성을 경축합니다. 솔로몬이 동판 위에 무릎을 꿇고 두 손을 펴서 큰 소리로 기도합니다. "내가 참으로 주를 위하여 계실 성전을 건축하였사오니 주께서 영원히 계실 처소로소이다." 그러다가 깜짝 놀라 자신에게 묻습니다. "하나님이 참으로 땅에 거하시리이까, 하늘과 하늘들의 하늘이라도 주를 용납하지 못하겠거든 하물며 내가 건축한 이 성전이오리이까?"

하나님은 그 성전에 거하셨습니다. 아브라함과 모세에게 하신 언약이 드디어 성취된 것입니다. 이 장엄한 기도를 통해 솔로몬은 언약의 역사를 되짚으며 이 성전에 임하시겠다는 하나님의 약속을 재차 하나님 앞에 아룁니다. 하나님이 그의 기도에 응답하십니다. "네 기도와 네가 내 앞에서 간구한 바를 내가 들었은즉 나는 네가 건축한 이 성전을 거룩하게 구별하여 내 이름을 영원히 그 곳에 두며 내 눈길과 내 마음이 항상 거기에 있으리라"(왕상 9:3).

이제 이스라엘은 경계가 분명한 땅을 가졌고, 그 땅 한 가운데에 하나님의 임재가 빛나는 처소를 마련했습니다. 게다가 이 나라에는 금과 은이 넘쳐납니다. 성전을 바치는 그 역사적인 날 모든 사람이 불과 구름으로 나타나시는 하나님의 임재를 봅니다. 하나님의 신실하심을 의심하는 사람은 아무도 없었습니다.

오늘의 묵상

하나님의 약속 중에 성취되기 바라는 것은 무엇입니까?

More Than a Building

내 영혼이 여호와의 궁정을 사모하여
쇠약함이여 내 마음과 육체가
살아 계시는 하나님께 부르짖나이다
(시 84:2).

건물보다 중요한 것 / 시 84:1-12 /

유대인의 역사에서 성전은 특별한 의미가 있습니다. 현대인들이 노트르담 대성당을 자랑스러워하듯이 유대인들도 아름다운 성전 건물에 대한 자부심이 대단했습니다. 그러나 성전은 단순히 거대한 상징물 이상이었습니다. 이스라엘은 범국가적으로 이 성전, 하나님의 집을 중심으로 종교 생활을 영위했습니다.

신실한 유대인들은 매일 성전을 향해 기도드렸습니다. 그리고 하나님의 언약을 기념하는 세 번의 큰 축제를 경축하기 위해 매년 성전으로 순례 여행을 떠났습니다. 이스라엘 사람들은 심지어 성전의 주술적인 힘이 이방인들의 침략으로부터 그들을 보호해준다고 믿기도 했습니다. 성전이 굳건히 서 있는 한, 어떤 군대도 예루살렘에 침입할 수 없다고 믿었습니다. 선지자 예레미야는 이런 믿음을 단호하게 꾸짖었습니다.

오늘 본문은 성전에 대한 열정을 표현합니다. 예배 의식을 위해 설립된 고라 자손들의 찬양대 중 한 사람이 쓴 시입니다. 이 시의 기자가 성전을 향해 순례 여행을 떠날 때, 그는 기쁨과 희망에 겨워 광야를 오아시스로 볼 정도입니다. 성전 내에 둥지를 틀고 그 안에 살게 된 참새와 제비마저 부럽습니다. "주의 궁전에서의 한 날이 다른 곳에서의 천 날보다 낫다"고 노래합니다.

이 시편 기자가 열정적으로 사모하는 솔로몬 성전은 약 380년 동안 존속했고, 그 사이에 여러 차례 파손됐습니다. 바벨론에 의해 파괴된 후, 에스라와 느헤미야의 지도 아래 부분적으로 재건되었고, 예수님 시대에는 헤롯 왕이 재건했습니다. 예수님도 성전으로 순례 여행을 하셨으며 솔로몬 행각을 거니셨습니다. 초대교회는 성전 마당에서 모였습니다. 헤롯이 재건한 성전은 결국 로마의 손에 들어가고, 몇 해 지나 그 자리에 이슬람 사원이 세워졌습니다. 그러나 유대인들에게 있어 성전의 거룩한 의미는 결코 사라지지 않았고, 오늘날도 일부 이스라엘 사람들은 성전을 다시 짓자고 제안합니다.

예수님의 부활 이후로는 그리스도를 통해 구원을 얻은 우리들이 하나님의 성전입니다. 하나님이 거하시는 곳은 이제 물리적 건물이 아닙니다. 하나님은 우리 안에 거하십니다.

오늘의 묵상

하나님께 드리는 예배가 지루합니까, 아니면 기대됩니까? 그렇게 느끼는 이유는 무엇입니까? 시편 84편을 읽으면서 성령께서 당신 안에 늘 살아계시기를 기도하십시오.

The Queen of Sheba Visits Solomon

스바의 여왕이
여호와의 이름으로 말미암은 솔로몬의 명성을 듣고 와서
어려운 문제로 그를 시험하고자 하여 예루살렘에 이르니
(왕상 10:1-2).

솔로몬을 찾아온 스바 여왕 / 왕상 10:1-13 /

본문은 솔로몬의 거대한 왕국을 직접 보고 그의 지혜도 관찰하고자 찾아온 어느 여왕의 이야기입니다. 스바의 여왕은 실망하지 않습니다. 오히려 눈으로 본 것에 대단히 감격합니다. 지혜로 보나 부유함으로 보나 솔로몬의 권세는 그녀의 상상을 뛰어넘습니다. 부귀영화를 타고난 이방의 통치자 스바 여왕의 눈에도, 솔로몬의 여호와는 솔로몬을 사랑하시며 그의 지도력을 통해 이스라엘을 축복하시는 것이 분명해 보입니다.

스바는 이스라엘과 지금은 예멘이라 불리는 아라비아의 남쪽에 위치해 있으며, 남쪽으로는 인도양에 접해 있었습니다. 여왕의 말을 살펴보면, 이방인인 그녀에게 하나님께서 이스라엘을 향한 하나님의 영원한 사랑을 드러내셨음을 알 수 있습니다(9절).

훗날 예수님께서는 스바의 여왕을 기억하시고 예수님 당시의 사람들과

그녀를 비교하십니다. "심판 때에 남방 여왕이 일어나 이 세대 사람을 정죄하리니 이는 그가 솔로몬의 지혜로운 말을 들으려고 땅끝에서 왔음이거니와 솔로몬보다 더 큰 이가 여기 있으며"(눅 11:31). 먼 길을 온 여왕은 솔로몬의 부와 지혜에 크게 감동하여 싣고 온 값비싼 선물을 그에게 바칩니다. 그런데 예수님은 솔로몬과도 비교할 수 없는 진정한 부와 완전한 지혜를 주신 분입니다. 그러기에 예수님 당시의 사람들은 예수님을 더 간절히 원하고 따랐어야 마땅합니다.

오늘의 묵상

예수님을 만나기 위해 얼마나 많은 노력을 하고 있습니까?

Solomon's Splendor, Solomon's Wives

솔로몬 왕이 바로의 딸 외에
이방의 많은 여인을 사랑하였으니
곧 모압과 암몬과 에돔과 시돈과 헷 여인이라
(왕상 11:1).

솔로몬의 재물과 아내들 / 왕상 10:23-11:13 /

"왕은 병마를 많이 두지 말 것이요. 병마를 많이 얻으려고 그 백성을 애굽으로 돌아가게 하지 말 것이니 이는 여호와께서 너희에게 이르시기를 너희가 이 후에는 그 길로 다시 돌아가지 말 것이라 하셨음이며 그에게 아내를 많이 두어 그의 마음이 미혹되게 하지 말 것이며 자기를 위하여 은금을 많이 쌓지 말 것이니라"(신 17:16-17). 하나님의 율법에 기록된 내용입니다.

하나님은 솔로몬이 범한 모든 실수에 대해 이미 경고하셨습니다. 솔로몬은 애굽에서 말을 수입합니다. 700명의 아내와 300명의 첩을 둡니다. 그리고 이 세상 그 어떤 왕보다 더 많은 은과 금을 쌓아둡니다. 또한 값비싼 의복과 향품, 말과 노새, 그리고 그 당시 왕족들 사이에 유행했을법한 원숭이와 비비 등을 열심히 모아들입니다(왕상 10:22).

수많은 병마와 여러 명의 아내와 엄청난 재물이 오히려 해가 될 거라고 하나님이 특별히 경고하셨습니다. 이스라엘이 전쟁에 쓸 병마를 사들이면, 승리를 위해 하나님께 의지하지 않고 스스로의 힘을 믿을 것이기 때문입니다. 나라가 부유해지면, 하나님을 찾지 않게 될 것입니다. 왕 주위에 여전히 이방신을 섬기는 이방 여인들이 가득하면 왕의 마음이 아내들을 쫓아서 이방신을 섬기게 될 것입니다.

솔로몬과 이스라엘이 범한 이런 모든 불순종으로 인해 하나님의 슬픔이 깊어졌습니다. 다윗의 범죄보다 더 깊은 슬픔입니다. 이스라엘은 마음을 다하여 하나님 사랑하기를 거부한 셈입니다(신 6:5).

오늘의 묵상

우리나라가 솔로몬 통치 기간의 이스라엘과 어떤 면에서 비슷하다고 할 수 있을까요?

Don't Go Back That Way Again / 깊이 생각하기 /

그 길로 다시 돌아가지 마라

병마와 여자들과 재물을 쌓아둔 솔로몬은 막강한 권세를 누렸습니다. 누구라도 정복할 수 있고, 언제라도 즉석에서 이국의 향취를 즐길 수 있습니다. 재물을 사랑하는 사람들은 솔로몬을 환대합니다. 인간의 시각으로 보면 모든 것을 가졌습니다. 그러나 솔로몬이 부와 영예에 집중하는 동안, 그는 점차 '그 길로 다시 돌아가고' 있었습니다. 하나님이 이스라엘을 애굽의 노예 생활에서 구하시고 약속의 땅으로 인도하실 때, 광야에서 분명히 애굽으로 되돌아가지 말라고 경고하셨습니다(신 17:16 참조). 하나님은 애굽의 거짓 약속으로부터 이스라엘 백성을 해방시키셨고, 하나님의 권능과 축복을 통해 그들이 진정한 기쁨을 누리며 살 수 있는 곳으로 인도하셨습니다. 하나님이 그들의 나라를 세우시고 돌보시므로 그들은 약속의 땅에서 하나님과 함께하는 온전한 삶을 경험할 수 있었습니다.

그런데 이스라엘 사람들의 마음이 그 길로 다시 돌아가는 데는 그리 오랜 시간이 걸리지 않았습니다. 바로 다윗의 아들, 하나님의 음성을 직접 듣고 누구보다도 지혜로웠던 그 아들이 안일함과 유혹과 재물을 향해 뒷걸음치는 동안 자신에게 생명을 주신 그분을 배반하고 있다는 사실을 알지 못했습니다. 값싼 거짓 기쁨을 얻자고 하나님이 주신 더 깊고 진정한 기쁨을 빼앗기고 있었습니다. 세상은 그 지혜로운 왕 솔로몬도 속였습니다. 결국 그는 쾌락과 다산의 여신 아스다롯을 섬겼고, 어린아이를 제물로 바쳐야 하는 몰록을 따랐습니다. 어린아이를 희생 제물로 바치는 제사는 하나님이 엄격하게 금하셨던 행위였습니다(레 18:21).

하나님을 바라보는 시각을 잃기는 너무 쉽습니다. 삶이 점점 편안해지면 하나님의 은총을 마구 들이킵니다. 우리의 안전과 기쁨이 하나님에게 있지 않고 세상의 즐거움에 있다고 믿기 시작합니다. 이런 생각 자체가 유혹입니다. 하나님이 이스라엘 백성에게 애굽으로 돌아가지 말라고 경고하셨듯이, 하나님이 우리를 세상의 거짓으로부터 구하셨으니 다시 거짓으로 돌아서지 말라고 일깨워주십니다.

우리가 솔로몬처럼 지혜로워질 수는 없습니다. 그러나 그가 놓친 진리는 이해할 수는 있습니다. 오직 하나님만이 우리를 구원하시고 영원한 기쁨을 주십니다. 세상의 권력이 우리를 구원할 수 없고, 쾌락이 우리에게 만족을 줄 수 없으며, 소유가 하나님의 인정과 축복으로 인도할 수 없습니다. 왜 그 길로 되돌아가겠습니까?

오늘의 묵상

하나님으로부터 마음이 멀어지는 이유는 무엇입니까?
그 무엇보다 하나님께 마음을 향할 수 있도록 도와달라고 간구하십시오.
하나님은 솔로몬이 솔직한 마음으로 지혜를 구했을 때 응답하셨습니다.
당신의 기도에도 똑같이 신실하게 답하실 것입니다.

Uncommon Song

내 사랑하는 자는 내게 속하였고
나는 그에게 속하였도다
그가 백합화 가운데에서 양 떼를 먹이는구나
(아 2:16).

진귀한 노래 / 아 2:1-17 /

아가서에는 낭만적 사랑을 주제로 하는 노래가 가장 많이 수록되어 있습니다. 아가서를 읽으면 성경에도 성애를 노골적으로 묘사한 사랑 노래가 들어 있다는 것에 매우 놀랍니다.

솔로몬은 그 많은 아내, 많은 첩과 더불어 로맨스를 배우는 충실한 학생이었습니다. 결국 그는 그 사랑에 사로잡혀 큰 불행을 맞았습니다. 하지만 솔로몬의 아가라고 불리는 아가서는 아름다운 사랑의 극치를 노래합니다. 연인들이 상대의 육체를 즐기고 그 즐거움을 겉으로 표현함에 있어 당황하는 모습이 전혀 없습니다.

모든 사람이 이 아가서의 솔직함을 편히 받아들이지는 않았습니다. 중세 스페인에서 아빌라의 성 데레사는 성경책에서 아가서를 모두 제거하고 대중들이 보는 앞에서 불태워버리자는 캠페인을 벌이기도 했습니다. 반대하는 사제와 선생들은 일자리를 빼앗기고 감옥에 갇히기까지 했습니다.

오랜 세월이 흐르자, 많은 사람들이 아가서는 연인들의 육체적 사랑과는 전혀 관계가 없고 하나님과 그의 백성들 사이의 사랑을 비유적으로 나타낸 것이라고 생각했습니다. 그러나 오늘날 대부분의 학자들은 아가서를 액면 그대로, 갓 결혼한 두 사람의 사랑을 찬양하는 노래라고 생각합니다.

두 연인은 수치심 없이 상대를 바라보고 느끼는 바를 솔직하게 말합니다. 그들은 자연의 아름다움과 향품의 향내 등 감각적인 것을 즐깁니다. 그들의 표현은 노골적이고 에로틱합니다. 그러나 아가서는 요즘 사랑 노래들과는 전혀 다른 분위기를 만들어냅니다. 노래의 주제는 에덴동산의 원초적 사랑으로 거슬러 올라갑니다. 그곳에서 남자와 여자는 벌거벗었으나 부끄러워하지 않았습니다. 수치심도 죄의식도 없습니다. 하나님이 그들의 사랑에 미소 지으며 굽어보실 뿐입니다.

오늘의 묵상

성장하면서 부모님이나 선생님의 로맨스에 관해 무엇을 배웠습니까?

The Wedding

시온의 딸들아 나와서 솔로몬 왕을 보라
혼인날 마음이 기쁠 때에
그의 어머니가 씌운 왕관이 그 머리에 있구나
(아 3:11).

결혼식 / 아 3:7-4:16 /

오늘 본문은 결혼의 완성을 그립니다. 고대 이스라엘의 관습에서는 결혼식을 올리기 위해 신랑이 사람들의 행렬을 신부 집으로 이끌고 갑니다. 예식이 끝나면 두 사람은 신방에 들어 아낌없는 사랑을 나누며 아름다운 첫날밤을 맞습니다. 신부의 육체적 아름다움을 찬양하는 솔로몬의 노래에는 배우자에 대한 사랑이 담겨 있습니다. 솔로몬은 연인의 얼굴이 검을지라도(아 1:5) 그 무엇보다 아름답다고 생각합니다. 나중에 그 연인도 자기가 사랑하는 상대의 아름다움을 찬양합니다(아 5장). 그리고 마치 과일나무가 잘 익은 과일을 내어주듯이 신랑에게 자신의 전부를 내어줍니다.

오늘의 묵상

육체의 결합이 결혼을 완성하는 아름다운 부분이라고 믿으며 자랐습니까,
아니면 다른 식으로 배웠습니까?

Maturing Marriage

그의 사랑하는 자를 의지하고
거친 들에서 올라오는
여자가 누구인가
(아 8:5).

성숙한 결혼 생활 /아 8:1-7, 13-14/

아가서의 마지막 장인 오늘 본문에는 사랑하는 연인들이 결혼을 즐기는 모습이 나옵니다. 시련을 지나왔지만 아직도 친밀한 사랑과 뜨거운 열정이 남아 있습니다. 솔로몬 시대에는 남편과 아내가 서로를 향한 사랑을 사람들 앞에서 표현하는 걸 좋지 않게 여겼습니다. 첫째 연에서 이 여인은 마치 오누이처럼 남편에게 사랑 표현을 하고 싶어 합니다. 그녀는 농담조로 자신을 누이로, 어머니로, 앞 장에서는 친구로 부릅니다(아 5:16). 분명 두 사람은 형태가 다양한 관계 속에서 서로의 부족함을 채워주고 있습니다.

거친 들에서 함께 올라오는 모습에서(아 8:5), 결혼에 이르는 시련을 견뎌낸 두 사람을 봅니다. 그들은 사랑하는 여인의 불안함(아 1:5), 둘의 관계를 위협하는 장애나 유혹을 상징하는 여우(아 2:15), 남편에 대한 여인의 냉담함(아 5:2-7) 등을 모두 극복했습니다. 거친 들에서 올라오는 두 사람의 모습을 통해 이 노래가 제안하는 것이 있습니다. 죄가 이 세상에 들어온 이후 삶의 일부가 되어버린 남편과 아내 사이의 불협화음을 두 사람이 극복했다는 것입니다(창 3:16).

이 노래는 계속해서 사랑이 사람에게 미치는 위대한 능력을 노래합니다. 여인은 자신이 남편의 가장 소중한 소유물이 되기를 원합니다. 사랑이 일단 뿌리를 내리면, 생명의 에너지를 최고로 끌어올릴 수도 있고 파멸을 가져올 수도 있습니다. 사랑의 열정이 타오르되 다스려지지 않으면, 질투가 파괴적인 힘을 내뿜으며 불타오를 것입니다. 결국 사랑은 소중하게 간직하고 보호해야 할 하나님의 고귀한 선물입니다.

이 노래의 마지막 두 구절에서, 연인들은 청혼하던 때를 회상합니다. 그리고 여전히 강렬하고 친밀한, 그러면서도 장난스럽고 열정적인 사랑을 표현합니다. 남편과 아내는 서로를 위해 헌신했습니다. 이런 헌신적 관계가 바로 결혼에 대해 하나님의 뜻입니다.

오늘의 묵상

아가서에 나타난 결혼생활을 실천하며 사는 부부를 알고 있습니까?

Loving God's Way / 깊이 생각하기 /

하나님의 길을 사랑하며

그러면 솔로몬의 사랑 노래는 어찌하여 성경에 실렸을까요? 솔로몬은 왜 이런 특권을 얻었을까요? 아내가 700명, 첩이 300명이었던 사람이 말입니다. 하나님이 그의 중혼과 간음을 묵과하신 것일까요? 솔로몬은 돈 주앙과 카사노바에게 사랑과 열정을 가르친 최고의 선생으로 길이 남는 것일까요?

어떤 학자들에 의하면, 솔로몬이 아가를 쓴 시점은 첫째 부인과 결혼한 직후로, 수많은 아내들을 얻기 전이라고 합니다. 그게 사실이라면 앞뒤가 맞습니다.

솔로몬은 그의 탐욕을 다스리지 못했습니다. 그는 좋은 것을 발견하면, 그것이 말이든 건물이든 금이든 여자든 무조건 들여다가 쌓아두었습니다. 마치 어린아이가 보물 상자에 물건을 감추어두는 것 같습니다.

그렇지 않으면, 솔로몬이 나이 들고 처첩들에게 싫증이 났을 때 이 노래들을 썼을지도 모릅니다. 전도서에 기록된 묵상의 내용처럼, 자신의 삶을 되돌아보면서 지나온 길에 대한 잘못을 깨달았을지 모릅니다. 그리고 남자와 여자에 대한 하나님의 계획대로 아름답게 이루어졌던 결혼생활, 순수했던 그때를 회상했을 것입니다.

왜 하나님이 가장 아름다운 이 사랑 노래의 저자로 솔로몬을 택하셨는지 알 수 없으나, 우리에게 사랑하는 법에 대해 가르치시려고 이 노래를 주신 것은 틀림없습니다. 아가서는 전체적으로 남녀 간의 사랑을 우리 안에 내재해 있는 강한 생명력으로 표현합니다. 얼마나 강한 힘인지 타오르는 불길, 꺼지지 않는 목마름, 강물에 쓸려가지 않는 바윗돌에 비유했습니다. 사랑은 온 마음을 사로잡으며 변하지 않습니다. 우리를 향한 하나님의 사랑이 그렇지 않습니까?

하나님의 사랑은 우리에게 그런 영향력을 미칩니다. 사랑은 우리를 하나 되게 하며, 살면서 마주치는 타인을 보살필 수 있는 에너지를 북돋아 줍니다. 솔로몬이 이 내용을 잠언에서 언급했습니다. "모든 지킬 만한 것 중에 더욱 네 마음을 지키라. 생명의 근원이 이에서 남이니라"(잠 4:23).

솔로몬의 아가에서 성애는 사랑의 궁극적 표현이자 생명을 주는 사랑의 힘으로 승화되며, 혼인관계를 통해서만 지속적으로 성장할 수 있는 사랑의 관계를 완성해줍니다. 사랑하는 두 사람이 상대에게 줄 수 있는 최고의 선물인 성애는 이 세상에 사는 동안 두 생명을 하나로 결합시키는 역할을 합니다.

실제적인 책 성경은 성애의 영향력을 결코 경시하지 않습니다. 성애는 우리의 일과 인격에 영향을 주면서 감정과 의지를 변화시킵니다. 결혼관계에서 이루어지지 않는 성애일지라도 처음에는 황홀할 수 있습니다. 하지만 그 느낌은 지속되지 못합니다. 생명의 에너지를 북돋우기보다는 오히려 기운을 빼고 정신을 고갈시킵니다.

하나님은 바람직한 상황에서 이루어지는 남녀의 사랑 관계는 모두 하나님의 선물이라는 것을 아가서를 통해 보여주십니다. 또한 반복해서 경고하십니다. "내 사랑이 원하기 전에는 흔들지 말고 깨우지 말지니라"(아 2:7). 사랑은 놀라운 선물이므로 많은 사람들이 결혼을 통해 그 사랑을 경험하기를 원합니다. 그러나 사랑은 돈을 주고 살 수도, 강요할 수도 없습니다. 결혼관계 안에서의 사랑이 헌신과 노동을 요구하기는 하나, 처음부터 사랑이 싹트는 건 어떤 노력으로도 할 수 없습니다.

하나님이 선물로 주신 이 사랑을 살펴보면, 우리를 향한 하나님의 열정적이고 포기하지 않는 사랑을 찬양하게 됩니다. 이 땅에서 경험하는 남녀의 사랑은 우리를 향한 하나님의 영원한 사랑을 살짝 맛보는 것입니다. "지금은 내가 부분적으로 아나 그때에는 주께서 나를 아신 것 같이 내가 온전히 알리라"(고전 13:12).

오늘의 묵상

지금 사랑하는 사람이 있습니까? 사랑할 사람을 찾고 있습니까?
관계 맺음에 대한 하나님의 뜻에 의문이 생깁니까?
하나님의 뜻대로 사랑하고 싶다고 말씀드리십시오.
그리고 사랑에 대한 선택을 할 때 지혜 주시기를 기도하십시오.

Life Advice

의인의 길은 돋는 햇살 같아서 크게 빛나 한낮의 광명에 이르거니와
악인의 길은 어둠 같아서 그가 걸려 넘어져도
그것이 무엇인지 깨닫지 못하느니라
(잠 4:18-19).

인생살이에 대한 조언 / 잠 4:1-27 /

솔로몬 시대의 태평성대는 오래 가지 못합니다. 열왕기상 기자는 솔로몬이 성전 건축을 마친 후 자신의 궁전을 짓기 위해 두 배의 시간과 노력을 들였다고 지적합니다(왕상 7:1). 솔로몬은 엄청난 낭비벽과 탐욕을 자제하지 못합니다. 재물, 권력, 여자, 정치적 음모 등 여러 면에서 그랬습니다. 이 세상의 누구보다 뛰어나야겠다는 욕망이 강한 그는 하나님에 대한 충성심을 점차 잃어갑니다. 열왕기상은 솔로몬 시대의 상황을 이렇게 요약합니다. "솔로몬이 여호와의 눈앞에서 악을 행하여 그의 아버지 다윗이 여호와를 온전히 따름 같이 따르지 아니하고"(왕상 11:6).

비록 하나님을 기쁘시게 하는 데는 실패했지만, 솔로몬은 뛰어난 재능을 여러 선한 일에 사용합니다. 예술적인 측면에서 그는 아름다운 작품을 많이 남기는데, 그 가운데 성경의 문학작품으로 실리는 것들이 있습니다.

하나님이 주신 초자연적 지혜의 선물로 영감을 받아서 1,005편의 노래와 3,000개의 잠언을 씁니다. 그 일부가 잠언서에 수록되어 있습니다.

오늘 본문을 읽어보면 잠언서의 분위기를 알 수 있습니다. 현명한 노인이 열렬히 추종하는 젊은이들에게 둘러싸여 자기 삶의 비결을 조심스럽게 알려줍니다. 유명한 운동선수나 사업가들이 쓴 성공기를 보면서 '나도 이렇게 성공할 수 있을 거야'라고 생각하는 현대인들에 비유할 수 있습니다.

그런데 그 비결을 알려주기 전에 잠언 기자는 한 가지를 분명하게 짚고 넘어갑니다. 그가 가르치는 지혜는 단순히 "이것을 하지 마라. 저것을 하라"는 식으로 요약할 수 없습니다. '1분 지혜' 같은 공식은 없습니다. 참된 지혜는 평생 추구해야 할 대상입니다. 자기가 가진 전부를 희생해서 참 지혜를 추구한 인생은 반드시 보상을 받습니다.

의인의 길과 악인의 길을 비교하는 구절을 보면서, 솔로몬이 자신의 충고대로 끝까지 살았다면 어떻게 되었을까 하는 의문이 생깁니다. 이제 그의 시대는 갔습니다. 미래의 후손들에게 쓰라린 경험에서 얻은 그 지혜를 전해줄 뿐입니다.

오늘의 묵상

믿음을 갖기 전이나 혹은 하나님을 따르지 않고 있을 동안에는 어디서 지혜를 구했습니까?

How to Read Proverbs

솔로몬의 잠언이라.
지혜로운 아들은 아비를 기쁘게 하거니와
미련한 아들은 어미의 근심이니라
(잠 10:1).

잠언을 어떻게 읽을 것인가 / 잠 10:1-23 /

솔로몬은 매우 현실적인 방식으로 자신의 훌륭한 지혜를 표현하는 능력을 가지고 있었습니다. 따라서 잠언서는 일반 백성들에게도 적용할 수 있는 진솔한 충고 모음집처럼 읽힙니다. 이 세상을 살아가는 데 도움이 되는 실질적인 지침들을 다양한 주제로 다룹니다. 큰 주제에서 사소한 주제에 이르기까지, 고자질하는 것, 이웃을 너무 귀찮게 자주 찾는 것, 이른 새벽부터 지나치게 부산을 떠는 것 등에 대해서도 충고를 합니다.

그러나 잠언의 보편적 주장에도 예외 사항은 얼마든지 있습니다. 예를 들어 10장 4절에 "손을 게으르게 놀리는 자는 가난하게 되고 손이 부지런한 자는 부하게 되느니라"라고 쓰여 있습니다. 그러나 아무리 부지런한 농부라도 가뭄에는 배를 곯을 수 있고, 게으른 몽상가도 때로는 로또에 당첨될 수 있습니다. 잠언은 보편적인 삶이 어떻게 흘러가는지를 간단히 설명합니다. 인생의 규칙을 이야기할 뿐 예외는 언급하지 않습니다. 일반적으로 신앙이 있고 도덕적이며 열심히 일하고 현명한 사람은 성공한 인생을 살 것입니다. 어리석고 욕심 많은 사람들은 성공한 것처럼 보여도 결국 자기 인생에 대한 대가를 언젠가 치르게 됩니다.

대체로 잠언의 충고는 짧고 신랄하며 때로 익살스런 경구로 되어 있습니다. 그러므로 성경의 다른 책들과는 달리 읽어야 합니다. 여러 장을 한 번에 연달아 읽기는 어렵습니다. 어떤 사람들은 하루에 한 장을 읽어 갑니다. 전체가 31장이므로 한 달에 한 번 정도는 통독할 수 있습니다. 잠언은 한 번에 적은 양을 섭취하여 잘 소화하고 차츰 흡수될 수 있게 읽어야 합니다.

잠언은 대부분 대구법으로 표현되어 있습니다. 이 대구법은 하나의 생각을 약간 다른 식으로 반복해서 표현하는 히브리 시문학의 특징입니다. 후반부가 전반부의 메시지를 강조하거나 아름답게 꾸미는 방식인 동의적 대구법도 그런 형식 중 하나입니다(잠 10:10). 또 다른 방식인 대조적 대구법은 정반대되는 생각을 나란히 연결합니다. 두 가지 방법 모두 그 특징이 쌍으로 이루어진 두 구절을 비교하는 것입니다. 예를 들면, 10장 4절에서 '부지런한 손'과 '게으른 손', 그리고 '부하게 된다'와 '가난하게 된다'를 대조합니다. 때로 이런 대조는 모호한 의미를 명확하게 해줍니다.

오늘의 묵상

오늘 본문 가운데 당신에게 가장 직접적으로 다가오는 내용은 어떤 것입니까?

Words about Words

칼로 찌름 같이 함부로 말하는 자가 있거니와
지혜로운 자의
혀는 양약과 같으니라
(잠 12 : 18).

말에 대한 충고 / 잠 10:14, 18, 25 /

알고 있는 사람 가운데 가장 현명한 사람은 누구입니까? 아마도 그 사람은 나이가 지긋하며 경험이 풍부한 사람으로, 촌철살인의 유머감각과 다채로운 표현법을 구사하는 사람일 것입니다. 솔로몬이 그런 사람이었던 것 같습니다. 그는 세련되고 재치 있는 통찰력으로 삶에 대해 관찰한 내용을 전해주었습니다.

솔로몬은 하루 종일 앉아서 주제별로 잠언을 계속 쏟아내듯이 쓰지 않았습니다. 잠언서는 그의 말년에 수집되고 정리된 것으로, 특별한 순서가 없습니다. 따라서 잠언을 읽을 때 처음 드는 생각은 마치 사전을 읽는 느낌일 것입니다. 각각의 독립된 짧은 구절들이 길게 나열되어 있으나 상호간에 관련이 거의 없습니다.

잠언 구절들이 특별한 규칙 없이 이 주제에서 저 주제로 왔다갔다하는 것 같지만, 이런 무질서 뒤에는 궁극적인 목적이 있습니다. 조용히 잠언을 읽다보면, 인생에 대한 실제적 이해가 어렴풋이 생길 것입니다. 익숙한 주제들이 반복해서 등장합니다. 말과 표현에 관한 문제, 부와 가난, 감정 다스리기, 게으름과 부지런함 등등.

그러나 이 책이 가르치고자 하는 지혜의 측면에서 볼 때, 잠언이야말로 성경 가운데 가장 잘못 이용되는 책입니다. 사람들은 잠언을 인용할 때, 그것이 마치 하나님의 절대적 약속이거나 삶의 확고부동한 규칙인 것으로 생각합니다. 사실상 어느 구절도 그런 식으로 읽어서는 안 됩니다. 잠언은 하나의 주제를 전체적으로 조망하는 관점에서 읽어야 합니다.

본 책에서 잠언을 깊이 있게 다룰 수는 없습니다. 그러나 오늘 본문에서 언어의 위력을 다룬 잠언 몇 구절을 읽어보면 어떻게 잠언을 공부해야 할지 알게 됩니다. 이 구절들을 함께 읽을 때, 현명하고 균형 잡힌 대화에 대한 시각을 얻을 수 있습니다. 오늘 본문의 잠언은 평범한 말들이 선한 쪽이든 악한 쪽이든 폭발적인 힘을 가지고 있음을 보여줍니다.

말과 관련된 다음 잠언 구절을 찾아 읽고 깊이 묵상해보십시오(잠 6:16-19; 10:11, 12, 14, 19, 21, 32; 11:9, 12-13; 12:14, 18, 25; 13:3; 14:23; 15:1, 4, 23, 28; 16:13, 23-24; 17:10, 27-28; 18:8, 13, 21; 25:11; 26:23-28; 27:5-6; 28:23).

오늘의 묵상

이미 쏟아 놓은 말을 주워 담고 싶다는 생각을 해본 적이 있습니까?

A Time for Everything

범사에 기한이 있고 천하 만사가 다 때가 있나니
날 때가 있고 죽을 때가 있으며
심을 때가 있고 심은 것을 뽑을 때가 있으며
(전3:1-2).

모든 일에는 때가 있다 / 전3:1-22 /

성경에서 아가서와 같은 책을 읽고 놀라다가 전도서를 접하게 되면 한 대 얻어맞은 기분일 것입니다. "헛되고 헛되며 헛되고 헛되니 모든 것이 헛되도다"(전 1:2). 전도서 기자는 황량한 어조로 절망에 찬 항복을 부르짖습니다.

전도서를 누가 썼는지 이름이 명확하게 기록되어 있지는 않습니다. 하지만 아마도 솔로몬이 썼거나, 솔로몬이 직접 쓰지 않았더라도 내용에 대한 영감 정도는 주었을 거라고 여겨집니다. 전도서는 세상에서 가장 부유하고 가장 현명하며 가장 유명한 사람에 관해 이야기합니다. 그 사람은 모든 쾌락을 마음껏 즐깁니다. 그러나 그 전도자는 마침내 후회와 절망으로 무너집니다. 인생을 허비했기 때문입니다.

본문 앞부분은 시간에 대한 우아한 시로 시작하여, 삶의 의미를 찾는 전도자의 묵상으로 옮겨갑니다. 저자가 결론 내리기를, 하나님이 세상에서 얻는 기쁨에 만족치 않게 하시려고 인간에게 노고를 주셨다고 말합니다. 세상 쾌락을 추구하는 인생을 보내고 나서 전도자가 묻습니다. “이것이 전부인가?” 어쩌다 누리는 평안과 만족의 순간도 기습적인 죽음의 위협이 망쳐놓습니다. 하나님이 안 계신 인생은 아무 의미가 없다고 전도자는 말합니다. 그리고 그 말이 전적으로 옳은 이유는 우리는 하나님이 아니기 때문입니다.

그러나 하나님은 사람들에게 영원을 사모하는 마음을 주셨습니다. 우리는 더 나은 것을 갈망합니다. 영원히 지속될 기쁨과 시들지 않을 사랑과 일을 통해 성취감을 얻기 원합니다.

전도자는 두 가지 감정 사이에 매달려 있습니다. 천천히 절망으로 끌려가는 감정과 더욱 높은 것을 추구하려는 간절함입니다. 전도서는 마치 개인이 쓴 일기처럼 그 사이의 균형을 찾는 저자의 노력을 기록합니다. 오늘 본문에서는 그 긴장감이 해결되지 않습니다. 어떤 독자는 과연 그 긴장이 해결될 수 있을까 의심할 것입니다. 그러나 전도서는 충고 한 마디로 끝을 맺습니다. 전도자의 모든 지혜의 요지라고 할 수 있는 말입니다. “하나님을 경외하고 그의 명령들을 지킬지어다. 이것이 모든 사람의 본분이니라” (전 12:13).

오늘의 묵상

전도자는 자신의 의심과 절망을 솔직하게 말합니다. 어느 부분에서 공감을 합니까?

Key to Becoming Wise / 깊이 생각하기 /

지혜에 이르는 길

솔로몬은 지혜에 있어 부족함이 없었습니다. 그는 이 세상 사람들 중에 가장 현명한 사람이었을 것입니다. 그러나 지혜를 가진 유일한 사람은 아니었습니다. 그의 아버지 다윗은 솔로몬이 태어나기 전에 지혜에 관한 글을 썼습니다. 다윗은 지혜를 얻기 위한 가장 중요한 초석 두 개를 전해줍니다. "주께서는 내게 지혜를 은밀히 가르치시리이다"(시 51:6). "여호와의 증거는 확실하여 우둔한 자를 지혜롭게 하며"(시 19:7). 하나님과의 관계가 온전한 사람에게 지혜는 하나님으로부터 직접 오는 것입니다. 그리고 인생에 대한 하나님의 가르침을 따르는 것이 우둔함에서 현명함으로 옮기는 첫 걸음입니다. 다른 시편 기자가 다윗의 말을 반복합니다. "여호와를 경외함이 지혜의 근본이라"(시 111:10).

솔로몬은 잠언에서 지혜에 관해 훨씬 광범위하게 기록합니다. "대저 여호와는 지혜를 주시며"(잠 2:6)라고 그는 단언합니다. 그가 지혜를 얻게 된 것은 하나님께 그 지혜를 구했기 때문입니다. 하나님은 그에게 지혜를 얻을 수 있는 열쇠를 몇 가지 가르쳐주십니다. 첫째로 겸손을 말씀하십니다. "지혜 없는 자는 그의 이웃을 멸시하느니라. 명철한 자는 잠잠하느니라"(잠 11:12). 자기를 높이려는 사람은 현명하지 못하며 현명하게 될 수도 없습니다. 다른 사람들 눈에 자신을 드러내려고 하는 것은 자신의 운명을 하나님 손에 맡기는 것이 아니라 스스로 결정하려는 태도입니다. 이런 욕망이 있는 한 결코 지혜를 얻을 수 없습니다.

솔로몬은 또한 충고와 징계에 관해 이야기합니다. "권면을 듣는 자는 지혜가 있느니라"(잠 13:10). "채찍과 꾸지람이 지혜를 주거늘"(잠 29:15). 충고든 비판이든 다른 사람들이 들려주는 지혜를 기꺼이 받아들일 수 있다면, 스스로 지혜를 찾고자 애를 쓰는 것보다 훨씬 빨리 지혜를 얻을 것입니다.

사는 동안 만나는 사람들이 우리를 지혜롭게도 또 어리석게도 만들 수 있습니다. 어떤 친구를 사귀고 시간을 어떻게 배분할까에 대한 선택은 지혜를 얻으려고 얼마나 열심을 내는지 증명합니다. "지혜로운 자와 동행하면 지혜를 얻고"(잠 13:20)라고 솔로몬이 말합니다. 주변 사람들은 나의 인격 형성에 큰 영향을 줍니다. 예수님과 친밀한 관계를 맺으며 예수님을 통해 더 큰 지혜를 얻은 사람은 우리를 잘 이끌어줄 사람입니다.

주변 사람들과 소통하는 방식도 지혜에 이르는 또 다른 열쇠입니다. 사용하는 언어, 말하는 내용에 따라 더 깊은 지혜로 나가기도 하고, 도리어 멀어지기도 합니다. 입에서 나오는 대로 쏟아놓는 말들은 후회하게 마련입니다. 내 말이 주위 사람들뿐 아니라 나 자신에게도 영향을 준다는 사실을 깨닫고 신중하게 말한다면, 지혜를 사모하는 마음을 갖고 있는 것입니다. "지혜로운 자의 마음은 그의 입을 슬기롭게 한다"(잠 16:23)고 솔로몬은 말합니다.

힘과 노력을 어디에 쏟느냐가 지혜에 이르는 마지막 열쇠입니다. "지혜로운 자는 사람을 얻는다"(잠 11:30)고 솔로몬이 말합니다. 이것은 예수님이 원하시는 것을 원하고, 예수님이 사신 모습대로 살기를 바라는 사람이라는 증거입니다. 자기 자신과 자기가 원하는 바에 초점을 맞추며 살아갈 수도 있고, 하나님과 하나님이 원하시는 바에 따라 살 수도 있습니다. 하나님이 원하시는 것에는 다른 사람들에 대한 관심도 포함됩니다. 그러므로 하나님께 초점을 맞추면, 예수님을 알기 원하는 사람들을 위해 시간을 낼 것이고 그들을 얻게 될 것입니다. 이것이 바로 지혜 안에서 성숙된 사람들이 갖고 있는, 결코 꺼지지 않는 열정입니다.

다윗과 솔로몬에 따르면, 지혜는 올바로 구하기만 하면 나이와 상관없이 누구든지 얻을 수 있습니다. 절대로 늦지 않았습니다. "지혜가 제일이니… 진주보다 나으므로"(잠 4:7; 8:11)라고 솔로몬은 말합니다. 지혜를 구하지 않을 자가 누구입니까? 오직 어리석은 자만이 지혜를 멸시합니다.

오늘의 묵상

지혜에 이르는 솔로몬의 열쇠를 얼마나 가지고 있습니까? 하나님께 지혜를 구합니까?
하나님의 인도하심을 따르는 헌신을 구합니까?
겸손하고 충고를 받아들이고 현명한 친구를 사귀고 신중하게 말하고자 노력합니까?
다른 사람을 예수님께 인도하기 위해 얼마나 노력합니까?
지혜에 더 가까이 다가갈 수 있도록 도와달라고 간구하십시오.

Israel Rebels against Rehoboam

온 이스라엘이 자기들의 말을 왕이 듣지 아니함을 보고
왕에게 대답하여 이르되 우리가 다윗과 무슨 관계가 있느냐
이새의 아들에게서 받을 유산이 없도다
(왕상 12:16).

르호보암에게 반기를 드는 이스라엘 / 왕상 12:1-24 /

다윗과 솔로몬의 통치 아래서 이스라엘은 마침내 강성한 번영 국가로 탄생합니다. 그러나 이러한 성공에도 불구하고 열두 지파는 계속 적대 관계로 남아 있습니다. 분배받은 영토에 대하여 서로 질투하고 각자의 우월성을 주장하면서 분열이 심해집니다. 솔로몬이 노쇠해지자 결국 나라가 심각하게 쇠퇴합니다. 막대한 비용이 드는 국책 사업은 백성들의 세금 부담을 더욱 무겁게 하여 백성들이 노예처럼 착취당하기도 합니다. 솔로몬의 도덕적 부패가 나라의 영적 통일을 훼손하고, 언약의 나라에 대한 빛나던 꿈이 점차 퇴색됩니다. 솔로몬이 죽은 후, 기원전 931년에 마침내 이스라엘은 둘로 갈라지고 차츰 파멸해갑니다.

사울과 다윗의 시대를 그리워할 만한 이야기가 전개됩니다. 하나님은 이스라엘 왕국의 일부를 르호보암의 손에서 떼어내시려는 뜻을 선지자를

통해 밝히십니다. 솔로몬의 아들로서 왕위를 이을 정통 후계자 르호보암에게서 왕국의 일부를 빼앗아 왕의 신하 여로보암에게 주시려는 것입니다. 다윗처럼 여로보암도 예언의 말씀을 받은 후 도망가야 합니다. 솔로몬이 그를 죽이려 하기 때문입니다. 솔로몬이 죽자 예언이 실현됩니다. 권력에 대한 르호보암의 탐욕으로 인해 유다와 베냐민 지파를 제외한 모든 이스라엘 사람들이 그에게 등을 돌립니다. 여로보암이 북 왕국 이스라엘의 왕이 되고, 르호보암은 남 왕국 유다를 다스리게 됩니다.

오늘의 묵상

르호보암처럼 외적인 성공에 더 집착합니까,
아니면 하나님과 동행하는 삶이라는 내적 성장에 더 집중합니까?

THE NORTHERN KINGDOM, ISRAEL

3

북 왕국 이스라엘

여호와의 말씀에 너희는 이제라도 금식하고 울며 애통하고 마음을 다하여 내게로 돌아오라 하셨나니 너희는 옷을 찢지 말고 마음을 찢고 너희 하나님 여호와께로 돌아올지어다. 그는 은혜로우시며 자비로우시며 노하기를 더디하시며 인애가 크시사 뜻을 돌이켜 재앙을 내리지 아니하시나니(욜 2:12–13).

The Widow at Zarephath

너는 일어나 시돈에 속한 사르밧으로 가서 거기 머물라.
내가 그곳 과부에게 명령하여
네게 음식을 주게 하였느니라
(왕상 17:9).

사르밧 과부 / 왕상 17:1-24 /

이스라엘은 북이스라엘과 남유다로 갈라졌습니다. 따라서 이후에 구약은 매우 혼란스러울 수밖에 없습니다. 두 나라 간에는 39명의 왕과 많은 선지자들이 등장합니다. 성경의 맥을 잃고 혼란에 빠지지 않기 위해 명심해야 할 것이 있습니다. 이스라엘은 분리되어 떨어져나간 북 왕국으로서 수도는 사마리아입니다. 북 왕국의 모든 통치자들은 하나님께 신실하지 않습니다. 유다는 남 왕국으로서 수도는 예루살렘입니다. 다윗의 후손인 남 왕국의 지도자들은 대체로 하나님과 하나님의 언약에 대해 신실한 편이었고, 따라서 유다는 136년을 더 지속합니다.

왕의 이름이 모두 언급되기는 하지만, 솔로몬 이후로 왕에 대한 이야기들은 기억에 남지 않을 정도로 매우 빠르게 지나갑니다. 이제부터 하나님은 선지자들에게 초점을 맞추십니다.

모든 선지자 가운데 가장 거칠고 과격한 엘리야가 오늘 본문에 처음으로 등장합니다. 그는 일반인들과는 다른 모습을 보입니다. 솔로몬 왕은 온갖 보석과 화려한 옷으로 치장하고 번쩍이는 황금 궁전에서 호화롭게 살았습니다. 반면 엘리야는 검은 낙타 털옷을 두르고 광야에서 잠을 자며 거지처럼 먹을 것을 구걸하고 다닙니다. 북이스라엘이 정치적으로는 부강해지나 영적으로는 타락해가는 시점에 엘리야가 등장합니다. 여왕 이세벨이 모든 여호와의 선지자들을 죽이고 수천 명의 이방신 제사장들을 자기 마음대로 뽑아 들이기 시작했습니다.

오늘 본문은 엘리야가 도망 다니던 시절을 보여줍니다. 그는 쉽게 의기소침해지고 자신감이 결여된 엉뚱한 선지자이지만, 분명 하나님과 함께한 사람이었습니다. 과부의 아들을 살리는 감동적인 이야기는 하나님이 가난하고 소외된 사람들을 잊지 않으셨음을 보여줍니다. 앞으로 이스라엘의 구원은 엘리야와 같은 선지자들의 말에 얼마나 귀를 기울이느냐에 달려 있습니다.

오늘의 묵상

이번 주에 하나님이 당신의 중요한 일들을 돌보신다는 것을 어떻게 일깨워주셨습니까?

Elijah on Mount Carmel

너희는 너희 신의 이름을 부르라.
나는 여호와의 이름을 부르리니
이에 불로 응답하는 신 그가 하나님이니라
(왕상 18:24).

갈멜 산에 오른 엘리야 / 왕상 18:15-40 /

고대 아프리카에서는 종족들 간에 전쟁을 할 때 일대일로 싸웠습니다. 각각의 군대가 상대편을 향해 한 줄로 늘어서서 위협적으로 무기를 흔들며 욕설을 퍼붓습니다. 상호간의 적개심이 한껏 끓어오르면, 단 두 명의 전사가 앞으로 나와 자기편을 대표하여 싸웠습니다. 먼저 상대를 피 흘리게 한 사람은 신이 그의 편이라는 사실을 입증한 셈이 됩니다. 그러면 피를 흘린 전사의 군대는 항복해야 했습니다. 이와 같은 일대일 결투가 이스라엘에서 벌어집니다. 선지자 엘리야가 무대 중심에 섭니다.

엘리야가 먼 길을 걸어 험한 바위산에 오릅니다. 이방 적들과 대면하기 위해서입니다. 역사상 바람이 휘몰아치는 갈멜 산 위에서 벌어지는 이 광경에 견줄 만한 장면은 없을 것입니다. 한쪽에는 바알과 아세라의 선지자

850명이 화려한 모습으로 의기양양하게 서 있습니다. 반대쪽에는 하나님을 섬기는 광야의 선지자가 남루한 차림을 하고 홀로 서 있습니다. 엘리야가 이방신 선지자들에게 먼저 해보라고 권합니다. 이방신 선지자들이 제단 주위에서 춤추며 자기 신들에게 탄원할 때, 엘리야는 뒤로 물러앉아 그 광경을 구경합니다. 그리고 비웃음으로 그들을 조롱합니다. "아마 너희 신이 먼 길을 떠났든지 잠이 들었나보다"라고 소리 지르자, 그들은 피가 흐를 때까지 칼과 창으로 몸을 자해합니다.

엘리야가 수적으로는 훨씬 열세이지만, 그 많은 선지자들을 충분히 상대할 수 있습니다. 그는 자기 차례가 되자 마치 마법사 같은 행동을 보여줍니다. 열두 통의 물을 번제단 위에 부어 오히려 기적이 일어나기 어렵게 만듭니다. 번제단에 뿌린 물은 삼 년째 가뭄으로 고생하는 이스라엘에게는 너무도 소중한 생필품입니다. 엘리야가 백성들을 상대로 엄청난 퍼포먼스를 하는 바로 그때, 큰 기적이 일어납니다. 불이 하늘로부터 떨어진 것입니다. 백성들이 두려움과 경외심에 떨며 땅에 엎드립니다. 열기는 돌과 흙을 녹일 정도로 뜨겁고, 불길은 도랑의 물을 기름 태우듯 핥아버립니다.

엘리야라는 이름은 여호와는 나의 하나님이란 뜻입니다. 결국 갈멜 산 위에서 벌어진 경합에서 바알과 아세라는 상대도 되지 못했습니다. 엘리야는 성경 역사상 대단히 놀라운 기적들을 계속 일으킵니다. 마치 하나님이 북이스라엘에게 큰 소리로 마지막 경고를 들려주시는 것 같습니다. 그러나 그들은 하나님의 경고를 무시합니다.

오늘의 묵상

구약시대에는 하나님이 자신의 모습을 드러내는 장면이 종종 나옵니다.
구약시대처럼 구체적인 모습을 보여주지는 않았어도,
하나님이 당신의 삶에 역사하고 계심을 분명히 알게 된 계기가 있었습니까?

The Lord Appears to Elijah

로뎀 나무 아래에 누워 자더니
천사가 그를 어루만지며 그에게 이르되
일어나서 먹으라 하는지라
(왕상 19:5).

엘리야에게 나타나신 하나님 / 왕상 19:1-18 /

갈멜 산에서 명백히 나타난 하나님의 권능을 보고도, 엘리야는 자기를 죽이겠다는 아합의 아내 이세벨의 저주를 두려워합니다. 하나님이 비로 불을 끄시고 바알 선지자 수백 명을 처단하셨습니다. 그러나 탈진한 엘리야는 하나님의 능력보다 자신을 죽이려는 이세벨의 위협을 더 크게 느낍니다. 엘리야는 언제나 하나님을 사랑하고 하나님의 명령을 신실하게 수행했습니다. 그러나 이렇게 위대한 믿음의 사람조차 그 믿음이 흔들립니다. 두려움이 마음속에 들어오자, 갑자기 그는 기운만 소진시킬 방랑의 먼 길을 떠납니다.

그러나 하나님은 그런 엘리야를 자비롭게 대하십니다. 그에게 필요한 것들을 돌봐줄 천사도 보내십니다. "일어나 먹으라. 네가 갈 길을 다 가지 못할까 하노라." 하나님은 자신의 한계로 인해 쓰러진 한 인간을 긍휼히 돌보십니다. 엘리야는 하나님이 동행하시며 돌보시는 가운데, 걸어서 보름 정도 되는 길을 40일 동안 돌아다닙니다.

하나님이 모세에게 나타나셔서 이스라엘과 언약을 맺으셨던 호렙 산에 이르렀을 때, 엘리야는 하나님께 충성할 자가 자기밖에 없다고 토로합니다. 이전의 모든 선지자들이 죽임을 당했고 이제는 자기 차례라고 생각합니다. 그는 여전히 편견에 사로잡혀 있습니다. 자신을 통해 이루신 위대하신 하나님의 모든 승리가 두려움과 패배감으로 묻혀버렸습니다. 이번에는 하나님이 우레 같은 소리를 삼키시고 조용하게 속삭이듯 말씀하십니다. 하나님의 권능이 나타나는 요란한 장관을 목격했던 엘리야도 이제는 하나님의 부드러운 음성에 귀를 기울여야 합니다. 하나님은 엘리야를 새롭게 쓰시려 합니다. 좀 더 수월하게 선지자의 길을 가게 하실 것입니다. 그리고 하나님의 사랑받는 종으로서 계속해서 그를 북돋아줄 것입니다.

오늘의 묵상

하나님이 당신을 일으키셔서 돌봐주시기를 원했던 때가 언제였습니까?

Elijah Taken Up to Heaven

여호와께서 회오리바람으로
엘리야를 하늘로 올리고자 하실 때에
엘리야가 엘리사와 더불어 길갈에서 나가더니
(왕하 2:1).

하늘로 올라간 엘리야 / 왕하 2:1-18 /

하나님이 사제지간으로, 또 서로를 보필할 파트너로 엘리야와 엘리사를 맺어주십니다. 그러나 엘리야가 이 세상을 떠나고 엘리사가 그의 임무를 이어받아야 할 때가 왔습니다. 하나님은 이스라엘이 우상 숭배에 빠져 있을 때에 하나님을 잘 섬겼던 한 선지자의 영광을 보여주시려고 엘리야를 들어 올리실 병거를 보내십니다.

충실한 영적 아들 엘리사는 엘리야가 떨어뜨린 겉옷을 주워들면서, 하나님이 주신 권능의 외투가 자기에게로 전해졌음을 깨닫습니다. 엘리야가 떠나는 모습을 보았으므로, 엘리사는 약속대로 두 배의 능력을 받습니다.

오늘의 묵상

지지자와 영적 파트너로서 하나님이 당신에게 보내주신 사람은 누구입니까?

하나님의 음성 듣기

때로 엘리야는 하나님의 음성을 들었다는 뚜렷한 증거도 없이 행동합니다. 하나님이 무엇을 원하시는지 엘리야는 본능적으로 알고 있었던 것 같습니다. 그는 과부에게 밀가루가 떨어지지 않을 거라고 말했습니다. 또 하나님께 부르짖어 하늘로부터 불을 떨어뜨리시어 제단을 불살라달라고 기도합니다. 두 기적 모두 분명 하나님의 뜻이었습니다. 어떤 경우에는 하나님이 직접 엘리야에게 분명히 말씀하셨습니다. 엘리야는 여러 방식으로 하나님의 음성을 듣습니다. 그가 특별히 은혜를 받은 것일까요? 아니면 하나님과 동행하는 사람은 누구라도 그분의 음성을 명확히 들을 수 있을까요?

한나 W. 스미스는 《그리스도인의 행복한 삶의 비밀*The Christian's Secret of a Happy Life*》에서 우리도 당연히 하나님의 음성을 들을 수 있다고 말합니다. 하나님은 성경을 통해, 섭리하시는 환경을 통해, 수준 높은 판단력으로, 우리 내면에 임재하시는 성령의 감화로 말씀하신다고 합니다. "하나님의 음성은 언제나 조화를 이룹니다. 말씀하시는 방법은 다양할 것입니다. 그러나 메시지는 하나입니다. 하나님이 한 음성으로 무엇을 하라거나 하지 말라고 말씀하시고 나서, 다른 음성으로 정반대되는 내용을 말씀하실 리가 없습니다. 만일 들리는 음성이 서로 모순된다면, 하나님 한 분에게서 나온 메시지가 아닙니다."

성경은 삶에서 부딪치는 수많은 문제들에 대해 답안을 제시해줍니다. 성경 말씀에 친숙해질수록, 거기서 발견되는 하나님의 음성과 일치하는 결정을 내릴 수 있습니다. 한나 W. 스미스는 한 가지 경고를 합니다. "그러나 성경은 일관성 없는 격언들을 짜깁기해놓은 책이 아니라, 원리 지침서임을 명심해야 합니다. 성경의 전체 원리에 전적으로 대립되는 것을 정당화하기 위해 몇몇 구절들을 따로 떼어내어 이용하는 실수를 범하기 쉽습니다."

때로는 성경이 인도하는 내용보다 훨씬 구체적인 지침이 필요할 때가 있습니다. 그렇다면 우리가 처한 상황이 이쪽이든 저쪽이든 어떻게 움직여 나가는지 가만히 살펴보아야 합니다. 그리고 하나님이 허락하신 지혜로운 판단력과 성령의 감화로 내면에서 느껴지는 강한 감동을 주의 깊게 살펴야 합니다. "이러한 노력이 모두 실패하면, 계속 시도하기보다는 주님께서 조화를 이루는 메시지를 보여주실 때까지 조용히 기다려야 합니다. 조만간 그것이 하나님의 음성인지 아닌지 분명히 보여주실 것입니다."

한나 W. 스미스에 의하면 우리는 때로 하나님의 음성이 아닌 다른 것을 듣게 된다고 합니다. 주변 사람들이 강하게 주장하는 이야기일 수도 있고, 자기 자신의 기분이나 감정 상태에서 나온 것일 수도 있습니다. 아니면 우리를 그릇된 방향으로 이끌려는 영적인 적들에게서 들려오는 것일지도 모릅니다. 이런 소리들을 두려워할 필요는 없습니다. 그러나 그 소리들이 우리를 이끌어 가도록 내버려두어서는 안 됩니다. 정말로 하나님의 음성을 듣고 있는 것인지 분별할 수 있는 충분한 시간을 갖는 것이 매우 중요합니다.

하나님은 틀림없이 분명한 음성을 들려주십니다. 우리가 듣고자 하기만 하면, 그리고 확신을 주실 때까지 인내하며 기다리기만 한다면 말입니다. "당신의 모든 어려움을 주님 앞으로 가져오십시오. 오직 하나님의 음성을 듣고 순종하기 원한다고 말씀드리십시오. 이해할 수 있는 방법으로 말씀해주시기를 간구하십시오. 하나님의 뜻이 무엇이든 따르겠다고 약속하십시오. 말씀을 통해 하나님이 인도하고 계심을 전적으로 믿으십시오. 의심이 되는 모든 문제는 확실한 빛을 볼 때까지 기다리십시오. 늘 하나님의 음성을 바라며 귀 기울이십시오. 계속 귀 기울이며 인내하다가 확신이 서는 순간이 찾아오면, 즉시 순종하며 따르십시오. 하나님의 뜻이 아닌 것은 모두 기억에서 지워주실 것입니다. 그런데 계속 마음에서 떠나지 않는 음성이 하나님의 모든 다른 뜻과 조화를 이룬다면 두려워하지 말고 순종하십시오."

오늘의 묵상

삶의 어떤 영역에서 하나님의 음성 듣기를 원하십니까?
분명한 음성을 듣고 온전히 순종할 수 있도록 도와달라고 간구하십시오.

The Widow's Oil; The Shunammite's Son Restored to Life

엘리사가 그에게 이르되… 네 집에 무엇이 있는지 내게 말하라.
그가 이르되 계집종의 집에 기름 한 그릇 외에는
아무것도 없나이다 하니
(왕하 4:2).

과부와 수넴 여인 / 왕하 4:1-36 /

이 이야기는 이스라엘에서 하나님에 대한 신실한 믿음을 간직하고 있는 사람들을 사랑하시는 하나님을 보여줍니다. 거의 모든 백성들이 바알을 숭배하며 돌아섰지만, 아직 몇몇 사람들은 하나님께 순종하고 하나님의 선지자를 존중합니다. 하나님은 특히 여인들을 보살피십니다. 그 당시 근동지방의 여인들은 대개 하찮은 존재로 간주되었습니다. 하지만 하나님은 당신을 경외하는 사람들에 대해서는 성별을 구분하지 않으시는 분입니다.

오늘 본문에 나오는 두 여인 모두 그들을 도우시는 하나님의 능력에 대해 강한 믿음을 가지고 있습니다. 첫째 이야기에 나오는 과부는 몹시 가난합니다. 생계를 책임져줄 남편이 없는, 거의 아무것도 안 남기고 죽은 어느 선지자의 아내입니다. 하나님은 그녀도 그녀 주위 사람들도 상상하지 못할 방법으로 도와주십니다.

두 번째 이야기에 나오는 수넴 여인은 위기의 순간에 자신의 믿음을 고백합니다. 그녀는 어렵게 얻은 아들이 죽자 속았다는 느낌으로 절망합니다. 그러나 하나님의 능력이 그녀의 절망보다 크시다는 것을 알고 있습니다. 그 여인은 깊은 슬픔 중에도 믿음대로 행동합니다. 아마 어렵사리 태어난 수넴 여인의 아들이 죽었다가 다시 살아난 이야기는 이스라엘 전역에 퍼졌을 것입니다. 번영의 신으로 추앙받던 바알을 이기신 하나님의 권능이 다시 한 번 드러나는 사건입니다.

오늘의 묵상

하나님이 당신이 예상하지 못했던 방법으로 도와주신 경험이 있습니까?

Naaman Healed of Leprosy

나아만이 이에 내려가서 하나님의 사람의 말대로
요단 강에 일곱 번 몸을 잠그니 그의 살이 어린아이의 살 같이 회복되어
깨끗하게 되었더라
(왕하 5:14).

고침 받은 나아만 / 왕하 5:1-27 /

도망도 다니고 홀로 지냈던 선지자 엘리야는 준엄한 심판의 메시지를 전했던 반면, 엘리사는 일반 사람들과 함께 생활하며 생명과 소망과 하나님의 은혜를 강조합니다.

엘리사는 다채로운 삶을 삽니다. 선지자 후보생들을 이끌고 군대 첩자 역할도 했으며, 왕에게 충언하고 혁명가에게 기름을 부어줍니다. 그가 일으킨 기적뿐만 아니라, 대머리와 나무 지팡이 때문에 이스라엘에서는 유명한 인물이 됩니다. 엘리사는 엘리야의 영적 능력의 두 배를 요구했는데, 성경은 실제로 엘리사의 기적 사건을 두 배나 더 기록하고 있습니다. 엘리사의 여러 기적들은 예수님이 나중에 행하실 기적의 예표가 됩니다. 이 기적들은 하나님이 불쌍하고 버려진 사람들을 사랑으로 돌보신다는 것을 알려줍니다.

오늘 본문에서 엘리사는 적장에게 도움을 줍니다. 나아만이 먼 길을 찾아왔다는 것은 엘리사의 명성이 얼마나 널리 퍼졌는지를 말해줍니다. 이방 나라의 왕이 하나님의 선지자로부터 자기 군대 장관의 건강 회복을 위해 도움을 얻기로 합니다.

장관이나 왕들을 대할 때 퉁명스럽게 구는 엘리사의 행동은 불쌍하고 억눌린 사람들을 돕는 친절한 모습과 극명하게 대조됩니다. 너무나 엉뚱한 처방을 주고 사례금조차 거절하자, 나아만은 기분이 언짢습니다. 그러나 엘리사는 치유의 능력이 주술적인 힘이나 무당의 비밀스런 마술에서 생긴 것이 아니라 하나님께로부터 왔음을 천명합니다. 하나님은 금을 싸들고 찾아온 별 다섯의 장군이라도 순종과 겸손으로 따를 것을 요구하십니다.

예수님께서는 사역 초기에 이 사건을 언급하셨습니다(눅 4:27). 예수님이 강조하는 내용은 엘리사와 똑같습니다. "하나님을 네 뜻 안에 가두지 말라. 하나님은 그분의 뜻에 따라 순종해야 할 분이며, 너의 뜻대로 움직이시는 분이 아니다."

오늘의 묵상

어느 작가가 그리스도인의 삶을 '하나님이 주시는 깜짝 선물로 살아가는 삶'이라고 표현했습니다. 당신도 하나님 덕분에 깜짝 놀란 적이 있습니까?

Elisha and the Chariots of Fire

여호와께서 그 청년의 눈을 여시매
그가 보니 불말과 불병거가 산에 가득하여
엘리사를 둘렀더라
(왕하 6:17).

엘리사와 불병거 / 왕하 6:8-23 /

이스라엘과 이웃나라 아람은 이따금 전쟁을 벌였는데, 엘리사가 나라 일을 돌보는 동안은 평화로운 시기였습니다. 하나님은 당신의 주권을 세상에 알리기 위해 전쟁도 이용하십니다. 하나님은 엘리사를 통해 가난한 과부의 형편을 기적적으로 바꿔주셨고, 아기를 낳지 못하던 여인에게 아들을 허락하셨으며 또 그 아들의 목숨을 다시 살리셨습니다. 그리고 나병에 걸린 사람을 고쳐주셨습니다. 이번에는 적의 군대 전체를 눈멀게 한 후, 잔치를 벌여 배불리 먹게 하고 평화롭게 자기네 나라로 돌려보내십니다. 밝혀진 이름이라고는 엘리사와 여호와밖에 없는 본문에서, 하나님의 임재가 그 어떤 세력보다 더 위대하다는 사실이 다시 한 번 입증됩니다.

싸움을 앞둔 상황에서 우리를 위해 하늘 군대가 도열하는 장면은 우리 눈에 보이지 않습니다. 그러나 엘리사의 종은 그 군대의 영적 실체를 희미하게나마 봅니다. 병마와 불병거를 보면서 그는 하나님이 적의 무리를 참패시키셨으나 복 주시어 평화롭게 본국으로 돌려보내시는 것을 목격합니다. 이번에도 하나님은 이스라엘 백성을 보호하셨고 많은 생명을 살려주셨습니다. 엘리사를 통해 하나님의 자녀에 대한 권능과 사랑을 보이고 또 보이십니다. 하나님은 자녀들이 돌아오기를 늘 바라시기 때문입니다.

오늘의 묵상

과거 어떤 전투에서 하나님의 강력한 능력이 역사하신 것을 경험했습니까?

우리 안에 계신 하나님의 위대하심

뉴욕시 브루클린 성막교회에서 오랫동안 목회를 맡고 있는 짐 심발라 목사는 부임 초기에 하나님께 울며 기도했던 이야기를 들려줍니다. 그는 이 작은 도심 교회에서 임시 목사로 이제 막 출발했습니다. 회중이라고 하기에도 민망할 정도로 신도수가 너무 적었습니다. 예배에는 약 스무 명 정도가 참석했고, 대부분이 가난한 떠돌이들이었습니다. 교회 재정이 너무 빈약하여 융자금을 지불하기도 벅찼습니다.

> 그날은 저의 휴무일인 월요일이었습니다. 저는 기도했습니다. "주님, 도와주셔야 합니다. 자세한 것은 모르지만 이 융자금을 갚아야 한다는 것은 분명 알고 있습니다."
>
> 화요일에 교회에 갔습니다. "누군가가 뜻밖의 돈을 보내올 거다. 조지

뮬러가 그렇게 자주 경험했던 기적처럼… 그도 그냥 기도만 했는데, 편지가 오거나 방문객이 찾아와서 필요한 도움을 주지 않았나."

그날 온 편지들은 모두 청구서나 광고 전단지였습니다. 궁지에 몰린 나는 이층으로 올라가서 책상에 얼굴을 파묻고 울기 시작했습니다. "하나님, 어떻게 하면 좋습니까? 융자금을 갚을 수가 없어요."

한 시간이 넘게 하나님께 울부짖었습니다. 그러다 눈물을 닦으며 다른 생각을 하기 시작했습니다. "잠깐! 정문 앞에 있는 우편함 말고, 우체국 사서함이 있었지. 당장 가서 뭐가 들어 있는지 봐야겠어. 틀림없이 하나님이 내 기도를 들어주실 거야."

다시 자신감을 가지고 길을 건너 우체국으로 갔습니다. 사서함의 손잡이를 돌려 안을 살짝 들여다본 순간… 아무것도 없었습니다.

밖으로 나오니 햇살은 눈부시고 트럭들은 요란한 소리를 내며 애틀랜틱 거리를 달렸습니다. 트럭 한 대가 나를 치고 가면, 더 이상 괴로워할 필요가 없을 텐데…. 하나님이 우리를 버리신 걸까? 내가 뭘 잘못해서 하나님이 화나신 걸까? 나는 터벅터벅 길을 건너 작은 교회 건물로 돌아왔습니다.

그런데 문을 여는 순간, 깜짝 놀랄 일이 벌어졌습니다. 로비 바닥에는 3분 전까지도 없었던 하얀 봉투가 떨어져 있었습니다. 주소도, 우체국 직인도 없었습니다. 아무것도 쓰이지 않은 하얀 봉투였습니다.

떨리는 손으로 열어본 봉투 안에서 발견한 것은 50달러짜리 지폐 두 장이었습니다.

텅 빈 교회에서 나는 혼자 소리 지르기 시작했습니다. "하나님, 오셨군요. 결국 오셨어요!" 은행 구좌에는 160달러가 있고, 이 100달러를 합치면 첫 달 융자금을 갚을 수 있었습니다. 마음 깊은 곳에서부터 "할렐루야!"가 터져 나왔습니다.

낙담해 있던 젊은 목사에게는 잊지 못할 교훈입니다.

오늘까지도 나는 누가 그 돈을 보냈는지 모릅니다. 다만 그 일을 통해 하나님이 늘 내 곁에 계셔서 신실하심을 보여주셨다는 것을 확신할 뿐입니다.

심발라 목사에게 이 기적은 시작에 불과했습니다. 그 후 심발라 목사는 브루클린 성막교회의 담임목사가 되었습니다. 그리고 하나님은 매주 6,000명의 신도가 모이는 교회 건물을 허락하셨습니다. 돈 문제가 하나님을 막을 수 없었습니다. 노숙자, 마약중독자, 매춘부, 성도착자들이 모여 아무 희망을 보지 못하는 상황도 하나님이 역사하시는 것을 가로막을 수 없습니다. 하나님은 이 불쌍한 사람들을 꾸준히 이끄시어 모이게 하시고, 뉴욕 시 한 가운데에 치유의 장소를 마련해주셨습니다.

"우리와 함께하는 자들이 저들과 함께하는 자들보다 더 위대하다." 사탄은 희망이 실종된 상황으로 우리를 몰아갑니다. 그러나 엘리사처럼, 절망에 빠진 순간 우리를 둘러싸는 하나님의 병마와 불병거를 잊지 마십시오. "오, 주님, 어쩌면 좋을까요?" 엘리사의 종이 울부짖던 소리가 입에서 흘러나올 때는 영적인 눈으로, 싸울 준비를 하고 둘러선 하나님의 대군을 바라보십시오. 깊은 좌절과 절망보다 하나님의 권능이 훨씬 실제적입니다.

오늘의 묵상

어떤 전투를 하고 있습니까?
당신을 위해 싸울 준비를 하고 도열해 있는 하나님의 군대를 볼 수 있게 해달라고 기도하십시오.

Rend Your Heart

너희는 옷을 찢지 말고 마음을 찢고
너희 하나님 여호와께로 돌아올지어다.
그는 은혜로우시며 자비로우시며 노하기를 더디하시며
(욜 2:13).

너희는 마음을 찢고 / 욜 2:1-2, 10-19 /

엘리야와 엘리사의 사역 장면들 가운데 갈멜 산의 불과 과부의 기름, 나아만의 치유, 불병거 사건들은 매우 친숙한 이야기입니다. 그러나 그들의 뒤를 이은 선지자들은 거의 기적을 행하지 않았습니다. 눈에 보이는 장엄한 힘의 역사보다는 주로 말씀의 능력에 의지해 예언했습니다.

선지자 요엘을 통해 글로 말하는 선지자의 일면을 엿볼 수 있습니다. 그가 메시지를 전했던 시기는 정확하게 알 수 없습니다. 400여 년에 걸친 기간 중 언제일 거라고 추측할 뿐입니다. 그가 살던 곳도 북이스라엘인지 남유다인지 명확하지 않습니다. 그러나 그는 사람들의 이목을 집중시키는 글을 통해 다가올 끔찍한 재앙을 예언합니다. 오늘 본문은 다른 선지자들의 주장처럼 핵심 메시지를 잘 전달하고 있습니다.

심판의 날 거의 모든 선지자들이 두려움과 공포를 의미하는 말로 예언을 시작합니다. 보통 적의 침략이나 자연재해에 대한 경고가 주를 이룹니다. 예를 들어 요엘은 메뚜기 떼의 습격을 생생하게 묘사합니다. 메뚜기 떼는 적군을 상징할 수도 있고 글자 그대로 진짜 메뚜기를 의미할 수도 있습니다. 메뚜기 떼에게 공격을 당했던 사람들은 결코 그 끔찍한 기억을 잊지 못합니다.

회개의 촉구 선지자들은 타당한 이유를 갖고 경고 메시지를 전합니다. 다가올 재앙이 하나님께 대한 불순종의 결과임을 알기 때문입니다. 그들은 백성들에게 악한 길에서 돌아서라고 절박하게 외칩니다. 요엘 2장 13절은 선지자들이 전하려는 메시지의 핵심을 가장 설득력 있게 요약한 구절이라고 할 수 있습니다.

희망의 미래 아무리 가혹한 예언을 했던 선지자일지라도 결국에는 희망의 언어로 끝을 맺습니다. 선지자들은 하나님이 이 세상의 잘못된 것들을 바로 잡으실 그때를 이야기합니다. 이 세상이 하나님이 바라시는 모습으로 바뀔 그날을 소망합니다.

요엘 2장은 이 세 가지 내용을 제대로 요약했습니다.

오늘의 묵상

하나님 앞에서 마음을 찢은 경험이 있습니까? 한 번 마음을 찢으면 그만이라고 생각합니까? 아니면 지속적으로 그렇게 해야 한다고 생각합니까?

Jonah Flees from the Lord

요나가 여호와의 얼굴을 피하려고
일어나 다시스로 도망하려 하여
욥바로 내려갔더니
(욘 1:3).

하나님을 피해 도망친 요나 / 욘 1:1-2:10 /

구약성경 가운데 자주 인용되는 예화가 있습니다. 마음 내켜 하지 않는 선지자가 하나님의 부르심을 피하여 달아났다가 아주 이상한 벌을 받습니다. 하나님이 요나에게 이웃나라 앗수르의 니느웨 성으로 갈 것을 명하십니다. 그곳에서 사람들의 사악함을 경고하고 뉘우치도록 가르치라는 것입니다.

그리 달갑지 않은 명령인 것은 알지만 요나는 더 심각한 이유로 명령을 거부합니다. 그가 아는 하나님은 택하신 백성 이외의 사람들에게 무조건 화내시고 징벌하시는 하나님입니다. 그런데 그들도 회개하기만 하면 사랑하신다는 하나님의 크고 넓으신 마음을 보았습니다. 하나님의 자비하심이 느껴지자, 요나는 질투하는 아들 같은 마음이 듭니다. 아무리 하나님이 요나와 그의 백성에게 영생을 주셨다고 하지만, 다른 사람들도 그 영생의 미래를 허락받는다는 것은 참을 수 없습니다.

요나가 간신히 도망갔으나 하나님이 이 게임에 제동을 거십니다. 요나는 바다에서 죽음에 직면하여 3일 동안 어둠 속에 갇혀 지내다가, 마침내 다시 땅을 밟습니다. 하나님의 독생자 예수님의 행적을 상징하는 경험이라 할 수 있습니다.

요나 이야기가 너무 허황되어 사실로 믿을 수 없다고 생각하는 사람들이 있습니다. 어떤 사람들은 지중해 향유고래는 사람을 통째로 삼킬 수 있을 만큼 덩치가 크고, 그 고래의 후두부에는 커다란 주머니가 있어서 사람이 며칠 동안은 지낼 수 있는 공기가 충분하다고 지적합니다. 어떤 것이 옳은 설명이든, 성경이 요나의 이상한 이야기를 실은 이유가 있습니다. 하나님은 당신의 종 이스라엘이나 이스라엘 밖에 있는 이들 모두를 긍휼히 여기시기 때문입니다.

"나는 악인이 죽는 것을 기뻐하지 아니하고 악인이 그의 길에서 돌이켜 떠나 사는 것을 기뻐하노라"(겔 33:11). 선지자 에스겔이 선포한 여호와의 말씀입니다. 자신들을 향한 하나님의 축복은 지당하게 여기면서 적들에 대해서는 하나님이 가차 없이 처벌하시기를 원하는 이스라엘 사람들이 정신을 차리게 하는 계시입니다. 요나 이야기에서 이방인들에 대한 하나님의 사랑을 엿볼 수 있습니다. 그리고 그 사랑은 하나님의 독생자가 십자가에 못 박혀 죽음으로써 세상에 선포됩니다.

오늘의 묵상

요나의 질투심에 공감합니까?
혹은 하나님을 필요로 하는 죄 많은 사람들에게 하나님의 은혜가 더하기를 바랍니까?

Jonah Goes to Nineveh

요나가 매우 싫어하고 성내며 여호와께 기도하여 이르되…
뜻을 돌이켜 재앙을 내리지 아니하시는
하나님이신 줄을 내가 알았음이니이다
(욘 4:1-2).

니느웨로 간 요나 / 욘 3:1-4:11 /

여행길에서 폭풍을 만나고 고래의 배 속에서 삼 일을 고생하는 이야기가 요나서의 핵심이라고 흔히들 생각합니다. 그렇게 생각한다면 요나가 겪은 불운의 진짜 이유, 요나서의 진정한 핵심을 놓치는 것입니다. 요나는 하나님의 자비에 반항합니다. "너희 원수를 사랑하라"는 성경의 가르침이 얼마나 지키기 어려운지 요나가 증명하고 있습니다. 그 말씀이 옳다고 생각하는 사람들은 많습니다. 그러나 정작 실천할 수 있다고 생각하는 사람은 거의 없습니다.

니느웨로 가서 회개를 가르치라는 하나님의 명령이 싫어서 도망가는 요나에게는 그럴 만한 이유가 있습니다. 그 당시 니느웨는 잔악하기로 유명한 앗수르 제국의 도성이었습니다. 앗수르 군사들은 초토화 전술을 주저않고 감행합니다. 일단 적국의 들이나 도시를 파괴한 후에, 정복한 백성들을 살육하거나 코와 입술에 쇠갈고리를 꿰어 노예로 끌고 가는 것이 그들의 전형적인 수법입니다. 요나는 그런 야만족에게 회개할 기회를 전혀 주고 싶지 않습니다. 그러나 놀랍게도 하나님은 그 니느웨를 사랑하시며, 파멸은커녕 오히려 구원하시려 합니다. 하나님은 그들이 변화할 때가 되었다고 보십니다.

요나서는 하나님이 용서하시기를 얼마나 원하시는지 분명히 보여줍니다. 오늘 본문은 요나의 임무에 대해 조금 덜 알려진 내용을 담고 있습니다. 선지자 입장에서는 도무지 마땅치 않은 일이 벌어집니다. 운명의 날을 선포했을 뿐인데, 이방나라 온 백성이 영적으로 각성하기 시작합니다. 그리고 시든 박 넝쿨 아래 부루퉁해서 앉아 있던 요나는 자기가 하나님의 자비하심을 내내 의심하고 있었음을 깨닫습니다. 그는 하나님이 니느웨 사람들을 잔혹하고 무자비하게 대하실 거라고 믿었던 것입니다. 로버트 프로스트가 말했습니다. "요나 이후에는, 다시는 자비를 베풀지 않는 하나님을 기대하기 어려울 것이다."

요나서는 택하신 백성에 대한 하나님의 궁극적 목적도 밝혀줍니다. 하나님은 당신의 백성들이 요나처럼 다른 사람들에게 그분의 사랑과 용서를 가르쳐주기 원하십니다. 니느웨 사람들의 진정한 회개는 이스라엘 사람들을 부끄럽게 합니다. 그들은 단 한 번도 선지자의 말에 이 앗수르 사람들처럼 반응한 적이 없었기 때문입니다.

오늘의 묵상

삶에서 마주치는 원수들을 사랑하려고 의식적으로 노력한 경험이 있습니까?

Working with God / 깊이 생각하기 /

하나님과 함께 일하기

하나님을 따르며 살다보면 힘든 일이 생깁니다. 하나님의 사랑과 축복을 받는 것은 쉽습니다. 그러나 하나님께 순종하는 마음으로 행해야 하는 일이 우리의 본성과 상반될 때, 우리 믿음은 시험을 받습니다. 하나님은 당신의 거룩하심이 우리 안에 뿌리내리기를 원하십니다. 그래서 우리가 더욱 하나님을 닮아가도록 이런 믿음의 시험을 이용하십니다.

다른 사람들에게서 위협이나 상처를 받으면서도, 그 두려움이나 증오심을 극복하는 힘으로 그들을 사랑하라고 하시는 하나님의 크신 뜻을 깨달을 때, 요나처럼 심한 갈등을 느끼게 됩니다. 하나님이 일하시는 방법은 이렇습니다. 우리를 미워하실 이유가 아무리 많아도, 하나님은 사랑으로 그 미움을 이기시고 언제나 우리에게 팔을 벌려주십니다. 그 초월적 사랑이 우리 마음속으로 흘러들게 하고, 우리가 미워하는 다른 사람들의 생명속으로 다시 그 사랑을 흘려보낼 수 있을까요?

코리 텐 붐 여사가 그 어려움에 대해 이야기합니다. 그녀는 미워할 이유가 다분한 사람에게 그녀를 통해 하나님의 사랑을 흘려보내야 하는 갈등을 겪습니다. 1947년 독일 뮌헨의 어떤 교회에서 하나님의 용서에 대한 말씀을 전하고 있었습니다. 코리와 그녀의 동생 베시는 불과 몇 년 전 나치의 네덜란드 점령 당시 라벤스부르크 집단수용소에 감금되어 있었습니다. 코리는 동생이 수용소에서 서서히 고통스럽게 죽어가는 모습을 지켜봐야 했습니다.

강연을 통해 도전적 메시지를 들은 교인들이 엄숙한 얼굴로 줄지어 나가는 모습을 지켜보던 코리는, 일순간 자신이 철저하게 시험받고 있다는 것을 깨달았습니다. 군중 가운데 있던 평범한 옷차림의 한 남자에게 그녀의 시선이 꽂혔습니다. 그녀는 단번에 알아보았습니다. 그 얼굴은 나치 문양이 새겨진 모자와 푸른 제복을 입고 있던 수용소 간수의 얼굴이었습니다. 그 순간 코리는 라벤스부르크에 있는 커다란 방으로 돌아갑니다. 코리와 베시, 그리고 다른 수감자들은 벌거벗겨진 채로 바로 저 사람의 눈앞에서 줄지어 지나갑니다. 저 사람은 코리를 알아보지 못하지만, 코리는 분명히 알아봅니다.

그 사람은 강연에 대해 감사를 표하며, 코리의 표현대로라면 자신의 죄가 저 깊은 바다 속에 가라앉아 있으니 안도한다고 말했다고 합니다. 그녀는 그와 악수하는 대신 가방만 만지작거리고 있었습니다. 코리가 나치 전범들과 맞닥뜨리기는 이번이 처음이었습니다. 그 남자는 자신이 그녀의 강연 중에 언급됐던 라벤스부르크 수용소의 간부였다는 설명까지 했습니다. 그리고 전쟁 후에 그리스도를 믿는 신앙인이 되었다고 밝혔습니다. 그는 하나님께 용서를 받은 것입니다. 그러나 코리의 용서도 받은 것인지 자신이 없었습니다. 다시 그가 손을 내밀었습니다.

고통스럽게 죽어가던 베시의 모습이 떠올라 코리의 몸이 얼어붙었습니다. 그냥 악수하는 것으로 어떻게 과거에 일어났던 그 끔찍한 기억을 지워버릴 수 있단 말입니까? 그러나 그녀는 그렇게 해야 했습니다. 베시의 모습과 함께 예수님의 말씀이 떠올랐습니다. "너희가 사람의 잘못을 용서하면 너희 하늘 아버지께서도 너희 잘못을 용서하시려니와 너희가 사람의 잘못을 용서하지 아니하면 너희 아버지께서도 너희 잘못을 용서하지 아니하시리라"(마 6:14-16). 코리는 하나님이 그녀의 용서를 원하실 뿐 아니라, 용서만이 생명을 다시 살리는 유일한 길임을 알았습니다. 나치를 향한 적개심을 품고 있는 사람들은 결국 그 증오의 덫에 갇히고 소멸되어버립니다. 그녀는 용서가 감정의 문제가 아니라 의지의 문제라는 것을 알았습니다. 당장은 용서하고 싶지 않을 수 있습니다. 그러나 용서하기로 마음을 먹고 언젠가는 하나님이 기꺼이 마음을 실을 수 있게 하실 거라 믿는 것입니다.

코리는 손을 들고 도와달라고 기도했습니다. 그러자 따뜻한 온기가 팔을 타고 흘러내려와 그녀를 감쌌습니다. 코리는 눈물을 닦으며 진심에서 우러나는 용서의 말을 건넸습니다. 그 어느 때보다 더욱 단단한 하나님의 사랑이 그녀를 붙들었습니다. 하나님의 사랑이 그녀에게는 없는 것을 공급해주셨습니다. 그리고 그녀가 상상했던 것보다 훨씬 큰 사랑으로 그녀를 채워주셨습니다.

오늘의 묵상

용서하고 사랑하기 가장 어려웠던 사람은 누구였습니까?
그가 손을 내밀어 용서를 구한다면 어떤 기분이 들겠습니까?
설사 그가 용서를 구하지 않는다 해도 용서할 마음이 있습니까?
내 기분과 상관없이 용서하고 사랑할 수 있게 도와달라고 하나님께 기도하십시오.

Israel Has Not Returned to God

또 내가 너희 모든 성읍에서 너희 이를 깨끗하게 하며
너희의 각 처소에서 양식이 떨어지게 하였으나
너희가 내게로 돌아오지 아니하였느니라
(암 4:6).

돌이키지 않는 이스라엘 / 암 1:1; 4:1-13 /

성경에 나오는 선지자들은 사회적 배경이나 성격 면에서 매우 다양한 모습을 보입니다. 그러나 오늘날의 만화가들은 전형적인 모습만을 그리는 경향이 있습니다. 아모스가 바로 그 전형적인 이미지에 들어맞는 선지자입니다. 게시판을 들고 길가에 서서 불쌍한 세상 사람들을 향해 소리치는 그런 부류의 사람입니다.

역설적이게도 아모스가 등장한 시기는 북이스라엘이 번영가도를 달리고 있을 때입니다. 오랜 원수지간인 나라들을 모두 물리치고 이웃나라 유다까지 침략하여 땅과 사람들을 빼앗았습니다. 이제 나라가 안정이 되고, 여로보암 2세는 번영 강국 이스라엘을 반세기 넘게 다스립니다. 백성들은 풍요로운 삶을 즐기기에 바빠서 선지자의 외침에 귀를 기울일 여유가 없습니다. 그러나 바로 그것이 선지자 아모스가 절규하며 외치는 이유입니다.

요나와는 달리 아모스는 전문적인 선지자가 아닙니다. 그는 양떼를 기르는 목동이며 무화과 과수원의 농부입니다. 남유다에서 이스라엘로 이주한 사람이므로 사투리를 썼을 것이고, 세련된 도시 사람들의 조롱거리가 되었을 것입니다. 농부 아모스는 북 왕국 도시인들의 행태를 참을 수가 없습니다. 그들의 사치스러운 생활상은 충격적입니다. 호화로운 소파, 상아로 만든 침대, 여름 별장에다 최상급 고기와 향기로운 포도주 등등. 아모스는 이런 사치와 낭비는 모두 불의가 빚어낸 결과라고 확신합니다. 가난한 사람들을 억압하고 부정직하게 사업을 벌이고 재판정에서 뇌물을 주고받으며 돈으로 특혜를 얻는 등 불의가 넘쳐납니다.

언제나 승리하는 강력한 군대를 믿으며 이스라엘 사람들은 대대로 안전하리라고 생각합니다. 그러나 아모스의 경고대로, 이스라엘은 하나님을 구석에 밀어두었다가 자기들이 필요할 때만 꺼내오는 일을 언제까지나 반복할 수는 없습니다.

"이스라엘아 네 하나님 만나기를 준비하라." 아모스가 길가에 서서 외칩니다. 그러나 이 말은 오늘날에도 시사하는 바가 큽니다. 결국 선지자 아모스의 경고는 현실이 됩니다. 너무도 짧은 시간 안에 이스라엘은 멸망합니다. 여로보암 2세의 통치 후 겨우 30년이 지날 무렵, 북이스라엘은 더 이상 존재하지 않게 됩니다. 아모스서는 읽기 편한 책이 아닙니다. 나라마다 국민총생산과 군사력의 크기를 성공의 기준으로 삼는 오늘날에는 아모스서의 메시지가 더 신랄하게 다가옵니다. 그 이유 하나만으로도 이 책은 면밀하게 들여다볼 가치가 있습니다.

오늘의 묵상

아모스 시대와 현대를 비교할 때 어떤 점이 비슷하다고 생각합니까?

Hosea's Wife and Children

여호와께서 호세아에게 이르시되
너는 가서 음란한 여자를 맞이하여 음란한 자식들을 낳으라.
이 나라가 여호와를 떠나 크게 음란함이니라 하시니
(호 1:2).

호세아의 아내와 자식들 / 호 1:1-3:5 /

하나님이 이스라엘과 유다에 선지자를 보내실 때는 그 시대에 필요한 것을 채워주시기 위해 보내신 것입니다. 사람들이 교만하고 방종하며 영적으로 귀먹을 때는 아모스처럼 외치는 자가 등장했습니다. 그러나 고통을 당하고 있는 사람들은 다른 목소리를 원했습니다. 아모스 이후 몇 년 뒤 이스라엘이 점차 붕괴되며 혼란으로 치닫고 있을 때, 하나님의 말씀이 호세아에게 임했습니다. 국가의 상황이 엉망이 된 상태에서 호세아는 자비와 용서라는 희망찬 메시지를 전합니다.

선지서들 대부분이 백성과 그들의 그릇된 행동에 초점을 둡니다. 그러나 호세아는 하나님에게 스포트라이트를 비춥니다. 말씀만으로는 그 끓는 감정을 전달하기 미약한 듯, 하나님은 용감한 선지자 호세아로 하여금 살아 있는 우화의 주인공이 되게 하십니다. 호세아는 고멜이라는 행실이 불량한 여인과 결혼합니다. 그러나 이 여인은 예상대로 곧 도망쳐서 간음을 저지릅니다. 드라마 같은 삶을 살아내면서 호세아는 비로소 이스라엘의 불순종이 하나님께는 어떻게 느껴질지를 깨닫고 표현할 수 있게 됩니다.

고멜의 모든 잘못된 행위를 겪게 하신 뒤, 하나님은 호세아에게 그녀를 용서하고 다시 데려오라고 명하십니다. 절망적인 상황이 다시 반복됩니다. 고멜이 두 아이를 낳습니다. 그러나 과연 호세아가 그들의 아버지일까요?

호세아서는 성경 중에서도 상당히 감정적인 책입니다. 애통하시는 하나님의 넘치는 사랑이 담겨 있습니다. 오늘 본문을 큰 소리로 읽어보십시오. 마치 얇은 벽을 통해 들려오는 옆집의 부부싸움 같이 들립니다. 호세아서는 이스라엘과 맺은 하나님의 언약을 처음으로 결혼에 비유해서 표현한 책입니다. 마치 신부를 사랑하는 신랑처럼 이스라엘을 향해 애타는 하나님의 심정을 부드럽게 나타냅니다.

언약을 맺으며 이스라엘은 하나님을 사랑하고 그분께 복종하겠다고 맹세했습니다. "죽음이 갈라놓을 때까지." 그러나 새로운 땅에서 잘 먹고 잘 살게 되자 사랑의 불꽃이 시들어버립니다. 옛 언약은 지켜지지 않았습니다. 호세아의 말대로, 사랑의 소멸은 하나님의 마음을 찢어놓았습니다. 하나님이 새롭게 언약을 맺으셔서 다시 기회를 주시는 것밖에는 방법이 없습니다.

"그날에 네가 나를 내 남편이라 일컫고 다시는 내 주인이라 일컫지 아니하리라."

미래를 위한 새 언약입니다.

오늘의 묵상

호세아는 이스라엘과 하나님의 관계를 다양하게 묘사합니다.
청혼, 약혼, 신혼, 배신, 별거 등. 하나님과 당신의 관계는 어떤 상태입니까?

God's Loves for Israel

내가 에브라임에게 걸음을 가르치고
내 팔로 안았음에도
내가 그들을 고치는 줄을 그들은 알지 못하였도다
(호 11:3).

이스라엘을 사랑하시는 하나님 / 호 11:1-11 /

많은 사람들이 하나님을 생각할 때 비인격적인 힘의 이미지를 떠올립니다. 마치 중력의 법칙과 비슷한 힘일 거라고 생각합니다. 그런데 호세아는 완전히 반대되는 이미지를 보여줍니다. 열정과 분노와 눈물과 사랑을 가진 하나님을 표현합니다. 하나님을 거부하는 이스라엘에 대해 애통해하는 하나님을 보여줍니다.

하나님은 호세아의 불행한 이야기를 통해 이스라엘에 대해 갖는 괴로운 심정을 토로하십니다. 이스라엘을 만나서 느꼈던 첫사랑의 수줍음은 사막에서 포도를 발견한 것 같다고 말씀하십니다. 그러나 이스라엘이 믿음을 몇 번이고 저버리자 하나님은 상처받은 사랑의 수치를 인내하셔야만 했습니다. 하나님이 자기 연민에라도 빠지신 것만 같습니다. "내가 에브라임에게는 좀 같으며 유다 족속에게는 썩이는 것 같도다"(호 5:12).

배신당한 연인의 이미지는 호세아 11장에서처럼 하나님의 감정이 흔들리는 까닭을 설명해줍니다. 하나님은 이스라엘을 흔적도 없이 없애버리려 하십니다. 잠시 후, 흐느끼시며 팔을 벌리십니다. 그러다가 다시 엄한 징계를 선포하십니다. 이렇게 흔들리는 심정은 도무지 정상이라고 볼 수 없습니다. 그러나 연인에게 배신을 당한 사람에게는 그렇지 않습니다.

배신당했을 때 느끼는 감정보다 더 격렬한 감정이 있을까요? 예쁜 치어리더 때문에 남자친구에게서 버림받은 여고생에게 한 번 물어보십시오. 아니면 라디오를 켜서 배반을 주제로 한 가요 가사를 들어보십시오. 또는 신문을 펼쳐서 살인 사건 기사들을 읽어보십시오. 많은 사건들의 발단이 애인과 싸우다가 벌어진 일일 것입니다. 호세아와 하나님은 누군가를 절실하게 사랑하지만 아무것도 되받지 못하는 것이 어떤 느낌인지를 생생하게 보여줍니다. 전지전능한 하나님이라도 인간으로 하여금 억지로 하나님을 사랑하게 만들 수는 없습니다.

실제로 호세아는 각 장마다 하나님의 백성들이 저지른 음란과 간음을 이야기합니다. 신랑이신 하나님은 누구와도 신부를 나누어 가질 수 없습니다. 그러나 놀랍게도 신부가 돌아서버리면 하나님은 신부에게 매달립니다. 언젠가는 그 신부가 바뀔 거라는 기대 속에 기꺼이 고통을 감내하십니다. 호세아는 이스라엘을 향한 하나님의 그리움이 징계를 주기 위함이 아니라 사랑하기 위함이라는 사실을 증명합니다.

오늘의 묵상

가장 쓰라리게 배신당한 경험을 나눠보십시오.

Israel Exiled Because of Sin

여호와께서 그의 종 모든 선지자를 통하여 하신 말씀대로
드디어 이스라엘을 그 앞에서 내쫓으신지라.
이스라엘이 고향에서 앗수르에 사로잡혀 가서
(왕하 17:23).

추방당한 이스라엘 / 왕하 17:1-2, 6-9, 16-23, 35-41 /

선지자들은 이스라엘로 하여금 삶의 방향을 바꾸게 하려고 온갖 노력을 다했습니다. 그러나 엘리야나 엘리사의 기적도, 아모스의 절규도, 호세아의 감동적인 호소도 그다지 큰 효과를 보지 못했습니다. 문제가 생기면 백성들은 이웃나라가 섬기는 이방신들을 찾아갔고 앞다퉈 군사 동맹을 맺었습니다. 결코 전심으로 하나님께 의뢰하지 않았습니다.

선지자들이 그렇게도 처절하게 예언했던 심판의 날이 여기서는 단조롭고 사실적인 역사로 기록돼 있습니다. 북이스라엘의 종말이 다가옵니다. 이스라엘 왕은 모든 선지자들의 경고에도 불구하고, 정치적으로 보호받기 위해 처음에는 앗수르와, 그 다음에는 애굽과 동맹을 맺습니다. 배반당한 사실을 알게 되자, 앗수르는 이스라엘에 대항할 군대를 보냅니다.

앗수르의 정복자들은 초기에는 적국 사람들을 전멸시켰으나, 나중에는

그들을 추방시키고 나서, 다른 정복지의 외국인들을 데려와 살게 하는 전략을 썼습니다. 앗수르 사회가 급격히 붕괴하자 정복지에서 온 백성들은 다시 힘을 모아 일어서려는 위협적 시도를 할 수 없었습니다. 이런 정책을 유지하면서 앗수르가 이스라엘 땅에서 추방시킨 사람은 27,290명이었습니다. 결국 이스라엘의 열 지파를 흩어놓은 셈이 되었습니다.

앗수르는 이스라엘을 떠난 사람들 대신 외국인들을 이주시켜 사마리아인으로서 새로운 정체성을 갖게 합니다. 이 사마리아 사람들이 나중에 신약시대에도 등장하고 실제로 오늘날의 이스라엘에도 살고 있습니다. 사마리아 정착민들은 자기들 고유의 종교에 하나님에 대한 경외심을 섞어 놓았습니다.

오늘 본문 이후에는 남유다에 대한 기록이 집중적으로 등장합니다. 유다는 살아남은 이스라엘의 두 지파가 이룩한 나라입니다. 앗수르에 의한 비극이 왜 일어났을까요? 열왕기하는 우상숭배가 이스라엘의 도덕적 타락의 주요 원인이라고 진단합니다. 불행하게도 이미 남유다에서도 우상숭배의 관습이 정착되기 시작했습니다.

오늘의 묵상

현대 신앙인들이 빠지기 쉬운 우상숭배는 어떤 것이 있을까요?
소유에 대한 집착? 사람들? 사상? 이미지?

God's Love Story / 깊이 생각하기 /

하나님의
사랑
이야기

솔로몬의 아가서에서 모든 것이 지극히 아름답고 올발랐던 것이 호세아서와 열왕기하에 이르러서는 모두 뒤바뀝니다. 아가는 신혼 때 꽃피는 사랑을 축복하는 노래였습니다. 호세아서는 계속되는 불순종으로 인해 시들고 짓밟힌 사랑에 대한 애가입니다.

하나님이 과연 새로운 사랑에 대한 전율을 이해하실까 의심이 들면, 아가서를 읽어보십시오. 하나님이 아가를 성경에 담으신 이유는 그 사랑을 이해하신다는 것을 알려주시기 위해서입니다. 하나님은 그 사랑을 이해하실 뿐만 아니라 남녀 간에 새로 시작된 사랑이 지속되기를 원하십니다. 이 사랑은 하나님의 계획의 일부입니다. 우리가 이 사랑을 누리며 마음 깊이 즐거워하는 만큼 하나님도 무척 기뻐하시고 흡족해하십니다.

하나님이 배신과 거절의 뼈아픈 고통을 아실까 의심이 들면, 호세아서를 읽어보십시오. 구약 가운데 사람들이 쉽게 지나치는 이 책은 다른 사람의 불신으로 상처받은 신앙인에게 공감과 연대를 느끼게 합니다. 하나님은 그런 고통을 이해하시며 실제로 감내하셨습니다.

하나님이 우리 능력의 한계를 뛰어넘는 사랑을 하실 수 있다면, 배신당했을 때 우리가 받는 상처보다도 더 깊은 아픔을 느끼실 것입니다. 우리는 하나님이 그의 백성에게 베푸신 모든 것, 독생자의 희생을 포함하는 모든 은총을 다 붙들지 못했습니다. 그리고 그 은총을 끊임없이 거절하면서 하나님께 형언할 수 없는 고통을 안겨드렸습니다. 하나님은 우리 내면에서 말없이 터져 나오는 울음을 알고 계십니다. 그 울음소리는 하나님의 울음소리가 희미하게 메아리쳐 들리는 소리입니다.

사랑과 생명으로 충만해야 할 관계가 괴로움으로 다가올 때마다 하나님은 우리를 안아주시면서 우리 고통을 가장 친밀하게 인격적으로 이해하신다고 말씀해주십니다. 이 고통 속에서도 우리는 하나님의 신실한 사랑에 다시금 감사하며 더욱 그분께 가까이 다가갈 수 있습니다.

오늘의 묵상

누구의 거절이나 배반으로 상처를 받고 있습니까?
그 감정을 다스릴 수 있게 도와달라고 하나님께 기도하십시오.
기도할 때 당신에게 하신 이 약속에 감사하십시오.
"우리 주는 위대하시며 능력이 많으시며 그의 지혜가 무궁하시도다"(시 147:5).

THE SOUTHERN KINGDOM, JUDAH

4
남 왕국 유다

내 백성아 내가 무엇을 네게 행하였으며 무슨 일로 너를 괴롭게 하였느냐. 너는 내게 증언하라. 내 백성아 너는 모압 왕 발락이 꾀한 것과 브올의 아들 발람이 그에게 대답한 것을 기억하며 싯딤에서부터 길갈까지의 일을 기억하라. 그리하면 나 여호와가 공의롭게 행한 일을 알리라 하실 것이니라(미 6:3, 5).

Jehoshaphat Defeats Moab and Ammon

여호사밧이 두려워하여
여호와께로 낯을 향하여 간구하고
온 유다 백성에게 금식하라 공포하매
(대하 20:3).

모압과 암몬을 물리친 여호사밧 / 대하 20:1-30 /

지금까지 200여 년에 걸친 이스라엘의 역사를 단편적으로 읽어왔습니다. 하나의 국가로 탄생하는 순간부터 이스라엘은 하나님에게서 달아나는 역사를 시작합니다. 그런데 성경은 남유다에 대해서는 유다의 왕들과 선지자들에 대해 많은 지면을 할애하여 설명합니다. 유다를 통치한 열아홉 명의 남자와 한 명의 여자 중에서, 북이스라엘에 비교할 수 없는 훌륭한 영적 지도력을 갖춘 지도자가 그나마 손가락으로 꼽을 만큼은 나옵니다. 남유다는 하나님과 맺은 언약에 준하여 신실하게 살려고 했고, 바로 그 이유 때문에 북이스라엘보다 약 150여 년을 더 유지할 수 있었습니다.

오늘 본문에 유다 왕국의 초기 지도자 여호사밧이라는 범상치 않은 왕이 등장합니다. 어느 유다 왕도 통치 기간 내내 평화를 유지했던 적은 없습니다. 따라서 역대하에 나오는 대부분의 장면들은 오늘 본문처럼 전쟁터에서 시작됩니다. 역대하가 그리는 전쟁의 의미를 요약하면 다음과 같습니다. "너희가 군사력이나 이웃 강국의 군사력을 믿는다면, 패할 것이다. 그러므로 겸손한 마음으로 하나님께 전적으로 의지하라. 상황이 아무리 어려워도 승리하리라."

유다의 왕들이 형식적인 태도를 반복하기 때문에 매우 위험한 순간에도 하나님만 의지하는 데는 각별한 용기가 필요합니다. 지도력이 뛰어난 왕들조차 돈을 주고 이웃 동맹국에 지원을 요청합니다. 그러나 여호사밧은 모범을 보입니다. 쳐들어오는 적의 위협 앞에서, 그는 온 국민이 모여 함께 기도하는 대집회를 소집합니다. 전투가 벌어지는 날, 그는 전방에 하나님의 영광을 찬송하는 성가대를 앞세워 보냅니다.

여호사밧의 전략은 전쟁터보다는 교회에서 드리는 예배에 더 적합해 보입니다. 하지만 효과를 거둡니다. 적군들은 자기네들끼리 서로 맞서 싸우고, 유다의 군대는 본국을 향해 승리의 행진을 합니다.

온 국가가 찬란한 믿음을 보여준 이 순간은 실수로 얼룩진 역사 기록 가운데 특별히 빛을 발합니다. 온 국민의 기도와 개인의 모범을 통해, 여호사밧은 지도자가 하나님을 온전히 신뢰할 때 어떤 일이 벌어지는가를 여실히 보여줬습니다.

오늘의 묵상

여호사밧과 같은 믿음을 가진 지도자를 알고 있습니까?

The Lord's Case against Israel

여호와께서 네게 구하시는 것은
오직 정의를 행하며 인자를 사랑하며 겸손하게
네 하나님과 함께 행하는 것이 아니냐
(미 6:8).

이스라엘을 향한 하나님의 변론 / 미 1:1; 6:1-16 /

유다의 모든 왕이 여호사밧과 같은 믿음과 용기를 가지고 있지는 않았습니다. 세월이 흐르면서 북이스라엘에서 벌어졌던 타락상이 점차 남유다 쪽으로 전염병처럼 번져옵니다. 성경은 다른 부분에서 유다의 잘못을 상세히 밝히고 있습니다. 악명 높은 왕 아하스는 이방신의 제단을 쌓고, 어린아이들을 희생 제물로 바치며, 여호와의 성전을 닫아버립니다. 신앙의 타락과 함께 부정직, 탐욕, 뇌물수수, 불의 등 여러 가지 죄악들이 따라붙습니다.

북쪽에서 아모스가 이스라엘을 향해 절규할 무렵, 또 다른 시골 출신 선지자 미가는 하나님의 부르심을 받고 유다를 향해 비슷한 내용으로 경고합니다. 메시지를 전할 때마다 감정이 북받치는 선지자 미가는 격정의 시대를 살고 있습니다. 유다는 하루아침에 한 곳에서만 12만 명의 군사를 잃었습니다(대하 28:6). 남유다는 당대 최강국 앗수르가 북왕국을 잔인하게 파멸시키는 것을 목도합니다. 유다도 그런 운명에 처하지 않으려면 어떻게 해야 할까요? 미가는 닥쳐올 심판으로 인해 들개 같이 애곡하고 타조 같이 애통해합니다(미 1:8).

미가서 6장은 하나님의 냉정한 변론으로 시작됩니다. "내 백성아 내가 무엇을 네게 행하였으며 무슨 일로 너를 괴롭게 하였느냐"(미 6:3). 하나님은 그의 택하신 백성의 역사를 되짚으시며 그들을 위해 행하신 위대한 일들을 상기시키십니다. 미가는 수사적인 표현을 사용하여 하나님이 바라시는 것은 겉포장만 화려한 종교행위가 아니라 진심에서 우러나는 변화라는 것을 분명히 합니다. "여호와께서 네게 구하시는 것은 오직 정의를 행하며 인자를 사랑하며 겸손하게 네 하나님과 함께하는 것이 아니냐"(미 6:8).

미가는 형제의 나라 북이스라엘과 똑같은 병을 앓고 있는 유다 백성들이 끝내는 같은 종말을 맞게 될 것이라는 어두운 전망을 내놓습니다. 그러나 그는 앞에 놓인 희망의 빛을 봅니다. 파멸을 선포하는 가운데서도, 미가는 메시아에 대하여 확실히 예언합니다. 이 땅에 새로운 희망을 전해주실 분, 작은 마을 베들레헴 출신 지도자가 오시리라는 예언입니다.

오늘의 묵상

"정의를 행하며 인자를 사랑하며 겸손하게 네 하나님과 함께 행하라." 미가의 이 말을 삶의 지침으로 삼으려면 당신의 삶의 태도에서 무엇을 바꿔야 한다고 생각합니까?

Hezekiah Celebrates Passover

히스기야가 온 이스라엘과 유다에 사람을 보내…
예루살렘 여호와의 전에 와서 이스라엘 하나님 여호와를 위하여
유월절을 지키라 하니라
(대하 30:1).

유월절을 지키는 히스기야 / 대하 30:1-27 /

미가의 임무가 끝나갈 무렵 유다의 상황이 악화되고 있을 때, 한 위대한 왕이 새롭게 왕위에 오릅니다. 실제로 역대하는 그 누구보다 히스기야 왕에 대해서 자세히 설명합니다. 그는 통치 첫 해에 성전을 복원합니다. 성전은 그동안 사용되지 않아 황폐한 상태였습니다. 히스기야와 유다의 제사장들 사이에 주객이 전도되는 일이 생깁니다. 왕이 성전 광장에 서서 제사장들을 깨우치는 설교를 하는 것입니다.

히스기야가 거국적 종교 축제를 소집하기로 마음먹었습니다. 처음에는 사람들의 냉소와 비웃음을 사지만, 왕이 선포하는 말에 무게가 실리면서 온 나라가 마침내 함께 모여 놀라운 행복과 화합의 장면을 연출합니다. 히스기야는 북쪽의 폐망한 땅으로도 특사를 보내어, 앗수르의 포악에서 살아남은 사람들을 예루살렘으로 찾아오게 합니다.

오늘 본문은 열왕기상 8장에 나오는 솔로몬의 성전 헌정 이야기와 비슷합니다. 히스기야는 심판받기 전에 하나님과의 언약을 회복하고자 합니다. 축제 행사의 세부 사항들을 보면 그동안 유다 백성들이 얼마나 심각하게 하나님의 언약을 무시하고 살았는지 알 수 있습니다. 제사장의 수가 부족합니다. 히스기야는 규례를 어길 수밖에 없습니다. 그렇게 하지 않으면 모든 참배자들이 올바르게 정결해질 수 없기 때문입니다.

히스기야가 유월절에 종교 축제를 계획한 것은 특별한 일이 아닙니다. 유월절은 국가의 탄생을 상징하는 절기입니다. 하나님이 애굽의 노예로 있던 하나님의 백성을 인도해내신 날이기 때문입니다. 사실상 유월절은 언약을 확증한 날입니다. 히스기야는 이 날에 백성들로 하여금 상속받은 그 언약을 상기시키려 합니다.

처음에는 회의적이었던 유다 백성들이 축제의 기쁨에 흠뻑 젖어서, 솔로몬 시절처럼 자발적으로 일주일을 더 머무릅니다. "예루살렘에 큰 기쁨이 있었으니 이스라엘 왕 다윗의 아들 솔로몬 때로부터 이러한 기쁨이 예루살렘에 없었더라"(대하 30:26)라고 성경은 기록합니다.

오늘의 묵상

가장 강한 감동을 받은 영적 집회는 무엇이었습니까?
그 집회를 통해 하나님이 영광 받으셨다고 생각합니까?

Isaiah's Commission

내가 또 주의 목소리를 들으니…
내가 누구를 보내며 누가 우리를 위하여 갈꼬 하시니
그때에 내가 이르되 내가 여기 있나이다 나를 보내소서 하였더니
(사 6:8).

이사야의 소명 / 사 1:1; 6:1-13 /

오늘 본문은 히스기야가 왕이 되기 약 20년 전에 일어난 일을 조명합니다. 선지자 이사야는 유대 역사의 큰 인물로서, 오늘 본문에서 자세히 설명하듯이 하나님은 그를 직접, 극적으로 부르셨습니다.

이사야가 선지자로서 임무를 시작할 무렵 남유다는 부강했습니다. 그러나 이사야는 심각한 위험의 징조를 감지합니다. 동시대 선지자 미가가 경고했던 것과 같은 문제들입니다. 남자들은 술에 취해 돌아다니고, 여자들은 이웃의 굶주림보다는 옷치장에 더 관심을 갖습니다. 사람들은 하나님을 입으로만 섬기고 겉으로 드러나는 종교행위에만 힘쓸 뿐, 그 이상의 것을 추구하지 않습니다.

외부로부터 다가오는 위협의 실상이 더 심각하게 드러납니다. 사방에서 무시무시한 강대국들이 급성장하고 있습니다. 유다는 기로에 서 있다고

이사야가 경고합니다. 도약의 발판을 다져서 새로 시작하든가, 아니면 패망의 길로 미끄러지든가.

두 명의 왕 요담과 아하스는 이사야의 경고를 무시합니다. 그러나 놀라운 국면의 전환이 일어납니다. 새 왕 히스기야가 이사야의 충고를 신뢰하게 된 것입니다. 위기의 순간마다 왕은 이사야를 찾습니다.

모든 선지자가 길가에 서서 근본을 흔드는 경고를 외치지는 않습니다. 이사야는 권력가들의 편에서 세월을 보내면서 정치적인 충고와 국정의 방향을 잡아줍니다. 그는 의견이 다른 사람들과 홀로 맞서면서도 자기주장을 누그러뜨리는 법이 없습니다. 이사야는 네 명의 왕을 섬기는데, 마지막 한 명의 왕에게는 충고를 넘어 공격적으로 대응합니다. 전승에 따르면 마지막 왕 므낫세는 이사야를 두꺼운 나무판자 사이에 묶고 톱으로 썰어 죽였다고 합니다.

회복에 대한 히스기야의 갈망은 선지자 이사야의 영향을 받은 것으로 보입니다. 오늘 본문에 나타난 하나님의 부르심을 통해, 이사야가 어떻게 유다 역사에서 중요한 역할을 할 용기와 충성심을 갖게 되었는지 알 수 있습니다.

오늘의 묵상

하나님을 위하여 힘든 일도 마다하지 않겠다는 자발적 동기를 강하게 느낀 적 있습니까?

Praise to the Lord

너희는 여호와를 영원히 신뢰하라.
주 여호와는
영원한 반석이심이로다
(사 26:4).

하나님께 올리는 찬송 / 사 25:1-26:6 /

이사야는 왕의 조언자 역할 외에도 탁월한 재능을 지닌 작가이기도 했습니다. 성경의 어떤 저자도 그의 풍부한 어휘와 상상력을 따라잡을 수 없습니다. 신약에 인용된 이사야의 글은 다른 모든 선지자들의 글을 인용한 것보다 더 많습니다. 그의 위엄 있는 글귀들은 자주 회자되는 익숙한 표현이 되었습니다.

이사야는 이 훌륭한 능력을 이용하여 영적 침체에 빠진 유다를 깨우려고 합니다. 다른 선지자들과 마찬가지로 이사야도 두 가지 메시지를 전합니다. 백성들이 지금 행하는 길에서 확실하게 돌아서지 않으면 받게 될 심판과, 하나님이 이스라엘 백성만이 아니라 온 세상을 다 구원하신다는 미래의 희망을 이야기합니다.

유다가 비대하고 방종하며 사치를 일삼을 때는 죄 값을 치르는 날, 즉 심판 날을 경고합니다. 그러나 나중에 예루살렘이 적에게 포위되었을 때는 감동적인 희망의 메시지를 전합니다. 아무리 악독한 독재자라도 이사야를 협박하지 못합니다. 이사야는 하나님이 나뭇가지 쳐내듯 적들을 멸하실 수 있다는 것을 알고 있습니다.

이사야는 더 나은 세상에 대한 인간의 잠재적 갈망을 불러일으킵니다. 그는 언젠가 하나님이 몰골이 흉해진 이 세상을 눈물도, 고통도, 죽음도 없는 새로운 세상으로 변화시키실 것을 굳게 믿습니다. 이사야가 그리는 세상에서는 야생동물들이 평화롭게 어울려 지냅니다. 무기를 녹여 농기구를 만듭니다.

이 세상을 괴롭히는 폭력과 악에 대해 하나님은 무기력하거나 무관심한 태도를 보이실 때가 있습니다. 예루살렘 사람들은 앗수르에게 침공을 당하게 되자 하나님의 돌보심을 의심합니다. 이사야는 미래를 오로지 하나님 한 분께만 의탁하라는 메시지를 예루살렘 사람들을 향해 외칩니다. 그리고 그 메시지를 온 세상을 위한 메시지로 확장시킵니다.

이사야서 24-27장은 모든 역사의 종말에 대한 예고입니다. 우선 고난의 때가 올 것이고, 그때에 하나님이 더럽혀진 이 세상을 정화하십니다. 아기를 해산한 여인처럼 이 세상은 고통과 투쟁을 겪을 것입니다. 그러나 그 이후로는 멋진 세상, 우리가 상상하지 못할 근사한 세상이 펼쳐질 것입니다.

오늘의 묵상

미래에 대한 희망이 어디에 있습니까?

Ready to Be Used by God / 깊이 생각하기 /

하나님께 쓰임 받을 준비

하나님은 당신을 유일한 인격체로 창조하셨습니다. 이 세상에 단 하나밖에 없는 인생, 특별한 재능, 특정한 환경, 이 모든 것을 당신을 향한 목적에 적합하게 만드셨습니다. 당신이 한 발만 내딛으면 완성할 수 있는 그 무엇을 위해 당신을 쓰시려는 것입니다. 오직 당신이 가장 적합하게 준비되어 있으므로, 당신이 하나님께 헌신하기만 하면 하나님은 당신의 가장 깊은 부분까지 충족시키실 것입니다.

예를 들어 이사야는 여러 가지 특별한 방법으로 그의 임무를 수행할 태세를 갖추었습니다. 예루살렘에 살면서 유다의 왕들을 정규적으로 만날 수 있는 특권을 가지고 있었습니다. 그는 여선지자와 결혼하여 아들 두 명을 두었습니다. 이사야가 살던 시기는 이스라엘과 유다 모두 주변 강대국들의 위협을 받고 있던 때입니다. 하나님은 백성들의 반복되는 불순종 때문에 돌보시던 손길을 거두어 들이셨습니다. 하나님은 이사야를 통하여 준엄한 경고를 주셨을 뿐 아니라, 장차 받을 복도 감동적인 환상으로 보여 주셨습니다.

이사야는 뛰어난 표현력을 발휘해 특별한 예언을 선포했습니다. 그 표현들은 수백 년이 흘러도 사라지지 않았고 예수님과 신약의 저자들도 즐겨 인용했습니다. 자신만의 독특한 소명에 대한 이사야의 신실함은 하나님과 우리 모두에게 중요한 섬김의 표본이 되었습니다.

그러나 소명에 응하기 전에 그는 먼저 하나님과 자신에 대한 올바른 이해가 필요했습니다. 이사야는 환상을 통해 하나님의 전지전능하심을 볼 수 있었습니다. 이 광경을 본 그는 거룩하신 하나님 앞에서 죄 많고 부족한 자신의 실체를 깨닫고 충격을 받았습니다. 하나님은 뜨거운 숯불을 이사야의 입술에 대는 상징적 행동을 통해서 그를 정화하시고 소명을 위해 준비시키셨습니다.

"내가 누구를 보내며 누가 우리를 위해 가겠는가?"라는 하나님의 물음에 이사야만이 대답할 수 있도록 준비시키신 것입니다. 백성들은 자신의 문제에 눈이 멀어 하나님의 용서와 인도하심이 얼마나 절실히 필요한지 모르고 있습니다. 하나님은 이사야에게 이런 상태를 깨우쳐주라고 부탁하셨습니다.

"내가 여기 있나이다. 나를 보내소서!" 이사야가 대답했습니다. 그는 하나님의 목적을 위해서라면 그가 가진 모든 것을 내어드리고 그의 모든 것을 사용하시게 할 준비가 되어 있었습니다.

우리들 각자 각자는 이사야와 다른 목적을 가지고 있습니다. 그러나 하나님이 우리를 준비시키시고 나서 사용하신다는 점은 다르지 않습니다. 하나님은 우리가 그분의 전능하심과 영광을 더 잘 이해하도록 해주실 것입니다. 우리를 정결하게 하시고 인도해주시는 그분의 손길이 우리에게 얼마나 절실하게 필요한지 깨닫도록 도와주실 것입니다. 우리를 정화하신 후 기꺼이 쓰임 받기 원하냐고 물으실 것입니다. 그러면 우리는 진심에서 우러나는 말로 대답할 것입니다. "제가 여기 있습니다. 저를 보내주세요!"

우리를 만드신 하나님의 계획에 동참하는 것보다 더 큰 기쁨은 없습니다. 작가 리처드 포스터는 확신 있게 말합니다. "속사람으로부터 우러나오는 섬김의 자세가 곧 생명이고 기쁨이고 평화입니다."

오늘의 묵상

자기 자신에 대해 얼마나 잘 알고 있습니까? 하나님이 당신을 어떻게 쓰시는지 배운 적이 있습니까?
하나님의 위대하심과 당신의 허다한 죄를 드러내 보여달라고 기도하십시오.
그리고 하나님을 섬기길 원한다고 말씀드리십시오.

Sennacherib Threatens Jerusalem

히스기야 왕이 아모스의 아들 선지자 이사야와…
기도하였더니 여호와께서…
앗수르 왕의 진영에서 모든 큰 용사와 대장과 지휘관들을 멸하신지라
(대하 32:20-21).

예루살렘을 위협하는 산헤립 / 대하 32:1-31 /

히스기야와 이사야가 최대의 위기에 직면했습니다. 유다가 생사의 기로에 서 있습니다. 정복욕에 목마른 앗수르는 유다를 침략해 들어와서 이미 46개의 성읍을 무너뜨리고 포로 2만 150명을 잡아갔습니다. 앗수르 왕은 히스기야에게 엄청난 돈을 요구합니다. 앗수르 왕의 연대기는 히스기야를 새장에 갇힌 새로 기록하며 조롱했습니다. 사실이 그렇습니다. 적군이 도성을 완전히 포위해버렸기 때문입니다.

성벽 뒤에 숨어 잔뜩 움츠리고 있던 히스기야가 다시 한 번 이사야를 찾아가 충고를 구합니다. 항복해야 하는가? 협상할 것인가? 성 밖에 있는 앗수르 군대는 사기가 완전히 저하된 예루살렘 백성들에게 온갖 비방과 조롱을 퍼붓습니다. 하나님이 기적을 일으키시기만을 바라는 이스라엘의 처지가 한심스럽습니다. 이제까지 그 어떤 신도 천하무적 앗수르로부터

백성을 구해준 일이 없습니다.

그러나 이사야는 절대로 당황하지 않습니다. 모든 불리한 상황에도 불구하고 그는 차분하게 기도할 것과 하나님의 권능에 대한 굳센 믿음을 강조합니다. "믿음을 가져라. 항복하지 말며 두려워하지도 마라. 앗수르는 상한 몸으로 돌아갈 것이다."

앗수르에 꼼짝없이 포위된 예루살렘은 운명이 다한 도시처럼 보입니다. 그러나 이사야의 예언을 실현시키기 위해 두 가지 일이 벌어집니다. 우선 역병이 앗수르 군대를 휩쓸어버립니다(사 37장). 그 역병은 역사가 헤로도토스의 기록에도 나옵니다. 그리고 앗수르 지도자들의 죽음은 내부에 혼란을 일으키고 결국 앗수르의 침공 위협은 무위로 돌아갑니다.

기적적인 구원으로 유다가 살아나지만 그때뿐입니다. 후에 히스기야는 어리석게도 바벨론 사절단 앞에서 자기 왕국의 부를 자랑합니다. 동쪽에 위치한 바벨론은 새로운 강국으로 떠오르고 있습니다. 유다 백성들도 자만심이 커져가고, 하나님의 도성 예루살렘은 결코 파괴되지 않으리라는 확신을 갖습니다. 그러나 이 믿음이 잘못되었다는 사실이 비극과 함께 밝혀집니다.

오늘의 묵상

하나님이 아주 가까이 계신 것 같기도 하고, 멀리 계신 것 같기도 한 까닭은 무엇일까요?
하나님이 당신의 마음을 들여다보신다면, 무엇을 가장 염려하실까요?

The Lord's Anger against Nineveh

나 여호와가 네게 대하여 명령하였나니
네 이름이 다시는 전파되지
않을 것이라
(나 1:14).

니느웨를 향한 하나님의 진노 /나 1:1-15/

나훔은 성경에 나오는 다른 선지자들에 비해 뚜렷한 장점이 있습니다. 나훔은 적을 향해 연설합니다. 미가나 이사야 같은 선지자들은 백성에게 닥칠 심판을 생각하며 슬픔으로 주저앉곤 했습니다. 하지만 나훔은 그 당시 최강대국 앗수르의 기세를 대수롭지 않게 봅니다. 앗수르는 북이스라엘을 무너뜨렸습니다. 하나님의 기적적인 개입이 있었던 히스기야 시대를 제외하고는 나훔의 조국인 유다에게도 북이스라엘에게 하듯 똑같이 잔혹행위를 했던 나라가 앗수르입니다.

앗수르는 충분히 증오할 만한 나라입니다. 마치 히틀러 집권 당시의 독일을 미워하지 않는 사람이 없는 것과 같습니다. 앗수르 군대는 수많은 도시를 파괴하고, 포로들의 코에 쇠갈고리를 꿰어 데려가며, 비옥한 땅에 소금을 들이부었습니다. 바로 이런 앗수르의 역겨움이 나훔이 말하고자 하는 핵심입니다. 앗수르의 포악을 그대로 경험한 유다 백성들에게 한 가지 의문이 있습니다. 앗수르는 오늘날 터키에 해당하는 지역에서부터 이집트에 이르는 전 지역을 무력으로 짓밟아버렸습니다. 반면 유다는 겨우 명맥을 유지하고 있는 작은 속국에 불과합니다. 하나님은 어째서 유다로 하여금 이런 고통을 감당하게 하셨을까요? 앗수르를 징계하지 않으시고 내버려두시는 이유가 무엇일까요?

나훔은 제아무리 기세등등한 앗수르이지만 언젠가는 망하리라고 당당히 예언합니다. 앗수르 백성들은 요나 시절에 한 차례 회개하였으나 본모습으로 돌아갔기 때문에, 결국 하나님의 심판을 받을 것입니다. 틀림없이 유다 백성들은 나훔의 예언을 반겼겠지만, 과연 누가 그 예언을 믿겠습니까? 200여 년 동안 세계 최강국의 면모를 유지해온 앗수르가 그렇게 사라질 리 없을 테니 말입니다.

나훔이 예언을 전한 시기는 기원전 700년경입니다. 기원전 612년에 앗수르의 마지막 요새 니느웨가 바벨론과 페르시아에 넘어갑니다. 깨어진 벽돌 조각들 위로 무성한 잡초들만이 한때 세계 최대의 도시였음을 말해줄 것입니다. 오랜 세월 후에 알렉산드로스 대왕과 나폴레옹이 모두 그곳을 지나가지만, 과거에 도시가 꽃피었던 그 자리를 전혀 알아보지 못합니다.

다른 모든 성경의 선지자들처럼 나훔도 위협적 세력들 너머의 것을 봅니다. 여러 제국들의 부침 이면에는 훨씬 더 위대한 힘이 움직이고 있으며, 궁극적 결과는 그 힘이 결정한다는 사실을 나훔은 알고 있습니다. 하나님의 정의가 너무 더디 움직이는 것 같지만 누구도, 그 무엇도 그 영향권에서 도망칠 수 없습니다.

오늘의 묵상

이 시대에 가장 먼저 징계를 받아야 할 불의는 무엇이라고 생각합니까?

The Future of Jerusalem

패역하고 더러운 곳, 포학한 그 성읍이 화 있을진저
그가 명령을 듣지 아니하며 교훈을 받지 아니하며
여호와를 의뢰하지 아니하며
(습 3:1-2).

예루살렘의 미래 / 습 1:1; 3:1-5, 8-13, 16-20 /

미가와 이사야 같은 선지자의 예언을 통해 히스기야는 유다 왕국을 회복시켰습니다. 그러나 히스기야가 죽은 뒤 왕위를 물려받은 므낫세는 유다 역사상 가장 포악한 왕으로 악명을 떨칩니다. 이스라엘과 유다를 통틀어 50년이라는 가장 오랜 세월을 통치했던 므낫세는 선왕 히스기야가 이룩한 모든 선을 다 수포로 만들어버렸습니다.

뻔뻔한 폭군 므낫세는 예루살렘 거리를 피로 물들였습니다. 그는 어린 아이들을 희생 제물로 바쳤고, 하나님의 성전에 점성술 제단을 만들었으며, 종교 의식의 일부로 남창을 장려했습니다. 그가 죽고 나니 유다에는 하나님과의 언약을 상기시켜줄 만한 것이 하나도 남아 있지 않았습니다. 각종 신을 섬기는 산당이 넘쳐났고, 예루살렘 거리의 상점들은 집안 수호신, 무당, 심령술사 등을 선전하고 있었습니다. 택함을 받은 하나님의 백성들이 우상을 섬기는 이교도가 되어 있었습니다.

므낫세의 뒤를 이은 아몬이 아버지의 전철을 그대로 밟았으나, 이번에는 신하들의 반역으로 2년 만에 암살됩니다. 유다 왕국은 줄 끊어진 연처럼 방향을 잃고 무정부상태로 흩날립니다. 요시야가 아몬을 지지하던 사람들의 도움으로 여덟 살이라는 어린 나이에 왕위에 오릅니다. 하지만 요시야에게는 유다의 미래를 낙관적으로 기대할 만한 요소를 거의 찾아볼 수 없습니다.

요시야의 통치기간 초기에 선지자 스바냐가 유다 전역에서 벌어지는 타락상을 고발합니다. 다른 선지자들이 농부의 혈통에서 나온 것에 비해, 스바냐는 자랑스러운 히스기야 왕의 후손입니다. 그러나 높은 지위에 있던 다른 사람들과는 달리 그는 상류층을 보호하려 하지 않습니다. 오히려 유다의 부패와 타락의 책임을 그들에게 묻습니다. 스바냐는 왕의 신하들, 제사장, 관리들, 재판관들, 심지어 선지자들에게까지 분노를 퍼붓습니다.

유다의 지도자들은 온 나라가 자멸의 길로 가고 있음을 알고 있습니다. 방향을 틀지 않는다면, 예루살렘은 멸망한 이웃나라들과 똑같은 운명을 맞을 것입니다.

오늘의 묵상

돈이 풍족하고 삶이 안락할 때 하나님께 더 가까이 다가가게 됩니까,
아니면 오히려 하나님으로부터 멀어집니까?

Josiah Renewed the Covenant

왕이 여호와의 성전 안에서
발견한 언약책의 모든 말씀을 읽어
무리의 귀에 들리고
(왕하 22 : 2).

언약을 상기시키는 요시야 / 왕하 22:1-23:3 /

성경은 스바냐의 예언이 실제로 유다 왕국 내에 어떤 영향을 미쳤는지 구체적으로 밝히지 않습니다. 그러나 그의 시대에 요시야 왕이 주도한 개혁의 역사를 감동적으로 그리고 있습니다.

요시야 왕은 여덟 살에 왕위에 올랐는데, 당시 나라는 거의 회복 불능 상태였습니다. 그러나 요시야는 평범한 여덟 살짜리 소년이 아니었습니다. 사악한 시대에 사악한 왕 밑에서 자랐으나, 선왕과는 전혀 다른 영적 안목을 가지고 있었습니다. 온갖 악조건에도 불구하고 요시야는 유다를 다시 하나님께로 이끌어옵니다.

요시야는 그가 원하던 공사에 시간과 노력을 바칩니다. 바로 성전을 수리하는 일입니다. 목수들은 새 대들보를 톱질하고, 석공들은 성전 벽에 쓰일 석판을 다듬으며, 일꾼들은 요시야가 무너뜨린 깨진 우상 조각들을 쓸어냅니다. 이렇게 시끌벅적한 공사가 바쁘게 진행되던 어느 날, 한 제사장이 놀라운 물건을 발견합니다. 그가 발견한 두루마리는 율법책처럼 보입니다. 이스라엘 백성과 그들의 하나님 사이에 맺은 언약을 기록한 율법 원본인 것 같습니다. 학자들 대부분은 신명기의 일부 또는 전문이 담긴 두루마리일 거라고 추측합니다.

이토록 중요한 문서를 그렇게 오랫동안 묻어두고 방치하며 잊고 있었다니, 유다 백성들이 하나님으로부터 얼마나 멀어져 있었는지 알 만합니다. 그리고 요시야의 반응을 통해 하나님에 대한 그의 충성심이 얼마나 깊은지 알 수 있습니다. 요시야는 그 거룩한 말씀을 처음으로 들으면서 수치감을 감추지 못하고 회개하는 마음으로 옷을 찢습니다. 여선지자가 두루마리의 권위를 확증해주자, 요시야는 자신과 온 백성이 오래 잊고 있던 언약의 말씀대로 행하겠다고 서약합니다.

오늘 본문은 그 극적인 발견에 대해 이야기합니다. 그리고 이어서 온 나라를 하나님께 나아오게 하려는 요시야의 열정을 설명합니다. 그의 행동은 유다의 상황을 바꿀 것이고, 유다를 피할 수 없는 파멸에서 건져낼 것입니다. 이 모든 일들이 어린 왕의 마음속에 자리한 하나님의 말씀에 대한 신실함 때문입니다.

오늘의 묵상

요시야 왕과 비슷한 깨달음을 얻은 경험이 있습니까?

What Does It Take to Be Faithful? / 깊이 생각하기 /

신실한 믿음을 지키려면

요시야의 이야기는 깊은 영감을 줍니다. 부패와 타락의 표상이던 할아버지와 아버지는 하나님의 진노를 샀던 지도자들이었습니다. 그러나 요시야는 그 틀을 깨고 백성이 충성하던 대상을 바꿔버립니다. 요시야처럼 "마음을 다하며 뜻을 다하며 힘을 다하여" 하나님께로 돌이킨 왕이 없습니다(왕하 23:25). 그러나 세월이 흘러 요시야는 자기 목숨을 내놓을 뻔했던 실수를 범했고, 그 결과 유다의 장래가 애굽에 복종하는 힘없는 지도자의 손에 맡겨졌습니다. 요시야가 하나님께 순종하며 충성했으나, 한 순간 흔들리면서 잘못 내린 결정이 모든 것을 희생시킵니다.

어째서 이스라엘과 유다는 그렇게 계속 실패할까요? 왜 요시야마저도 끝내는 빗나가는 것일까요? 모든 신앙인들이 그렇게 처음에는 좋은 출발을 하다가 결국 용두사미가 될 수밖에 없는 것일까요?

이스라엘과 유다의 경우, 그들의 순종은 오래 지속되지 못했습니다. 한 해는 하나님을 경배하는 듯하다가는 그 다음 해에는 저버리고, 문제가 생기면 하나님께 돌아오고 해결되고 나면 다시 제 길로 가고…. 평형 잃은 바퀴를 장착한 자동차처럼 옳은 길에서 벗어나 엉뚱한 길을 맴돌았습니다.

우리도 똑같은 도전을 받습니다. 무엇인가를 단단히 붙잡고 성실한 노력으로 강건하게 성장하는 것이 쉽지는 않습니다. 한 방향을 향해 계속 순종의 태도를 유지하는 것이 대부분의 사람들에게 익숙하지 않습니다. 작가이자 교수이며 전직 목사였던 유진 피터슨이 말합니다. "우리는 어떤 일을 할 때, 신속하고 효과적으로 처리해야 한다고 흔히들 생각합니다. 우리의 집중력은 30초짜리 광고에 길들여져 있습니다. 우리의 현실감각은 30쪽짜리 요약본에 의해 무덤덤해졌습니다. … 모두가 바삐 서두릅니다. … 참을성 있게 결과를 기다리지 못합니다. 여행자와 같은 생활태도를 취하며 언제나 높은 곳만 바라봅니다."

이런 태도가 믿음을 무너뜨립니다. 우리는 하나님과의 관계에서 단번에 성장할 수 없습니다. 몇 주, 몇 달 만에 영적 성숙을 이루고 더 흥미로운 다음 단계의 모험을 기대할 수는 없습니다. 하나님과 함께하는 삶의 심오함은 우리가 평생을 하나님과 동행해도 이를 수 없습니다. 영생을 통해서만 다다를 수 있습니다. 그러나 이스라엘 백성들의 그릇된 신앙 태도를 경계하며 살아갈 때, 하나님과 동행하는 삶은 이 땅에서 더욱 깊은 영적 성숙을 이룰 수 있습니다.

그리고 유진 피터슨은 이렇게 말합니다. "세상의 흐름에 맞서는 믿음을 가진 사람들에게 매우 유익한 성경적 삶의 두 가지 방향이 있습니다. 제자의 길과 순례자의 길입니다. 제자는 주 예수 그리스도의 제자로 일생을 사는 경우를 말합니다. 제자는 언제나 성장하며 배우는 관계 속에 있습니다. 순례자는 삶을 통해 어딘가를 찾아가는 사람, 즉 예수 그리스도라는 통로를 지나 하나님을 찾아가는 사람을 말합니다."

제자로서 우리는 매일 예수님과 동행하며 예수님께 배웁니다. 예수님께 많이 배울수록 우리가 얼마나 무지한가 알게 됩니다. 예수님과의 관계는 계속 새로운 세계를 열어주며, 그 관계에 머물러 있을 때 예수님에 대한 우리의 사랑은 점점 더 깊어집니다. 순례자로서 우리는 다양한 경험과 감정을 겪게 됩니다. 그 모든 경험을 통해 나아가는 여정의 최종 목적지는 예수님입니다. 예수님은 삶의 여정에서 마주치는 모든 풍경을 설명하고 인도해주시는 여행의 동반자이십니다.

오직 예수 그리스도를 향해 언제까지나 순종하겠다는 충성심만 있다면 신실한 믿음을 유지할 수 있습니다.

오늘의 묵상

한 가지 일에 대해 굳은 결심으로 집중하며 인내하는 편입니까,
아니면 쉽게 싫증내며 변덕스럽게 옮겨 다니는 편입니까?
그런 성격은 하나님을 따르는 믿음 생활에 어떤 영향을 줍니까?
끝까지 하나님께 신실할 수 있게 도와달라고 간구하십시오.

Israel Forsakes God

내 백성이 두 가지 악을 행하였나니
곧 그들이 생수의 근원되는 나를 버린 것과 스스로 웅덩이를 판 것인데
그것은 그 물을 가두지 못할 터진 웅덩이들이니라
(렘 2:13).

하나님을 저버린 이스라엘 / 렘 1:1-3; 2:2-8, 11-14, 20-27 /

요시야 왕 시대에 활약한 선지자는 스바냐 한 사람이 아닙니다. 요시야 왕이 성인이 될 무렵, 예루살렘 거리에는 예레미야의 어두운 목소리가 들립니다. 나중에 예레미야의 메시지들이 한 권의 책으로 묶이면서 예레미야서는 성경 66권 중 가장 길고 가장 격정적인 책이 됩니다. 예레미야는 감정이 급격하게 변하는 인물입니다. 그의 책에도 그런 격정적 기질이 잘 드러납니다. '긴 하소연'을 뜻하는 영어 단어 'jeremiad'에서 이 선지자의 분위기를 어느 정도 감지할 수 있습니다.

강한 이미지와 호소력 있는 외침으로 가득 찬 오늘 본문은 예레미야 식 표현법의 특징을 잘 보여줍니다. 그는 성적인 이미지를 이용해서 유다의 위기를 하나님과 유다 백성간의 사랑 다툼에 비유합니다. 유다는 모든 푸른 나무 아래에 드러눕는 창기와 같고, 발 빠른 암낙타 같으며, 욕정이 일

어나 헐떡거리는 암나귀 같습니다.

그러나 유다가 진정 갈망하는 것은 무엇입니까? 유다는 하나님의 영광을 아무 가치 없는 나무나 돌로 만든 우상과 바꿨습니다. 하나님은 상처받은 연인처럼 그 백성의 행동을 이해하실 수 없고, 예레미야 역시 이해하지 못합니다.

예레미야는 유다에 대해 두 가지 불만이 있습니다. 유다는 우상숭배를 일삼고 외국과의 동맹에 의지함으로써 행음하였습니다. 외부로부터 군사적 위협이 느껴지면, 유다는 하나님께 의뢰하지 않고 앗수르, 애굽, 혹은 바벨론에 도움을 요청합니다.

유다의 모든 역사를 통틀어 최고의 왕이었던 요시야는 나라 안의 우상을 없애는 운동을 매우 성공적으로 이끕니다. 그러나 요시야는 이방나라와 동맹하라는 유혹에 무릎을 꿇습니다. 이렇게 어리석은 판단을 내린 요시야는 예레미야의 충고를 무시하고 애굽 군대와 싸우러 나갑니다. 요시야는 그 전투에서 죽음을 맞습니다. 나라 전체가 그의 죽음에 큰 충격을 받습니다. 슬픔에 젖은 예레미야는 위대한 왕을 위하여 애가를 지었습니다.

유다는 요시야의 치명적 실수를 돌이키지 못합니다. 애굽은 유다에 꼭두각시 왕을 세우는데, 그 이후로는 유다의 종교적, 정치적 힘을 끌어모을 만한 사람이 아무도 없습니다. 예레미야는 유약한 네 명의 왕을 섬겼으나, 그들 모두 그가 전하는 메시지에 냉소와 경멸을 보낼 뿐입니다.

오늘의 묵상

당신은 누구에 대해 가장 견실한 충성심을 보입니까? 하나님께 그런 충성심을 갖고 있습니까?

Death, Famine, Sword

내가 기뻐하는 자의 모임 가운데 앉지 아니하며
즐거워하지도 아니하고 주의 손에 붙들려 홀로 앉았사오니
이는 주께서 분노로 내게 채우셨음이니이다
(렘 15:17).

죽음과 기근과 칼 / 렘 15:1-6, 15-21 /

예레미야는 일생을 통해 어두운 메시지를 전해야 했습니다. 그 메시지의 무게를 예레미야만큼 심각하게 느끼는 사람이 없습니다. "내 백성이 상하였으므로 나도 상하여 슬퍼하며 놀라움에 잡혔도다. … 어찌하면 내 머리는 물이 되고 내 눈은 눈물 근원이 될꼬"(렘 8:21; 9:1). 그의 글에 이런 분위기가 너무도 강하게 드러나기에 사람들은 예레미야를 눈물의 선지자라고 부릅니다.

예레미야가 염려하는 것이 유다의 장래만은 아닙니다. 그는 자기 신변의 안전에 대해서도 두려워합니다. 그는 애당초 선지자로서의 사명에 대해 하나님께 불만을 토로했습니다. 하나님이 예레미야에게 준엄한 요구를 하시자, 그는 자기다운 방식으로 반응합니다. 흐느껴 운다든지, 불평을 하거나 스스로를 불쌍히 여긴다든지, 하나님의 잔인함을 비난하기까지 합니

다. 예레미야서에는 독특한 대화가 들어 있는데, 대화라기보다는 말다툼에 가깝습니다. 예레미야가 하나님께 자기의 감정을 솔직하게 말씀드리는 내용입니다.

오늘 본문이 바로 그런 대화를 기록한 부분입니다. 하나님은 유다에 대한 심판을 선포하시며 말씀을 시작하십니다. 그러나 예레미야는 10절에서 자신의 문제를 들고 나옵니다. 그런 메시지를 전하는 선지자를 사람들은 어떻게 생각할까요? 그의 이름은 이미 나라의 저주를 뜻합니다. 그는 차라리 태어나지 않으면 좋을 뻔했습니다. 그에게 하나님은 신뢰할 수 없는 분입니다. 마른 시내 같고, 동이 난 샘물 같습니다.

예레미야의 반항과 불평에도 불구하고 하나님은 그를 포기하지 않으십니다. 하나님은 이 눈물의 선지자를 모든 백성 앞에 당당히 서는 견고한 놋 성벽이 되게 하겠다고 약속하십니다. 예레미야 역시 모든 불평불만에도 불구하고 절대로 하나님을 포기하지 않습니다. 하나님의 말씀이 예레미야 안에 있으므로 예레미야는 말씀 전하는 일을 멈출 수 없습니다. "내가 다시는 여호와를 선포하지 아니하며 그의 이름으로 말하지 아니하리라 하면 나의 마음이 불붙는 것 같아서 골수에 사무치니 답답하여 견딜 수 없나이다"(렘 20:9).

오늘의 묵상

하나님께 어떤 불평을 하게 됩니까?
예레미야처럼 하나님께 제대로 인정받지 못한다고 느낀 적이 있습니까?

Restoration of Israel

여호와의 말씀이니라.
보라 날이 이르리니 내가 이스라엘 집과 유다 집에
새 언약을 맺으리라
(렘 31:31).

이스라엘의 회복 / 렘 31:12-15, 23-34 /

제사장으로 훈련받았던 예레미야는 어린 시절부터 하나님과 그의 택하신 백성 간에 맺은 언약에 대해 잘 알고 있었습니다. 또한 앗수르에 의해 흩어 없어진 이스라엘 열 지파에 대한 최근의 이야기도 알았습니다. 그런데 갑자기 그에게 떨어진 명령은 살아남은 두 지파 유다도 비슷한 시련을 겪게 된다는 예언입니다. 얼마 안 있어 바벨론 군대는 거룩한 예루살렘 도성을 더럽히고 더 많은 이스라엘 사람들을 포로로 잡아갈 것 입니다.

하나님이 언약을 저버리신 겁니까? 그의 택하신 백성을 방치하시는 겁니까? 오늘 본문에서 예레미야는 그에 대한 답을 알려주는 계시를 받습니다. 그는 남은 자가 바벨론의 침략에서 살아남는다는 약속을 받습니다. 하나님은 그의 백성을 영구히 거부하시지 않으며, 그들을 정화하기 위해 일시적으로 징계를 거치게 하십니다. 더구나 이스라엘의 미래는 과거 그 어느 때보다 더욱 장대하리라고 약속하십니다.

성경 주석가들은 이 약속의 의미에 대해 의견이 분분합니다. 그래도 몇 가지는 확실합니다. 예를 들어 하나님은 깨어진 옛 언약을 대체할, 한층 향상된 새 언약을 약속하십니다. 히브리서 8장은 오늘 본문의 핵심 구절을 인용하면서 예수님에 대한 예언에 적용시킵니다. 예수님은 새 언약과 대사면을 가능하게 하신 분입니다.

그러나 지리상 팔레스타인에 해당하는 곳에 적용될 예언은 어찌 된 것입니까? 망명생활을 하는 이스라엘 사람들은 에스라와 느헤미야의 인도로 바벨론 포로에서 풀려날 것입니다. 그러나 황폐한 땅에 흩어져 정착하는 모습은 여기에 묘사된 영광스런 새 세상과는 거리가 너무 멉니다. 유대 학자들은 의미 해석에 있어 이견을 보입니다. 지금의 이스라엘의 모습은 예레미야 예언이 그대로 실현된 상태라고 말하는 학자가 있는 반면, 전혀 반대되는 의견을 가진 학자들도 있습니다. 그리고 어떤 신학자들은 새 언약 아래서 이 모든 약속을 더 넓은 의미로 교회에 적용해야 하며, 유대인과 그들의 정착에만 국한시켜 해석해서는 안 된다고 주장합니다.

예레미야는 앞으로 펼쳐질 역사에 대해 구체적인 청사진을 가지고 있지 않습니다. 그러나 하나님이 그의 백성에게 어떤 마음을 갖고 계신지는 확실히 알고 있습니다.

오늘의 묵상

하나님이 당신의 삶 속에서 늘 새롭게 하시는 약속들은 무엇입니까?

Jeremiah Thrown into a Cistern

그들이 예레미야를 끌어다가 감옥 뜰에 있는
왕의 아들 말기야의 구덩이에 던져 넣을 때에
예레미야를 줄로 달아내렸는데
(렘 38:6).

구덩이에 갇힌 예레미야 / 렘 38:1-28 /

예레미야가 선지자로서 울며불며 주저할 만한 이유가 있습니다. 요시야의 뒤를 이어 네 명의 왕이 등극했으나, 그들은 모두 강대국의 꼭두각시였고 선지자 예레미야를 힘들게만 했습니다. 어떤 왕은 겨울 궁전에서 예레미야의 예언을 낭독하게 했습니다. 하나의 두루마리가 끝날 때마다 왕은 칼로 난도질하여 화롯불에 던져버렸습니다(렘 36:23). 어떤 경우는 선지자를 매로 때리고 우릿간이나 지하 감옥에 가두거나 우물 속에 던져넣었습니다. 예레미야가 그나마 가장 견딜 만하다고 생각하며 바랐던 조치는 가택연금이나 궁정구금 상태였습니다.

그러나 그런 부당한 처우는 예레미야의 결심을 더욱 단단하게 만들 뿐입니다. 그는 자기를 괴롭히는 자들을 저주합니다. 그리고 가끔씩 하나님만 들으시도록 두려움과 의심을 토로합니다.

오늘 본문의 사건은 바벨론 군대에게 2년여 동안 포위당하여 비참한 상태에 빠진 예루살렘에서 일어납니다. 굶주림으로 거의 죽게 된 예루살렘 도성 거주민들이 사람 고기를 먹는 잔인한 풍습을 다시 시작했습니다. 정부 관리들은 사기를 진작시키고 용기를 불어넣기 위해 미친 듯이 뛰어다닙니다. "우리는 어찌해도 패할 것이다. 성벽을 넘어 도망가거나 바벨론에게 성문을 열어줄지도 모른다." 이런 예레미야의 엄중한 충고에 관리들이 반대하는 것은 당연합니다.

이어지는 39장에서는 예레미야의 예언이 현실이 됩니다. 바벨론 군대는 성벽을 무너뜨립니다. 그리고 힘없는 왕 시드기야를 포로로 잡아 고문합니다. 그러나 바벨론 정복자들은 예레미야를 존귀하게 대하며 그의 충고를 귀담아 들었습니다.

예루살렘이 함락된 지 얼마 안 되어, 정복자들에게 저항하는 한 무리의 이스라엘 사람들이 성난 선지자 예레미야를 끌고 애굽으로 갑니다. 그곳이면 안전하다고 생각한 것입니다. 그러나 일흔 살 노인이 된 예레미야는 그의 마지막 예언에서 애굽으로 도망간 자들은 비극적인 말로를 맞을 것이라고 선포합니다. 하지만 그의 불행했던 일평생 동안 모든 사람이 그랬던 것처럼, 그들도 예레미야의 예언을 무시합니다.

오늘의 묵상

모든 사람이 당신을 괴롭히려고만 한다는 느낌을 받은 적이 있습니까?
예레미야의 마음을 이해할 수 있겠습니까?

하나님을 향한 예민함

선지자 예레미야는 험난한 삶을 살았습니다. 하나님은 그를 사용하여 유다 백성에게 징계와 희망의 메시지를 남기셨습니다. 하지만 예레미야는 늘 자신의 역할에 대해 갈등했습니다. 대부분의 사람들이 그를 좋아하지 않았습니다. 사람들은 그를 반역자로 몰아서 때리고 지하 감옥에 가두어 버립니다. 전달하기 쉽지 않은 메시지를 전하고 나면 당연히 긍정적 반응이 나오지 않을 테니 자신은 갈수록 힘들어질 거라 생각했습니다. 예민하고 우울한 그의 기질도 문제였습니다. 눈물의 선지자라고 불릴 만한 이유가 충분했습니다. 자기 나라와 도성이 다른 나라의 손아귀에 들어가는 것을 보고 울지 않을 사람은 없을 것입니다. 예레미야는 흐느껴 울었을 뿐만 아니라 하나님께 불평하고 자신의 운명을 목놓아 한탄했습니다. 백성들에 대해서 그는 저주로 앙갚음했습니다.

이 선지자에게서 우리는 무엇을 배울 수 있을까요? 하나님의 사랑을 매우 분명하게 받았고 중요한 소명을 위해 하나님의 택함을 받았으나, 너무나 심한 갈등을 겪었던 예레미야. 하나님이 그에게 말씀하셨습니다. "내가 너를 모태에 짓기 전에 너를 알았고 네가 배에서 나오기 전에 너를 성별하였고 너를 여러 나라의 선지자로 세웠노라"(렘 1:5). 끊임없이 하나님께 불만을 토로하면서도 예레미야는 하나님을 무척 사랑했습니다. 그리고 그가 전하는 메시지가 진리인 것을 진정으로 믿었습니다. "내가 주의 말씀을 얻어먹었사오니 주의 말씀은 내게 기쁨과 내 마음의 즐거움이오나"(렘 15:16).

예레미야의 삶을 통해서 알 수 있는 것은, 하나님을 신실하게 따르면서 주신 사명을 실행하는 일이 그리 쉬운 일은 아니라는 점입니다. 괴로울 때도 있고 부당한 대우를 받거나 사람들의 비난을 받을 수도 있습니다. 예수님께서 말씀하셨습니다. 예수님 자신이 부당한 대우를 받았기에 그분을 따르는 사람들 역시 같은 대우를 예상해야 한다고 말입니다(요 15:20). 자신감을 잃고 의기소침해질 때는, 예레미야가 했던 대로 하나님께 솔직해져야 합니다. 우리의 문제를 알려드리고, 심지어 소리 높여 불평을 쏟아낼 수도 있습니다. 하나님은 우리의 진솔한 감정을 모두 감당하실 수 있습니다. 그 옛날 예레미야를 택하신 하나님은 지금도 영적으로 민감한 사람들을 부르십니다. 하나님에게는 그분이 주시는 특별한 사명을 감당할 수 있는 온유한 마음을 가진 자들이 필요하기 때문입니다.

그러나 하나님과 동행하며 성숙해갈 때, 지금보다 더욱 깊어진 신뢰와 성취의 단계로 발돋움하고자 하는 소망의 기도를 드릴 수 있습니다. 갈등을 겪는 일은 쉽지 않으며, 육체적 고통도 즐겁지 않습니다. 그러나 하나님이 우리의 부르짖음을 들으시고 우리의 고통을 나눠지실 때, 우리는 하나님과 하나 되는 곳으로 인도를 받습니다. 거기서 시련의 시간을 극복할 수 있으며, 현실 상황보다 더 실제적인 하나님의 임재와 약속을 느낄 수 있습니다. 이런 능력은 오직 하나님을 통해서만 얻을 수 있습니다. 하나님의 임재 속에서 사도들이 했던 것처럼, 외부 상황보다는 하나님을 신뢰하고 의지하도록 훈련하는 시간을 통해서 경험할 수 있습니다.

예레미야는 하나님이 변덕스럽고 감정적인 자녀들을 소중히 여기신다는 것을 강조합니다. 하나님은 자녀들과 늘 가까이 계시며 인도와 보호의 손길을 내미십니다. 하나님의 약속은 반드시 성취된다는 것 역시 예레미야를 통해서 배웁니다. 하나님은 우리를 일생 동안 돌보시고 신실하게 대하십니다. 하나님은 신뢰할 수 있는 분입니다. 그리고 우리는 하나님에 대한 믿음을 가지고 환경에 올바로 반응할 수 있도록 도와달라고 그분께 얼마든지 요청할 수 있습니다. 우리는 선택해야 합니다. 인간적 감정에 따라 살겠습니까? 아니면 그런 감정을 하나님께 맡기고 하나님의 마음과 생각을 주시기 바라며 살겠습니까?

오늘의 묵상

시련이 닥치면 어떻게 반응합니까? 예수님과의 관계에서 성숙해지도록 도와달라고 기도하십시오. "내 형제들아 너희가 여러 가지 시험을 당하거든 온전히 기쁘게 여기라. 이는 너희 믿음의 시련이 인내를 만들어내는 줄을 너희가 앎이라"(약 1:2-4).

Habakkuk's Complaint

여호와여 내가 부르짖어도
주께서 듣지 아니하시니 어느 때까지리이까.
내가 강포로 말미암아 외쳐도 주께서 구원하지 아니하시나이다
(합 1:2).

하박국의 불평 / 합 1:1-6, 12-17 /

모든 사람의 마음속에는 정의감이 자리하고 있습니다. 어떤 운전자가 부주의로 어린아이를 치어놓고 냉담하게 그냥 가버리는 장면을 목격한 사람들은 열을 내며 그를 잡으러 쫓아갈 것입니다. 그 뺑소니 운전자는 절대로 그냥 도망갈 수 없습니다. 공정함에 대한 세세한 기준이 상황에 따라 다를 수 있지만, 우리 내면에는 일정한 규칙이 있습니다.

솔직히 말해서 대부분의 경우 삶은 공평하지 않습니다. 콜카타나 리우데자네이루, 혹은 이스트 브롱크스의 슬럼가에서 자라야 마땅한 어린이가 어디 있겠습니까? 아돌프 히틀러, 요세프 스탈린, 혹은 사담 후세인 같은 사람들은 수많은 사람들에게 학정을 행하고도 어떻게 그리 잘 도망 다니는지…. 친절하고 점잖은 사람이 인생의 절정에서 병마로 쓰러지는가 하면, 비열한 사람은 심술궂은 노후를 즐깁니다. 왜 그럴까요?

누구나 이와 비슷한 의문을 가집니다. 선지자 하박국도 하나님께 솔직하게 이런 질문을 던졌고 확실한 답을 얻었습니다. 하박국은 에둘러 말하지 않습니다. 온통 눈에 띄는 불의와 폭력과 악에 대해서 왜 반응하시지 않는지 하박국 주변에 있는 사람들도 그에게 하나님의 답변을 요구합니다.

하나님은 예레미야에게 답하셨던 것과 같은 메시지를 주십니다. 유다를 벌하기 위해 바벨론을 보내신다는 것입니다. 그러나 그런 대답에 하박국은 안심할 수 없습니다. 바벨론 사람들은 무모하고 야만적이기 때문입니다. 더 사악한 나라를 들어서 유다를 벌하시는 것을 정의라고 할 수 있습니까?

하박국서는 악의 문제를 풀지 못합니다. 그러나 하박국은 하나님과의 대화를 통해 한 가지 사실을 확신하게 됩니다. 하나님은 지배력을 잃지 않으셨습니다. 정의의 하나님은 악이 승리하도록 내버려두지 않으십니다. 처음에는 바벨론으로 하여금 제멋대로 하게 놔두실 것입니다. 그러다가 나중에 위대한 권능으로 개입하시어 불의가 조금이라도 남아 있지 못하게 온 땅의 근본을 뒤흔드실 것입니다.

"물이 바다를 덮음 같이 여호와의 영광을 인정하는 것이 세상에 가득함이니라"(합 2:14). 하나님이 하박국에게 약속하신 말씀입니다. 그 위대한 영광의 빛을 살짝만 보아도 선지자의 태도는 분노에서 기쁨으로 바뀝니다. 하나님과 토론하는 과정에서 하박국은 믿음에 대해 새롭게 배웁니다. 그 내용이 마지막 장에 아름답게 표현되어 있습니다. 하나님의 말씀에 지극히 만족하는 하박국은 불평으로 시작해 성경에서 가장 아름다운 송가로 끝맺습니다.

오늘의 묵상

한참을 의심하다가 마침내 하나님의 정의가 움직이는 것을 본 경험이 있습니까?

His Compassions Never Fail

여호와의 인자와 긍휼이 무궁하시므로
우리가 진멸되지 아니함이니이다.
이것들이 아침마다 새로우니 주의 성실하심이 크시도소이다
(애 3:22-23).

하나님의 인자와 긍휼 / 애 3:1-40 /

"고난당한 자는 나로다." 오늘 본문은 이렇게 시작합니다. 이 음울한 문장은 예레미야애가 전체의 분위기를 짐작하게 합니다. 유다의 왕은 눈이 멀어 쇠고랑까지 찼고, 그의 왕자들은 학살당했습니다. 거룩한 도성 예루살렘은 더 이상 존재하지 않습니다. 시인은 슬픔으로 넋이 나간 상태에서 이 책을 씁니다. 그는 시체가 나뒹구는 황량한 예루살렘 거리를 헤매고 있습니다. 도저히 이해할 수 없는 이 비극을 이해해보려고 애를 씁니다.

인간적 비극을 넘어, 다른 종류의 고통이 저자를 괴롭힙니다. 바벨론 군대가 성전에 들어간 것입니다. 가장 성스러운 장소에 우상숭배자들이 함부로 들어가다니…. 그들은 성전을 약탈하고 불태워버렸습니다. 언약에 대한 소망이 꺾여버렸습니다. 역사가들의 기록에 따르면, 성전에 들어선 바벨론 사람들은 눈에 보이지 않는 유다의 하나님을 찾으며 허공에 대고

창을 찔렀다고 합니다. 아무것도 발견하지 못하자 그들은 하나님이 모든 것을 포기하고 도망갔다고 생각했습니다. 유대인들은 오늘날도 이 사건을 애도합니다. 매년 성전이 파괴된 기념일에 유대교 정통파 사람들은 예레미야애가를 큰 소리로 낭독합니다.

저자 미상인 이 책의 분위기가 왠지 모르게 익숙합니다. 선지자 예레미야의 저작이 아닐까 추측됩니다. 그는 이제 뼈가 쇠하고 주름이 가득한 노인이 되었습니다. 그는 쫓겨 다녔고, 감옥에 갇혔고, 고문당했고, 심지어 구덩이에 빠져 죽을 뻔했습니다. 그러나 그 어떤 고통도 지금 느끼는 슬픔에 견줄 수 없습니다. 그는 자신의 개인적 고통 때문이 아니라 벌어진 상처에 신음하는 예루살렘의 고통 때문에 울부짖습니다.

선지자는 하나님은 원수라고 격정적으로 외칩니다. 예레미야서를 읽은 독자에게 익숙한 소리입니다. 하나님은 독을 뿜어내십니다. 어두운 분위기의 본문 중간 부분에서 저자는 빛나고 행복했던 시절에 하나님에 대해서 배웠던 내용을 상기합니다. 그는 하나님의 선하심과 사랑과 자비를 회상합니다. 이 음울한 책 한 가운데에 저자가 후에 찬송으로 다듬은 구절이 나옵니다. "주의 성실하심이 크시도소이다." 처참한 순간에 하나님의 사랑과 자비는 매우 멀어 보일 것입니다. 그러나 하나님 외에 무엇을 찾겠습니까? 예레미야애가에서 보듯이 하나님에 대한 소망이 없으면 아무런 소망이 없습니다.

오늘의 묵상

극도로 암울한 시기에, 당신은 하나님을 찾습니까?
무엇이 당신을 위로합니까?

Your Deeds Will Return

여호와께서 만국을 벌할 날이 가까웠나니
네가 행한 대로 너도 받을 것인즉
네가 행한 것이 네 머리로 돌아갈 것이라
(옵 1:15).

인과응보 / 옵 1:1, 8-12, 15-18 /

"여호와여 예루살렘이 멸망하던 날을 기억하시고 에돔 자손을 치소서. 그들의 말이 헐어버리라 헐어버리라 그 기초까지 헐어버리라 하였나이다" (시 137:7). 약탈당하는 예루살렘에서 살아남은 사람들은 이웃 나라 에돔의 행동을 결코 잊지 못할 것입니다. 에돔 사람들은 대량학살을 신나게 구경했습니다. 에돔 족속은 정복자 바벨론 군대를 환영하며 도망가는 예루살렘 사람들을 포로로 붙잡아 예루살렘의 약탈을 거들었습니다. 성경의 가장 슬픈 구절 중 하나인 시편 137편은 이런 습격에 대한 이스라엘 백성들의 쓰라린 고통을 표현합니다.

유다에게 더 모욕적인 것은, 에돔 족속이 실제로 먼 친척뻘이라는 점입니다. 두 나라의 기원은 쌍둥이 형제 야곱과 에서의 불화로 거슬러 올라갑니다. 야곱은 이스라엘의 조상이 되었고, 죽 한 그릇에 장자권을 팔아버린

에서는 외딴 산악지대로 들어가 에돔을 세웠습니다. 두 형제의 후손들은 수 세기 동안 끊임없이 싸워왔습니다. 이제 에돔 족속은 이스라엘의 불행을 고소해하고 있습니다. 에서의 후손답게 그들은 약탈로 얻을 수 있는 눈앞의 이득만을 생각합니다.

에돔 족속의 태도는 예레미야애가에 표현된 슬픔과 극명한 대조를 이룹니다. 그리고 구약에서 가장 짧은 책인 오바댜는 에돔 족속이 그들의 무정함과 잔인함에 대한 대가를 치를 것이라고 명백히 밝힙니다. "네가 행한 대로 너도 받을 것이라." 유다를 배반한 자들은 자신들의 동맹국으로부터 배신당하여 유다를 괴롭힌 대가를 톡톡히 치를 것입니다.

오바댜는 이스라엘과 에돔의 미래가 뒤바뀔 거라고 예언합니다. 짓밟힌 이스라엘은 다시 일어설 것이고, 에돔은 이 땅에서 영원히 사라질 것입니다. 기원전 70년에 에돔이 멸망함으로써 오바댜의 예언은 역사적 현실이 되었습니다. 예루살렘이 포위되어 있는 동안, 로마 군대가 에돔의 마지막 남은 사람들을 다 죽여버립니다.

오늘의 묵상

바위 틈에 살고 높은 곳에 거주하는 에돔은 전략적 요충지를 믿고 안심했습니다.
당신은 지금 무엇을 믿고 있습니까?

To Love or Leave Unbelievers? / 깊이 생각하기 /

믿지 않는 자들을 대하는 신자의 태도

믿지 않는 사람들에게 둘러싸여 있을 때 하나님의 사람들은 어떻게 살아가야 할까요?

마침내 유다도 이런 고민을 시작했습니다. 이스라엘처럼 유다는 독립국가로서의 영토와 주권을 잃고 말았습니다. 백성들은 바벨론으로 끌려가서 낯선 외국 땅에서 살아야 했습니다. 다시 제대로 하나님을 경배하려고 했던 일이 더 어렵게 되었습니다. 사방이 온통 우상숭배와 이방종교 추종자들이다 보니, 유대인들은 세상에 속하지 않으면서 세상 안에서 살아가는 법을 배워야 했습니다.

풀러 신학대학교 총장 리처드 마우는 그의 저서에서 다음과 같이 쓰고 있습니다.

이스라엘의 어린이들은 바벨론에 포로로 끌려갔을 때, 예의에 대하여 몇 가지 심각한 의문을 품지 않을 수 없었습니다. 오랜 세월 그들은 자기 땅에서 익숙한 규례와 제도를 따라 살아왔습니다. 그들은 삶의 모든 면에서 하나님의 뜻에 순종하는, 적어도 공식적으로는 모든 백성이 한 마음으로 하나님께 순종하는 문화를 배우며 자랐습니다. 그러나 지금은 낯선 환경에 처한 외국인이 되었습니다. 그리고 온통 이교도 문화가 스며 있는 사회에 살고 있습니다. 시편 137편은 그들의 통렬한 탄원을 기록합니다. "우리가 이방 땅에서 어찌 여호와의 노래를 부를까?"(시 137:4). 하나님은 선지자 예레미야를 통해 그들의 호소에 대답하셨습니다. "너희는 집을 짓고 거기에 살며 텃밭을 만들고 그 열매를 먹으라. 아내를 맞이하여 자녀를 낳으며 너희 아들이 아내를 맞이하며 너희 딸이 남편을 맞아 그들로 자녀를 낳게 하여 너희가 거기에서 번성하고 줄어들지 아니하게 하라"(렘 29:4-6). 그리고 더 중요한 정책 선언이 덧붙여집니다. "너희는 내가 사로잡혀 가게 한 그 성읍의 평안을 구하고 그를 위하여 여호와께 기도하라. 이는 그 성읍이 평안함으로 너희도 평안할 것임이라"(시 137:7).

하나님은 이스라엘 백성들에게 낯선 환경 때문에 한탄하지 말고, 그곳 사람들을 돌보고 그들과 결혼하며 그들의 선을 구하라고 말씀하셨습니다. 하나님은 우상숭배를 증오하시고, 하나님보다 자기 자신을 위하는 기복종교들을 경멸하십니다. 그러나 사람들 자체를 싫어하시는 것은 아닙니다. 사악함은 미워하시지만, 사악한 사람들은 미워하시지 않으십니다. 하나님은 선지자들을 통해 이 사실을 끊임없이 일깨우십니다. 세상 모든 사람들이 하나님께로 돌아와 구원받기를 바라십니다.

유다 백성들처럼 우리들도 하나님을 따르지 않는 많은 사람들 속에서 살아갑니다. 때로 그들을 무시하고 싶을 때도 있고 짐짓 겉으로만 겸손한 태도로 대할 때도 있지만 그것은 하나님의 뜻이 아닙니다. 적당히 타협하는 것이 아니라 믿음을 단단히 붙드는 것이 중요하다고, 우리에게 보여주신 사랑으로 다른 사람들을 사랑해야 한다고 하나님은 강조하십니다.

리처드 마우가 설명합니다.

> 하나님이 이스라엘 백성들에게, 그리고 우리들에게 하시는 말씀입니다. 무관심이나 적대감은 믿지 않는 이웃들을 대하는 적절한 방법이 아닙니다. 우리는 그들의 복지를 구해야 합니다. 사실 우리는 다른 사람들의 행복을 구할 때 행복을 느낍니다. 하나님은 친절하지도 온유하지도 않은 그리스도인을 바라지 않습니다.

예수님은 돌아가시기 전에, 하나님이 가장 원하시는 바를 가르쳐주셨습니다. "아버지께서 나를 세상에 보내신 것 같이 나도 그들을 세상에 보내었고… 내가 그들 안에 있고 아버지께서 내 안에 계시어 그들로 온전함을 이루어 하나가 되게 하려 함은 아버지께서 나를 보내신 것과 또 나를 사랑하심 같이 그들도 사랑하신 것을 세상으로 알게 하려 함이로소이다"(요 17:18, 23). 하나님이 기뻐하시는 것은 죄를 벌하시는 것이 아니라, 죄인을 하나님께로 나아오게 하는 것입니다. 바로 그 메시지대로 살라고 우리를 택하신 것입니다.

오늘의 묵상

예수님을 따르지 않는 사람들을 어떤 태도로 대합니까?
그들에게 당신의 신앙을 말로 전하느라 애를 씁니까, 아니면 사랑과 친절로 대하려고 노력합니까?
사도 베드로의 말씀을 삶에서 실천할 수 있도록 기도하십시오. "너희 속에 있는 소망에 관한 이유를 묻는 자에게는 대답할 것을 항상 준비하되 온유와 두려움으로 하라"(벧전 3:15).

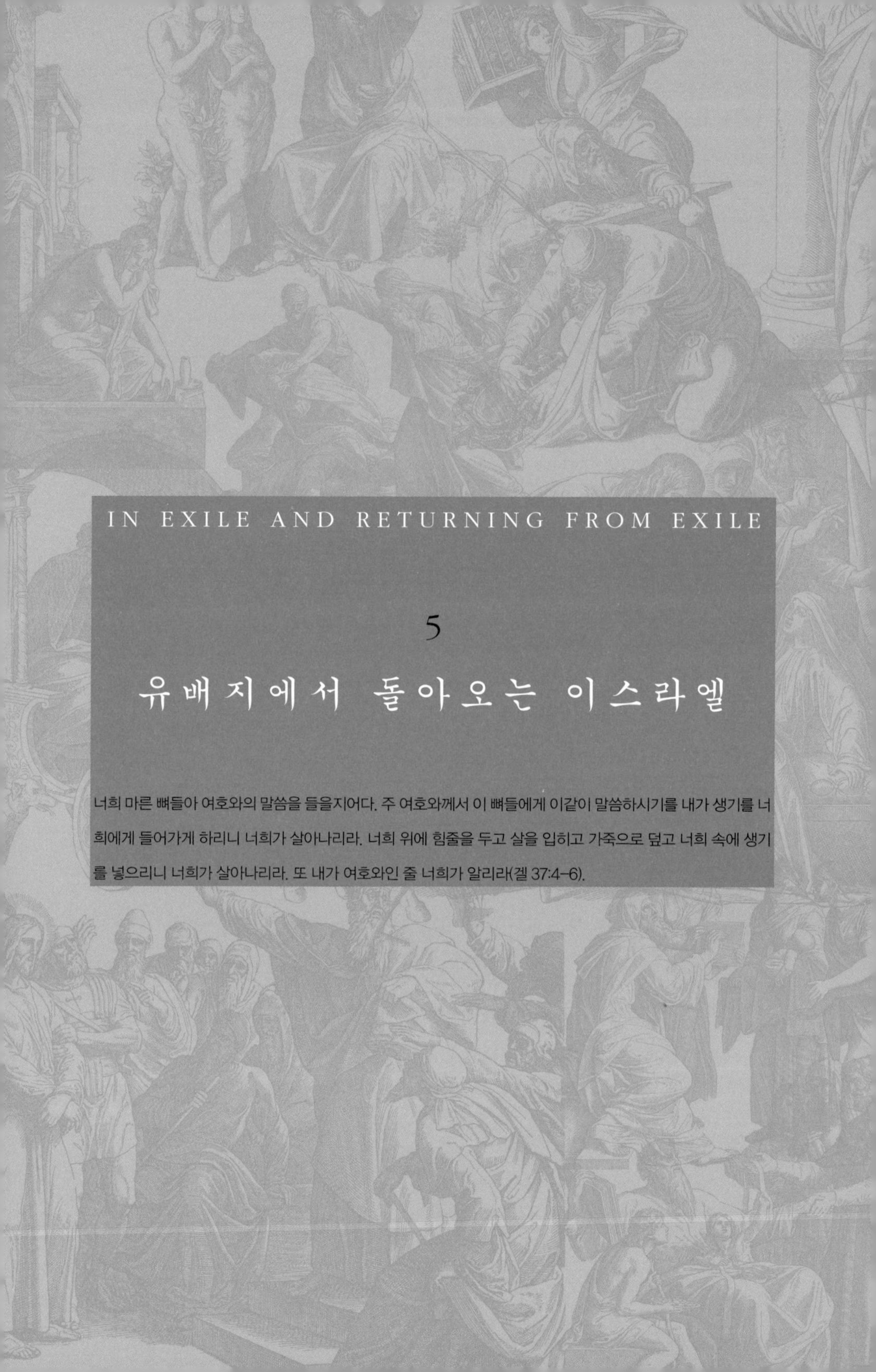

IN EXILE AND RETURNING FROM EXILE

5

유배지에서 돌아오는 이스라엘

너희 마른 뼈들아 여호와의 말씀을 들을지어다. 주 여호와께서 이 뼈들에게 이같이 말씀하시기를 내가 생기를 너희에게 들어가게 하리니 너희가 살아나리라. 너희 위에 힘줄을 두고 살을 입히고 가죽으로 덮고 너희 속에 생기를 넣으리니 너희가 살아나리라. 또 내가 여호와인 줄 너희가 알리라(겔 37:4-6).

The Living Creatures and the Glory of the Lord

서른째 해 넷째 달 초닷새에
내가 그발 강 가 사로잡힌 자 중에 있을 때에
하늘이 열리며 하나님의 모습이 내게 보이니
(겔 1:1).

네 생물과 하나님의 영광 / 겔 1:1-28 /

예레미야, 하박국, 오바댜가 유다에서 예언을 전하고 있을 무렵, 에스겔이 극적으로 부르심을 받습니다. 유배 중에 있는 불쌍한 이스라엘 백성들을 섬기라는 소명이었습니다. 바벨론 군대는 예루살렘이 함락되기 전 20여 년 동안 유다를 약탈하였고, 에스겔은 약 800여 킬로미터 떨어진 바벨론으로 끌려간 첫 번째 포로들 가운데 한 사람이었습니다. 거기서 에스겔은 강가에 꾸려놓은 난민 정착촌에서 이스라엘 사람들과 함께 생활합니다.

바벨론에 있는 이스라엘 난민들은 고국으로 돌아갈 날만을 손꼽아 기다립니다. 그러던 중 선지자 예레미야로부터 충고와 위로의 편지를 받습니다. 한편, 유다 왕들은 이스라엘이 바벨론에 저항하는 것을 싫어합니다. 혹시나 바벨론의 분노를 부추길 수도 있다는 두려움 때문입니다. 그들은 포위당한 조국이 과연 살아남을 수 있을지 몰라 애만 태웁니다.

이들처럼 기가 죽은 난민들에게는 강하고 권위적인 목소리가 필요합니다. 바로 에스겔이 그 목소리를 내기 시작합니다. 제사장 교육을 받고 있던 젊은 에스겔은 강제 이송으로 말미암아 인생 계획에 큰 차질이 생겼습니다. 성전이 예루살렘에 있으니 제사장은 바벨론에서 할 일이 없습니다. 그는 고민을 많이 했을 것입니다. 하나님은 유배 중인 이스라엘 백성들에게 말씀을 전할 선지자로 에스겔을 부르신 것입니다.

에스겔서의 시작은 초자연적 현상에 대한 묘사이기 때문에 어떤 사람들은 그가 UFO를 본 것이라고 추측하기도 합니다. 사실 번쩍이는 불빛, 신속한 움직임, 인간의 모습이 아닌 형상 등 유사한 점들이 있기는 합니다. 그러나 이 사건에는 특별한 점이 있습니다. 이 위대한 권능자는 신비로움만 남기고 갑자기 사라지지 않았습니다. 그분은 모든 사람이 자신에 대해 알게 되기를 바라셨습니다. 그리고 그렇게 하기 위해 선지자 에스겔을 특별히 선택하셨습니다.

그런 엄청난 광경을 마주하자 에스겔은 즉시 엎드립니다. 그러나 여호와의 영이 그를 일으켜 세우시고 그에게 사명을 주십니다. 이 환상을 본 뒤로 에스겔은 유배 중인 이스라엘 사람들이 '하나님이 우리를 버리신 게 아닌가?'라고 의심했던 문제를 다시는 고민하지 않게 됩니다. 너무도 생생하게 가까이에서 환상을 접한 에스겔은 하나님이 그의 백성을 사랑하시며 바벨론에서 유배 생활을 하는 사람들까지도 모두 돌보신다는 것을 영원히 확신합니다.

오늘의 묵상

하나님께 버림받았다고 느낀 적이 있습니까?
그 감정을 극복하는 데 도움이 된 것은 무엇입니까?

Ezekiel's Call

내게 이르시되
인자야 내가 네게 주는 이 두루마리를 네 배에 넣으며
네 창자에 채우라 하시기에 내가 먹으니 그것이 내 입에서 달기가 꿀 같더라
(겔 3:3).

에스겔을 부르심 / 겔 2:1-5, 9-3:3, 10-27 /

정통 유대교 랍비들은 에스겔서 1-3장을 서른 살 이전에는 읽지 못하게 금합니다. 서른 살 이전의 젊은이는 여호와의 영광을 그렇게 직접 조우할 준비가 아직 안 되었다고 생각하기 때문입니다. 실제로 에스겔도 그 환상을 보고서는 겨우 살아남았습니다. 그는 계속 얼굴을 땅에 대고 엎드려 있었고, 7일 동안 말을 하지 못했습니다.

그렇게 숭고한 계시를 보여주시는 것은 하나님의 훈련법 중 하나입니다. 그리고 선지자에게 사명을 감당할 힘을 주시는 과정입니다. 이사야가 톱질을 당하고 예레미야가 구덩이에 던져진 선례를 보면, 유다의 선지자들이 두려워할 만도 합니다. 에스겔은 적국의 심장부에서 살고 있는 고집 센 이스라엘 백성들에게 하나님의 말씀을 전해야 합니다. 그래서인지 하나님은 처음부터 에스겔에게 특별한 경험을 하게 하십니다. 어떤 고난이

와도 결코 잊지 않고 의심하지 않을 경험을 주십니다.

하나님은 이스라엘 백성 가운데 에스겔의 메시지를 귀담아 들을 사람이 거의 없을 거라고 경고하십니다. 그는 메시지를 듣는 백성들만큼이나 고집 세고 단호하게 행동해야 할 것입니다. 결과적으로 에스겔은 고독한 삶을 삽니다. 사람들은 그를 몽상가로 치부하며 예루살렘의 멸망을 전하는 그의 예언을 듣고는 비웃습니다. 그러나 부정적 분위기의 예언이지만, 에스겔은 희망의 끈을 결코 놓지 않습니다. 그는 이 비극이 끝나고 하나님이 그의 백성과 성전을 회복하실 미래를 봅니다.

에스겔의 믿음은 흔들리지 않습니다. 여호와의 영광에 대한 환상을 보았기 때문입니다. 제사장이 되는 훈련을 받은 탓에 그는 빛과 불과 광채를 확실하게 알아봅니다. 이스라엘 백성들은 광야에서 지내는 동안 불기둥 속에서, 그리고 솔로몬 성전에 임하셨던 구름 기둥 속에서 이런 형상을 본 적이 있습니다. 이곳 바벨론에서도 에스겔은 여호와의 영광을 보았습니다. 이런 경험만으로도 그는 자기를 둘러싼 적들과 맞서 싸울 용기를 얻습니다.

오늘의 묵상

사람들에게 하나님에 대해 이야기하려고 할 때 직면하는 어려움은 무엇입니까?

Siege of Jerusalem Symbolized

또 철판을 가져다가 너와 성읍 사이에 두어
철벽을 삼고 성을 포위하는 것처럼 에워싸라.
이것이 이스라엘 족속에게 징조가 되리라
(겔 4:3).

포위당한 예루살렘에 대한 그림 / 겔 4:1-17 /

누군가가 소설가 플래너리 오코너에게 왜 소설 속에 그렇게 과장되고 괴상한 인물들을 그려넣는지 물었습니다. 그녀는 이렇게 대답합니다. "듣지 못하는 사람에게는 소리칠 수밖에 없고, 눈이 어두운 사람에게는 깜짝 놀랄 만큼 커다란 그림을 그려줘야 합니다." 에스겔의 괴상한 행동에 대해서도 이런 설명을 할 수 있을 것입니다. 에스겔 역시 메시지를 참을성 있게 듣지 못하는 어리석고 고집 센 청중을 두었습니다. 그래서 하나님은 에스겔로 하여금 기괴한 방법을 사용하여 메시지를 전달하게 하십니다.

에스겔서는 선지자가 행동으로 보여준 열두 개의 구체적 실례를 기록했습니다. 예를 들어, 일 년 동안 밧줄로 몸을 동여맨 채 예루살렘의 모형을 그린 흙벽돌을 보면서 한쪽으로만 누워 지냅니다. 이상합니까? 절벽 끝을 향해 돌진하는 자동차를 보고 있다면, 당신은 소리를 지르고 온갖 손짓발

짓을 할 것이고 사람들은 당신이 미친 줄 알 것입니다. 에스겔의 경우도 마찬가지입니다. 사람들의 주의를 집중시키기 위해서는 무슨 짓이든 할 모양입니다.

에스겔서의 첫 부분은 유다 본국에서의 정치적 상황을 주로 언급합니다. 거짓 선지자들은 하나님이 절대로 그의 성전과 거룩한 도성을 무너지게 놔두지 않으실 거라며 이스라엘 난민들에게 확신을 줍니다. 에스겔은 이런 거짓 희망을 꾸짖으며, 강한 어조로 하나님의 심판 계획을 공공연히 외칩니다. 심판 날에 대한 메시지를 전하는 그 역시 마음이 착잡합니다. 미래에 대한 환상을 보면서 그는 두 번을 엎드리며 두려움에 큰 소리로 울부짖습니다(겔 9:8; 11:13). 오늘 본문에서 하나님은 그에게 인분으로 떡을 구워 먹으라고 하십니다. 그것은 하나의 상징적 행위이나, 에스겔은 너무 충격을 받아 그대로 따르지 못합니다.

에스겔은 희석되지 않은 하나님의 메시지를, 이스라엘 사람들이 결코 무시할 수 없는 방법으로 전달합니다. 에스겔의 과장된 태도는 그에게 명령을 내리신 분에 대해 많은 것을 말해줍니다. 하나님은 그의 백성을 돌이키기 위해, 모든 힘이 다하더라도 그들을 내버려두지 않으실 것입니다. 하나님이 마지막 희망을 버리지 않으실 수만 있다면 어떤 방법도, 어떤 계획도 품위 없거나 천박하지 않습니다. "나의 삶을 두고 맹세하노니 나는 악인이 죽는 것을 기뻐하지 아니하고 악인이 그의 길에서 돌이켜 떠나 사는 것을 기뻐하노라. 이스라엘 족속아 돌이키고 돌이키라. 너희 악한 길에서 떠나라. 어찌 죽고자 하느냐"(겔 33:11).

오늘의 묵상

하나님이 어떤 방법으로 당신의 주의를 집중시키십니까?

The Valley of Dry Bones

주 여호와께서 이 뼈들에게 이같이 말씀하시기를
내가 생기를 너희에게 들어가게 하리니
너희가 살아나리라
(겔 37:5).

마른 뼈들의 골짜기 / 겔 37:1-28 /

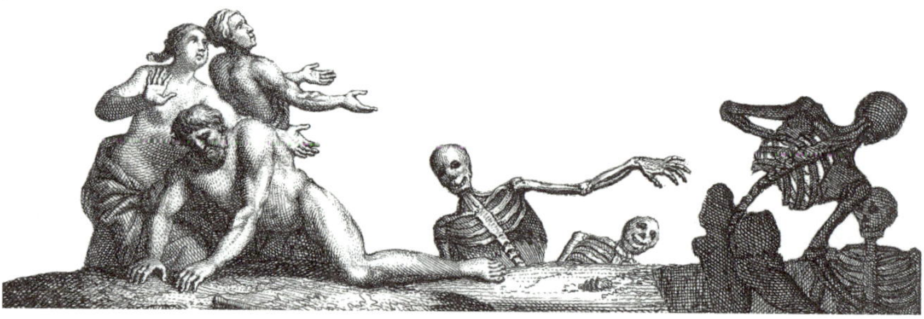

왜 예루살렘이 멸망합니까? 왜 유다의 모든 원수들이 그렇게 잔인하게 변합니까? 그것은 하나님이 스스로 여호와이심을 알리시려고 뜻하셨기 때문입니다. 에스겔서에는 "그들이 나를 여호와인 줄 알리라"는 구절이 60번 이상 반복해서 나옵니다. 그런데 분위기가 갑자기 바뀌면서 하나님은 이 구절을 이용하셔서 이스라엘에게 행복한 미래를 허락하시는 이유를 설명하십니다.

모든 어두운 메시지를 뒤로 하고 이제 에스겔은 큰 기쁨과 소망의 말씀을 선포하려 합니다. 예언을 시작하던 초기에 그는 홀로 심판을 예언했고 듣는 사람은 아무도 없었습니다. 그러다 아무것도 전하지 않고 7년을 보냈습니다. 그러나 이제 다시 입을 열고 희망찬 메시지를 전합니다.

에스겔은 유배 중인 이스라엘 사람들 사이에 갑자기 인기가 치솟습니다. 예루살렘이 함락될 거라는 예언이 적중했기 때문입니다. 사람들이 그의 말을 들으려고 몰려들지만, 에스겔은 그들의 강퍅한 마음을 꾸짖으며 앞으로 있을 좋은 소식을 확인시켜줍니다.

에스겔서에서 마른 뼈 골짜기의 놀라운 환상보다 더 효과적으로 희망의 메시지를 전해주는 부분은 없습니다. 흩어진 마른 뼈들이 영광스럽게 생명을 얻듯이 죽은 자들이 다시 살아날 것입니다.

에스겔의 말을 듣던 사람들은 성전이 무너졌다는 끔찍한 소식을 들으면서 하나님이 그들을 떠난 게 틀림없다고 생각합니다. 그러나 에스겔은 하나님이 포기하지 않으셨다는 확신을 심어줍니다. 유다와 이스라엘로 나뉜 왕국은 마침내 하나로 통일될 것입니다. 하나님이 그의 택하신 백성과 함께 지내시기 위해 집으로 돌아오고 계십니다.

이 책은 옛 성전의 폐허 위에 세워지는 새로운 예루살렘에 대한 눈부신 환상으로 끝맺습니다. 에스겔의 말을 이스라엘에 적용할 때 문자 그대로 해석하느냐 상징적으로 해석하느냐의 문제로 학자들 사이에서 의견이 분분합니다. 어쨌거나 좋은 소식이 온 세상에 영향을 줄 것은 분명합니다. 새로운 도성에 대한 승리의 이름이 그 사실을 말해줍니다. "그날 후로는 그 성읍의 이름을 여호와삼마(여호와께서 거기에 계시다)라 하리라"(겔 48:35).

오늘의 묵상

당신의 영적 상태는 어떻습니까? 마른 뼈들과 함께 있습니까?
겨우 움직이고 있습니까? 아니면 생생하고 활기차게 살아 있습니까?

하나님의 독특한 사랑법

에스겔서는 성경 전체에서 가장 특이한 방법으로 하나님에 대해 설명합니다. 에스겔서를 보면, 사랑하는 사람들에게 메시지를 전하기 위해서는 어떤 일도 서슴지 않는 하나님을 보게 됩니다. 머리가 너무 단단하게 굳어서 하나님이 예비하신 미래를 믿지 못하는 사람들도 하나님은 포기하지 않으십니다.

하나님은 일련의 끔찍한 상징을 통해 예루살렘의 멸망이 임박했음을 경고하십니다. 에스겔은 포위당한 예루살렘에 대한 그림을 그리고, 쇠똥으로 구운 떡을 먹으며 일 년 동안 옆으로 누워 지내야 합니다. 또 머리를 박박 밀고 나서, 일부는 불에 태우고 일부는 칼로 치며 일부는 바람에 날려 보내고, 조금 남겨서 옷자락에 싸두어야 합니다. 이스라엘의 사악한 행동의 결과를 예언할 때는 손뼉을 치고 발을 굴러야 합니다. 그는 울부짖으며 심판과 멸망을 예언해야 합니다. 그리고 짐을 싸들고 벽 속에 구멍을 파고 드나들어야 합니다. 먹고 마실 때는 사람들 앞에서 몸을 떨어야 합니다. 아내가 죽었는데도 애곡해서는 안 됩니다. 이 모든 행동은 죄에 대한 하나님의 고통과 사람들이 겪게 될 결과를 알려주기 위한 것입니다.

하나님은 나중에 메시지의 내용을 희망적으로 바꾸시며, 에스겔에게 새로운 성전 설계도를 자세히 보여주십니다. 하나님은 사람들을 용서하시고 깨끗케 하시고, 그들에게 새로운 마음을 심어주시며 평화만이 존재하는 영원한 나라를 세우실 것입니다.

에스겔서에서 하나님은 격렬하고 열정적인 언어로 말씀하십니다. 핵심 내용을 전달하기 위해, 간단한 비유나 예화를 사용하지 않으십니다. 선지자로 하여금 정신이상자처럼 보일 만한 행동을 하게 하십니다. 하나님은 자제하는 모습을 보이려고 애쓰지도 않습니다. 계속 자제하기만 한다면 그의 백성들이 절망의 메시지를 알아듣지 못하기 때문입니다.

지금도 하나님은 우리로 하여금 하나님의 진리와 사랑을 경험하게 하시려고 온갖 방법을 다 동원하십니다. 작가 브렌트 커티스와 존 엘드리지는 우리를 연인으로 얻으려는 열정적 추적자의 모습으로 하나님을 그립니다. "하나님이 펑크 난 타이어나 부도 수표, 혹은 비 때문에 취소된 피크닉으로 우리에게 구애하신다고요? … 암이나 성적 고민, 또는 자포자기 등의 문제에 직면했을 때 하나님이 원하시는 바는 무엇입니까? … 우리의 인생 이야기는 저자 이상의 역할을 하시는 하나님이 쓰고 계십니다. 하나님은 우리 각자가 등장하는 드라마에서 활약하시는 사랑에 빠진 주연배우이십니다. … 하나님은 하나님 자신을 위해 우리를 창조하셨습니다. 그리고 지금은 우리를 하나님 편으로 되돌아오게 하기 위해서 하늘과 땅을 움직이십니다. 하나님의 구애는 거칠어 보입니다. 그 이유는 우리가 선택했던 집착과 탐욕으로부터 우리의 마음을 자유롭게 해주시려고 애쓰시기 때문입니다."

사랑하는 사람을 어떻게 해서든 자기에게 돌아오게 하려는 연인 같은 분이 하나님이십니다. 하나님은 너무도 열정적이시므로, 우리를 하나님께로 끌어올 수 있는 방법이면 무엇이든 서슴지 않으십니다. 커티스와 엘드리지가 말합니다. "영원의 로맨스를 잃으면 마음을 잃게 됩니다. 이 사실은 영원불멸의 하나님이 우리를 영생의 영역으로 데려가시려고 애쓰셨다는 것을 증명합니다. … 그리고 아무리 거절해도 하나님은 여전히 우리를 쫓아오십니다."

오늘의 묵상

때로 괴상하고 특이한 방법이지만 하나님이 당신에게 구애하고 계신다고 느끼는 때가 있습니까?
이런 경험이 있다면 당신을 그렇게 열정적으로 사랑해주시는 하나님께 감사드리십시오.
그런 경험이 없다면 하나님의 구애를 알아볼 수 있는 눈을 달라고 간구하십시오.

Daniel's Training in Babylon

하나님이 이 네 소년에게 학문을 주시고
모든 서적을 깨닫게 하시고 지혜를 주셨으니
다니엘은 또 모든 환상과 꿈을 깨달아 알더라
(단 1:17).

바벨론에서 훈련받는 다니엘 /단 1:1-21/

에스겔이 유배당한 이스라엘 사람들을 위해 설교하고 말씀을 전하면서 살았던 반면, 다니엘은 바벨론으로 뽑혀와 왕궁 일을 맡아했습니다.

다니엘의 삶은 고대 인물 요셉의 삶과 매우 흡사합니다. 요셉 역시 이국 정부에서 높은 지위에 올랐던 사람입니다. 오늘 본문에서 기록하듯이, 다니엘은 정체성에 대한 원칙을 굽히지 않고 성공합니다. 야망과 음모가 가득한 환경에서 잘 성장하여 유대인으로서의 고결함을 잃지 않습니다.

바벨론 사람들은 유대 청년들에게서 그들의 전통을 제거하려고 갖은 노력을 다합니다. 이교도식 이름을 새로 지어주는가 하면, 제사에 쓰였던 포도주와 음식을 강제로 먹게 합니다. 이 젊은이들은 교양과정을 이수하여 훈련을 받게 되는데, 그 내용이 유대인들에게는 대단히 가증스러운 요술과 마법, 다신교에 관한 것입니다. 다니엘과 그의 세 친구는 이런 장애를 모두 극복하고 온 나라에서 어느 누구보다 뛰어난 재능을 보여 왕의 관심을 받게 됩니다.

성경에 나오는 선지자들을 두루 살펴보면, 어떻게 하나님과 국가 정부를 동시에 섬길 수 있는지 보여주는 본보기를 발견합니다. 아모스나 엘리야처럼 주변인으로서 사회의 악에 맞서는 선지자가 있는가 하면, 이사야나 사무엘처럼 왕에게 충고를 해주는 위치에 선 선지자들도 있습니다. 그리고 오늘 본문의 선지자 다니엘은 정체성을 순수하게 지키면서 압제 정부 아래서 일합니다.

적어도 66년 동안 다니엘은 성실과 지략으로 이교도 왕을 섬기지만, 단 한 번도 믿음에 관해 타협하지 않습니다. 죽음의 위협 앞에서도 그는 믿음을 지킵니다. 믿음이 없거나 다른 사람의 믿음을 존중하지 않는 사람들 속에서 어떻게 살아가야 하는지를 보여주는 본보기로 다니엘만 한 사람을 성경에서 찾을 수 없습니다.

오늘의 묵상

믿음의 순수성을 지키기 위해 혼자 어려운 입장에 섰던 경험이 있습니까?

Nebuchadnezzar's Dream

느부갓네살이 다스린 지 이 년이 되는 해에
느부갓네살이 꿈을 꾸고 그로 말미암아
마음이 번민하여 잠을 이루지 못한지라
(단 2:1).

느부갓네살의 꿈 / 단 2:1-23 /

하나님은 이스라엘 사람들을 다시 일깨우고 이방나라들에 권능을 나타내시려고 합니다. 구약시대에 높은 지위에 있는 사람들로 하여금 생명의 위협을 받게 하시고, 하나님의 사람들로 하여금 하나님의 도움으로 문제를 해결하게 하십니다. 여기서는 다니엘과 하나냐, 미사엘, 아사랴를 왕에게 접근시키셔서 바벨론의 가장 뛰어난 현자도 하지 못한 일을 하게 하십니다. 왕이 요구하는 일은 오로지 신만이 할 수 있다고 점성술사들은 말합니다. 맞는 말입니다. 참되신 하나님 한 분만이 사람의 꿈을 아십니다. 하나님은 다시 한 번 택하신 백성과 바벨론 사람들에게 진정한 통치자는 자신이라고 선포하실 것입니다.

오늘의 묵상

최근에 하나님의 권능이 다른 사람의 삶에서 역사하는 것을 본 적이 있습니까?

Daniel Interprets the Dream

오직 은밀한 것을 나타내실 이는
하늘에 계신 하나님이시라.
그가 느부갓네살 왕에게 후일에 될 일을 알게 하셨나이다
(단 2 : 28).

꿈을 해석하는 다니엘 / 단 2:24-49 /

하나님은 왕의 꿈을 다니엘이 해석하게 하심으로써 그분의 권능을 나타내십니다. 느부갓네살 왕의 꿈에 나타났던 신상은 팔레스타인 지역과 이스라엘 백성을 다스릴 이방 나라들을 표상합니다. 금으로 된 머리 부분은 바벨론 왕국을, 은으로 된 몸통 부분은 메대-페르시아를, 동으로 된 배와 넓적다리는 그리스 제국을, 그리고 철로 된 다리와 발은 로마제국을 상징합니다. 이 네 개의 왕국은 지상의 또 다른 세력에 의해 망하는 게 아니라 신상을 쳐서 무너뜨리는 돌, 즉 장차 오실 예수님에 의해 멸망할 것입니다. 그리스도께서 다시 오실 때, 메시아의 영원한 통치를 선포하시며 이 땅의 모든 나라들을 다스리실 것입니다.

오늘의 묵상

오늘날 예수님께서 무너뜨리길 간절히 바라는 왕국이 있다면 무엇일까요?
정치 집단이나 사회 집단의 영향력입니까? 파괴적인 문화 사조입니까?

The Image of God and the Fiery Furnace

왕이여 우리가 섬기는 하나님이 계시다면
우리를 맹렬히 타는 풀무불 가운데에서 능히 건져내시겠고
왕의 손에서도 건져내시리이다
(단 3:17).

금 신상과 풀무불 / 단 3:1-29 /

다니엘서에 나오는 이야기들은 매우 잘 알려져 있습니다. 처음 여섯 장에 나오는 이야기들은 모두 공포영화 각본 같기도 합니다. 오늘 본문에서 다니엘의 세 친구는 느부갓네살의 칙령을 영적 순수성에 대한 최후통첩으로 받아들입니다. 이들이 간직하고자 했던 영적 순수성은 그들을 돌이킬 수 없는 갈등으로 몰아갑니다. 이들로서는 하나님과 바벨론 왕을 동시에 섬길 수 없습니다. 타협이란 있을 수 없는 일입니다.

고집 센 유다는 우상숭배 때문에 징계를 받았습니다. 그들이 느부갓네살과 그의 신상에 절한다면 절대로 하나님의 복을 기대할 수 없습니다. 다니엘의 친구들이 보인 단호한 반응을 보면, 바벨론 포로 생활이 유다 족속 전체를 정화하는 불이 되고 있음을 알게 됩니다.

다니엘서는 매우 흥미진진합니다. 이스라엘 역사상 유래가 없는 이 불

안한 시기에 하나님은 기적을 끊임없이 보여주시면서 이스라엘을 안심시키십니다. 초자연적 꿈과 벽에 쓰인 신비한 글, 그리고 풀무불과 사자 굴에서 살아나오는 등의 기적은 힘든 유배 생활에 찌든 유다 백성에게 희망을 주었을 것입니다. 실제로 엘리사 시대 이후로 이스라엘 사람들은 그런 기적이나 기사를 본 일이 없기 때문입니다.

풀무불 이야기는 해피엔딩입니다. 세 명의 용감한 유대 청년들의 바람을 훨씬 뛰어넘는 결과였습니다. 단순히 살아남은 것뿐만 아니라, 그 사건을 통해 느부갓네살이 유대인들의 종교를 허용하겠다는 결심을 하게 됩니다.

이스라엘 사람들은 아직도 하나님을 자신들의 공동체 안에 가두려 하지만 하나님의 축복은 그 경계를 넘어 흘러넘칩니다. 하나님이 처음으로 아브라함에게 언약을 계시하실 때, 아브라함의 자손을 통해 온 세상을 축복하시겠다고 약속하셨습니다(창 12:3). 역설적이기는 하지만 누구도 원치 않았던 바벨론 유배 기간, 이 치욕스런 순간에 유대인들은 하나님만이 온전히 영광 받으실 분이라는 사실을 다른 사람들에게 확증하고 있습니다. 당대 어느 유다 왕도 아닌 느부갓네살과 다리오의 선포를 통해 하나님이 큰 영광을 받으십니다(단 6:26-27).

오늘의 묵상

다니엘의 친구들이 취한 태도는 믿음에 대하여 무엇을 가르쳐줍니까?(단 3:16-18)

The Writing on the Wall

그때에 사람의 손가락들이 나타나서
왕궁 촛대 맞은편 석회벽에 글자를 쓰는데
왕이 그 글자 쓰는 손가락을 본지라
(단 5:5).

벽에 쓰인 글씨 / 단 5:1-30 /

기적을 보는 사람은 벌떡 일어나 가만히 주의를 집중하게 됩니다. 그러나 그 기적으로 인해 생긴 심경의 변화는 그리 오래가지 않습니다. 느부갓네살은 히브리 민족의 하나님에 대해 새롭게 배우고 열정을 품게 되지만 시간이 지나자 그런 열심을 모두 소진하고 맙니다.

그의 아들 벨사살은 선왕이 경험한 기적들을 모두 목도했지만 오래도록 기억해두지 못합니다. 5장은 새 왕이 천 명이나 되는 귀족들과 왕후, 후궁들과 더불어 큰 잔치를 베푸는 장면을 묘사합니다. 그들은 적군이 도성으로 침입해 들어온다는 보고는 안중에도 없는 듯, 주인과 며칠씩 유숙하며 먹고 마시는 일종의 허리케인 파티를 엽니다. 잔치에는 유행에 따라 종교적 요소도 포함됩니다. 그들은 우상에게 절하고, 예루살렘 성전에서 탈취해온 성배에 술을 부어 마십니다.

벨사살의 정신없는 잔치자리에 마치 공포 영화에나 나올 법한 장면이 펼쳐집니다. 무시무시하게 손도 없는 손가락만 나타나서 벽에 무슨 메시지를 씁니다. 왕은 벌벌 떨며 얼굴이 창백해집니다. 그런데 그때 왕비가 유대 사람들 중에 나이 지긋하고 신통력 있는 선지자가 있다는 정보를 떠올립니다. 다니엘은 세월이 흘러도 전혀 변하지 않았습니다. 그는 왕의 뇌물을 정중히 거절하고 즉석에서 설교를 한 뒤, 메시지 내용을 해석해줍니다.

그날 밤 다니엘은 그 압제 정권에서 더 높은 자리에 임명받습니다. 그러나 그 자리는 오래가지 않습니다. 바로 그날 밤 바벨론은 메데의 다리오 왕에게 기습 공격을 받고 정복당합니다.

벽에 쓰인 글씨는 멸망 직전에 내려진 최종 경고를 상징합니다. 이스라엘과 유다의 선지자들은 백성들에게 하나님의 글씨를 해석해주려고 온갖 노력을 했지만 소용이 없었습니다. 그래서 하나님은 그들을 징계하시기 위해 바벨론을 이용하셨습니다. 그런데 바벨론도 다니엘과 같은 영적 거인의 경고를 무시하고 스스로 멸망을 자초합니다. 그들은 벽에 쓰인 글씨를 너무 오랫동안 무시했던 것입니다.

오늘의 묵상

하나님이 당신의 삶에 친히 글씨를 쓰신 적이 있습니까?

Daniel in the Den of Lions

이에 왕이 명령하매 다니엘을 끌어다가 사자 굴에 던져 넣는지라.
왕이 다니엘에게 이르되 네가 항상 섬기는 너의 하나님이
너를 구원하시리라 하니라
(단 6:16).

사자 굴 속의 다니엘 / 단 6:1-26 /

60여 년의 봉직을 끝내고 마침내 다니엘은 그의 세 친구가 풀무불에 던져졌던 것과 비슷한 일을 당합니다. 이것은 하나님의 법과 땅의 법 사이에 화합할 수 없는 갈등이 있기 때문입니다. 지난 세월 동안 다니엘은 바벨론식 이름을 얻는 등 유대의 많은 전통을 잃었습니다. 그러나 예루살렘 성전에서 예배드리고자 했던 그의 소망대로 하나님을 섬길 수 없다 해도, 하나님에 대한 다니엘의 신실함은 흔들리지 않습니다. 왕의 새로운 칙령으로 도전을 받지만 이 늙은 선지자는 늘 하던 대로 예루살렘을 향해 무릎을 꿇고 하루에 세 번씩 기도합니다.

사자 굴에 던져진 다니엘의 이야기는 유대인과 그리스도인 모두에게 특별한 의미를 갖습니다. 슬프게도 역사는 끊임없이 반복되기 때문입니다. 로마제국, 스탈린의 러시아, 히틀러의 독일 그리고 중국…. 이들은 돌아가

며 종교를 억압했습니다. 하지만 박해가 집중됐던 이 시기에 오히려 교회는 더욱 성장했습니다. 종교적 박해를 받는 사람이 모두 다니엘처럼 기적을 경험하지는 않습니다. 하지만 이들은 어떤 형벌에도 믿음은 짓밟히지 않는다는 것을 세상에 증거한 사람들입니다.

기적이 다니엘의 목숨을 구했습니다. 그러나 그 주변에 더 놀라운 기적이 일어납니다. 다니엘의 믿음에 감동을 받은 페르시아 왕이 모든 국민들은 다니엘의 하나님을 두려워하며 경외하라는 칙령을 선포합니다. 유대인들을 박해하던 이 나라는 유대 망명자들이 본국으로 돌아갈 때 호위하며 성전 재건축을 허락할 것입니다.

바벨론에서 보냈던 힘든 시간들이 유대인들을 움직였습니다. 유대인들은 다니엘과 같이 훌륭한 사람들의 본을 따라서 율법을 공부하고, 회당에서 기도 모임을 갖기 시작합니다. 극심한 고난을 불러온 죄를 용서받고 팔레스타인으로 돌아갈 것입니다. 유대인들이 우상을 숭배한다는 말이 다시는 들리지 않을 것입니다. 정화의 불은 그 역할을 다 했습니다.

오늘의 묵상

당신을 가르치시거나 죄를 씻어주시려고 하나님이 정화의 불을 사용하신 적이 있습니까?

An Excellent Example / 깊이 생각하기 /

훌륭한 본보기

성경에서 본받을 만한 인물을 찾는다면 다니엘을 선택하십시오. 그 이유는 다니엘의 강인한 성품에 있습니다. 성경에는 실수를 범했으나 여전히 하나님이 사용하신 유약한 인물들이 많습니다. 우리가 아는 한, 다니엘은 보기 드물게 흠이 없는 사람입니다. 성경이 전하는 바에 의하면, 하나님에 대한 그의 충성심은 꿋꿋했고 누가 보아도 그는 믿음대로 살았습니다.

"너무 늦었어. 난 이미 큰 실수를 많이 저질렀어. 절대 다니엘처럼 될 수 없을 거야." 이렇게 한숨을 쉴지 모릅니다. 과거가 어떠하든, 다니엘이 보여준 그런 훌륭한 믿음을 지금부터 얼마든지 추구할 수 있습니다. 월드비전의 명예 회장이자 《탁월함을 추구하라*The Pursuit of Excellence*》의 저자인 테드 엥스트롬은 말합니다. "무슨 일을 하든 그 분야에서 탁월성을 추구하는 것은 그리스도인의 의무이자, 그리스도인임을 나타내는 가장 기본적인 증거입니다. 비언어적인 행동이 전하는 메시지가 너무 크게 들리므로, 우리가 입으로 전하는 말은 잘 들리지 않습니다."

행동은 품격을 말해줍니다. 신앙인이 된다는 것이 무엇을 의미하는지는 우리가 어떤 사람인가에 따라 다르게 보입니다. 신앙인들이 살아가는 방식은 하나님을 따르는 것이 무엇인지 믿지 않는 사람들에게 은연중에 설명해줍니다.

다니엘의 행동을 보십시오. 처음에 진귀한 음식과 술을 거부합니다. 그 음식은 우상의 제물로 쓰였던 것이므로, 다니엘은 자신의 신앙 원칙상 그런 식사를 도저히 즐길 수 없습니다. 그는 감독관에게 정중히 부탁하여 그와 그의 친구들이 물과 채소만을 먹도록 허락받습니다. 하나님이 그들의 건강을 돌보실 것을 믿었기 때문입니다.

다니엘은 왕의 꿈을 해석하려 할 때, 자신에게는 특별한 지혜가 없다는 것을 깨닫습니다. 다만 왕이 그 꿈의 뜻을 이해해야 하고 또 하나님이 다니엘을 통해 꿈의 의미를 드러내시기로 작정하셨기 때문에 다니엘은 꿈을 해석할 수 있었습니다. 그는 자기 지위가 높아지는 일 따위에는 관심이 없습니다. 그보다는 당장 자기에게 맡겨진 임무를 더 소중히 여깁니다.

나중에 권력을 잡은 다른 왕이 다니엘에게 벽에 쓰인 이상한 글씨를 읽어보라고 부탁했을 때, 다니엘은 왕이 하사하는 선물과 보상을 거절하고 그냥 벽의 글씨만 해석해줍니다. 다니엘은 이번에도 하나님이 주신 능력으로 해낸 것을 압니다. 믿음이 없는 왕에게 보상을 받는 것은 하나님에 대한 다니엘의 충성심을 희석시키는 짓입니다.

다시 새로운 왕이 등극했습니다. 다니엘은 마음이 민첩하여 총리들과 고관들 위에 뛰어나므로 왕이 그를 세워 전국을 다스리게 했습니다(단 6:3). 총리와 고관들은 다니엘에게서 아무 흠을 찾을 수 없었습니다. 그가 충성되어 아무 그릇됨도 없고 아무 허물도 없었기 때문입니다(단 6:4). 다시 한 번 다니엘의 탁월함이 그의 행동을 통해 빛을 발합니다. 그를 질투하는 주변 사람들은 하나님의 율법과 충돌하는 일을 꾸며야 비로소 그의 발목을 잡을 수 있다는 결론을 내립니다.

결국 죽음 직전에까지 내몰렸다 살아난 다니엘은 자기를 사자 굴에 던진 왕에게 불만을 품는 대신 오히려 그를 축복하며 하나님께 초점을 맞춥니다. "왕이여 원하건대 왕은 만수무강하옵소서. 나의 하나님이 이미 그의 천사를 보내어 사자들의 입을 봉하셨으므로"(단 6:21-22).

다니엘이 귀족 집안에서 태어났을지는 모르지만, 탁월함을 지니고 태어나지는 않았습니다. 그는 그 탁월함을 스스로 얻었습니다. 존 가드너는 이렇게 설명합니다. "위대함이 드러나는 사람들은 가끔 있습니다. 그러나 탁월함이 드러나는 사람들은 매우 드뭅니다. … 그들은 탁월함을 성취합니다. 탁월함은 자연스럽게 일어나는 일을 하면서 부지불식간에 얻어지는 것이 아닙니다. 또한 신나게 즐기며 살다가 우연히 얻어지는 것 역시 아닙니다. 모든 탁월함에는 목적을 향한 훈련과 끈기가 수반됩니다."

다니엘은 스스로를 단련했습니다. 그는 자기의 목적을 알고 있었고 그 목적을 끝까지 붙들고 있었습니다. 그는 하나님의 방법을 행하기에 전념하였고 그 임무를 결코 잊지 않았습니다.

오늘의 묵상

일상생활에서 탁월함에 대해 얼마나 자주 생각합니까?
최선을 다하며 견실한 태도를 유지하는 것에 관심을 갖고 있습니까?
예수 그리스도를 통해 내면의 강인함을 얻고
하나님이 보시기에 합당한 존귀함 가운데 자라갈 수 있도록 기도하십시오.

Rebuilding the Altar

요사닥의 아들 예수아와 그의 형제 제사장들과
스알디엘의 아들 스룹바벨과 그의 형제들이 다 일어나
이스라엘 하나님의 제단을 만들고
(스 3:2).

제단을 다시 세우다 / 스 3:1-4:5 /

다니엘과 에스겔을 포함한 유대 난민들은 50여 년 동안 바벨론에 포로로 잡혀 있었습니다. 다니엘처럼 이국땅에서 성공한 사람도 있었지만, 이스라엘 사람들 중에 바벨론에서 평안을 누리며 사는 사람은 하나도 없었습니다. 언제나 그들은 고국과 성전에 대한 갈망으로 애를 끓였습니다. 포로생활 중에 어느 시인은 말합니다. "예루살렘아 내가 너를 잊을진대 내 오른손이 그의 재주를 잊을지로다. 내가 예루살렘을 기억하지 아니하거나 내가 가장 즐거워하는 것보다 더 즐거워하지 아니할진대 내 혀가 내 입천장에 붙을지로다"(시 137:5-6).

종교적 관용 정책을 유지하던 페르시아의 새 왕은 유대 포로들의 첫 번째 예루살렘 귀환을 허락했습니다. 에스라는 바로 그 이야기를 기록합니다. 돌아온 포로들을 맞이하는 예루살렘의 모습을 보고 나서 그들은 애통합니다. 정복자 바벨론에게 약탈당하고 방화로 불타버린 예루살렘은 유령 도시가 되었습니다. 하나님의 성전에는 깨진 벽돌 조각들이 언덕을 이루고 있었습니다.

귀환한 사람들은 성전 재건축을 최우선순위에 두고 곧 바로 공사를 시작합니다. 이제 이들에게는 희망이 있습니다. 페르시아는 바벨론이 약탈해갔던 성전 기물들도 돌려주었습니다. 성전의 머릿돌을 올리자, 유대인들의 함성 소리가 멀리까지 들립니다. 성전은 그들이 하나님과 만날 장소이기에 성전 머릿돌을 올린 건 하나님과의 새로운 출발을 상징합니다.

그러나 곧 기쁨의 환호는 슬픔에 겨운 통곡과 뒤범벅이 됩니다. 솔로몬 성전의 그 장대함을 기억하는 나이 든 귀환자들은 옛 성전에 비해 초라한 새 성전을 보고 실망하여 울부짖습니다. 정치적 독립권을 잃은 그들은 성전 재건축을 위해서도 외국 정부의 허가를 받아야 합니다. 유대인들이 회복한 땅은 예전의 영토에 비해 아주 작습니다. 다윗과 솔로몬 시대의 영광과는 거리가 먼 시대를 살고 있습니다.

이렇게 에스라는 이스라엘에 새 역사가 열리는 시기를 소개합니다. 이제는 하나의 나라이기 보다는 교회의 모습에 더 가깝습니다. 지도자들은 적의 군대와 싸우는 데 힘을 쏟지 않고, 죄와 영적 타협을 물리치는 데 더 집중합니다. 고통스런 유배 생활을 하게 했던 실수를 반복하게 될까 봐 두려워합니다.

오늘의 묵상

영적인 면에서 무엇과 싸우고 있습니까? 죄입니까? 영적 타협입니까? 과거의 실수를 반복합니까? 하나님에 대한 신뢰 부족입니까?

A Call to Build the House of the Lord

너희는 산에 올라가서 나무를 가져다가 성전을 건축하라.
그리하면 내가 그것으로 말미암아 기뻐하고 또 영광을 얻으리라.
여호와가 말하였느니라
(학 1:8).

성전을 건축하라는 부르심 / 학 1:1-2:5 /

에스라에서 묘사되었던 끓어오르는 열정은 오래 가지 않습니다. 이스라엘과 국경을 접하고 있는 이웃 나라들이 반대를 하고 나섭니다. 그들은 오랜 숙적이 다시 일어서는 것을 달가워하지 않습니다. 성전 재건축 계획이 그들을 긴장시킵니다. 이스라엘의 하나님이 기적의 능력을 보이셨다는 소문을 들었기 때문입니다. 성전이 재건축되면 이스라엘 사람들의 종교적 열정이 다시 불붙을 것이 틀림없습니다. 이스라엘을 보호하던 페르시아조차 유대인들과 했던 약속을 지켜야 할지 주저합니다.

이런 심한 반대에 부딪치자 유대인들의 성전에 대한 열정은 식어버리고, 다른 데 관심을 쏟기 시작합니다. 귀환하고 몇 년 후 성전 재건축 공사가 중지됩니다. 유대인들은 그 대신 자신들의 집을 짓는 일에 집중하며 예전의 영화를 누려보려고 애를 씁니다. 예루살렘으로 돌아온 원래의 목적은 다 잊어버렸습니다.

첫 번째 귀환 후 20년이 지났을 무렵, 학개라는 선지자가 예루살렘에 나타나서 이스라엘의 무관심과 착각에 맞서려 합니다. 그는 예레미야처럼 분노하지 않습니다. 그리고 에스겔처럼 대중 앞에서 특이한 행위로 가르침을 주지 않습니다. 다만 그는 이 선발대에게 자신들의 상황을 주의 깊게 살펴보라고 촉구합니다. "이 성전이 황폐하였거늘 너희가 이때에 판벽한 집에 거주하는 것이 옳으냐"라고 묻습니다.

학개는 단순하고 논리적으로 설명합니다. 귀환자들은 열심히 일했으나, 무엇을 얻었습니까? 작황은 형편없습니다. 돈은 벌자마자 사라져버립니다. 학개는 잘못된 우선순위 때문이라고 지적합니다. 이스라엘 백성들은 하나님을 최우선순위에 두어야 합니다. 성전 재건축이 먼저여야 합니다. 하나님의 신망이 위태로운 상태입니다. 성전이 하나님의 임재를 의미한다면, 하나님의 집이 폐허가 된 상태에서 어떻게 영광을 받으실 수 있겠습니까?

오랜 세월 뒤 예수님께서 하신 말씀은 학개의 메시지를 요약한 것입니다. "염려하여 이르기를 무엇을 먹을까 무엇을 입을까 하지 말라. … 그런즉 너희는 먼저 그의 나라와 그의 의를 구하라. 그리하면 이 모든 것을 너희에게 더하시리라"(마 6:31, 33). 놀랍게도 학개의 메시지에 백성들은 즉각 반응합니다. 아모스, 이사야, 예레미야와 같은 선지자들은 수십 년을 설교하고도 그런 진실한 반응을 얻지 못했습니다.

오늘의 묵상

당신의 우선순위는 무엇에 미혹을 받습니까?

The Lord Promises to Bless Jerusalem

이제 내가 다시 예루살렘과 유다 족속에게
은혜를 베풀기로 뜻하였나니
너희는 두려워하지 말지니라
(슥 8:15).

회복에 대한 약속 / 슥 8:1-23 /

선지자 학개가 권면했듯이 스가랴라고 하는 또 다른 젊은 선지자가 예루살렘 귀환자들의 영적 각성을 촉구하는 운동을 벌입니다. 스가랴 5장 1절에 두 선지자의 이름이 기록되어 있습니다. 두 사람은 비슷한 내용의 메시지를 전하지만 전달 방법이 달랐습니다. 학개가 유대인들에게 현재의 상황을 돌아볼 것을 권유하며 변화를 촉구한 반면, 스가랴는 현실을 넘어서서 '진리의 성읍' 새 예루살렘에 대한 꿈을 가지라고 외칩니다.

그 당시 첫 번째 귀환자들은 당장 눈앞에 있는 일에만 집중하고 있었습니다. 곡식을 심고 가족들이 거할 처소를 지으면서 황폐해진 도시를 다시 살리려고 합니다. 스가랴는 사람들의 관심을 지금보다 훨씬 더 영광스런 미래로 돌립니다. 그때는 예루살렘이 세상의 빛이 될 것이고 세상 사람들은 "하나님이 너희와 함께하심을 들었다"고 말하면서 이 도성으로 몰려올 것입니다. 선지자는 그렇게 되는 데 필요한 처방을 말해줍니다. 새 성읍은 정의, 정직, 성실, 평화 위에 세워져야 합니다.

예루살렘을 재건축하는 데는 여러 해가 걸릴 것이고, 이스라엘이 정치적 독립을 회복하는 데는 수백 년이 걸릴 것입니다. 열심히 노력하는 유대인들은 의문을 가질 것입니다. "하나님이 우리를 위해 생각해두셨다는 다는데, 이게 전부인가?" 스가랴는 우렁찬 목소리로 단호하게 아니라고 대답합니다. 유배자들의 작은 공동체가 사실상 세상의 미래에 대한 열쇠를 쥐고 있다고 스가랴는 주장합니다. 그들의 새로운 시작은 이 땅에 희망을 가져오실 메시아를 향한 길로 이어집니다.

학개의 가르침에 이어 스가랴도 성전 재건축을 중요한 첫 발로 보았습니다. 이 두 선지자들은 성전이 폐허로 남아 있는 한 이스라엘이 선택받은 백성이라는 증거는 의심받게 된다고 생각합니다. 백성에 대한 두 선지자의 영향력은 놀랍습니다. 그들의 촉구에 유대인들은 힘을 모아 재건축을 다시 시작하고, 4년 뒤 성전을 완공합니다. 이로써 이스라엘에는 하나님의 언약을 상기시켜줄 중심점이 생긴 셈입니다.

오늘의 묵상

최근에 "하나님이 나를 위해 마련하신 것이 이게 전부입니까?" 라고 물어본 일이 있습니까?

Artaxerxes Sends Nehemiah to Jerusalem

예루살렘에 이르러 머무른 지 사흘 만에
내 하나님께서 예루살렘을 위해 무엇을 할 것인지
내 마음에 주신 것을 내가 아무에게도 말하지 아니하고
(느 2:11-12).

예루살렘으로 향하는 느헤미야 /느 1:1-4, 11; 2:1-20 /

65년의 세월이 흘렀습니다. 예루살렘에는 유대인들의 성전이 있으나 그저 그것뿐입니다. 거룩한 도시에 사람들은 거의 살지 않고, 대부분의 유대인들은 성벽 외곽에 있는 여러 작은 마을들에 흩어져 살고 있습니다. 그동안 외국인들과 결혼하고 한데 어울려 살아온 유대인 공동체 전체가 독자적 정체성을 잃을 위기에 처해 있습니다. 유대 문화와 종교적 유산이 사라져 가고 있습니다.

이 유대 민족의 쇠락을 무엇으로 멈출 수 있겠습니까? 바벨론에 아직 남아 있던 한 유대 사람에게 좋은 생각이 있습니다. 예전의 다니엘처럼, 느헤미야도 페르시아 정부의 고위직에 올라 성공가도를 달리고 있었습니다. 하지만 그의 마음은 늘 예루살렘에 있는 동족들에게 가 있습니다. 예루살렘으로부터 비참한 소식을 들었을 때, 그는 그냥 주저앉아 있을 수 없었습니다. 왕의 허락을 얻은 느헤미야는 성벽 재건을 위해 예루살렘으로 떠납니다.

주변의 유목민 전사들이 끊임없이 위협하고 있기 때문에, 도시의 안전을 위해서 성벽은 반드시 재건되어야 합니다. 유대인들이 이웃 이방인들과 섞여 살면서 그들의 문화에 영원히 흡수될 위기에 직면한 것도 성벽이 없었기 때문입니다. 성벽을 재건함으로써 예루살렘을 다시 신성한 도시로 만들 수 있고, 드나드는 사람들을 통제해야 성 안에 사는 주민들을 보호할 수 있습니다.

느헤미야는 모세, 사무엘, 다윗, 히스기야, 요시야 등 위대한 이스라엘 지도자들의 뒤를 잇는 훌륭한 지도자입니다. 그는 틀림없는 하나님의 사람이지만, 예언자는 아닙니다. 그는 기도 없이 행동하지 않으며 행함이 없이 기도만 하지 않습니다. 통솔하고 관리하는 지도력에 있어서 놀라운 능력을 보이면서도 세상적인 지위를 추구하지 않습니다. 만일 그렇다면 페르시아를 떠나지 않았을 것입니다.

문제에 대한 신속한 판단력, 용기, 하나님에 대한 전적인 신뢰 등을 모두 갖춘 느헤미야는 어떤 새로운 도전을 받아도 거침없이 해결해나갑니다. 일꾼들을 독려하고 반대 의견에 맞서며 여러 제도를 개혁하고 제사 관행을 정화시킵니다. 필요할 때는 감동적인 연설로 군대를 소집합니다. 그는 이 모든 일들을 페르시아 왕궁의 고위 관리로서의 책무에서 떠나 있는 동안 실행했습니다.

오늘의 묵상

느헤미야의 행적에 대한 기록에서 성공의 비밀이 보입니까?

Ezra Reads the Law

수문 앞 광장에서 새벽부터 정오까지 남자나 여자나 알아들을 만한
모든 사람 앞에서 읽으매
뭇 백성이 그 율법책에 귀를 기울였는데
(느 8:3).

율법책을 낭독하는 에스라 / 느 7:73-8:18 /

느헤미야는 분명 훌륭한 지도자입니다. 느헤미야와 에스라가 짝을 이루면 세상에 거칠 것이 없는 불굴의 지도력이 탄생합니다. 두 사람은 완벽한 조합을 이룹니다. 정치적 인맥이 든든한 느헤미야는 실무에 적극 참여하는 관리의 모습과 두려움 없는 낙관적 태도로 인해 다른 사람들에게 늘 자신감을 줍니다. 에스라는 개인적 품성보다는 도덕적 영향력으로 지도력을 발휘합니다. 에스라가 타고난 제사장의 혈통은 고대 인물 모세의 형 아론에게로 거슬러 올라갑니다. 몇 년 전 예루살렘에 귀환한 에스라는 유대인들의 영적 무관심을 보고 경악합니다. 연단에 올라가 그들의 실패를 꾸짖는 대신, 그는 자기 머리와 수염을 뜯으며 땅에 엎드려 회개의 금식을 시작합니다(스 9장). 그가 간절히 통회하는 모습에 유대 귀환자들이 놀라 모두들 회개하고 마음을 돌이키기로 결심합니다.

본문은 느헤미야가 그 지난한 성벽 재건공사를 마친 후 일어나는 일입니다. 드디어 적들로부터 안전을 확보하게 된 유대인들이 국가의 정체성을 회복할 희망을 품고 한자리에 모두 모입니다. 영적 지도자 에스라가 거대한 군중을 향해 연설합니다. 새로 지은 강단에 오른 에스라는 거의 1000년이나 된 율법책을 읽기 시작합니다. 그 책은 이스라엘 백성이 하나님과 맺었던 본래의 언약이 기록된 두루마리입니다.

에스라가 말씀을 읽자 여기저기서 흐느끼던 소리가 군중 전체로 퍼져 통곡의 물결을 이룹니다. 성경은 그들이 눈물 흘리는 이유를 밝히지 않습니다. 언약을 너무 오랫동안 저버렸던 죄를 회개하는 울음일까요? 아니면 이스라엘이 완전한 독립국이었던 아름다운 옛 시절이 그리워 흘리는 눈물이었을까요? 이유가 무엇이든, 지금은 울고 있을 때가 아닙니다. 느헤미야와 에스라는 거대한 축하 잔치를 베풀라고 명령합니다. 하나님이 원하시는 것은 기쁨이지 눈물이 아닙니다. 예루살렘 성벽이 재건된 것처럼, 그의 택하신 백성들이 새로워지고 있습니다.

오늘 본문의 중심이 되는 이미지, 즉 연단에 서서 두루마리를 읽는 외로운 모습은 유대 민족의 상징이 될 것입니다. 그들은 말씀의 사람들이 되어가고 있습니다. 다윗과 솔로몬 시대에 누렸던 영광과 영토를 회복하지는 못했습니다. 고통을 감내하며 힘들게 재건한 성전도 예전처럼 결국 약탈자들의 손에 무너질 것입니다. 그러나 그들은 에스라의 가르침을 결코 잊지 않을 것입니다. 그는 유대인들 사이에 율법을 연구하고 가르치는 지도자로 영원히 기억될 것입니다.

오늘의 묵상

성경은 당신의 삶에서 얼마나 중요합니까?

하나님 중심으로 사는 삶

당신은 인생에서 누구를, 무엇을 중요하게 생각하며 삽니까? 의식을 하든 안 하든, 각자의 삶 속에는 중요하게 생각하는 사람이나 사물을 위해 마련해둔 공간이 있습니다. 지난주나 지난달 달력을 한번 살펴보십시오. 삶의 우선순위가 무엇인지 드러날 것입니다. 하나님은 그 달력에 얼마나 자주 등장하십니까? 성경말씀을 읽고 연구하는 것은 몇 위 정도 됩니까? 사업상의 점심 약속이나 미용실 가는 것만큼이나 자주 하나님을 만나고 있습니까?

오랜 세월 이스라엘과 유다 사람들은 하나님께 예배하고 말씀을 사모하는 일을 우선순위에서 계속 밀어냈습니다. 결국 율법에 대한 지식은 거의 다 사라졌습니다. 하나님은 자신을 그들에게 강요하지 않으셨습니다. 오히려 사람들이 오랫동안 멀리 떠나있도록 내버려두셨습니다. 하나님이 안 계신 삶을 경험해야 비로소 누구를 정말로 필요로 하고 원하는지 알게 되기 때문입니다.

에스라, 학개, 스가랴, 느헤미야를 통해 이스라엘 백성들은 하나님과 가까이 동행하고 말씀을 따라 사는 것이 그들에게 진정으로 필요하다는 걸 다시 깨달았습니다. 율법 낭독을 듣고서 크게 기뻐하며 축하하는 일도 처음이었습니다. 하나님 말씀을 다시 듣는 것은 생활 감각을 다시 찾는 데도 도움이 되었습니다. 하나님의 말씀은 삶의 지침과 미래에 대한 희망을 주었습니다. 성전과 예루살렘 도성을 재건하면서 이스라엘 사람들은 자신의 삶에 하나님을 다시 모실 거라 선언했습니다. 그들은 하나님이 필요했고 하나님의 거룩함과 가르침을 가까이 하며 살아야 했습니다. 하나님을 떠나서는 진정한 기쁨을 느낄 수 없었습니다.

현대 생활에서 하나님의 임재를 규정하는 것은 성스런 건물도, 특정한 도시도, 성직자도, 율법학자도 아닙니다. 이제는 우리 안에 성령께서 거하십니다. 신앙인 한 사람 한 사람이 모두 살아 숨 쉬는 성전이 되었습니다.

하나님의 말씀은 삶의 초석입니다. 성경을 더 이상 공부할 필요가 없을 만큼 성장할 수 있는 사람은 아무도 없습니다. 절대로 성경에 대해서 충분히 안다고 할 수 없습니다. 벽돌을 한 장 한 장 쌓듯이, 말씀을 읽고 배우면서 우리 마음속에 하나님이 영원히 거하실 집을 지어드려야 합니다.

오늘의 묵상

삶 속에 하나님을 모시기 위해 어떤 노력을 합니까?
말씀 공부를 통해 하나님을 만나는 시간이 기다려집니까? 하나님 자신과 그분의 사랑을 드러내는 모든 일에 감사하십시오. 또한 하나님과 함께하는 기쁨을 항상 누리게 해달라고 간구하십시오.

Queen Vashti Deposed

왕후 와스디는
내시가 전하는 왕명을 따르기를 싫어하니
왕이 진노하여 마음속이 불붙는 듯하더라
(에 1:12).

와스디 왕후의 폐위 / 에 1:1-22 /

유배 생활을 하던 모든 유대인들이 본국으로 돌아갈 기회를 얻지는 못합니다. 반세기에 걸친 바벨론 포로기간에 뿌리를 내리고 정착한 사람들도 있고, 견딜 만한 페르시아 정권이 들어서자 그대로 머물기로 한 사람들도 있습니다. 오늘날 이라크와 시리아에 거주하는 유대인들의 기원이 바로 이 망명자들입니다.

오늘 본문의 모험담은 페르시아에 남아 있던 유대 망명자들 가운데, 에스더라는 아름다운 여인과 그녀의 사촌 모르드개에 관한 이야기입니다. 이스라엘이 바벨론에 포로로 끌려가기 전 이사야와 예레미야는 예언을 통해서 70년 포로 생활이 끝나면 바벨론에서 나올 것을 촉구했습니다. 이 선지자들은 미래의 이스라엘 민족에게 하나님이 그의 언약을 이루실 고국으로 돌아와야 한다고 강권했습니다. 비록 에스더와 모르드개가 이 지시를 따르지 않았으나, 하나님은 에스더서를 통해서 이스라엘 민족을 일깨우십니다. 그의 택하신 백성들이 강국들에 둘러싸인 예루살렘에 살든, 바벨론 제국 안에 머물러 살든, 하나님은 그의 언약을 지키시며 자기 백성을 보호하신다는 것을 에스더서를 통해 보게 됩니다.

오늘의 묵상

하나님이 당신을 돌보시고 보호하신다는 확신이 필요한 상황은 언제입니까?

Esther Made Queen

왕이 모든 여자보다 에스더를 더 사랑하므로
그가 모든 처녀보다 왕 앞에 더 은총을 얻은지라.
왕이 그의 머리에 관을 씌우고
(에 2:17).

왕후가 된 에스더 / 에 2:1-23 /

에스더의 이야기는 폐위된 와스디를 대신해서 왕후 자리에 오를 즈음 일어난 음모로부터 시작됩니다. 왕궁에서 에스더의 태도는 다니엘이 취했던 것과는 전혀 다릅니다. 다니엘은 왕의 식탁에서 함께 식사하는 것을 거절했습니다. 유대 법률에 따르면 부정한 음식이었기 때문입니다. 그러나 에스더는 자기에게 주어진 특별한 음식을 받아들입니다. 마치 남편이 아닌 남자와 성관계를 갖는 것과 같습니다. 그리고 이 불신자와 결혼합니다. 이 모든 것이 하나님의 율법에 어긋나는 행동입니다.

에스더와 모르드개가 유대 법률을 얼마나 숙지하고 있었는지 알 수 없습니다. 그리고 왜 그들이 예루살렘으로 돌아가지 않았는지도 정확하게 알 방법이 없습니다. 하나님이 이들의 행동을 그냥 너그럽게 용서하셨다고 생각하기는 뭣해도, 어쨌거나 하나님은 에스더서를 통해서 그의 백성들이 어떤 상황에 처해 있든지 그들을 보호하시고 쓰시겠다는 뜻을 보여 주시는 것입니다. 하나님의 크신 사랑이 이스라엘 백성들에게 또 다시 비추니 그분의 은혜가 찬란한 빛을 발합니다.

오늘의 묵상

과거의 실수에도 불구하고 하나님이 베풀어주신 은혜를 어떻게 경험했습니까?

Haman's Plot and Moredecai's Plan

하만이 모르드개가
무릎을 꿇지도 아니하고 절하지도 아니함을 보고
매우 노하더니
(에3:5).

하만의 계략과 모르드개의 계획 / 에3:1-4:17 /

페르시아에 거주하는 유대인들은 죽을 위기에 처했습니다. 그들이 이룬 성공은 수많은 사람들의 질투를 불러옵니다. 마침내 막강한 권력자 하나가 유대인들을 모두 죽이려는 음모를 꾸밉니다. 에스더서에 나오는 음모와 계략은 유대인들에게 오래되고 익숙한 일입니다. 로마제국의 침공, 중세의 유대인 사냥, 러시아의 집단학살, 히틀러의 유대인 말살 등 어느 민족도 이만큼 위협을 받은 일이 없습니다.

에스더서에는 하나님이라는 단어가 한 번도 언급되지 않지만, 유대인들을 위해서 모든 상황이 합력하여 이뤄내는 우연 같은 일들이 강조됩니다. 다행히도 에스더는 용모가 출중했고, 때마침 와스디 왕후가 폐위되었습니다. 그때 무명이었던 에스더가 페르시아 제국의 왕후가 됩니다. 모든 유대인들 중에 오직 그녀만이 왕에게 가까이 갈 수 있습니다. 사촌 모르드개의 말대로, 그녀가 왕후의 자리를 얻은 것이 이때를 위함이 아닌지 누가 알겠습니까?

에스더가 살던 시대에는, 왕후라도 자기 남편 앞에 마음대로 나가지 못했습니다. 특히 아하수에로 왕 같은 사람은 복종하지 않는다는 이유로 이미 한 명의 왕후를 즉석에서 폐위시켰습니다. 에스더는 자기 민족을 구하기 위해 왕 앞에 나아감으로써, 자기 생명을 위험으로 몰아넣습니다.

에스더 이야기는 유대인을 향한 하나님의 사랑 이야기 중에서도 전율을 느끼게 하는 부분입니다. 어떤 민족도 그렇게 학살당한 적이 없지만, 어떤 민족도 유대인처럼 역경을 극복하는 능력을 그만큼 보여주지 못했습니다. 그들은 어떻게 역경을 극복했을까요? 에스더서는 하나님의 절묘한 타이밍을 보여줍니다. 적절한 때와 장소에 우연처럼 등장하는 각자의 용기를 이용하신 것입니다.

오늘의 묵상

어떤 사람들은 하나님이 스스로를 드러내지 않고 일하시는 방식을 우연의 일치라고 생각합니다. 하나님이 당신의 삶에서 우연한 사건들을 통해 역사하심을 믿습니까?

Esther's Request to the King

하만이 왕복과 말을 가져다가 모르드개에게 옷을 입히고
말을 태워… 반포하되 왕이 존귀하게 하시기를 원하시는 사람에게는
이같이 할 것이라 하니라
(에 6:11).

에스더의 간청 / 에 5:1-6:14 /

이 이야기에서 하나님은 역사의 흐름을 완전히 뒤바꾸시어 그의 백성이 정의와 존귀함을 회복하게 하십니다. 모든 상황이 에스더와 모르드개를 포함한 유대 민족 전체를 말살하는 쪽으로 돌아갔습니다. 악이 지지를 받고 선은 무시당했습니다. 하지만 현실이 가혹하다고 해서 하나님이 통치권을 잃으신 건 아닙니다. 너무도 우발적으로 보이는 일을 통해서 하나님은 모르드개를 높이시고 하만을 치욕스럽게 만드십니다.

이야기의 내용이 권선징악을 주제로 하는 동화 같기도 합니다. 하지만 역사를 쓰시는 하나님은 어떤 동화도 따라오지 못할 진짜 이야기를 만들어내십니다. 유배 생활과 포로 귀환까지 겪었던 일련의 과정들이 모두 마무리된 이후에 벌어지는 에스더 사건을 접하며 우리는 하나님에게 불가능한 일이 없다는 사실을 다시 한 번 깨닫습니다. 하나님의 뜻을 막을 그 어

떤 세력도 어떤 지위도 존재하지 않음을 증명하는 역사적 사건입니다. 실제로 기적을 행하시는 하나님은 우리의 일상에 매일 기적으로 역사하시기를 기뻐하십니다. 언제 하나님이 당황스럽거나 이해할 수 없는 뜻밖의 사건들을 통해 상황을 바꾸어 놓으실지 우리는 알 수 없습니다. 에스더가 이 사실을 증명합니다.

오늘의 묵상

최근에 하나님이 뜻밖의 행운을 통해 당신 삶에 역사하시는 것 같은 느낌을 받은 적이 있습니까?

Haman Hanged

에스더가 이르되
대적과 원수는 이 악한 하만이니이다 하니
하만이 왕과 왕후 앞에서 두려워하거늘
(에 7:6).

처형당하는 하만 / 에 7:1-8:8, 11-17 /

하나님은 에스더 이야기를 왕가의 법도에 따라 끝맺으십니다. 왕은 에스더의 모든 요청을 들어주고 모르드개를 왕궁으로 불러들이며 몰살당할 위기에 처했던 유대 민족을 살려줍니다. 이 이야기가 끝나면서 많은 이방인들이 유대인으로 흡수됩니다. 그들은 하나님을 경외하게 되고 그분께로 돌아섭니다. 하나님은 이스라엘만 구원하지 않으셨습니다. 이방 사람들도 하나님 앞에 돌아오게 하셔서 하나님과 관계 맺게 하셨습니다. 하나님을 알아야만 하는 모든 사람들에게 하나님은 공의와 자비를 함께 드러내십니다. 오늘 본문은 용기를 잃지 않고 하나님의 계획을 실천한 사람들을 향한 하나님의 깊은 사랑을 보여줍니다.

오늘의 묵상

처음으로 하나님에 대해 관심을 갖게 된 계기는 무엇입니까?

God's Strategic Ways / 깊이 생각하기 /

하나님의 전략

때마침, 하필이면 그곳에 내가 있었을까 하고 생각했던 적이 있습니까?

직업을 얻고, 배우자를 만나고, 상을 타고, 할인 상품을 운 좋게 발견하는 등의 일을 사람들은 시간과 장소가 맞아떨어진 덕분이라고 말합니다. 흔히 이런 행운에 대해 "처음부터 그렇게 예정돼 있었다"는 표현을 씁니다. 그렇게 되려니까 취직도 하고 연인도 만난다는 겁니다. 반대로 직업을 잃거나 관계가 틀어지면, 원래 그렇게 될 일이 아닌 겁니다.

이런 말들 속에 숨은 뜻은 무엇입니까? 우리 삶에 역사하시는 하나님의 간접적인 손길을 말하는 겁니까? 아니면 성공과 실패는 비인격적인 운명의 손길에 달려 있다는 뜻입니까?

에스더는 그런 행운을 여러 번 경험했습니다. 왕후로 간택되었고 왕의 사랑을 받으며 왕족이 되었습니다. 그녀는 유대 민족을 말살시키려는 음모가 진행되던 그때에 왕궁 안에 있었습니다. 그녀는 두 번째 잔치를 준비하며 왕에게 소청할 기회를 기다렸습니다. 그 사이에 왕으로 하여금 모르드개가 왕의 목숨을 구한 이야기를 읽도록 자연스럽게 시간을 벌어두었습니다. 에스더는 자신이 유대 민족을 구하기에 알맞은 시간과 장소에 있었다는 사실을 깨달았습니다. 그녀의 상황은 "그렇게 될 거였다"는 말로는 설명이 부족합니다. 그 이상의 무언가가 있습니다. 모든 상황은 에스더와 유대 백성들의 생명을 살리고자 계획하신 온 우주의 통치자 하나님이 만드셨습니다.

에스더 시대에 유대 민족이 섬기던 그 하나님을 우리도 섬깁니다. 하나님이 말씀하십니다. "나 여호와는 변하지 아니하나니"(말 3:6). 우리 삶을 주관하시는 하나님의 방법은 구약시대와는 사뭇 다르게 보입니다. 하지만 하나님도, 그분의 목적도 변하지 않았습니다. 하나님은 구약시대에 택하신 백성을 향해 계획을 갖고 계셨듯이, 오늘 하나님께 속한 사람들에 대해서도 계획을 갖고 계십니다. 때마침 거기에 내가 있었다니 하는 생각이 들 때마다 하나님의 손길이 함께했다는 것을 믿을 수 있습니다.

"온갖 좋은 은사와 온전한 선물이 다 위로부터 빛들의 아버지께로부터 내려오나니 그는 변함도 없으시고 회전하는 그림자도 없으시니라"(약 1:17). 모든 행운과 모든 선물이 다 은혜입니다. 그 은혜는 간단한 복일 때도 있고, 더 큰 계획을 실행하시기 위한 하나님의 전략일 때도 있습니다.

오늘의 묵상

하나님이 당신을 왜 그곳으로 이끄셨는지 의아했던 적이 있습니까? 실패하거나 기회를 잃고 낙심한 적이 있습니까? 하나님의 시각으로 삶을 바라보고 그분의 돌보심에 자신을 맡기고 하나님의 선하신 계획이 당신을 통해 성취되도록 기도하십시오.

Robbing God

사람이 어찌 하나님의 것을 도둑질하겠느냐.
그러나 너희는 나의 것을 도둑질하고도 말하기를
우리가 어떻게 주의 것을 도둑질하였나이까 하는도다
(말 3:8).

하나님의 것을 도둑질하다 / 말 2:17-3:18 /

말라기는 구약의 마지막 목소리입니다. 이 책은 이후 400년 동안 지속될 침묵의 서곡입니다. 이스라엘 백성들의 관점에서 침묵의 400년은 기대감을 낮추는 기간입니다. 고국으로 돌아왔으나, 그곳은 주변 적군들이 꽉 잡고 있어 침체된 곳입니다. 선지자들이 예언했던 승리와 평화의 웅대한 미래는 한낮 몽상에 불과해 보입니다. 심지어 재건된 성전도 옛 영광에 대한 향수만 불러일으킵니다. 새 성전은 솔로몬 성전에 비견할 수조차 없으며, 이 재건된 성전에서는 솔로몬 성전에서 보았던 하나님의 영광을 도무지 볼 수 없습니다.

유대인들 사이에 불안감이 퍼져갑니다. 그들의 불평스런 말과 행동에서 하나님에 대해 쉽게 실망하는 경박한 태도를 볼 수 있습니다. 바벨론으로 끌려가기 직전, 어린이들을 희생 제물로 바치고 성전 안에 우상을 만들어 세웠던 예전의 유대인들에 비하면, 그리 큰 죄를 범한 것도 아닙니다. 이제 종교 예식은 지켜 행하고 있지만, 종교의 본질인 하나님과의 관계는 잃어버렸습니다.

말라기서는 자녀인 이스라엘이 아버지 하나님께 슬픔을 호소하는 대화 형식을 띱니다. 이스라엘은 하나님의 사랑과 공평하심을 의심하고 있습니다. 특히 그들을 괴롭히는 한 가지 문제가 있습니다. 하나님을 따르면서 기대했던 보상이 주어지지 않는 것입니다.

그에 대한 답으로 말라기는 백성들에게 이기심을 버리고 언약의 하나님을 신뢰할 것을 촉구합니다. 하나님은 그의 소중한 소유를 버리신 적이 없습니다. "그것으로 나를 시험하여 내가 하늘 문을 열고 너희에게 복을 쌓을 곳이 없도록 붓지 아니하나 보라"(말 3:10).

말라기의 메시지 가운데 적어도 몇 가지는 효력을 발휘합니다. 향후 400년 동안 바리새파 같은 개혁 운동가들의 주도하에 유대인들은 점차 율법을 준수하는 데 집중하기 시작합니다. 그러나 불행하게도 그들은 율법에 너무 집착한 나머지 말라기가 예언한 언약의 전달자 예수님이 용서와 자비의 새로운 메시지를 가져오실 때 알아듣지 못합니다.

오늘의 묵상

가장 최근에 하나님의 사랑과 공평하심을 의심했던 때는 언제입니까?
하나님이 당신에게 참 모습을 증명해주셨습니까?

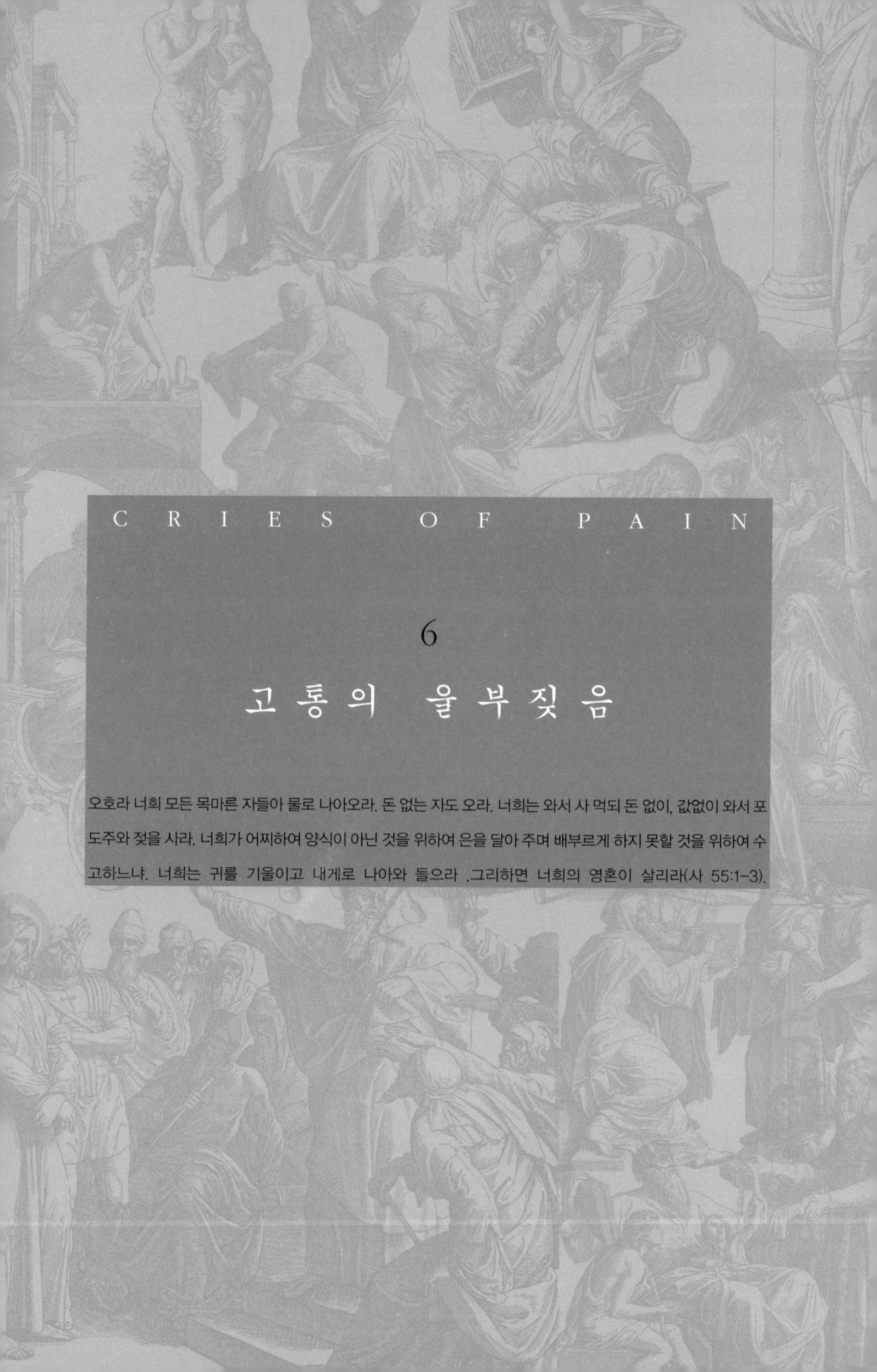

C R I E S   O F   P A I N

6

고통의 울부짖음

오호라 너희 모든 목마른 자들아 물로 나아오라. 돈 없는 자도 오라. 너희는 와서 사 먹되 돈 없이, 값없이 와서 포도주와 젖을 사라. 너희가 어찌하여 양식이 아닌 것을 위하여 은을 달아 주며 배부르게 하지 못할 것을 위하여 수고하느냐. 너희는 귀를 기울이고 내게로 나아와 들으라 .그리하면 너희의 영혼이 살리라(사 55:1–3).

Job is Tested

여호와께서 사탄에게 이르시되
내가 그의 소유물을 다 네 손에 맡기노라.
다만 그의 몸에는 네 손을 대지 말지니라
(욥 1:12).

시험받는 욥 / 욥 1:1-3, 6-2:10 /

성경에는 실제로 세월과 무관한 책이 있습니다.
부유한 족장에 관한 이야기를 기록한 욥기가 그렇습니다.
욥은 아브라함과 동시대를 살았던 인물입니다. 후세에 이스라엘 문학의 황금기에 이르러 욥의 이야기가 시가 형태로 정리된 것이 지금의 욥기가 아닐까 추측됩니다. 어찌됐든, 욥기가 제기하는 문제들은 매우 절박하면서도 모든 시대를 망라하는 보편적인 것입니다.

구약과 신약 사이, 중간기에 유대인들은 이 책을 즐겨 읽었습니다. 고고학자들이 발굴한 고대 주석서 연구에서 입증된 내용입니다. 욥기는 유대 민족이 언약 백성으로 선택받았을 때부터 계속 그들을 괴롭혔던 문제에 대해 이야기합니다. 그들은 뭔가 더 나은 대우를 원했습니다. 욥은 용기 있게 큰소리로 문제를 제기합니다. "하나님은 과연 공평하신 분인가?" 그보다 더 설득력 있고 심오한 질문을 던진 사람은 없었습니다.

욥기는 불공평의 경계를 탐구하는 책처럼 보입니다. 이 세상에서 가장 올곧고 탁월한 사람이 극심한 참화를 견뎌내야 합니다. 그는 참기 힘든 징계로 괴로워합니다. 무엇 때문입니까? 그가 무슨 잘못을 했단 말입니까?

이 책은 마치 탐정소설처럼 등장인물보다 독자가 더 많은 정보를 갖고 읽게 됩니다. 첫 장은 욥의 주요 관심사에 대한 답을 줍니다. 그는 고통을 당할 아무런 잘못을 하지 않았다는 것입니다. 독자인 우리들은 그 사실을 알고 있지만, 아무도 욥과 그의 친구들에게 말해주지 않습니다. 서문이 밝히듯이 욥은 우주적 차원의 시험, 즉 천상에서 제안하고 지상에서 겨루는 시합에 휩쓸립니다.

욥이 받은 시험에서 말라기 시대에 유대인들이 물었던 "하나님을 따르면 무엇을 얻는가?"라는 질문에 대한 답을 얻습니다. 사람들이 하나님을 사랑하는 이유는 오직 하나님의 은총 때문이라고 주장하는 이가 있습니다. 바로 사탄입니다. 이득이 없이 하나님을 따를 사람은 아무도 없을 거라고 속삭입니다. 물론 욥은 잘못한 일이 거의 없는 강직한 사람입니다. 그리고 부유하고 건강합니다. 욥의 인생에서 이런 좋은 요소들이 제거되면 욥의 신앙도 함께 사라질 거라고 사탄은 도전합니다.

형편없이 비참해진 한 사람의 반응에 하나님의 명예가 달려 있습니다. 자기를 둘러싼 모든 세상이 다 무너지더라도 욥은 계속 하나님을 신뢰할까요? 삶이 기이할 정도로 불공평하게 보여도 욥은 정의의 하나님에 대한 믿음을 고수할까요?

오늘의 묵상

왜 선한 사람에게 나쁜 일이 일어나는지 의아해한 적이 있습니까?

The Lord Speaks

그때에 여호와께서 폭풍우 가운데에서
욥에게 말씀하여 이르시되
무지한 말로 생각을 어둡게 하는 자가 누구냐
(욥 38 : 1 - 2).

욥에게 말씀하시는 하나님 / 욥 38 : 1 - 7, 19 - 41 /

책의 내용을 왜곡시키는 것처럼 보일지 몰라도 서른다섯 장을 건너뛰어 결론을 향해 급히 달려가는 이유는 욥기 중간 부분이 앞의 장들처럼 인간적 고뇌를 표현하고 있기 때문입니다. 슬픔에 빠진 사람이 다 그렇듯 욥도 감정의 소용돌이 속을 헤어나지 못합니다. 흐느껴 울다가 폭발하기도 하고, 애원하는가 하면 자기연민에 빠지기도 합니다. 때로는 모든 고난이 욥의 잘못 때문이라고 말하는 친구들의 의견에 고개를 끄덕입니다. 그러다가 벌컥 화를 내며 격렬하게 반발합니다. 깊고 깊은 절망에 빠져 있다가도 어느샌가 희망에 차올라 다시 힘을 냅니다.

욥기에는 고통의 문제에 대한 모든 논쟁이 다 기록돼 있다 해도 과언이 아닙니다. 그러나 그 어떤 말도 욥에게 큰 도움이 되지 않습니다. 지적 기반이 흔들리는 것보다 하나님과의 관계에 찾아온 고비가 욥에게는 더 큰 문제입니다. 과연 욥이 하나님을 신뢰할 수 있을까요? 그가 가장 바라는 것이 하나 있습니다. 그의 비참한 운명을 설명해줄 수 있는 한 분이 나타나는 것입니다. 하나님을 직접 대면하고 싶은 겁니다.

오늘 본문에서 보듯이 결국 욥은 소원을 이룹니다. 하나님이 직접 나타나셨습니다. 하나님은 아주 절묘한 순간에 나타나십니다. 욥의 친구 엘리후가 왜 욥에게 하나님의 출현을 기대할 권리가 없는지 자세히 설명하던 참이었기 때문입니다.

욥도 그의 친구들도 하나님의 말씀을 들을 준비가 되어 있지 않습니다. 욥은 질문거리를 장황하게 늘어놓지만, 정작 질문을 하시는 분은 하나님이십니다. "너는 대장부처럼 허리를 묶고 내가 네게 묻는 것을 대답할지니라"(욥 38:3). 서른다섯 장에 걸쳐 고통의 문제를 논한 언쟁을 무색하게 하시며, 자연의 경이로움에 대한 장엄한 시로 몰아가십니다. 산염소, 들나귀, 타조, 독수리 등 좋아하시는 피조물들을 자랑스럽게 보여주시며 창조의 전시실로 욥을 안내하십니다(욥 39장).

하나님의 말씀은 모든 피조물의 창조주이신 하나님과 욥처럼 미약한 인간 사이의 극명한 차이에 초점을 맞춥니다. "네가 하나님처럼 능력이 있느냐"(욥 40:9). 하나님은 태양계, 별자리, 폭풍, 야생동물 등 수많은 자연현상들을 펼쳐놓으십니다. 욥은 할 말이 없습니다. 하나님 말씀의 핵심은 분명합니다.

"네가 눈으로 볼 수 있는 세상도 이해하지 못하면서, 어찌 감히 눈에 보이지 않는 세계를 이해하려 드느냐?"

오늘의 묵상

욥에 대한 하나님의 반응이 놀랍습니까?
당신이 욥과 같은 입장이라면 하나님으로부터 어떤 대답을 기대하겠습니까?

Job is Restored

여호와께서 욥의 말년에
욥에게 처음보다 더 복을 주시니
그가 양 만 사천과 낙타 육천과 소 천 겨리와 암나귀 천을 두었고
(욥 42:12).

욥의 회복 / 욥 42:1-17 /

하나님이 직접 나타나셨다는 단순한 사실은 하나님이 하신 말씀보다 더 중요합니다. 하나님은 욥의 가장 큰 의문에 임재하심으로 장엄하게 답하십니다. "거기 누구 없습니까?"라고 물었던 욥이 자복합니다. "나는 깨닫지도 못한 일을 말하였고 스스로 알 수도 없고 헤아리기도 어려운 일을 말하였나이다"(욥 42:3). 마침내 큰 그림을 본 욥은 티끌과 재 가운데서 회개합니다.

하나님은 욥의 생각을 바로잡아줄 말씀도 하십니다. 이 세상 그 누구도, 욥도, 특히 그의 친구들에게도 하나님이 어떻게 세상을 운행하시는지를 판단할 수 있는 근거가 없습니다. 그러나 하나님은 욥을 나의 종이라고 부르시며 칭찬하십니다. 에스겔 14장 14절은 가장 의로운 사람의 본보기로

욥을 언급합니다.

사탄은 욥이 틀림없이 주를 향하여 욕할 것이라고 장담하며 하나님과 내기를 했습니다(욥 1:11). 사탄이 졌습니다. 그 기막힌 사태를 파악했음에도 욥은 하나님을 욕하거나 저주하지 않습니다. 그의 믿음과 모순되는 일을 겪었음에도 불구하고, 정의로우신 하나님에 대한 믿음을 붙듭니다. 특히 유의해야 할 점이 있습니다. 욥은 자기가 잃은 모든 것이 복구되기 전에, 온통 종기가 퍼진 벌거벗은 몸으로 잿더미에 앉아서 깊이 뉘우치며 회개한다는 것입니다. 아무런 보상의 기미가 없는 암울함 속에서도 믿음을 지켜야 한다는 것을 배운 것입니다.

욥기의 결말은 놀라운 반전으로 끝납니다. 지극히 신앙적이고 상투적인 표현을 쏟아놓았던 욥의 친구들은 용서를 구해야 합니다. 분노하고 울부짖던 욥은 예전에 잃었던 소유의 두 배를 받습니다. 양 1만 4,000마리, 낙타 6,000마리, 나귀 1,000마리, 그리고 10명의 자녀를 얻습니다.

구약시대의 유대인들은 고난 중에 욥기를 읽으며 많은 위안을 얻었을 것입니다. 모든 고난이 반드시 징계는 아니라는 것을 배울 수 있기 때문입니다. 시련을 통해 실제로 영적 승리를 성취할 수 있습니다. 욥기의 해피엔딩은 평화와 회복의 미래를 꿈꾸게 하고 선지자들의 예언을 상기시켜줍니다.

그리스도인으로서 되돌아 볼때 욥에게서 또 다른 메시지를 봅니다. 욥은 메시야의 예표로 우뚝 서 있습니다. 당시 가장 의로운 사람이었던 욥은 비참한 고난을 겪었습니다. 완벽한 인간 예수는 그보다 훨씬 더 큰 고통을 겪게 됩니다.

오늘의 묵상

욥과 같은 시련을 겪은 적이 있습니까? 결과는 어떠했습니까?

하나님을 향한 자발적인 사랑

겉으로 보기에는 욥기가 고난의 문제에만 집중되어 있는 것 같습니다. 하지만 더 깊이 들어가면 핵심이 되는 문제가 있습니다. 바로 인간의 자유의지입니다. 하나님은 궁극적으로 자유의지에 의한 사랑에 관심을 두신다는 것을 증명하기 위해 욥이 부당한 고난을 감내해야 했습니다. 사탄과 하나님 사이에 벌어진 시합은 사소한 문제가 아니었습니다. 욥이 단지 하나님이 둘러주신 울타리 때문에 하나님을 사랑하는 거라고 주장하는 사탄은 하나님의 본성을 공격합니다. 하나님 자체로는 사랑을 받으실 자격이 없다는 뜻이 사탄의 주장에 함축되어 있습니다. 욥처럼 신실한 사람도 뇌물을 바라고 하나님을 따르는 것이라고 고집합니다. 신앙을 지지해주고 있는 모든 버팀목을 다 제거할 때, 욥이 어떤 반응을 보이느냐에 따라 사탄의 도전이 옳은지 그른지 증명됩니다.

인간의 자유의지 문제를 이해하기 위해 모든 사람이 받을 만한 보상을 정말로 받게 되는 세상을 상상해보십시오. 그런 세계는 무척이나 매력적입니다. 정의롭고 시종일관 앞뒤가 일치하며 하나님이 무엇을 기대하시는지 명확하게 알 수 있는 세상, 공평함이 지배하는 세상이 될 것입니다. 그러나 그렇게 깔끔한 세상에 한 가지 커다란 문제가 있습니다. 하나님이 이 땅에서 이루고 싶어 하는 세상은 그런 세상이 아니라는 점입니다. 하나님은 우리의 사랑, 우리가 자발적으로 드리는 사랑을 원하십니다. 하나님이 그 사랑에 두시는 가치를 누구도 감히 평가절하할 수 없습니다. 자유의지에 의한 사랑은 하나님께 대단히 중요한 문제이므로, 하나님은 당분간 이 땅을 그의 전 우주 가운데 암적 존재로 남겨두실 것입니다.

만일 이 세상에 완벽하게 공평한 규칙이 있어서 세상이 그 규칙에 따라 정확하게 운행된다면, 진심에서 우러나는 자유의지는 없을 것입니다. 사람들은 즉각적인 보상을 얻기 위해 올바로 행동할 것이고, 이기적 동기는 모든 선한 행동을 오염시킬 것입니다. 그러나 그런 규칙이 없는 세상에서, 그릇되게 행동하려는 유혹이나 충동을 자제하며 하나님과 그분의 길을 선택할 때 성경에 기록된 그리스도인의 덕이 성장합니다.

하나님과 그의 백성의 관계를 비유하는 표현들이 성경 전반에 나타납니다. 남편이신 하나님이 신부에게 청혼하는 비유도 그 중 하나입니다. 남편은 그녀의 사랑을 원합니다. 모든 죄가 벌을 받고 모든 선행이 보상을 받는 세상에서는 균형이 유지되지 않을 것입니다. 방 안에 갇힌 여인에 비유하면 그런 세상에서 맺을 법한 관계를 잘 설명할 수 있을 것입니다. 그녀의 사랑을 확인하기 위해 실컷 먹여주고 온갖 선물을 주고 그러고는 방 안에 가두는 연인 관계 말입니다. 하나님은 그의 백성을 가둬놓지 않습니다. 하나님은 우리를 사랑하십니다. 우리에게 자신을 온전히 내어주십니다.

그리고 우리의 자발적인 반응을 애타게 기다리십니다.

하나님은 어떤 고통이 수반되더라도 우리의 자유의지가 그분을 사랑하기로 선택하기를 바랍니다. 하나님 자신에게 헌신하는 것이지, 좋은 감정이나 보상에 헌신하는 것이 아니기 때문입니다. 하나님은 당신을 부인할 충분한 이유가 있어도 욥처럼 하나님에 대해 신실할 것을 원하십니다. 역사상 하나님이 이처럼 불의해 보인 적이 없었던 때에 욥은 하나님의 정의로우심을 단단히 붙들었습니다. 그는 하나님이 주실 복을 바라고 그분을 찾은 사람이 아닙니다. 모든 복이 다 사라졌을 때도 욥은 하나님을 찾았습니다.

오늘의 묵상

고난을 당하고 있을 때 하나님을 향한 사랑에 매달립니까,
아니면 고통을 주시는 하나님을 원망합니까? 고난을 대하는 태도를 놓고 하나님과 이야기해보십시오.
원망이 아니라 성장을 위한 믿음, 힘든 환경을 극복할 수 있는 믿음을 원한다고 말씀드리십시오.
아무리 어려운 상황에서도 하나님에 대한 사랑을 잃지 않도록 도와달라고 간구하십시오.

Comfort for God's People

오직 여호와를 앙망하는 자는 새 힘을 얻으리니
독수리가 날개치며 올라감 같을 것이요
달음박질하여도 곤비하지 아니하겠고
(사 40:31).

하나님의 위로 / 사 40:6-11, 15, 18-24, 27-31 /

욥기는 한 사람의 고난에 대해 이야기합니다. 이스라엘과 유다의 선지자들은 민족 전체의 고난을 이야기합니다. 구약시대 말에 대부분의 유대인들은 앗수르와 바벨론 군대에 쫓겨 중동지방 전역으로 흩어집니다. 예루살렘으로 돌아온 극소수 유대인들은 페르시아 정부의 지배를 받습니다. 욥이 질그릇 조각으로 상처를 긁으며 물었던 바로 그 질문을 이제 유대인들이 자기 민족에 대하여 묻습니다. 하나님이 우리를 버리셨는가? 과연 우리에게 미래가 있을까?

유대인들의 미래에 대한 희망은 메시아에 집중됩니다. 메시아는 거의 모든 선지자들이 예언했던 분입니다. 말라기 이후 세월만 속절없이 흘러가자 유대인들은 선지자들의 두루마리들을 면밀히 조사합니다. 자신들의 운명에 대한 단서를 찾기 위해서입니다. 모든 선지자들 가운데 이사야가 가장 명확한 그림을 보여준 것 같습니다. 그의 초기 예언은 백성들의 죄와 불신앙을 꾸짖는 내용입니다. 그러나 40장 이후로는 분위기가 달라집니다. 심판에 대한 준엄한 예언이 사라졌습니다. 그 대신 희망과 기쁨과 빛의 메시지를 선포합니다. "너희는 예루살렘의 마음에 닿도록 말하며 그것에게 외치라. 그 노역의 때가 끝났고"(사 40:2).

이사야의 말에 의하면 유다에서 일어난 일은 하나님의 실패가 아니었습니다. 하나님은 새로운 계획, 이제껏 보지 못했던 엄청나게 놀라운 계획을 마음에 두고 계십니다. 이사야서는 어째서 앞으로의 미래가 단순히 유대인들뿐 아니라 전 세계를 위해서도 희망적인지 설명합니다. '종'이라 불리는 신비한 존재가 고난을 통한 구속의 도구로 오실 것입니다. 먼 훗날 하나님은 새 하늘과 새 땅에서 모두를 평강으로 인도하실 것입니다.

이사야서의 마지막 부분이 시작되는 40장에 하나님이 모든 것을 통치하신다는 결정적인 선포가 담겨 있습니다. 이 열정적인 표현들은 욥에게 개별적으로 전하신 하나님의 메시지를 세계적 차원으로 확대시켜 설명하고 있습니다. "보라. 열방이 통의 한 방울 물과 같고… 그는 땅 위 궁창에 앉으시나니 땅에 사는 사람들은 메뚜기 같으니라." 하나님은 자신이 자연과 역사와 전 우주의 주관자라 말씀하십니다.

오늘의 묵상

"여호와를 앙망하는 자는 새 힘을 얻으리니." 이사야의 이 말이 오늘 당신에게는 무엇을 의미합니까?

The Cup of the Lord's Wrath

여호와께서 이와 같이 말씀하시되
너희가 값없이 팔렸으니
돈 없이 속량되리라
(사 52:3).

하나님의 진노의 잔 / 사 52:1-15 /

이사야서에 나오는 고난받는 종에 대한 노래들은 구약 전체에서 가장 중요하고 가장 면밀히 연구되는 구절입니다. 오늘 본문의 첫 부분에서는 하나님이 예루살렘을 회복시키시고 모든 사람들에게 "너희 하나님이 통치하신다"는 것을 증명할 영광의 날을 기대합니다. 이스라엘이 그의 원수들에게 드디어 복수를 하게 될 것 같습니다.

그러나 이사야는 고난받는 종이라는 신비한 존재를 소개하면서, 하나님이 예루살렘을 어떻게 구속하실 것인지 설명합니다. 고난받는 종의 모습은 타인보다 상하여 볼품이 없습니다. 이 고난받는 종은 누구일까요? 그리고 그렇게 상처 입은 사람이 어떻게 위대한 승리를 가져올 수 있을까요?

유대 학자들은 수 세기를 두고 이 구절들을 풀기 위해 노력했습니다. 선지자 이사야의 메시지가 정확히 무슨 의미였을까요? 종의 노래 가운데 어떤 구절은 이스라엘 국가 전체를 가리킵니다. 그러나 오늘 본문의 구절은 끔찍하게 고통당하는 위대한 지도자, 특정 개인으로서의 종을 말합니다. 이사야는 이 종을 모든 인류의 구원자로 높이고 있지만, 그 종의 모습은 영웅보다는 비극적 인물에 더 가깝습니다.

선지자 이사야가 자신, 아니면 예레미야 같은 동료를 묘사한다고 추측하는 학자도 있었습니다. 반면, 여전히 장차 오실 메시아에 대한 희망을 버리지 않는 사람들도 있었습니다. 하지만 일반적으로 유대 민족은 고난의 종이라는 개념을 만족스럽게 받아들이지 않았습니다. 그들은 고난의 종이 아니라 승리의 메시아를 고대하고 있었습니다.

고난받는 종의 이미지는 땅 속에 파묻혀서 문자 그대로 수백 년 동안 잠들어 있었습니다. 그런데 예수님께서 그의 사역 초기, 어느 극적인 장면에서 이사야서에 나타난 고난받는 종에 대한 구절을 인용하십니다. 회당에서 큰 소리로 책을 읽으신 후, 예수님께서는 "책을 덮어 그 맡은 자에게 주시고 앉으시니 회당에 있는 자들이 다 주목하여 보더라. 이에 예수께서 그들에게 말씀하시되 이 글이 오늘 너희 귀에 응하였느니라 하시니"(눅 4:20-21).

드디어 예수님의 말씀을 듣는 사람들 가운데, 모두는 아니더라도 몇몇 사람들에게 연결고리가 생겼습니다. 메시아가 마침내 오셨습니다. 그러나 정복자의 모습이 아니라 나사렛 출신 목수의 아들로 오셨습니다.

오늘의 묵상

예수님을 처음 만났을 때 어떤 구속자를 기대하고 있었습니까?

The Suffering and Glory of the Servant

우리는 다 양 같아서 그릇 행하여 각기 제 길로 갔거늘
여호와께서는 우리 모두의 죄악을
그에게 담당시키셨도다
(사 53:6).

종의 고난과 영광 / 사 53:1-12 /

신약의 기자들은 고난받는 종이 누구인가에 대해 조금도 의심하지 않습니다. 신약에서는 적어도 10번 이상 이사야의 종의 노래를 예수님께 적용하고 있습니다(마 8:17; 눅 22:37; 벧전 2:22-24). 한 예로 빌립은 고난받는 종이 고대의 예언자를 칭하는 것이 아닌가 하는 의문을 갖던 에디오피아 내시가 틀린 생각을 바로잡도록 설명해줍니다(행 8:26-35).

이사야 53장은 마치 예수님이 지상에서 보내신 마지막 며칠 동안을 증언하고 있는 것처럼 보입니다. 이 본문 외에는 예수님의 외모에 대한 언급이 없습니다. 그런데 묘사된 모습은 다소 충격적입니다. 그 종은 "우리가 보기에 흠모할 만한 아름다운 것이 없고", "마치 사람들이 그에게서 얼굴을 가리는 것 같이 멸시를" 당합니다. 오늘 본문이 설명하는 대로, 예수님께서는 재판정에서 입을 다물고서 그를 심문하는 사람들에게 아무 말도

하지 않으셨습니다. 예수님은 후손을 남기지 않으셨습니다. 그분은 한창 젊은 나이에 죽음을 맞으셨고, 친절한 친구 덕분에 부자들이 묻히는 무덤에 장사되셨습니다. 그러나 그것이 끝이 아니었습니다. 사흘 후 예수님은 생명의 빛을 보셨습니다.

이사야에 의하면, 그 종은 매우 특별한 목적을 위해 돌아가셨습니다. "그가 찔림은 우리의 허물 때문이요"(사 53:5). 그분은 다른 사람들을 위해, 바로 우리를 위해 고통당하셨습니다. 명백한 패배로 보이는 그 상처가 위대한 승리를 가능케 했습니다. 그분의 죽음이 미래의 승리를 보증하셨습니다. 그때는 이 땅 위의 모든 잘못된 것들이 바로 설 것입니다. 중요한 점은 이사야서가 고난받는 종의 이미지로 끝나지 않고 새 하늘과 새 땅에서 펼쳐질 놀라운 삶을 그리는 데까지 나간다는 것입니다. 하지만 먼저 고통의 시간이 필요했습니다. 세상의 모든 악이 받아야 할 징계를 그 종이 스스로 감당하실 시간이 필요했던 것입니다.

이사야 53장은 신약신학의 거의 모든 기초를 제공합니다. 이 예언은 예수님이 탄생하시기 수백 년 전에 이미 상세하게 기록되었습니다. 고대 선지자들을 통해 하나님이 오래 전부터 그분의 계획을 드러내셨다는 것이 이 예언을 통해 명백하게 증명됩니다. 하나님은 그의 언약을 유대 민족에게만 국한시키지 않으셨습니다. 다윗 왕의 혈통인 유대의 뿌리로부터 새 왕이 태어나게 하실 것입니다. 그 누구와도 같은 않은, 온 세상을 회심하게 할 왕이 태어나실 것입니다.

오늘의 묵상

여기 이사야서에서 예언된 메시아 예수님을 누구에게 알려주고 싶습니까?

Invitation to the Thirsty

오호라 너희 모든 목마른 자들아 물로 나아오라.
돈 없는 자도 오라.
너희는 와서 사 먹되 돈 없이 값없이 와서 포도주와 젖을 사라
(사 55 : 1).

목마른 자들을 부르심 / 사 55:1-13 /

이사야는 장래를 어렴풋이 보았습니다. 그가 본 미래는 좋은 소식이 기다리고 있다는 확신을 줍니다. 쳐들어오는 적군도 끔찍한 재앙도 이 세상에 대한 하나님의 궁극적인 목적을 방해할 수 없습니다. 하나님은 "내가 잠시 너를 버렸으나 큰 긍휼로 너를 모을 것이요"(사 54:7)라고 이사야에게 말씀하십니다. 완전히 파괴되었다가 재건된 거룩한 도성이 이제껏 보지 못한 위대한 모습을 이룰 때가 올 것입니다. 그러나 이사야서 후반부에 나오는 그 약속은 예루살렘에서의 경험을 훨씬 뛰어넘는 내용입니다. 죄와 슬픔이 더 이상 존재하지 않는, 하나님과 영원한 평화 속에 살게 되는 미래가 도래할 것입니다.

이사야서 마지막 부분은 깊은 절망에 빠진 백성들을 향해 선포된 예언입니다. 이 예언을 통해 유대 민족은 모든 은총의 불씨가 될 것입니다. 이

사야에 의하면, 하나님의 말씀이 가까운 나라뿐만 아니라 먼 나라로 전파될 것이고, 하나님의 이름조차 들어보지 못한 멀리 떨어진 섬에까지도 전해질 것입니다(사 66:18-21). 이 예언은 예수님을 통해 성취되며, 예수님은 그의 메시지를 온 세상에 전할 제자들을 모으실 것입니다. 고난의 종이 그의 삶과 죽음을 통해 전 세계에 복음을 전파합니다.

열정적 내용이 담긴 몇몇 장에서 이사야는 훌륭한 웅변으로 미래를 묘사합니다. 이사야는 어느 날 우리의 모든 꿈들이 반드시 실현될 것이라는 확신을 줍니다. 그 날에 이르기 위해 세상이 거쳐야 할 과정을 이해하지 못할 수도 있습니다. "이는 내 생각이 너희의 생각과 다르며 내 길은 너희의 길과 다름이니라"(사 55:8). 그러나 오늘 본문에서 분명하게 밝히듯이, 그의 백성들과 맺으신 하나님의 언약은 영원합니다. 그 무엇도 이 언약을 소멸할 수 없습니다.

수십 수백 년이 흐르는 동안 바벨론, 바사, 애굽, 그리스, 앗수르, 로마 등의 제국들은 블레셋 평원을 사이에 두고 서로 대치하는 가운데 역사 속에서 흥망성쇠를 반복합니다. 각 제국들은 저마나 유대 민족을 손쉽게 복종시킵니다. 한때 유대 민족 전체가 멸절될 위기도 맞습니다. 구약의 마지막 선지자의 말과 신약의 마태복음 첫 단어 사이에 400년의 간극이 있습니다. 사람들은 그 기간을 침묵의 400년이라고 부릅니다. 메시아가 그들의 유일한 희망이었습니다.

오늘의 묵상

이 세상에서 꼭 바뀌었으면 하고 바라는 것은 무엇입니까? 이사야가 그 변화를 언급하고 있습니까?

예수 : 최고의 선택, 위대한 약속

당신이 진심으로 바라는 것, 당신의 가장 소중한 꿈은 무엇입니까? 이사야는 포위당하여 절망하고 있는 이스라엘 백성뿐만 아니라 우리에게도 미래에 대한 희망을 보여주었습니다. 하나님과 동행하는 사람들에게는 질병과 슬픔, 억압과 불의가 현실의 종착역일 수 없습니다. 이사야는 지친 자들에게 힘을, 믿는 자들에게 기쁨과 평화를 선포합니다. 그리고 어느 날 하나님의 권능이 모든 만민에게 드러날 것을 예언합니다. 덕과 소망이 충만한 미래가 우리의 것입니다.

이사야가 하나님으로부터 받은 계시를 들려주는 것은, 미래에 대한 소망을 주기 위해서만이 아니라 현재의 삶에도 영향을 미치려는 것입니다. 이러한 이유로 이사야는 신자들에게 미래에 대한 소망을 품고 살아가라고 간청합니다. 우리가 살고 있는 이 세상에도 하나님이 임재하십니다. 그럼에도 우리는 구속된 세계의 그림자만을 볼 수 있습니다. 우리는 타락한 인류의 그릇된 가치관을 가지고 살아갑니다. 이 세상 사람들의 수많은 목표와 희망은 하나님이 마련해놓으신 영원한 세계의 모조품에 불과합니다. 이사야의 표현대로 하자면, 우리는 양식이 아닌 것에 돈을 쓰고 만족하지 못할 것을 위해 수고합니다.

미래학자 톰 사인은 그의 저서에서 다음과 같이 말합니다. "우리가 그리는 더 나은 내일이란 행복이 소유와 일치하는 미래입니다. 오늘날 우리들은 많은 것을 창고에 쌓아두고 신용카드를 긁으며 신상품을 소비하면 행복해질 거라는 생각을 진실로 믿게 되었습니다." 특히 서구 세계의 그리스도인들에게 소유에 대한 이런 식의 집착은 일반화되었습니다. 소유를 추구하는 것은 영혼을 미혹케 할 위험을 언제든지 안고 있습니다. 사람들은 이 세상 물질을 무색하게 할 대단히 호화스런 미래를 기대합니다. 그러나 세상적인 것을 좇다보면 진정한 기쁨을 주는 것을 보지 못하게 됩니다.

세상적인 것을 추구하면 결코 만족을 얻지 못합니다. 실제로 세상에서 성공한 사람일수록 삶에 대한 만족도가 떨어집니다. 톰 사인은 영국의 선교사이자 작가인 레슬리 뉴비긴의 말을 인용합니다. "기술이 점점 더 놀라운 속도로 발전합니다. 한편 서구 사회의 소설이나 드라마는 허무주의와 절망으로 가득 차 있습니다."

이사야가 탄원합니다. "내게 듣고 들을지어다. 그리하면 너희가 좋은 것을 먹을 것이며 너희 자신들이 기름진 것으로 즐거움을 얻으리라"(사 55:2). 오직 예수님만이 우리를 채우고 만족시킬 양식을 주실 수 있습니다. 믿는 자들은 이 비밀을 알게 되었습니다. 그리고 하나님은 그들에게 능력을 주시며 생명의 양식이 필요한 모든 사람들에게 이 비밀을 알려주라고 하십니다.

톰 사인이 말합니다. "우리의 사명은 현재의 질서를 유지하고 발전시키는 것이 아니라, 전혀 새로운 질서를 확립하는 일에 하나님과 동역하는 것입니다. 그 어느 때보다 정신을 차려야 할 때입니다. 믿음의 사람들, 사랑의 사람들이 현재의 가치관과 비전에 대해 회의를 갖고, 더 늦기 전에 새로운 꿈을 꾸어야 합니다."

오늘의 묵상

당신의 꿈은 무엇입니까? 시간과 돈을 어디에 쓰고 있습니까?
당신이 추구하는 바에 대해 하나님과 대화하고, 하나님의 꿈을 꿀 수 있도록 도와달라고 기도하십시오.
현재와 미래에 대한 이사야의 비전이 당신의 삶 속에 늘 함께하게 해달라고 간구하십시오.

A SURPRISING MESSIAH

7
놀라운 메시아

오늘 다윗의 동네에 너희를 위하여 구주가 나셨으니 곧 그리스도 주시니라. 너희가 가서 강보에 싸여 구유에 뉘어 있는 아기를 보리니 이것이 너희에게 표적이니라 하더니 하나님을 찬송하여 이르되 지극히 높은 곳에서는 하나님께 영광이요 땅에서는 하나님이 기뻐하신 사람들 중에 평화로다 하니라(눅 2:11-14).

Zecharriah and Mary

사가랴가 보고 놀라며 무서워하니…
마리아가 이르되
주의 여종이오니 말씀대로 내게 이루어지이다 하매
(눅 1:12, 38).

사가랴와 마리아 / 눅 1:5-52 /

인간의 감정 중에 희망만큼 강한 감정이 있을까요? 예를 들어 세대를 이어 전해져 내려오는 동화는 행복하게 끝날 거라는 믿음을 충분히 줍니다. 결국 악의 세력은 싸움에서 지고, 착하고 용감한 주인공이 마침내 승리한다는 해피엔딩은 무한한 희열을 안겨줍니다.

바야흐로 새로운 천 년이 시작되는 시점에서 팔레스타인 지역의 유대인들에게는 모든 것이 동화처럼 희망적입니다. 그러나 중동 지역의 제국들이 흥망성쇠를 거듭하는 동안, 작은 나라 이스라엘은 여전히 강대국들의 지배를 받고 있습니다. 구약의 마지막 선지자 말라기 이후 400년 동안 하나님의 말씀을 예언해주는 선지자도 없었습니다. 구약시대 말에는 하나님마저도 숨어버리신 것입니다. 오래 전부터 얼굴을 감추시겠다고 경고하셨습니다. 이제 정말로 얼굴을 숨기셨으니 이 땅에는 어두운 그림자가 드리워졌습니다.

하나님이 침묵하신 그 400년 동안, 유대인들은 기다리고 기다리며 궁금해합니다. 하나님은 매우 소극적이시고 무관심하시며 그들의 기도에 귀를 닫고 계신 것 같습니다. 마지막 희망은 고대로부터 내려온 메시아에 대한 약속뿐입니다. 그 약속에 모든 것을 걸었습니다. 그런데 심상치 않은 일이 일어납니다. 한 아기의 탄생이 예고된 것입니다. 이전에 한 번도 들어본 적이 없는 예언입니다.

오늘 본문에 나온 사람들의 반응을 보면, 모두들 대단히 흥분했다는 것을 알 수 있습니다. 누가복음에 나타난 예수님의 탄생을 둘러싼 사건들은 마치 흥겨운 뮤지컬과 비슷한 분위기를 풍깁니다. 머리가 허옇게 센 할아버지, 깜짝 놀라는 처녀, 그리고 노쇠한 여선지자 등 여러 인물들이 등장합니다(눅 2장). 모두들 만면에 미소를 띠거나 찬송을 부릅니다. 마리아가 천사를 만난 충격에서 안정이 되자, 입에서 아름다운 찬송이 절로 흘러나옵니다. 아직 태어나지 않은 사촌도 태내에서 기뻐하며 발길질을 합니다.

누가는 이 사건을 메시아에 대한 구약의 예언과 조심스럽게 연결시킵니다. 천사 가브리엘도 세례 요한을 주님의 길을 예비할 엘리야라고 부릅니다. 틀림없이 이 지구상에 무슨 일이 벌어지고 있습니다. 로마제국의 저 먼 시골구석에서 절망에 빠져 우울하게 살고 있는 사람들에게 분명 좋은 일이 있을 겁니다.

오늘의 묵상

당신 앞에 천사가 나타난다면 사가랴처럼 반응하겠습니까, 마리아처럼 반응하겠습니까?

An Angel Appears to Joseph

주의 사자가 현몽하여 이르되
다윗의 자손 요셉아 네 아내 마리아 데려오기를 무서워하지 말라.
그에게 잉태된 자는 성령으로 된 것이라
(마 1 : 20).

요셉을 찾아온 천사 / 마 1:1-25 /

마태는 세리입니다. 나중에는 예수님의 열두 제자 중 한 사람이 됩니다. 길게 족보를 나열하는 마태복음의 첫 부분을 보면, 대상 독자가 유대인인 것을 알 수 있습니다. 유대인들은 예수님의 혈통에 특별히 관심을 가질 것입니다. 예언된 메시아는 다윗의 혈통에서 나와야 하므로, 유대인들은 이것이 사실로 확인되지 않으면 예수님을 예언된 그 메시아로 믿지 않을 것입니다.

족보를 한번 훑어보십시오. 아브라함, 이삭, 야곱, 유다, 보아스, 라합, 룻, 다윗, 솔로몬 등등 낯익은 이름들이 나옵니다. 법적인 아버지 요셉의 가계를 통해서 예수님의 혈통은 다윗과 아브라함까지 올라갑니다. 족보에 기록된 여인들을 눈여겨봅시다. 예수님의 족보에 유일하게 오른 여인들은 그 배경이 자못 의심스러운 사람들입니다. 라합은 창기였습니다. 룻은 이방인이었고, 우리아의 아내 밧세바는 다윗과 간통을 범했습니다. 하나님은 유대인들이 상기해야 할 내용을 기록하게 하신 듯합니다. 구세주의 혈통에 등장하는 사람들은 남자든 여자든 다 불완전한 사람이었음에도 하나님의 자비를 경험했습니다. 실수와 잘못을 저질렀지만 메시아의 탄생을 위한 하나님의 도구로 쓰임 받았습니다.

마침내 이 세상에 예수님이 태어나시기 위해서는 예수님의 가장 가까운 핏줄인 마리아와 요셉의 믿음이 필요합니다. 마태는 오늘 본문에서 요셉에게 초점을 맞춥니다. 700년 전 하나님은 선지자 이사야를 통하여 예언하셨습니다. "처녀가 아이를 낳을 것이요. 그의 이름을 임마누엘이라 하리라"(사 7:14). 지금 그 예언이 확인되고 있습니다. 그리고 요셉은 비록 예수님의 육신의 아비는 아니지만 아버지 역할을 할 자로 선택되었습니다. 신실한 그는 보통 1년을 보내야 하는 정혼 기간을 짧게 끝내고 마리아를 즉시 자기 집으로 데려옵니다. 그리고 마리아와 결혼하여 임신 중인 그녀를 보살핍니다. 분명 두 사람은 구설수에 오르고 사람들의 눈총을 받았을 것입니다. 기다리던 메시아이신 예수님의 삶에 대한 오해가 여기서부터 시작됩니다.

오늘의 묵상

당신이 옳은데도 다른 사람들의 비난을 참아야 했던 경험이 있습니까?

The Birth of John the Baptist

엘리사벳이 해산할 기한이 차서 아들을 낳으니
이웃과 친족이 주께서 그를 크게 긍휼히 여기심을 듣고
함께 즐거워하더라
(눅 1:57-58).

세례 요한의 출생 / 눅 1:57-80 /

마태가 그의 복음서 첫 장에서 보여주듯이 누가도 예수님 탄생을 둘러싼 모든 일들이 메시아에 대한 구약의 예언들과 연결된다고 설명합니다.

선지자 말라기가 예언하기를 하나님이 내 앞길을 준비할 사자를 보내겠다고 하셨습니다(말 3:1). 그는 이 사자를 엘리야에 비유합니다. "보라 여호와의 크고 두려운 날이 이르기 전에 내가 선지자 엘리야를 너희에게 보내리니"(말 4:5). 누가복음 1장 앞부분에서 천사가 세례 요한의 아버지 사가랴에게 나타나 그의 출생을 알려주며 엘리야를 언급하는 구절이 나옵니다. "그가 또 엘리야의 심령과 능력으로 주 앞에 먼저 와서 아버지의 마음을 자식에게 거스르는 자를 의인의 슬기에 돌아오게 하고 주를 위하여 세운 백성을 준비하리라"(눅 1:17).

세례 요한의 출생을 통해 예언이 실현됩니다. 엘리야가 심판과 구속의 메시지를 전했듯이, 세례 요한도 진정한 재판관이시며 구세주이신 메시아의 오심을 알리는 선구자가 될 것입니다. 엘리야가 광야에 나가 그의 사역을 준비했던 것처럼 세례 요한도 사역을 시작하기 전까지 광야에서 지냅니다. 그는 비싼 옷을 걸치고 성전을 수시로 드나드는 귀족이 아닙니다. 사람들이 기대하는 새로운 이스라엘과는 어울리지 않는 구세주가 오십니다. 세례 요한은 그분의 앞길을 예비하는 사람입니다. 그분은 많은 사람들의 주목을 받을 것입니다. 그리고 많은 사람들이 알고는 있으나 제대로 이해하는 사람은 거의 없는 하나님의 약속을 성취하기 위해 예수님께서 오실 것입니다.

오늘의 묵상

하나님이 전통에서 벗어나는 일로 당신에게 역사하실 때 어떻게 반응합니까?

The Birth of Jesus

오늘 다윗의 동네에 너희를 위하여
구주가 나셨으니
곧 그리스도 주시니라
(눅 2:11).

예수님의 탄생 /눅 2:1-40/

성경에서는 천사가 나타날 때 항상 첫 마디를 "무서워하지 말라"로 기록합니다. 이상한 일이 아닙니다. 초자연적 존재가 이 지구상에 발을 디딜 때 사람들은 누구나 정신을 잃을 정도로 두려워하며 얼굴을 땅에 대고 엎드립니다. 그러나 누가는 지상에 임하신 하나님의 현현을 전혀 무섭지 않게 그립니다. 마구간에서 태어나 말구유에 누우신 아기 예수. 하나님은 우리가 두려워하지 않을 만한 접근 방법을 찾으신 겁니다. 갓 태어난 아기가 어찌 무서울 수 있겠습니까?

아기가 된다는 것을 다시 상상해보십시오. 말하는 것이나 근육을 움직이는 것, 단단한 음식을 먹고 용변을 가릴 수 있는 능력 등을 포기해야 합니다. 아기 예수의 탄생은 하나님이 몸소 체험하신 비움이 어떤 것인지 알려주는 힌트가 됩니다.

성경에 따르면, 예수님은 지상에서 하나님인 동시에 인간이십니다. 하나님으로서 기적을 행하시고 죄를 사하시며, 죽음을 정복하시고 미래를 예언하십니다. 이 모든 일을 하실 때 주위 사람들은 경외심을 갖습니다. 하지만 하나님의 이미지를 구름 기둥, 불기둥의 모습으로 기억하고 있는 유대인들에게 예수님은 혼란을 주는 존재입니다. 어떻게 베들레헴에서 태어난 아기가, 목수의 아들이, 나사렛 출신이 하나님이 보내신 메시아가 될 수 있겠습니까? 예수님의 육신이 오히려 방해가 됩니다.

혼란스런 회의주의가 예수님의 사역 기간 내내 쫓아다닙니다. 그러나 오늘 본문은 예수님의 탄생 배경이 그분의 신분을 확증한다는 사실을 알려줍니다. 들판의 목동들은 의심하지 않습니다. 천사들의 합창 소리를 통해 복음의 메시지를 직접 들었기 때문입니다. 그리고 나이 많은 선지자와 여선지자도 예수님을 알아봅니다. 성전에서 가르치던 의심 많은 선생들조차 깜짝 놀랍니다.

왜 하나님은 자신을 비우시고 사람의 형상을 입으실까요? 성경이 제시하는 여러 이유 가운데 어떤 것은 매우 신학적이고 어떤 것은 대단히 실제적입니다. 성전에서 랍비들에게 설교하시는 소년 예수의 모습을 보면 한 가지 힌트를 얻을 수 있습니다. 우선 일반 사람들은 눈에 보이는 하나님과 대화를 나누고 토론도 할 수 있습니다. 예수님은 상대가 누구든, 부모나 랍비 혹은 불쌍한 과부라도 편안하게 이야기할 수 있습니다. "무서워하지 말라!"라는 말을 하실 필요가 없습니다. 하나님은 예수님을 통하여 우리에게 가까이 오십니다.

오늘의 묵상

만약 오늘 예수님께서 당신과 친구가 되시겠다고 직접 찾아오신다면,
무슨 이야기를 나누고 싶습니까?

The Word Became Flesh

말씀이 육신이 되어 우리 가운데 거하시매
우리가 그의 영광을 보니 아버지의 독생자의 영광이요
은혜와 진리가 충만하더라
(요 1 : 14).

말씀이 육신이 되어 / 요 1:1-18 /

요한은 그의 복음서 서두에서부터 한 분에 관해서만 기술합니다. 예수님입니다. 그는 마가나 누가의 기록과는 달리 이야기로 시작하지 않습니다. 아버지 하나님과 예수님의 영원한 관계를 드러내기 위해 태초에 대해 언급하면서 글을 시작합니다.

요한복음은 중요한 여러 가지 신학적 내용을 아름다운 문체로 서술한 책입니다. 이해하기 어려운 부분도 있습니다. 예를 들면, 맨 처음 그리스도를 말씀Word이라고 표현한 부분은 혼란스럽게 생각될 수 있습니다. 그리스 사람들은 이 표현을 위해 로고스Logos라는 단어를 사용했습니다. 로고스는 소리로 표현되는 말과 이성적 사고에 해당하는 소리 없는 말을 모두 지칭합니다. 우주에 대해 언급할 때 그리스 사람들은 로고스, 혹은 말씀이라는 단어를 사용하여 우주 만물을 지배하는 이성적 원리를 설명합니다. 한편 유대인들은 하나님에 관해 언급할 때 말씀이라는 단어를 사용합니다. 따라서 예수님을 말씀이라고 설명한 요한의 표현은 유대인과 그리스인 모두에게 적절하다고 볼 수 있습니다. 예수님은 모든 이치의 근본이시며, 만물을 다스릴 능력을 가지신 우주의 근본 진리이신 분입니다. 예수님은 말씀의 궁극이십니다. 예수님이 곧 하나님이십니다.

예수님은 태초부터 하나님과 함께 계셨으며 곧 하나님이십니다. 메시아이신 예수님은 많은 사람들이 생각하듯이 단순히 선한 분이나 하나님의 말씀을 전하러 온 사자가 아닙니다. 예수님은 하나님의 아들이신 동시에 하나님 자신이십니다. 세상이 창조되던 때에 존재하셨고 오늘도 살아 계십니다.

구별된 존재이신 동시에 하나님과 함께하시는 예수님이라…. 모순이라 생각할지 모르겠습니다. 그러나 그것이 삼위일체의 신비입니다. 성부, 성자, 성령, 세 분이 하나님 한 분 안에 계십니다. 삼위일체의 한 위격으로서 예수님은 우리를 하나님과 하나 되게 하십니다. 미래에 누릴 영생은 육적인 가족이나 부모들이 임의로 내리는 결정에 달린 것이 아니라, 예수님의 이름을 믿는 믿음에만 달려 있습니다. 구원받기 위해 율법을 따라야 할 필요가 없어졌습니다. 우리는 예수님 안에서 그분의 은혜와 진리를 통해 구원받습니다. 예수님은 우리에게 하나님의 사랑을 조금도 부족함 없이 완전하게 베푸십니다.

오늘의 묵상

예수님을 알기 전에는 예수님을 어떤 분이라고 믿었습니까?

하나님을 보여주는 예수님

예수님에 관한 그 무엇이 기독교를 다른 종교와 구별되게 합니까? 역사상 위대한 성인들과 예수님을 구분 짓는 것은 무엇입니까?

요한복음 첫 장이 답해줍니다. 요한은 예수님을 '말씀'이라고 칭하며, 예수님은 하나님과 함께 계셨고 또한 하나님 자신이라고 선언합니다. 그러고 나서 말씀이신 예수님이 "육신이 되어 우리 가운데 거하시매… 은혜와 진리가 충만하더라"(요 1:14)라고 설명합니다. 예수님께서 육신을 입고 이 땅을 거니셨을 때, 하나님의 충만함이 구현되었습니다. 육신을 입은 예수님은 말씀과 행동으로 하나님을 온전히 드러내셨습니다. 그 모습은 하나님이 이제껏 한 번도 보여주시지 않았던 모습입니다. 하나님 안에서만 찾을 수 있는 진리를 나타내셨을 뿐 아니라, 다른 어떤 신적 존재와도 구별되는 하나님의 본성과 은혜를 드러내셨습니다.

《놀라운 하나님의 은혜*What's So Amazing About Grace?*》라는 책에 영국의 저술가이자 학자인 C. S. 루이스에 관한 이야기가 나옵니다.

> 영국에서 열린 비교종교학 회의에서 세계 각국의 전문가들이 기독교 신앙을 유일하게 만드는 점이 무엇인가에 대해 토론을 벌였다. 그들은 항목을 하나하나 점검해나갔다. 성육신? 다른 종교에도 형태는 다르지만 신이 인간의 모습으로 나타나는 경우들이 있다. 부활? 역시 다른 종교에도 죽음에서 환생하는 이야기들이 있다. 토론이 한창 진행되고 있을 때 C. S. 루이스가 회의실로 들어왔다. "무엇 때문에 이렇게 소란스러운가요?" 그의 질문에 동료 학자들은 기독교의 유일성이 세계 종교에 기여하는 바가 무엇인가를 토론하고 있다고 장황하게 설명했다. 그 설명을 다 듣고 나서 루이스가 대답했다. "아, 간단합니다. 그건 은혜지요."
> 토론이 조금 더 진행되다가 학자들은 결론에 도달했다. "아무 조건 없이, 값없이 우리에게 주어지는 하나님의 사랑이라는 개념은 모든 인간의 본능과 상반된다. 불교의 팔정도, 힌두교의 카르마 교리, 유대교의 언약, 이슬람의 법제도. 이들은 각각 인정을 받을 수 있는 길을 제시하고 있다. 오직 기독교만이 조건 없는 하나님의 사랑을 제시한다."

예수님이 오시기 전, 하나님은 불순종하고 하나님께 등을 돌린 이스라엘 백성을 용서하시며 수없이 반복해서 은혜를 베푸셨습니다. 하나님은 이방인들에게도 은혜를 허락하셨습니다. 라합, 룻, 그리고 에스더 시대에 하나님께 돌아온 페르시아인들은 이방인임에도 하나님의 은혜를 입었습니다. 그러나 구속의 기준은 변하지 않았습니다. 사람들은 거룩하신 하나님의 임재 안에서 영생을 누리며 살기 위해서는 율법을 철저히 지켜야 한다고 생각했습니다.

구약시대 초기에 하나님은 이미 율법과 상관없이 하나님께로 나아올 수 있는 길을 마련하셨습니다. 구약시대에 그 누구도 하나님의 기준에 맞게 율법을 완벽하게 준수한 사람은 없었습니다. 그러므로 믿음만이 천국에 이를 수 있는 자격이 되었습니다. 장차 그리스도의 희생으로 구원이 완성될 것이었습니다. 예수님은 단번에 죄 값을 치르게 하는 하나님의 방법이셨습니다. 그리고 십자가에 달려 돌아가심은 우리를 향한 하나님의 은혜와 사랑이라는 가장 위대한 그림을 보여줍니다.

하나님을 사랑하지 못하는 우리의 잘못은 하나님이 우리를 떠나실 수 있는 충분한 이유가 됩니다. 그러나 예수님을 통하여 우리에게 가까이 다가오셔서 자비를 구하는 우리의 애원을 영원히 잠잠하게 하십니다. 우리 신자들을 단번에 이끄시고 또한 우리와 영원히 함께하시는 거룩하신 사랑의 하나님, 예수님은 그분을 보여주는 그림입니다.

오늘의 묵상

예수님을 얼마나 잘 알고 있습니까? 예수님을 알고 있는 것이 하나님에 대한 당신의 시각을 어떻게 변화시켰습니까? 예수님을 더 잘 알고 싶은 소망을 예수님께 말씀드리십시오. 복음서에 기록된 예수님의 삶을 통해 앞으로 하나님을 더 선명하게 볼 수 있도록 도와주시기를 기도하십시오.

The Visit of the Magi, Escape to Egypt, and Return to Nazareth

유대인의 왕으로 나신 이가 어디 계시냐.
우리가 동방에서 그의 별을 보고
그에게 경배하러 왔노라 하니
(마 2:2).

동방박사 세 사람, 피신과 귀향 / 마 2:1-23 /

극소수의 유대인들만 예수님을 메시아로 알아본 것은 아닙니다. 별을 연구하는 외국 학자들도 새로 탄생하신 유대 왕을 경배하러 먼 길을 달려옵니다. 전승에 의하면 세 명의 동방박사가 왔다고 하는데, 실제로 정확하게 몇 명이 왔었는지는 아무도 모릅니다. 아무튼 그들은 특별한 선물을 준비해 왔습니다. 그들의 여정은 아주 특별했습니다.

동방박사들이 가져온 선물이 값비싼 물건이라기보다는 상징적인 것이라고 주장하는 사람들도 있습니다. 이 값진 선물들은 아기 예수께서 살아갈 일생을 상징적으로 표현한 것이라 할 수 있습니다. 황금은 그분의 신성을, 유향은 그분의 향기로운 삶을, 몰약은 그분의 희생과 죽음을 상징합니다. 그 당시 몰약은 시체의 방부 처리에 쓰였습니다.

외국인들의 축하를 받았던 마리아와 요셉은 처음으로 예수님의 생명에

대한 위협을 받습니다. 예수님 탄생 시기에 이스라엘을 통치하던 헤롯 대왕은 백성들뿐만 아니라 자기 가족들에게조차 잔학 행위를 일삼는 악명 높은 왕이었습니다. 그는 일생동안 아내와 자식들을 포함해 수많은 사람들을 죽였습니다. 헤롯이 죽자 그의 아들 아켈라오가 왕위를 물려받습니다. 그 역시 아버지의 뒤를 이어 폭정과 살육을 멈추지 않습니다. 결국 그는 정신 이상이 되는데, 근친결혼 때문인 걸로 추정합니다.

예수님께서 태어나시고 몇 년이 지나서, 요셉은 아켈라오의 위협을 피하여 가족들을 데리고 나사렛으로 돌아갑니다. 나사렛은 갈릴리 지역의 작은 마을인데, 그 당시 갈릴리는 헤롯의 다른 아들이 통치하고 있었습니다. 요셉과 마리아는 베들레헴에서 호적을 등록하기 위해 나사렛을 떠나 있다가 다시 나사렛으로 돌아온 것입니다. 하지만 이곳은 장차 오실 메시아가 사실 곳으로는 적당해 보이지 않습니다.

나사렛은 로마 군대의 북부 주둔지로 유대인들의 멸시를 받던 곳입니다. 나사렛 거주민들은 적국 로마에 동조하는 사람들이라는 낙인이 찍혀 있었습니다. 이런 오명은 장차 예수님의 사역을 특징짓는 데 영향을 미칠 것입니다. 후에 제자가 되는 나다나엘이 처음으로 예수님이 나사렛 출신이라는 점을 문제 삼습니다. "나사렛에서 무슨 선한 것이 날 수 있느냐" (요 1:46). 나사렛 출신인 예수님은 비천한 신분과 이스라엘 사람들에게 받을 경멸에 대한 구약의 예언을 이루십니다.

오늘의 묵상

예수님께서 출생지 문제로 당하신 거부와 경멸을 조금이라도 공감할 수 있습니까?

The Boy Jesus at the Temple; John the Baptist Prepares the Way

내 뒤에 오시는 이는 나보다 능력이 많으시니
나는 그의 신을 들기도
감당하지 못하겠노라
(마 3:11).

소년 예수와 세례 요한 / 눅 2:41-52; 마 3:1-12 /

예수님은 열두 살에 이미 이 땅에 오신 목적을 이해하고 계셨습니다. 이 어린 나이에도 아버지 하나님의 뜻을 드러내는 데 집중하십니다. 부모들은 모두 떠났는데 아직 성전에 남아서 꾸물거린다면 무신경한 소년으로 보일 것입니다. 그러나 예수님은 오직 하늘에 계신 아버지를 기쁘시게 하고 그 아버지께서 이 땅에 자신을 보내실 때 명하신 사명을 완수하는 데 집중할 뿐입니다.

예수님의 사촌 세례 요한은 예수님이 이 땅에 오신 목적을 정확하게 알고 있습니다. 그는 예수님의 사역을 위해 사람들을 준비시키는 동안 두 부류의 종교인들을 만납니다. 이들은 예수님의 공생애 동안 끊임없이 예수님을 의심하고 문제를 제기하게 될 사람들입니다. 바리새파는 율법주의적인 사람들로, 자신들은 어느 누구보다 모세의 율법과 구전되어 내려오는 선조의 전통을 잘 지키므로 다른 유대인들과 구별된다고 생각합니다. 그들은 율법과 성경에 대한 지식을 자랑합니다. 그러나 세례 요한과 예수님이 지적했듯이, 바리새파 사람들은 율법에 집착하는 위선적인 사람들입니다. 다른 사람들을 정죄하면서 자신들의 죄는 합리화합니다. 사두개파 사람들은 세상과 정치에 관심을 둡니다. 신학적으로 정통에서 벗어난 이들은 천사, 영혼, 부활 등에 대한 믿음을 부인합니다.

아브라함의 후손으로서 하나님나라에 당연히 들어갈 것이라고 믿는 바리새파나 그릇된 생각에 사로잡힌 사두개파 사람들을 세례 요한이 철저하게 꾸짖습니다. 세례 요한은 다른 메시지를 외칩니다. "회개하라. 천국이 가까이 왔느니라." 오직 회개를 통해서만 구원받을 수 있습니다. 혈통도, 지식도, 지위도, 선행도 구원을 가능케 할 수 없습니다. 이런 것들은 구원과 아무 관계가 없습니다. 하나님이 요구하시는 것은 회개하는 마음과 하나님의 길을 따르겠다는 변화된 태도입니다.

많은 사람들이 동일한 이유로 예수님을 거부합니다. 자신들의 선함을 믿거나 예전에 가지고 있던 하나님에 대한 관념을 고집합니다. 예수님은 그런 교만을 용납하지 않으십니다. 육신을 입고 오신 예수님께서 전하는 메시지를 받아들일 때에만 비로소 하나님나라에 그들의 자리가 있다고 예수님은 계속 일깨우십니다.

오늘의 묵상

지식이나 선행보다 회개하는 마음을 더 중히 여기신다는
예수님의 뜻을 받아들이기 어렵지 않았습니까?

Jesus is Baptized, Tempted, and Begins His Work

하늘로부터 소리가 나기를
너는 내 사랑하는 아들이라
내가 너를 기뻐하노라 하시니라
(막 1:11).

세례, 시험, 공생애 / 막 1:9-45 /

사복음서가 모두 기본적으로는 같은 주제를 다루지만, 각 복음서마다 예수님의 생애를 독특한 관점에서 바라봅니다. 마태와 누가는 처음 세 장을 역사적 배경을 기술하는 데 할애하면서, 예수님과 구약이 연관되어 있음을 입증하려고 노력합니다. 그러나 마가는 곧바로 예수님의 사역 이야기로 뛰어듭니다. 마가복음 1장에 예수님의 세례, 시험, 사도들을 부르심, 일련의 기적들에 관한 이야기가 모두 한꺼번에 등장합니다.

마가복음은 마치 신문기사를 읽는 듯한 느낌을 줍니다. 주로 사건에 대한 객관적인 기록이 대부분이고, 예화나 설교, 기록자의 견해 등은 거의 나타나지 않습니다. 따라서 이 복음서야말로 예수님의 일생을 한눈에 바라보는 조감도라고 할 수 있습니다. 복잡한 장면 전환이나 긴 설교 등이 없이 간단한 문체로 기술되어 있어서 이해하기도 훨씬 쉽습니다.

세례 요한이 예수님을 향한 사람들의 열의를 강하게 불러일으켜서 결국 감옥에 갇히게 됩니다. 예수님은 세례를 받으신 후 공개적으로 사역을 시작하십니다. 예수님은 열심히 듣고 있는 청중들이 이해하지 못할 일들을 하십니다. 야심 있는 리더라면 당연히 사역의 중심지로 삼을 예루살렘으로 들어가지 않으십니다. 그 대신 갈릴리 지역의 작은 마을들로 다니십니다.

또 다른 면에서도 선지자라고 하기에는 이미지가 맞지 않습니다. 예수님의 사촌 세례 요한만 해도 대단히 금욕주의적인 이미지가 떠오릅니다. 그는 광야에서 메뚜기를 먹고 살면서 가혹한 심판의 메시지를 전합니다. 반면 예수님은 사람들 가운데 지내시며 함께 식사하시고 하나님의 복음을 전해주십니다.

그런데 예수님께서 사람들의 병을 고쳐주시자 하룻밤 사이에 명성이 자자해집니다. 마가복음에 의하면, 운동장을 메우고도 남을 만큼의 사람들이 주위에 몰려들어 예수님께서는 빠져나갈 길을 찾으셔야 했습니다. 예수님은 기적에 대해서 침묵하라고 주의를 주시지만, 기적을 행하시는 능력에 대한 소식이 사방으로 퍼집니다. 예수님이 가시는 곳마다 군중들이 몰려들어 예수님에 관해 저마다 떠들어댑니다. "이분이 하나님의 거룩한 자인가?" "미친 사람인가?" "이 사람은 목수의 아들이 아닌가?" 여러 말들이 나오기 시작했습니다.

오늘의 묵상

지금까지 예수님에 관해 읽은 것을 생각할 때 예수님의 어떤 특징이 가장 놀랍습니까?

The Temptation of Jesus

그때에 예수께서 성령에게 이끌리어
마귀에게 시험을 받으러
광야로 가사
(마 4:1).

예수님의 시험 /마 4:1-11/

예수님의 시험에 관한 이야기를 읽으면 구약에 기록된 두 가지 이야기가 떠오릅니다. 예수님은 광야에서 40일 동안 시험을 받으셨고, 이스라엘 백성들은 광야에서 40년 동안을 떠돌았습니다. 모세는 이스라엘 백성들에게 광야 생활을 하게 하신 하나님의 뜻을 다음과 같이 설명합니다. "이는 너를 낮추시며 너를 시험하사 네 마음이 어떠한지 그 명령을 지키는지 지키지 않는지 알려 하심이라"(신 8:2). 이스라엘 백성들은 그 시험에서 실패했지만, 예수님은 자신이 진정한 이스라엘 백성임을 보여주십니다. 예수님은 하나님과 그분의 목적에 대한 믿음을 지키시며 참아내십니다.

예수님의 시험을 통해 기억되는 또 다른 이야기는 에덴동산에서 하와가 사탄을 만나는 장면입니다. 이스라엘의 믿음을 시험하신 분은 하나님이시지만 하와에게 악을 행하도록 유혹한 것은 사탄이었습니다. 단순한 부정적 힘이나 영향력 이상의 존재인 사탄은 하와와 예수님에게 살아 있는 존재로 행세했습니다. 그리고 오늘 우리에게도 똑같은 수법을 사용합니다. 사탄은 신체적 욕구에, 개인의 유익을 구하려는 인간적 욕망에, 빠르고 쉽게 권력과 특권을 얻을 길을 찾는 인간적 탐욕에 호소합니다.

예수님은 사탄을 거부하기 위해 성경말씀을 인용했고, 그 말씀을 의지합니다. 오직 하나님만이 우리의 굶주림을 채우실 수 있다는 것과, 하나님을 구하는 것이 개인의 이익보다 더 중요하며 인간의 지위나 권력에 대한 추구가 아니라 하나님을 경배하는 믿음이 최우선돼야 한다는 것을 아셨습니다. 그렇게 예수님은 사탄의 유혹을 모두 물리치심으로써 예수님을 받아들이는 모든 사람들의 진정한 구세주가 되셨습니다. 예수님은 우리가 경험하는 것들을 체휼하셨으므로 우리가 유혹을 받을 때 언제나 도와주실 수 있습니다.

오늘의 묵상

가장 최근에 받은 유혹은 무엇입니까?
그 유혹이 예수님의 세 가지 유혹과 비슷합니까?

Jesus's Pattern of Restraint / 깊이 생각하기 /

유혹을 물리치신 예수님

예수님의 세 가지 시험을 살펴봅시다. 사탄이 매혹적인 개선을 제안합니다. 인간이 되는 것의 단점은 빼고 장점만을 이용하여 유혹했습니다. 굶주림과 노동이라는 정해진 규칙은 배제하고 떡의 단맛만을 제안합니다. 그리고 실제로는 위험하지도 않은 위기에 직면하게 하며, 거부당하는 괴로움일랑 접고 명예와 권력을 즐기라고 유혹합니다. 한 마디로, 왕관을 쓰고 십자가는 버리라는 것입니다. 예수님께서 거부한 그 유혹을 그분을 따르는 우리들 대부분이 원하고 있습니다.

광야에서의 시험은 하나님의 권능과 사탄의 능력 사이에 심오한 차이가 있다는 것을 보여줍니다. 사탄에게는 억압하고 미혹하고 복종을 강요하고 파괴하는 능력이 있습니다. 인간들은 그 능력으로부터 많은 것을 배웠고, 권력 기관들은 사탄의 저장고에서 그 능력을 은밀히 꺼내옵니다.

인간은 채찍과 경찰봉과 자동소총을 이용하여 자신이 원하는 일은 무엇이든 하도록 다른 인간을 조종합니다. 사탄의 능력은 표면적이고 강제적입니다. 반면에 하나님의 권능은 내면적이며 강제적이지 않습니다. "당신은 기적으로 인간을 예속시키려 하지 않았소. 기적이 아니라 자유의지에 의한 믿음을 원했소." 도스토옙스키의 소설 《카라마조프의 형제》에서 재판관이 예수님께 한 말입니다. 때론 예수님의 그런 권능이 연약해 보이기도 합니다. 내면으로부터 일어나는 조용한 변화를 기다리며 인간의 선택을 철저하게 자유의지에 맡기시므로, 권능의 하나님이 마치 모든 것을 포기하시는 것처럼 보입니다. 부모가 되거나 연애를 해본 사람이라면 다 알 것입니다. 상대가 거절할 때 사랑은 힘을 잃는다는 것을.

이따금 하나님이 좀 더 강력하게 손을 써주셨으면 하고 바랄 때가 있습니다. 너무 많은 자유로 인해, 불신앙으로 이끌고 가려는 너무 많은 유혹으로 인해 내 신앙은 고통을 당합니다. 때로는 하나님이 나를 압도하셔서 확실성으로 내 의심을 정복하시며 하나님의 임재와 돌보심에 대한 결정적 증거를 보여주시기를 소망합니다.

나의 인생 여정에서 더 적극적인 하나님의 역할을 기대하기도 합니다. 기도가 끝나기가 무섭게 놀라운 답변을 해주셨으면 하고, 질병을 치유해주시고 사랑하는 사람들을 안전하게 보호해주시기를 원합니다. 모호하지 않으신 하나님을 원합니다. 의심하는 친구들에게 직접 보여줄 수 있는 하나님을 원합니다. 이런 생각을 하고 있으면, 2000년 전 사탄이 예수님께 던졌던 도전이 희미하게 메아리쳐 들립니다. 예수님이 이 땅에서 유혹을 거절하셨듯이 하나님도 우리의 바람을 거절하십니다. 다만 느리고 조용한 대책을 마련해놓으셨습니다.

예수님은 광야에서 시험을 받으실 때 유혹을 거절하셨던 태도를 지상에 사시는 내내 고수하셨습니다. 누구에게 강요하신 적이 한 번도 없습니다. 그보다는 선택이 가져올 결과를 설명하시고 결정권을 상대방에게 넘기셨습니다. 부자 청년의 질문에 의심의 여지가 없는 말씀으로 대답하시고 그 청년을 돌려보내셨습니다. 마가는 이 장면에 한 마디를 덧붙입니다. "예수께서 그를 보시고 사랑하사"(막 10:21). 예수님은 세상이 하나님께 어떻게 반응해야 하는지에 관한 현실적 시각을 가지고 계셨습니다. "불법이 성하므로 많은 사람의 사랑이 식어지리라"(마 24:12).

저 또한 유혹에 너무도 약합니다. 인간의 욕구를 해결하는 지름길을 딱 잘라 거절하지 못합니다. 하나님이 천천히 조용히 역사하시도록 기다릴 인내심도 부족합니다. 내가 주도권을 잡기 원하고, 다른 사람들에게 내가 믿는 바를 성취하도록 도우라고 강요합니다. 나의 안전과 보호가 보장된다면 어느 정도 자유를 포기할 수 있습니다. 나의 야망을 실현할 기회가 생긴다면 더 많은 자유를 포기할 의사가 있습니다.

이런 유혹들이 내 안에서 일어날 때면, 광야에서 예수님과 사탄이 만난 장면을 상기합니다. 사탄의 유혹을 이기신 예수님이 내가 유혹에 직면할 때 행사하는 바로 그 자유를 보전해주셨습니다. 예수님께서 광야에서 보이신 그 믿음과 인내를 간구합니다. 그리고 히브리서에 나오는 말씀에 다시금 기뻐합니다. "우리에게 있는 대제사장은 우리의 연약함을 동정하지 못하실 이가 아니요. … 그가 시험을 받아 고난을 당하셨은즉 시험 받는 자들을 능히 도우실 수 있느니라"(히 4:15; 2:18).

오늘의 묵상

당신을 가장 괴롭히는 유혹은 무엇입니까? 유혹을 이기신 예수님의 방법을 삶에 적용해봤습니까? 십자가를 거절하고 왕관을 욕심내게끔 유혹하는 시험에서 승리하게 해달라고 기도드리십시오.

Jesus Changes Water to Wine

예수께서 그들에게 이르시되 항아리에 물을 채우라 하신즉
아귀까지 채우니 이제는 떠서
연회장에게 갖다 주라 하시매 갖다주었더니
(요 2:7-8).

물로 포도주를 만들다 / 요 2:1-11 /

요한이 예수님의 첫 번째 기적을 이야기합니다. 그리고 뒤에 이어지는 이야기는 예수님께서 행하신 모든 기적이 단순한 신비 현상 이상임을 밝혀줍니다. 예수님의 기적은 자연 세계를 하나님의 초자연적 권능과 연결시켰고, 오늘 우리가 사는 세상에도 영향을 주는 결과를 가져왔습니다.

리처드 에비 박사가 1900년대 초 제너럴일렉트릭에서 근무하던 아버지에 대해 이야기합니다. 아버지 유진 에비에게 현대판 예수님의 기적이 일어났다고 합니다. 1908년, 제너럴일렉트릭 사장은 미국의 미래가 고전압 전기 에너지 생산 여부에 달려 있다고 믿었습니다. 그 당시는 절연용 자재나 부싱 같은 장비가 개발되기 전이고, 고압을 견디는 장비 없이는 광범위한 전기 사용이 불가능했습니다. 젊은 전기기사였던 그는 그 문제를 해결

하라는 지시를 받았습니다.

수개월에 걸쳐 연구하고 시행착오를 반복했으나 아무런 해법을 발견하지 못했습니다. 에비와 동료들은 천둥번개 때문에 생기는 갑작스런 전압 상승을 견뎌낼 자기 절연체를 찾지 못했습니다. 천둥번개는 변전소와 전국에 설치된 고압선을 날마다 위협했습니다. 그들이 개발한 절연용 자재는 인공 번개가 스치기만 해도 부서졌습니다.

어느 토요일 아침, 식사를 하던 에비에게 갑자기 아이디어가 떠올랐습니다. 그를 비롯한 모든 전기기사, 기계공, 시험 조작자, 화공사, 애자 전문가들은 거의 포기 직전이었습니다. 전날 밤 그는 하나님께 기도하면서 해결책을 찾지 못하면 이 문제는 영원히 미제로 남을 수밖에 없다고 말씀드렸답니다. 아침에 잠에서 깨어 성경을 펼친 에비는 우연히 예수님의 첫 번째 기적을 읽게 되었습니다. 그러다 전기기사다운 생각을 하기 시작했습니다.

'예수님은 항아리 여섯 개와 능력을 이용하셔서 물을 포도주로 바꾸셨다. 항아리 하나에는 약 20-30갤런 정도의 물을 담았을 것이다. 항아리는 그만큼 튼튼했을 것이다. 또한 물이 알코올로 변화되는 화학적 과정에서 분자를 전위시키기 위해서는 수백만 볼트의 전압이 필요했을 것이다. 기적이 일어나는 순간 마치 항아리 안에서 폭탄이 터진 것 같은 현상이 일어났을 것이다. 그런데 항아리는 그 모든 압력을 견뎌냈다.'

에비가 그 순간 확실한 해답을 얻은 건 아닙니다. 다음 날 회사에 나가 연구 팀원들에게 한 달간 휴가를 주면서 좀 더 깊이 생각해보라고 했습니다.

한 달이 지났으나 여전히 해답은 나오지 않았습니다. 백악관의 후버 대통령으로부터 전화가 왔는데, 주제는 볼더 댐(후버 댐)에 관한 내용이었습니다. 댐 공사는 잘 진행되고 있었고, 완공되면 세계 최대의 댐이 될 것이었습니다. 그러나 적합한 투관이 없다면 그 댐은 에너지원으로서 역할을 할 수 없습니다. 이 시급한 문제를 신속히 해결할 방법이 절실했습니다.

에비는 곧 스키넥터디에서 연구소를 운영하는 체르막 씨에게 전화를 걸었습니다. 체르막 씨는 방금 유럽과 이집트를 여행하고 돌아온 참이었습니다. 그런데 잠시 이집트 여행 이야기를 하던 중 투트 왕의 무덤에서 많은 유물이 발견된 일이 화제로 올랐습니다. 무덤 안을 구경하다가 가이드가 잠시 한눈을 파는 사이에 체르막 씨는 기념품 하나를 슬쩍 주머니에 넣어 왔다고 했습니다. 그리고 업무에 관한 대화가 오가고, 대통령의 지시에 관해 의논했지만 역시 뚜렷한 해답은 얻지 못했습니다.

그날 밤 에비는 무언가 관련 있는 접점을 발견할 수 있으리라는 느낌을 떨쳐버릴 수가 없었습니다. 채 어둠이 가시지 않은 새벽, 에비는 체르막 씨에게 전화를 걸었습니다. 분명 체르막 씨가 기념품으로 가져온 도자기 조각은 주전자 같은 그릇의 일부분이었을 테고, 대략 3000년쯤 되었다고 가정하면 예수님이 이 땅에 사시던 때 이전의 물건일 거라고 생각했습니다. 체르막 씨와 당장 성분 검사를 해보기로 했습니다.

2주 후, 번개 연구소에서 에비가 아들을 데리고 새로 개발된 애자 테스트를 지켜보고 있었습니다. 투트 왕의 유물 도자기와 같은 재질로 만들어진 애자였습니다. 건물 전체가 흔들릴 정도의 전압에도 그 애자는 꿈쩍하지 않았습니다. 후버 대통령에게 보고하였고, 댐은 무사히 완공되어 순조롭게 가동되었습니다. 후버 댐은 넓은 지역에까지 전기를 공급하는 세계 최대의 발전소가 되었습니다.

오늘의 묵상

하나님이 당신의 과거 경험을 이용하여 예상치 못한 방법으로,
그러나 훨씬 의미 깊게 미래의 일에 영향을 주신 경우가 있습니까?

Jesus Teaches Nicodemus

예수께서 대답하여 이르시되 진실로 진실로 네게 이르노니
사람이 거듭나지 아니하면
하나님의 나라를 볼 수 없느니라
(요 3:3).

니고데모를 가르치다 / 요 3:1-21 /

요한복음 3장과 마가복음 2장을 동시에 읽어보면 두 복음서 간의 주된 차이점을 볼 수 있습니다. 마가는 전체를 아우르는 효과를 내기 위해 동선과 군중을 짤막하게 보여주는 장면들이 연결된 전경을 펼쳐놓습니다. 반면 요한은 더 자세하고 깊은 내면의 모습을 담기 위해 카메라 초점을 좁혀서 몇몇 개개인의 얼굴을 당겨 찍습니다. 예를 들어 우물가 여인, 눈먼 사람, 유대 산헤드린 공회원 등과 같은 사람들입니다.

심오한 뜻을 담은 간단한 표현들, 이것이 요한복음에 나타나는 예수님의 가르침이 갖는 특징입니다. 요한만큼 단순하고 일반적인 단어를 쓰는 성경 기자는 없을 것입니다. 물, 세상, 빛, 생명, 탄생, 사랑, 진리 등은 주로 요한복음에 등장하는 단어들입니다. 그러나 이 단어들에 담긴 뜻이 너무 심오해서, 후세 학자들은 뜻을 파악하기 위해 많은 노력을 기울여야 했

습니다.

오늘 본문에 나오는 니고데모와의 대화를 살펴봅시다. 그는 인적이 드문 밤에 예수님을 찾아옵니다. 자신의 명예와 신변안전에 대한 위험을 무릅쓰고 예수님을 만나러 온 것입니다. 그가 속한 바리새파 사람들은 예수님을 죽이겠다고 큰소리를 치고 다녔습니다. 그런데 니고데모에게는 의문이 있습니다. 너무나 간절히 알고 싶고 누구나 물어야 할 가장 중요한 질문입니다. "예수님, 당신은 누구십니까?" "정말로 하나님께로부터 오셨습니까?" 예수님은 거듭남이라는 표현을 써서 대답하십니다. 이 표현은 성경에서 대단히 익숙한 단어가 되었습니다. 분명 예수님의 말씀은 니고데모의 마음속에 새겨졌습니다. 훗날 그는 유대 재판정에서 예수님을 위해 증언하고, 십자가 처형 후에 예수님의 시신을 장사하는 일에 도움을 줍니다.

니고데모 이야기의 뒤를 이어 세례 요한에 관한 설명이 나옵니다. 사람들은 강 건너에서 군중을 이끄는 새로 등장한 선생에 관해 세례 요한에게 질문합니다. 예수님의 말씀을 되풀이하듯, 세례 요한은 예수님께 영생의 열쇠가 있다고 외칩니다. 진실로 세례 요한이 알리려 했던 분이 예수님입니다. "그는 흥하여야 하겠고 나는 쇠하여야 하리라"(요 3:30).

오늘의 묵상

신앙인이 되기 전에는 '거듭남'이라는 말을 어떻게 해석했습니까?
당신의 믿지 않는 친구들은 이 말을 어떻게 해석합니까?

Jesus Talks with a Samaritan Woman

내가 주는 물을 마시는 자는 영원히 목마르지 아니하리니
내가 주는 물은 그 속에서
영생하도록 솟아나는 샘물이 되리라
(요 4:14).

사마리아 여인 / 요 4:1-30, 39-42 /

지금은 그리 실감나지 않겠지만, 오늘 본문에 나오는 예수님의 행동은 그 당시 관점으로 보면 언어도단입니다. 예수님 시대 유대인들은 이방 혼혈족인 사마리아 사람들을 보통 경멸한 것이 아닙니다. 기원전 722년 앗수르가 북이스라엘을 정복하면서 당시의 수도 사마리아를 파괴한 이후, 이스라엘 사람들 대부분은 추방당하고 그 대신 이방인들이 이주해 들어왔습니다. 새로 이주해온 이방인들은 남아 있던 유대인들과 결혼했고 이스라엘의 종교 의식 몇 가지를 취하여 자신들의 우상 제사에 응용했습니다. 이러한 이유로 유대인들은 사마리아 사람들을 사기꾼이라고 부르며 경멸했습니다.

이런 배경 때문에 예수님 당시의 유대인들은 사마리아 사람들과의 접촉을 철저히 차단하며 지냈습니다. 유다에서 갈릴리로 갈 때는 사마리아를

경유하는 지름길을 피하여, 일부러 요단 강 건너편 동쪽에 위치한 베레아로 둘러 다녔습니다. 그러나 예수님은 그렇게 하지 않으셨습니다. 예수님은 직접 사마리아로 통하는 길을 선택하십니다. 가는 도중에 유대인의 또 다른 전통을 깨뜨리십니다. 사마리아 여인과 대화를 나누심으로써 남녀 간에 거리를 두어야 한다는 편견을 무시해버리십니다.

예수님은 그녀에게 자신이 메시아임을 드러내시고, 그 사마리아 여인은 예수님이 메시아이신 것을 그분께 직접 듣는 최초의 사람이 됩니다. 유대 땅에서 자신의 신분을 드러내실 때는 정치적 마찰이 일어나지 않도록 조심하셨습니다. 그러나 이곳 사마리아는 정치적인 위험이 크지 않습니다. 그 여인뿐 아니라 마을 사람들과 자유로이 이야기하시며 유대 민족 이외의 사람들에 대한 크신 사랑을 다시 보여주십니다.

오늘의 묵상

예수님께서 당신의 어떤 목마름을 채워주셨습니까?

Jesus Rejected at Nazareth

그들이 다 그를 증언하고 그 입으로 나오는 바
은혜로운 말을 놀랍게 여겨 이르되
이 사람이 요셉의 아들이 아니냐
(눅 4:22).

예수님을 배척하는 나사렛 사람들 / 눅 4:14-30 /

예수님은 고향 나사렛에서 자신이 누구이며 누구를 도우러 왔는지를 밝히십니다. 그러자 고향 사람들은 거의 폭동을 일으킬 지경입니다. 이 긴장이 감도는 장면에서 예수님은 이사야가 모든 나라에 예언했던 메시아가 자신이라고 말하지만 사람들 눈에는 오로지 요셉의 아들로밖에 보이지 않습니다. 얼마 전까지만 해도 길거리에서 뛰어놀던 소년이었는데 그렇게 친숙한 사람이 어떻게 구세주일 수가 있겠습니까? 그런데 예수님은 그들이 의심한다는 걸 잘 알고도 놀라지 않습니다. 엘리야와 엘리사도 이스라엘에서 똑같이 거절당했던 것을 알기 때문입니다.

오늘의 묵상

당신이 새로운 시각으로 예수님을 볼 수 있도록 도움을 준 것은 무엇입니까?

모든 사람을 위해 오신 예수님

친구에 대한 예수님의 취향을 단정해서 말하기는 어렵습니다. 다양한 종류의 사람들을 만나시려고 예수님께서 오셨다는 것은 이미 분명해졌습니다. 한 번은 유대인 중의 유대인을 만나셨습니다. 선생이자 바리새파 사람이고, 총 회원이 70명밖에 안 되는 산헤드린 공회의 회원인 니고데모입니다. 또 어느 날은 사마리아 여자와 그 동네 사람들에게 관심을 두셨습니다. 더러운 귀신 들린 사람과 한센병 환자를 고쳐주셨습니다. 평범한 어부들과 유대인들이 부정직하다고 손가락질하는 세금 징수원을 부르셔서 가장 가까운 측근으로 삼으셨습니다.

예수님께서 육신을 입고 이 땅에 오신 것은 언약을 완성하고 모든 사람들에게 하나님의 사랑을 알게 하기 위해서입니다. 우리의 생명은 하나님께 너무나 소중하므로 영원한 생명에 이르러야 한다고 말씀하십니다. 예수님은 특별한 사람이나 특별한 삶을 찾지 않으십니다. 예수님께서 찾으시는 것은 예수님이 필요하다는 것을 깨닫는 마음입니다. 예수님을 믿는 믿음과 예수님을 통한 구원만이 중요합니다.

우리의 생명을 예수님께 내어드릴 때, 모든 사람을 향한 그분의 사랑이 우리 마음이 됩니다. 사랑의 선교회 설립자인 마더 테레사는 예수님의 사랑을 모든 사람에게 전파하는 일에 대해 자주 언급했습니다. 당장 우리 주변에 있는 사람들부터 보살피면서 시작하라는 것입니다. "하나님이 당신을 얼마나 사랑하시는지 알고 나서야 비로소 그 사랑을 전파하며 살아갈 수 있습니다. 나는 언제나 가정에서부터 그 사랑이 시작된다고 말합니다. 가족이 우선이고, 그 다음이 살고 있는 동네나 도시입니다. 멀리 떨어져 있는 사람을 사랑하기는 쉽습니다. 그러나 함께 살거나 바로 옆에 있는 사람을 사랑하는 일은 그리 쉽지 않습니다. 나는 일을 거창하게 벌이는 것을 좋아하지 않습니다. 사랑은 한 개인으로부터 시작되어야 합니다. 한 사람을 사랑하려면 그 사람과 접촉하고 가깝게 지내야 합니다. 누구에게나 사랑이 필요합니다. 자신이 소망의 대상이고 하나님께 중요한 사람이라는 것을 모두가 알아야 합니다."

흔히 우리는 사랑할 대상을 선택하고, 매력이 없거나 되갚을 능력이 없어 보이는 사람들은 정신적으로나 감정적으로 거리를 두려고 합니다. 그러나 그것은 예수님의 방식이 아닙니다. 예수님께서 오신 것은 부유한 자만이 아니라 가난한 자를 위함이고, 유대인만이 아니라 모든 사람들을 위해서입니다. 건강한 사람뿐만 아니라 병든 사람들을 위해서, 그리고 버려진 사람들을 위해서 오셨습니다. 그리고 이기주의자, 독선적인 자, 속이는 자, 비열한 자, 자기만이 모든 답을 안다고 생각하는 교만한 자 등 가장 사랑받지 못할 사람들을 위해서도 오셨습니다.

예수님께서 다시 오실 때, 누가 예수님을 따르며 다른 사람들을 사랑하고 보살피며 살았는지 판단하실 것입니다. "내가 진실로 너희에게 이르노니 너희가 여기 내 형제 중에 지극히 작은 자 하나에게 한 것이 곧 내게 한 것이니라"(마 25:40). 마더 데레사가 다시 말합니다. "여기서 지극히 작은 자는 굶주린 사람입니다. 음식에 대해서가 아니라 하나님의 말씀에 대해서입니다. 목마른 사람들입니다. 물에 대해서가 아니라 지식, 평화, 진리, 정의, 사랑에 대해서입니다. 헐벗은 사람들입니다. 옷에 대해서가 아니라 인간의 존귀함에 대해서입니다. 원치 않던 아기, 태어나지 못한 아기들과 인종 차별을 당한 사람들입니다. 집 없이 버려진 사람들입니다. 벽돌로 지어진 집에 대해서가 아니라 이해하고 감싸주며 사랑하는 마음에 대해서입니다. 병들고 죽어가는 사람들입니다. 육체적으로만이 아니라 정신적으로, 영적으로 병들고 갇힌 사람들입니다. 인생의 모든 희망과 믿음을 잃은 사람들, 알코올중독자와 마약중독자들, 그리고 하나님을 잃어버린 사람들, 성령의 능력에 대한 희망을 잃어버린 모든 사람들입니다."

오늘의 묵상

어떤 사람을 사랑하기가 가장 어렵습니까? 어떤 사람을 사랑하는 게 두렵습니까? 그런 사람들에 대한 사랑을 어떻게 시작해야 하는지 알려주시기를 간구하십시오. 그들에 대한 예수님의 사랑이 당신 안에서 살아나도록 역사해주시기를 기도하십시오.

The Calling of the First Disciples

예수께서 시몬에게 이르시되
무서워하지 말라.
이제 후로는 네가 사람을 취하리라 하시니
(눅 5:10).

제자들을 부르심 /눅 5:1-11 /

예수님이 제자들을 모으기 시작합니다. 다른 복음서에는 예수님이 시몬 베드로와 다른 제자들을 게네사렛 호숫가에서 제자로 부르시기 전에 그들을 이미 만났던 것으로 기록합니다. 그들이 벌써 예수님의 뒤를 따라다녔다는 증거입니다. 예수님은 본격적인 사역을 시작하시면서, 권위를 다시 나타내시며 그들에게 그물을 버리고 예수님을 따르라고 명하십니다.

예수님은 이들을 부르되, 단순히 예수님의 뒤를 좇으며 그분이 행하시는 기적과 설교에 감탄하라고 부른 건 아닙니다. 그들이 예수님과 관계 맺고 그분의 영으로 충만하여 사역을 감당하게 하시려고 부르신 것입니다. 이들은 그리스도의 인격으로 오신 하나님께 가르침을 받는 최초의 신앙인이 됩니다. 예수님이 지상에 머무시는 동안 누구보다도 가장 친밀하게 예수님을 알았다는 특권으로 인하여, 그들은 예수님이 승천하신 뒤 초대교회를 이끄는 지도자가 됩니다. 그들 중 몇몇은 신약의 책들을 기록하기도 합니다.

지금도 예수님은 신자들을 부르십니다. 예수님을 육신으로 만나 뵙지는 못하지만, 그분은 성경말씀과 살아 계신 성령님을 통해서 우리와 함께하십니다. 오늘도 여전히 깊은 곳에 그물을 던지라고, 그분의 예비하심을 믿으라고 말씀하십니다. 부족함을 채워주시면서 집착하는 것들을 내려놓고 예수님께로 관심을 돌리라고 말씀하십니다. 소망과 새 생명의 메시지로 사람을 낚기 위해 열두 제자처럼 우리를 쓰실 것입니다.

오늘의 묵상

당신은 이 순간 예수님의 제자로 쓰임 받고 있습니까?
그렇다면 어떻게 쓰임 받고 있습니까?

Jesus Meets Opposition

어떤 서기관들이 거기 앉아서 마음에 생각하기를
이 사람이 어찌 이렇게 말하는가. 신성 모독이로다.
오직 하나님 한 분 외에는 누가 능히 죄를 사하겠느냐
(막 2:6-7).

예수님을 반대하는 사람들 / 막 2:1-28 /

새 지도자가 등장하여 새로운 바람을 일으킬 때 반발과 반대에 부딪치는 것은 당연합니다. 지상에 머무시면서 예수님께서는 엄청난 주장을 펼치십니다. 자신이 하나님이 보내신 메시아라는 것입니다. 갈릴리의 수많은 사람들이 소동을 일으킨 이후 예수님께 반대하는 사람들이 들고 일어납니다. 오늘 본문에는 예수님이 지상에 계시는 동안 겪으실 세 가지 비판이 언급됩니다.

"예수는 하나님을 모독한다." 율법 선생들은 죄를 용서한다는 예수님의 언행에 분개합니다. "오직 하나님 한 분 외에는 누가 능히 죄를 사하겠느냐?" 하나님만이 죄를 용서하실 수 있다는 것을 예수님도 기꺼이 동의하십니다. 바로 그것이 예수님 말씀의 핵심입니다. 예수님이 이 땅에 사시는 동안 그분은 율법 준수에 철저했던 지극히 종교적인 사람들로부터 가장 강한 반발을 받으셨습니다. 멀리 계신 두려운 하나님이 어떻게 인간의 육체 안에 거하실 수 있는지 그들은 받아들일 수 없습니다. 결국 그들은 그런 주장을 했다는 이유로 예수님을 십자가에 못 박았습니다. 예수님을 선한 사람이나 현명한 선생으로 생각하는 사람은 예수님이 자신을 하나님과 동일한 분이라고 그토록 분명하게 주장한 사실을 간과하고 있습니다. 예수님 당시에 바리새파 사람들이 격렬히 반발했던 것은 그들이 예수님의 말씀을 제대로 들었기 때문입니다. 다만 그 사실을 믿지 않았을 뿐입니다. "예수는 천박한 사람들을 친구 삼는다." 예수님은 가장 볼품없는 사람들을 특별히 선호하셨고, 정치가들이나 종교 지도자들에게는 심한 말로 공격하셨습니다. 유명해지신 이후에도 따돌림당하는 세리와 죄인들과 더불어 음식을 드셨습니다. 이 특이한 행동에 수군대는 소리를 들으시고는 한마디로 말씀하십니다. "건강한 자에게는 의사가 쓸 데 없고 병든 자에게라야 쓸 데 있느니라. 나는 의인을 부르러 온 것이 아니요 죄인을 부르러 왔노라"(막 2:17). "예수는 관습을 무시한다." 바리새인들은 예수님의 제자들이 안식일을 제대로 지키지 않는 것도 못마땅합니다. 예수님은 시비를 거는 바리새인들에게 새 부대가 필요한 때라고 답변하십니다. 낡은 것은 너무 오래되었습니다. 머지않아 예수님은 새 언약을 천명하실 것입니다. 하나님은 온 인류를 위해 커다란 변화를 마련하고 계십니다. 이스라엘 백성과 맺었던 한정적인 언약은 그 큰 변화를 감당할 수 없습니다.

오늘의 묵상

예수님께 가장 끌리는 점은 무엇입니까? 자신에 대해 솔직하셨다는 점입니까?
아니면 버림받은 사람들을 돌보셨다는 점이나 하나님을 드러내기 위해
관습을 타파하셨다는 점입니까? 당신을 가장 힘들게 하는 예수님의 특징은 무엇입니까?

Jesus Teaches and Heals

그 사람에게 이르시되
네 손을 내밀라 하시니 내밀매
그 손이 회복되었더라
(막 3:5).

가르치고 고치며 / 막 3:1-35 /

복음서들은 예수님께서 행하신 수십 가지 기적을 기록하고 있습니다. 그런데 예수님께서는 그 기적을 행하시는 이유를 간단하게 말씀하십니다. "내가 아버지 안에 거하고 아버지께서 내 안에 계심을 믿으라. 그렇지 못하겠거든 행하는 그 일로 말미암아 나를 믿으라"(요 14:11). 기적은 예수님이 하나님의 독생자, 메시아이심을 확증하는 증거입니다.

말씀의 능력이 퍼져가면서 먼 곳에서부터 수많은 무리가 몰려오기 시작합니다. 어떤 사람들은 치유받기 위해, 또 어떤 사람들은 단순히 기이한 현상을 눈으로 확인하기 위해서 찾아옵니다. 그런데 예수님은 기적에 대하여 이상하게 양면적 태도를 보이십니다. 사람들의 요구를 거절하고 마술을 부리지도 않습니다. 기적을 보고 싶어 하는 사람들에게 말씀하십니다. "악하고 음란한 세대가 표적을 구하나"(마 16:4).

예수님은 믿음을 구하기 위해 기적을 사용하지 않습니다. 예수님이 기적을 베풀고 나서 "아무에게도 말하지 말라"고 주의를 주신 일이 여러 번 있었습니다. 예수님은 기적에 열광하는 군중의 환호를 의심하셨습니다. 순종과 희생을 촉구하는 메시지를 전해야 하는데 기적은 주로 기이한 일에 열광하는 어리석은 사람들을 불러 모으기 때문입니다.

예수님은 긍휼한 마음으로 인간의 부족함을 채우는 데 그 능력을 사용하십니다. 직접 요청하는 사람이면 누구든 치유해주셨습니다. 제자들이 폭풍이 치는 호수에서 두려움에 떨 때, 예수님은 물 위를 걸어 제자들에게 다가오시며 바람을 잠재우십니다. 굶주린 군중을 먹이시고 혼인 잔치에서 목말라하는 사람들에게 포도주를 만들어주십니다.

반박할 수 없는 명백한 증거가 있음에도 사람들은 그분의 능력을 해명해보려고 갖은 노력을 다합니다. 마침내 바리새인들이 예수님의 기적을 사탄의 능력으로 매도하려 합니다. 예수님이 치유해주신 사람을 조사하려고 재판관, 증인들을 불러 모아 공식 재판을 열기도 합니다. "내가 아는 한 가지는 태어날 때부터 눈이 멀었으나 지금은 볼 수 있다는 것입니다." 치유받은 사람에 관해서 그 부모가 증언합니다. 그러나 의심을 버리지 못하는 바리새인들은 증인을 욕하며 재판정에서 쫓아냅니다(요 9장). 군중의 다양한 반응을 보면, 예수님이 기적의 한계를 정확히 인식하고 계셨음을 알 수 있습니다. 기적은 진정한 믿음을 만들지 못합니다. 기적을 간절히 바라는 사람들에게 믿음을 확인시켜줄 뿐입니다.

오늘의 묵상

예수님이 이 땅에 사시는 동안 마주쳤던 사람들에게 하셨듯이
당신의 필요도 자비로우신 마음으로 채워주신다는 사실을 믿을 수 있습니까?

The Parable of the Sower; Jesus Calms the Storm

그들이 심히 두려워하여 서로 말하되
그가 누구이기에
바람과 바다도 순종하는가 하였더라
(막 4:41).

비유와 기적 / 막 4:1-41 /

씨 뿌리는 농부에 관한 이야기는 예수님이 지상에 머무시는 동안 당하신 여러 가지 사건들을 잘 요약해줍니다. 그 후 2000년이 지난 오늘, 사람들은 성탄절이나 부활절을 달력에 표시된 이벤트 정도로만 여깁니다. 그런 사람들이 육신을 입고 이 땅에 오신 예수님이 겪으신 불신의 아픔을 공감하긴 어려울 것입니다.

나사렛 사람들은 소년 예수가 자기 아이들과 함께 길에서 뛰놀던 모습을 기억합니다. 하나님이 보내신 분이라고 믿기에는 예수님이 너무 친숙합니다. "이 사람이 마리아의 아들 목수가 아니냐. 야고보와 요셉과 유다와 시몬의 형제가 아니냐. … 이 사람이 어디서 이런 것을 얻었느냐. 이 사람이 받은 지혜와 그 손으로 이루어지는 이런 권능이 어찌됨이냐"(막 6:3, 2).

예수님의 가족들조차 비범함과 평범함 사이에서 일어나는 혼란을 쉽게 받아들이지 못합니다. 예수님의 어머니와 형제들이 "그가 미쳤다"는 결론을 내리고 예수님을 데리러 옵니다. 평범한 사람들은 예수님에 대해 마음을 정할 수가 없습니다. 어느 순간에는 "귀신 들려 미쳤다"(요 10:20)고 했다가 다음 순간에는 왕으로 받들어 모시려고 합니다.

구약의 예언서들을 꼼꼼히 연구하던 율법학자와 바리새인들은 메시아의 모습이 어떠해야 하는지에 대해 확실한 개념을 가지고 있었습니다. 그러나 더 이상 그런 것을 문제 삼지 않습니다. 그들이 비판하는 것은 예수님의 신학, 생활태도, 함께 다니는 친구들입니다. 예수님이 기적을 행하시면, 그 능력이 사탄과 귀신에게서 왔다고 억지를 부립니다.

광풍이 일어 예수님이 타고 가시던 배가 전복될 위기에 처하자 예수님은 바람을 향하여 꾸짖으십니다. "잠잠하라! 고요하라!" 제자들은 두려움에 꼼짝 못합니다. "버릇없는 아이를 타이르듯이 날씨를 소리쳐서 다스리시는 이 분은 도대체 어떤 분인가?" 이 장면에서 그들은 예수님이 이 땅의 인간들과는 전혀 다른 분임을 확인합니다. 그러나 그들은 다시 혼란에 빠집니다. 예수님이 배 안에서 고단하게 주무시던 모습은 인간적 연약함의 증거이기 때문입니다.

초대교회는 300여 년 동안 하나님이 인간이 되셨을 때 정확하게 무슨 일이 있었는지 계속 논쟁해왔지만, 그들의 교리가 신비의 베일을 벗기지는 못합니다. 어떤 의미에서 예수님은 일반 사람과 똑같습니다. 그분이 속한 민족이 있고, 직업과 가정이 있으며 육체를 가지셨습니다. 그러나 또 다른 의미에서 전 우주 역사를 통틀어 전혀 새로운 존재이시기도 합니다. 두 모습 사이에 존재하는 신비는 결코 완전히 풀 수 없습니다.

오늘의 묵상

농부와 밭의 비유에서 복음에 반응하는 당신의 태도는 어떤 밭을 닮았습니까?

Jesus Heals a Demon Possessed Man, a Dead Girl, and a Sick Woman

그 아이의 손을 잡고 이르시되 달리다굼 하시니
번역하면 곧 내가 네게 말하노니 소녀야 일어나라 하심이라
(막 5:41).

귀신 들린 자, 죽은 소녀, 혈우병 여인 / 막 5:1-42 /

예수님에 대한 논란은 세례 요한에게도 영향을 미칩니다. 세례 요한은 그 누구보다도 메시아에 대한 희망을 사람들에게 강하게 불어넣은 선지자입니다. 예수님께 세례를 행하고 예수님을 하나님의 아들이라고 선포한 사람이 세례 요한입니다. 그러나 2년 뒤, 옥에 갇힌 세례 요한이 죽음을 앞두고 심신이 쇠약해지면서 의심을 하기 시작합니다. 그는 예수님께 사람을 직접 보내 여쭤보게 합니다. "오실 그이가 당신이오니까. 우리가 다른 이를 기다리오리이까"(눅 7:20).

예수님이 대답하십니다. "너희가 가서 보고 들은 것을 요한에게 알리되 맹인이 보며 못 걷는 사람이 걸으며 나병환자가 깨끗함을 받으며 귀먹은 사람이 들으며 죽은 자가 살아나며 가난한 자에게 복음이 전파된다 하라. 누구든지 나로 말미암아 실족하지 아니하는 자는 복이 있도다"(눅 7:22-

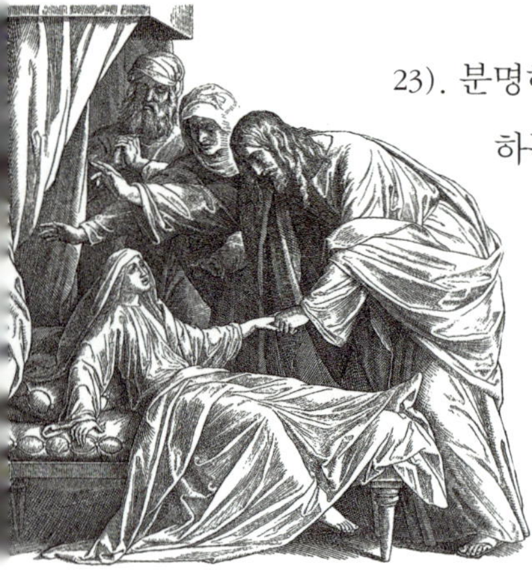

23). 분명히 예수님은 치유의 기적을 자신이 누구인지 입증하는 중요한 증거로 생각하십니다.

치유의 기적에는 또 다른 효과가 있습니다. 예수님은 병자들을 보시는 하나님의 시각에 관한 개념을 뒤집어놓습니다. 예수님 당시 바리새인들은 모든 고통은 죄로부터 온다는 매우 엄격한 교리를 가르쳤습니다. 욥의 친구들이 했던 주장과 비슷합니다. 미친 사람이나 귀신 들린 사람은 하나님께 영원히 저주받은 사람이라고 판단합니다. 자연 재해, 선천적 결함, 시각 장애나 신체 장애 등이 하나님의 징계라고 생각합니다. 문둥병 환자는 제사에 참여조차 할 수 없습니다.

그러나 예수님은 그런 가르침을 반박하십니다. 오늘 본문에서 귀신 들린 자를 고치시고 혈우병 앓는 여인을 치유하시며 죽은 아이를 살리십니다. 죄와 고통에 대한 잘못된 개념을 정면으로 비판하십니다. 앞 못 보는 것이 본인의 죄도, 부모의 죄도 아님을 설명하시면서, 죄를 지은 사람이 그 대가로 비극을 겪는 거라는 상식을 무너뜨리십니다(요 9장, 눅 13장 참조).

예수님이 이 세상의 모든 사람을 다 치유하시지는 않습니다. 심지어 팔레스타인 지역에서도 모든 사람이 치유받은 것은 아닙니다. 그러나 병들고 가난한 사람들을 돌보심으로써 그들이 하나님께 저주를 받은 것이 아니라 특별히 사랑을 받고 있다는 것을 보여주십니다. 또한 치유는 모든 질병은 물론 죽음조차 소멸될 미래의 일에 대한 신호이기도 합니다.

오늘의 묵상

병이 들거나 고난을 당할 때 스스로 고통받아 마땅한 사람이라고 느낀 적이 있습니까?

Jesus Desires to Touch and Heal / 깊이 생각하기 /

만지고
고치시는
예수님의 마음

예수님은 깊고 넓은 마음을 가지고 계셨습니다. 복음서에는 시각장애인, 나병환자, 중풍병자, 혈우병 환자, 귀신 들린 자, 청각장애인, 그 외에 여러 가지 질병을 가진 사람들을 예수님께서 만져주시는 이야기가 가득합니다. 예수님은 자신이 성육신한 하나님이라는 주장을 사람들에게 확증하기 위해 환자들을 치유해주셨습니다. 그러나 그 못지않게 중요한 것은 고통당하는 사람들을 불쌍히 여기시는 예수님의 마음입니다.

복음서를 읽어보면, 하나님을 사랑하는 체하는 위선적인 사람들에 대하여 날카로운 질책의 말씀을 하시는 예수님을 볼 수 있습니다. 그때는 이런 자상하고 동정적인 모습을 찾아볼 수 없습니다. 사람들을 사랑하시는 마음보다 위선과 불신을 힐난하시는 예수님의 모습이 훨씬 더 강열하게 그려지는 게 보통입니다. 하지만 그 당시 많은 사람들에게 예수님의 행동은 매우 의미심장하게 보였습니다. 예수님의 사랑이 그분의 다른 어떤 특징보다 더 현실적이었습니다.

복음서에 그려진 모습대로 인정 많은 하나님이신 예수님은 지금도 그 모습 그대로 변함이 없으십니다. 과연 옛날처럼 오늘날도 만지시고 고치시기를 원하실까요? 작가 캐서린 마셜은 결핵에 결려 2년 동안 병상에 누워 있을 때 이런 의문이 들었습니다. 그러다 성경을 자세히 읽어가는 동안, 2000년 전의 예수님과 오늘날의 예수님에 대한 진리를 이해하기 시작했습니다.

> 예수님의 뜻을 처음 발견하고 기뻐하는 이유는, 우리의 육체를 이렇게 훌륭하게 만드셨으므로 당연히 우리가 건강하기를 원하실 거라 생각했기 때문입니다. 병든 사람들과 장애를 가진 사람들을 고쳐주시기 원하는 예수님의 적극적 열의가 복음서 전체에 넘쳐납니다. 불쌍한 사람들을 고쳐주실 때는 하루도 기다리지 못하셨습니다. 그로 인해 종교 지도자들로부터 심한 비판을 받으셨습니다. 안식일을 지키지 않았다는 얼토당토않은 이유에서 말입니다. 유대인들에게 치유는 곧 '일' 이었기 때문입니다.
>
> 육신으로 이 땅에 사실 때 사용하신 바로 그 권능은 세상 끝날까지 이어집니다. 특별히 예수님을 온전히 주님으로 받아들이는 미래의 사도들에게 그 권능을 넘겨주십니다. 그런 의미에서, 어제도 오늘도 내일도 그리고 영원히 예수님은 변치 않으신다는 것을 성경이 분명하게 보여주고 있습니다.
>
> 성경을 통해 알게 된 새로운 메시지는 나의 목마른 영혼과 병든 육체에 생명수가 되었습니다. 나는 감동으로 전율하며 그 생명수를 온몸으로 받아들였습니다.

마셜은 완전히 치유되어 폐가 깨끗해지고 건강을 회복하기까지 두 달을 더 병상에서 고생했습니다. 예수님의 깊은 사랑에 대한 이 기본적인 진리가 그녀를 지켜주었습니다. 그녀가 성경에 집중하자 질병을 통해 하나님이 무슨 말씀을 하시는지 알고 싶었던 간절한 마음이 은혜로 채워졌습니다. 그녀가 말합니다. "예수님은 아버지 하나님의 뜻을 드러내시려고 이 땅에 오셨습니다. 신적인 마술사가 아닌, 우리의 놀라운 육체를 만드신 창조주 하나님이 오늘도 치유하십니다. 하나님의 길과 때를 찾아야 하고 그 길을 따라가며 하나님이 우리에게 주기 원하시는 가르침을 찾아야 합니다."

나중에 마셜은 그녀의 남편이자 존경받던 목사 피터 마셜이 젊은 나이에 세상을 뜨자, 예수님이 육체적 치유를 항상 허락하시는 건 아니라는 것을 알게 됩니다. 그렇다고 해도 예수님의 사랑은 멈추지 않습니다. "가장 중요한 것은, 2년 여의 투병 기간을 통해 남은 일생 동안 그 이후에도 계속, 영원에 이르기까지 나에게는 항상 예수님이 필요하다는 것을 알게 해주신 은혜입니다. 지금도 그리스도는 영혼을 치유하시는 가장 위대한 의사이십니다."

오늘의 묵상

당장 예수님의 치유가 필요합니까? 당신을 만져주시려고 내미시는 예수님의 손길을 받아들이십시오.
당신의 아픔을 얼마나 염려하시는지 확신시켜주는 사랑을 느낄 것입니다.
그분의 깊은 사랑의 진리로 당신의 심신을 충만하게 채우십시오.
예수님에 대한 끊임없는 가르침과 함께 예수님의 때와 방법으로 치유해주시기를 구하십시오.

The Beatitudes and the Sermon on the Mount

심령이 가난한 자는
복이 있나니
천국이 그들의 것임이요
(마 5:3).

팔복과 산상수훈 / 마 5:1-48 /

예수님께서 왕국이라는 민감한 단어를 사용하지 않으셨더라면 모든 것이 달라졌을 것입니다. 그 단어를 언급하실 때마다 사람들의 마음속에는 화려한 깃발과 번쩍이는 갑옷을 입은 군사들, 솔로몬 시대의 황금과 상아, 영광을 회복한 이스라엘이 떠올랐습니다. 예수님은 이스라엘의 맥박을 뛰게 하는 이 단어를 자주 사용하셨습니다. 이 땅에서 선포하신 첫 번째 메시지도 이 단어로 시작됩니다. "회개하라. 천국이 가까이 왔느니라"(마 4:17).

이스라엘의 가장 강력한 왕이었던 솔로몬과 자신을 견주는 과감함을 보여주심으로써(마 12:42), 예수님은 그 나라의 가장 간절한 소망이 담긴 저장고를 두드리십니다. 더구나 선지자들의 약속이 자신 안에서 실현될 거라고 장담하십니다. 앞으로 일어날 일은 전혀 새로우며, 과거의 모든 것을 능가할 것이라고 말씀하십니다. "내가 너희에게 말하노니 많은 선지자와 임금이 너희가 보는 바를 보고자 하였으되 보지 못하였으며 너희가 듣는 바를 듣고자 하였으되 듣지 못하였느니라"(눅 10:24).

예수님이 택한 표현들이 불러일으킨 기대감은 혼란으로 이어지고, 마침내 분노한 사람들은 예수님을 거부하게 됩니다. 그토록 기다리던 왕국의 회복이 실패하자 예수님의 기적에 흥분했던 처음 분위기는 실망과 절망으로 바뀝니다. 군중과 예수님에게 왕국이라는 단어가 의미하는 바가 달랐기 때문입니다. 예수님의 말씀이 전파되면서 이스라엘에 변화의 바람이 일어납니다. 열심당이라는 게릴라 전사들은 무기와 전열을 갖추고 어떻게든 로마제국의 압제에 저항하려고 합니다. 하지만 폭동이 일어날 조짐은 보이지 않습니다. 당혹스럽게도 예수님이 말씀하시는 왕국은 정치적, 군사적 왕국이 아니라는 것이 점차 밝혀집니다.

우리는 이 땅의 왕국이라는 눈에 보이는 세계에 살고 있습니다. 그러나 예수님께서는 하늘나라라는 눈에 보이지 않는 세계에 삶을 헌신하라고 촉구하십니다. 눈에 보이는 세계에 속한 그 어느 것보다 훨씬 중요하고 더 가치 있는 천국을 보라고 하십니다. 천국에서의 성공적 삶은 산상수훈에서 보듯이 기존의 가치관을 완전히 뒤집는 일입니다. 심령이 가난한 자, 애통하는 자, 온유한 자, 의에 주리고 목마른 자, 박해받는 자 등등은 복을 받을 것입니다. 천국이 그들의 것이기 때문입니다. 지상에서의 어떤 지위도 천국에서의 지위를 보장해주지 못합니다.

오늘의 묵상

어느 쪽의 성공에 초점을 맞추고 있습니까? 지상 왕국입니까? 아니면 천상 왕국입니까?

The Sermon on the Mount, Continued

나라가 임하시오며
뜻이 하늘에서 이루어진 것 같이
땅에서도 이루어지이다
(마 6:10).

두 번째 산상수훈 / 마 6:1-34 /

마태복음 6장도 산상수훈으로서 주기도문을 포함합니다. 모든 기도문 가운데 가장 유명한 기도입니다. 예수님께서 알려주신 이 모범 기도문은 천국의 메시지를 잘 포착하고 있습니다. "(하나님의) 나라가 임하시며 (하나님의) 뜻이 하늘에서 이루어진 것 같이 땅에서도 이루어지이다." 예수님은 두 세계를 하나로 결합시키려 하시며 산상수훈에서 그 방법을 제시하십니다.

언뜻 보기에 몇몇 교훈은 참으로 어리석게 보입니다. "구하는 모든 사람에게 나눠주고, 원수를 사랑하며, 반대편 뺨도 돌려 대고, 이자를 생각 말고 꾸어주며, 먹을 것 입을 것을 걱정하지 말라." 이런 이상주의가 눈에 보이는 현실 세계에서 가능할까요? 바로 그것이 말씀의 핵심입니다. 안정, 안전, 번영, 독선에 사로잡힌 생각을 부수라는 것입니다. 그 대신 아버지 하나님께 의뢰하고, 사는 동안 마주치는 모든 불의를 다 하나님께 맡겨

드리며, 일상의 부족함을 보살펴주실 것을 믿어야 합니다. 간단히 말해서, 천국의 메시지는 이것입니다. "사람들을 위해서가 아니라, 하나님을 위해서 살라."

이 메시지를 보상의 개념에도 적용할 수 있습니다. 대부분의 사람들은 친구나 동료에게서 보상이나 인정을 받고 싶어 합니다. 격려, 영웅 메달, 박수갈채, 아낌없는 칭찬 등을 기대합니다. 그러나 예수님의 말씀에 따르면, 더 중요한 보상이 죽음 이후에 주어진다고 합니다. 그러므로 가장 의미 있는 행동은 비밀스럽게, 하나님 외에는 아무도 보지 않게 행해야 합니다.

예수님의 말씀대로 우리는 일종의 저축을 하는 셈입니다. 그런데 지상이 아니라 천국에 보물을 쌓아야 합니다. 그 보물은 어마어마해서 이 세상을 사는 동안 겪는 고통을 모두 보상해줄 것입니다. 구약은 죽음 이후의 세계에 대해 희미한 암시를 주었으나, 예수님은 확실히 설명하십니다. "의인들은 자기 아버지 나라에서 해와 같이 빛나리라"(마 13:43).

왕국의 회복을 소망하던 그 당시 유대인들은 하나님이 지상의 삶을 보장해주신다는 증거를 찾으려고 애를 썼습니다. 특히 경제 번영과 권력 회복을 간절히 원했습니다. 산상수훈을 시작하면서 예수님의 초점은 내세의 삶으로 옮겨갑니다. 눈에 보이는 세계에서 거둔 성공은 인정하지 않으십니다. 내세에 투자하라고 경고하십니다. 지상에서 쌓은 모든 것은 결국 좀과 동록과 도둑이 파괴시킬 수 있기 때문입니다.

오늘의 묵상

당신이 알고 있는 사람들 가운데 산상수훈에 나타난 교훈을 가장 잘 실천하는 사람은 누구입니까?

The Sermon on the Mount, Continued

그러므로 누구든지 나의 이 말을 듣고 행하는 자는
그 집을 반석 위에 지은
지혜로운 사람 같으리니
(마 7 : 24).

세 번째 산상수훈 / 마 7:1-29 /

오늘 본문은 산상수훈의 끝부분입니다. 몇 가지 익숙한 가르침들이 눈에 띕니다. 맨 끝에 설교 전체의 목적을 드러내는 예화가 있습니다. 설교를 직접 들었던 그 당시 사람들과 이후에 성경으로 읽은 모든 신자들은 삶의 기초를 이 세상이 주는 약속 위에 세우든지 아니면 하나님의 약속 위에 세우든지 둘 중 하나를 택합니다. 세상의 길을 따를 수도, 그리스도의 길을 따를 수도 있습니다.

언덕 위에서 이 설교를 듣던 군중 가운데 바리새파 사람들이 많았습니다. 그들은 독선적인 자기 의가 천국으로 인도해줄 거라 생각하며 그것을 열심히 쌓고 있습니다. 구경삼아 예수님의 설교를 듣는 사람들도 있습니다. 순간의 만족을 추구하며 사는 사람들은 지상의 즐거움이 현재와 미래를 매력적으로 만들어줄 거라 믿습니다. 진정으로 귀를 기울이는 사람들은 하나님을 찾고 따르는 길을 구합니다. 그들은 예수님이 말씀하시는 좁은 문과 험한 길을 선택할 것입니다. 예수님은 산상수훈에서 이런 사람들을 묘사하십니다. 이들은 인간 본성의 충동을 따르지 않고, 예수님의 방식이 자기 삶 속에 깊이 스며들도록 노력하는 사람들입니다.

하나님을 찾는 이런 사람들은 다른 사람의 실수보다는 자신의 잘못에 더 집중합니다. 다른 사람들의 잘못을 지적하기 전에 자신의 삶을 먼저 돌아봅니다. 그들은 친아버지에게 이야기하듯 하나님께 이야기할 것입니다. 부족함을 아뢰면 기꺼이 들으신다는 확신에서 편안한 마음으로 말씀드릴 것입니다. 그리고 삶 가운데 성령의 열매를 맺는 사람들만을 좇을 것입니다. 예수님과의 관계를 가시적으로 드러내는 말이나 행동을 보이지 않습니다. 하나님의 사람들은 예수라는 바위 위에 영원히 무너지지 않을 집을 세웁니다. 삶의 폭풍을 피할 안식처이자 왕이신 예수님 안에 거하는 영원한 집을 세웁니다.

오늘의 묵상

바리새인, 쾌락을 추구하는 사람, 그리고 하나님을 찾는 사람 가운데 당신은 누구와 가장 닮았습니까?

Seeing through God's Eyes / **깊이 생각하기** /

하나님의 눈으로 세상보기

산상수훈은 나의 사춘기를 늘 쫓아다녔습니다. 찰스 쉘돈의 《예수님이라면 어떻게 하실까》와 같은 책을 읽고 나면 '예수님이 행하신 대로' 행동하겠다고 비장하게 다짐하면서 마태복음 5-7장을 안내서로 삼곤 했습니다. 그 충고대로 사는 것은 어떤 삶일까요? 학교에서 말썽꾸러기들이 때리면 그냥 맞아주면 됩니까? 동생에게 욕을 하면 혀를 뽑아버려야 합니까?

성인이 된 지금에도 산상수훈의 부담은 여전히 남아 있습니다. 지나친 표현이라고 애써 외면하려 할 때도 있었지만, 예수님을 공부하면 할수록, 산상수훈의 내용이 예수님께서 전하시는 메시지의 핵심임을 더 확실히 깨닫게 됩니다. 예수님의 가르침을 이해하지 못하면 예수님을 이해하지 못합니다.

우선 팔복은 진실일까요? 팔복이 중요한 진실이라는 생각이 점점 확고해져 갑니다. 개인적으로 적어도 세 가지 측면에서 이해할 수 있습니다.

명백한 약속. 팔복은 불행에 처한 사람들에게 위로로 건네시는 형식적인 말씀이 아닙니다. 소련 강제수용소의 죄수들, 미국의 흑인노예들, 로마제국 감옥에 갇혀 사자들과 함께 죽을 차례를 기다리던 그리스도인들에게 보상에 대한 약속은 희망의 원천이었습니다. 희망은 생명을 살립니다. 궁극적으로 하나님은 정의로우시다는 것을 믿게 합니다.

대 반전. 팔복은 미래뿐만 아니라 현재에 대한 설명이라는 사실을 믿게 되었습니다. 천국에서의 성공과 지상에서의 성공이 선명하게 대조됩니다. 하나님은 전혀 다른 렌즈로 세상을 조망신다는 것을 분명하게 알 수 있습니다.

심리적 실체. 팔복은 천국의 성공을 위한 것이 지금 우리에게도 가장 유익하다고 밝히고 있습니다. 스타로 각광받는 사람들과 어울리느니 차라리 이 세상의 종들과 함께 시간을 보내겠습니다. 그들은 사랑받는 자, 은혜받은 자로 명백하게 드러납니다. 그들은 속 깊고 훌륭한 자질과 다른 어떤 곳에서도 발견하지 못했던 기쁨을 가지고 있습니다. 예수님이 약속하신 대로 그들은 자기 생명을 내어주면서 팔복에서 희망을 찾습니다.

팔복은 산상수훈을 이해하는 첫 걸음일 뿐입니다. 팔복의 영원한 진리를 깨닫고 나서 한참 후에 예수님의 설교 뒷부분에 나오는 강경한 말씀을 다시 곱씹었습니다. "그러므로 하늘에 계신 너희 아버지의 온전하심과 같이 너희도 온전하라"(마 5:48). 이 말씀은 원수를 사랑하라는 말씀과 구제에 대한 말씀 사이에 휙 지나가는 말처럼 끼어 있습니다. 하나님처럼 온전해지라니, 도대체 무슨 뜻으로 하신 말씀일까요?

결국 산상수훈을 이해하는 열쇠를 엉뚱한 곳에서 찾았습니다. 19세기

러시아 소설가 톨스토이와 도스토옙스키의 작품에서 발견했습니다.

톨스토이에게서 하나님의 절대 불변의 이념에 대한 깊은 경외심을 배웠습니다. 톨스토이는 산상수훈의 가르침을 글자 그대로 따르려고 노력했습니다. 산상수훈에서 직접 발췌해온 비폭력에 대한 그의 철학은 후대에까지 영향을 주어, 간디와 마틴 루터 킹과 같은 이념적 후손들의 기본 사상이 되었습니다. 그러나 거룩함을 향한 그의 철저한 실천은 가족들로 하여금 자신들이 희생되었다는 느낌을 갖게 했습니다.

톨스토이는 자신이 설교한 내용을 실천하는 데 실패했고, 결코 평안을 얻지 못했습니다. 비록 실천에는 실패했지만, 정통 신앙을 간단없이 추구했던 그의 자세는 지울 수 없는 인상을 남겼습니다. 젊은 시절 교만에 빠져, 사람들은 다 엉터리라고 여겼던 나는 톨스토이를 통하여 가장 어려운 숙제를 해결할 수 있었습니다. 선도 악만큼이나 믿을 만하고 매력적이라고 생각하게 된 것입니다.

도스토옙스키는 여러 면에서 톨스토이와 다른 사람이었습니다. 그런데 그에게 한 가지 옳은 점이 있었는데, 소설을 통하여 은혜와 용서에 관해 톨스토이처럼 힘있게 설파한 것입니다. 도스토옙스키는 유배지에서 10년을 보내면서 신약을 탐독하고 흔들리지 않는 그리스도인으로 회심하여 돌아왔습니다. 감옥에 있던 그는 인간은 오직 사랑을 받아야 사랑할 수 있다는 것을 확신하게 되었습니다. 그 후 계속 은혜에 관한 소설을 썼습니다.

이 두 작가로 인해 그리스도인의 삶에서 가장 핵심적인 역설을 받아들일 수 있게 되었습니다. 톨스토이를 통해 내면을 들여다보고 내 안에 있는 하나님나라를 봐야 한다는 점을 깨달았습니다. 복음의 고귀한 이상에 대한 내 이해가 얼마나 부족했는지도 알았습니다. 도스토옙스키로부터는 은혜의 모든 것을 배웠습니다. 하나님나라가 내 안에 있다는 것과 그리스도가 바로 그곳에 거하신다는 것을 알게 되었습니다. 복음의 고귀한 이상과 우리의 냉혹한 현실 사이의 긴장감을 해결할 수 있는 유일한 방법이 있습니다. 우리에게는 능력이 없고 능력이 있을 필요도 없음을 인정하는 것입니다. 우리는 자신의 의가 아니라, 우리 안에 거하시는 그리스도의 의를 통해서만 판단 받습니다.

예수님은 왜 우리에게 산상수훈을 주셨을까요? 부담을 주기 위해서가 아니라 하나님이 어떤 분인지 알려주시기 위해서입니다. 결코 노력을 멈춰서는 안 되지만, 누구도 그 이상에 도달할 수 없다는 것을 가르치기 위해 하나님의 이상을 주신 것입니다.

오늘의 묵상

하나님의 이상을 실천하기 위해 어떤 노력을 하고 있습니까?
실천하지 못한 부분에 대해 용서를 구하십시오. 그리고 언제나 은혜를 베풀어 주심에 감사하십시오.
예수님의 생명이 당신 안에서 더욱 더 활기차게 움직이기를 간구하십시오.

Jesus' Teaching on Prayer

구하는 이마다 받을 것이요
찾는 이는 찾아낼 것이요
두드리는 이에게는 열릴 것이니라
(눅 11:10).

예수님이 가르치신 기도 / 마 11:25-30; 눅 11:1-13 /

예수님은 사랑과 그 사랑이 가져올 더 나은 삶에 관한 메시지를 전하십니다. 일상에서 고통을 겪는 사람들, 고달픈 생활에 지친 사람들에게 희망을 주십니다. 다른 어떤 곳에서도 찾을 수 없는 영혼의 안식을 주려 하십니다.

사람들을 불쌍히 여기시며 예수님을 따르는 삶이 결코 짐이 아니라는 것을 밝히십니다. 예수님께 나아옴으로써 우리를 짓누르는 염려와 걱정에서 마침내 자유로울 수 있습니다. 예수님은 온유하고 겸손한 마음으로 응답하십니다. 전능하신 하나님이신 예수님은 가까이 나아오는 사람들에게 은혜를 베푸십니다.

예수님은 산상수훈을 떠오르게 하는 오늘 본문에서 간단한 문장과 간구로 이루어진 기도를 다시 가르치십니다. 기도는 특별히 감동적이거나 달

변일 필요가 없습니다. 경건한 태도로 하나님께 나아가서 하나님의 뜻에 우리 뜻을 맞추며, 일상의 필요를 채워주시고 죄를 사하시며 시험에 빠질 상황으로부터 지켜주시기를 겸손히 구하라고 가르치십니다.

완전하시고 거룩하신 예수님은 우리를 향해 겸손하고 연민 가득한 마음을 품으십니다. 사랑하는 부모님께 이야기하는 어린아이와 같이, 우리는 이런 지식을 가지고 아버지 하나님께 말씀드릴 수 있습니다. 우리는 연약하고 하나님을 필요로 한다는 것을 인식하며 확신과 겸손의 태도로 말씀드릴 수 있습니다.

오늘의 묵상

하나님께 기도드릴 때, 어떤 감정을 가장 많이 느낍니까?
두려움, 어색함, 멀리 계신 느낌, 위로, 평안, 사랑 가운데 어떤 느낌입니까?
이 외에 다른 느낌이 있다면 이야기해보십시오.

Parable of the Weeds, Mustard Seed, and Others

내가 그들에게 비유로 말하는 것은
그들이 보아도 보지 못하며 들어도 듣지 못하며
깨닫지 못함이니라
(마 13:13).

비유를 들어 가르침 / 마 13:24-58 /

복음서 기자들은 예수님께서 우화적인 비유로 심오한 진리를 전달하시는 기술에 오랫동안 놀라워했습니다. 짧고 단순하며 일상에서 접할 수 있는 이야기 속에 교훈이 담겨 있습니다.

가르침이 담긴 우화는 예수님의 목적에 완벽하게 들어맞습니다. 오늘 본문에 나온 이야기를 처음 말씀하실 때, 예수님은 호숫가에 떠 있는 배에 앉으셔서 모여 있던 군중들을 향해 말씀하셨습니다. 이야기들은 모두 농사, 빵 굽기, 숨겨진 보물찾기, 고기잡이 등 일상생활과 연관되어 있어서 관심을 자아내기에 충분합니다. 한편으로 우화는 제자들을 훈련하는 데도 이용됩니다. 예수님은 설교를 마치신 후, 제자들을 한쪽으로 데리고 가셔서 비유의 깊은 의미를 설명하십니다.

예수님이 제자들에게 말씀하셨듯이 우화는 청중을 구분하는 도구가 됩니다. 흥밋거리를 찾는 사람들은 몇 가지 이야기를 기억하며 집으로 갑니다. 그러나 좀 더 진지한 사람들은 더 깊은 해석을 듣고자 다시 돌아올 것입니다. 우화는 예수님의 메시지를 잊지 않고 간직하는 데도 도움이 됩니다. 여러 해가 흐른 뒤 사람들이 예수님의 가르침을 회상할 때, 우화에 의한 비유는 자세하고 생생한 기억을 되살려줄 것입니다.

마태복음 13장에는 천국에 대한 예수님의 이야기들이 모여 있습니다. 천국의 의미를 정확하게 정의하시지는 않지만, 천국의 본질에 대한 열쇠를 많이 알려주십니다. 천국은 그리스, 중국, 혹은 스페인처럼 지리적 경계를 가진 나라가 아니므로 지도에 표시할 수도 없습니다. 천국을 따르는 사람들은 성벽이나 외호로 적들을 분리시키지 않고 그들 가운데 올곧게 살아갑니다. 파멸로 치닫는 환경에서도 천국은 놀랍게 성장할 것이라고 예수님은 예언하십니다.

요약하면, 천국은 세상을 다스리는 하나님의 법으로 세워집니다. 이 땅에서 하나님의 뜻을 충실히 따르는 모든 민족, 모든 국가를 다 포함합니다. 권력과 지도력의 전통적 이미지에 익숙한 제자들은 천국의 개념을 확실하게 이해하지 못합니다. 헛되이 지위에 대한 욕심을 부릴 때처럼, 비유에 대한 설명을 해달라고 예수님을 다그칩니다. 그러나 예수님께서 돌아가시고 다시 부활하여 나타나실 때까지 제자들은 지상에서 예수님이 맡으신 사명에 대해 이해하지 못합니다.

오늘의 묵상

자신이 가라지에 섞여 있는 곡식처럼, 혹은 복음을 묵살하려는 세력 가운데에 사는 예수님의 제자처럼 느껴질 때는 언제입니까?

John the Baptist Beheaded

왕이 곧 시위병 하나를 보내어
요한의 머리를 가져오라 명하니
그 사람이 나가 옥에서 요한을 목 베어
(막 6:27).

세례 요한의 죽음 / 막 6:14-56 /

오늘 본문에는 두 왕국의 전혀 다른 권력을 각각 설명하는 장면이 함께 나옵니다. 갈릴리 지방의 통치자 헤롯 왕은 부유하고 무자비한 인물로서 그의 모든 명령을 수행할 로마 군대를 거느리고 있습니다. 그는 팔레스타인 전 지역에 인상적인 기념물들을 남깁니다. 마가는 헤롯이 권력을 어떻게 이용하는지 설명합니다. 동생의 아내를 빼앗고, 세례 요한을 옥에 가둡니다. 그러다 잔치 자리에서 요한의 목을 베어버립니다. 헤롯은 그를 죽일 생각이 없었습니다. 하지만 자기 체면을 살리기 위해 무모한 약속을 들어주려다가 세례 요한을 죽이고 맙니다.

예수님도 지도자이자 또 다른 왕이

십니다. 그러나 당시의 전형적인 왕들과는 전혀 다릅니다. 부인할 수 없는 명백한 권능을 지니셨지만, 그 능력을 자비로운 마음으로 사용하십니다. 굶주린 자를 먹이시고, 병든 자를 치유하시는 데 능력을 쓰십니다. 사역을 시작하실 무렵, 명예와 영토에 대한 유혹을 물리치셨습니다. 그 후로 권력이나 지위를 지닌 모습을 드러내려고 하지 않으셨습니다. 말씀을 들려주시는 데 시간을 쓰셨고, 군대를 일으킬 생각은 하지도 않으셨습니다. 하나님을 기쁘시게 해드릴 것을 구하셨고, 사람들의 헛된 기대를 만족시키려는 생각도 하지 않으셨습니다.

헤롯은 예수님의 고향 갈릴리에 호화 궁전을 지었습니다. 그러나 예수님은 상류층 사람들이 사는 그 지역을 일부러 피해 다니십니다. 헤롯이 티베리아스 휴양지에서 귀족들과 먹고 마실 때, 예수님께서는 초라한 행색의 추종자들과 더불어 시골 마을을 돌아다니십니다. 예수님도 일종의 잔치를 베푸셔서 초대하지 않은 손님 오천 명을 먹이셨습니다. 사랑과 용서와 치유라는 단순한 메시지는 그 자체로 힘을 가졌습니다. 마가는 호수 근처에서 예수님을 좇던 사람들에 대해 이야기합니다. 그들은 아픈 친구들을 불러와서는 그 선생을 만질 수 있는 가까운 곳으로 밀어 넣습니다.

예수님은 헤롯을 '그 여우'라고 칭하시며 멸시하십니다. 그러나 예수님에 관한 소문이 퍼지자, 헤롯이 예수님을 만나고 싶어 합니다. 마침내 기회가 왔습니다. 예수님의 재판정에서 드디어 조우합니다. 기적을 보고 싶은 마음에 여러 가지를 물었으나 예수님은 아무 대답도 하지 않으셨습니다. 조롱과 비웃음에 군대까지 동원했으나, 결국 실패합니다. 예수님은 그런 권력에 절대 굴복하지 않으십니다.

오늘의 묵상

사람들은 어떤 권력에 가장 끌려 합니까? 당신은 어떻습니까?

The Shrewd Manager; The Rich Man and Lazarus

집 하인이 두 주인을 섬길 수 없나니 혹 이를 미워하고
저를 사랑하거나 혹 이를 중히 여기고
저를 경히 여길 것임이니라
(눅 16:13).

불의한 청지기, 부자와 나사로 / 눅 16:1-31 /

러시아 공산주의 초기에 하시디즘 지도자였던 랍비 조지프 슈니어손에 관한 이야기가 있습니다. 이 랍비는 신앙 때문에 박해를 받아 감옥에서 보낸 시간이 많았습니다. 1927년 어느 날 아침 레닌그라드에서 기도하고 있을 때, 비밀경찰이 그를 체포하려고 들이닥쳤습니다. 경찰서로 끌고 가서 조사한 뒤 그에게 종교 행위를 포기하라고 명령했습니다. 그는 거부했습니다. 심문하던 경찰은 그의 얼굴에 총을 들이대며 말했습니다. "이 작은 장난감 때문에 사람들이 마음을 바꿨지." 그러자 랍비 슈니어손이 대답했습니다. "이 작은 장난감으로는 여러 신을 섬기면서 하나의 세상밖에 모르는 그런 사람들이나 협박할 수 있을 거요. 나에게는 오직 하나님 한 분과 또 다른 세상이 있기 때문에, 이런 장난감 따위로 크게 달라질 것이 없소."

두 세상, 혹은 두 나라에 대한 이야기는 예수님의 가르침에 자주 등장합니다. 오늘 본문은 두 세상의 극명한 차이점을 보여줍니다. "사람 중에 높임을 받는 그것은 하나님 앞에 미움을 받는 것이니라." 예수님께서 첫 번째 이야기에 대해 언급하시며 하신 말씀입니다. 부자와 나사로에 관한 두 번째 이야기는 두 세상이 가진 가치관의 차이를 잘 설명합니다. 부자는 이 세상에서 부유하게 살지만, 영생을 준비하지 않은 탓에 고통을 당합니다. 반면에 거의 굶다시피 하며 지낸 거지는 이 세상의 기준으로 보면 실패자이지만 영생을 선물로 받습니다.

예수님은 이 두 이야기를 유대인 청중을 향해 말씀하십니다. 그들은 부유한 족장, 권세 있는 왕, 승리한 영웅 등의 전통에 익숙한 사람들입니다. 하지만 예수님은 가치관의 전환을 계속 강조하십니다. 이 세상에서 가지지 못한 사람들, 나사로 같은 사람들, 가난하고 박해받는 사람들은 하나님 나라에서 큰 상급을 받습니다. 눈에 보이는 이 세상은 미래를 위해 투자하는 곳이며, 장차 올 영생을 위해 보물을 쌓는 곳입니다.

예수님이 두 세상을 모두 끌어들여 질문하십니다. "사람이 만일 온 천하를 얻고도 제 목숨을 잃으면 무엇이 유익하리요?"

오늘의 묵상

이 세상의 성공과 실패를 기준으로 했을 때, 당신은 어느 수준에 있다고 생각합니까?
예수님의 기준으로 평가할 때는 어떻습니까?

Teachings on Worry and Watchfulness

너희 목숨을 위하여
무엇을 먹을까 몸을 위하여 무엇을 입을까
염려하지 말라
(눅 12 : 22).

염려와 경계에 대한 가르침 / 눅 12:13-48 /

예수님은 다른 어떤 주제보다 돈에 대하여 많은 말씀을 하십니다. 그러나 2000년이 지난 지금, 그리스도인들이 예수님의 말씀에 동의하기는 쉽지 않습니다. 예수님의 가르침을 현실적으로 적용할 수 있는 경우가 거의 없기 때문입니다. 예수님은 특정한 경제 제도에 대한 언급을 피하십니다. 그리고 오늘 본문처럼, 개인 재정 문제에 관여하는 것도 거절하십니다. 예수님은 돈의 본질을 영적 영향력으로 보십니다.

어느 목사가 세 가지 질문으로 돈 문제를 정리했습니다.

1. 돈을 어떻게 벌었는가? 사람들에게 불의나 사기, 또는 강압을 사용하지 않았는가?
2. 돈으로 무엇을 할 것인가? 쌓아두고만 있는가? 다른 사람들을 착취

하고 있는가? 필요 없는 사치품에 낭비하고 있는가?

3. 돈이 당신에게는 어떤 역할을 하고 있나?

예수님도 이 세 가지 문제를 모두 언급하시긴 하지만, 주로 마지막 질문에 집중하십니다. 예수님이 설명하신 대로 돈은 우상 노릇을 하기가 쉽습니다. 돈은 개인의 삶을 장악하고 지배하며 그 사람의 관심을 하나님으로부터 멀어지게 합니다. 오늘 본문은 돈에 대한 예수님의 태도를 잘 요약해 줍니다. 예수님이 모든 소유를 다 비난하시는 것은 아닙니다. "무엇을 먹을까 무엇을 마실까 하여 구하지 말며 근심하지도 말라. … 너희 아버지께서는 이런 것이 너희에게 있어야 할 것을 아시느니라." 그러나 돈이 미래를 보장해줄 거라 믿는 것은 강하게 경고하십니다. 부자 이야기에서 보듯이 돈은 인생의 가장 큰 문제들을 궁극적으로 해결해주지 못합니다.

예수님은 청중들에게 하나님나라의 보물을 찾으라고 촉구하십니다. 그 보물만이 이 세상에서, 그리고 다음 세상에서도 유익이 되기 때문입니다. 근심하지 말고 하나님이 필요를 채워주실 것을 믿으라고 말씀하십니다. 메시지의 핵심을 강조하기 위해 솔로몬 왕을 예로 드십니다. "솔로몬의 부는 훨씬 전에 다 사라졌다. 그리고 그의 절정의 시기도 이 야생화만큼 훌륭하지 못했다." 온 세상을 아낌없이 돌보시는 하나님을 신뢰하는 것이 돈과 소유에 대한 걱정으로 인생을 허비하는 것보다 훨씬 좋다고 강조하십니다.

오늘의 묵상

미래에 대한 재정적 준비를 강조하는 사회문화적 경향과 예수님의 가르침이 어떻게 하면 조화를 이루겠습니까?

하나님의 사랑

옷이 날개라는 속담이 있습니다. 또 성공을 위한 옷차림이라는 말도 있습니다. 모두 이 세상에서 자신을 드러내기 위한 처방입니다. 예수님은 다른 처방을 주셨습니다. "너희 목숨을 위하여 무엇을 먹을까 너희 몸을 위하여 무엇을 입을까 염려하지 말라. 목숨이 음식보다 중하고 몸이 의복보다 중하니라"(눅 12:22-23). 이 말씀을 하시고 예수님은 하나님이 우리를 위해 하시는 일에 비하면 우리가 스스로를 위해 할 수 있는 것은 아무것도 없다고 설명하십니다. 하나님이 어떻게 우리 삶의 세세한 부분까지 돌보시는가를 안다면 근심할 필요가 없습니다.

예를 들어 자연을 보십시오. 그 어떤 화려한 옷도 들에 핀 백합화의 아름다움에 견줄 수 없습니다. 인간의 손으로 만든 그 무엇도 하나님이 자연 세계에 아낌없이 허락하신 아름다움에 비교할 수 없습니다. 자연 그 자체가 하나님의 메시지이며, 모든 피조물을 향한 사랑과 돌보심의 선포입니다.

존 뮤어라는 작가도 동의했습니다. 약 100년 전에 살았던 뮤어는 자연의 아름다움에 홀딱 반해 실제로 자연 속에 살면서 캐나다 및 미국의 남부와 서부 지역을 배낭 하나 없이 여름이고 겨울이고 수시로 돌아다녔습니다. 그랜드캐니언과 다른 야생 지역을 보존하는 데 일생을 보낸 이 사람의 취지가 기록으로 잘 남아 있습니다. 자연의 여러 모습에 대한 사랑을 표현하는 중에 야생화에 반해 쓴 글이 있습니다. "꿀처럼 달콤한 꽃부리가 한 닢 한 닢 살포시 포개어져 석양의 햇빛에 눈부시게 반짝였습니다. 북쪽에서 굽이쳐 흘러오는 새크라멘토 강의 반짝이는 물결 위에 비친 노을 진 하늘은 보랏빛과 황금빛이 어우러진 한 장의 이불보 같았습니다."

식물학을 공부했던 경험이 하나님의 창조에 대한 뮤어의 경외감을 더욱 깊게 해주었습니다. "누구나 그렇듯이 나는 외적인 아름다움과 순수함에 매료되어 꽃을 좋아했습니다. 그러나 내적인 아름다움에 눈을 뜬 지금 모든 꽃들은 하나같이 하나님이 뜻하신 영광스런 자취를 드러내며 점점 무한한 하나님의 세계로 인도하는 안내자입니다."

발명가로서 기술이 탁월했던 그는 백만장자가 되었으나, 세상의 부를 즐기는 대신 자연을 걸어 다니며 관찰하는 데 남은 일생을 보냈습니다. "이렇게 많이 돌아다녀 봐도 나처럼 자유로운 사람을 아직 만나지 못했습니다. 숲 속에서 몇 시간이고 앉아서 새와 다람쥐들을 관찰하고 꽃들을 들여다보면, 성급하게 허둥대던 괴로움은 하나도 남아 있지 않습니다."

바위 위에 앉아 산 속 연못에 드리워진 그림자를 들여다보고 있는 뮤어의 흑백 사진이 있습니다. 그 사진 속에는 매일매일 순간마다 돌보심과 관심을 받고, 하나님의 시선을 온전히 받고 있는 피조물, 그리고 그것들에 대한 하나님의 열정적인 사랑이 나타나 있습니다. "너희는 새보다 얼마나 더 귀하냐!" 예수님께서 말씀하십니다. "하나님이 너희를 얼마나 더 잘 입히시겠느냐!" 하나님의 영이 그런 정성과 기쁨으로 이 세상을 운행하십니다. 그리고 모든 피조물 가운데 사람들을 가장 정성껏 돌보십니다. 그런데 하나님이 과연 우리 필요를 채워주실까 어찌 의심할 수 있겠습니까? 성공하지 못할까 어찌 두려워하겠습니까?

오늘의 묵상

오늘 당신은 무슨 걱정을 합니까? 상상해보십시오.
하나님이 깊은 사랑과 애정으로 당신의 삶을 주시하시며 두려움의 잔물결이 당신의 영을 훼방하고 있지는 않나 보고 계십니다. 믿게 하시고 걱정을 놓아버리게 해달라고, 당신에게 부으시는 관심과 돌보심을 즐길 수 있도록 도와달라고 간구하십시오.

Always Pray and Don't Give Up

하물며 하나님께서
그 밤낮 부르짖는
택하신 자들의 원한을 풀어주지 아니하시겠느냐
(눅 18:7).

항상 기도하고 낙심치 마라 / 눅 18:1-30 /

오늘 본문에는 몇 가지 예화가 등장합니다. 예수님께서는 그 예화들을 통해 돈과 두 개의 세상에 대한 메시지를 강조하십니다. 누가복음은 사회의 낙오자들 이야기를 많이 다룹니다. 주로, 부당한 대우를 받는 과부, 사람들에게 멸시받는 세리, 어린아이들, 눈먼 거지(35-40절)가 등장합니다. 부자가 등장해도 나사로의 이야기처럼 부정적 인물로 그려집니다.

예수님의 가장 가까운 제자들조차 돈이 중대한 위험을 내포하고 있다는 예수님의 가르침을 받아들이기 어려워합니다. 그러나 부富는 사람들이 하나님을 의지하기보다는 자기 자신을 믿도록 유혹하여 하나님에게서 멀어지게 하는 위험한 것이라고 엄중하게 경고하십니다. 바리새인과 세리의 비유에서 이 메시지의 의미가 확장됩니다. 돈만이 아니라 교만과 지나친 자기신뢰 역시 마음을 하나님에게서 멀어지게 합니다.

예를 들어 거룩해지려는 노력이 영적 교만과 우월감을 만들어낸다면, 그 결과는 거룩함과는 정반대로 나타날 것입니다. 인간은 자기 자아를 살리고 공을 내세우며 경쟁하려는 고치기 어려운 성향을 가지고 있습니다. 그런데 하나님께 나아가는 길은 정반대라고 예수님이 말씀하십니다. 어린아이와 같이 하나님을 믿고 잘못을 인정하며고 내려놓는 것이 하나님께 가는 길입니다.

오늘 본문의 첫 번째 이야기에서 예수님은 왜 우리가 항상 기도하고 낙심하지 말아야 하는지를 비유로 말씀하시면서 성공에 이르는 진정한 열쇠가 무엇인지 설명하십니다. 고집스런 과부가 불의한 재판관 앞에서 온갖 수모와 부당한 대우를 참아내고 끝내는 소원을 이룹니다. 그처럼 우리도 마치 하나님이 우리의 절실한 요청에 무관심하신 것 같은 광야의 시기를 견뎌낼 수 있다고 설명하십니다. 결국은 하나님이 해결해주시기 때문입니다. 믿음이 견실한 사람은 어려운 때에도 정의를 볼 것입니다.

오늘의
묵상

당신의 삶 가운데 자기 자아를 내세우고 경쟁에 이기고 싶은 영역은 무엇입니까?
이런 성향은 어떻게 하나님에게서 멀어지게 합니까?

The Healing at the Pool

예수께서 그들에게 이르시되
내 아버지께서 이제까지 일하시니
나도 일한다 하시매
(요 5:17).

베데스다에서 병자를 고치심 / 요 5:1-47 /

예수님 당시에 베데스다 연못가에는 병자들이 항상 모여 있었습니다. 전해 내려오는 전설에 의하면 하늘에서 천사가 내려와 연못 물을 움직이게 했을 때 제일 먼저 연못 속으로 들어가는 사람은 병이 낫는다고 합니다. 이 미신은 하나님께로부터 비롯된 것이 아닙니다. 하나님은 병으로 고통받는 사람들에게 그런 시합을 시키는 분이 아닙니다. 병자들의 잘못된 미신과는 상관없이 예수님은 불쌍히 여기시는 마음으로 그들 중 한 사람을 고쳐주십니다.

불구의 병자를 걷게 하신 후, 병 때문에 받는 고통보다 삶을 이어가는 것이 더 힘들 수 있다는 것을 그에게 알려주십니다. 그 사람이 과연 영생을 얻을지는 의문입니다. 만약 하나님께로 돌아서지 않으면, 내세에서 영원한 고통을 받게 될 것입니다.

안식일에 병 고친 일을 두고 비난하는 사람들에게, 예수님은 자신이 누구이며 하나님이 어떻게 스스로를 나타내셨는지 설명하십니다. 예수님의 말씀을 듣고 그 진리를 온전히 받아들이는 사람에게는 반드시 영생의 문을 열어주십니다. 말씀을 듣고 믿는 사람은 영생을 얻을 것이라고 설명하십니다. 고침을 받은 병자들처럼 즉시 사망에서 생명으로 옮겨가는 것입니다.

오늘의 묵상

어떤 과정을 통하여 예수님이 당신의 구세주이심을 듣고 믿게 되었습니까?

The Parable of the Workers in the Vineyard

나중 온 이 사람에게 너와 같이 주는 것이 내 뜻이니라.
내 것을 가지고 내 뜻대로 할 것이 아니냐.
내가 선하므로 네가 악하게 보느냐
(마 20:14-15).

포도원 일꾼들의 비유 / 마 20:1-16 /

오늘 본문의 비유에서 예수님은 모든 사람에게 매우 민감한 문제인 공평함에 대하여 가르치십니다. 본래 인간은 자신이 수고한 것에 비례하여 보상받기를 기대합니다. 물론 더 주는 경우는 기꺼이 받겠지만, 덜 주면 즉시 항의하고 따집니다. 인생이 공평의 법칙을 완전히 무시하며 속일지라도, 이성적인 존재, 특히 하나님과 부딪칠 때는 공평의 원리가 우세하기를 기대합니다.

예수님은 공평함에 대한 하나님의 정의가 따로 있다고 말씀하십니다. 하나님의 관대하심은 놀랍습니다. 하나님은 전지전능하시므로, 그분의 통제와 의지에서 벗어나는 일은 아무것도 없습니다. 무엇보다도, 하나님은 선하십니다. 그분의 생각과 뜻은 언제나, 어떤 경우에도 완전하십니다. 그러므로 그분의 선택을 전적으로 신뢰할 수 있습니다.

우리 깊은 내면의 자아가 공평의 원리를 따르는 신념을 간절히 원한다 해도, 이런 욕망을 하나님의 손에 끊임없이 내려놓아야 합니다. 하나님은 우리에게 기대 이상의 자비를 베푸십니다.

오늘의 묵상

최근에, 불공평한 상황을 만나면서 하나님을 의심했던 적이 있습니까?

The Parable of the Ten Virgins and Talents

그런즉 깨어 있으라.
너희는 그날과 그때를
알지 못하느니라
(마 25 : 13).

열 처녀와 달란트 비유 / 마 25:1-30 /

혼인 잔치에 대한 간단한 비유에 심오한 메시지가 담겨 있습니다. 어떤 성경학자들은 열 처녀가 예수님의 재림 직전에 심판받을 유대인들을 상징한다고 믿습니다. 유대인들은 예수님의 재림이 임박했다는 것을 알고 있으나, 그날이 오기 전에 일부 사람들만이 예수님과의 관계 회복을 선택할 것입니다.

유대인에 대한 이야기이든 모든 사람들에 대한 비유이든 예수님을 믿는 사람들은 영생으로 인도하시고 믿지 않는 사람들은 지옥으로 가게 되는 그날이 오리라는 두려운 경고입니다. 어떤 사람들은 자신의 영적 삶을 정리할 시간이 아주 많다고 생각하지만, 예수님께서 오셨을 때 기름을 준비하지 않은 처녀들처럼 방심하다가 어둠 속에 남는 처지가 될 수도 있습니다.

같은 맥락에서 달란트의 비유도 예수님께서 다시 오실 때까지 우리에게 맡기신 일에 대해 하나님이 책임을 물으신다는 것을 신앙인들에게 가르쳐 줍니다. 하나님의 나라는 실재라고 예수님께서 강조하십니다. 현재의 삶이 영생에 어떤 영향을 미칠지에 대해 진지하게 생각하지 않는 사람들은 영원히 후회할 것입니다.

오늘의 묵상

하나님나라를 세우고 준비함에 있어서 당신에게 맡기신 일은 무엇입니까?

Living with Mystery / 깊이 생각하기 /

하나님의 신비

때로 예수님이 하신 말씀은 너무 어려워 이해하기가 힘듭니다. 특히 비유와 교훈을 해석하는 것이 어렵습니다. 그러나 한편으로는 어린아이들처럼 되라고도 하셨습니다. 예수님은 어린아이들을 누구보다도 칭찬하셨습니다. "어린아이들이 내게 오는 것을 용납하고 금하지 말라. 하나님의 나라가 이런 자의 것이니라. 내가 진실로 너희에게 이르노니 누구든지 하나님의 나라를 어린아이와 같이 받아들이지 않는 자는 결단코 거기 들어가지 못하리라"(눅 18:16-17). 어린아이와 같이 생각하는 사람들이 어떻게 예수님의 어려운 가르침을 이해하겠습니까?

이해를 돕기 위해 신비에 대해 어린이들이 반응하는 흥분과 순진한 태도를 생각해봅시다. 마술쇼에 놀라거나 고치를 뚫고 나오는 나비를 경이롭게 바라볼 때, 어린이들은 완전히 매료됩니다. 삶의 모든 것을 완벽하게 이해하려 하기보다는, 설명할 수는 없으나 무한한 신비를 품은 진실의 빛에 전율합니다. 어린이들은 바보가 아닙니다. 진실과 거짓을 구분하는 신비한 감각이 있습니다. 세세한 것들은 장밋빛 안개 속에 그냥 남겨두고 행복하게 살아갑니다.

인도 출신의 변증가이며 저술가인 래비 재커라이어스 박사는 대부분의 사람들은 삶에 대한 자세가 너무 어른스러운 나머지, 오직 어린아이처럼 열린 마음으로만 신비에 다가갈 수 있다는 사실을 믿지 못한다고 말합니다. "우리는 모든 신비, 심지어 생명의 가장 숭고한 신비조차 모두 파헤치겠다는 집념으로 지식을 탐구합니다. 우리에게 알 권리가 있다고 생각되는 모든 문제에 대해 아주 작은 정보도 허락하시지 않는 하나님을 원하지 않습니다."

타당한 이유로 지식을 추구한다 해도, 너무 멀리까지 이해하려 드는 것은 자기중심적이며 불경한 태도라고 할 수 있습니다. "어린 시절 감성이 풍부했던 세계를 떠난 것은 단순히 동화의 세계를 벗어난 것이 아닙니다. 경이로움과 의미를 빼앗긴 황량한 광야로 들어간 것입니다. 마치 무한한 지평선에 서서 둘러본들 아무것도 발견하지 못하는 것과 같습니다. 탐구도 이해할 수 있고, 출발도 합리적입니다. 그러나 그 여정의 방향이 잘못되었습니다."

우리는 하나님과 진리의 신비에 빠지지 못하기 때문에 하나님께 감사하지 못합니다. 그럴 때 어린이들을 바라보십시오. 어린아이들의 마음은 아주 작은 것에도 기뻐하고 고마워합니다. 어린이의 감응을 잃을 때, 우리를 생명으로 충만케 하는 감사의 마음도 잃게 됩니다.

그런 손실은 비극입니다. 더 깊고 넓은 충만함에 이르는 모든 소망을 잃는 것이기 때문입니다. 우리 영혼은 경이로움을 통해 유한한 정신세계

너머에 있는 새로운 차원으로 달려갑니다. 하나님을 향한 경이로움을 받아들이지 않는다면, 엉뚱한 곳에서, 거짓의 신들에게서 경이로움을 찾으려 할 것입니다. "나이가 들수록 마음을 경이로움으로 채우기가 쉽지 않습니다. 하나님만이 그 일을 하실 수 있습니다"라고 재커라이어스가 강조합니다.

"경이를 어떻게 발견합니까?" 그가 묻습니다. "제가 제안을 하나 할까요? 경이는 논쟁이나 교리에 있지 않습니다. 교회에서도 발견하지 못합니다. 우리의 경험 속에 열쇠가 있습니다. 그 열쇠는 관계 속에 있습니다. 성경 말씀대로, 역사의 중심점은 예수 그리스도이시며 그리스도와의 관계에서 영원한 경이를 발견하게 됩니다. … 경이를 발견하는 열쇠는 그리스도와의 관계에 있습니다. 예수 그리스도는 환상을 넘어 진리를 향해 가셨습니다."

예수님의 가르침에 주저하거나 망설이지 말고, 그 가르침을 굳게 잡으며 신비의 아버지 하나님께 더욱 가까이 가도록 자신을 맡겨야 합니다. 우리의 믿음이 거기에 달려 있습니다. 어느 날 모든 것이 밝히 드러나면, 그때 발견하게 될 진리의 충만함은 우리의 상상을 초월할 것입니다.

오늘의 묵상

하나님의 어떤 신비가 당신의 마음을 사로잡았습니까?
그 신비를 가지고 하나님 앞에 나와서 경외심을 갖게 하신 크신 하나님께 감사드리십시오.
예수님과의 관계 속에 사는 동안 계속 드러내 보여주실 진리에 감사하십시오.

The Sheep and the Goats

너희가 여기 내 형제 중에
지극히 작은 자 하나에게 한 것이
곧 내게 한 것이니라
(마 25:40).

양과 염소 / 마 25:31-46 /

예수님께서 또 다른 간단한 비유를 들어서 장차 올 심판 날에 대해 설명하십니다. 그때는 예수님을 진정으로 사랑한 사람과 그렇지 않은 사람을 구분하실 것입니다. 예수님은 이 비유를 통해 예수님을 사랑하는 것이 곧 불쌍한 사람을 사랑하는 것이라 분명히 밝히십니다. 예수님에 대한 사랑은 단순히 그분의 영을 향한 내면의 감정이 아닙니다. 참사랑이라면, 그리스도께서 불쌍히 여기시는 사람들을 돌보는 모습으로 나타나야 합니다. 그것이 바로 예수님께서 육신으로 이 땅에 사시는 동안 모든 사람들에게 보여주신 사랑입니다. 예수님으로부터 솟아나와 우리를 통하여 다른 사람들에게로 흘러갈 때 비로소 살아 있는 사랑이 됩니다.

선행 목록이 우리를 구원해줄 거라는 뜻으로 하는 말이 아닙니다. 성경은 분명히 밝힙니다. 우리는 예수님에 대한 믿음을 통해 은혜로 구원받습니다. 하지만 여기서는 사랑한다는 증거가 다른 사람들에 대한 사랑으로 나타난다는 말을 하려는 것입니다. 믿음이 우리를 구원합니다. 그리고 믿음이 불쌍한 사람들을 도와주게 만듭니다. 우리가 도와주는 한 사람 한 사람이 예수님의 각 지체입니다. 그들을 사랑하는 것이 곧 예수님을 사랑하는 것입니다.

오늘의 묵상

최근에 어떤 불쌍한 사람을 도와주었습니까?
배고픈 사람, 목마른 사람, 외로운 사람, 헐벗은 사람, 아픈 사람, 아니면 옥에 갇힌 사람?

The Cost of Being a Disciple

다 일치하게 사양하여 한 사람은 이르되
나는 밭을 샀으매 아무래도 나가 보아야 하겠으니
청컨대 나를 양해하도록 하라 하고
(눅 14:18).

제자가 되려면 / 눅 14:15-35 /

믿는 자와 믿지 않는 자가 하나님께 심판받는 날이 올 거라고 예수님은 여러 비유로 설명하셨습니다. 예화에 등장하는 사람들 가운데 어떤 이들은 예수님의 재림에 대비하지 않았고, 어떤 이들은 지상에 사는 동안 천국에 투자하지 않았으며, 어떤 사람들은 불쌍한 이웃들을 돕지 않아 참사랑을 보여주지 못했습니다.

오늘 비유에서는 하나님나라로의 초대를 처음부터 받아들인 사람들과 다른 일들을 더 중요하게 생각하여 하나님의 초대를 거부한 사람들에 대해 말씀하십니다. 모든 사람이 다 하나님나라에 들어가는 것은 아니라고 다시 한 번 가르치신 것입니다. 예수님의 가르침을 모호하게 생각하는 사람들은 지상의 그 어떤 잔치보다 훌륭한 영생의 잔치에서 예수님과 함께 먹고 마실 기회를 결국 잃게 됩니다.

믿음은 신앙인들에게 지상에서의 대가를 요구한다고 지적합니다. 예수님은 주로 하나님의 사랑과 신실하심에 초점을 두고 가르치셨습니다. 그리스도를 따르면, 다른 곳에서는 발견할 수 없는 성취와 평안을 얻습니다. 그러나 한편으로 어려움과 고통과 희생을 마주하게 됩니다.

예를 들면, 예수님에 대한 우선순위가 가족들을 앞지릅니다. 가족들을 사랑하고 존중하라고 가르치시지만, 예수님을 더 사랑하라고 하십니다. 둘 중에 선택을 해야 한다면 당연히 예수님이 우선입니다. 가볍게 여기거나 무심하게 생각해서는 안 되는 헌신이며, 다른 사람들에게 받을 거절이나 박해를 감수하는 용기입니다. 그러나 예수님을 따르기로 선택할 때, 미래의 보상은 현재의 고통을 다 갚고도 남을 것입니다.

오늘의 묵상

예수님의 제자가 되기 위해 어떤 대가를 치렀습니까?

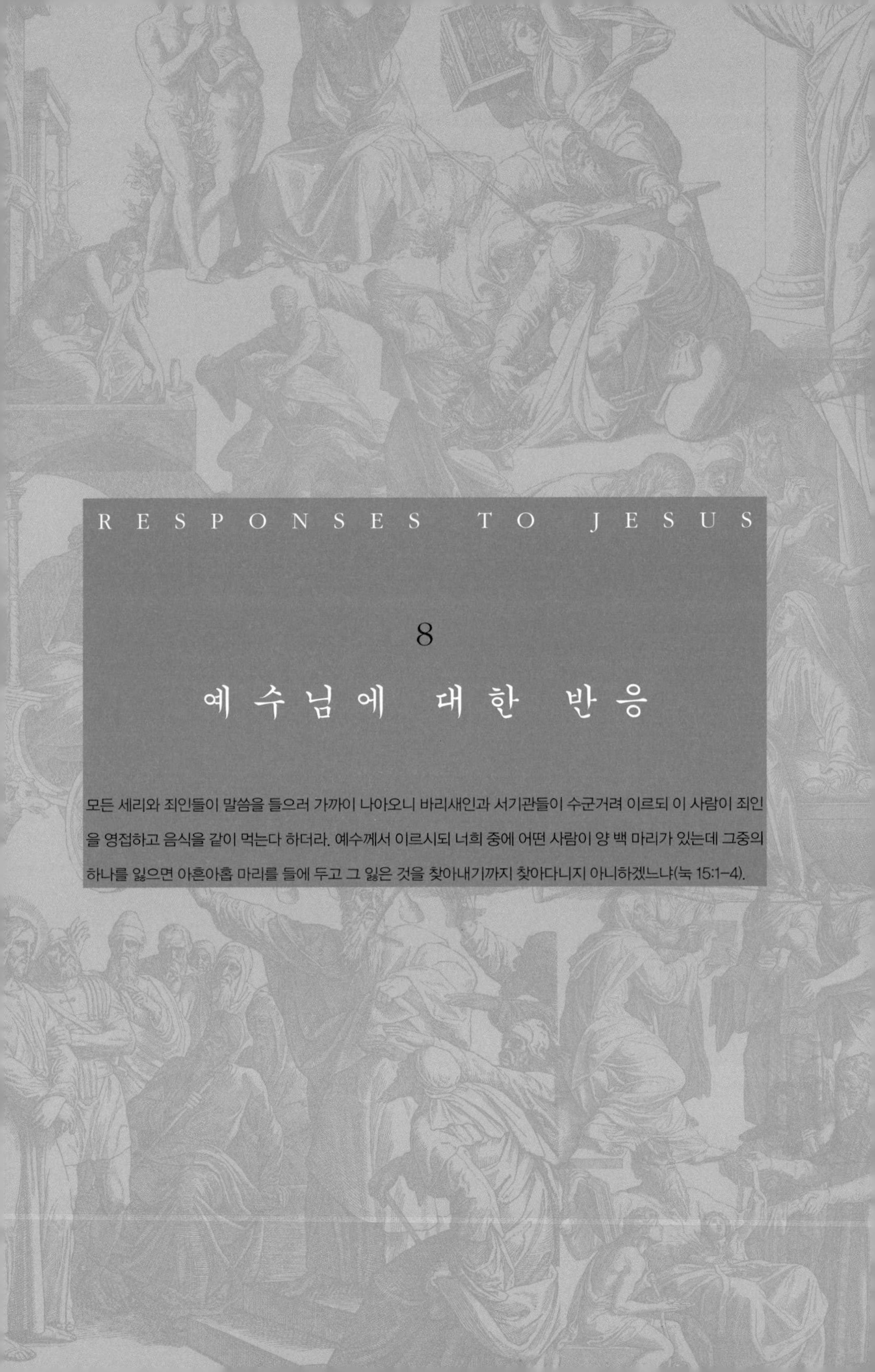

R E S P O N S E S T O J E S U S

8
예수님에 대한 반응

모든 세리와 죄인들이 말씀을 들으러 가까이 나아오니 바리새인과 서기관들이 수군거려 이르되 이 사람이 죄인을 영접하고 음식을 같이 먹는다 하더라. 예수께서 이르시되 너희 중에 어떤 사람이 양 백 마리가 있는데 그중의 하나를 잃으면 아흔아홉 마리를 들에 두고 그 잃은 것을 찾아내기까지 찾아다니지 아니하겠느냐(눅 15:1-4).

The Parables of the Lost Sheep

너희 중에 어떤 사람이 양 백 마리가 있는데
그 중의 하나를 잃으면 아흔아홉 마리를 들에 두고
그 잃은 것을 찾아내기까지 찾아다니지 아니하겠느냐
(눅 15:4).

잃어버린 양 /눅 15:1-10/

잃어버린 것에 관한 세 가지 이야기 중에 두 개가 오늘 본문에 나옵니다. 앞서 나온 이야기들처럼, 바리새인들과 율법학자들이 다시 가르침의 대상이 되었습니다. 그들은 자신들이 하나님의 관심과 인정을 받을 만한 영적 존재라고 생각하지만, 예수님은 그들은 비난하십니다. 예수님의 눈에는 그들 역시, 언덕 위에서 말씀을 듣고 있는 군중과 다름없는 길 잃은 자들이기 때문입니다.

예수님은 이 세상에 사시는 동안 하나의 메시지를 계속 반복하셨습니다. 의인은 아무도 없다는 것입니다. 모두가 하나님의 용서와 자비가 필요한 죄인이며, 오직 회개하는 죄인들만이 하나님나라에 들어갈 수 있습니다. 죄를 깨닫고 구속받기 위해 하나님께 돌아오는 사람들은 다시 찾은 잃어버린 양과 같습니다. 목자와 모든 천사들이 기뻐합니다. 예수님께서는 회개하는 한 사람과 회개할 필요 없는 의인 아흔아홉 명을 비교하시면서 바리새인들을 꼬집어 말씀하셨을 겁니다. 그 아흔아홉 명은 회개의 필요성을 부인하는 바리새인들을 상징합니다. 그들이 진심으로 하나님께 돌아온다면, 하나님은 너무나 기뻐하실 것입니다.

비슷한 메시지를 담은 잃어버린 동전에 관한 이야기도 하나님을 모르는 사람들을 어떻게 생각하시는지 알려주고 있습니다. 바리새인들은 세리와 죄인들에 대한 예수님의 관심을 부정하지만, 하나님은 인정하십니다. 하나님은 바로 이런 사람들을 위해 독생자를 보내셨고 그들을 찾기 원하십니다.

오늘의 묵상

중요한 것을 잃었다가 다시 찾은 경험이 있습니까?

The Parable of the Lost Son

아직도 거리가 먼데
아버지가 그를 보고 측은히 여겨
달려가 목을 안고 입을 맞추니
(눅 15:20).

탕자의 비유 / 눅 15:11-32 /

"대제사장들과 서기관들과 백성의 지도자들이 그를 죽이려고 꾀하되 백성이 다 그에게 귀를 기울여 들으므로 어찌할 방도를 찾지 못하였더라" (눅 19:47-48). 청중이 주의를 집중할 수 있도록 예수님께서 간단하고 서민적인 이미지를 이용하여 심오한 진리를 설명하십니다. 신앙을 갖지 않은 문학가들도 예수님의 예화들이 아주 훌륭한 이야기라고 인정합니다. 그런 예화들 가운데 아주 유명한 이야기들은 주로 누가복음에 기록돼 있습니다. 누가복음 15장에 등장하는 세 개의 이야기를 포함해서 말입니다.

누가는 원래 의사지만 작가로서도 뛰어난 기술을 가지고 있습니다. 자기 이름을 내건 글을 쓰기 전에, 증인들로부터 자료를 신중하게 수집하고 조사했다는 말을 꼭 언급합니다. 수려한 헬라어를 사용하여 인물과 장면을 생생하게 묘사합니다.

특히 누가는 불쌍하고 버림받은 사람들의 딱한 처지를 전달하고자 노력합니다. 고대 역사가들이 대체로 무시했던 여자들이 그의 복음서에서 큰 역할을 합니다. 다른 곳에서는 언급되지 않은 여자 열세 명을 누가가 소개하고 있습니다. 그리고 어린이들의 경우도 마찬가지입니다. 오히려 상류 계층 사람들을 사회적 낙오자로 표현하고 있습니다. 틀림없이 예수님의 긍휼이 누가에게 깊은 영향을 끼쳤을 것입니다.

15장에 나오는 세 가지 이야기는 모두 사회에서 천대받는 사람들에 대한 동정을 불러일으킵니다. 목자는 잃어버린 양을 찾아 언덕 구석구석을 샅샅이 뒤집니다. 여인은 잃어버린 은전 한 닢을 찾으려고 집을 온통 뒤집어엎습니다. 집을 나간 아들은 방탕한 생활을 후회하며 돼지우리에서 주린 배를 안고 고생합니다. 몇 줄 안 되는 이 짤막한 문장들을 통해, 모든 사람들 내면에 자리하는 상실과 자책의 감정을 자극합니다. 그런데 세 개의 이야기 모두 결론이 같습니다. 깜짝 놀랄 좋은 소식이 과거의 슬픔을 덮어버립니다. 드디어 잔치가 시작됩니다.

복음gospel이라는 단어는 고대 영어 단어 'godspell'에서 유래했습니다. 한 마디로 '좋은 소식good news'입니다. 바로 누가가 절대 놓치지 않은 메시지입니다. 아무리 슬픈 이야기도 결말은 해피엔딩이 될 수 있습니다.

오늘의 묵상

잃어버린 탕자의 비유에서 당신은 두 형제 가운데 누구를 더 닮았습니까?

Zacchaeus the Tax Collector

삭개오라 이름하는 자가 있으니 세리장이요 또한 부자라.
그가 예수께서 어떠한 사람인가 하여 보고자 하되
키가 작고 사람이 많아 할 수 없어
(눅 19:2-3).

세리 삭개오 /눅 19:1-10/

부자 삭개오도 사회적 낙오자였습니다. 그는 사람들의 분노를 샀습니다. 이웃을 착취하는 부자 삭개오는 도저히 예수님의 사랑과 관심의 대상이 될 수 없는 인물입니다. 단순한 세리가 아니라 세리장인 그는 여러 명의 세리를 거느린 대단한 부자였습니다. 그 당시 세리들은 사람들을 속이고 이득을 취하여 재산을 늘리는 악명 높은 사람들이었습니다. 마태처럼 삭개오도 유대인들의 눈에는 천박한 사람입니다.

그러나 예수님은 구원이 필요한 사람을 볼 때, 겉모양이 아니라 그 중심을 보십니다. 삭개오가 전통적으로 유대인이라 그럴 수도 있겠지만 그는 아브라함의 믿음과 메시아를 기다리는 열망을 가지고 있습니다. 삭개오의 반응을 보아 알 수 있는 사실입니다. 예수님은 전혀 가능성 없는 불신자까지도 아끼십니다. 그리고 사람의 외형에 개의치 않으십니다. 예수님의 사랑은 아무리 자격이 없을 것 같은 사람일지라도 누구나 예수님께 나아올 수 있다는 소망을 보여줍니다.

오늘의 묵상

도저히 예수님의 사랑을 받을 자격은 없으나
예수님이 꼭 필요한 사람이 주변에 있습니까?

Many Disciples Desert Jesus

그때부터 그의 제자 중에서
많은 사람이 떠나가고
다시 그와 함께 다니지 아니하더라
(요 6:66).

예수님 곁을 떠나는 사람들 / 요 6:24-71 /

사복음서 모두 오천 명을 먹이신 기적을 다루고 있지만, 요한복음에는 그 기적이 보통 사람들에게 어떤 영향을 미쳤는지 더 자세하게 기록되어 있습니다. 처음에는 기적에 압도되어 억지로 예수님을 왕으로 모시려고 합니다. 늘 그러셨듯이 예수님은 조용히 자리를 피하십니다. 완강한 군중이 배를 타고 예수님의 뒤를 쫓아 호수를 건너갑니다.

다음 날 군중이 예수님 앞에 나타나자, 예수님께서는 엄중한 경고의 말씀을 하십니다. "너희가 나를 찾는 것은 표적을 본 까닭이 아니요 떡을 먹고 배부른 까닭이로다. 썩을 양식을 위하여 일하지 말고 영생하도록 있는 양식을 위하여 하라. 이 양식은 인자가 너희에게 주리라"(요 6:26-27).

이 말씀은 예수님이 기적을 구하는 군중을 믿지 않으신 이유를 설명해 줍니다. 그들은 영적인 진리보다 육적인 구경거리를 더 좋아합니다. 그 후에 일어나는 사건을 통해, 예수님이 옳게 평가하셨음을 알 수 있습니다. 예수님께서 기적의 영적 의미를 설명하시자 전날처럼 열광하지 않습니다. 하나님이 보내신 분이라고 자신의 존재를 천명하시는 예수님 앞에서 어리둥절한 군중은 소란스럽게 떠들기 시작합니다. 예수님을 한동네 사람으로 알았고 그 부모도 다 아는 마당에 "하늘로부터 내려왔다"는 예수님의 주장을 수용할 수 없는 모양입니다.

예수님은 군중들이 목격한 기적을 이용하여 생명의 떡이라는 주제를 설명하십니다. 나중에 그 말씀을 주의 만찬에서 다시 사용하십니다. 그런데 자신들의 배 속에서 소화되고 있는 예수님의 초자연적 능력을 목격하고도 사람들은 끝내 믿지 않고 예수님을 떠나갑니다. 제자들 가운데 많은 사람들이 떠난 후 다시 돌아오지 않습니다.

오늘의 묵상

예수님께 화를 낸 적이 있습니까? 무엇 때문이었습니까?

The Woman Caught in Adultery

이에 일어나 이르시되
너희 중에 죄 없는 자가
먼저 돌로 치라 하시고
(요 8:7).

간음하다 잡혀온 여인 / 요 8:2-11 /

복음서에서 가장 인상적인 이 이야기는 요한복음 사본 가운데 가장 신뢰할 만한 최초 사본에는 들어 있지 않습니다. 이 이야기가 누가복음에 들어 있는 성경 사본이 있는가 하면, 아예 수록되지 않은 사본들도 있습니다. 그럼에도 많은 성경학자들은 근거가 확실한 이야기라고 믿습니다. 분명 여기서도 예수님의 마음을 엿볼 수 있습니다.

이번에도 예수님은 사회적으로 멸시받는 사람을 불쌍히 여기십니다. 사역 기간에 예수님이 여자들에게 보이신 관심은 그 당시 유대 문화에서는 매우 특이한 모습입니다. 복음서에 나오는 여러 이야기들에는 예수님께서 여인들을 친구 삼으시고 그들 심신의 결핍과 영적 필요에 대하여 배려하시는 모습이 나옵니다. 시대를 앞서가신 예수님은 여자들을 동등하게 대우하셨습니다.

오늘 본문은 간음죄를 범한 여인을 예수님이 돌보시는 이야기입니다. 율법에 의하면 그녀와 상대 남자 모두 죽임을 당해야 합니다. 그러나 로마 제국은 유대인들에게 사형을 허락하지 않습니다. 바리새인들은 유대법과 로마법 사이에서 일어나는 혼란을 이용해 예수님을 함정에 빠뜨리려고 합니다.

예수님은 자기들끼리 서로를 묵인해주면서 공모하는 냉혹한 율법주의자들에게 속지 않으시고 죄의 문제를 속속들이 파헤치십니다. 하나님이 율법을 주신 것은 죄를 규정하고 징계하기 위함이었습니다. 그녀는 법을 어겼으므로 마땅히 벌을 받아야 합니다. 그러나 하나님의 법은 간음죄보다 더한 것도 포용합니다. 하나님의 법 앞에서 죄 없는 사람은 아무도 없습니다. 누구보다도 이 율법주의자들이 그 사실을 잘 알 것입니다. 하나님이 율법을 집행하는 방식이 그들과 전혀 다르다고 예수님은 선포하십니다. 그들이 아버지 하나님의 이름으로 행한 가식적 행위들과 달리 하나님은 자비로우시다는 것을 알려주십니다.

그렇습니다. 예수님은 죄를 깨닫게 하려고 오셨습니다. 그러나 더 나아가서 예수님을 통한 구원의 길을 가르쳐주기 위해 오셨습니다. 반면 바리새인들은 율법이라는 미로에 스스로 갇혀 있습니다.

오늘의 묵상

어떤 죄는 더 가볍고 어떤 죄는 더 무겁다는 생각으로 죄의 경중을 재고 있습니까?

예수님 찾기

우리 모두의 내면에는 하나님만이 채워주실 수 있는 열망이 있습니다. 아프리카의 주교 성 아우구스티누스는 말했습니다. "인간은 하나님을 위해 창조되었고 인간의 마음은 하나님 안에서 안식하기 전에는 쉼을 찾을 수 없다." 프랑스의 수학자요 철학자이며 과학자인 파스칼도 말합니다. "모든 사람의 내면에는 하나님의 형상이 있다."

하나님이 필요하다는 사실에 공감을 하든 안 하든, 하나님은 우리를 충만하게 채워주실 수 있는 유일한 존재이십니다. 예수님은 하나님의 충만을 이렇게 설명하셨습니다. "나는 생명의 떡이니 내게 오는 자는 결코 주리지 아니할 터이요. 나를 믿는 자는 영원히 목마르지 아니하리라"(요 6:35). 예수님은 육체적 굶주림보다 훨씬 더 근본적인 부족을 채워주십니다. 영원한 만족을 주는 생명의 떡으로 채워주십니다. 예수님은 지금 우리를 만족시키시며 영생을 약속하십니다.

보통은 어려움을 겪을 때 예수님이 필요하다는 것을 가장 절실히 깨닫습니다. 고통의 날카로움으로 예민해진 감각은 삶을 새로운 시각으로 보게 합니다. 우연은 사라지고 하나님이 정말로 중요한 모든 일에 손대셨다는 사실을 인식합니다. 하나님과 하나가 되지 않으면, 삶의 희망이 없습니다. 계속 허기지고 목마를 것입니다.

친구, 혹은 사랑하는 사람이 죽었거나 자신의 죽음을 앞두고 있을 때, 내면에 있는 하나님의 형상과 갑작스레 마주하게 됩니다. 방식은 다르지만 단조로운 일상도 마찬가지입니다. 하나님이 매일매일을 판에 박힌 일상 이상의 것으로 채워주시지 않는다면, 삶은 고달프고 우리 영혼은 안정을 찾지 못합니다. 무엇이 문제일까요? 삶을 의미 있게 해주는 것은 무엇일까요?

인생의 어떤 상황에서도 하나님을 찾을 수 있습니다. 상황이 좋을 때나 나쁠 때나, 젊어서나 늙어서나, 아플 때나 건강할 때나 우리에게 하나님은 늘 필요한 분이십니다. 하나님이 안 계시면 우리 삶은 공허해집니다. 그렇다면 왜 모든 사람이 하나님께 돌아오지 않을까요? 왜 아직도 많은 사람들이 하나님을 거부할까요? 왜 많은 사람들이 다른 곳에서만 헤매고 있을까요?

요한복음 6장은 한 가지 해답을 제시합니다. 자신을 생명의 떡이라고 밝히시자 여러 제자들이 말합니다. "이 말씀은 어렵도다. 누가 들을 수 있느냐?"(60절) 어째서 사람이 되셔서 수치스런 죽음을 당하신 그런 하나님을 따라야 합니까? 어째서 자신을 위해 우리 생명을 버리라고 하는 그런 하나님을 따라야 합니까? 어째서 우리가 이해할 수 없는 그런 분을 따라야 합니까? 예수님께서 대답하십니다. "내 아버지께서 오게 하여주지 아니하시면 누구든지 내게 올 수 없다"(65절). 예수님은 우리의 부족함을 깨닫고 하나님께 반응하는 바로 그 과정에 하나님의 도우심이 필요하다고 말씀하십니다. 갈림길에서 예수님을 택할 자유의지가 우리에게 있지만, 그렇게 하는 것에 있어서도 하나님의 도우심이 필요합니다.

하나님의 형상에 대한 해답을 발견한 사람들은 그것을 보게 하신 하나님께 감사드리고 하나님의 사랑에 응답합니다. 예수님의 사랑을 아직 받아들이지 않는 가족이나 친구들을 위해 기도할 때, 하나님의 도우심을 간구합니다. 그들이 하나님의 사랑에 반응하도록 하는 데에도 하나님의 역사하심이 필요합니다.

오늘의 묵상

당신의 마음을 마침내 예수님께로 돌아서게 한 것이 무엇입니까?
그 과정에 하나님의 도우심이 있었다는 것을 알고 있습니까?
자신의 부족함을 보게 하시고 예수님의 사랑을 받아들일 수 있게 하신 하나님께 감사드리십시오.
주변에 아직 예수님을 받아들이지 않은 사람들이 누구입니까?
그들로 하여금 자신들이 찾고자 하는 해답이 예수님께 있음을 깨닫게 해주시기를 기도하십시오.

Jesus Teaches about Being Clean and Unclean

바리새인들과 서기관들이 예수께 묻되
어찌하여 당신의 제자들은 장로들의 전통을 준행하지 아니하고
부정한 손으로 떡을 먹나이까
(막 7:5).

정결에 대한 가르침 / 막 7:1-37 /

군중들은 예수님의 메시지는 잘 이해하지 못하면서도 예수님이 치유사역을 할 때는 잘도 쫓아다닙니다. 반면에 종교, 정치, 사회 등 각 분야의 지도자들은 예수님에게 강하게 반발합니다. 하지만 예수님에게 이끌리는 일반 사람들의 관심을 약화시킬 만큼의 영향을 미치지는 못합니다. 특히 바리새인들은 백성들과 정부가 예수님에게서 돌아서게 할 획책을 도모하여 예수님을 함정에 빠뜨리려고 합니다.

바리새인들은 온갖 수단을 동원해 적대적인 분위기를 만듭니다. 그들은 매우 종교적인 사람들입니다. 구약의 율법을 글자 그대로 따르려고 노력하는 사람들입니다. 그러나 예수님은 그들의 경건해 보이는 행동을 통해 내면을 꿰뚫어보십니다. 겉모습에 치중하면서 훨씬 중요한 내면의 문제는 무시하는 그들에게 맹공을 가하십니다.

당시 바리새인들은 유대 율법을 자랑스러워하며 철저히 지키는 율법주의자들이었습니다. 예를 들면, 안식일에 나귀를 타고 가는 것은 율법에 어긋나지 않지만, 빨리 가게 하려고 채찍을 사용할 수는 없습니다. 안식일에 걸인에게 자선을 베푸는 것은 괜찮으나, 다만 그가 손을 집 안으로 뻗어서 집주인이 손을 밖으로 내미는 일은 없도록 해야 합니다. 여자는 안식일에 거울을 봐서는 안 됩니다. 혹시 흰머리라도 발견하면 뽑으려 할 테고 그것은 안식일 법을 어기는 행동입니다.

예수님은 그렇게 사소해 보이는 문제에 대해서 놀라울 정도로 강경하게 반응하십니다. 모든 법규를 철저하게 준수하려고 하는 바리새인들은 정작 복음의 핵심을 놓칩니다. 그렇게 외적으로 남에게 보이기 위한 율법주의적 태도는 아무도 하나님께로 이끌 수 없습니다. 오히려 사람들을 교만하고 배타적이며 독선적으로 만들 뿐입니다.

바리새인들의 위선을 폭로할 의도로 예수님은 안식일에 공개적으로 사람들을 고쳐주십니다. 그런 행동이 엄격한 바리새인들을 화나게 할 것을 뻔히 아시면서도, 불쌍한 사람들에 대한 긍휼이 그 어떤 전통보다 우선되어야 함을 강조하시며 예수님은 주저하지 않으십니다.

오늘의 묵상

다른 사람을 정죄하지 않고 자신의 마음에만 집중하기 위해 어떤 노력을 합니까?

The Parable of the Unmerciful Servant

그때에 베드로가 나아와 이르되
주여 형제가 내게 죄를 범하면 몇 번이나 용서하여 주리이까.
일곱 번까지 하오리이까
(마 18:21).

용서할 줄 모르는 종의 비유 / 마 18:21-19:12 /

엄격한 규례를 철저히 지키는 율법주의자들은 얼핏 보기에 매우 의롭다고 여겨집니다. 그러나 예수님은 율법주의의 교묘한 위험성에 대해 경고하십니다. 이상하게도 율법주의는 인간으로 하여금 하나님을 낮잡아보게 합니다. 만일 율법책의 모든 조항을 어떻게든 다 지킨다면, 자신의 선함에 대하여 대단히 안심하게 될 것입니다. 나의 노력으로 하나님의 인정을 받게 되었다고 생각할 것입니다.

예수님께 개인적으로 질문했던 사람들은 바리새인이든 제자들이든 규칙의 정확한 목록을 찾습니다. 그래야 모든 의무를 지킬 것이고, 그러면 안심할 수 있기 때문입니다. 그런 사람들에게 예수님이 "아니다"라고 외치십니다. 하나님이 필요하지 않은 사람은 없습니다. 우리는 결코 그리스도의 삶에 도달할 수 없습니다. 하나님께 계속 의지하고 있어야만 영적으로 살아납습니다.

오늘 본문의 첫 번째 이야기에서 베드로가 우습게도 용서를 수학 공식으로 변형시키려 합니다. "가만 있자, 사람을 용서하려면 정확하게 몇 번이나 용서해주어야 할까? 여섯 번? 일곱 번?" 예수님은 그 질문을 흉내 내시며 하나님 용서에 대하여 심오한 이야기를 들려주십니다. 하나님의 용서는 어떤 수로도 계산할 수 없는 크고 넓은 용서입니다.

다음으로 바리새인들은 이혼에 관한 규례를 따지고 듭니다. 이번에도 예수님은 그들이 원하는 답을 피하시고, 모든 결혼의 바탕이 되는 원리를 설명하십니다.

특정 문제들에 관한 질문을 예수님께서 어떻게 다루시는지 알 수 있는 부분입니다. 신앙심 깊은 한 사람이 와서 어떤 이웃을 사랑해야 하는지 묻자, 예수님께서 원수에게도 사랑을 베푸는 착한 사마리아인의 이야기를 들려주십니다. 또 예수님은 부자 청년에게 소유의 18.5퍼센트를 구제하는 데 쓰라고 지시하지 않으십니다. 모든 소유를 다 내어주라고 하십니다. 간음을 육체적 행위에만 국한하지 않으시고 욕정과 마음에서 일어나는 간음과 연결하십니다. 살인은? 원칙적으로 살인은 분노와 다르지 않습니다. 요약하면, 예수님은 항상 표면적인 시각을 거절하십니다. 율법주의적인 모든 행태와 덕을 쌓으려는 모든 인간적인 노력을 비난하십니다. 모든 영광은 오로지 하나님께로만 향하며 우리에게 오지 않습니다. 율법주의자가 직면하는 가장 큰 위험은 복음의 핵심을 놓치는 것입니다. 받을 자격이 없는 사람에게 거저 주시는 하나님의 선물이 복음인 것을 모릅니다.

오늘의 묵상

어떤 사람을 반복해서 용서해준 일이 있습니까?

The Unbelief of the Jews

너희가 내 양이 아니므로 믿지 아니하는도다.
내 양은 내 음성을 들으며
나는 그들을 알며 그들은 나를 따르느니라
(요 10:26-27).

유대인들의 불신앙 / 요 10:1-40 /

몇 년에 한두 번씩 작가나 영화감독들이 예수님의 정체성에 대하여 의문을 던지는 책이나 영화를 만듭니다. 그런 작품에 등장하는 예수님은 안개 속을 이리저리 돌아다니며 왜 여기에 왔는지, 그리고 무엇을 해야 하는지 고뇌하는 모습으로 그려집니다. 예수님의 가장 가까운 친구였던 요한의 표현보다 더 확실한 설명은 없습니다. 요한에 의하면, 예수님은 '이 땅에 떨어진 사람'이 아니라, 아버지로부터 사명을 부여받은 하나님의 아들이십니다. "나는 내가 어디서 오며 어디로 가는 것을 알거니와"(요 8:14)라고 예수님이 말씀하셨습니다.

사복음서 저자 가운데 예수님이 하나님의 아들 메시아이심을 유난히 강조해서 기록한 사람이 요한입니다. 그는 자기가 글을 쓰는 이유를 분명하게 밝힙니다. "오직 이것을 기록함은 너희로 예수께서 하나님의 아들 그리스도이심을 믿게 하려함이요. 또 너희로 믿고 그 이름을 힘입어 생명을 얻게 하려 함이니라"(요 20:31). 요한복음은 예수님이 누구신지 밝히기 위해 그분의 생애 가운데 20일도 못되는 기간의 사건들을 정리한 책입니다. 중요한 점은 그 사건들 대부분이 돌아가시기 전 마지막 며칠 동안의 일이라는 것입니다. 그때 예수님은 자신의 사명을 널리 선포하십니다.

"나는 문이다. … 나는 선한 목자다"라고 말씀하십니다. 이 말씀을 듣고 있던 유대인들은 틀림없이 다윗과 같은 구약시대의 왕들을 떠올렸을 것입니다. 실제로 그들은 왕을 이스라엘의 목자라고 생각했습니다. "당신이 진정 그리스도라면, 우리에게 확실하게 말하시오." 사람들이 무례하게 도전해오면, 예수님도 같은 어조로 대답하십니다. "나와 아버지는 하나다." 신앙이 좋다는 유대인들은 그 말씀을 너무 잘 이해합니다. 그들은 신성모독을 이유로 예수님을 돌로 치려고 합니다.

이렇게 적개심에 불타는 행동에도 예수님은 놀라지 않으십니다. 예수님은 반대와 박해를 다 예상하십니다. 삯꾼과 목자를 비교하시면서 진정으로 선한 목자는 양들을 위해 목숨을 버린다고 말씀하십니다. 태어남과 죽음과 부활을 선택하셨던 분은 예수님 한 분밖에 없습니다. 오늘 본문이 예수님께서 왜 그런 선택을 하시는지 설명합니다.

오늘의 묵상

예수님은 단순히 사람이 아니라 하나님이시라는 사실이 당신에게 어떤 영향을 줍니까?

Jesus Feeds, Teaches, and Heals

누구든지 나를 따라오려거든
자기를 부인하고 자기 십자가를 지고
나를 따를 것이니라
(막 8:34).

먹이고 가르치고 치유하심 / 막 8:1-38 /

오늘 본문에서 예수님께서는 제자들에게 격노하십니다. 오천 명을 먹이셨고, 또 사천 명을 먹이신 모습을 보고도 다음 끼니를 걱정하기 때문입니다. "눈이 있어도 보지 못하며 귀가 있어도 듣지 못하느냐?"라고 강하게 힐난하십니다. 여전히 제자들은 어리석어 예수님이 누구신지 감을 잡지 못합니다. 군중들은 예수님에 대해서 엘리야나 세례 요한과 같은 선지자가 부활한 것이 아니냐고 생각합니다. 그런데 이 장면에서 베드로가 예수님은 그리스도시며 선지자들이 오래전에 예언했던 바로 그 메시아라고 담대하게 고백합니다.

기원후 1세기, 그 당시의 유대인들에게 이 한 마디의 말이 얼마나 의미심장했을지 우리가 모두 헤아리기는 어렵습니다. 수세기 동안 외세의 지배로 억눌려 지낸 유대인들은 이스라엘을 과거의 영광으로 되돌려줄 메시아에 모든 희망을 걸고 있었습니다. 마태의 기록에 의하면, 예수님은 베드로의 충동적 선언에 기뻐하시며 그를 크게 축복하십니다(마 16:17-19). 그러나 베드로의 가장 빛나는 이 순간은 곧바로 가장 어리석은 다음 장면으로 이어집니다. 몇 구절 뒤에 예수님은 베드로를 사탄이라고 꾸짖으십니다. 이 두 장면 사이에 일어난 일이 예수님 전 생애에 관한 이야기의 전환점이 됩니다.

베드로나 다른 제자들에게 메시아는 부와 명예와 권력을 의미했습니다. 그런 것들은 예수님께서 사탄을 물리치며 이겨내신 이 세상의 유혹입니다. 메시아는 비난, 수모, 고통, 심지어 죽음까지도 인내해야 한다는 것을 예수님은 알고 계십니다. 예수님이 바로 이사야가 예언한 고난받는 종입니다. 그분은 세상의 영광이 아니라 십자가를 지십니다.

예수님은 진정한 메시아라고 칭한 베드로의 표현을 받아들입니다. 그 순간부터 염두에 두셨던 계획에 착수합니다. 갈릴리를 떠나 예루살렘으로 향합니다. 군중들을 향해 설교하시는 대신 관계의 폭을 열두 제자들로 좁히시고, 다가올 고통과 죽음에 대해 제자들의 마음을 준비시키십니다. 베드로는 예수님의 정체성을 알아보았으나 그분의 사명을 충분히 이해하지는 못했습니다. 그가 원하는 것은 예수님께서 고난을 피하는 것입니다. 십자가의 고난이 세상을 구원한다는 것을 이해하지 못했기 때문입니다.

오늘의 묵상

누군가가 당신에게 예수님이 누구냐고 묻는다면, 어떻게 대답하겠습니까?

The Transfiguration

그들 앞에서 변형되사 그 옷이 광채가 나며
세상에서 빨래하는 자가 그렇게 희게 할 수 없을 만큼
매우 희어졌더라
(막 9:2-3).

영광스런 모습으로 변형되심 / 막 9:1-41 /

사람들의 관심이 점점 커지는 가운데 예수님의 열두 제자들은 그다지 두드러진 활약을 하지 않습니다. "그리도 둔하냐?"고 예수님의 책망을 듣거나 나중에는 "내가 얼마나 오래 너희에게 참으랴?"라고 하시는 예수님의 한탄을 듣는 것이 전부였습니다. 오늘 본문에서 제자들이 행한 여러 실수들을 볼 수 있습니다. 치유하려다 실패한 일, 다가올 죽음과 부활에 대한 예수님의 말씀을 이해하지 못한 일, 지위를 놓고 서로 다툰 일, 다른 제자의 일을 막아서는 일 등입니다. 확실히, 예수님의 사명에 대해 그들이 이해하지 못한 것이 많습니다.

오랫동안 품었던 모든 의심을 소멸시킬 수 있는 극적인 장면을 세 명의 제자가 목격합니다. 마태복음, 마가복음, 누가복음에 모두 생생하고 자세하게 기록되어 있는 예수님의 변형은 하나님이 인정하셨다는 절대적 증

거입니다. 예수님의 얼굴이 해처럼 빛나고 옷은 광채가 나서 더 이상 희게 할 수 없을 만큼 매우 희어졌습니다. 구름이 제자들을 둘러쌌는데, 그 구름 안에는 놀랍게도 오래전에 죽은 유대 역사의 두 위인이 서 있습니다. 바로 모세와 엘리야입니다. 제자들은 이 광경을 어떻게 받아들여야 할지 모릅니다. 하나님이 구름 속에서 귀에 들리는 소리로 말씀하시자, 제자들은 두려움에 떨며 땅에 엎드립니다. 대부분의 학자들은 목격자였던 베드로에게서 마가가 자세한 이야기를 들었을 것으로 추측합니다. 베드로는 베드로후서 1장 16-18절에서 잊을 수 없는 이 충격적인 경험을 언급합니다.

그러나 그렇게도 엄청난 사건이 제자들에게 어떤 영향을 주었습니까? 그 사건을 통해 모든 의심이 사라지고 믿음이 더욱 굳건해졌습니까? 바로 몇 주가 지났을 뿐인데 세 명의 목격자를 포함한 열두 제자들은 예수님이 가장 힘들어 하실 때 그분을 버립니다. 예수님이 어떤 분이라는 것, 육신을 입으신 하나님이시라는 것이 제자들 마음에 정말로 새겨지는 때는 예수님의 부활 후입니다. 제자들의 갑작스런 변화는 예수님이 부활하셨다는 강력한 증거가 됩니다. 마가복음에 나타난 겁먹은 제자들의 모습은 사도행전에 기록된 담대하고 확신에 찬 모습과 전혀 다릅니다. 갈팡질팡 헤매고 실수를 연발하던 제자들이 믿음의 영웅으로 거듭나기까지 분명 믿기 힘든 놀라운 일이 일어났습니다.

오늘의 묵상

오늘 본문에는 제자들의 긍정적, 부정적 반응이 모두 포함되어 있습니다. 당신의 영적 여정의 그래프는 어떤 모양입니까?

Still Trying to Figure Jesus Out / 깊이 생각하기 /

예수님을 알아가는 과정

복음서를 읽을 때마다 하나님이 나를 예수님 당시가 아니라 지금 태어나게 하신 것을 다행이라고 여깁니다. 한편으로는 예수님을 직접 만나서 보고 듣고 만지고 했던 사람들이 부럽기도 합니다. 육신으로 내 앞에 서 계신 예수님께 나의 모든 의문점들을 직접 여쭤볼 수 있다면 인생이 훨씬 수월할 거라고 상상하기도 합니다. 하지만 실제로는 그렇지 않을 거라는 의구심이 더 크게 자리합니다. 예수님의 말씀을 직접 듣고 나면 과연 결정을 내리는 데 있어 더욱 명료한 생각을 하게 될까요? 육신을 입으신 예수님의 모습을 보고 만지면, 나의 삶이 더 쉬워질까요?

본래 나는 의심이 많은 사람입니다. 그 당시에 살았다면 틀림없이 예수님을 따라다니던 군중 속에 끼어 있었을 겁니다. 그들과 함께 기적을 행하시는 능력에 감탄하고 그 사랑에 감동하다가도, 자신이 하나님이라고 조용히 주장하시는 모습을 보고는 의심했을 것입니다. 만약 기회가 주어진다면 예수님에 관한 진리를 분별하리라 희망합니다. 그러나 그 당시 대부분의 사람들이 깨닫지 못했는데, 나라고 깨달을 수 있었을까요?

더 심각한 문제는, 바리새인들보다 조금이라도 나았을까요? 나 역시 하나님의 마음을 안다고 확신하며 자기 의를 내세울 때가 있습니다. 예수님께서 바리새인들을 꾸짖으시는 여러 장면을 읽을 때, 때로 예수님의 책망이 너무도 정곡을 찔러 움찔합니다.

또한 제자들 가운데 가장 측근이었던 사람들과도 동질감을 느낍니다. 산 위에서 변형하신 모습을 보고 하나님의 목소리를 직접 들었음에도, 베드로처럼 겁에 질려 엉뚱한 말이나 했을 것입니다. 그리고 조금 있는 문학적 소양에도 불구하고, 비유로 하시는 말씀을 이해하지 못해 어리둥절했을 것입니다. "바리새인들의 누룩을 주의하라니? 아, 다음번에는 떡을 더 많이 준비하라는 말씀이구나."

그렇습니다. 내가 예수님 시대에 살았다면, 예수님을 알았던 대다수의 사람들처럼 예수님을 화나게 했을 것입니다. 오늘 내 앞에 성경책이 펼쳐져 있습니다. 예수님 생애의 시작과 끝을 보고, 장차 오실 예수님에 대한 예언과 예수님이 돌아가신 후에 기록된 사도들의 가르침을 읽습니다. 나에게는 예수님이 이 땅에 오셔서 드러내신 진리를 가르쳐주는 수많은 책과 선생들이 있습니다. 게다가 내 안에는 성령님이 계십니다. 내 안에 계신 예수님이 스스로를 드러내십니다. 불평할 수 없습니다. 예수님을 올바로 알고 평생 동안 예수님을 사랑하기 위해 필요한 모든 것이 나에게 있습니다.

이 모든 지식과 기회에도 불구하고 나는 여전히 예수님을 이해하려고 애를 쓰고 있습니다. 예수님과 동행한 지 여러 해가 지났으나, 나의 구주라고 부르는 이 구세주를 아는 깊이가 너무 얕다는 것을 깨닫습니다. "나의 양들은 나를 안다"고 말씀하신 예수님. 예수님 없이는 살 수 없습니다. 예수님께서 나와 나에 관한 모든 것을 변화시키셨습니다. 그리고 예수님을 더욱 알기 위해 계속 배워야 합니다.

오늘의 묵상

예수님을 직접 알았던 사람들을 부러워한 적이 있습니까?
예수님에 대한 의문을 예수님께로 가지고 오십시오.
우리 삶의 목적은 매일 예수님과 더욱 가까이 동행하는 것입니다.
내면의 열정을 새롭게 해주시고 예수님을 아는 지식이 더욱 깊어지도록 도와주시기를 기도하십시오.

Jesus Sends Out Seventy Disciples

그 후에 주께서 따로 칠십 인을 세우사
친히 가시려는 각 동네와 각 지역으로
둘씩 앞서 보내시며
(눅 10:1).

칠십 인을 파송하심 / 눅 10:1-24 /

예수님의 시간이 흘러가고 있습니다. 예수님 사역을 수행하도록 사람들을 준비시킬 시간이 이제 겨우 몇 주밖에 남지 않았습니다. 예수님은 속성 훈련과정을 위해 그 시간을 쓰십니다. 오늘 본문의 첫 장면에는 예수님께서 자신의 일을 제자들에게 위임하실 계획을 실행하시는 장면이 나옵니다. 이번에는 열두 명이 아니라 칠십 명의 제자들에게 모험적인 임무를 맡기십니다.

거대한 변화의 소용돌이가 몰아칩니다. 칠십 명이 맡게 될 사명을 설명하시면서 경종을 울리십니다. "갈지어다. 내가 너희를 보냄이 어린 양을 이리 가운데로 보냄과 같도다." 그리고 말미에 주의를 요하는 목소리로 이상한 경고를 주십니다. "너희 말을 듣는 자는 곧 내 말을 듣는 것이요. 너희를 저버리는 자는 곧 나를 저버리는 것이다."

누가가 그 뒤에 기록한 예수님의 모습은 모든 복음서에서 전례가 없는 일입니다. 예수님께서 그렇게도 즐거워하시고 기쁨에 겨워하시는 모습은 다른 어느 곳에서도 찾을 수 없습니다. 수심이 가득하던 예수님의 얼굴이 환희로 바뀌었습니다. 각 동네와 지역으로 나선 제자들은 성공적으로 사역을 마쳤했습니다. 예수님은 이 칠십 명의 제자들과 함께 이룬 거대한 돌파작전의 성공을 축하하십니다.

이렇게 승리에 기뻐하시는 모습에서, 예수님 사역의 마지막 단계가 얼마나 중요한지 짐작할 수 있습니다. 예수님은 이 땅에 교회를 세우러 오셨습니다. 즉 돌아가신 후에 예수님의 뜻을 수행할 사람들의 모임을 세우시는 것입니다. 이 칠십 인의 제자들이 먼지가 풀썩이는 유대 땅을 터벅터벅 걸어 다니며 집집마다 문을 두드리고 메시아를 설명하고 병자들을 치유할 때, 예수님은 사탄이 하늘에서 번개처럼 떨어지는 것을 보십니다. 제자들은 우주적 차원의 승리를 이룬 것입니다. 예수님의 사명, 예수님의 생명이 칠십 명의 평범한 사람들을 통해 계속 이어지고 있습니다.

오늘의 묵상

예수님의 생명이 당신을 통해 이어지고 있음을 느낀 적이 최근에 있었습니까?
그것이 언제였습니까?

The Parable of the Good Samaritan

네 마음을 다하며 목숨을 다하며 힘을 다하며 뜻을 다하여
주 너의 하나님을 사랑하고
또한 네 이웃을 네 자신 같이 사랑하라
(눅 10 : 27).

선한 사마리아인의 비유 / 눅 10:25-37 /

예수님께서 그를 따르는 사람들이 살아가야 할 또 다른 방법에 관한 이야기를 들려주십니다. 이야기에 등장하는 사마리아인처럼, 예수님도 상처 입은 사람들을 돌보기 위해 오셨습니다. 이 상처 입은 사람들을 돌봐주어야 할 종교 지도자들이 그들을 무시합니다. 이야기에 나오는 제사장이나 레위인처럼, 대다수의 지도층은 중요한 볼 일 때문에 너무 바빠서 뜻하지 않게 마주친 사람을 도와줄 여유가 없습니다. 그들은 하나님을 섬기는 일로 너무 바빠서 하나님처럼 사람들을 돌볼 수 없습니다.

예수님은 또 다른 메시지, 또 다른 접근법을 제시하십니다. 하나님에 대한 사랑은 머리로만 하는 무형의 헌신이 되어서는 안 됩니다. 일상에서 순

간순간의 결정에 영향을 주어야 합니다. 예수님의 뜻에 합한 '마음'은 도움이 필요한 사람을 보는 순간 연민으로 차오릅니다. 예수님께 바친 '목숨'은 예수님을 닮습니다. 예수님께 내어드린 '뜻'은 감정이나 편리성과 상관없이 예수님처럼 결정을 내립니다. 예수님께 복종하는 사람은 하나님을 적극적으로 사랑하는 데 '힘'을 씁니다. 하나님께 드린 마음과 목숨과 뜻과 힘은 이웃에 대한 살아 있는 참사랑으로 바뀔 것입니다.

오늘의 묵상

도움이 필요한 이웃을 돕기 위해 계획을 변경한 일이 있습니까?

At the Home of Mary and Martha

마르다야 네가 많은 일로 염려하고 근심하나
몇 가지만 하든지 혹은 한 가지만이라도 족하니라.
마리아는 이 좋은 편을 택하였으니 빼앗기지 아니하리라
(눅 10:41-42).

마리아와 마르다 / 눅 10:38-42 /

예루살렘에서 3킬로미터 정도 떨어진 곳에 베다니가 있습니다. 예수님은 지상에서의 마지막 주간 며칠을 베다니에서 보내십니다. 이곳에서 마리아와 마르다라는 좋은 친구들과 지내시는데, 나중에 그들의 오빠 나사로를 죽음에서 살리십니다.

누가는 마리아와 마르다를 소개하면서 두 가지 성격과 두 가지 생활태도를 보여줍니다. 이야기는 짧지만 중요한 의미가 함축되어 있습니다. 이 장면은 마리아보다는 마르다에 더 쉽게 공감하는 신앙인들에게 혼란을 야기합니다. 마르다는 책임감이 강하고 다른 사람들의 필요를 살펴서 적절하게 준비하는 데 신경을 씁니다. 분명 존경할 만한 자질입니다. 마리아는 다소 게으르고 언니에게 무신경한 듯 보입니다.

하나님이 쓰실 목적을 위해 개개인의 성품을 다 다르게 만드셨다면, 어째서 마르다보다 마리아를 칭찬하셨겠습니까? 왜 안주인 역할을 유능하게 하려고 애쓰는 마르다는 책망하시고, 아무 일도 안 하면서 옆에 앉아 있는 마리아는 칭찬하셨을까요?

마리아는 이 상황에서 무엇을 우선순위에 두어야 할지를 잘 알고 있습니다. 다른 상황이라면, 언니를 돕지 않는 마리아가 비난받아야 합니다. 그러나 예수님께서 손님으로 오셨으니 예수님과 함께하는 시간이 당연히 최우선이 됩니다.

본문은 예수님을 사랑하는 방식이 항상 똑같지는 않다는 가르침을 줍니다. 예수님을 사랑하는 방식을 각 상황에 맞게 결정하는 데 있어서 성령의 인도하심을 구해야 합니다. 사랑을 표현하는 방식을 한 가지로 고집하고 변하지 않는 기준에 따라 융통성 없게 산다면 잘못 선택한 것입니다.

오늘의 묵상

마리아와 마르다 중에서 누구를 더 닮았습니까?

Jesus Raises Lazarus from the Dead

큰 소리로 나사로야 나오라 부르시니
죽은 자가 수족을 베로 동인 채로 나오는데
그 얼굴은 수건에 싸였더라
(요 11:43-44).

죽은 나사로를 살리심 / 요 11:1-44 /

예수님께서 지금까지의 기적 중에 가장 놀라운 기적을 행하시며 자신이 '부활이요 생명'이심을 증명하십니다. 그렇게 하여 자신의 죽음을 확정하십니다. 유대 지도자들이 이 기적 이후에는 더 이상 사람들이 예수님께 모여들도록 내버려두지 않습니다. 이런 사태를 염려하는 로마 정부가 군중들을 장악하려는 유대 지도자들을 더욱 단속합니다.

아이러니컬하게도 하나님의 권능을 가장 위대하게 드러내신 사건이 예수님의 생명을 위협하는 결과를 초래한 것입니다. 그럼에도 궁극적으로는 하나님이 뜻하시는 바가 성취됩니다. 많은 사람들이 예수님의 말씀을 듣고 기적을 행하시는 것을 보았지만, 아무래도 이번에는 너무 늦은 것 같습니다. 나사로가 죽은 지도 오래되었고 나사로의 죽음을 알린 지도 한참 지났는데 예수님은 오시지 않습니다.

예수님이 눈물을 흘리시며 다가오셔서 무덤의 돌을 치우라고 명령하십니다. 그때 그 자리에 있다고 상상해보십시오. "이제 와서?" 사람들이 아우성칠 것입니다. "이 사람 정신 나간 소리를 하고 있네. 이번에는 정말 대단한 걸 보여줄 모양이야. 아니 왜 우리처럼 제대로 애도해주지 못하는 거야?"

그러나 마치 귀신을 본 것처럼 놀라면 이런 말들이 입 밖으로 나오지 못합니다. "어떻게 된 거야? 이건 좀 심하군. 어떻게 나사로가 살아날 수 있어. 죽은 지 나흘이 지났잖아." 너무 놀라 속으로만 이렇게 생각할 것입니다.

예수님이 대답하십니다. "너희 말이 옳다. 이건 대단히 엄청난 일이다. 하나님은 너희들이 상상하는 것보다 훨씬 많은 것을 예비하고 계시다. 이제 너희가 믿으면, 지금까지 보지 못했던 하나님의 영광을 볼 것이다."

오늘의 묵상

절대 예상하지 못했던 일로 예수님께서 당신을 놀라게 하신 적이 있습니까?

Jesus Predicts His Death

인자가 온 것은 섬김을 받으려 함이 아니라
도리어 섬기려 하고 자기 목숨을 많은 사람의
대속물로 주려 함이니라
(막 10:45).

죽음을 예언하심 / 막 10:32-11:11 /

오늘 본문은 예수님의 죽음에 대한 또 다른 예언으로 시작합니다. 참으로 둔감한 두 제자가 지위에 대한 잡담을 늘어놓습니다. 그들은 예수님께서 참고 들으시며 반복해서 말씀하시는 메시지를 이해하지 못합니다. 천국에서는 섬기는 자가 가장 높다는 뜻입니다.

예수님은 천국에 들어갈 사람을 모집하는 데 특이한 방법을 사용하십니다. 예수님의 직업 설명서에는 십자가와 종이라는 단어가 들어 있습니다. 마치 상이용사나 전사자 사진이 담긴 해병대의 전시용 사진 같습니다. 예수님의 최측근들조차 십자가 처형의 끔찍한 이미지가 천국에 대한 소망과 어떻게 들어맞는지 이해하지 못합니다. 십자가의 길을 아무리 여러 번 설명해주셔도 그 뜻이 그들 마음에 새겨지지 않습니다.

예수님과 제자들이 예루살렘에 도착하자 사람들이 요란하게 떠들며 찬송으로 환영합니다. 전에는 예수님을 왕으로 모시려는 군중들을 늘 피해 다니셨습니다. 그러나 종려주일 '승리의 입성'에서는 사람들이 예수님을 승리하는 메시아로 추대하도록 내버려두십니다.

어떤 면에서 예수님의 예루살렘 입성은 로마인들의 화려한 행진에 비하면 우스운 희극의 한 장면입니다. 수려한 종마도 번쩍번쩍 빛나는 전차도 아닌 나귀 새끼를 타고 들어오십니다. 그러나 선지자들이 예언한 대로, 이 사건은 유대인들에게 매우 중요한 의미를 지닙니다. 예수님은 자신을 메시아라고 공개적으로 선포하고 계시며 승리의 입성은 예루살렘 전체를 열광시킵니다.

유대 지도자들에게는 비상사태입니다. 로마 정부도 자신을 왕이라고 주장하는 사람을 예의주시합니다. 그러나 복음서 뒷부분에는 사람들에게 받아들여진 예수님의 짧은 생애가 어떻게 비극적으로 끝나는지 기록되어 있습니다. 제자들과 마찬가지로 군중들도 예수님이 말씀하시는 왕국에 대해 전혀 준비되어 있지 않습니다. 그 왕국의 요구 조건은 너무 힘들고 보상은 너무 막연합니다.

오늘의 묵상

오늘 당신은 섬김의 리더십을 어떻게 보여주겠습니까?

하나님을 기다림

하나님이 내게 무엇을 원하시는지 안다고 생각하는 순간, 하나님은 방향을 바꾸시고 기대하지 않던 일을 하십니다. 때로는 혼란스럽지만, 하나님이 나를 위해 예비하신 계획은 내가 추측하는 것보다 훨씬 크고 복잡하다는 것을 깨닫게 됩니다. 방향이 바뀔 때마다 항상 기다림의 자세가 필요합니다. 결코 하나님의 방향을 예측할 만큼 영적으로 성숙할 수 없습니다.

제자들도 이 교훈을 배워야 했습니다. 십자가 처형 일주일 전, 예수님은 예루살렘에서 배반당하시고 죽임을 당하시나 오직 다시 살아나시기 위함이라는 것을 몇 번째 거듭 설명하셨습니다. 곧 닥칠 어려운 시기를 제자들에게 준비시키신 것입니다. 하지만 야고보와 요한은 예수님의 말씀을 가슴에 새기며 더 깊은 인도하심을 기다리기는커녕 천국에서 가장 좋은 자리를 배정받으려는 충동적 태도를 보였습니다. 그들은 예수님과 가장 가까운 사이였으나 자신들의 야망을 억누르지 못했습니다. 하나님이 지금 엄청난 일을 하고 계시며 그날은 자신들의 계획을 세울 것이 아니라 예수님이 제시하시는 방향을 따라가야 한다는 것을 깨닫지 못했습니다.

작가 마크리나 위더케어는 어린 시절 엄마가 빵을 구우실 때 도와드렸던 이야기를 예로 들어 설명합니다.

> 엄마가 반죽을 섞고 주무르는 동안 우리는 많은 이야기를 나누었습니다. 그러나 반죽이 부풀도록 덮어서 따뜻한 곳에 놔두면, 그 다음은 조용히 기다리는 시간이었습니다. 나에게 그 시간은 신성하고 신비로운 시간, 거룩한 시간, 조용히 지켜보며 기적이 일어나기를 기다리는 시간이었습니다.
>
> 그렇게 기다리는 동안 엄마는 반죽을 놀라게 하지 말라고 늘 주의를 주셨습니다. 반죽은 고요하고 평화로운 환경에서 가장 잘 부푸는 것 같았습니다. 어쩌다 그 시간에 친구들이 놀러오면, 나는 항상 "반죽을 놀라게 하면 안 돼!"라고 말했습니다. 친구들은 나를 이상하게 쳐다보았고 무슨 뜻인지 이해하지도 못했습니다. 그러나 나는 이해하고 있었습니다.

전도서는 "잠잠할 때가 있고 말할 때가 있다"(전 3:7)고 기록합니다. 제자들에게 지금은 잠잠할 때요, 기적이 일어나기를 기다려야 할 때입니다. 잠시 후면 하나님이 베푸시는 사랑의 가장 위대한 일이 지나가고 성령께서 그들 안에 거하시게 됩니다. 그들이 지금은 이해하지 못하나, 계속 지켜보며 하나님의 신비가 드러나기를 기다리기만 하면 더 선명하게 알게 됩니다.

구약시대에도 하나님을 따르는 사람들은 기다릴 줄 알았습니다. 욥이 말합니다. "나는 나의 모든 고난의 날 동안을 참으면서 풀려나기를 기다리겠나이다"(욥 14:14). 다윗은 시편에서 기다림에 대해 자주 언급합니다. "여호와 앞에 잠잠하고 참고 기다리라"(시 37:7). 그리스도의 사도는 인내와 기다림을 늘 마음에 새기고 있어야 합니다. 사도 바울이 예수님의 재림에 대해 디도에게 주의를 줍니다. "경건하지 않은 것과 이 세상 정욕을 다 버리고… 복스러운 소망과 우리의 크신 하나님 구주 예수 그리스도의 영광이 나타나심을 기다리게 하셨으니"(딛 2:12-13).

하나님의 일은 항상 진행 중입니다. 내 삶에도 반죽을 부풀리는 따뜻한 장소가 있습니다. 조용히 하나님을 기다리는 곳이고, 하나님의 거룩한 신비가 계속 일어나는 곳입니다. 다윗과 빵 만드는 엄마의 충고를 가슴 깊이 새깁니다. "가만히 있어. 반죽을 놀라게 하지 마!"

오늘의 묵상

삶의 어느 영역에서 하나님의 뜻을 안다고 생각합니까?
하나님의 뜻을 전혀 알 수 없는 영역이 있습니까?
조용하고 침착하게 하나님을 기다릴 수 있도록 기도하십시오.

Jesus Clears the Temple and Teaches

내 집은 만민이 기도하는 집이라
칭함을 받으리라고 하지 아니하였느냐.
너희는 강도의 소굴을 만들었도다
(막 11:17).

성전 정화 / 막 11:12-12:12 /

예수님 생애의 마지막 몇 주 동안 긴박감이 점점 고조됩니다. 성전에서 일어나는 극적인 대치 장면을 보아서도 알 수 있습니다. 하나님께 드리는 제사의 중심인 성스러운 장소가 장사꾼들의 소굴이 되었습니다. 순례자나 이방인들에게 비싼 가격으로 희생 제물을 파는 장사꾼들은 진정한 제사보다는 이득에 관심이 있습니다. 예수님이 구약의 구절을 인용하셔서 그들을 강도라 칭하시며 모두 내쫓으십니다.

이 장면은 열매를 맺지 않아 예수님으로부터 저주받은 무화과나무 이야기 중간에 삽입되어 있습니다. 마가는

아마도 그 당시의 종교 제도와 직접 비교하려고 한 것 같습니다. 예수님은 너무 더딘 이 나무를 없애버리기로 단호히 결정하십니다.

예수님은 격한 어조를 누그러뜨리지 않으십니다. 일부러 더 자극적인 예화로 말씀하십니다. 예수님은 자신을 하나님의 최후의 수단, 고집스런 저항을 꺾으실 마지막 도전이라고 설명하십니다. 그러나 그런 예수님도 구약의 선지자들을 조롱하고 죽였던 사람들의 후손에게 죽임을 당합니다.

전선이 형성되었습니다. 한쪽은 사람들에게 받은 환호와 지지만으로 무장하신 예수님입니다. 반대편은 종교 및 정치 지도자들입니다. 예수님이 선포하신 회개와 개혁의 급진적 메시지에 지도자들이 겁을 먹습니다. 그들은 예수님을 함정에 빠뜨리고 군중들의 마음을 자기들 편으로 돌아서게 할 방법을 찾아내야 합니다.

오늘의 묵상

이런 이야기에 나타난 예수님의 감정을 어떤 방법으로 공감할 수 있을까요?

Jesus Teaches on Taxes and the Greatest Commandment; The Widow's Offering

가이사의 것은 가이사에게, 하나님의 것은 하나님께 바치라 하시니
그들이 예수께 대하여 매우 놀랍게 여기더라
(막 12:17).

세금, 가장 큰 계명, 과부의 헌금 / 막 12:13-44 /

마가복음 12장에는 예수님과 예수님을 붙잡으려는 반대파 사이에 벌어지는 세 개의 전초전이 기록되어 있습니다.

바리새인과 헤롯당원들이 예수님을 비꼬듯이 칭찬하며 대답하기 곤란한 질문을 합니다. "가이사에게 세금을 바치는 것이 옳습니까, 옳지 않습니까?" 만약 예수님이 세금을 바치라고 하면, 대중의 지지를 잃게 됩니다. 독립 정신이 강한 유대인들은 로마 정권을 멸시하기 때문입니다. 바치지 말라고 하면, 법을 어긴 죄로 로마 정부에 끌려갑니다.

이번에는 규모는 작지만 매우 영향력 있는 종파인 사두개인들이 와서 성경에 근거한 질문으로 예수님을 공격합니다. 부활을 믿지 않는 사두개인들이 죽음 이후의 삶에 관해 수수께끼 같이 복잡한 질문을 합니다.

끝으로 예수님의 영원한 적수 바리새인 차례입니다. 그 당시 유대 랍비

들은 율법 조항을 613개로 만들어놓고 여러 분파들이 제각각 어느 조항이 가장 중요한지 논쟁하였습니다. 어떤 서기관이 모든 율법 가운데 첫째가는 것 하나를 골라달라고 예수님께 부탁합니다. 예수님의 선택에 따라 분파들의 반발이 일어날 것입니다.

예수님이 책잡힐 말꼬리를 피하시며 현명한 대답을 내놓습니다. "그 후에 감히 묻는 자가 없더라"라는 마가의 결론으로 알 수 있습니다. 예수님은 이런 말싸움에서 적들을 회유하려고 하지 않으십니다. 오히려 그런 상황을 이용하여 제자들과 군중들에게 경고하십니다.

마지막 공격을 막아내신 후, 헌금함에 아주 적은 돈을 넣은 가난한 과부를 가리키십니다. 그녀의 믿음이 욕심 많은 종교 지도자들의 믿음보다 훨씬 훌륭하다고 말씀하십니다. 그들은 과부의 가산을 삼키며 외식으로 길게 기도하는 자이기 때문입니다.

오늘의 묵상

적들을 다루시는 예수님의 방법에서 무엇을 배울 수 있습니까?

Sign of the End of the Age

또 너희가 내 이름으로 말미암아
모든 사람에게 미움을 받을 것이나
끝까지 견디는 자는 구원을 받으리라
(막 13:13).

마지막 때의 징조 / 막 13:1-37 /

오늘 본문의 사건으로부터 며칠 후, 예수님이 로마 군인들에게 이끌려 처형장으로 걸어가십니다. 한 무리의 여자들이 통곡을 하며 뒤따라옵니다. 예수님이 갑자기 몸을 돌려 그들에게 조용히 하라고 말씀하십니다. "예루살렘의 딸들아 나를 위하여 울지 말고 너희와 너희 자녀를 위하여 울라. … 푸른 나무에도 이같이 하거든 마른 나무에는 어떻게 되리요"(눅 23:28, 31).

예수님의 어린 시절에도, 예수님에 대한 소문 때문에 잔인한 왕이 아기들을 전부 죽이라는 명령을 내렸습니다. 본문에 나온 무서운 징조들로 알 수 있듯이, 하나님나라에 대한 전쟁은 예수님의 죽음으로 끝나지 않으리라는 것을 예수님은 알고 계십니다. 악이 마지막 발악을 하는 가운데, 이 세상이 마지막 회복의 길로 들어설 때까지는 악의 세력이 계속 격렬해질 거라고 예수님이 예언하십니다.

오늘 본문에 인용된 구약시대 선지자들의 말이 메아리처럼 울립니다. 디트리히 본회퍼는 말합니다. "최후통첩을 듣기 전에, 최후 직전의 말에 귀를 기울여야 한다." 성경에는 그 최후 직전의 말이 무시무시한 종말론적 계시들로 나타납니다. 마지막 때에 하나님이 가려져 있던 모든 비밀을 여시고, 예수님은 전혀 다른 모습으로 오실 것입니다. 구유에 뉘인 무력한 아기도 아니고, 십자가에 못 박힌 모습도 아닌, 구름을 타고 큰 권능과 영광으로 오시는 인자의 모습으로 나타나실 것입니다.

예수님이 하신 무서운 예언들 중 몇 가지는 서기 70년경에 실현됩니다. 로마 군인들이 예루살렘 성벽을 쳐부수고 헤롯 성전을 파괴시킵니다. 예수님께서 이 예언의 말씀을 하실 때 제자들이 그 위용을 감탄하던 바로 그 성전입니다. 분명 다른 예언들은 아직 성취되지 않았습니다. 예수님의 재림에 앞서 일어날 사건들에 대한 직접적인 단서가 오늘 본문에 나와 있습니다. 그러나 예수님이 재림하실 정확한 때는 아무도 예측할 수 없다고 경고하십니다.

의심하는 사람들이 바로 등장합니다. 불과 몇 십 년 안 되어 그리스도의 재림 신앙을 비웃는 사람들이 생깁니다. "주께서 강림하신다는 약속이 어디 있느냐. 조상들이 잔 후로부터 만물이 처음 창조될 때와 같이 그냥 있다"(벧후 3:4). 이렇게 냉소하는 사람들에게 예수님과 선지자들이 한 가지 불길한 충고를 던집니다. "그냥 기다려라." 하나님이 언제까지나 침묵하지는 않으십니다. 어느 날, 하나님의 임재 앞에 하늘과 땅이 사라질 것입니다.

오늘의 묵상

예수님은 이런 종말적 예언을 듣는 사람들에게 어떤 반응을 원하실까요?

The Lord's Supper

예수께서 떡을 가지사 축복하시고 떼어
제사들에게 주시며 이르시되
받으라. 이것은 내 몸이니라 하시고
(막 14:22).

마지막 만찬 / 막 14:1-31 /

이스라엘의 출애굽을 기념하는 연중행사 유월절은 중요한 유대 명절입니다. 예수님 당시에 열두 살 이상의 남자들은 유월절을 지키러 예루살렘으로 갑니다. 따라서 이 시기에는 도시가 수많은 순례자들로 넘쳐납니다.

예수님은 유월절에 예루살렘으로 입성하십니다. 그러나 곧 어둠의 그림자가 드리워집니다. 예수님께서 죽음의 공포에 휩싸인 듯이 보입니다. 어느 여인이 비싼 향유를 예수님께 발라드리자 장례를 준비하는 과정으로 여기십니다.

유월절 잔치의 절정은 출애굽을 기념하여 온 가족과 친척들이 모여 함께 나누는 엄숙한 식사입니다. 음식을 조금 먹고 포도주도 몇 모금 마신 뒤 구약의 이야기들을 읽습니다. 그리고 하나님께 드릴 희생 제물로 양도 한 마리 잡습니다. 그러므로 이 명절은 양의 피를 흘리는 순서로 슬프게 끝이 납니다.

밖에서는 적들이 예수님을 붙잡을 기회를 노리며 기다리고 있습니다. 안에서는 제자들이 곧 배반하리라고 예고하시는 예수님께 충성을 맹세합니다. 예수님께서 심오한 의미의 선포를 하시는 곳이 바로 이 어두운 분위기의 식사자리입니다. "이것은 나의 피 곧 언약의 피니라"라고 말씀하시며 포도주를 따르십니다. "받으라. 이것은 나의 몸이니라"라고 하시며 떡을 떼어주십니다.

소망이 곧 죽음에 있다는 것을 제자들이 이해하지 못합니다. 위대한 나라, 하나님의 언약의 나라를 소망해야 합니다. 예수님께서 양의 피가 아니라 자신의 피로 봉인한 새 언약을 선포하십니다. 새 왕국, 하나님나라는 유대 왕들이나 장군들이 이끄는 것이 아니라, 식탁에 둘러앉은 제자들의 거룩한 공동체가 이끌 것입니다. 그러나 그들은 얼마 뒤 바로 예수님을 배반합니다.

오늘날도 모든 기독교 교회들이 여러 형태로 성찬식을 거행하고 있습니다. 이 엄숙한 행사의 기원은 예수님이 새 언약을 선포하셨던 유월절 식사입니다.

오늘의 묵상

당신에게 성찬식은 어떤 의미입니까?

예수님을 향한 넘치는 사랑

낭비, 사치라는 말을 들을 때 생각나는 것은 아름다운 장신구, 비싼 음식, 화려한 라이프스타일 등입니다. 주로 고급 명품 등과 연관지어 생각할 수 있는 말입니다.

성경에는 이런 말이 직접 쓰여 있지 않지만 사랑을 설명하는 방법에는 적용됩니다. 예를 들어, 예수님의 발에 향유를 부은 여인은 넘치는 사랑을 알고 있었습니다. 요한복음에는 그 여인이 마르다와 나사로의 누이인 마리아라고 기록되어 있습니다. 바로 며칠 전 언니 마르다가 마리아의 게으름을 불평하고 있을 때, 그녀는 예수님의 발치에 앉아 말씀 듣는 데 열중하고 있었습니다. 그 마리아가 비싼 향유을 가져다가 예수님의 발에 붓습니다. 예수님을 사랑하기 때문입니다. 이번 행동도 오해와 비판을 받습니다. 어떤 사람들은 불쌍한 사람들을 위해 쓰일 수 있는 비싼 향유를 어리석게 다 써버렸다는 이유로 그녀를 생각 없고 낭비가 심한 여자라고 비난합니다.

어리석게 낭비하는 것처럼 보이는 사랑을 한 또 다른 여인이 있습니다. 예수님께서 지켜보신 가난한 과부입니다. 그녀는 자기가 가진 돈 전부를 성전 헌금함에 넣었습니다. 예수님의 예화에 나오는 한 사람은 자기의 가던 길을 멈추고 시간과 돈을 낭비하며 상처 입은 여행자를 도와줍니다. 자기 족속과는 적대 관계에 있는 족속 사람인데도 말입니다.

열정적이며 솔직한 성격의 다윗 왕은 아낌없는 사랑의 전형적인 모습을 보여줍니다. 하나님의 언약궤를 예루살렘으로 옮겨 오는 과정에서 다른 사람들은 소리치고 나팔을 불고 있을 때, 다윗은 성긴 베옷만을 입고 여호와 앞에서 힘을 다하여 춤을 춥니다(삼하 6:14). 다윗의 아내 미갈은 그 모습을 창피해하며 비웃습니다. 왕이 그렇게 위엄이 없는 행동을 하면 안 된다고 생각합니다.

성경에 나오는 이런 인물들과 내 자신의 삶을 비교해봅니다. 나는 과연 아낌없이 예수님을 사랑하는가? 가장 값비싼 소지품을 얼마나 기꺼이 내놓을 수 있을까? 시간을 연장하며 하나님과 함께하고 싶은 마음이 얼마나 있는가? 내가 꼭 쓰려고 했던 돈을 내어놓을 수 있을까? 잘 모르는 사람, 특별히 좋아하지 않는 사람을 위해 시간을 투자할 의향이 있는가? 다른 사람들에게 보이려고 하는 신비주의적 종교 행위들을 얼마나 자제하고 있는가?

어려운 문제들입니다. 솔직해지고 싶지 않은 사안들입니다. 하나님에 대한 사랑은 선하고 옳습니다. 그러나 낭비하는 사랑은 어떻습니까? 많은 것은 내어주고 아무것도 보장받지 못하는 상황은 두렵고 겁나며 무섭습니다. 더욱 도전적인 점은 이 사랑을 자발적으로 해야 한다는 것입니다. 미리 계획하거나 조작할 수 없는 아낌없는 사랑은 하나님의 가장 큰 계명을 매일 살아냅니다. "네 마음을 다하고 목숨을 다하고 뜻을 다하고 힘을 다하여 주 너의 하나님을 사랑하라"(막 12:30). 아낌없는 사랑을 한 성경의 인물들은 어떤 경우에도 흔들리지 않는 내면의 사랑을 보여주었습니다.

바로 그 사랑이 내 삶에 실재한다 해도 마리아나 가난한 과부, 착한 사마리아인, 혹은 다윗 왕과 내가 같을 수는 없습니다. 하나님이 내 안에 만들어놓으신 하나님의 형상으로부터 흘러나오는 사랑이 나의 아낌없는 사랑입니다. 나의 힘을 다해 어떤 대가를 치르더라도 하나님을 사랑하겠습니다. 어리석다는 비웃음을 당할 때도 미소를 짓겠습니다.

오늘의 묵상

아낌없이 예수님을 사랑한다는 생각이 당신을 두렵게 합니까? 예수님을 사랑하기 위해 할 수 있는 일에 집중하지 말고, 예수님을 향한 사랑 자체에 집중하십시오. 날마다 하나님과의 관계가 더욱 깊어지게 해달라고 간구하십시오. 아낌없는 사랑은 생명을 주는 이 관계에서 나옵니다.

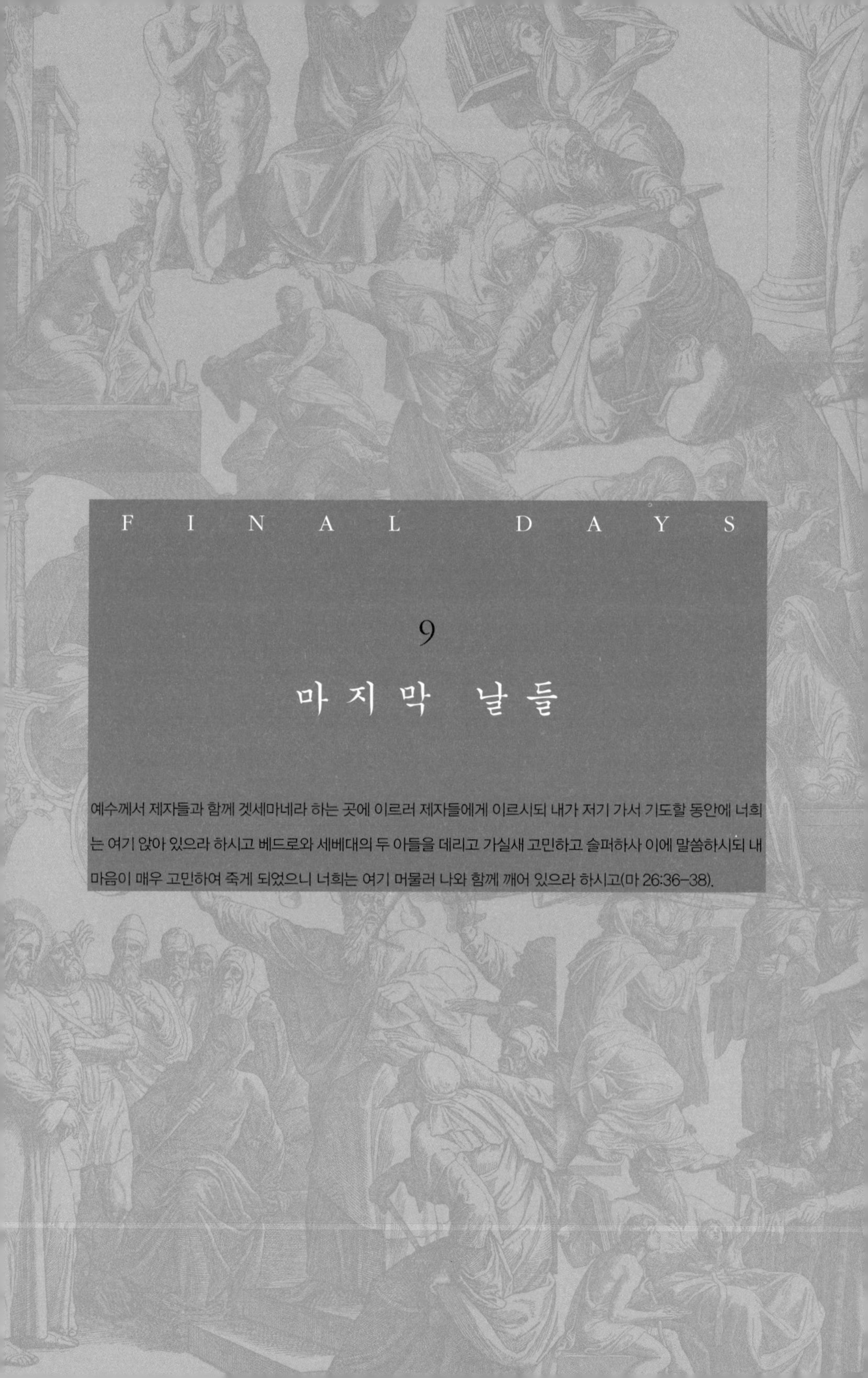

F I N A L D A Y S

9
마지막 날들

예수께서 제자들과 함께 겟세마네라 하는 곳에 이르러 제자들에게 이르시되 내가 저기 가서 기도할 동안에 너희는 여기 앉아 있으라 하시고 베드로와 세베대의 두 아들을 데리고 가실새 고민하고 슬퍼하사 이에 말씀하시되 내 마음이 매우 고민하여 죽게 되었으니 너희는 여기 머물러 나와 함께 깨어 있으라 하시고(마 26:36–38).

Jesus Washes His Disciples' Feet

저녁 잡수시던 자리에서 일어나
겉옷을 벗고 수건을 가져다가
허리에 두르시고
(요 13:4).

제자들의 발을 씻기심 / 요 13:1-17 /

예수님께서 또 다시 말문이 막힐 정도의 어이없는 행동으로 제자들을 가르치십니다. 사역하시는 내내, 리더십에 따르는 외형적인 지위를 계속 거부하셨습니다. 분명한 리더이셨지만, 일반 리더가 흔히 하듯이 지위를 이용하여 강압적으로 명령하시는 일이 결코 없었습니다. 이날 밤 오직 십자가 위에서만 뛰어넘을 수 있는 지극한 겸손을 몸소 보여주십니다.

팔레스타인 지역에서는 사람들이 주로 맨발에 샌들을 신고 먼지 나는 길을 걸어 다녔습니다. 따라서 매일 발을 씻어야 했습니다. 하인이나 아내가 손님이나 가족들의 발을 씻어주기도 했으나, 보통은 자기 스스로 씻었습니다. 일반적으로 식사 전에 발을 씻기 때문에, 식사 도중에 발을 씻어주시는 예수님의 행동은 매우 놀라울 뿐입니다.

식사하던 중간에 옷을 벗으시고 하루 종일 걸어 다녀서 때와 먼지가 잔뜩 낀 발을 씻어주시는 예수님에게서 제자들이 느꼈을 당혹감을 충분히 이해할 수 있습니다. 돌아가시기 전날 밤, 그렇게 많은 단서를 주었음에도 제자들은 여전히 왕으로 모실 메시아를 희망하고 있습니다. 종의 자세를 취하는 분은 하나님의 아들 이미지와 전혀 맞지 않습니다.

사랑과 섬김의 태도를 보여주신 예수님의 모습은 신앙인들의 마음에 살아 있습니다. 예수님 못지않게 얼마든지 섬길 수 있을 것입니다. 아무리 다른 사람들에게 대접받아야 하는 경우라도, 그들을 사랑으로 보살피기 위해서 얼마든지 몸을 굽힐 수 있습니다. 섬김은 존엄성과 품위를 떨어뜨리는 게 아니라, 오히려 진정한 존엄성과 품위가 무엇인지 보여줍니다.

오늘의 묵상

누군가를 섬기는 일이 너무 힘들다고 느꼈던 적은 언제입니까?

Jesus Promises the Holy Spirit

보혜사 곧 아버지께서 내 이름으로 보내실
성령 그가 너희에게 모든 것을 가르치고
내가 너희에게 말한 모든 것을 생각나게 하리라
(요 14:26).

성령에 대한 약속 / 요 14:1-31 /

사도 요한은 자기 복음서의 삼분의 일을 예수님 생애의 마지막 24시간에 할애합니다. 요한복음에는 유월절 식사에 대한 내용이 13장부터 17장까지 다섯 장에 걸쳐 기록되어 있는데, 성경의 다른 곳에는 이와 같은 내용이 없습니다. 실감나는 자세한 표현들은 지상에서 가장 고뇌에 찬 밤을 보내셨던 예수님의 모습을 그려줍니다.

레오나르도 다빈치는 마지막 만찬 장면을 그의 불후의 명작에 담았습니다. 식탁 한 편에 참석자들이 화가 앞에서 자세를 취한 듯이 앉아 있습니다. 그러나 요한은 실제적인 세부 묘사는 피하고 크게 소용돌이치는 인간의 감정을 표현합니다. 제자들의 얼굴에 조명이 비쳐 눈은 반짝이고 표정은 진지합니다. 지난 3년 동안 예수님께서 말씀하신 모든 메시지가 들어 있는 그림입니다.

이전에는 예수님이 제자들과 그렇게 직접적으로 대화를 나누신 적이 없었습니다. 지금은 자신의 생명과 죽음의 중요성을 설명할 마지막 기회입니다. 비유를 통한 설명을 삼가시고, 제자들의 계속되는 질문에 정성껏 대답해주십니다. 세상은 이제 곧 엄청난 일을 겪게 됩니다. 예수님 곁에서 두려움에 떨고 있는 열한 명의 제자들이 세상을 위한 예수님의 희망입니다.

"내가 지금 가지만, 너희에게 다시 돌아온다." 제자들이 이해하는 표정을 보일 때까지 계속 이 말씀을 반복하십니다. 하나님의 독생자가 하나의 육신에 거하시려고 세상에 오셨습니다. 이제 이 땅을 떠나시고 아버지께로 돌아가십니다. 그러나 다른 분, 보혜사 진리의 성령이 제자들의 육신에, 그리고 많은 육신에 거하시기 위해 오실 것입니다.

그렇습니다. 예수님은 돌아가시게 되어 있습니다. 제자들을 떠나십니다. 그러나 떠나시는 게 아닙니다. 예수님은 죽은 상태로 계시지 않습니다. 이날 밤 예수님은 제자들에게 이제껏 그들이 알지 못했던 아버지와의 친밀한 관계를 설명하십니다. 그러나 훨씬 더 강한 친밀함을 그들이 경험할 거라고 약속하십니다. 제자들은 뭔가 아는 것 같지만 실제로는 나중에야 이해할 것입니다. 예수님은 이 사실을 잘 알고 계십니다.

오늘의 묵상

오늘 본문의 말씀 가운데 가슴에 가장 깊은 감동을 주는 말씀은 무엇입니까?

The Vine and the Branches

나는 포도나무요 너희는 가지라.
그가 내 안에, 내가 그 안에 거하면 사람이 열매를 많이 맺나니
나를 떠나서는 너희가 아무것도 할 수 없음이라
(요 15:5).

포도나무와 가지 / 요 15:1-16:4 /

많은 사람들이 들어찬 방안에 숨 막힐 듯이 긴박감이 더해갑니다. 예수님이 몇 시간 후면 닥칠 격동에 대비하여 제자들을 좀 더 준비시키려 하십니다. 이들은 세상에서 가장 가까운 친구들인데, 이제 이들을 떠나려 하십니다.

오늘 본문에서 예수님이 떠나신 후 이 제자들에게 일어날 일들을 보여주십니다. 극렬한 반대와 증오와 박해와 처형이 기다리고 있습니다. 이 모든 고난은 예수님을 위하여, 그리고 그들을 보호하실 예수님이 육신으로 계시지 않을 때 겪어야 할 일입니다.

늘 그러셨듯이 자연과 관련된 비유를 통해 전달하려는 메시지의 요점을 설명하십니다. 예루살렘 외곽에는 언덕 위에 포도나무들이 줄지어 서 있습니다. 아마 예수님과 제자들도 오고 가는 길에 포도원을 지나다녔을 것

입니다. 그 포도원에서 두 가지 이미지를 가져오십니다.

우선, 싱싱하고 탐스러운 포도 열매입니다. 얼마 전 언약의 피에 대한 심오한 의미를 상징적으로 설명하실 때, 제자들은 포도의 산물인 포도주를 마셨습니다. 열매를 맺기 위해서 반드시 필요한 일이 한 가지 있습니다. 열매 맺는 가지가 포도나무에 단단히 붙어 있어야 하는 것입니다. 또한 특별한 사명을 위해 예수님께서 열두 제자를 직접 택하셨음을 강조하십니다. 그 사명이 바로 '가서 열매를 맺게 하고 열매가 항상 있게' 하는 것입니다.

그리고 또 하나의 이미지를 설명하십니다. 포도원 밖으로 버려지는 마른 가지들입니다. 이 가지들은 영양을 공급하는 포도나무 줄기와 연결되어 있지 못했습니다. 농부가 그 가지들을 꺾어서 장작더미 위에 버립니다. 그 가지들은 더 이상 유익하지 않기 때문입니다.

제자들이 그날 밤에 들은 말씀을 다른 때보다 더 이해하지 못하는 듯합니다. 그러나 싱싱한 열매와 마른 가지를 극명하게 대조하여 상징적으로 하신 말씀은 그들의 마음속에 남아 있습니다. 초대교회가 겪은 격동의 역사는 예수님 안에 거하라는 진정한 말씀을 그들이 끝내 잊지 않았다는 확실한 증거입니다.

오늘의 묵상

예수님 안에 거함을 어떤 방법으로 실천하고 있습니까?

The Disciples' Grief Will Turn to Joy

너희는 곡하고 애통하겠으나 세상은 기뻐하리라.
너희는 근심하겠으나
너희 근심이 도리어 기쁨이 되리라
(요 16:20).

근심이 변하여 기쁨이 되고 / 요 16:5-33 /

포도나무와 가지의 비유로 설명을 끝내시고, 주제를 바꿔 앞으로 제자들에게 일어날 일에 대해 직접 말씀하십니다. 더 이상 신학적으로 설명하지 않으십니다. 그들이 이해하는 부분도 있고, 이해하지 못하는 부분도 있습니다. 제자들끼리 서로 수군거리며 무슨 뜻인지 알려고 하는 모습이 그려져 있습니다.

아마 가장 난해한 말이 이것일 것입니다. "내가 떠나가는 것이 너희에게 유익이라." 유익이라니요? 제자들을 버리시며 새 왕국에 대한 희망도 좌절시키시는 것이 어떻게 유익이라고 할 수 있습니까? 예수님께서 장차 올 유익을 설명하십니다. 성령이 오셔서 그들 안에 거하시리라는 것입니다. 그러나 제자들은 '떠나가신다'는 뜻을 토론하느라 바빠서 말씀의 뜻을 알아듣지 못합니다.

해산에 대한 비유는 또 다른 단서입니다. 출산의 고통이 극심하나, 그 고통은 암에 의한 고통처럼 죽음으로 끝나지 않습니다. 해산의 수고는 새 생명을 탄생시키고 기쁨으로 끝납니다. 그와 마찬가지로, 예수님과 제자들이 이제부터 겪을 슬픔과 애통 역시 죽음으로 끝나지 않습니다. 예수님의 고통은 세상을 위한 구원을 가져오고, 제자들의 슬픔은 기쁨으로 변할 것입니다.

운명의 밤에 경종을 울리는 한 마디를 선포하시며 결론을 맺으십니다. "담대하라. 내가 세상을 이기었노라." 이 선포가 얼마나 공허하게 들리겠습니까? 다음 날이 되면, 모진 매질로 혹사당한 예수님의 가냘픈 육신이 처형장의 십자가에 매달리고, 제자들은 어둠 속으로 슬그머니 도망칠 것입니다. 그들의 감동과 믿음이 결코 잊지 못할 그날 하루에 곤두박질치게 됩니다.

오늘의 묵상

극심한 고통이 결국 기쁨으로 끝났던 경험이 있습니까?

Jesus Prays

그들은 세상에 있사옵고 나는 아버지께로 가옵나니
거룩하신 아버지여 내게 주신 아버지의 이름으로 그들을 보전하사
우리와 같이 그들도 하나가 되게 하옵소서
(요 17:11).

예수님의 기도 / 요 17:1-26 /

제자들이 담대한 목소리로 "이로써 하나님께로부터 나오심을 우리가 믿사옵나이다" 라고 대답하자 예수님이 마음속에 무언가 결심을 하십니다. "이제는 너희가 믿느냐!" (요 16:31)라는 안도의 말씀을 하시고는, 오늘 본문의 기도로 모임을 끝내십니다. 이 기도는 기록된 기도 가운데 가장 깁니다. 이 기도 안에 예수님의 감정과 주위를 빼곡히 둘러싼 제자들을 위한 계획이 모두 요약되어 있습니다.

앞서 여러 지방으로 나가서 설교하고 치유했던 제자들의 사역은 단순히 준비 운동에 지나지 않습니다. 그런데 지금은 모든 것을 그들에게 넘기십니다. "내 아버지께서 나라를 내게 맡기신 것 같이 나도 너희에게 맡겨" (눅 22:29)라고 다시 한 번 말씀하십니다. 이 기도는 위임식이나 졸업식 분위기를 풍깁니다.

예수님이 신비로 가득 찬 말씀으로, 세상을 떠나셔야 하는 것과 제자들이 세상에 남아서 예수님을 증거해야 한다는 것을 설명하십니다. 이전에 예수님께 향했던 모든 증오와 박해가 이제 그들을 향할 것입니다. 그들은 세상에 살고 있으나 세상에 속하지 않습니다. 세상과 구별되며, 하나 되신 하나님과 예수님 안에서 그들도 하나가 됩니다.

예수님은 미래의 역사 속에서 제자들의 말을 믿고 따를 신앙인들을 위해서도 기도하십니다. "아버지여 아버지께서 내 안에 내가 아버지 안에 있는 것 같이 그들도 다 하나가 되어 우리 안에 있게 하사 세상으로 아버지께서 나를 보내신 것을 믿게 하옵소서"(요 17:21). 그러고 나서 두려워하는 제자들을 이끌고 약속된 죽음을 맞으러 가십니다.

오늘의 묵상

이 기도를 살펴보면서 교회에 대한 예수님의 목적이 무엇이라고 생각합니까? 오늘날 그리스도인들이 그 목적을 잘 수행하고 있습니까?

예수님 안에 거하는 삶

"내 안에 거하라. 나도 너희 안에 거하리라. 가지가 포도나무에 붙어 있지 아니하면 스스로 열매를 맺을 수 없음 같이 너희도 내 안에 있지 아니하면 그러하리라"(요 15:4). 성경을 꾸준히 읽을 때, 특히 예수님에 관한 내용을 읽을 때는 그분과 더욱 긴밀하게 연결된 느낌입니다. 예수님은 어떤 분이시고 무엇을 염려하시며 어떻게 사셨고 내 삶에서 예수님이 차지하는 의미가 무엇인지 더 잘 이해할 수 있습니다. 내 삶을 소유하신 분을 더 깊이 알게 되는 느낌입니다. 어떤 기독교 지도자가 추천하기를 매일 복음서를 읽으라고 합니다. 마치 날마다 섭취하는 영양제처럼 예수님의 말씀과 하신 일로 마음을 채우라는 것입니다. 이제는 그 가치를 알고 있습니다.

그러나 그리스도를 알게 되는 것은 성경 읽기를 통해서만이 아닙니다.

예수님께서 세상을 떠나실 때, 신앙인들이 항상 예수님과 함께 있도록 하기 위하여 성령을 보내주셨습니다. 매일 매일을 예수님과 동행할 때 성령께서 예수님을 나에게 드러내 보이십니다. 또한 내가 뜻하기만 하면, 나를 점점 예수님과 닮아가게 하십니다. 나의 생각과 행동이 점차 예수님과 하나가 되어갑니다.

20세기 초 선생이자 선교사였던 오스왈드 챔버스가 이 성화의 과정을 설명합니다. "성화란 예수님과 하나가 되어 예수님을 지배했던 본성이 우리를 지배하게 되는 것을 뜻합니다." 오늘날은 이 용어가 교회에서 자주 쓰이지 않게 되었으나 예수님은 요한복음 17장에서 성화에 관해 기도하셨습니다. "그들을 진리로 거룩하게 하옵소서. 아버지의 말씀은 진리니이다. 아버지께서 나를 세상에 보내신 것 같이 나도 그들을 세상에 보내었고 또 그들을 위하여 내가 나를 거룩하게 하오니 이는 그들도 진리로 거룩함을 얻게 하려 함이니이다"(요 17:17-19). 예수님은 아버지 하나님의 일을 위하여 자신이 구별되었다고 말씀하셨습니다. 그래야 제자들도 그들 안에 살아 계신 성령을 통해서 하나님의 일을 하도록 구별될 것이기 때문입니다.

예수님을 위해서 사는 것과 우리 안에 예수님이 사시도록 하는 것은 전혀 다릅니다. 예수님을 위해 살려고 하면, 예수님처럼 되기보다는 바리새인이나 제자들, 혹은 군중들처럼 되기 쉽습니다. 오직 예수님만이 우리 안에 그분의 생명을 만들어주십니다. 예수님이 우리 안에 거하시고 그분의 생명이 우리 것이 되었을 때, 그분의 놀라운 충만으로 우리를 움직이십니다.

성경, 특히 복음서에 흠뻑 잠기는 것이 예수님 안에 머물고 포도나무에 붙어 있는 방법입니다. 그러면 세상에서 사는 동안 그분의 열매를 맺을 수 있습니다. 그 도움이 필요합니다. 일상에는 다른 길로 유혹하는 것들이 주변에 너무 많습니다. 궁극적인 파괴의 길입니다. 예수님의 생명에 관한 이야기가 담긴 성경을 늘 앞에 둡니다. 그분의 뿌리에서 영양분을 얻고 성령을 통해 뻗어나는 가지로 자라기 위해 꼭 필요한 연결 고리가 성경이기 때문입니다.

오늘의 묵상

성화의 과정에서 어디쯤에 있습니까? 예수님과 점점 더 하나가 되기를 원합니까? 이미 성화가 시작되었음을 느끼고 있습니까? 성령께서 계속 당신을 다듬어주시기를 하나님께 구하십시오. 예수님 안에 살아가는 동안 살찌게 하셔서, 당신 안에서 성화의 사역이 이루어지기를 기도하십시오.

Jesus in Gethsemane and Before the Sanhedrin

내 아버지여 만일 할 만하시거든
이 잔을 내게서 지나가게 하옵소서.
그러나 나의 원대로 마시옵고 아버지의 원대로 하옵소서
(마 26:39).

겟세마네와 산헤드린 공회 / 마 26:36-75 /

참으로 모질게도 역설적인 상황이 이어집니다. 친밀했던 분위기의 마지막 만찬에 이어 겟세마네에서의 배반 장면이 나옵니다. 예수님의 시련이 시작됩니다. 조용하고 선선한 감람나무 숲에서 예수님이 기도하시는 동안, 세 명의 제자들은 약간 떨어진 곳에서 졸면서 기다리고 있습니다. 저 멀리서는 무장한 큰 무리가 예수님을 붙잡아 고문으로 죄를 자백하게 하려고 몰려옵니다.

예수님은 두렵고 버림받은 느낌입니다. 땅에 엎드려 기도드리며 피할 방법을 구하십니다. 인류와 온 우주의 미래가 흐느끼며 기도하는 이 한 분에게 달려 있습니다. 핏빛의 굵은 땀방울이 땅에 떨어집니다.

예수님 생애의 모든 사건들이 이날 밤 이곳에서 커다란 소리로 무너져

내립니다. 대륙을 건너온 동방박사들의 경배를 받았던 분이 겨우 은 삼십에 노예처럼 팔립니다. 제자들은 아직도 예수님이 이 땅에 세우시려는 새로운 왕국을 받아들이지 못합니다. 허세 부리는 베드로는 전통적인 방법인 무력으로 왕국을 건설할 마음을 먹습니다. 그는 칼을 휘둘러 종의 귀를 자릅니다. 예수님이 폭력을 막으시며 종의 귀를 도로 붙이시는 마지막 기적을 보여주십니다. 그럼에도 베드로는 나중에 예수님을 부인합니다.

예수님께서는 단 한 번의 기도로 천사들의 군단을 파병할 수 있음을 제자들에게 설명하십니다. 방어할 능력을 얼마든지 갖고 계시지만 사용하지 않으십니다. 마지막 순간까지 기다려도 기적 같은 구조의 손길이 없음을 알고 제자들이 다 도망칩니다. 마지막 희망의 불꽃이 꺼졌습니다. 예수님이 스스로를 보호하지 못하시는데, 어떻게 제자들을 보호할 수 있겠습니까?

겟세마네와 산헤드린 공회에서 일어난 일에 대해 마태가 전하는 설명을 보면, 상황이 역전되어 피해자가 오히려 사태를 장악하고 있습니다. 가룟 유다도 아니고, 폭도도 아니고, 대제사장도 아니고, 바로 예수님이 모든 것을 지배하고 있습니다. "네가 하나님의 아들 그리스도(메시아)인지 우리에게 말하라." 이 단 하나의 사실을 인정하는 것이 예수님을 사형으로 몰고 갑니다. 산헤드린 공회는 다른 메시아를 기대하고 있기 때문입니다. 그들은 무력으로 자유를 찾아줄 정복자를 원합니다. 그러나 예수님은 오로지 자신의 죽음만이 그들을 진정으로 자유롭게 해줄 것을 아십니다. 이 세상에 오신 이유가 바로 이것이기 때문입니다.

오늘의 묵상

당신이 그리스도를 따른다는 이유로 생명의 위협을 느낀다면 어떻게 반응하겠습니까?

Jesus Before Pilate

예수께서 총독 앞에 섰으매 총독이 물어 이르되
네가 유대인의 왕이냐.
예수께서 대답하시되 네 말이 옳도다 하시고
(마 27:11).

빌라도 앞에 서신 예수님 / 마 27:1-31 /

소위 정의 앞에 서신 예수님의 재판은 서로 책임을 전가하는 양상으로 나타납니다. 로마법은 유대인들에게 많은 자유를 허용하고 있었습니다. 그 중에는 유대 법정인 산헤드린 공회를 열 권리도 포함됩니다. 예수님이 자신을 메시아라고 주장하자 산헤드린 공회는 신성모독이라는 중대범죄로 취급하여 예수님을 처형하려 합니다. 그러나 그들은 사형을 집행할 권한이 없고 로마 법정의 허가를 받아야 합니다. 그래서 유대 지도자들은 예수님을 유대 지역의 로마 총독 빌라도에게 보냅니다.

그 과정에서 예수님을 고발한 자들이 예수님의 죄목을 종교적인 것에서 정치적인 것으로 바꿉니다. 총독 빌라도에게 더 강한 인상을 주기 위해서입니다. 그들은 예수님이 로마법을 무시하며 자신을 왕이라고 자칭하는 위험한 혁명가라고 설명합니다. 빌라도는 판결에 대해 매우 부담스러워합니다. 그의 아내가 꿈에 본 징조가 그의 불안감을 부추깁니다.

누가복음에 의하면, 빌라도가 처음에는 군중들의 압력에도 불구하고 예수님을 무죄라고 선포합니다. 그러고는 이 사건을 헤롯에게 떠넘기면서 자기의 딜레마에서 빠져나올 길을 찾습니다. 헤롯은 그 당시 예수님의 고향 지역을 다스리던 분봉왕입니다. 헤롯은 끝끝내 침묵하며 기적을 보이라는 요구도 거절하시는 예수님에게 실망하여 다시 빌라도에게 돌려보냅니다.

빌라도가 유대 지도자들에게 죄수를 풀어줄 것인가를 세 번이나 물어보지만, 군중들의 격분은 점점 심해집니다. 마침내 군중들과 마주한 빌라도는 고심 끝에 그들의 요구를 들어주기로 합니다. 그런데 일부러 군중들 앞에서 손을 씻어 보이며 죄 없는 사람의 피에 대하여 자신은 책임이 없다고 주장합니다.

이런 모든 법적 절차가 진행되는 동안, 예수님은 거의 한 마디도 하지 않으시고 침묵으로 일관하십니다. 예수님이 드디어 왕으로 추대받습니다. 머리에는 가시관을 억지로 씌우고 피투성이가 된 등에는 홍포를 입힙니다. 빌라도 자신도 극악한 불의에 어느 정도 가담한 셈이라고 생각한 것 같습니다. 그는 예수님의 죄명을 세 개의 언어로 써서 십자가에 붙일 것을 명합니다. 그 죄명은 나사렛 예수, 유대의 왕입니다. 대제사장들이 '자칭 유대인의 왕'이라고 써야 한다고 주장하지만, 빌라도는 "내가 쓸 것을 썼다"고 대답합니다(요 19:19-22).

오늘의 묵상

부당하게 징계받은 적이 있습니까? 어떻게 반응했습니까?

The Crucifixion, Death, and Burial of Jesus

제구시에 예수께서 크게 소리 지르시되 엘리
엘리 라마 사박다니 하시니
이를 번역하면 나의 하나님, 나의 하나님 어찌하여 나를 버리셨나이까 하는 뜻이라
(막 15:34).

십자가에 달려 죽으심 / 막 15:21-47 /

오래 전 예수님이 사역을 시작하실 무렵 안전과 안락에 이르는 쉬운 길로 유혹했던 사탄의 시험을 거부하셨습니다. 최후의 순간이 가까이 다가올수록, 그 유혹은 어느 때보다 더 매혹적입니다.

예수님 왼편 십자가에 달린 죄수가 예수님을 조롱합니다. "네가 그리스도가 아니냐. 너와 우리를 구원하라"(눅 23:39). 그 자리에 몰려든 군중들이 소리칩니다. "지금 십자가에서 내려올지어다. 그리하면 우리가 믿겠노라. … 하나님이 원하시면 이제 그를 구원하실지라"(마 27:42-43).

그러나 구원도 기적도 일어나지 않습니다. 침묵만이 있을 뿐입니다. 아버지는 등을 돌리셨고, 역사의 수레바퀴는 그대로 돌아가며, 세상의 모든 악이 모든 선을 이기도록 내버려두십니다. 예수님이 다른 사람들을 구원

하기 위해서는 자신을 구원할 수 없습니다.

예수님이 왜 돌아가셔야 합니까? 그 문제를 연구하는 신학자들이 수백 년 동안 속죄에 대한 다양한 이론을 주장하며 논쟁하였으나 결론이 나지 않았습니다. 어쨌든 힘으로 얻을 수 없는 것을 얻으려면 희생적인 사랑이 있어야 합니다.

마가가 기록한 세부 사항이 단서가 될 수 있습니다. 예수님이 크게 소리 질러 말씀하셨습니다. "나의 하나님, 나의 하나님, 어찌하여 나를 버리셨나이까?" 하나님의 아들이 인류와 가장 가까이에서 동질감을 느끼시는 순간입니다. 그들의 죄를 감당하여 아버지 하나님이 돌아서시게 해야 합니다. 간극이 심하게 벌어져 있습니다. 그러나 예수님이 마지막 숨을 거두시는 순간, 성소의 휘장이 위에서부터 아래로 찢어져 두 쪽이 되었습니다.

성소의 휘장은 하나님의 임재가 거하시는 지성소를 구분하는 두꺼운 커튼입니다. 대제사장 이외에는 안으로 들어갈 수 없으며, 대제사장도 일 년에 한 번 정해진 날에만 들어갑니다. 히브리서 기록에 의하면, 휘장이 찢어진 것은 예수님의 십자가 죽음으로 인해 무엇이 성취되었는지를 정확하게 보여줍니다(히 10장). 더 이상의 희생 제물은 필요없습니다. 예수님께서 우리 모두를 위해, 제사장이 아닌 평범한 우리들을 위해, 하나님의 임재에 직접 다가갈 수 있는 길을 열어주신 것입니다. 예수님이 인간의 죄짐을 지시고 그에 대한 벌도 감당하심으로써 하나님과 우리 사이에 놓였던 장벽이 영원히 제거되었습니다.

오늘의 묵상

기적을 간절히 바랐으나 실망했던 적이 있습니까? 그 경험을 통해 무엇을 배웠습니까?

The Resurrection

빨리 가서 그의 제자들에게 이르되
그가 죽은 자 가운데서 살아나셨고 너희보다 먼저 갈릴리로 가시나니
거기서 너희가 뵈오리라 하라
(마 28:7).

부활 / 마 27:62-28:15 /

모든 역사 가운데 가장 위대한 기적이 일어났을 때, 유일한 목격자는 예수님의 무덤 밖에서 경비를 서던 군인들입니다. 땅이 흔들리고 번개처럼 빛나는 모습의 천사가 나타나자 무덤을 지키던 군인들은 무서워 떨며 얼굴이 백짓장처럼 창백해졌습니다. 그들이 반사적으로 자신들의 상관을 찾아가 무덤이 훼손된 사실을 알립니다. 지극히 인간적인 반응입니다.

그러나 여기에 놀라운 사실이 있습니다. 자기의 눈으로 직접 부활의 증거를 목격한 군인들이 그날 오후 말을 바꿉니다. 하나님의 아들의 부활이 은전 자루만도 못한 취급을 받습니다.

예수님의 죽음을 슬퍼하던 여인들 몇 명이 군인들 다음으로 이 놀라운 기적을 목격합니다. 마태복음에는 천사가 예수님의 부활 소식을 전하자 여인들이 무서움과 큰 기쁨으로 달려갔다고 기록되어 있습니다. 두려움은

인간이 초자연적 존재를 만났을 때 반사적으로 느끼는 반응입니다. 그 여인들이 천사로부터 도저히 이해할 수 없는 소식을 직접 들었을 때 두려움을 느끼는 것은 당연합니다. 그러나 큰 기쁨으로 달려갑니다. 그들이 들은 소식은 최고의 소식, 너무나 좋아서 사실일 것 같지 않은 소식, 너무나 좋기에 사실이어야만 하는 소식입니다. 예수님이 살아나셨습니다! 약속하신 대로 돌아오셨습니다. 여인들이 두려움과 기쁨으로 제자들에게 알리려고 달려갈 때 메시아에 대한 모든 꿈들이 물결처럼 밀려옵니다.

여인들이 달려가고 있는데도, 군인들은 교묘한 은폐 작전을 위해 자기들이 맡은 역할과 알리바이를 준비하고 있습니다. 예수님의 생애의 모든 일들이 그러하듯, 부활 사건에도 두 가지 정반대되는 반응이 나타납니다. 믿는 사람들은 변화되고, 나가서 세상을 바꿀 희망과 용기를 충분히 찾습니다. 그러나 믿지 않기로 선택하는 사람은 자기 눈으로 직접 목격한 증거도 무시하는 길을 따릅니다.

오늘의 묵상

당신은 왜 예수님을 믿습니까?

Mary Magdalene and His Disciple

안식 후 첫날 저녁 때에
제자들이 유대인들을 두려워하여 모인 곳의 문들을 닫았더니
예수께서 오사 가운데 서서 이르시되
(요 20:19).

막달라 마리아와 제자들에게 나타나심 / 요 20:1-31 /

그리스도의 부활을 인정하지 않는 사람들은 제자들을 바라볼 때, 귀신 이야기를 무서워하는 겁쟁이 시골 촌뜨기라고 생각합니다. 또는 자기들의 움직임에 대한 대중의 지지를 얻기 위해 부활 사건을 조작하여 만들어내는 약삭빠른 사기꾼이라고 생각합니다. 성경은 전혀 다른 해석을 합니다. 성경에는 예수님을 따르던 사람들이 다시 살아나신 예수님에 관한 소문에 매우 회의적이라고 기록되어 있습니다.

막달라 마리아는 천사에게 그 소식을 명확하게 직접 들은 뒤에도, 여전히 어리둥절하고 두렵습니다. 무덤 옆에서 예수님을 처음 만났을 때는 알아보지 못하다가, 예수님이 그녀의 이름을 부르시자 비로소 알아봅니다.

빈 무덤에서 뛰어온 여인들의 이야기를 듣고도 제자들은 확신하지 못합니다. 그래서 베드로와 또 한 제자가 몸소 확인하려고 무덤으로 달려갑니

다. 그날 밤 모든 제자들이 좁은 방 안에 방문을 잠그고 숨어 있습니다. 유대 지도자들이 무섭고 여전히 의심이 떠나지 않기 때문입니다. 예수님께서 제자들의 두려움과 의구심을 가라앉혀주시려고 찾아오십니다. 환한 대낮에 제자들에게 오셔서 함께 물고기를 잡으십니다. 의심 많은 도마에게 상처 난 곳을 손으로 만져보게 하십니다. 귀신이 아니라는 것을 증명하시려고 제자들이 보는 앞에서 구운 생선을 잡수십니다. 환상도 신기루도 아닙니다. 다름 아닌 그들의 선생 예수님이십니다. 성경에 기록된 부활하신 그리스도의 나타나심에는 일정한 형식이 있습니다. 하나의 예외(고전 15:6)를 빼고는, 문을 잠근 방 안의 사람들이나 먼 지역의 사람들을 주로 찾아오십니다. 동산 무덤가에서, 문 잠긴 방 안에서, 엠마오로 가는 길에서, 갈릴리 호숫가에서, 감람산 위에서 등등 개별적인 이런 만남은 이미 예수님을 믿고 있는 사람들에게 용기를 북돋워줍니다. 그러나 우리가 아는 한, 믿지 않는 사람은 단 한 사람도 부활하신 예수님을 보지 못합니다.

만일 예수님께서 그분의 죽음을 명령했던 사람들을 압도할 광풍을 일으키며 빌라도나 산헤드린 공회 앞에 다시 나타나셨다면 어떻게 되었을까요? 부활하신 모습을 그렇게 공개적으로 드러내신다면 엄청난 파장이 일었을 것입니다. 그렇다고 해서 믿음이 불붙었을까요? 예수님은 나사로와 부자의 이야기에서 이미 그 답을 주셨습니다. "모세와 선지자들에게 듣지 아니하면 비록 죽은 자 가운데서 살아나는 자가 있을지라도 권함을 받지 아니하리라"(눅 16:31). 예수님은 다른 방법을 선택하십니다. 모든 일을 목격한 제자들이 직접 말씀을 전하게 하는 것입니다.

오늘의 묵상

예수님의 부활 소식을 들었다면 어떻게 반응하겠습니까? 마리아처럼 환영하겠습니까?
아니면 베드로처럼, 혹은 도마처럼 반응하겠습니까?

On the Road to Emmaus

그들과 함께 음식 잡수실 때에
떡을 가지사 축사하시고 떼어 그들에게 주시니
그들의 눈이 밝아져 그인 줄 알아보더니
(눅 24:30-31).

엠마오로 가는 길 / 눅 24:13-49 /

누가복음의 이 마지막 장면에서 두 제자들이 낙심하여 혼란스런 마음으로 예루살렘을 떠나 길을 걷고 있습니다. 이스라엘을 회복시키실 분에 대한 소망이 십자가에서 돌아가신 그들의 지도자와 함께 사라져버렸습니다. 그들 역시 무덤이 텅 비어 있었다는 소문을 듣기는 했습니다. 이게 도대체 어찌된 일일까요?

절망적인 이 제자들 앞에 낯선 사람이 나타납니다. 그의 말에 의하면, 선지자들이 그 메시아가 이런 고통을 당하시리라는 것을 내내 예언해왔다고 합니다. 두 제자들은 그 낯선 사람에게 넋을 빼앗길 만큼 매료되어 마을에서 함께 머물 것을 간청합니다. 식사 도중에 갑자기 그들의 눈이 밝아집니다. 식탁에 앉아 계신 분은 바로 예수님입니다. 조금도 의심할 여지없이 그분은 살아 계십니다.

이들은 열두 명의 측근 제자에도 속하지 않은, 그냥 평범한 사람들입니다. 그러나 부활하신 예수님을 만난 후로 그들은 완전히 바뀝니다. "길에서 우리에게 말씀하시고 우리에게 성경을 풀어주실 때에 우리 속에서 마음이 뜨겁지 아니하더냐?" 남은 열한 명의 제자들을 만나러 달려가 보니, 베드로도 예수님을 보았다고 합니다. 기쁨과 혼란으로 뒤범벅된 그 상황에서 갑자기 예수님이 나타나십니다. 그의 죽음과 부활은 이미 예언되어 있었고 태초부터 하나님 계획의 중심이었음을 마지막으로 단호하게 설명하십니다.

예수님께서 마지막 약속을 하십니다. 이 땅을 떠나시면서 대신 그분의 사명을 수행할 믿음의 사람들을 남겨두신다는 것입니다. 이들은 예수님을 따랐고 말씀에 귀를 기울였으며 그분이 돌아가시는 것을 목격한, 겁 많고 소심한 보통 사람들입니다. 그런데 예수님이 살아나신 것을 본 이후로 모든 것이 달라졌습니다. 그들은 큰 기쁨으로 예루살렘에 돌아갑니다. 그리고 온 세상에 기쁜 소식을 전하러 나갑니다.

오늘의 묵상

예수님의 부활이 진실인 것을 어떻게 깨닫게 되었습니까?

Jesus Reinstates Peter

요한의 아들 시몬아 네가 나를 사랑하느냐 하시니
이르되 주님 그러하나이다. 내가 주님을 사랑하는 줄 주님께서 아시나이다.
이르시되 내 양을 치라 하시고
(요 21:16).

베드로를 회복시키는 예수님 / 요 21:1-25 /

예수님이 오늘 본문에서 행하시는 기적은 제자들과 함께 지내시던 초기의 기적과 흡사합니다. 낯익은 지역에 예수님이 나타나십니다. 그리고 제자들의 그물을 물고기로 가득 채워주십니다. 이분은 그들이 알던 주님이시고 돌아가셨다가 다시 살아나셨음에도 똑같은 권능을 가지고 계십니다.

이 마지막 장면에서 그리스도에 대하여 더욱 깊이 이해하기 시작한 제자들은 믿음이 점점 단단해질 것입니다. 그들은 그리스도의 진정한 사명을 이해하지 못하고 늘 혼란스러워했습니다. 그러나 곧 성령의 도우심으로 예수님께서 왜 이 땅에 오셨는지 드디어 알게 됩니다. 그 지식으로 힘을 얻어 온 세상에 메시지를 전할 것입니다.

베드로는 얼마 전 세 번이나 예수님을 부인하여 실망을 안겨 드렸습니다. 그런데 예수님께서 그에게 다시 기회를 주십니다. 베드로를 찾아 오셔서 식사를 함께하시며 예수님과의 관계에 대해 세 번이나 물으십니다. 베드로에게 보여주시는 예수님의 사랑에는 메시지가 담겨 있습니다. 우리 신앙인들이 아무리 심각하게 실망스런 행동을 해도 우리는 하나님의 은혜 가운데 있다는 메시지입니다. 하나님은 회개하며 진정으로 하나님을 사랑하는 사람을 용서하십니다.

예수님이 베드로에게 예수님을 사랑하느냐고 세 번 물으십니다. 그리고 성경은 우리가 온전한 사랑으로 예수님을 사랑해야 한다고 가르칩니다. 예수님은 기쁠 때나 슬플 때나, 사랑의 감정을 느낄 때나 그렇지 않을 때나, 우리가 항상 자발적으로 예수님을 사랑하기 원하십니다. 마음으로부터 자유롭게 흐르는 깊은 애정으로 사랑하기를 원하십니다. 변치 않는 낭만적 사랑처럼, 예수님에 대한 우리의 사랑에는 열정이 묻어나야 하고 동시에 생각과 의지의 결단이 수반돼야 합니다.

베드로가 같은 대답을 반복할 때마다 "내 양을 먹이라"는 부탁을 하십니다. 지상에서 마지막으로 하시는 말씀 가운데 예수님께서 제자들에게 강조하시는 것이 있습니다. 예수님을 사랑한다는 의미는 곧 우리 삶 속에 남겨두고 가시는 주위 사람들을 돌보는 것이라고 말씀하십니다. 예수님은 자신을 목자라고 하셨고, 이 땅에 사시는 동안 예수님 앞에 나아온 많은 사람들, 그리고 예수님이 찾아내신 더 많은 사람들을 돌보셨습니다. 이제 모든 신앙인들이 그 사명을 수행해야 합니다. 목자가 돌아오실 때까지 당분간 하나님의 어린 양들을 돌봐야 합니다.

오늘의 묵상

어떤 방식으로 예수님의 양들을 먹이며 돌봐주고 있습니까?

예수님의 죽음과 승리를 기억하라

9부에서 다룬 복음서의 장면들은 성경 전체에서 개인적으로 가장 좋아하는 장면과 가장 싫어하는 장면이 모두 포함되어 있습니다. 예수님의 박해와 십자가 처형에 대한 내용은 비록 신앙의 핵심을 이루기는 해도, 그 구절들을 읽을 때마다 안으로 움츠러들게 합니다. 예수님의 부활이 나오는 장면으로 빨리 건너뛰고 싶습니다. 부활의 장면에 이르면, 나의 영혼은 높이 날아오르며 기뻐합니다. 하나님이 모든 끔찍한 고통을 승리로 덮으시며 결국은 이기신다는 사실에 안도합니다.

어떤 세미나에 참석하여, 예수님이 죽음 직전 몇 시간 동안 겪으신 신체적 쇼크에 대해 자세한 설명을 들은 적이 있습니다. 예수님이 겪으신 신체적 고통은 도저히 짐작할 수 없는 정도입니다. 더욱 심각한 것은 예수님이 지고 가시는 엄청난 죄의 짐이었습니다. 거룩한 하나님이신 예수님은 인간 한 명의 죄로도 견디기 힘든 압박을 받았을 것입니다. 모든 인류의 죄를 짊어진다는 것은 상상을 초월하는 고통 그 자체였습니다.

예수님의 고난 이야기가 듣기 싫을 수도 있습니다. 그러나 예수님은 우리가 그분의 고난에 등을 돌리는 걸 원치 않으십니다. 오히려 분명한 가르침을 주십니다. "이것은 너희를 위하여 주는 내 몸이라. 너희가 이를 행하여 나를 기념하라"(눅 22:19). 우리는 성찬식을 거행하면서 예수님의 죽음을 기념합니다. 많은 사람들이 예수님의 희생을 기념하는 또 하나의 방법으로 사순절을 지킵니다.

예수님의 죽음이 없다면, 부활도 없고 우리 삶에서 악을 이기는 최후의 승리도 없습니다. 예수님의 고난을 깊이 생각하며 부활을 묵상하는 것이 부활절 승리의 의미를 살리는 길입니다. 물론 예수님의 부활이 기쁨의 가장 큰 이유입니다. 그러나 우리가 음미하며 마음속에 되살리고 싶은 그 결말은 예수님의 죽음과 연결되어 있습니다.

나는 해피엔딩을 정말 좋아합니다. 복음서를 특히 좋아하는 이유도 복음서가 해피엔딩이기 때문입니다. 하나님은 이야기를 어떻게 쓰고 어떻게 살아내는지 알고 계십니다. 결국에 승리자는 승리하고 패배자는 패배하기를 원하는 우리의 소망도 알고 계십니다. 하나님은 퓰리처상 수상자도 능가할 만한 현실 드라마를 기획하셨고 주연도 맡으셨습니다. 예수님의 삶과 죽음과 부활의 이야기에 빠져 들어갈 때마다 이제로부터 영원히 우리 것이 된 그 이야기를 더욱 깊이 이해하게 됩니다.

오늘의 묵상

예수님의 고난과 죽음 이야기에 어떻게 반응합니까? 그 부분을 빨리 읽고 지나가게 됩니까?
예수님의 죽음에 대해 정기적으로, 일 년에 한 번이라도 묵상합니까?
당신을 위해 인내하신 고통에 대해 예수님께 감사하십시오.
당신을 위해 죽으신 죽음과 당신을 위해 성취하신 승리를 더 잘 이해하게 해달라고 간구하십시오.

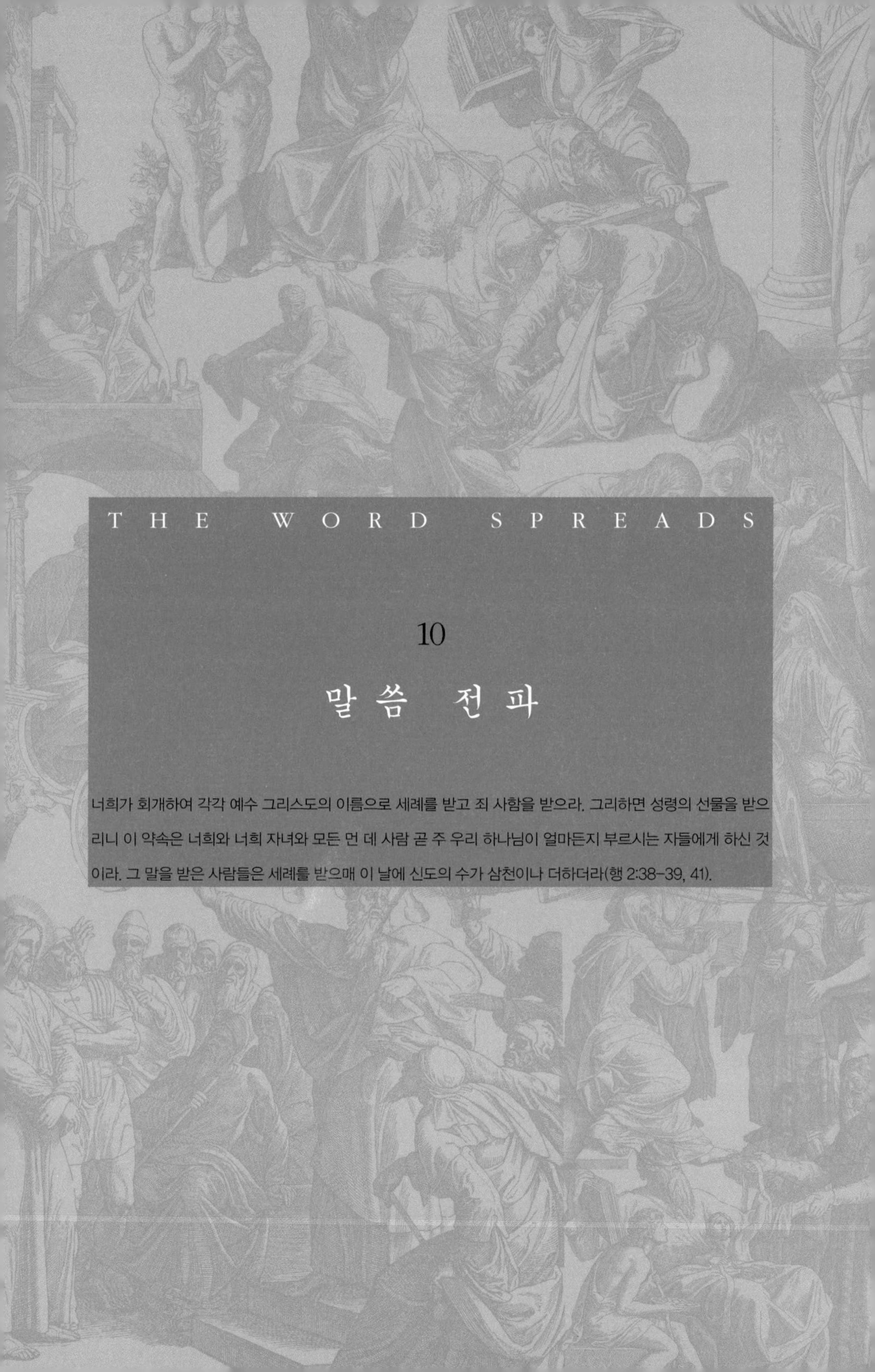

THE WORD SPREADS

10
말씀 전파

너희가 회개하여 각각 예수 그리스도의 이름으로 세례를 받고 죄 사함을 받으라. 그리하면 성령의 선물을 받으리니 이 약속은 너희와 너희 자녀와 모든 먼 데 사람 곧 주 우리 하나님이 얼마든지 부르시는 자들에게 하신 것이라. 그 말을 받은 사람들은 세례를 받으매 이 날에 신도의 수가 삼천이나 더하더라(행 2:38-39, 41).

The Great Commission

너희는 가서 모든 민족을 제자로 삼아
아버지와 아들과 성령의 이름으로
세례를 베풀고
(마 28:19).

대위임령 / 마 28:16-20; 행 1:1-26 /

이스라엘 왕국의 회복을 꿈꾸는 제자들의 소망이 아직 사라지지 않았습니다. 예수님은 부활하신 후 40일 동안 나타나셨다가 예고 없이 갑자기 사라지십니다. 예수님이 부활하신 후 나타나셔서, 성경을 풀어 일어난 모든 일에 대하여 설명하시는 말씀을 제자들이 열심히 듣습니다. 예수님이 떠나실 때, 그들은 장차 틀림없이 세워주실 새 왕국에 대한 계획에 몰입합니다. 상상해보십시오. 로마의 지배에서 드디어 자유를 찾은 예루살렘을!

그러나 예수님은 이해하기 힘든 명령을 내리십니다. 예루살렘으로 돌아가서 그냥 기다리라는 것입니다. 뭔가 특별한 일이 있어야 합니다. 그런데 성령이 오실 때까지 예루살렘을 떠나지 말고 기다리라고 하십니다. 마침내 어느 제자가 의견이 분분했던 문제를 질문합니다. "주께서 이스라엘 나라를 회복하심이 이때입니까?"

예수님의 반응은 전혀 예상 밖입니다. 그 문제는 옆으로 제쳐두시고, 사람들의 관심을 예루살렘에서 이웃나라로, 그리고 이 세상 땅끝으로 이끄십니다. 성령을 다시 언급하시더니, 예수님의 몸이 땅바닥에서 들려져 잠시 공중에 머물다가 구름 속으로 사라집니다. 모든 사람들이 너무 놀라 멍하니 하늘만 바라보고 있습니다.

그리스도인들은 모든 역사가 예수 그리스도의 생애를 중심으로 움직인다는 것을 믿습니다. 하지만 사실상 예수님은 이 땅에서 33년을 사시고 떠나셨습니다. 더구나 그것이 유익한 일이라고 선포하셨습니다. "너희 마음에 근심이 가득하였도다. 그러나 내가 너희에게 실상을 말하노니 내가 떠나가는 것이 너희에게 유익이라. 내가 떠나가지 아니하면 보혜사가 너희에게로 오시지 아니할 것이요"(요 16:6-7).

누가가 기록한 사도행전은 예수님이 승천하신 후 마침내 성령이 오셨을 때 일어난 일들을 기록했습니다. 우선 제자들은 새로운 현실에 적응하기 시작합니다. 유다를 대신할 새 사람을 뽑고, 예수님의 최후 명령을 수행할 계획을 세웁니다. 그리고 오실 성령을 맞으려고 예루살렘으로 돌아갑니다.

오늘의 묵상

당신 삶에 대한 예수님의 계획이 당신의 예상과 다르다는 것을 언제 깨달았습니까?

The Holy Spirit Comes at Pentecost

마치 불의 혀처럼 갈라지는 것들이 그들에게 보여
각 사람 위에 하나씩 임하여 있더니
그들이 다 성령의 충만함을 받고
(행 2:3-4).

오순절에 임하신 성령 / 행 2:1-41 /

오순절 날, 제자들은 기다리고 있던 것을 받습니다. 하나님의 임재이신 성령께서 그들의 육신 안에 거하십니다. 제자들은 세상 사람들이 결코 잊지 못할 충격적 사건을 겪습니다. 곧 예루살렘 경내 모든 사람들이 제자들에 관해 이야기합니다. 분명 무슨 일이 생겼습니다. 너무나 놀랍게도 세계 각지에서 온 사람들이 각자 자기네 언어로 갈릴리 사람들의 메시지를 듣습니다.

자기 목숨을 보존하려고 예수님을 세 번이나 부인했던 겁쟁이 베드로가 유대와 로마 지도자들을 향하여 담대하게 도전합니다. 다윗 왕과 선지자 요엘의 말을 인용하여, 청중들이 역사상 가장 중요한 사건을 경험했다는 사실을 강조합니다. "이 예수를 하나님이 살리신지라. 우리가 다 이 일에 증인이로다"라고 말하며, 예수님이 바로 메시아이시고 유대의 오랜 꿈을 실현시키신 분임을 천명합니다. 첫 날, 삼천 명의 사람들이 베드로의 힘 있는 연설에 감동받습니다. 이리하여 신약의 교회가 탄생합니다.

누가는 예루살렘에서의 이 엄청난 장면을 시작으로 모험의 역사를 이어 갑니다. 새로 믿게 된 사람들이 처음에는 유대인과 로마인들에게 단순한 골칫거리였으나 그 수가 멈추지 않고 점점 늘어갑니다. 예수님이 예언하셨던 대로 진리의 메시지가 유대와 사마리아로 퍼지고, 불과 한 세대도 지나지 않아 문명의 중심지 로마까지 파고듭니다. 수많은 종교가 발원하던 시기에 기독교 신앙은 전 세계적인 현상이 됩니다. 그 모든 일이 바로 이 오순절 장면에서 시작되었습니다.

오늘의 묵상

하나님이 한 번에 수많은 사람들에게 감동을 주시는 것을 본 적이 있습니까?
그때 성령의 임재하심을 느꼈습니까?

Peter Heals the Crippled Beggar

베드로가 이르되 은과 금은 내게 없거니와
내게 있는 이것을 네게 주노니
나사렛 예수 그리스도의 이름으로 일어나 걸으라 하고
(행 3:6).

걸인을 치유하는 베드로 / 행 3:1-26 /

성령을 통해 일어난 변화가 이제는 사도라 불리는 제자들에게 명백하게 나타납니다. 베드로와 요한이 기도하러 성전을 향해 가는데, 한 걸인이 돈을 구합니다. 현대인들이 거리의 불쌍한 사람들을 마치 사회의 한 부속물로 여기며 무심히 지나치듯이, 이들도 자기들의 볼일을 위해 바삐 지나칠 수도 있었습니다. 그러나 그들은 발걸음을 멈추고 걸인과 눈을 맞춥니다. 그냥 동전 몇 닢 던져주고 가버리지 않습니다. 두 사람은 그 걸인을 존귀한 사람 대하듯 하며, 그가 자신들에게 주의를 집중하기를 기다립니다.

그들은 자신들이 과거에는 할 수 없었던 일을 합니다. 그리스도의 이름과 권능으로 그 사람을 한 순간에 낫게 합니다. 예수님께서 기적을 행하셨을 때처럼 갑자기 사람들이 모여들고, 베드로는 그 기회를 이용하여 예수님의 생명, 죽음, 부활의 의미를 가르칩니다.

"그러므로 너희가 회개하고 돌이켜 너희 죄 없이 함을 받으라. 이같이 하면 새롭게 되는 날이 주 앞으로부터 이를 것"이라고 촉구합니다. 모든 사람의 유일한 희망은 죄 사함의 평안을 위해 하나님께 나아오는 것임을 베드로는 알고 있습니다. 예수님과 함께하지 않는 삶은 짐스럽고 지칠 뿐입니다. 하나님께 나아올 때 비로소 새로운 회복을 체험하게 됩니다.

오늘의 묵상

하나님께로 돌아선 이후 새롭게 회복된 것을 느꼈습니까?

Peter and John Before the Sanhedrin

베드로와 요한이 대답하여 이르되
하나님 앞에서 너희의 말을 듣는 것이
하나님의 말씀을 듣는 것보다 옳은가 판단하라
(행 4:19).

공회 앞에 선 베드로와 요한

/ 행 4:1-31 /

사도행전 내내 사도들의 구속 사건이 여러 번 나오는데, 그중 첫 투옥 사건이 이 장면에 나옵니다. 바리새인들과 사두개인들이 예수님에게 입을 다물라고 계속 종용했듯이, 이제는 그 사도들을 억압하려 합니다. 그러나 부활하신 메시아에 대한 소식은 계속 퍼져나갑니다. 아무리 구속당하고 박해를 받아도 사도들은 성령의 능력을 입고 이전보다 더욱 담대하게 말씀을 전합니다. 말씀이 전파된 각 지역으로부터 하나님의 영이 새로운 그리스도인들을 부르시는 가운데 사람들이 반응합니다. 세월을 두고 계속되는 박해에도 불구하고 교회는 계속 성장하며 온 세계에 말씀을 전하고 있습니다.

오늘의 묵상

예수님이 당신에게 하신 일에 대하여 베드로와 요한처럼 주위 사람들에게 전하고 싶은 욕망을 느낍니까?

성령의 은사

도대체 성령님이 누구십니까?

예수님께서 이 땅을 떠나실 때 예수님 대신 역사하실 보혜사 성령을 보내주신다고 약속하시면서 성령에 대한 언급이 시작됩니다. 오순절이 왔습니다. 오랫동안 혼란스럽고 두려워하며 미숙했던 제자들이 하룻밤 사이에 삶의 목적을 정확히 아는 열정적이고 담대한 신앙인으로 바뀌었습니다. 성령님께서 제자들에게 돌연 극적인 변화를 주셨습니다.

예수님은 성령을 보혜사, 헬라어로 '파라클리토스*parakletos*'라고 부르셨습니다. 파라클리토스는 위로자, 상담자, 조력자, 옹호자, 능력 주시는 자, 지지자 등을 의미합니다. 예수님과 하나님이 이 모든 역할을 담당하시고, 성령께서는 우리에게 나타나셔서 이 역할들을 실행하십니다. 이것이 삼위일체가 일하시는 방법입니다. 모두 살아 계시고 현존하시나, 성령을 통해서 우리에게 접근하시는 삼위 하나님이십니다.

존경받는 신학자이자 교수이며 작가인 제임스 패커가 성령에 대하여 설명합니다. 우리는 성령을 통해서 예수님과 인격적 관계를 맺고, 점점 예수님을 닮아가는 성화를 이루어가며, 하나님이 우리를 사랑하시고 우리를 구속하셨고 예수님을 통해 우리를 자녀 삼아주셨다는 믿음을 얻습니다.

성경에는 성령에 대하여 언급하는 문장에 능력이라는 단어가 자주 사용됩니다. 성령은 일상의 유혹을 극복하고 우리의 연약함 대신 하나님의 힘으로 살 수 있는 능력을 주십니다. 성령은 또한 믿지 않는 사람들에게 하나님의 진리를 드러내십니다. 신학자 존 스토트는 전도의 영으로서의 성령의 역할을 강조합니다. 성령을 통해 하나님의 구원 계획을 널리 알리는 하나님의 이야기가 사도행전이라고 설명합니다. 오늘날도 성령은 우리가 다른 사람들과 예수님에 관한 것을 함께 나눌 수 있게 해주십니다.

성령에 대한 이런 개념들은 모든 신앙인들에게 적용됩니다. 누구나 우리 안에는 성령께서 살아 계시기 때문입니다. 그렇다면 우리 모두는 성령의 임재에 대한 똑같은 경험을 하게 될까요? 그리스도인들은 성령님의 역할에 대해 저마다 다르게 생각합니다. 하나님이 성령의 은사를 초대교회의 성장을 위해 그 당시 사도들에게만 특별히 허락하셨다고 생각하는 사람들이 있습니다. 예를 들어 방언의 은사, 치유의 은사, 예언의 은사 등은 오늘날 신앙인들에게 해당하는 것이 아니라고 주장합니다. 반면 어떤 사람들은 오늘날도 성령께서 똑같은 은사를 수많은 신앙인들에게 주신다고 믿습니다.

성령의 신비한 은사를 경험하든 안 하든, 성령은 태초부터 살아 계셨고 구약시대의 선지자들을 통해 예언하셨으며 오늘날도 여전히 살아 계시다는 것이 성경의 가르침입니다. 그렇다면 우리는 하나님이 성령을 통해 우리의 삶에서 하시기 원하는 그 일을 하시도록 성령께 자유를 드려야 합니다.

캐서린 마셜이 말합니다. "그리스도인은 언제나 내면에 성령을 모시고 삶을 영위할 수 있습니다. 거룩한 손님의 임재를 깨닫고 지금까지 닫혀 있던 마음의 문을 열어 성령께서 들어오시게 해야 합니다." 그녀는 한나 W. 스미스의 말을 인용하여 설명합니다. "성령께서 우리 삶의 모든 면에서 역사하시는 증거는 방언이나 감정이 아닙니다. 삶의 태도와 성품에서 그리스도를 닮은 모습이 드러나야 합니다. 생명의 열매를 통해 우리가 성령을 모시고 있는지를 확인해야 합니다."

불행하게도 성령에 대한 가르침을 신비주의적인 것과 연결시키려는 적절치 않은 경향이 있습니다. 성령의 임재에 대한 증거로 극단적 행동을 추구하라고 가르치는 경우도 있습니다. 그 결과 많은 사람들이 모든 것을 하나님께 맡기기를 두려워합니다. 어떤 사람들은 성령이 자신들을 너무 감정적으로 만들지 않을까, 혹은 원하지 않는 행동을 하게 하지 않을까 염려합니다. 미지의 것을 두려워하고, 논란의 대상이 될 수 있는 것에 자신을 개방하기를 꺼리는 사람들도 있습니다. 그러나 하나님을 온전하게 안다면, 하나님이 우리를 위해 오직 선한 것만을 추구하심을 믿을 수 있습니다. 성령은 현존하시며 우리와 함께하시는 하나님이십니다. 두려움이 아니라 평안과 도움을 주시는 분입니다.

오늘의 묵상

성령의 임재하심을 얼마나 느끼고 있습니까? 하나님은 원하십니다. 당신이 하나님을 온전하게 알아서 삶이 변화되기를, 성령께서 주시는 기쁨과 평화를 누리기를 원하십니다. 당신 혼자서는 할 수 없는 일을 성령의 도움으로 할 수 있게 되기를 원하십니다. 하나님이 성령을 통해 당신 삶에 어떻게 역사하시는지 기도하며 묵상하십시오.

The Fellowship of the Believers

믿는 사람이 다 함께 있어
모든 물건을 서로 통용하고
또 재산과 소유를 팔아 각 사람의 필요를 따라 나눠주며
(행 2:44-45).

신자들의 친교 / 행 2:42-47; 4:32-37 /

죽음을 맞으시던 날 밤 예수님은 그를 따르는 사람들이 온전히 하나가 되어 세상에서 진리의 증거가 되기를 기도하십니다. 그런데 그로부터 몇 달 후 그 기도가 응답을 받습니다. 초대교회 성도들은 공동체에 모여 함께 생활하고 함께 예배하며 서로를 진심으로 사랑합니다. 그들은 이타적인 마음으로 도움이 필요한 사람은 누구라도 기꺼이 도와줍니다. 심지어 땅과 집을 팔아서 다른 사람들에게 주거나 사도들의 사역을 돕는 사람들도 있습니다.

이 초대 그리스도인들은 서로 돕고 공동체로 생활하면서, 믿지 않는 사람들에게 예수님에 관하여 열심히 전도하는 균형 잡힌 삶을 잘 이루어낸 사람들입니다. 이들은 지나친 내부적 결속으로 고립되지도 않으며, 다른 사람들에 대한 보살핌을 등한히 하면서 복음전도에만 집중하지도 않습니

다. 예수님은 자신이 하신 대로 그들이 서로를 사랑하고 보살피며 하나가 되어 그 마음으로 세상과 소통하고 그리스도 및 그리스도인들과의 친교를 갈망하는 사람들을 끌어오기를 진정으로 원하셨습니다.

초대교회가 함께 시간을 보내며 집중했던 일은 네 가지로 요약됩니다. 사도로서 가르치는 일과 친교 및 예배, 성찬식, 그리고 기도입니다. 영적 삶의 이 네 가지 요소들은 모두 똑같은 무게를 지닙니다. 어떤 것도 무시되거나 다른 요소로 인해 의미가 축소되지 않습니다. 초대교회는 식사를 함께하고 기쁨으로 생활하는 습관을 들이며 늘 하나님을 찬양합니다.

오늘날 우리는 사도행전 당시의 신앙인들과는 다른 환경과 상황에서 살고 있습니다. 하지만 그들의 생활에서, 예수님이 지상에 사시는 동안 품으셨던 마지막 소망 가운데 하나가 이상적으로 실현되는 현장을 봅니다. 오늘의 신앙인들에게도 여전히 가능한 그 모습은 예수님의 마음속에 가장 고귀한 소망으로 남아 있습니다.

그렇다면 오늘날 우리가 그런 일체감을 실현하지 못하는 이유는 무엇입니까? 영생을 함께할 사람들을 돕기 위해 우리가 가진 모든 것을 기꺼이 나누지 못하는 것은 무엇 때문입니까? 자주 만나서 기쁨으로 하나님께 경배하며 즐거움의 친교를 나누지 못하는 이유가 무엇입니까? 인간적 두려움과 교만과 자아도취가 그 원인입니다. 그런 방해를 받을 때 초대교회 그리스도인들처럼 예수 그리스도에 대한 강력한 증거를 드러낼 수 없습니다.

오늘의 묵상

사도행전에 나오는 초대교회 그리스도인들을 닮은 신앙인들을 주위에서 볼 수 있습니까?

Ananias and Sapphira; The Apostles Persecuted

그들이 옳게 여겨
사도들을 불러들여 채찍질하며
예수의 이름으로 말하는 것을 금하고 놓으니
(행 5:40).

아나니아와 삽비라, 박해받는 사도들 / 행 5:1-42 /

성령의 능력을 입은 사도들이 예수님과 같은 행동을 하기 시작합니다. 성전으로 가서 설교하고 병자들을 고쳐주며 가난한 사람들을 도와줍니다. 많은 구경꾼들이 예수님의 새 생명에 관한 메시지를 듣고 놀라워합니다. 마치 청각 장애를 가지고 태어난 사람이 처음으로 음악소리를 듣는 것 같은 기분입니다. 몇몇 제사장을 포함하여 오천 명이 예수님을 믿게 됩니다. 제자들이 급성장하는 교회의 책임을 맡을 사람을 선출하고 조직을 만듭니다.

그러나 성공과 함께 문제들이 발생합니다. 교회의 인기가 높아지면서 사람들이 교회에 소속되고 싶어 합니다. 마술사들도 치유와 여러 기적에 관한 이야기를 듣고 교회를 찾아옵니다. 아나니아와 삽비라 같은 부자들은 자기들이 베푼 자선에 대해 교회에서 칭송을 듣기 원합니다. 신생 교회

에 생기는 그런 부패를 하나님은 내버려두지 않습니다. 하나님은 고사하고 사도들도 참아내지 못합니다.

머지않아 교회 문제의 초점이 내부 갈등에서 외부 박해로 옮겨갑니다. 예수님을 박해했던 세력들, 즉 서기관들, 사두개인들, 대제사장, 산헤드린 공회, 로마 군사들이 교회의 새로운 현상에 대해 경계하기 시작합니다. 그들은 교회 지도자들을 수시로 잡아갑니다. 그러나 무슨 명목으로 기소해야 할지 모릅니다. 병자를 치유했다는 이유로? 아니면 하나님을 찬양하라고 선동했기 때문에? 그리스도인들은 위험한 음모자와는 거리가 멀어 보입니다. 주로 성전 문 앞에서 공개적으로 모이기 때문입니다.

그럼에도 종교 지도자들은 날조된 죄목으로 사도들을 감옥에 가둡니다. 그 다음에 일어나는 일을 보면, 그들이 무엇에 반대하며 사도들을 박해하고 있는지 정확하게 알 수 있습니다. 사도들은 매질과 고문에 대해 예수님의 이름으로 고통받는 특권을 기뻐하며 하나님께 찬양을 올립니다. 그리고 주님의 천사가 와서 감옥에 갇힌 사도들을 풀어줍니다.

현명한 바리새인 가말리엘이 훌륭한 조언을 합니다. "이 사람들을 상관하지 말고 버려두라. 이 사상과 이 소행이 사람으로부터 났으면 무너질 것이요. 만일 하나님께로부터 났으면 너희가 그들을 무너뜨릴 수 없겠고 도리어 하나님을 대적하는 자가 될까 하노라"(38-39절). 그가 이보다 더 정확한 예언을 한 적은 없을 것입니다.

오늘의 묵상

교회에 관련된 문제 가운데 당신을 가장 힘들게 하는 것은 무엇입니까?
내적 문제입니까, 외적 문제입니까?

The Stoning of Stephen

그들이 돌로 스데반을 치니
스데반이 부르짖어 이르되
주 예수여 내 영혼을 받으시옵소서 하고
(행 7:59).

스데반의 순교 / 행 6:8-7:5; 7:51-8:3 /

초대교회 그리스도인들에 대한 박해가 점점 심해집니다. 이제는 사도들만이 아니라 다른 그리스도인들도 같은 기적을 행하자 유대 종교 지도자들이 더욱 위협을 느낍니다. 이들 가운데 한 사람인 스데반을 논쟁으로 이길 만한 사람이 없습니다. 그리하여 거짓말을 꾸며 산헤드린 공회 앞으로 스데반을 끌고 갑니다. 스데반의 설교를 들은 그들은 더욱 격노하여 그를 성 밖으로 끌고 나가 돌로 쳐서 죽입니다. 이렇게 스데반은 초대교회 최초의 순교자로 기록됩니다.

스데반은 설교를 통해 아브라함으로부터 이삭, 야곱, 요셉, 모세, 여호수아, 다윗, 그리고 솔로몬에 이르기까지 이스라엘의 역사를 되짚어봅니다(행 7:6-50). 그는 하나님이 여러 세대에 걸쳐 이스라엘 백성에게 약속하신 언약과 백성들의 반복되는 불신앙을 상기시킵니다. 유대교 회당에 반대하는 말을 했다는 죄목으로 잡혀온 스데반이 유대 지도자들에게 이사야서에 기록된 하나님의 말씀을 일깨웁니다(행 7:49-50). 모든 피조물이 하나님의 성전이며, 더 나아가 예수님은 스스로 그 성전을 대신하여 모든 사람을 하나님께로 연결해주는 길이 되셨습니다.

스데반을 고발한 사실이 옳지 않았다는 것이 오히려 그의 생명을 통해 입증됩니다. 이스라엘 백성은 하나님의 선지자들을 핍박했던 과거가 있습니다. 이스라엘은 하나님을 섬기는 규례에 집착하여, 오히려 하나님이 계획하신 새로운 일에 대해 마음을 닫아버렸습니다. 하나님의 아들이신 메시아도 죽였습니다. 이제는 스데반을 죽임으로써 똑같은 전철을 밟습니다. 앞서 죽어간 선지자들과 예수님처럼 스데반은 자기를 죽이는 사람들을 위해 기도하면서 끝까지 하나님께 매달립니다.

이제부터 교회는 핍박을 피해 지하로 들어갑니다. 신앙인들이 흩어지고, 이런 식으로 복음이 새로운 땅으로 전파됩니다. 교회가 계속 급속히 성장합니다. 이런 가운데 불같은 집념을 가진 강력한 반대자, 사울이 등장합니다. 초기 그리스도인들인 그리스도를 향해 품었던 열정만큼이나 열렬하게 신앙인들을 찾아 감옥에 가두고, 유대교에 대항하여 움트는 위협의 싹을 억누르기에 혈안이 되어 있습니다. 사울은 자기 사명에 집중합니다. 그러나 하나님은 다른 계획을 가지고 계십니다.

오늘의 묵상

교회를 제외한 장소 중에서 하나님께 특별히 집중했던 곳은 어디였습니까?

Philip and the Ethiopian

수레를 멈추고 빌립과 내시가 둘 다 물에 내려가
빌립이 세례를 베풀고 둘이 물에서 올라올새
주의 영이 빌립을 이끌어간지라
(행 8:38-39).

빌립과 에티오피아 사람 / 행 8:26-40 /

초대교회는 이방인들도 돌보았습니다. 빌립과 스데반은 사도들을 돕기 위해 뽑은 일곱 사람에 속합니다. 그들은 특히 그리스인들을 보살폈습니다. 스데반처럼 빌립도 질병을 치유하고 악령을 퇴치하는 기적을 행합니다. 스데반의 죽음 이후 많은 신앙인들이 그랬듯이 빌립도 예루살렘을 떠납니다. 그는 맨 처음 사마리아로 가서 계속 그리스도에 대하여 설교합니다.

한 천사가 나타나 빌립에게 다시 남쪽을 향하여 가사로 내려가는 광야길을 가라고 이릅니다. 성령의 인도로 에티오피아 관리를 만나게 되고, 빌립은 그에게 예수님에 관해 기록되어 있는 이사야 53장 내용을 해석해줍니다. 에티오피아 내시인 그가 그리스도교에 관심을 가지리라고는 생각지 않았을 것입니다. 그러나 하나님은 두 사람이 만나기 전부터 그의 안에서 역사하고 계셨습니다. 하나님이 물을 주시니 그 내시 스스로 빌립에게 세례를 청합니다.

이 이야기가 보여주듯이, 하나님은 성도 각자를 하나님께로 이끄실 계획을 갖고 계시며 그 계획을 수행하기 위해 특별한 방법으로 성도들을 사용하십니다. 빌립이 성령에 의해 사용되고 인도된 것처럼, 오늘날의 성도들도 하나님이 필요한 사람들을 위해 하나님의 뜻대로 사용되고 인도됩니다. 빌립의 경우와 같이, 하나님의 때와 상황의 절묘함에 놀랍니다. 담대한 마음으로 기꺼이 쓰임 받고자 할 때, 하나님은 우리를 통해 힘있게 말씀하십니다.

오늘의 묵상

누군가와 예수님에 관한 복음을 나눈 적이 있습니까?
하나님이 그 순간을 위해 그 사람을 미리 준비해놓으셨다는 것을 깨달았습니까?

Living by the Spirit / 깊이 생각하기 /

성령을 따라 사는 삶

사도행전은 성령과 함께하는 삶이 신앙의 또 다른 차원임을 보여주는 책입니다. 흥분되고 신나는 일상이 될 수도 있고, 기대하지 않았던 기적 같은 일들이 생길 수도 있습니다. 그러나 성령과 함께하는 삶이라고 해서 완벽해진다는 뜻은 아닙니다. 여전히 실패하기도 하고 옳은 결정을 내리지 못할 때도 있습니다.

사도들도 극적인 변화를 겪었으나 완벽해지지는 않았습니다. 영적으로 충만한 공동체 속에서도 사람들이 때로는 자기 길로 가버린다는 것을 아나니아와 삽비라가 증명했습니다. 성령 안에 사는 삶이란 성령께 모든 것을 맡기고 따라가는 성장 과정입니다.

《그리스도인의 행복한 삶의 비밀》을 쓴 작가 한나 W. 스미스는 이것이 명백한 진실임을 알았습니다. 캐서린 마셜이 한나 W. 스미스에 대해 이야기합니다. 1832년 필라델피아의 퀘이커교도 집안에서 태어난 한나 W. 스미스는 어릴 때부터 영적인 것에 특별히 관심이 많았습니다. 퀘이커식의 양육 방법은 그녀에게 성경 전체에 대한 지식을 갖게 했고, 그녀는 그리스도인의 신앙이 어떻게 성장해야 하는지를 일찍이 알았습니다. 그리스도인은 하나님에 대한 감정보다는 말씀을 통해서 하나님을 알아야 한다는 것이 그녀의 깨달음이었습니다. 감정은 신뢰할 만하지 않으며 자칫 거짓일 수도 있다는 것입니다.

한나와 남편 로버트가 다니던 교회는 활기가 넘치는 교회였습니다. 어느 해 여름 부부는 숲 속에서 열리는 캠프에 참석했습니다. 그 숲 속에서 로버트가 성령의 감동을 경험하게 됩니다. 로버트 안에 들어오신 성령께서 마음에 기쁨을 주시며 하나님과 전혀 새로운 관계를 맺게 해주시는 것을 느꼈습니다. 얼마 후 그는 호소력 있는 전도사가 되었고, 가는 곳마다 많은 사람들이 모였습니다. 한편 한나도 성령님과의 그런 경험을 계속 구했으나 별다른 일이 없었습니다. 시간이 흐르고, 한나는 하나님에 대한 자신의 경험도 남편의 경험과 똑같이 실제적이며, 다만 내용이 다를 뿐임을 깨닫습니다. 마셜이 말합니다. "그녀는 감동을 구했으나 확신을 받았다. 환상을 원했지만 진실을 얻었다."

성장 일로를 달리던 로버트의 목회 성공이 어느 날 갑자기 주춤합니다. 여자 신도들과 부적절한 관계를 가졌다는 소문이 돌고, 결국 청중들의 존경과 후원자들의 도움을 모두 잃게 됩니다. 그 소문이 어디까지 진실인지 알 수 없으나, 어느 정도는 로버트가 감정에 이끌려 성령께서 원치 않은 행동을 한 것 같습니다. 그는 삶에서도 사역에서도 이전의 열정을 다시 회복하지 못했습니다. 반면에 한나는 꾸준히 신앙이 성장하여 더욱 강건해지고 하나님께 계속 쓰임 받을 수 있었습니다.

한나 부부의 이야기를 통해 배워야 하는 중요한 것이 있습니다. 하나님과의 관계에 있어 감정이 주된 통로가 된다면, 성령의 다스림을 벗어날 위험이 있다는 것입니다. 자신이 원하는 바를 쉽게 따르게 됩니다. 마셜은 이런 감성주의가 오늘날 교회들이 정말로 조심해야 할 문제라고 강조합니다. 그런 일이 일어나지 않게 유의해야 할 점들이 있습니다. 감정적 체험을 강조하면서 말씀에 대한 기초는 너무 부족한 경우입니다. 또 다양한 교리들을 앞세우면서 우리 안에 계신 그리스도의 삶의 모습인 순수, 정직, 도덕 등은 무시하는 태도입니다. 균형이 필요합니다. 확고한 가르침도 있어야 하고 그와 더불어 기쁨의 충만도 필요합니다.

또한 위험을 분별할 수 있는 신앙의 선배들에게 자기 삶을 공개함으로써 위험한 방향으로 치우치는 것을 미연에 방지해야 합니다. 기꺼이 잘못을 짚어주고 교정해줄 뿐 아니라 격려해주고 용기를 북돋워줄 믿음의 친구가 반드시 필요합니다.

우리 삶을 주관하시도록 성령을 받아들이는 것을 두려워할 필요가 없습니다. 성령은 하나님이시며 전적으로 신뢰할 수 있는 분입니다. 늘 말씀 안에 살면서 매일을 겸손한 마음으로 하나님과 동행한다면, 성령님은 우리를 보호하시고 동행하시며 더 풍부하고 성숙한 삶으로 인도하실 것입니다.

오늘의 묵상

성령을 어떻게 경험했습니까? 지나친 감성주의로 빠지지 않게 주의할 필요가 있다고 생각합니까? 성령께서 삶을 주관하시는 것에 거부감을 느낍니까? 균형 있는 삶을 살 수 있도록, 그리고 마음을 열고 하나님이 당신에게 원하시는 뜻에 헌신할 수 있도록 도와달라고 기도하십시오.

Saul's Conversion

사울아, 사울아, 네가 어찌하여 나를 박해하느냐 하시거늘
내답하되 주여 누구시니이까.
이르시되 나는 네가 박해하는 예수라
(행 9:4-5).

사울의 회심 / 행 9:1-31 /

종종 아주 놀라운 회심을 통해서 최고의 십자가 군병이 탄생합니다. 알코올 중독자였던 사람이 다른 사람들에게 음주의 위험을 가장 잘 설명할 수 있습니다. 이전에 마약에 중독됐던 사람이 전하는 마약에 대한 경고는 가장 설득력이 있습니다. 사도행전에서 가장 설득력 있고 뛰어난 사역자로 소개되는 사람은 과거에 그리스도인들을 잡아들이는 데 누구보다 열심이었던 사람입니다.

사도행전 9장은 초대교회가 이름을 갖기 이전에 어떤 모습이었는지 보여줍니다. 그 당시 사람들은 초대교회 교인들을 '그 길을 가는 사람들', '형제들', 혹은 '나사렛파'라고 불렀습니다. 초대교회는 늘 체포와 박해의 두려움 속에 살았습니다. 그들이 두려워하는 것은 로마인들이 아니라 유대인들의 핍박입니다. 이미 스데반이 공개적으로 돌에 맞아 처형되었습

니다. 초대교회 교인들은 스데반의 처형에 가담했던 사울을 가장 두려워합니다.

그런데 다메섹으로 가던 길에서 기적적인 회심 사건이 일어납니다. 극적인 방법으로 하나님이 개입하시고, 납득하기 어려운 모든 조건에도 불구하고 그리스도인 사냥꾼 사울을 초대교회를 이끌 사람으로 택하십니다. 사울에게 확신을 심어주는 일은 간단했습니다. 그의 눈을 멀게 한 강력한 빛과 하늘에서 들려온 예수님의 음성에 놀란 사울은 사흘 만에 자기 임무를 버리고 예수님께로 돌아섭니다. 그러나 이전에 사울의 악명이 하늘을 찔렀기에 다메섹과 예루살렘에 있는 그리스도인들은 그를 쉽게 받아들이지 못합니다.

후에 바울로 이름을 개명한 사울은 곧 박해자들의 채찍 반대편에 섭니다. 그의 옛 동료들이 이제는 그를 죽이려고 찾아다닙니다. 바울은 예수님에게 반대했던 과거보다 더욱 열정적으로, 담대하게 그리스도를 전합니다. 네 번에 걸친 전도여행에서 지중해 근방 지역에서 복음을 전하게 됩니다. 그 전도 기간 동안 신약의 절반에 해당하는 책을 쓰고, 그 결과 기독교 신학의 기반이 형성됩니다. 바울은 역사상 가장 철저하게 회심한 사람일 것입니다.

오늘의 묵상

돌연한 회심을 경험해보았습니까?

Peter and Cornelius

내가 참으로 하나님은 사람의 외모를 보지 아니하시고
각 나라 중 하나님을 경외하며 의를 행하는 사람은
다 받으시는 줄 깨달았도다
(행 10:34-35).

베드로와 고넬료 / 행 10:1-48 /

복음 전파에 있어 중요한 일보 진전이 있었습니다. 예수님은 지상에 사시는 동안 주로 유대인들에게 말씀을 주셨습니다. 하지만 구원은 유대인만이 아니라 모든 사람을 위한 것이라고 선포하셨습니다. 이 땅에서의 마지막 말씀도 온 세상에 예수님의 이름을 전하라는 당부였습니다.

사도들이 이 말씀을 받아들이기는 했으나 초대교회 초기에는 사역 대상이 유대인들에게만 국한되어 있었고, 예배드리는 행태에도 큰 변화가 없었습니다. 이런 태도는 버려야 했습니다. 시장기를 느낀 베드로에게 예수님이 찾아오셔서, 그리스도의 새 교회가 가지는 또 하나의 특징을 환상으로 설명하십니다. 하나님의 옛 언약은 특정한 음식과 특정한 사람들을 부정한 것으로 규정하고 멀리해야 할 대상이라고 가르쳤습니다. 하지만 예수 그리스도에 의해 맺어진 새로운 언약에는 부정한 것과 깨끗한 것의 구별이 없습니다. 예수님 안에서 구원으로 말미암아 모든 것이 깨끗합니다.

하룻밤 만에 베드로는 태어날 때부터 따랐던 관습을 버려야 합니다. 그리고 온 세상 그리스도인들에게 하나님의 새로운 명령을 받아들이라고 가르쳐야 합니다. 이제부터 베드로를 비롯한 모든 사도들이 유대인들은 물론 이방인들에게도 설교하고 말씀을 가르칠 것입니다. 모두가 한 가족으로 함께 예배할 것입니다.

오늘의 묵상

신앙인이 된 후 버려야 했던 옛 사고방식은 무엇이었습니까?

Peter's Miraculous Escape from Prison

홀연히 주의 사자가 나타나매 옥중에 광채가 빛나며
또 베드로의 옆구리를 쳐 깨워 이르되 급히 일어나라 하니
쇠사슬이 그 손에서 벗어지더라
(행 12:7).

감옥에서 나온 베드로 / 행 12:1-19 /

그리스도인들이 계속 핍박받고 처형됩니다. 그래도 하나님의 계획은 그대로 실행됩니다. 하나님은 수행해야 할 사명이 많이 남아 있는 베드로를 간단히 구해내십니다. 묶여 있던 사슬이 풀리고 파수꾼을 꼼짝 못하게 하고 철문이 열리는 기적의 능력은 하나님께 속한 것입니다. 이러한 하나님의 권능으로 인간을 다스리시고, 인간들이 힘의 상징으로 만든 물건들도 통제하십니다. 이 사건은 두 번째 탈옥 사건으로 교회의 기도가 결정적인 역할을 합니다. 많은 신도들이 한 가정에 모여 베드로의 방면을 위해 열심히 기도하고 있었습니다. 교회의 간절한 기도에 대한 응답으로 하나님이 베드로를 살려주시고 그가 계속 사역할 수 있게 해주십니다.

오늘의 묵상

하나님의 권능에 대한 마음속 의심에 대해 기도합니까?

Faith or Observance of the Law

너희에게 성령을 주시고
너희 가운데서 능력을 행하시는 이의 일이
율법의 행위에서냐 혹은 듣고 믿음에서냐
(갈 3:5).

믿음과 율법 / 갈 3:1-4:7 /

사도들은 모두 유대인입니다. 오순절 날 회심한 사람들 대부분도 그렇습니다. 그런데 바울은 그의 첫 전도여행에서 놀랍게도 비유대인들이 예수님의 복음을 더 잘 받아들인다는 것을 알게 되었습니다. 이후로 그는 새로운 전략을 세웁니다. 우선 회당으로 가서 유대인들을 대상으로 설교합니다. 만일 그들이 바울을 거부하면, 즉시 이방인들에게로 돌아섭니다.

역설적이지만 바울은 이방인들의 사도라는 별명을 얻습니다. 회심하기 이전에 그는 바리새인이며 철저한 율법주의자였습니다. 하지만 하나님이 비유대인들 가운데서 역사하시는 것을 본 후 이방인들의 옹호자가 됩니다. 갈라디아 교회로 보내는 이 편지는 유대인 대 이방인 사이에 갈등이 있던 초기에 쓰인 것입니다. 바울의 감정이 흥분되어 있습니다. 율법주의로 교회를 흔드는 그릇된 시도에 몹시 분노한 상태입니다. 첫 부분에서 그의 화가 폭발합니다. 그러고는 유대인이 아니라 '그리스도인'에게 아브라함과 모세의 옛 언약에 대한 해석을 설명합니다.

율법주의가 교회에 그다지 해롭지 않게 보일지 모르나, 바울은 갈라디아 사람들의 생각이 어떤 결과를 초래할지 다 알고 있습니다. 그들은 자신들이 율법을 준수하면 하나님께 인정받을 수 있다고 믿을 것입니다. 그리스도를 믿는 믿음은 구원의 한 단계일 뿐, 유일한 길이 아니라고 생각하게 됩니다. 그리스도가 하신 일의 뜻을 제대로 깨닫지 못할 때 복음의 기반이 무너집니다.

그러므로 바울의 이 편지는 반역에 대한 항변입니다. 그 어떤 율법이나 규례도 아니고, 오직 그리스도를 통한 믿음만이 하나님께 이르는 길임을 강조합니다. 만일 율법을 지킴으로써 하나님께 이를 수 있다면, 철저한 바리새인이었던 바울 자신은 벌써 이루었을 것입니다. 하나님이 우리를 더 사랑하시거나 덜 사랑하시게 만들 방법은 아무것도 없다는 것을 갈라디아서를 통해 배워야 합니다. 율법을 맹종한다고 해서 하나님의 사랑을 얻는 것이 결코 아닙니다.

오늘의 묵상

갈라디아 사람들은 율법주의에 사로잡혀 있었습니다.
다른 사람들은 아무 법도 따르려 하지 않았습니다. 당신은 어느 쪽에 더 가깝습니까?

Faith, the Only Way / 깊이 생각하기 /

유일한 길, 믿음

그리스도인 공동체에 속한다는 것은 간단한 문제가 아닙니다. 믿음을 가진다는 것은 전혀 새로운 세계로 들어가는 것입니다. 교회에서는 무엇을 하고, 어떻게 행동하며, 선거에서 누구를 뽑고, 어떻게 예배하며, 무엇을 사고 무엇을 사지 말아야 하는지 등등을 배워야 하는 새로운 세계로의 진입입니다. 성경을 이해하고 하나님을 알게 되는 것은 단지 신앙생활의 시작일 뿐입니다. 그러다가 그리스도인은 어떤 모습이 되어야 한다는 성화의 단계가 옵니다.

이런 압박감이 새삼스러운 것은 아닙니다. 초대교회 당시부터 구원에 이르는 유일한 방법은 오직 그리스도에 대한 믿음뿐임을 계속 강조해야 했습니다. 그런데 사도 바울 당시, 율법 조항에 익숙해 있던 유대 그리스도인들은 구원을 얻으려면 특정한 율법조항을 지켜야 한다고 갈라디아 지역 이방인들을 압박했습니다. 유대인들은 성경을 잘 알고 있었고 종교적인 면에서 이방인들에 비해 몇 단계 위에 있었으므로, 이방인들은 그들의 가르침을 그대로 따랐습니다. 그런데 예수님께서 오셔서 모든 요구 조건을 바꿔놓으셨습니다. 구원에 이르는 단 하나의 결정적인 길은 율법이 아니라 예수님에 대한 믿음이라고 선포하셨습니다. 그러나 유대인들은 그것을 이해하지 못했습니다. 바울은 갈라디아서에서 이점을 강조하면서, 그들이 지금 그릇된 가르침에 오도되고 있다고 경고합니다. 갈라디아 사람들은 스스로 불필요한 짐을 지고 있을 뿐 아니라 다른 사람들도 잘못 가르치고 있습니다. 예수님을 믿는 사람은 죄로부터 이미 구원받았다고 바울은 천명합니다. 그 어떤 것도 믿음을 대신할 수 없습니다.

바울의 편지 내용은 너무도 명백했습니다. 그러나 뒤를 잇는 세대마다 그의 당부를 잊고 자기들 나름대로 그리스도인의 기준을 만들었습니다. 궁극적 구원을 위해 믿음 이외에 특정한 행위나 행동을 요구하는 것입니다. 종교 개혁의 아버지 마르틴 루터는 갈라디아서에 나오는 바울의 열정적 메시지를 재발견하고서 많은 사람들을 은혜가 충만한 신학으로 이끌었습니다. 그는 구원을 얻기 위해 종교적 행위와 회개를 요구하는 교회를 비난했습니다. 루터의 가르침으로 인해 갈라디아서는 종교개혁의 초석이 되었습니다. 갈라디아서 덕을 많이 보았다고 생각한 루터는 가끔씩 갈라디아서를 자신의 '아내'라고 부르기도 했습니다.

바울과 루터와 그 밖의 여러 종교 지도자들의 주장에도 불구하고, 사람들이 만든 규칙에 얽매여 사는 율법주의의 짐은 오늘날에도 여전히 존재하며 신앙인들은 그로 인해 서로를 그릇된 방향으로 이끌고 있습니다. 성공회 소속 목사이자 학자인 J. B. 필립스는 신앙인들이 참 하나님과 섞어놓은 다양한 거짓 신들에 관해 말합니다. "거짓 신 중 하나는 백 퍼센트라는 신으로 사람들에게 완벽을 기대합니다. 이 신은 양심적으로 예민한 수많은 사람들을 신경쇠약에 걸리게 만듭니다. 이들은 온전한 자유를 추구하면서 실제로는 근심 많은 노예로 전락해버리고, 신앙생활의 기쁨과 자발성을 박탈당합니다."

필립스는 이어 말합니다. "의욕이 왕성하고 열정적인 타입의 그리스도인들 가운데는 신앙을 행위로 보는 사람들이 있습니다. 그러나 기독교 신앙은 처음에 그랬던 것처럼 삶의 방식입니다. 어떤 의미에서도 세상의 복을 얻기 위한 행위가 아닙니다. 오늘날 특정 기독교 공동체에서는 반드시 지켜야 하는 규칙들을 정해놓고 당장 백 퍼센트 완벽하게 지킬 것을 요구합니다. 그러나 정작 추구해야 할 것은 빛나는 이상을 향한 믿음의 내적 성장입니다."

하나님은 성경을 통해 어떻게 살아야 하는가에 대한 지침을 주십니다. 하지만 구원의 전제 조건으로 그 지침을 요구하지는 않으십니다. 예수님과 성경말씀은 하나님의 참된 이상을 우리에게 가르치십니다. 하나님이 처음부터 의도하셨던 이 이상은 필립스가 말한 대로 신앙인들을 겁주는 것이 아니라, 예수님을 닮아가도록 자극하고 격려합니다.

신앙인으로서 어떻게 살아야 하는지를 인도하는 목소리에 귀를 기울일 때, 하나님의 말씀보다 더 큰 목소리는 없어야 합니다. "하나님 앞에서 아무도 율법으로 말미암아 의롭게 되지 못할 것이 분명하니 이는 의인은 믿음으로 살리라 하였느니라"(갈 3:11).

오늘의 묵상

자신이 그리스도인으로서 자격이 있는지 없는지를 걱정합니까?
주변의 목소리들이 지시하는 내용으로 인해 혼란스럽거나 좌절을 느낍니까?
갈라디아서의 메시지에 근거하여 오직 예수 그리스도에 대한 믿음으로 이미 구원받았고
앞으로도 구원받을 것을 믿고 나아갈 수 있도록 도와달라고 기도하십시오.

Lydia's Conversion in Philippi

자색 옷감 장사로서 하나님을 섬기는
루디아라 하는 한 여자가 말을 듣고 있을 때
주께서 그 마음을 열어 바울의 말을 따르게 하신지라
(행 16:14).

루디아의 회심 / 행 16:6-40 /

사도행전은 바울의 1, 2, 3차 전도여행을 따라 기록되어 있습니다. 바울 당시에는 여행하기가 수월했습니다. 로마는 광대한 영토를 정복하여 절대적인 통치권을 행사했을 때입니다. 언어가 통일되어 있고, 전 영토에 걸친 유례없는 평화, 팍스로마나가 지배합니다. 더구나 로마 기술자들이 제국 전체를 가로 세로로 잇는 도로망을 구축합니다. 아주 튼튼하게 만들어진 도로들은 오늘날에도 남아 있는 곳이 많습니다. 로마 시민인 바울은 어느 지역이든 마음대로 갈 수 있는 통행권을 가지고 있습니다.

바울은 로마 식민지 가운데 주요 상업도시나 수도를 주로 방문합니다. 그런 곳이라야 복음의 메시지가 전 세계적으로 널리 퍼져나갈 수 있기 때문입니다. 신생 교회에 가망이 보이면 바울은 사흘 정도 머무르면서 그들의 영적 성장을 도와줍니다. 이 여정에서 알게 된 많은 믿음의 동지들에게 무한한 애정을 갖고 있는 그의 모습이 서신서에 잘 나타나 있습니다.

오늘 본문은 그런 교회들 가운데 하나가 어떻게 탄생하는지 보여줍니다. 빌립보는 마게도니아 지역에 있는 주요 도시로 바울이 환상에 이끌려 간 곳입니다. 강가에 있던 한 여인의 우연한 회심이 바울에게 길을 열어줍니다. 초대교회 당시에는 여자들이 결정적 역할을 한 경우가 많았습니다. 빌립보에서 일어난 일은 바울의 지치지 않는 전도여행의 전형을 보여줍니다. 초기에는 받아들여지다가 심한 박해를 받고, 나중에 하나님이 위험으로부터 구해주십니다.

이 과정에서 바울은 로마 시민으로서의 자격과 특권을 충분히 활용합니다. 존대와 호위를 받으며 도시를 떠날 때, 회심한 두 가정을 남겨둡니다. 하나는 옷감을 팔던 여인의 가정이고, 다른 하나는 간수의 가정입니다. 전혀 어울릴 것 같지 않은 이 두 가정으로부터 빌립보 교회가 활기차게 성장합니다.

오늘의 묵상

우연한 대화를 통해 당신 삶에 중요한 사람이나 일을 만나게 하신 하나님의 역사가 있었습니까?

Imitating Christ's Humility

아무 일에든지 다툼이나 허영으로 하지 말고
오직 겸손한 마음으로
각각 자기보다 남을 낫게 여기고
(빌 2:3).

그리스도의 겸손을 본받아 / 빌 2:1-30 /

빌립보에 교회를 처음 세운 지 10년이 지나서 바울이 빌립보 친구들에게 편지를 씁니다. 그동안 많은 고난을 겪었습니다. 매질과 투옥, 조난, 그리고 경쟁자들의 질투와 적개심 등등. 때로는 깊이 고민했을 것입니다. '이 모든 고통을 당할 가치가 있는가?' 이 편지를 쓸 때에도 옥에 갇혀 있었습니다. 그러나 빌립보 교회를 생각할 때마다 이 나이 든 영혼은 생기가 솟습니다.

바울은 대부분의 교회들이 보내는 선물을 거절합니다. 그를 반대하는 자들이 사실을 왜곡하고 그를 사기꾼으로 비난할 것을 염려하기 때문입니다. 그러나 빌립보 사람들에 대해서는 신뢰했습니다. 그들은 바울에게 필요한 것을 도와주려고 적어도 네 번에 걸친 희생을 감행합니다. 최근에는 에바브로디도를 보내 옥에 갇힌 바울을 돌보게 합니다. 그 여정은 몹시 험난했습니다. 바울이 빌립보서를 쓴 주된 이유도 사실은 그에게 베푼 친구들의 호의에 감사하기 위해서입니다.

누군가가 느닷없이 "바울이여, 당신은 무엇으로 인해 이 모든 고난을 겪고 있소?"라고 묻는다면, 그는 거침없이 오늘 본문의 구절을 인용하여 대답했을 것입니다. 빌립보서 2장에 그의 주체할 수 없는 열정의 근원이 드러납니다. 우선 바울은 예수님을 본보기로 삼으라고 합니다. 위엄 있는 찬송의 형식을 빌려, 예수님께서 하늘의 모든 영광을 포기하시고 사람의 모양으로 나타나셨음을 찬양합니다. 그것도 보통 사람이 아니라 종의 모습으로, 자신의 생명을 다른 사람들에게 부어주시는 분으로 오셨습니다. 바울은 자신도 그 모습이 되려고 합니다.

그러다가 다소 역설적으로 보이지만, 하나님과의 동역을 설명합니다. 하나님이 내면에서 일하실 때, 우리는 두렵고 떨리는 마음으로 구원을 이루는 행위를 동반해야 한다는 것입니다. 아빌라의 성 데레사는 그 역설을 다음과 같이 설명합니다. "나는 모든 것이 하나님께 달려 있다고 여기며 기도합니다. 그리고 모든 것이 나에게 달려 있다고 여기며 일합니다." 그녀의 공식이 바울의 영적 태도를 한 마디로 요약해줍니다.

빌립보서에는 사도 바울의 곤고함이 이따금씩 엿보입니다. 그러나 그를 완전히 소진되지 않게 하는 열정의 불꽃도 볼 수 있습니다. 빌립보에서 회심한 신도들이 바울에게는 빛나는 우주의 별과 같습니다. 그런 보상, 그리고 그들이 성장하는 기쁨이 바울을 계속 전진하게 만듭니다.

오늘의 묵상

자신의 존재감을 비하하지 않으면서 다른 사람들을 자신보다 높이 여길 수 있는 방법은 무엇일까요?

Paul in Thessalonica, Berea, and Athens

베뢰아에 있는 사람들은 데살로니가에 있는 사람들보다
더 너그러워서 간절한 마음으로 말씀을 받고
이것이 그러한가 하여 날마다 성경을 상고하므로
(행 17:11).

데살로니가, 베뢰아, 아덴에서의 전도 / 행 17:1-34 /

예수님께서 씨 뿌리는 농부의 비유를 말씀하실 때 어떤 씨는 자갈밭에, 어떤 씨는 가시떨기 사이에, 어떤 씨는 비옥한 땅에 떨어진다고 하셨습니다. 오늘 본문은 바울의 2차 전도여행에서 있었던 일로, 첫 이방 사역입니다. 그런데 짧은 기간에 위의 모든 반응을 다 경험합니다.

데살로니가에서는 바울의 방문이 폭동을 일으킵니다. 화가 난 무리들이 바울을 도시 밖으로 내쫓으며 천하를 어지럽게 한다고 비난합니다. 그 다음 방문지 베뢰아 사람들은 마음이 더 너그럽고 수용적입니다. 바울의 메시지가 진실이 아닐까 생각하며 성경을 공부한 끝에 유대인, 비유대인 할 것 없이 많은 사람들이 믿게 됩니다. 그러나 데살로니가에서 따라온 박해자들은 베뢰아에서도 문제를 일으킵니다.

바울이 아덴으로 갑니다. 그곳에서 그의 사역을 위협하는 상대를 만납니다. 유명한 철학자들이 많은 그 도시에서는 새로운 사상가가 등장하면 혹독한 지적 논쟁이 벌어집니다. 아덴의 철학자들은 바울을 말쟁이라고 조소하면서 그를 아레오바고로 데려갑니다. 아레오바고는 종교와 도덕을 감독하는 곳입니다.

사상의 시장이라 할 만한 곳에서도 새 믿음이 이길 수 있음을 확신한 바울이 의심 많은 청중 앞에서 더욱 자신 있고 설득력 있는 어조로 연설합니다. 그러나 콧대 높은 아덴 사람들 가운데서는 회심한 사람들이 많이 나오지 않습니다. 그러다가 인종과 문화가 다양한 다음 방문지 고린도에 갑니다. 그곳에서 놀라울 정도로 많은 인종이 뒤섞인 고린도 교회를 세웁니다.

바울의 사역을 연구하던 어느 선교사가 한숨을 쉬며 말했습니다. "사도 바울이 방문하는 곳마다 주민들은 폭동을 일으켰어요. 그런데 내가 가는 곳에서는 차를 대접합니다."

오늘의 묵상

친구나 친지들과 복음에 대해 이야기할 때 가장 효과적인 접근 방법은 무엇입니까?

Finding Common Ground for the Gospel / 깊이 생각하기 /

복음 전도를 위한 공통분모 찾기

찰스 콜슨은 어느 날 언론계의 유명 인사에게 저녁 초대를 받았습니다. 하나님에 대해서 이야기를 나누자는 것입니다. 톰이라는 이 사람은 처음부터 오해의 소지를 없애며 말했습니다. 자신은 하나님을 믿지 않지만 콜슨의 견해를 듣고 싶다고 했습니다.

닉슨 대통령의 참모로서 워터게이트 사건에 대해 유죄 판결을 받았던 콜슨은 감옥에 있는 동안 예수 그리스도를 믿게 되었습니다. 그는 자기 이야기를 하기 시작했으나 듣고 있던 톰은 바로 말문을 막았습니다. 톰은 그 이야기를 알고 있었고 예수님이 콜슨을 위해 역사하셨다는 것도 인정했습니다. 훌륭하지만 확신을 주지는 않는다는 뜻이었습니다. 그에게는 뉴에이지 영성을 좇는 다른 친구가 있었습니다.

콜슨은 예수님이 역사적인 인물이라는 것, 그리고 천국과 그리스도를 믿는 사람들의 내세에 대한 확신을 열심히 이야기했습니다. 또한 성경의 역사적 정당성도 주장했습니다. 그러나 그 어떤 것도 톰에게 깊은 인상을 주지 못했습니다. 그는 기독교를 뒷받침하는 모든 주장에 대해 반박할 논거를 이미 가지고 있었습니다.

새로운 묘책을 생각하던 콜슨이 질문을 하나 던졌습니다. "혹시 우디 알렌의 영화 〈범죄와 비행〉을 본 적이 있습니까?" 당시 극장에서 상영 중이던 그 영화는 자신의 내연녀를 죽이려고 사람을 고용하는 의사 이야기입니다. 죄책감에 시달리는 의사는 정의의 뜻과 하나님의 징계에 대해 고민합니다. 끝까지 잡히지 않는 그는 현실에서는 정의가 존재하지 않는다고 결론 내리면서 양심의 가책에서 자유로워집니다. 다윈의 이론처럼 강자가 살아남습니다.

"우리가 잘못을 저지르는 것은 그것이 유일한 선택이기 때문입니까?" 콜슨이 물었습니다. "죄책감에 시달리며 괴롭게 살든지, 아니면 양심을 죽이고 야수처럼 살아야 합니까?" 마침내 톰이 입을 다물었습니다. 콜슨은 계속해서 톨스토이의 《전쟁과 평화》에 관한 이야기로 이어갔습니다. 옳다고 알고 있는 일을 하지 못하는 자신을 무능하다고 자책하면서 양심과 씨름하는 사람의 이야기입니다. 그런 다음 C. S. 루이스의 자연법에 대한 주장과 로마서에 나오는 죄와 양심에 대한 가르침을 언급했습니다. 그리스도는 죄책감을 정당하게 제거해주실 수 있는 유일한 분이시라는 설명도 했습니다.

톰이 그날 밤 그리스도를 영접하지는 않았으나 콜슨이 깨달은 것이 있습니다. 우디 알렌, 톨스토이, C. S. 루이스가 없었다면 영적인 문제를 토론함에 있어 톰과의 연결 고리를 찾을 수 없었을 것입니다. 바울 당시 아덴에 살던 그리스인들처럼, 오늘의 불신자들도 그들의 생각과 사고 수준에 맞는 영적 자극이 필요합니다. 바울이 아덴 사람들에게 매우 익숙한 '알지 못하는 신'의 개념으로 설교를 시작했듯이, 불신자들에게 복음에 대해 이야기할 때는 그들에게 익숙한 개념과 문제를 이용해야 합니다. 공통분모를 찾은 다음, 예수님과 성경이 그 부분에 대해 어떻게 설명하는지를 이야기한다면 의미 있는 대화가 될 것입니다.

영적으로 목마른 현대 문화 속에서는 우리가 예상하는 것보다, 혹은 우리가 준비되어 있는 상태보다 더 갈급하게 "하나님에 대해 이야기해달라"는 초대를 받습니다. 그런 초대를 받으면, 주변 세상을 둘러보고 거기서부터 이야기를 시작하면 됩니다. 듣고 있는 사람들의 귀에 성경의 진리가 아주 익숙하게 들리도록 이야기를 풀어내는 능력을 하나님이 주실 것입니다. 하나님은 그들에게 필요한 것을 아십니다. 바로 하나님이 유일한 해답입니다.

오늘의 묵상

처음 당신을 예수님께로 이끌었던 문제가 무엇이었습니까?
성경의 메시지가 당신 삶에 의미 있게 생각되었던 것은 무엇 때문입니까?
아직 예수님을 알지 못하는 주변 사람들과 이야기할 때 공통분모를 찾을 수 있도록 도와달라고 간구하십시오.

Living to Please God

너희가 마땅히 어떻게 행하며
하나님을 기쁘시게 할 수 있는지를 우리에게 배웠으니
곧 너희가 행하는 바라. 더욱 많이 힘쓰라
(살전 4:1).

하나님을 기쁘게 하는 삶 / 살전 2:17-4:12 /

분쟁 속에서 태어난 데살로니가 교회는 바울이 쫓기듯이 그 도시를 떠난 후에도 여전히 극심한 반대에 부딪히고 있습니다. 이 소식을 들은 사도 바울은 자상한 내용의 편지를 보내, 효과적인 목회를 위해 무엇이 필요한지 요점을 설명합니다. 기원후 50-51년경에 쓰였다고 추정되는 데살로니가 전서는 기독교 공동체 생활에 대한 최초의 기록입니다. 예수님이 이 땅을 떠나신 지 겨우 20년이 지난 때이므로 초대교회와 바울의 관계에 대해 직접적인 설명을 들을 수 있습니다.

바울은 데살로니가에서 목회하던 때를 회상하며 그가 얼마나 친절하고 사랑하는 마음으로 그들을 대했었는지 이야기합니다. "우리는 그리스도의 사도로서 마땅히 권위를 주장할 수 있으나 도리어 너희 가운데서 유순한 자가 되어 유모가 자기 자녀를 기름과 같이 하였으니"(살전 2:7). 그는 마치 하루 종일 데살로니가 사람들만 생각하는 것 같습니다. 바울은 그들의 연약함을 극복하려는 노력과 강건한 믿음을 칭찬하고, 영적 성장을 이루어가는 것에 대해 계속 하나님께 감사드립니다. 디모데가 전하는 내용에 의하면 그들이 옳은 길로 향하고 있지만 바울은 더욱 더 하나님을 위해 살며 서로를 사랑하라고 권면합니다.

바울은 이 편지에서 자신에 대한 비판을 해명합니다. 그가 돈 때문에 비난을 받았을까요? 바울은 데살로니가에 체류하는 동안 사람들에게 경제적인 부담을 지우지 않기 위해 밤낮으로 일했던 사실을 지적합니다. 실제로 그는 천막을 만들면서 생계를 유지했습니다. 바울이 그들을 저버렸습니까? 피치 못할 사정이 있었음을 이야기하며 마음 아파합니다.

바울의 다른 서신들과는 달리, 데살로니가전서에는 신학적 설명이 많지 않습니다. 그보다는 뒤에 두고 온 교회에 대하여 사랑이 넘치는 전도자로서 감사와 실망과 기쁨을 주로 이야기합니다. 바울의 선교가 성공했다는 것은 교회들에게 준 영향만큼 그 자신도 적지 않은 감동을 교회들로부터 받았다는 사실에서 확인할 수 있습니다.

오늘의 묵상

당신의 영적 삶에서 부모 같은 역할을 하는 사람이 누구입니까?

Stand Firm

주 예수 그리스도의 강림하심과 우리가 그 앞에 모임에 관하여…
주의 날이 이르렀다고 해서 쉽게 마음이 흔들리거나
두려워하거나 하지 말아야 한다
(살후 2:1-2).

믿음 안에 굳건히 서라 / 살후 2:1-3:13 /

데살로니가후서가 특별히 강조하는 주제는 예수님의 재림입니다. 교인들은 종말이 이미 도래했다는 거짓 소문으로 혼란스러워합니다. 게다가 그 소문이 바울에게서 나왔다는 말까지 돕니다. 바울은 그 소문을 부인하며 주님의 재림 전에 일어날 일에 대해 설명합니다.

이런 논쟁은 바울의 첫 번째 편지에도 일부 나타납니다. 그는 데살로니가전서 끝부분에서 사후 세계에 대한 질문에 직접적인 답을 주었습니다. "이미 죽은 사람들은 부활을 놓치게 되는 것인가?" 데살로니가 사람들에게 이것은 어리석은 질문이 아닙니다. 그들은 끊임없는 박해의 위험 속에 살고 있습니다. 어느 날 밤 대문을 두드리는 갑작스런 소리가 투옥이나 죽음을 의미할 수 있기 때문입니다.

처음부터 바울은 예수님의 재림 때에 아직 살아 있는 사람들과 이미 죽은 사람들이 함께 부활에 참여한다고 확신을 주면서 그들의 두려움을 없애주었습니다. 그러나 데살로니가 사람들은 그동안 바울이 했던 충고를 잊고 걱정하고 있었습니다. 최근에 떠돌던 소문으로 인해 주님의 날이 임박했다는 생각에 사로잡혀 있습니다. 어떤 사람들을 생업을 그만 두고 멀거니 앉아서 주님의 날을 기다리고 있습니다. 바울은 이런 사람들을 게으르다고, 일을 만들기만 하는 자라고 비난합니다.

바울이 데살로니가후서를 쓴 주된 이유는 신앙의 불균형을 바로잡기 위해서입니다. 예수님의 재림에 앞서 세상에 알려지지 않은 여러 사건들이 일어날 것임을 2장에서 밝히고 있습니다. 그런데 사도 바울은 데살로니가 사람들에게 사적으로 가르친 내용에 근거하여 말하고 있기 때문에 세세한 부분이 정확하게 무엇을 의미하는지는 아무도 모릅니다.

성경은 다른 서신에서처럼 여기서도 종말에 대해 추상적이거나 신학적으로 접근하지 않습니다. 그보다는 우리가 어떻게 살아야 하는가에 대해 실질적으로 적용할 내용을 기록하고 있습니다. 바울은 인내심을 가지고 흔들리지 말라고 충고합니다. 예수님의 재림으로 세상에 정의가 실현될 것을 믿으라고 권면하며, 그날에 대비해 가치 있는 삶을 살 것과 게으름에 관대하지 말라고 촉구합니다. 그것만이 종말론에 사로잡히지 않을 수 있는 가장 좋은 처방입니다.

오늘의 묵상

당신은 예수님의 재림을 어떻게 준비하고 있습니까?

Paul in Corinth

그가 회당에서 담대히 말하기 시작하거늘
브리스길라와 아굴라가 듣고 데려다가
하나님의 도를 더 정확하게 풀어 이르더라
(행 18:26).

고린도에서의 바울 / 행 18:1-28 /

육상과 해상 무역의 전략적 중심지였던 고린도에 주변 지역으로부터 수많은 물건들과 사람들이 몰려듭니다. 자연히 다양한 인종과 문화가 뒤섞여 있습니다. 바울 당시 고린도는 부도덕한 생활 방식과 사랑의 여신 비너스를 숭배하는 도시로 유명했습니다. 성적으로 지극히 개방적이며 문란한 태도는 종교에도 영향을 미칩니다. 바울이 이 도시에 들어갈 때 "약하고 두려워하고 심히 떨었다"(고전 2:1-5)고 할 만합니다.

고린도에 머무는 동안 바울은 아굴라와 브리스길라를 만납니다. 이들은 바울과 동역하며 열심히 전도하는 부부입니다. 자신들의 가정에 교회를 세우고 바울을 위해서는 생명의 위협도 무릅씁니다. 바울이 없는 동안 그들은 이집트 사람 아볼로를 데려다가 예수님을 통해 하나님이 하신 일을 가르칩니다. 아볼로는 구원을 좀 더 분명히 이해하고, 브리스길라와 아굴라의 도움으로 활동적인 사역자가 되어 유대인과 이방인들에게 복음 전파에 큰 역할을 합니다.

브리스길라와 아굴라의 사역을 보면, 초대교회에서 일을 하는 과정에서 남자와 여자 모두 중요한 역할을 했다는 것을 알 수 있습니다. 바울은 브리스길라를 자신의 동역자라고 부릅니다(롬 16:3). 물론 그는 이 말을 함께 사역하는 주요 남성 동료들에게도 사용했습니다. 하나님의 부르심을 받고 다른 사람들을 그리스도의 진리로 이끄는 은사를 받았기에 브리스길라는 자기 앞에 놓인 기회에 신실하게 반응합니다.

오늘의 묵상

하나님과 함께하는 삶에서 당신의 동역자는 누구입니까?

One Body, Many Parts

몸은 하나인데 많은 지체가 있고
몸의 지체가 많으나 한 몸임과 같이
그리스도도 그러하니라
(고전 12 : 12).

한 몸의 여러 지체 / 고전 12:1-13:13 /

바울이 고린도를 처음 방문했을 때는 그의 전도 기간 중 가장 힘든 시기였습니다. 폭도들이 그를 데살로니가와 베뢰아에서 쫓아냈습니다. 그 다음 방문지 아덴에서는 지성인들의 조롱을 받았으며, 고린도에 도착할 때쯤이 되어서는 정신적으로 쇠약하고 육체적으로 지친 상태입니다.

고린도에서도 반대파들이 들고 일어나서 바울을 법정으로 끌고 갑니다. 그런데 이 위기의 순간에 하나님이 그를 찾아 오셔서 환상 중에 위로의 메시지를 주십니다. "내가 너와 함께 있으매 어떤 사람도 너를 대적하여 해롭게 할 자가 없을 것이니 이는 이 성중에 내 백성이 많음이라"(행 18:10).

이 말씀은 바울을 매우 놀라게 했을 것입니다. 그 당시 고린도는 음란과 술주정으로 인한 다툼, 도둑과 사기꾼들로 유명한 도시였기 때문입니다. 또한 고린도 사람들은 사랑의 여신을 숭배하여 신전을 세우고 수천 명의 창기를 고용합니다. 고린도는 교회가 뿌리를 내릴 만한 곳이라고 생각할 수 없던 도시입니다. 그러나 그 일이 일어납니다. 유대인 부부가 자기 집을 개방하고, 바울이 그곳에서 18개월을 머물면서 회심한 사람들을 양육하고 가르칩니다.

고린도에 모인 사람들을 보면 동양인, 유대인, 그리스인, 이집트인, 노예, 선원, 운동선수, 도박사, 군인 등 매우 다양합니다. 바울이 이 편지를 쓰면서 특히 강조하는 점은 기독교의 통일성입니다. 통일성을 설명할 방안을 구하던 바울이 마침내 찾은 것은 인체에 대한 비유입니다. 교회의 구성원을 인체의 각 부분에 비유함으로써 다양한 구성원들이 어떻게 통일성을 이루어 화합하며 함께 일할 수 있는지 설명합니다.

이 비유는 아주 적절하여 교회를 설명할 때 바울이 즐겨 쓰는 표현이 됩니다. 그는 여러 서신에서 그리스도의 몸이라는 표현을 30번 넘게 사용합니다. 또한 다양한 사람들이 어떻게 영적으로 한 몸을 이루어 함께 일할 수 있는가를 묻습니다. 그리고 모든 영적 은사 가운데 제일인 사랑을 시적으로 아름답게 표현하면서 그 물음에 답하고 있습니다.

오늘의 묵상

고린도전서 13장은 이상적 사랑을 묘사하고 있습니다.
당신 자신은 이 가운데 어떤 특성에 더 주력해야 한다고 생각합니까?

교회란 무엇인가

고린도전서 앞부분에는 사도 바울이 고민하던 문제가 나옵니다. 교회라고 불리는 이것이 도대체 무엇인가 하는 의문입니다. 유대교에 대해서는 이런 질문을 하지 않았습니다. 유대인들의 문화, 종교 전통, 인종, 심지어는 신체적 특징들이 유대교의 정체성을 결정했습니다. 그러나 기독교 교회는 무엇입니까? 하나님이 품고 계신 생각은 과연 무엇입니까? 고린도의 감당할 수 없는 분위기에서 이 질문은 정말 해답이 보이지 않았을 것입니다. 거의 20세기가 흐른 오늘날도 해답이 여전히 모호합니다.

고린도에 보내는 편지에서 바울은 설명을 위해 단어를 거침없이 선택합니다. 3장에서 너희는 하나님의 밭이라고 말하면서 한동안 이 비유로 설명합니다. 그리고 이번에는 하나님의 집이라고 말합니다. 바울 자신이 터를 닦고 다른 사람이 그 위에 한 층 한 층 세웁니다. 이제는 하나님의 성전임을 강조합니다. 하나님을 위해 설계된 집이라는 것입니다. 그렇습니다. 그 안에 하나님이 살고 계시는 신성한 집입니다.

이런 맥락으로 계속 이어가다가 12장에 이르러 가장 적절한 비유를 포착합니다. 교회는 하나님의 몸이라는 설명입니다. 이 지점에서 어조가 바뀌고, 개인 서간문에서 13장의 장대한 운문체로 격조가 높아집니다.

만약 지금, 비유의 대가인 사도 바울이 고린도전서를 다시 쓴다면 뭐라고 표현할까요? 워싱턴, 애틀랜타, 뉴욕, 시카고 등지의 교회에 서신을 보내야 한다면 바울은 무슨 말을 할까요? 하나님이 교회에 바라시는 것이 무엇인지 현대인들에게 설명하기 위해 어떤 비유를 사용할까요?

개인적으로는 교회에 가족 이미지를 적용하는 것이 적절하다고 생각합니다. 성경에서 사용하는 이미지이기 때문입니다. 그런데 교회를 한 가족으로 보는 관점은 과거 어느 때보다 오늘날 더 큰 의미를 지닌다고 생각합니다. 그것은 사회의 변화 때문입니다.

조직 사회에서는 지위가 행동을 결정합니다. 인간은 비즈니스 세계에서 지위가 주는 보상에 잘 반응한다는 것이 입증되었습니다. 그 보상은 강력한 동기유발 요인입니다. 그런데 가정에서는 지위가 다르게 작용합니다. 가정 안에서는 지위를 어떻게 얻습니까? 자녀는 출생한 사실만으로 가족 구성원이 됩니다. 성적이 떨어졌다고 해서 가족에서 쫓겨나지 않습니다. 병약한 자녀일수록 건강한 형제들보다 부모의 관심을 더 받게 됩니다. 소설가 존 업다이크가 이야기한 대로 "가족은 좋든 싫든, 무관심과 냉담, 경쟁, 반감 등과 상관없는 사랑이 존재한다는 것을 가르쳐줍니다."

마찬가지로 하나님의 가족에 대해서도 그렇게 말할 수 있습니다. "유대인이나 헬라인이나 종이나 자유인이나 남자나 여자나 다 그리스도 예수 안에서 하나이니라"(갈 3:28). 이런 인간적 구별은 모두 하나님의 은혜의 햇볕 아래 녹아 없어졌습니다. 하나님께 입양된 자녀로서 우리는 분명 자격이 없으나 독생자이신 예수 그리스도와 똑같은 권리를 가졌습니다. 에베소서에는 그 놀라운 진리가 거듭 강조됩니다.

이런 이유 때문에 지역 교회가 가족이 아니라 기업처럼 운영되는 것을 보면 마음이 아픕니다. 사도 바울은 영적 은사를 논하면서 어느 교인을 다른 교인보다 우월하게 생각하는 잘못에 대해 단호히 경고합니다(고전 12:21-26).

이 구절에서 바울은 자신이 좋아하는 신체의 비유를 이용하여 설명합니다. 그러나 교회의 진리를 실제 삶에 가장 잘 적용시킬 수 있는 경우는 역시 가족, 특히 명절에 식탁에 둘러앉은 가족의 모습이라고 생각합니다.

어느 가정에서든지 멋지게 성공한 사람도 있고 비참하게 실패한 사람도 있습니다. 추수감사절 만찬 식탁에 회사 부사장인 메리 고모 옆에 한 번도 직업을 가져본 적 없는 술주정꾼 찰스 삼촌이 앉아 있습니다. 가족들 가운데는 똑똑한 아이도 있고 지능이 떨어지는 아이도 있습니다. 못생긴 언니가 있는가 하면 잘생긴 오빠도 있습니다. 건강한 형이 있고 장애를 가진 동생이 있을 수 있습니다. 한 가족 안에서 이런 차이는 별로 중요하지 않습니다.

사람들은 다른 조직 생활을 하기 전에 훈련을 받는 연습장으로서 가족이 구성된 것이 아닌가 생각할 때가 있습니다. 가족이 서로의 다른 점을 감추거나 포장하지 않고 오히려 차이점을 축하하며 기뻐할 때에야 가정은 그런 역할을 제대로 할 수 있습니다. 건강한 가정에서는 연약한 가족 구성원에게는 용기를 북돋아주고, 강한 구성원의 개성은 꺾지 않습니다. 존 웨슬리의 어머니가 말합니다. "자녀 중에 누구를 가장 사랑하느냐고요? 아픈 아이가 다 나을 때까지는 그 아이를 제일 사랑합니다. 집을 떠나 있는 아이가 있으면 돌아올 때까지 그 아이를 가장 사랑하지요."

가족은 우리가 취사선택할 수 없는 조직입니다. 태어남으로써 자동적으로 구성원이 되고, 그 결과 본인의 의사와 상관없이 서로 다른 사람들과 한 울타리 안에 살도록 던져진 셈입니다. 그런데 교회는 또 다른 단계를 요구합니다. 예수 그리스도라고 하는 공통분모를 통해 낯선 울타리 안에 자발적으로 속하겠다고 선택하는 것입니다. 이 공동체는 그 어떤 인간 조직보다 가정이라는 조직에 가장 가깝다고 생각합니다. 헨리 나우웬이 정의하는 공동체는 가장 함께 살기 싫은 사람이 늘 있는 곳입니다. 그의 정의는 추수감사절에 만나는 모임에나, 매 주일 모이는 교회에나 똑같이 적용됩니다.

오늘의 묵상

교회에 출석하면서 가장 힘든 점이 무엇입니까? 어떤 혜택을 받았습니까?
당신이 하나님을 만나고 하나님의 사랑을 느끼게 도와준 교회에 대해 하나님께 감사드리십시오.
하나님이 교회를 통해 허락하시는 큰 복에 감사하며 부족한 모습도 받아들일 수 있게
도와달라고 기도하십시오.

The Resurrection of Christ and the Dead

이제 그리스도께서 죽은 자 가운데서
다시 살아나사 잠자는 자들의
첫 열매가 되셨도다
(고전 15 : 20).

그리스도와 죽은 자들의 부활 / 고전 15:3-57 /

바울이 살던 시대에 어떤 사람들은 내세를 믿는 기독교 신앙을 공격했습니다. 그들은 죽으면 끝이라고 말합니다. 오랜 역사 속에 그런 입장을 고수한 사람들이 많습니다. 예수님 시대에도 사두개인들은 죽은 사람들의 부활을 믿지 않았습니다. 오늘날도 의심하는 사람들은 많습니다. 예를 들면 블랙 무슬림이나 불교도, 마르크스주의자, 그리고 대부분의 무신론자들이 그렇습니다. 일부 뉴에이지 옹호자들은 죽음을 순환하는 삶의 자연스러운 한 부분이라고 여깁니다. 도대체 왜 죽음을 나쁘게 볼까요?

고린도 교회는 사도 바울 앞에서 그런 태도를 취해선 안 된다는 것을 금방 배웁니다. 바울에게 내세는 환상적인 동화가 아닙니다. 그의 신앙 전체를 받쳐주는 받침대입니다. 바울은 죽음 이후의 삶이 없다면 그리스도의 메시지도 모두 거짓이라고 일갈합니다. 그리고 자신이 사역을 계속할 이유도 없고 그리스도의 흘리신 피도 모두 헛된 것이 된다고 합니다. 또한 그리스도인들은 세상 모든 사람들 중에 가장 가엾은 사람들이 됩니다.

성경은 내세의 중요성을 주장하는 강도를 점점 높여갑니다. 구약 시대의 유대인들은 사후 세계에 대하여 아주 막연한 개념만 가지고 있었습니다. 그러나 바울이 지적한 대로 예수님의 부활이 모든 것을 바꿔놓았습니다. 하나님은 죽음을 이기실 권능과 의지를 가지신 분이라는 증거가 갑자기 생긴 것입니다. 15장은 죽음과 그리스도인의 신앙을 연결하여 설명합니다. 바울은 주저하지 않고 죽음을 원수, 최후에 멸망받을 원수라고 칭합니다.

오늘 본문은 흔히 장례식장에서 읽힙니다. 사람들이 관 앞에 서면 본능적으로 죽음에 대한 부자연스러움, 공포를 느낍니다. 이런 사람들에게, 그리고 우리들 모두에게 이 본문은 희망이 담긴 원대한 약속을 제시합니다. 죽음은 끝이 아니라 시작입니다.

오늘의 묵상

내세에 대한 믿음은 현재의 삶에 어떤 영향을 줍니까?

Treasures in Jar of Clay

우리가 이 보배를 질그릇에 가졌으니
이는 심히 큰 능력은 하나님께 있고
우리에게 있지 아니함을 알게 하려 함이라
(고후 4:7).

질그릇에 담긴 보물 / 고후 4:1-5:10 /

바울은 하늘의 일에만 몰두하여 땅의 일을 소홀히 하는 사람은 누구라도 엄하게 꾸짖습니다. 그는 하루 종일 가만히 앉아서 다음 세상을 기다리지 않습니다. 그 누구보다 더 열심히 일하지만 새로운 목적이 있습니다. "그런즉 우리는 몸으로 있든지 떠나든지 주를 기쁘시게 하는 자가 되기를 힘쓰노라"(고후 5:9). 그는 하나님의 뜻이 하늘에서와 같이 땅에서도 이루어지기를 소망합니다.

오늘 본문에서 바울은 다음 세상에 대한 희망이 있기에 삶의 시련이 고달파도 낙심하지 않고 사명을 계속할 수 있다고 말합니다. 이 편지는 고린도 교회와의 갈등이 점점 심각해지고 있을 때 쓰인 것입니다. 따라서 바울은 매우 침울하고 의기소침해 있습니다. 그는 힘에 겹도록 심한 고난을 당하여 살고자 하는 소망까지 끊어진 상황을 겨우 견뎌냅니다(고후 1:8). 그리고 자신의 현재 상태를 다음과 같이 묘사합니다. "사방으로 우겨쌈을 당하여도 싸이지 아니하며 답답한 일을 당하여도 낙심하지 아니하며 박해를 받아도 버린 바 되지 아니하며 거꾸러뜨림을 당하여도 망하지 아니하고"(고후 4:8-9).

바울은 내면의 생각을 표현하기 위해 '질그릇에 담긴 보배' 비유를 사용합니다. 그 당시 질그릇은 지금의 종이상자만큼이나 흔한 물건이었습니다. 어려움에 시달리던 바울은 그렇게 깨지기 쉬운 질그릇처럼 마음의 안정을 얻지 못합니다. 그러나 하나님이 복음을, 그리고 용서와 영생의 좋은 소식을 자신과 같이 평범한 사람들에게 맡기기로 하셨다는 것을 깨닫습니다.

그런 깨달음으로 인해 희망을 다시 찾은 그는 하나님과 함께하는 미래의 삶이 지상에 사는 사람에게 어떻게 영향을 미치는지 설명합니다. "우리가 낙심하지 아니하노니 우리의 겉사람은 낡아지나 우리의 속사람은 날로 새로워지도다. 우리가 잠시 받는 환난의 경한 것이 지극히 크고 영원한 영광의 중한 것을 우리에게 이루게 함이니 우리가 주목하는 것은 보이는 것이 아니요 보이지 않는 것이니 보이는 것은 잠깐이요 보이지 않는 것은 영원함이라"(고후 4:16-18).

오늘의 묵상

바울과 같은 심정일 때 당신은 어떻게 보이지 않는 것에 주목하겠습니까?

The Ministry of Reconciliation

모든 것이 하나님께로서 났으며 그가 그리스도로 말미암아
우리를 자기와 화목하게 하시고
또 우리에게 화목하게 하는 직분을 주셨으니
(고후 5:18).

화목하게 하는 직분 / 고후 5:11-6:2; 6:14-7:1 /

오늘 본문의 두 부분은 서로 상충하는 듯이 보입니다. 앞부분에서는 그리스도 안에서 모든 사람들이 화목하기를 권장하는 반면, 뒷부분에서는 신앙인들에게 오직 그리스도를 따르는 사람들과 어울리라고 경고합니다. 바울이 원하는 것은 어느 쪽입니까?

바울이 양면을 모두 열심히 강권하는 이유가 충분히 있습니다. 가는 곳마다 전하는 메시지는 예수 그리스도의 죽음과 부활을 통한 구원의 메시지입니다. 특정한 종파에 속한다든지 특별한 율법 조항을 준수하는 것으로는 결코 하나님께 인정받을 수 없습니다. 오직 그리스도에 대한 믿음만이 믿는 사람들을 동등한 발판 위에 올려놓습니다. 우리는 그리스도에 대한 믿음을 통해서 하나님 앞에 의롭게 됩니다.

그런데 구원에 이르는 유일한 길이신 그리스도를 부인하는 몇몇 사람들

이 고린도 사람들에게 그릇된 시각을 심어주고 있습니다. 이 거짓 교사들은 사람들을 하나님의 진리로부터 멀어지게 합니다. 이들은 위험한 존재이므로 그런 관계에서는 유익한 것이 하나도 없음을 바울이 경고하는 것입니다.

거짓 교사들도 복음을 전해 들었습니다. 그리스도를 영접할 기회가 있었으나 다른 길을 선택했습니다. 이 시점에서 신앙인들은 친밀한 관계를 유지하는 문제에 대해 신중해야 합니다. 하나님의 진리에 등을 돌린 거짓 교사들이 엄청난 위협을 가합니다. 믿지 않는 자가 믿는 자에게 영향을 끼치려고 할 때, 하나님은 그대로 내버려두지 않으십니다. 믿음을 보호하기 위해 스스로를 구별하여 하나님에 대한 경외심으로 살 것을 명하십니다.

오늘의 묵상

예수님께로 이끌기보다 오히려 멀어지게 하는 사람들과 멍에를 같이 메지는 않았습니까?

Sowing Generously

심는 자에게 씨와 먹을 양식을 주시는 이가
너희 심을 것을 주사 풍성하게 하시고
너희 의의 열매를 더하게 하시리니
(고후 9:10).

넉넉히 씨를 뿌려라 / 고후 9:6-15 /

고린도 교인들이 예루살렘에서 가난하게 사는 신앙인들을 위해 모금을 합니다. 그런데 몇몇 사람들은 모금한 돈을 바울이 착복하지 않을까 염려합니다. 이전에 바울은 자신의 청렴함을 옹호하며 다음과 같이 말했습니다. "우리가 주 앞에서뿐 아니라 사람 앞에서도 선한 일에 조심하려 함이라"(고후 8:21). 그리고 지금은 영적 문제를 논하면서 베풀기를 즐겨하시는 하나님의 성품을 상기시킵니다. 우리가 가진 것은 전부 하나님께로부터 왔습니다. 다른 사람들에게 기꺼운 마음으로 주는 것을 하나님이 더 크게 갚아주십니다. 바울은 신앙인들이 너그럽게 기쁜 마음으로 베풀 것을 권면합니다.

오늘의 묵상

불쌍한 사람을 도와줄 기회가 생길 때 어떤 생각이 듭니까?

Paul Boasts about his Sufferings and his Thorn

내가 부득불 자랑할진대
내가 약한 것을
자랑하리라
(고후 11:30).

바울의 자랑 / 고후 11:16-12:10 /

유대와 로마 권력자들이 바울을 요주의 인물로 주시하고 있습니다. 하지만 바울은 반대에 부딪칠 것을 이미 예상합니다. 오히려 동료 그리스도인들로부터 받는 적대감이 그를 더 괴롭힙니다. 질투하는 경쟁자들이 고린도 교회에 침투하여 바울의 명성을 깎아내리는 소문을 퍼뜨립니다. 그들은 바울이 진정한 유대인이 아니라고 비난합니다. 예수님이 지상에 살아 계실 때 바울은 예수님을 따르지 않았으므로 사도라 불릴 자격이 없다는 것입니다. 다른 거짓 교사들처럼 그도 돈을 위해 일한다고 주장합니다.

이 편지에서 바울은 자신을 변명하려 하지 않습니다. 고린도 교인들의 비판이 수그러들지 않습니다. 유대인인가? 바울은 명성 높은 가말리엘 문하에서 공부한 철저한 바리새인입니다. 사도인가? 물론 바울은 열두 제자에 포함되지 않았습니다. 그러나 다메섹으로 가던 길에 부활하신 예수님을 만났고, 후에 '말로 표현할 수 없는 말, 사람이 가히 이르지 못할 말'을 들었습니다. 착취자인가? 바울은 교회에 재정적인 부담을 주지 않기 위해 의식주를 스스로 해결했습니다.

바울은 자신의 연약함을 자랑하기 시작합니다. 매질, 투옥, 모욕, 고초 등 그가 겪은 끔찍한 일들을 나열합니다. 그리고 특별한 환상에 대한 경험을 이야기한 후 끝까지 응답받지 못한 절박한 기도에 대해서 솔직하게 설명합니다.

바울은 '육체의 가시'를 없애주시기를 세 번이나 간구했습니다. 성서학자들 사이에는 '가시'의 정확한 의미에 대해 의견이 분분합니다. 어떤 이들은 눈병이나 말라리아, 간질 등의 신체적 질병으로 추측합니다. 또 영적 유혹이나 일련의 사역 실패라고 보는 학자들도 있습니다. 그 고초가 무엇을 뜻하든, 바울의 간절한 기도에도 불구하고 하나님이 가시를 제거해주시지 않은 것은 그에게 겸손, 은혜, 복종이라는 중요한 가르침을 주시기 위해서였다고 스스로 강조합니다.

바울은 하나님이 예전에 원수였던 자신을 복음 전파를 위해 선택하신 사실에 대해 늘 놀라워했습니다. 그는 자신의 연약함이 하나님나라 건설에 쓰일 수 있음을 영광으로 생각하며 겸손한 마음으로 늘 감사를 드립니다.

오늘의 묵상

하나님이 당신의 연약함을 통해 어떻게 말씀하셨습니까?

가시를 껴안고 살기

자신에게 주어진 괴로움을 육체의 가시라고 표현한 바울의 상상력은 참으로 탁월합니다. 그 가시가 무엇을 의미하는지 정확히 알 수 없으나 우리는 비유를 통해 더 쉽게 이해할 수 있습니다. 그를 괴롭힌 것이 무엇이었든 매우 고통스럽고 지속적인 시련이었습니다.

나 자신이나 상황에 대하여 좌절할 때, 나의 불운을 가시로 여기며 바울과 하나님의 말씀에서 위안을 찾습니다. "나에게 이르시기를 내 은혜가 네게 족하도다. 이는 내 능력이 약한 데서 온전하여짐이라 하신지라. 그러므로 도리어 크게 기뻐함으로 나의 여러 약한 것들에 대하여 자랑하리니 이는 그리스도의 능력이 네게 머물게 하려 함이라. 그러므로 내가 그리스도를 위하여 약한 것들과 능욕과 궁핍과 박해와 곤고를 기뻐하노니 이는 내가 약한 그때에 강함이라"(고후 12:9-10).

누군가 말했듯이, "은혜는 물처럼 가장 낮은 곳으로 흐릅니다." 내가 가장 연약하고 가장 절실하게 도움이 필요할 때, 하나님은 그 어느 때보다 더 풍성히 은혜를 베푸십니다. 마음을 열고 받아들일 때, 하나님이 나의 상황과 내 자신에 대하여 선하게 역사하십니다.

인생에서 마주치는 역설을 바울이 설명합니다. '고통의 가시가 선한 결과를 가져온다?' 나의 연약함이, 혹은 고통스런 상황이 어떻게 나의 무력함을 이기고 기쁨을 가져올 수 있습니까? 그것은 교회 문 밖에서는 살아남을 수 없는 지극히 교회적인 생각처럼 보입니다.

작가이자 강연자인 브래넌 매닝은 알코올중독자가 되고 직업도 잃고 드디어 길에 나앉게 되었을 때 그 원리를 깨우쳤습니다. "내 인생에서 예수 그리스도의 진리에 가장 근접했던 순간은 플로리다 로더데일 빈민가의 부랑자로 살 때였다." 워커 퍼시가 소설 《영화광 *The Moviegoer*》에서 다음과 같이 말합니다. "일생에 단 한 번 일상의 무료함이 깨진 적은 개천에 빠져 피 흘리고 있을 때였다." 역설적이게도 무력함을 경험하는 것은 그다지 슬픈 일이 아닙니다. 그런 경험은 우리로 하여금 자신의 힘이 아니라 하나님의 무한하신 능력에 의존하게 합니다. 하나님이 주관자시라는 깨달음은 우리의 멍에를 쉽게, 짐을 가볍게, 그리고 마음을 평안하게 해줍니다."

우리는 모두 각자의 가시와 씨름합니다. 하나님을 배제하고 계속 실패하든지, 아니면 하나님의 능력이 가시로 인한 내면의 상처를 메워주시기를 바라든지 선택은 자유입니다. 하나님이 상처를 메워주실 때는 우리와 깊고 풍성한 사랑의 관계를 맺으십니다. 진정한 기쁨을 느낄 수 있습니다. 상처의 통증이 계속 된다 하더라도 가시 하나 정도로 영생의 사랑이신 하나님의 품에 나를 던질 수 있다면, 그 가시는 희망의 전조라고 여길 것입니다.

심리학자 래리 크랩의 설명입니다. "삶이 평안할 때는 진정으로 하나님께 의존하는 법을 제대로 배우지 못한다. … 성경이라는 옷감은 전체가 관계의 실로 짜여 있다. 하나님은 우리 마음을 온전히 하나님께 드리기를 간절히 바라신다. 하나님은 우리를 사랑하신다. 간절한 마음으로 하나님이 누구신지 깨달을 때, 우리는 하나님께 소망을 품는다. 하늘나라 신랑과 그 신랑에게 상처만 주는 변덕쟁이 신부 사이에는 권태로움이 없다. 우리 내면에 감춰진 것이 무엇이든 솔직하게 마주할수록 하나님의 자비로우신 능력으로 늘 반응하시는 주님의 사랑에 더욱 뜨겁게 이끌릴 것이다."

오늘의 묵상

어떤 가시로 인해 고통받고 있습니까? 하나님께 그 가시를 없애주시기를 간구했습니까?
하나님의 능력으로 상처를 메워주시고 연약함을 능력으로 채워주시기를 기도합니까?
하나님께 당신의 괴로움을 의뢰하십시오. 모든 것을 내려놓고 하나님이 맡아주시도록 기도하십시오.

PAUL'S LEGACY

11
바울이 남긴 유산

내가 이방인인 너희에게 말하노라. 내가 이방인의 사도인 만큼 내 직분을 영광스럽게 여기노니 이는 혹 내 골육을 아무쪼록 시기하게 하여 그들 중에서 얼마를 구원하려 함이라. 그들을 버리는 것이 세상의 화목이 되거든 그 받아들이는 것이 죽은 자 가운데서 살아나는 것이 아니면 무엇이리요(롬 11:13-15).

No One is Righteous

의인은 없나니 하나도 없으며 깨닫는 자도 없고
하나님을 찾는 자도 없고 다 치우쳐 함께 무익하게 되고 선을 행하는 자는 없나니
하나도 없도다
(롬 3:10-12).

의인은 없나니 / 롬 3:10-31 /

사도 바울은 온갖 위험을 겪으며 힘들게 살아가면서도 자기 앞에 놓인 한 가지 목표를 향해 끊임없이 나아갑니다. 이제 그는 로마로 갑니다. 그 당시 로마는 법률, 문화, 권력, 학문 등 모든 것의 중심지였습니다. 강력한 제국 로마는 수도를 중심으로 서방 세계를 모두 다스립니다.

그곳에 새롭게 생긴 작은 교회는 다른 지역 그리스도인들에게 초미의 관심사입니다. 그들은 그 교회의 미래가 로마에서 일어나는 일과 밀접한 관련이 있다는 것을 압니다. 더 큰 세상에 영향을 미치려면 로마를 뚫고 들어가야 합니다.

바울은 로마 교회를 위해 끊임없이 기도하며 방문 계획을 여러 번 세웁니다. 하지만 계획이 도무지 실행되지 않자 언젠가는 가게 될 로마 방문에 앞서 이 편지를 씁니다.

고린도서와 달리 로마서에는 개인적 여담이나 폭발적으로 쏟아내는 감정 표현이 별로 없습니다. 바울은 지금까지 만났던 어떤 인물보다 수준 높고 만만치 않은 독자들을 상대로 이야기하고 있습니다. 그는 당시 아직도 마을마다 구두로 전해지고 있는 기독교 교리 전반을 설명하려고 합니다. 기독교 신앙에 대해 이처럼 간결하면서도 모든 면을 아울러서 정리한 설명서는 이제껏 없었습니다.

로마서는 천천히 신중하게 이야기를 풀어나가는 책입니다. 바울은 논리적 주장으로 시작하여 첫 장부터 신학적 사상 하나하나를 펼쳐갑니다. 그리고 하나님의 놀라운 은혜에 대한 좋은 소식을 설명합니다. 모든 사람이 온전히 치유받을 수 있다는 소식입니다. 하지만 사람들은 자신이 병들었다는 것을 알기 전에는 치유의 필요성을 느끼지 못합니다. 따라서 로마서는 성경 가운데 대단히 암울한 구절로 시작됩니다. "의인은 없나니 하나도 없으며"라고 바울은 단정합니다. 온 세상은 치유의 길을 찾지 못하면 영적인 죽음을 맞을 수밖에 없습니다.

그러나 이 슬픈 어조에서 밝고 놀라운 소식이 들립니다. 이 부분을 성경의 신학적 핵심 구절이라고 부르는 학자들도 있습니다. 바울은 21-31절에서 복음의 핵심 메시지를 설명합니다.

오늘의 묵상

주변 사람들 중에 로마서에 나타난 메시지를 이해했으면 하는 대상은 누구입니까?

Struggling with Sin

내 지체 속에서 한 다른 법이 내 마음의 법과 싸워
내 지체 속에 있는 죄의 법으로
나를 사로잡는 것을 보는도다
(롬 7:23).

죄와의 싸움 / 롬 7:1-25 /

바울 서신을 읽는 사람이라면 누구나 품는 한 가지 의문이 있습니다. 율법이 무슨 유익이 있는가? 바울 서신의 독자들은 대부분 율법이 구약의 규례와 제사를 정리하여 집대성한 법전이라고 생각합니다. 그리고 바울이 새 언약, 혹은 그리스도 안의 자유를 언급할 때마다 유대인들은 율법에 대한 바울의 생각을 궁금해합니다.

로마서 가운데 극히 개인적이고 자전적인 설명이 들어 있는 오늘 본문에서 바울은 자신의 생각하는 바를 그대로 드러냅니다.

바울은 율법을 완전히 버리라는 말을 한 적이 없습니다. 그는 율법이 기본적 도덕률과 하나님을 기쁘시게 하는 행동 규범을 정해준다고 생각합니다. 율법의 유익은 죄를 깨닫게 해주는 것입니다. "율법으로 말미암지 않고는 내가 죄를 알지 못하였나니…." 바울에게 십계명과 같은 규례는 도움이 되고 의로우며 선한 것입니다.

그러나 율법에는 중요한 문제가 있습니다. 율법은 우리의 잘못을 일깨우지만 개선시켜줄 수는 없습니다. 그 당시 율법주의의 전통을 따라 양심을 철저히 지켰던 바울은 율법이 항상 죄책감을 불러일으킨다는 점을 날카롭게 지적합니다. "오호라 나는 곤고한 사람이로다"라고 바울이 고백합니다. 율법은 그의 연약함을 드러내지만 그것을 극복할 힘은 주지 못합니다. 결국 율법은 죽음으로 이끌 뿐입니다.

로마서 7장은 불완전한 인간이 완전하신 하나님께 자신을 내어드릴 때 겪을 수밖에 없는 갈등을 보여줍니다. '이 끊어지지 않는 나의 죄를 어떻게 끊어낼 수 있을까?' 이런 문제로 고민하는 그리스도인이라면 바울의 솔직한 고백에서 위로를 얻을 것입니다. 어떤 법칙이나 규례도 죄와 실패라는 악순환의 고리를 끊을 수 없습니다. 우리는 율법의 옛 방식이 아니라 성령의 새로운 방식으로 역사하는 도움이 필요합니다. 바울은 다음 장에서 그 도움에 대해 찬양합니다.

오늘의 묵상

개인적으로 가장 절망적인 문제는 무엇입니까? 어디서 도움을 구합니까?

Life through the Spirit

예수를 죽은 자 가운데서 살리신 이의 영이 너희 안에 거하시면…
너희 안에 거하시는 그의 영으로 말미암아
너희 죽을 몸도 살리시리라
(롬 8:11).

생명을 주시는 성령 / 롬 8:1-27 /

로마서 8장의 주제는 성령입니다. 여기서 바울은 성령이 한 사람의 삶을 어떻게 변화시키는지 총체적으로 보여줍니다.

우선, 지금까지 강력히 제기했던 죄의 문제를 잠시 내려놓습니다. "그리스도 예수 안에 있는 자에게는 결코 정죄함이 없나니"라고 바울은 선포합니다. 예수 그리스도가 그의 생명과 죽음으로 죄의 문제를 영원히 떠안으셨습니다.

4장에서 바울은 그 과정을 설명하기 위해 금융 관련 용어를 빌려옵니다. 하나님은 우리에게 예수님의 완전하심을 값없이 주셨고, 따라서 우리는 우리의 행위가 아니라 예수님의 행위로 의로워집니다. 또한 하나님은 우리가 받아야 할 모든 징계를 십자가 죽음을 통해 예수님에게로 옮기셨습니다. 이런 과정으로 인류는 죄의 저주로부터 풀려나 완전한 승자가 됩니다.

그리고 바울은 늘 그렇듯이 가장 기쁜 소식, 즉 예수 그리스도의 죽음이 끝이 아니었다는 사실을 강조합니다. 그리스도를 죽은 자들 가운데서 살리신 바로 그 권능이 우리에게도 생명을 주신다는 사실에 바울은 경탄합니다. 성령은 생명을 주시는 분입니다. 로마서 7장에서 묘사된 암울하고 죽음 같은 육신의 행실을 홀로 꺾으십니다.

분명한 것은 성령이 모든 문제를 다 제거하시는 것이 아닙니다. 중보자, 보혜사, 상담자, 위로자 등 성경에 나오는 성령의 별칭을 보면 문제는 계속 남아 있을 것임을 추측할 수 있습니다. 하지만 우리 안에 거하시는 하나님은 우리 스스로 할 수 없는 일을 우리를 위해 하십니다. 우리가 하나님과 관계를 맺고 있으면 성령께서는 곁에서 일하시며 우리의 연약함을 도우시고 무엇을 간구해야 할지조차 모르는 우리를 위해 기도해주십니다.

바울 식으로 표현하면 신앙인 각자의 내면에서 일어나는 일이 역사의 중심 드라마입니다. "피조물이 고대하는 바는 하나님의 아들들이 나타나는 것이니…." 내면에서 일어나는 영적 승리가 신음하는 피조물에게 자유와 치유의 결과를 가져올 것입니다. 사도 바울은 이런 문제를 생각할 때 감정을 자제할 수 없었습니다. 로마서 8장은 결단코 아무것도 하나님의 사랑에서 우리를 끊을 수 없다는 선포로 끝납니다. 바울에게 그것은 큰 소리로 외쳐야 할 진실입니다.

오늘의 묵상

오늘 본문에 의하면 성령께서 당신의 일상을 어떻게 변화시킬 수 있을까요?

죄와의 싸움을 도우심

삶을 예수님께 드리고 나면, 자기 자신에 대한 생각이 바뀝니다. 기본적으로 착하다고 생각했던 자아가 형편없는 흠투성이로 보입니다. 나쁜 행동, 그릇된 생각, 쓸데없는 말들을 빈번이 하며 정신은 녹음기처럼 반복해서 실수와 후회를 되풀이합니다.

아마도 내면의 녹음기에는 다음과 같은 고뇌가 작동하고 있을 것입니다. "내가 행하는 것을 내가 알지 못하노니 곧 내가 원하는 것은 행하지 아니하고 도리어 미워하는 것을 행함이라. … 내 속 곧 육신에 선한 것이 거하지 아니하는 줄을 아노니 원함은 내게 있으나 선을 행하는 것은 없노라"(롬 7:15, 18). 신약의 많은 책을 쓴 바울조차 자신을 다스리지 못하고 괴로워했습니다. 만약 생각의 흐름이 바울과 같다면, 하나님의 거룩하신 성품을 더욱 깊이 닮아가고 있는 것입니다. 그 성품은 이 땅에 사는 동안 끝없이 닮아가려고 노력해야 할 대상입니다.

내가 십대 청소년으로 예수님과 더욱 가까이 동행하며 살고자 했을 때, 나의 죄는 구설수라는 형태로 그 모습을 드러냈습니다. 친구와 나는 매일 유혹에 시달렸고 거의 매일 유혹에 졌습니다. 실패할 때마다 절망을 극복하는 습관을 들이기 위해, 하나님과 함께 동역하는 법을 처음으로 배웠습니다. 이제는 그 시절에 했던 고민을 떠올리고 웃을 수 있으나, 말실수는 나이가 먹어도 수그러들지 않습니다. 여전히 실수한 말 때문에 참회하고 당황하는 나를 봅니다.

이렇게 언제까지나 실패를 자각하면서 사는 것이 하나님이 바라시는 모습일까요?

우리에게 항상 하나님이 필요하다는 사실을 드러내시는 건 우리를 괴롭히시려는 게 아니고 편하게 해주시려는 겁니다. 이 땅에 사는 우리는 하나님의 거룩하심에 결코 합당하지 않은 행동을 계속할 것입니다. 그러나 놀랍게도 하나님은 더 이상 점수를 매기시지 않습니다. 하나님은 우리의 죄를 이미 용서하셨습니다.

로마서에 나타난 바울의 강력한 메시지는 죄의 문제에서 끝나지 않습니다. 그리스도로 말미암아 우리가 구원받았음을 하나님께 감사드리는 구절이 강조됩니다. 예수님으로 말미암아 우리는 하나님께 의롭다 인정받았고, 실패하더라도 우리 안에 거하시는 성령께서 생명을 살리는 놀라운 일을 하고 계십니다. 우리는 그리스도와 함께 하나님의 백성이며 하나님의 자녀입니다. 하나님의 영이 우리를 위해 기도하십니다. 그리고 하나님 안에서 우리는 이미 승리자입니다.

이런 말은 바울이 자신의 실패를 고백하면서 늘 하던 말입니다. 우리도 실패할 때마다 반복해야 할 내용입니다. 그렇습니다. 우리는 흠이 많은 사람들입니다. 또한 모든 것을 완벽하게 다 알 수도 없습니다. 그러나 예수님은 실패에 대한 최종 해답이십니다. 그분의 영이 우리가 후회할 때 옆에 계시면서, 침체에 빠진 우리에게 생기를 주고 절망한 우리에게 희망을 불어넣으십니다.

오늘의 묵상

죄를 짓고 후회하며 고민하는 경우가 자주 있습니까?
신앙을 갖고 나서 절망을 느낄 때가 많습니까, 희망을 느낄 때가 많습니까?
죄에 대하여, 그리고 허락하신 새 생명에 대하여 올바른 시각을 갖게 해달라고 기도하십시오.

Peace and Joy; More than Conquerors

다만 이뿐 아니라 우리가 환난 중에도 즐거워하나니
이는 환난은 인내를 인내는 연단을 연단은
소망을 이루는 줄 앎이로다
(롬 5:3-4).

환난 중에도 즐거워함 / 롬 5:1-11; 8:28-39 /

오늘 본문은 우리에게 익숙한 삶의 문제, 고난에 초점을 맞춥니다. 아담과 하와로 인하여 죄가 세상에 들어왔을 때, 고난은 피할 수 없는 현실이 되었습니다. 죄는 하나님과의 단절을 초래했고, 그 결과 온갖 고통이 몰려옵니다. 죄는 또한 이 세상에 악의 자리를 마련해주었고, 예수님께서 다시 오실 때까지 악은 완전히 사라지지 않을 것입니다.

그때까지는 로마서의 이 구절을 마음에 새기며 고난을 극복해가야 합니다. 누구나 고난을 겪습니다. 그러나 권능의 하나님이 죄가 우리에게 끼칠 해악을 선으로 바꾸어주십니다. 고통을 당하는 순간에 이 사실을 믿기가 어려울지 모르나, 이 말씀은 우리가 소망을 두는 마지막 말씀입니다. 시간이 흘러 고난을 뒤돌아볼 때, 그리고 성장하여 하나님에게 더 가까이 나아갈 때, 하나님이 옳다는 것을 깨닫게 됩니다.

고난은 우리 안에 인내와 연단과 소망이 생기게 해줍니다. 우리를 하나님께 더욱 가까이 나아가게 하며 우리를 더 성숙한 사람으로 만듭니다. 처음에는 지극히 절망적으로 보이던 것으로부터 영원한 선을 이끌어내시는 하나님의 능력은 신비입니다. 어디를 가고 무엇을 만나도, 하나님의 사랑이 훨씬 크며 아무것도 우리를 그 사랑에서 끊을 수 없습니다. 우리가 고통 중에 있을 때, 예수님은 하나님의 임재 안에 우리를 붙드시며 끊임없이 기도하십니다.

오늘의 묵상

극심한 고통 중에 선을 이끌어내신 하나님을 경험한 적 있습니까?

Living Sacrifices

너희 몸을 하나님이 기뻐하시는
거룩한 산 제물로 드리라.
이는 너희가 드릴 영적 예배니라
(롬 12:1).

거룩한 산 제물 / 롬 12:1-21 /

많은 사람들이 신학은 수도자들이나 생각할 문제로 여깁니다. 아무 할 일이 없을 때, 그때에야 하나님에 관한 추상적 질문들을 묻게 된다는 것입니다. 그런 사고방식에 대해 들었다면 사도 바울은 격노했을 것입니다. 바울에게 삶의 태도에 변화를 주지 못하는 신학은 아무런 쓸모가 없습니다. 따라서 기독교 신학을 요약하고 정리했다고 볼 수 있는 로마서에서 뒷부분을 일상의 문제에 대한 실제적 토론에 집중 할애합니다.

바울의 삶은 신학을 실제 삶으로 살아낸 훌륭한 본보기입니다. 사실 로마서라는 숭고한 책은 유대인들의 기아 문제를 해결하기 위해 모금을 하려고 여행하는 중에 쓴 것입니다. 예루살렘에 사는 유대인들을 위해 이방의 그리스도인들에게 성금을 받으면서, 바울은 양쪽 부류 모두에게 절실히 필요했던 화합의 모습을 보여주었습니다(고후 8장 참조).

로마서 12장은 별다른 주석이나 설명이 필요 없습니다. 문제는 말씀을 이해하는 것이 아니라 말씀에 따라 사는 것입니다. 바울은 행동으로 나타나는 사랑이 어떤 모습이어야 하는지를 설명하고 있습니다. 다시 한 번 인체의 비유를 이용하여 각 지체가 어떻게 화합을 이루며 함께 일해야 하는지 이야기합니다.

"너희 몸을 하나님이 기뻐하시는 거룩한 산 제물로 드리라"고 촉구합니다. 유대인이나 이방인을 포함한 당대의 로마인들은 제물이라는 단어가 제사장이 제단에서 죽이는 양이나 다른 동물들을 뜻한다고 생각했습니다. 하지만 하나님이 원하시는 것은 죽은 동물이 아니라 살아 있는 인간의 몸이라고 바울이 강조합니다. 하나님의 뜻에 헌신하는 사람은 하나님이 가장 기뻐하시는 제물입니다.

오늘의 묵상

로마서 12장을 일종의 점검표로 활용하십시오. 어떤 명령이 가장 지키기 어렵습니까? 가장 쉬운 명령은 무엇입니까?

Submission to Authorities

각 사람은 위에 있는 권세들에게 복종하라.
권세는 하나님으로부터 나지 않음이 없나니
모든 권세는 다 하나님께서 정하신 바라
(롬 13:1).

세상 권세에 대하여 / 롬 13:1-14 /

그리스도인이 지켜야 할 항목 가운데 바울이 가장 우선으로 강조하는 사랑이 다시 언급됩니다. 핵심 내용이 본문 뒷부분에서 명확히 드러납니다. "남을 사랑하는 자는 율법을 다 이루었느니라." 예수님을 따르는 사람답게 살고, 결코 만족을 주지 못할 세상일에서 만족을 찾지 말라고 합니다.

그런데 본문의 앞부분은 다소 이해가 잘 안 됩니다. 글의 내용으로만 보면, 세상 권세는 하나님의 언약을 받을 만큼 선한 도덕군자들인 것 같습니다. 그 당시의 지도자들은 부도덕한 행위를 일삼으며, 그리스도인들을 수시로 박해하는 이교도들이었습니다. 바울도 이 사실을 잘 알고 있습니다. 그러나 어찌 되었든 복종하라고 말합니다. 그들의 행태가 어떠하든 다스리는 권위를 하나님이 세우셨다는 것입니다.

사도행전에서 베드로와 다른 사도들은 사람보다 하나님께 순종하는 것이 마땅하다고 증언합니다(행 5:29; 4:19 참조). 신앙인이 하나님을 따를 것인가 세상 권세를 따를 것인가의 기로에 선다면 당연히 하나님을 선택해야 합니다. 세상 권위에 대한 복종이 결코 하나님에 대한 불순종으로 이어져서는 안 됩니다. 하나님을 거역해야 하는 경우를 제외하고는 세상 권위에 복종하고 존경하며 내야 할 세금을 내라고 바울은 충고합니다. 어느 정도까지 순종하는 것이 옳은지 확신이 서지 않을 때는 방향을 알려달라고 하나님께 기도로 간구해야 합니다.

오늘의 묵상

당신이 인정할 수 없는 지도자에 대한 불만을 어떻게 다스립니까?

The Weak and the Strong

우리가 다시는 서로 비판하지 말고
도리어 부딪칠 것이니
거칠 것을 형제 앞에 두지 아니하도록 주의하라
(롬 14 : 13).

약한 자와 강한 자

/ 롬 14:1-15:13 /

다른 사람을 사랑한다는 건 사는 모습이 각자 다르다는 걸 인정하는 것이기도 합니다. 어떤 사람은 믿음이 약하거나 미숙하고, 어떤 사람은 믿음이 강합니다. 하나님의 인도하심 안에서 어떤 사람은 이 길로, 다른 사람은 저 길로 인도하십니다. 성경에 나타난 하나님의 기본 명령 안에 사는 한 어떤 한 길만이 옳다고 주장해서는 안 됩니다. 사랑 안에서 신앙인 각자의 삶을 하나님이 주관하시기를 기도하고 하나님과의 관계에 집중하며 각 사람마다 어떻게 살기를 원하시는지 늘 생각해야 합니다. 이렇게 할 때 하나님의 음성을 듣고 따르는 자유가 주어지며, 잘못이 있을 때 하나님이 옳은 길로 인도해주시기를 간구할 수 있습니다.

오늘의 묵상

바울이 여기서 언급한 차이점 가운데 주위의 다른 신앙인들에게서 발견하는 차이점은 무엇입니까? 비판하지 않고 마음을 잘 다스리고 있습니까?

하나님을 위해 나를 사용하기

인생을 어떻게 소비하고 있습니까?

소비라는 단어는 우선 돈과 관련된 문제를 떠올리게 합니다. 우리가 가진 것을 어떤 방법으로 사용할 것인가 하는 문제입니다. 또한 시간과도 관련지어 우리의 시간을 어떻게 쓸 것인가의 문제도 생각합니다. 두 가지 모두 바울이 말한 '산 제물'이 됨에 있어 중요한 문제입니다. 로마서 뒷부분에서 바울은 그리스도인의 믿음은 삶의 모든 면에 영향을 주어야 한다고 강조합니다. 일상의 삶에서 하나님에 대한 사랑이 드러나야 합니다.

과거에 동물 제사는 단순히 형식적인 일이었습니다. 이제 하나님은 산 제물, 사람 자체를 원하십니다. 우리 자신을 내어드릴 때 생각하게 되는 것은 시간, 돈, 그 밖의 모든 것을 어떻게 소비하는가 하는 선택의 문제입니다. "이 세대를 본받지 말라"(롬 12:2)고 바울이 충고합니다. 하나님의 일이 더 중요합니다. 하나님의 뜻을 따르는 것은 하나님을 기쁘시게 하고 우리에게도 더 큰 기쁨을 가져다줍니다. 과거에 우리 자신을 소비하던 방법으로 얻었던 기쁨보다 훨씬 큰 기쁨입니다.

사업가이자 작가인 스티븐 코비는 개인의 시간과 일상을 다루는 법에 대해 이야기합니다. "시간을 소비하는 방법은 시간을 어떻게 생각하느냐, 그리고 우선순위가 무엇이냐에 전적으로 달려 있다." 영적인 관점에서 하는 말은 아니지만, 코비의 주장은 바울의 가르침과 일맥상통합니다. 각자에게 가장 중요한 문제가 시간과 돈과 자기 자신을 소비하는 일의 우선순위를 결정합니다. 하나님이 가장 중요하다면 자기 자신을 하나님을 위해 소비할 것입니다.

그렇다면 하나님은 우리가 어떤 방법으로 그렇게 하기를 원하실까요?

바울이 바로 설명합니다. 자기 자신을 소비하는 방식은 사람마다 다 다르다는 것입니다. 우리는 각 지체로서 그리스도 안에서 한 몸을 이루며 육신의 여러 지체와 같이 각자 다른 기능을 가지고 있습니다. 하나님은 우리에게 저마다 다른 능력과 은사를 주셨습니다. 그것은 바울이 예를 든 것처럼 예언, 섬김, 가르침, 위로, 구제, 다스림, 긍휼 등등 모두 다를 수 있습니다. 하나님은 우리가 세상에서, 그리고 그리스도의 공동체에서 수행할 특별한 역할을 각자에게 주셨습니다. 적어도 한 가지의 능력은 가지고 있기에 그 능력을 하나님이 원하시는 방법으로 소비하도록 노력해야 합니다.

당신은 어떤 능력을 은사로 받았습니까? 자신의 능력에 대해 다른 사람들이 어떤 칭찬을 했습니까? 하나님을 위해, 그리고 다른 사람들을 위해 어떤 일로 자신을 소비할 때 편안함과 생동감을 가장 크게 느낍니까? 이렇게 찾은 능력이 당신의 은사와 가장 관련이 있고, 그 능력은 선택의 기준이 되어야 합니다. 위로의 은사가 있습니까? 그렇다면 텔레비전 드라마로 시간을 낭비하는 대신 상처 입은 친구에게 전화를 걸거나 외로운 이웃을 찾아보십시오. 구제하는 은사를 받았습니까? 자신을 치장할 물건에 돈과 에너지를 소비하지 말고, 다른 사람들의 실질적 필요를 돕는 일에 나서는 것은 어떻습니까?

바울도 하나님도, 당신이 남을 위해 1초도 남김없이 모든 시간을 내어놓기를 원하지 않습니다. 우리 삶의 전반적인 면에서, 휴식하고 즐기며 노는 순간에도, 하나님에 대한 사랑이 우리의 행동에 영향을 미쳐야 합니다.

스티븐 코비가 말합니다. 과거의 습관을 탈피하여 우선순위에 따라 시간을 소비하는 방법을 바꾼다면, 내면에서 끓어오르는 훨씬 더 큰 '긍정'을 느낀다고 합니다. 신앙인의 마음속에 있는 그 긍정은 바로 하나님을 위해 살겠다는 긍정입니다. 일상 속에서 하나님을 경외하며 살겠다는 긍정입니다. 하나님을 위해 우리가 가진 것과 우리 자신을 소비하겠다는 긍정입니다.

오늘의 묵상

당신의 은사가 무엇인지 알고 있습니까? 아직 모른다면, 하나님이 당신을 어떤 사람으로 만드셨는지 이해할 수 있도록 도와달라고 간구하십시오. 은사가 무엇인지 알고 나면, 그에 따라 자신을 소비하며 살겠습니까?
당신의 은사를 사용하여 하나님을 어떻게 경배하기를 원하시는지 기도하며 여쭤보십시오.

Paul before Agrippa

바울이 이같이 변명하매
베스도가 크게 소리 내어 이르되
바울아 네가 미쳤도다. 네 많은 학문이 너를 미치게 한다 하니
(행 26:24).

아그립바 앞에 선 바울 / 행 25:23-26:32 /

바울은 모금한 구제 성금을 직접 전해주기로 마음먹습니다. 동료들이 바울에게 그리스도인들에 대한 박해가 여전히 심하니 예루살렘으로 가지 말라고 간청합니다. 그러나 그는 성령에 매여 가겠다고 고집합니다(행 20:22). 하나님이 그로 하여금 로마에 가서 말씀 전하기를 원하신다는 것과 예루살렘에서 일어날 어떤 재앙도 그 계획을 막을 수 없다는 것을 바울은 확신합니다. 바울이 예루살렘에 도착하자 최악의 사태가 발생합니다. 날조된 죄목으로 체포된 것입니다. 40여 명의 유대교 광신자들이 바울을 죽이기 전에는 먹지도 마시지도 않겠다고 맹세합니다. 예수 그리스도를 전하는 자로서 바울의 명성 때문에 극심한 반란이 일어나므로 그를 보호하기 위해 470명의 로마군 여단이 준비됩니다.

사도행전 마지막 몇 장에는 조금의 두려움도 없는 바울의 담대한 모습

이 그려집니다. 바울이 아우성치는 폭도들에게 당당하게 맞서자, 로마 군인들이 그의 안전을 위해 억지로 자신들 진영으로 끌고 갑니다. 다음 날, 바울은 유대 법정 산헤드린 공회 앞에 섭니다. 유대인들 사이에 분쟁이 심해지자 로마의 천부장은 오히려 유대인들이 그를 찢어 죽일까 봐 염려합니다. 그런 환난 속에서 바울은 주님으로부터 위로의 말씀을 듣습니다. "담대하라. 네가 예루살렘에서 나의 일을 증언한 것 같이 로마에서도 증언하여야 하리라"(행 23:11). 그것이 바울에게 필요한 격려의 전부입니다.

삼엄한 경계와 어둠 덕택에 도시를 무사히 빠져나와 드디어 로마 총독이 사는 궁에 도착합니다. 문제 해결은 아직 요원합니다. 바울의 변론을 다 들은 총독 벨릭스는 유대인들에 대한 정치적 입장을 고려하여 바울을 2년간 감옥에 가둡니다. 그래도 유대인들의 분노는 가라앉지 않습니다. 새 총독 베스도가 부임하자 유대 지도자들은 바울을 죽일 음모를 다시 꾸밉니다. 사도행전에는 재판정에 선 바울이 자신을 변론하는 장면이 세 번 나옵니다. 로마제국의 한 귀퉁이에 사람들 입에 빈번히 오르내리는 죄수가 있으므로, 로마 관리들은 호기심에 차서는 마치 서커스의 막간 쇼를 즐기듯이 그를 데려다가 말하게 합니다. 늘 그렇듯이 바울은 그런 기회를 충분히 활용합니다. 오늘 본문은 가장 출중한 재판관이라고 할 수 있는 아그립바 왕 앞에서 인상 깊은 연설을 하는 바울을 그리고 있습니다. 로마 사람들이 바울을 심문한 결과, 그토록 오래 기다렸던 바울의 로마행이 결정됩니다.

오늘의 묵상

그리스도에 대한 믿음을 반대하는 사람들을 만나면, 그들을 위해 기도하는 편입니까, 아니면 화를 내거나 그들에게 비난을 퍼붓습니까?

Paul Sails for Rome

그러므로 여러분이여 안심하라.
나는 내게 말씀하신 그대로 되리라고
하나님을 믿노라
(행 27:25).

로마로 압송되는 바울 / 행 27:1-44 /

살해 음모, 폭동, 투옥, 부패한 재판정에서 살아남은 바울이 로마로 향하는 중에 새로운 난관에 부딪칩니다. 오늘 본문은 바다 폭풍이 눈앞에서 펼쳐지듯 자세하게 묘사합니다. 10년에 한 번 올까 말까 할 정도로 거센 폭풍입니다.

바울과 동행했던 누가는 그 경험을 자세하고 생생하게 회상합니다. 그는 선상에서 벌어지는 소동을 그림처럼 묘사합니다. 선원들이 요동치는 배 주위를 밧줄로 둘러 감고, 짐과 배의 기구들을 바다에 던져버립니다. 칼을 뽑아든 로마 군인들은 거룻배를 타고 도망치려던 사공들을 막아서고, 죄수들이 도망칠까 봐 눈을 부릅뜨고 지킵니다. 이 난리법석 통에 사도 바울만이 침착한 얼굴로 앞으로 어떤 일이 생길지 말해줍니다. 하나님이 그에게 로마행을 약속하셨고 환상으로 보여주셨습니다. 바울은 배가

산산조각이 나는데도 하나님의 약속을 조금도 의심하지 않습니다.

바울은 과연 굳센 용기를 지닌 사람입니다. 로마의 백부장도 그 사실을 깨닫습니다. 그는 바울에게 특혜를 주며 특별히 보호해줍니다. 폭풍이 가라앉을 무렵, 배에 타고 있던 모든 사람들은 다소 출신의 낯선 죄수의 말을 따릅니다. 바울은 난파하는 배 위에서 유일하게 침착함을 잃지 않았던 사람입니다.

오늘의 묵상

위기가 닥쳤을 때, 보통 당신은 어떻게 반응합니까?

Arrival at Rome

바울이 온 이태를 자기 셋집에 머물면서… 하나님의 나라를 전파하며
주 예수 그리스도에 관한 모든 것을
담대하게 거침없이 가르치더라
(행 28:30-31).

로마에 도착한 바울 / 행 28:1-31 /

이방인 교회의 미래는 하나님이 이방인들을 위해 택하신 사도 바울에게 일어나는 일에 달려 있습니다. 따라서 사도행전의 마지막 몇 장은 명백하게 비극적인 사건들을 하나님이 선으로 바꾸시는 일종의 영적 전쟁을 기록합니다. 바울이 체포되었으나 마침내 로마로 이송되어 갑니다. 배가 난파하지만 모두가 살아남습니다. 독사가 바울의 손을 물었으나 그는 뱀을 털어버리고 치유 사역을 시작합니다.

바울이 그의 최종 목적지 로마에 죄수의 모습으로 도착합니다. 항해 중에 얻은 명성 덕분에 로마 관리들은 바울을 관대하게 대합니다. 그는 일종의 가택연금 상태로 따로 지냅니다. 아마 군인이 상주하면서 바울과 자신의 몸을 사슬로 연결해놓고 감시했을 것입니다. 첫 주에 유대 지도자들을 초청하여 모든 사람이 궁금해하는 기독교 종파에 대해 설명합니다. 그 후

2년을 조용히 머물면서 그가 떠나온 교회들 앞으로 애정이 담긴 편지들을 씁니다.

누가가 로마 법정의 진행 과정을 아주 상세히 기록하고 있기 때문에, 아마도 바울의 변론취지서 용도로 사도행전을 쓴 것이 아닌가 생각하는 사람들이 있습니다. 바울에게 반란을 선동할 의도가 있습니까? 아닙니다. 누가가 신중하게 기록한 대로 바울은 정치적 야망이 전혀 없으며 언제나 로마법을 준수하며 일합니다.

누가는 바울의 운명이 아직 결정되지 않은 상태로 이야기를 끝냅니다. 대부분의 학자들은 바울이 감금 상태에서 풀려나와 새로운 땅으로 전도여행을 떠났을 거라고 추측합니다. 누가는 그 전도여행이나 바울의 재판 결과 등에 대해서는 아무것도 언급하지 않습니다. 시간적으로 동결된 단편적 기억으로 이야기를 끝맺습니다. 바울이 집에 연금된 상태에서 그를 찾아온 모든 사람들에게 말씀을 전했다고 합니다. 바울은 더 이상 청중을 선택할 수 없고 사람들이 그를 찾아와야 합니다. 대 로마제국의 심장부에서 그는 담대하게 새 왕국과 새 왕에 대해 선포합니다. 얼마 후 가이사의 시종들이 회심하게 됩니다. 기독교가 예루살렘에서 로마로 전파되었습니다.

전승에 의하면 몇 년 후 네로 황제가 바울을 처형했다고 합니다. 사도행전의 마지막 구절은 사도 바울의 놀라운 사역에 꼭 알맞은 비문 역할을 합니다.

오늘의 묵상

바울처럼 열악한 상황에서도 최선을 다하려고 노력합니까?

Thanksgiving and Prayer

주 예수 안에서 너희 믿음과 모든 성도를 향한 사랑을 나도 듣고
내가 기도할 때에 기억하며
너희로 말미암아 감사하기를 그치지 아니하고
(엡 1:15-16).

감사와 기도 / 엡 1:15-2:13 /

아이러니하게도 성경 가운데 가장 밝고 희망찬 분위기의 책인 빌립보서, 골로새서, 에베소서 등은 바울이 로마에서 감금되어 있던 기간에 쓴 것입니다. 그럴 만한 이유가 있습니다. 감옥은 바울에게 회고할 수 있는 값진 시간을 제공합니다. 이 도시 저 도시로 여행 다니며 적들의 핍박에 쫓길 필요가 없습니다. 그런대로 안락한 환경에 정착하여 인생의 의미에 대한 숭고한 묵상에 전념할 수 있습니다.

쿠바 감옥에서 14년을 살다나온 사람이 있습니다. 그는 어떻게 올바른 정신 상태를 유지할 수 있었는지 이야기합니다. "가장 힘들었던 것은 무료함이었다. 내 방에는 창문이 없었다. 그래서 나는 방문에 상상의 창문을 하나 만들었다. 마음속에는 계곡에서 물이 떨어지는 아름다운 숲이 보였다. 그런 장면들은 나에게 너무도 실제적이어서 감방 문을 볼 때마다 자연

스럽게 아름다운 숲을 볼 수 있었다."

바울이 연금 상태에서 맞닥뜨리는 단조로움 너머로 자유롭게 흘러가서 무엇을 보았는지 에베소서를 통해 힌트를 얻습니다. 우선 자기가 떠나온 교회들의 영적 성장을 그려봅니다. 그리고 그들에게 더 고귀한 영안이 열리기를 고대합니다. '하나님의 은혜의 지극히 풍성함'을 볼 수 있기를 바라는 것입니다.

에베소서에는 놀라울 정도로 기쁜 소식들이 가득합니다. 그 가운데서 바울은 가장 원대한 질문을 합니다. "이 세상을 향한 하나님의 궁극적 목적은 무엇인가?" 그는 자신의 상황을 뛰어넘어 더 큰 문제, 우주적인 문제로 시야를 넓힙니다. 하나님의 사랑이 계획하는 바를 설명하려고 목청을 높이기 시작하면, 슬프고 음울한 소리는 하나도 스며들지 않습니다.

낙심이 될 때, 하나님이 정말 돌보시는가 하는 회의가 들 때, 혹은 그리스도인이 애써 살아갈 가치가 있는가를 묻고 싶을 때 에베소서는 훌륭한 활력제가 될 것입니다. 에베소서는 모든 사람들에게 가능한 그리스도의 풍성함을 처방해줍니다.

오늘의 묵상

바울의 복음적 메시지 가운데 가장 격려가 되는 것은 무엇입니까?

Paul the Preacher to the Gentiles

모든 성도 중에 지극히 작은 자보다 더 작은 나에게
이 은혜를 주신 것은 측량할 수 없는
그리스도의 풍성함을 이방인에게 전하게 하시고
(엡 3:8).

이방인을 위한 설교자

/ 엡 2:14-3:21 /

에베소 교회 설립 이야기는 바울의 성공담 중 하나입니다. 바울은 세 번째 전도여행에서 소아시아 서부에 위치한 매우 중요한 이 도시를 제일 먼저 방문합니다. 그 당시 에베소는 종교 행사로 매우 유명했습니다. 물론 바울이 전하려는 신앙과는 전혀 상관이 없습니다. 로마 여신 다이아나에 대한 숭배가 에베소 문화의 중심을 이루며, 에베소 사람들은 여신에게 바친 신전을 매우 자랑스럽게 생각합니다. 신전 건물은 고대의 7대 불가사의에 들 정도이고, 안에서는 수백 명의 전문적인 신녀들이 참배객들을 돕습니다.

이런 도시에서 바울은 작은 기독교 공동체가 이미 존재하고 있는 것을 발견합니다. 그들은 세례 요한에 대해 알고 있으나 예수님에 대해서는 잘 모릅니다. 그리고 성령에 관해서는 들어본 적도 없습니다. 바울은 그 후

2년간 이곳에서 유대인과 이방인들에게 설교합니다. 어린 교회가 뿌리를 내리고 곧 말씀이 소아시아 전 지역으로 퍼져갑니다.

에베소에서 전도하는 동안 바울에게 일어나는 놀라운 표적을 보고 마법사와 요술사들이 자신들의 귀중한 두루마리들을 공개적으로 불태웁니다. 이런 종교적 열풍 앞에서 우상 모형을 만들어 상당한 수익을 벌어들이고 있던 에베소 상인들이 결국 바울을 도시 밖으로 쫓아냅니다(행 19장 참조).

대부분의 초대교회처럼 에베소 교회에서도 유대인과 이방인 간의 갈등이 심합니다. 유대 배경을 가진 신앙인들은 우상숭배를 반대하는 관습을 따라 오랜 세월을 살아왔기 때문에, 예전에 우상을 숭배하던 이방인들을 교회 안에 수용하는 것에 강한 거부감을 가지고 있습니다. 오늘 본문은 통일성 문제를 정면으로 다룹니다. 그리스도는 중간에 막힌 담과 장벽을 허무신 위대한 존재라고 소개합니다. 예루살렘의 유대 성전에는 실제로 이방인들이 넘을 수 없는 벽이 있었습니다. 에베소 교회만큼 새로운 공동체의 바람직한 모습을 보여준 초대교회는 없습니다. 하나님과 가장 멀리 있던 우상숭배자들이 선택받은 백성 유대인들과 함께 이 땅에서 하나님의 자녀가 됩니다.

바울에게 유대인들과 이방인들로 구성된 새로운 공동체는 역사적인 기적이며 하나님이 원래 가지고 계신 계획의 종착점입니다. 하나님의 계획이 그렇게 성취되는 것을 보는 순간 경이로움에 끓어오르는 감정을 주체하기 힘들었을 것입니다.

오늘의 묵상

바울 시대에 유대인과 이방인은 분쟁과 다툼을 일삼는 두 파벌이었습니다.
오늘날 그리스도인들을 분리시키는 파벌은 무엇이라고 생각합니까?

Living as Children of the Light

너희가 전에는 어둠이더니
이제는 주 안에서 빛이라.
빛의 자녀들처럼 행하라
(엡 5:8).

빛의 자녀로 살기 / 엡 4:1-5:20 /

오늘 본문은 성경을 읽을 때 자주 접하는 구절입니다. 바울은 신앙인들이 하나 됨을 이루어야 한다고 계속 강조합니다. 그리고 왜 하나 됨이 중요한지, 그리고 함께 성숙해가는 그리스도인들로서 어떤 모습을 보여야 하는지를 설명합니다.

하나님은 신앙인들마다 다른 은사를 주셨으므로 각자가 자기만의 방식으로 다른 사람들을 섬기며 예수님과 함께 모두 하나 됨을 이루어 같이 성숙할 수 있습니다. 성장 과정은 매순간 살아가는 모습에서 드러납니다. "그런즉 너희가 어떻게 행할지를 자세히 주의하라"고 바울이 간절히 촉구합니다. 우리는 빛의 자녀들이고 그 빛은 우리 행동을 통해 빛날 것입니다.

이야기하는 주제와 태도, 욕망을 다스리는 방법, 가까이 사귀는 친구들,

화를 다스리는 습관, 우리 마음속을 채우는 생각들, 이 모든 것이 다 중요합니다. 우리가 누구인지를 드러내기 때문입니다. 예수님에게 속한 사람이라면, 매일 예수님을 닮아가는 성화의 과정 속에서 하나님을 위해 살기를 원합니다. 삶의 태도에 있어 어떤 선택을 할지를 가볍게 생각한다면 그런 변화는 일어나지 않습니다.

신앙인으로서 우리는 옛 사람을 벗어버리고 하나님을 따라 지으심을 받은 새 사람을 입어야 합니다. 이것이 우리의 기도가 될 때, 하나님은 삶의 태도를 올바로 갖추도록 도와주시고, 또 그런 태도로 살아가도록 권고하십니다.

오늘의 묵상

나의 행동이 하나님을 기쁘시게 할까 하는 생각을 얼마나 자주 합니까?
매일매일 예수님을 더욱 닮아가도록 늘 그렇게 기도하십시오.

Fixing Broken Love / 깊이 생각하기 /

깨어진 사랑 회복하기

가정이 파괴되고 관계가 틀어지고 사랑의 개념이 깨진 현대 사회에서 바울의 기도는 대부분의 사람들이 자신과 다른 사람들을 위해 드려야 할 기도입니다. 바울이 말합니다.

> 이러므로 내가 하늘과 땅에 있는 각 족속에게 이름을 주신 아버지 앞에 무릎을 꿇고 비노니 그의 영광의 풍성함을 따라 그의 성령으로 말미암아 너희 속사람을 능력으로 강건하게 하시오며 믿음으로 말미암아 그리스도께서 너희 마음에 계시게 하시옵고 너희가 사랑 가운데서 뿌리가 박히고 터가 굳어져서 능히 모든 성도와 함께 지식에 넘치는 그리스도의 사랑을 알고 그 너비와 길이와 높이와 깊이가 어떠함을 깨달아 하나님의 모든 충만하신 것으로 너희에게 충만하게 하시기를 구하노라. 우리 가운데서 역

사하시는 능력대로 우리가 구하거나 생각하는 모든 것에 더 넘치도록 능히 하실 이에게 교회 안에서와 그리스도 예수 안에서 영광이 대대로 영원 무궁하기를 원하노라. 아멘(엡 3:14-21).

영국의 시인 새뮤얼 테일러 콜리지는 에베소서를 인간이 쓴 가장 신적인 작품이라고 말했습니다. 사실 바울의 표현이 너무 신적이어서 군데군데 이해하기 어려운 부분들이 있습니다. 그러나 한 가지는 명확합니다. 그가 사랑에 관한 메시지를 전하고 있다는 것입니다.

그는 사랑에 뿌리를 내리고 설 것을 촉구합니다. 그것이 우리를 향한 예수님의 사랑을 이해할 수 있는 길입니다. 소아과 의사 프레더릭 버크 박사는 사람이 사랑을 할 수 있으려면 어린 시절이 중요하다고 말합니다. "부모의 사랑하는 손길과 따스한 품에 대한 어린 시절의 경험이 분명 어린이의 마음에 각인된다고 믿습니다. 물론 기억으로 남지는 않아도 어린이의 자아 형성과 청소년기 성장에 지대한 영향을 미칩니다."

어린 시절 신체적 접촉을 통한 사랑을 받지 못했을 수도 있고, 정서적 문제를 겪었을지도 모릅니다. 사랑이라는 말을 들을 때, 신뢰가 가지 않거나 자신은 사랑받을 가능성이 없다고 생각했을지 모릅니다. 성인이 된 후에 받은 사랑의 상처가 있을 수도 있습니다. 사랑에 주린 사람들은 뿌리와 기초가 튼튼한 사랑을 다른 곳으로부터 받아야 합니다. 기초가 튼튼한 사랑을 경험하지 못했던 사람들이 신앙 공동체에서 신뢰할 수 있는 사랑을 경험합니다. 그러나 궁극적으로는 오직 예수님 안에서 우리에게 필요한 사랑의 충만함을 발견합니다. 바울은 예수님의 사랑을 넓고 높고 깊은 사랑이라고 묘사합니다. 지식에 넘치는 사랑입니다. 예수님의 사랑이 무한한 것을 알면 하나님의 충만하심을 경험합니다. 이때 우리의 삶이 충족됩니다.

바울은 처음 시작했을 때처럼 하나님의 능력을 언급하며 기도를 끝맺습니다. 불완전한 사랑이 남긴 상처를 되돌아볼 때 변화에 대한 모든 희망이 불가능하게 여겨집니다. 하지만 하나님의 사랑이 부족한 경우는 결코 없습니다. 성경이 말하는 최고의 약속이 바울의 맺음말에 들어 있습니다. "우리가 구하거나 생각하는 모든 것에 더 넘치도록 능히 하실 이에게…." 하나님은 풍성하고 충만한 사랑으로 우리를 채우시므로, 우리는 굶주리거나 상처받거나 화를 내지 않습니다. 깨어진 과거가 남긴 상처를 고쳐주시고 우리의 새로운 미래를 위해 역사하십니다. 냉소적인 태도로 체념하며 살 필요가 없습니다. 우리를 생명으로 채워주시는 사랑은 실제입니다. 하나님의 능력이 우리 안에서 그것을 가능하게 하십니다.

오늘의 묵상

관계에서 상처를 받은 경험이 있습니까? 하나님의 사랑이든 사람의 사랑이든, 사랑을 신뢰할 수 있을지 회의가 듭니까? 바울의 기도를 깊이 묵상하며 실패한 사랑의 상처에 대해 하나님과 이야기하십시오. 그리스도의 사랑을 경험하도록 도와달라고 간구하십시오.

Submit to One Another

그리스도를 경외함으로
피차 복종하라
(엡 5:21).

서로 복종하라 / 엡 5:21-6:20 /

바울은 신학 이론을 정리한 뒤 함께 살아가는 신앙인들 사이의 관계가 어떤 모습이어야 하는지 세부적으로 설명합니다. 전체적으로는 "그리스도를 경외함으로 피차 복종하라"는 말로 시작합니다. 이 땅에 사시는 동안 예수님은 자발적 복종, 즉 다른 사람들을 섬기는 자세로 사셨습니다. 그와 마찬가지로 우리는 서로에게 복종해야 합니다. 그리스도께서 우리를 통해 사시게 하면서 다른 사람들을 섬겨야 합니다.

바울은 우선 결혼에 대해 이야기합니다. 결혼에 관한 이 구절이 기록된 이후 수많은 사람들에게 혼란과 분노를 일으켰습니다. 하지만 그 내용은 하나님의 뜻이기에 그 구절들에는 예수님이 지상에서 가르치셨던 교훈들이 반영됩니다. 바울은 남편과 아내 모두 서로를 희생적으로 사랑하라고 권면합니다. 상호 복종은 한 사람이 상대방에게 굴종하라는 뜻이 아닙니다. 각자 상대방을 섬기겠다는 마음으로 상대의 필요를 먼저 생각하라는 뜻입니다.

아내들에게는 모든 교회가 주님께 자발적으로 복종하듯이 남편에게 복종하라고 권면합니다. 그리스도를 등장시키는 것은 사랑의 관계에서 우러나오는 자발적 섬김을 강조하기 위해서입니다. 천대받는 비굴한 종의 복종을 뜻하는 것이 결코 아닙니다. 또한 남편들에게는 그리스도가 교회를 사랑하셨듯이, 그리고 그들을 구속하기 위해 자신의 생명을 내어주셨듯이 아내를 사랑하라고 합니다. 예수님보다 더 깊이 사랑하고 더 겸손하게 섬긴 이가 없습니다. 바로 이것이 남편들에게 바라는 성품입니다.

자녀들은 부모에게 순종하고 공경하며, 부모는 자녀들이 하나님을 알도록 양육하라고 합니다. 노예가 있던 시절이므로 종들에게도 교훈을 줍니다. 그들에게도 사랑, 순종, 존경의 법칙이 해당된다는 것을 가르칩니다. 바울은 노예제도를 긍정적으로 생각하지 않습니다. 하지만 노예로 현실을 살고 있는 신앙인들을 위해 실질적인 충고를 해주는 것입니다.

바울은 에베소 교인들이 앞으로 겪을 영적 전쟁에 대한 경고로 편지를 마칩니다. 예수님처럼 살기 위해서 자기 자신하고만 싸우는 것이 아닙니다. 우리를 하나님으로부터, 그리고 서로에게서 떼어놓으려는 사탄의 세력과 싸워야 합니다. 이 싸움은 충분히 이길 수 있는 전쟁입니다. 바울은 어떻게 싸워야 할지를 말해줍니다.

오늘의 묵상

다른 사람에게 순종하거나 섬기는 것을 힘들어합니까? 무엇 때문에 그렇습니까?

The Supremacy of Christ

그는 보이지 아니하는
하나님의 형상이시요
모든 피조물보다 먼저 나신 이시니
(골 1:15).

만물의 으뜸이신 그리스도 / 골 1:1-2:5 /

골로새서는 에베소서와 아주 유사합니다. 에베소서 내용의 절반 정도가 골로새서와 중복됩니다. 두 도시는 인접해 있었고, 바울이 에베소에 머무는 동안 회심한 어떤 그리스도인이 골로새에 복음을 전파했습니다. 바울이 직접 골로새를 방문한 적은 없습니다. 다만 이 편지를 보내 명성으로만 바울을 알고 있는 골로새 교인들에게 교훈을 주려 합니다.

바울은 골로새 교인들의 영적 성장을 하나님께 감사드리며 낙관적인 어조로 편지를 시작합니다. 그러나 그 교회에 스며든 교리적 오류를 지적합니다. 지금 사용되는 단어로 표현하면 '사이비 종교'가 가장 적절할 것입니다. 골로새 교회에 널리 퍼져 있던 잘못된 교리 중에는 여러 가지 신비주의적 믿음이 혼합된 기독교 교리들도 포함됩니다.

1세기경 동방의 주요 무역로에 위치한 골로새는 사이비 종교가 양산되는 곳이었습니다. 유대인들조차 천사들이나 강江의 혼령들을 섬깁니다. 이런 사이비 종교들은 예수 그리스도를 전적으로 부인하지 않습니다. 교묘하게 자기들의 교리에 그리스도를 섞어놓습니다. 초신자 단계에서는 기독교 예배로 충분하지만 하나님과 더 깊은 관계를 맺기 위해서는 예배 이상의 단계가 필요하다고 가르칩니다.

바울은 사이비 종교의 개념 하나하나를 일일이 공격하는 대신 확고한 신학을 더욱 강조합니다. "그리스도로 족하다"라고 그는 선포합니다. 그리스도는 하나님이시며 하나님의 모든 충만하심이시며 세상을 만드셨으며 만물을 존재케 하는 이유입니다. 사람들이 구하는 모든 신비와 보화와 지혜가 육신으로 오신 예수 그리스도께 있습니다. 다른 곳에서 찾을 필요가 없습니다. 15절에서 시작되는 구절은 하늘의 진리를 노련하게 요약한 부분으로 초대교회에서 찬송으로 쓰였을 것입니다.

바울은 에베소 교인들에게 말했던 대로 골로새 교인들에게 이야기합니다. 그리스도가 오시기 전 수세기 동안 하나님의 비밀이 감추어져 있었습니다. 그러나 그리스도가 오심으로써 모든 것이 드러났습니다. 완전하신 하나님이 이 땅에 사셨고, 죽으셨으며, 부활하시어 사람들 앞에 나타나셨습니다. 가짜에 의존해야 할 이유가 무엇입니까?

오늘의 묵상

그럴듯한 주장으로 당신을 현혹하려는 사람이 있었습니까?

Rules for Holy Living

무슨 일을 하든지
마음을 다하여 주께 하듯 하고
사람에게 하듯 하지 말라
(골 3:23).

거룩한 삶을 위한 규칙 / 골 3:1-25 /

바울이 에베소 교회에 보낸 것과 비슷한 내용의 메시지를 골로새 교회의 편지에도 쓰고 있습니다. 그리스도에게 속한 사람으로서 어떻게 거룩하게 살아야 하는지를 충고합니다. 각각의 교훈을 간략히 쓰고 나서 결론적으로 모든 신앙인들을 향하여 권면합니다. 일상에서 일을 할 때나, 하나님이 원하시는 바대로 살려고 노력할 때 우리가 취해야 할 태도를 설명합니다. "무슨 일을 하든지 마음을 다하여 주께 하듯 하고 사람에게 하듯 하지 말라. 이는 기업의 상을 주께 받을 줄 아나니 너희는 주 그리스도를 섬기느니라."

오늘의 묵상

사람이 아니라 주님을 위해 일한다는 생각을 특별히 상기해야 할 때는 언제입니까?

Fighting a Spiritual War / 깊이 생각하기 /

영적 전쟁

어렸을 때 주일학교에서 즐겨 부르던 유명한 찬송이 있습니다. 〈믿는 사람들은 주의 군사니〉입니다. 이렇게 시작합니다.

믿는 사람들은 주의 군사니
앞서가신 주를 따라 갑시다
우리 대장 예수 기를 들고서
접전하는 곳에 가신 것 보라

어린 시절 저는 이 찬송을 좋아했습니다. 어떤 때는 방안을 돌며 그리스도의 깃발을 들고 예수님의 군대가 되었다는 상상을 하며 행진하곤 했습니다. 그것은 전쟁의 실체를 전혀 모를 때의 일이었습니다. 그때는 전쟁이 공상 속의 장면, 노래 가사가 맴도는 희미한 환상 같은 것이었습니다.

어린 시절 불렀던 그 찬송가에 대한 나의 감정이 지금은 변했습니다. 과거에 그렇게 좋아했던 승전의 찬송을 부르기에는 평화를 너무 사랑하게 되었습니다. 이제는 사랑에 대한 찬송을 더 좋아합니다. 선한 것, 가능성 있는 것을 보는 눈으로 인생을 보게 되었습니다. 의견이 맞지 않는 사람들의 입장에서 생각할 줄도 알게 되었습니다.

한편, 그 찬송가 가사의 진정한 의미와 전쟁에 대한 성경적 해석에 대해서도 새롭게 깨달았습니다. 전쟁은 사람들에게 맞서는 것이기보다는 이 세상 너머의 보이지 않는 영역에서 사납게 날뛰는 악의 세력과 맞서는 것입니다. 사탄이 조종하는 그런 악은 사람들과 하나님께 속한 것들을 파멸시키는 일에 집중합니다.

바울은 결코 이 전투를 간과하지 않았습니다. 그는 에베소서에서 다음과 같이 말합니다. "마귀의 간계를 능히 대적하기 위하여 하나님의 전신 갑주를 입으라. 우리의 씨름은 혈과 육을 상대하는 것이 아니요 통치자들과 권세들과 이 어둠의 세상 주관자들과 하늘에 있는 악의 영들을 상대함이라"(엡 6:11-12). 우리가 마주치는 고난과 유혹은 죄와 연약함 때문이라고 흔히들 생각합니다. 단호한 태도와 강한 의지로만 극복할 수 있다고 믿습니다. 바울은 이런 생각에 한 가지 요소가 빠졌다는 것을 지적합니다. 우리에게 대항하는 영적 세력이 실제로 존재한다는 사실입니다. 우리들은 단순히 우리들끼리 싸우는 것이 아닙니다. 우리가 싸우고 있는 상대는 사탄과 그의 하수들입니다.

바울은 신앙인들이 전투에 나가기 위해 필요한 전신 갑주, 즉 진리, 의, 평안, 믿음, 구원, 성령, 하나님의 말씀 등을 언급하고 나서, 기도를 하되 자신만을 위해서가 아니라 서로를 위해서 기도하라고 권면합니다. 일단 전투가 일어나면, 우리 편이신 분과 끊임없이 접촉해야 합니다. 우리가 겪는 모든 싸움을 싸워주실 분이 필요하며 더 힘을 내려면 주변 사람들의 중보기도가 필요합니다.

바울은 그가 사랑하는 교회를 위해 이런 기도를 해준 한 신앙인을 언급합니다. 바울은 골로새서에서 죄수였던 에바브라가 골로새 교인들을 위해 항상 애써 기도하였다고 기록합니다. 에바브라와 바울은 둘 다 지상에서, 그리고 영의 영역에서 대적들과 마주쳤을 때 악의 세력을 알아보았고 사랑하는 사람들의 전투를 함께 싸우며 도왔습니다.

아직도 〈믿는 사람들은 주의 군사니〉를 부르는 사람들은 어린이의 관점에서 접근하는 편이 좋을 것입니다. 하지만 지상에서의 전투가 아니라 그 너머 다른 영역의 전투를 벌인다고 생각해야 합니다. 우리는 자기 자신뿐 아니라 다른 사람 모두를 위해서 어린이에 못지않은 열정으로 노래해야 합니다. 전투는 실제입니다. 그것은 하나님의 전투입니다. 마르틴 루터가 쓴 찬송가 가사처럼 "하나님은 반드시 승리하십니다."

오늘의 묵상

영적 전쟁의 실체와 맞설 준비가 되어 있습니까? 하나님의 도우심이 필요하다는 것을 말씀드리십시오.
지금 영적 전쟁을 치르고 있는 친구나 가족이 있다면 그들을 위해서 기도하십시오.
우리에게 맞서는 그 어떤 세력보다 하나님께 더 큰 능력이 있는 것에 감사하십시오.

Paul's Plea for Onesimus

이 후로는 종과 같이 대하지 아니하고
종 이상으로
곧 사랑받는 형제로 둘 자라
(몬 1:16).

오네시모를 위한 탄원 / 몬 1-25 /

신약에는 바울이 개인에게 보내는 서신서 4권이 들어 있습니다. 빌레몬서, 디도서, 그리고 디모데서전서와 후서입니다. 이 가운데 빌레몬서는 가장 짧으면서도 가장 사적인 글입니다. 바울은 친구에게 호의를 베풀어주라고 호소합니다. 경각에 달린 한 사람의 목숨을 구하는 일입니다.

그 당시 대부분의 존경받는 시민들은 노예를 거느렸습니다. 빌레몬 역시 노예를 소유하고 있습니다. 역사가들은 로마제국에 약 6,000만 명에 달하는 노예가 있었다고 추정합니다. 빌레몬의 노예 중에 오네시모라는 자가 주인의 돈을 훔쳐서 로마로 도망쳤습니다. 그곳에서 바울을 만났고 그리스도인이 되었습니다.

그리스도인이 된 노예 오네시모는 주인에게 훔친 돈을 배상해야 한다는 부담을 느낍니다. 자기 잘못을 뉘우친 것입니다. 하지만 도망친 노예를 처벌하는 로마법은 매우 엄격합니다. 오네시모가 돌아가면, 주인 빌레몬은 그를 즉시 처형하라는 명령을 내릴 수도 있습니다. 아니면 도망자를 뜻하는 'F' 라는 글자를 이마에 인두로 새기고 평생을 살아야 합니다.

사도 바울은 빌레몬에게 자신이 할 수 있는 최대의 영향력을 발휘하기로 합니다. 설득과 외교의 걸작품이라 할 만한 이 짧은 편지가 그 결과입니다. 빌레몬서의 구절 하나하나가 최대한 효과를 발휘하도록 세심하게 쓰인 것 같습니다. 바울은 빌레몬의 우정, 기독교 지도자로서의 지위, 사랑과 연민의 감정에 호소합니다. 그러다가 "네 자신이 내게 빚진 것"은 이라는 말로 빌레몬에게 은근한 압력을 가합니다. 오네시모의 빚을 갚아주겠다는 제안도 합니다.

바울은 노예제도 완전 폐지를 주장하지 않습니다. 그런 주장은 로마제국의 경제적 기초를 위협하는 것이고, 신생 교회에 대한 로마의 파괴적 압박을 불러올 수도 있습니다. 이 편지가 쓰인 이후 약 1,800년 동안 노예제도는 계속 유지됩니다. 그러나 이 짧은 빌레몬서는 신앙이 노예제도에 대해 의미 있는 영향을 끼쳤음을 보여줍니다.

오네시모는 그리스도인으로서 양심의 가책을 느끼고 주인에게 돌아가겠다는 위험한 결심을 합니다. 바울은 노예의 주인에게 그를 영접하기를 내게 하듯 해달라고 간청함으로써 또 하나의 기적을 구합니다. 이제 오네시모는 소유물이 아니라 그리스도인 형제입니다. 그 당시 문화에서 이런 태도는 사회적으로 큰 도전이었습니다.

오늘의 묵상

서로 입장이 다른 당사자들 사이에서 중재자 역할을 했던 경험이 있습니까?

What Must be Taught to Various Groups

너는 이 여러 것에 대하여 굳세게 말하라.
이는 하나님을 믿는 자들로 하여금 조심하여
선한 일을 힘쓰게 하려 함이라
(딛 3:8).

각 그룹에 필요한 가르침 / 딛 2:1-3:8 /

젊은 시절 혈기가 넘쳤던 바울은 저 멀리 근동 지방 구석까지 복음의 메시지를 직접 전하러 갔습니다. 그러나 나이가 들고 건강에도 문제가 생겨 사역의 속도가 느려졌고, 말년에는 여러 해를 감옥에서 보냈습니다. 점차 그의 사역을 성실한 동역자들에게 넘깁니다.

디도라는 이름이 바울 서신에 열네 번 나옵니다. 갈라디아서는 이방인도 얼마든지 그리스도인으로서 완전히 수용될 수 있음을 입증하는 확실한 증거로 디도를 소개합니다(갈 2:1-5 참조). 바울은 10년 이상을 디도의 신실한 동역에 의지합니다. 디도는 특히 위기에 처한 교회에서 수완을 발휘합니다. 그는 소란스런 고린도 교회 문제를 처리할 임무를 띠고 두 번이나 파송됩니다. 이 편지를 통해 그레데에서도 그런 도전적 임무를 맡았다는 것을 알 수 있습니다. 바울은 어려운 일들을 처리하는 방법에 대해 개인적 지침을 알려주고 있습니다.

지중해의 섬 그레데에는 여러 인종이 섞여 삽니다. 외부 세계에 대한 소식은 주로 해적이나 선원들을 통해서 듣습니다. 바울 서신의 행간을 읽어보면, 디도가 그레데에서 직면한 도전이 어떠했을지 짐작할 수 있습니다. 예를 들어 나이 많은 남자들에게 "절제하며 경건하며 신중하라"는 바울의 충고는 그들의 평소 모습을 짐작케 합니다. 또한 여자들에게는 "모함하지 말며 많은 술의 종이 되지 말라"고 충고합니다. 이 섬 출신의 어떤 시인은 그레데인에 대해 "항상 거짓말쟁이이며 악한 짐승이며 배만 위하는 게으름뱅이"(딛 1:12)라고 표현했습니다.

새로운 현상으로 등장한 교회가 외부 세계의 면밀한 조사 대상이 되리라는 것을 바울은 늘 염두에 두고 있습니다. 디도서에서 바울은 교회를 구성하는 여러 그룹들이 그들을 주시하고 있는 외부 세계에 훌륭한 본이 될 방법을 가르칩니다. 그 목적은 "대적하는 자로 하여금 부끄러워 우리를 악하다 할 것이 없게 하려 함"입니다.

오늘의 묵상

다양한 그룹들에게 준 바울의 충고 가운데 자신에게 가장 직접적으로 적용되는 교훈은 무엇입니까?

Overseers and Deacons

감독은 책망할 것이 없으며
한 아내의 남편이 되며 절제하며 신중하며 단정하며
나그네를 대접하며 가르치기를 잘하며
(딤전 3:2).

감독과 집사 / 딤전 1:1-3:8 /

교회 내에서 여성들의 역할은 사회복지사업, 성금 모금하기, 사회와 그리스도인의 관계 형성, 물품 구비, 예배 진행 등등을 들 수 있습니다. 이런 목록은 마치 오늘날의 교회가 힘쓰는 의제를 나열한 것 같습니다. 그러나 사도 바울은 이미 1세기 경 이런 주제들을 다루고 있습니다. 예수님이 지상에 사시다 돌아가신 지 불과 몇 십 년 지났을 때입니다.

디모데전서에서 다룬 문제들은 한 마디로 성장통입니다. 예를 들어 신앙인들이 동정심으로 불쌍한 과부를 도와줄 수 있습니다. 하지만 후원에 의존하려는 사고방식을 가진 사람들은 과부들의 명단을 보고 가족 부양의 재정적 부담을 피할 수 있는 지름길이라고 생각합니다. 바울은 정말로 도움이 필요한 진짜 과부들을 가려내어 등록 명부를 만들도록 지침을 줍니다.

이와 같은 사안들은 디모데가 목회를 하는 에베소 교회에서도 문제가 됩니다. 교회는 이 세속적인 도시로부터 받는 격렬한 반대에도 불구하고 계속 성장하고 번성했습니다. 바울이 에베소에 보낸 서신은 행복한 편지였습니다. 그러나 바울이 에베소를 방문한 지 거의 10년이 흐른 지금, 몇 가지 문제가 발생합니다. 어느 정도 오래된 교회가 조직을 강화하고 예배와 구제 프로그램에 대한 질서를 확립해야 할 시기가 된 것입니다. 그렇게 하지 않으면 그들은 끊임없는 분쟁과 다툼으로 표류하게 됩니다.

바울은 그런 달갑지 않은 일을 가장 신뢰하는 동역자 디모데에게 부탁합니다. 1차 전도여행에서 회심한 디모데는 바울과 성격 차이가 크게 나는데도 바울의 전적인 신뢰를 얻을 만큼 충분한 시간을 함께했습니다. 디모데는 내성적이고 소심한 성격을 가졌는데, 아마 그로 인해 만성 위장병을 앓게 되었는지도 모릅니다. 성격은 소심하고 혈통으로는 유대인과 이방인의 피가 반반인 디모데는 말썽 많은 교회에서 이교도들과 맞서 싸울 사람으로 적합하지 않다고 볼 수 있습니다. 하지만 바울은 디모데가 그 일을 할 수 있다고 확신합니다.

"나에게는 이런 사람이 다시 없다"고 바울이 말합니다. "자식이 아버지에게 함같이 나와 함께 복음을 위하여 수고하였느니라"(빌 2:22). 방해, 폭동, 심지어 투옥 등의 사건을 겪으면서도 디모데는 충성스럽게 바울과 동행했습니다. 바울 서신 중 여섯 개의 서신이 디모데가 자신과 함께 있다는 소식으로 시작합니다. 위가 약하고 성격이 소심했던 디모데였지만, 바울에게 자신의 용기와 열정을 여러 번 증명했습니다. 바울은 어려운 임무를 맡은 그를 격려하고자 이 편지를 씁니다.

오늘의 묵상

당신은 섬김을 어렵게 느끼는 성격입니까?

믿음의 지체들

많은 신앙인들이 교회 일에 참여하는 것을 선택이라고 생각합니다. 그런 사람들은 작은 모임을 통해 몇몇 그리스도인 친구들과 교제하는 것에 만족하며, 더 이상 교회 안에서 관계를 확장해나가는 것을 꺼립니다. 어쩌면 지금 현재, 교회가 그들에게는 생활의 일부가 아닐지도 모릅니다. 바울이 생각하기에 신앙인들이 생각해야 할 문제는 교회에 속했느냐가 아니라 어떻게 참여할 것인가, 그리고 교회 생활을 어떻게 효과적으로 할 것인가 입니다. 바울은 신앙인들이 서로에게 영향을 미쳐야 한다고 이야기합니다.

오늘날의 문화 속에서는 그리스도의 지체, 혹은 그리스도의 가족과 연합하는 것이 특별한 도전입니다. 다른 그리스도인들과 관계를 맺는 것은 서로 간에 존재하는 커다란 차이 때문에 당혹감을 주는 제안이 될 수 있습니다. 또한 우리들은 지난 세대들보다 더 고립적으로 사는 경향이 큽니다. 흔히 자신과 비슷한 친구들로 이루어진 소규모 모임을 고집하지만 그나마 시간에 쫓겨 그들과 자주 만나지도 못합니다.

디도가 그레데 섬에서 목회하던 교회도 여러 가지 문제에 직면했습니다. 교인들은 서로에게 교회가 되는 것의 전통적 의미를 잘 몰랐습니다. 그들에게는 개인적인 영적 삶 자체가 도전이었습니다. 디도서에서 바울이 신앙인들에게 말하고자 하는 것은 각자는 서로에게 줄 수 있는 무엇인가를 가지고 있으며 그것은 자신에게 부담이 아니라 도움이 된다는 것입니다. 교회 안에서 나와 다른 신앙인들과 맺는 관계는 삶을 더욱 풍성하게 하며 더욱 의미 있게 채워줄 수 있습니다.

바울이 언급하는 바른 교훈은 관계를 맺는 데 필요한 첫걸음입니다(딛 2:1). 그 다음에는 모든 신앙인들이 절제하고 경건하며 친절하고 성실해야 합니다. 약간의 차이점들은 지체의 다양함으로 인정될 수 있지만, 성품 면에서는 모두가 같은 목표를 추구해야 합니다.

더 나아가서 세대 간의 다른 점도 수용할 수 있어야 합니다. 젊은 여자들에게는 나이 든 여자들이 필요합니다. 젊은 남자들에게는 나이 든 남자들이 필요합니다. 나이가 든 신앙인들은 젊은이들에게 역할 모델이 되어야 하고 그들을 격려해줄 책임이 있습니다. 그렇게 하지 않을 때 교회는 혼란을 겪을 것입니다. 젊은 세대는 올바르게 사는 가장 좋은 방법을 자기 나름대로 판단하려 할 것이고, 나이 든 세대는 자신의 전성기는 지나가고 이제는 불필요한 존재가 되었다고 느낄 것입니다.

"그들은 나를 이해하지 못해"라고 다른 교인들에 대해 항변하기도 합니다. "그들과 가까워질 수 없어. 우리는 서로 친해질 수 없어."

나치 지배 당시 지하교회 목사였던 디트리히 본회퍼는 예수님이 일으키신 관계 변화에 대해 다음과 같이 기술합니다. "그리스도는 중재자가 되셨고 하나님과 인간 사이에 화해를 이루셨습니다. 그리스도가 없다면 우리는 하나님을 알지 못하고 하나님께 간구하지 못하며 하나님께 나아가지도 못합니다. 또한 그리스도가 없다면 우리는 우리 형제를 알지 못하고 그에게 다가가지도 못합니다. 그 길은 자아로 막혀 있기 때문입니다. 그리스도는 하나님께, 그리고 형제에게 가는 길을 열어놓으셨습니다. 이제 그리스도인들은 서로 화목하게 공동생활을 할 수 있습니다. 서로를 사랑하고 섬길 수 있습니다. 하나가 될 수 있습니다. 그러나 오직 예수 그리스도를 통해서만 계속 그렇게 할 수 있습니다."

자연 세계에서는 다른 세대나 다른 인종과 좋은 관계를 맺기가 쉽지 않습니다. 그러나 예수님께서 그것을 변화시키십니다. 도전은 여전히 존재하지만 예수님은 예상하지 못하는 방법으로, 영혼을 채우는 방법으로 우리를 연결시키십니다. 나와 다른 사람들을 통해서 예수님을 만나고 삶이 더욱 풍성해지며 관계도 더 건강해집니다. 예수님은 우리를 한 가족으로 만드십니다.

오늘의 묵상

당신 삶에서 교회의 역할은 얼마나 큽니까?
세대가 다른 교인들, 혹은 사회적, 경제적 배경과 인종이 다른 교인들과 정기적으로 접촉하고 있습니까?
교회와 관련하여 겪고 있는 문제들에 대해 기도하십시오. 당신의 부족함을 스스로 이해하게 하시고, 다른 신앙인들과의 만남을 통해 그 문제들을 해결할 방법을 찾도록 도와달라고 간구하십시오.

Love of Money

부하려 하는 자들은
시험과 올무와 여러 가지 어리석고 해로운 욕심에 떨어지나니
곧 사람으로 파멸과 멸망에 빠지게 하는 것이라
(딤전 6:9).

돈에 대한 사랑 / 딤전 6:3-21 /

돈은 모든 신앙인들에게 위험한 유혹이 된다고 바울이 경고합니다. 돈 자체가 본질적으로 악은 아닙니다. 누구나 생존을 위해서 돈이 필요합니다. 그러나 음식을 사랑하는 것처럼, 돈을 사랑하는 것도 절제가 필요합니다. 돈의 미혹은 하나님에 대한 추구를 접게 하고, 겉으로만 매력적일 뿐 실체는 아무 가치도 없는 헛된 것을 추구하게 만듭니다. 사탄은 돈을 이용하여 우리로 하여금 하나님으로부터 멀어지게 하고, 하나님나라에서는 아무 쓸모없을 것들에 생각과 시간과 에너지를 낭비하게 만듭니다.

예수님은 돈에 관하여 자주 말씀하셨습니다. "내가 진실로 너희에게 이르노니 부자는 천국에 들어가기가 어려우니라"(마 19:23)라고 하셨고, "너희가 하나님과 재물을 겸하여 섬기지 못하느니라"(마 6:24)라고도 하셨습니다. 사람들의 통장 잔고보다 그들의 마음을 더 염려하셨던 예수님은 하

나님께 드려야 할 사랑을 빼앗아 가는 것이 돈이라는 사실을 알고 계셨습니다. 돈은 사람의 영혼을 파산시킬 수 있습니다. 안전과 만족과 명예를 약속하지만 결국은 공허만을 남길 뿐입니다. 가진 돈이 많든 적든 하나님이 상관하시는 것은 마음입니다. 하나님께 집중하며 다른 모든 것들에 대해서는 관대하게 대하는 마음만이 하나님과의 관계를 충만하게 합니다.

"사람의 생명이 그 소유의 넉넉한 데 있지 아니하니라"(눅 12:15). 예수님의 말씀과 바울의 충고는 신앙인으로서 우리가 명심해야 할 사랑에 대한 통찰력을 제시합니다. 우리가 무엇을 가졌는가는 우리가 누구인가와 아무 관계가 없습니다. 역사상 가장 현명하고 가장 부유했던 솔로몬이 말했습니다. "은을 사랑하는 자는 은으로 만족하지 못하고 풍요를 사랑하는 자는 소득으로 만족하지 아니하나니 이것도 헛되도다"(전 5:10). 하나님이 분명하게 지적하셨듯이 돈은 우리에게 진정으로 필요한 것을 주지 않습니다. 오직 하나님만이 우리의 필요를 채우실 수 있습니다.

오늘의 묵상

최근에 돈 때문에 미혹당한 일이 있습니까?

Encouragement to be Faithful

하나님이 우리에게 주신 것은
두려워하는 마음이 아니요
오직 능력과 사랑과 절제하는 마음이니
(딤후 1:7).

신실한 자가 되라는 격려 / 딤후 1:1-18 /

바울이 로마에서 두 번째로 투옥되었습니다. 이제 이 땅에서의 시간이 얼마 남지 않았습니다. 그럼에도 그를 채우는 희망과 확신에 대해 디모데에게 다시 설명합니다. “내가 믿는 자를 내가 알고 또한 내가 의탁한 것을 그 날까지 그가 능히 지키실 줄을 확신함이라”(12절). 바울과 동행하시며 여러 방법으로 실체를 보여주신 하나님을 굳건히 믿기 때문에 그런 확신으로 앞날을 내다볼 수 있습니다. 매질, 돌팔매, 투옥, 조난, 굶주림과 헐벗음 등 모든 고난에도 불구하고, 하나님을 신뢰할 수 있음을 알고 있습니다. 놀라운 일이 기다리고 있으며 현재의 고난은 다 보상받을 것이고 언젠가는 이런 것들이 아무것도 아님을 보게 될 것입니다.

오늘의 묵상

하나님과의 관계가 고난을 다루는 당신의 태도에 대해 어떻게 영향을 미칩니까?

A Workman Approved by God

하나님의 견고한 터는 섰으니
인침이 있어 일렀으되
주께서 자기 백성을 아신다 하며
(딤후 2:19).

하나님께 인정받는 일꾼 / 딤후 2:1-26 /

"내가 죄인과 같이 매이는 데까지 고난을 받았으나 하나님의 말씀은 매이지 아니하니라." 바울이 디모데에게 전하는 이 말씀에서 바울이 처한 곤경과 함께 자신의 사역이 죽음 이후에도 계속되기를 간절히 바라는 소망을 엿볼 수 있습니다

디모데후서에는 바울이 처한 상황을 짐작할 수 있는 단서들이 많이 나옵니다. 이번 감금 상태는 첫 번째 로마 방문 시 가택 연금되었던 상황보다 훨씬 힘들어 보입니다. 바울은 사슬에 묶인 채 친구들이 거의 찾아오지 못하는 차가운 지하 감옥에 갇혀 있습니다. 심신이 매우 지쳐 있습니다. 그는 아시아에 있는 모든 사람에게 버림받았다고 느낍니다(딤후 1:15).

이 편지가 쓰인 시기는 기원후 66-67년경으로 네로 황제가 통치하던 때입니다. 기독교는 유대교의 작은 분파에서 많은 사람들이 회심한 후 주요

세력으로 성장했습니다. 네로는 로마제국의 골치 아픈 문제들에 대한 속죄양으로 기독교를 핍박합니다. 그는 로마 시내를 온통 불바다로 만들고 나서 그 책임을 즉시 그리스도인들에게 돌립니다. 얼마 후 광분한 황제는 신앙인들을 잔인하게 괴롭히기 시작합니다. 십자가에 매달거나, 동물 가죽을 입히고서 사냥개들을 풀어 물어뜯게 하고, 혹은 자기 정원을 밝힐 횃불로 쓰기 위해 사람들을 산 채로 불태웁니다.

이 시기에 감옥에 갇혀 있던 바울은 고난에 직면하여 담대함을 잃지 말 것을 디모데에게 간곡히 당부합니다. 이제 바울의 생명도 다해갑니다. 그는 디모데와 그 밖의 믿을 만한 다른 사역자들에게 유언으로 남기고자 이 편지를 씁니다. 디모데후서는 그가 남긴 마지막 기록입니다.

디모데후서는 우울한 분위기의 책입니다. 바울은 곳곳에서 두려움이나 외로움과 같은 자신의 약한 모습을 드러냅니다. 그러다가 오늘 본문처럼 디모데의 용기를 북돋우기 위해 활기찬 격려의 말을 아끼지 않습니다. 아마 자신의 가라앉은 마음도 끌어올리고 싶었을 것입니다. 이제 떠날 시각이 가까웠다는 느낌이 듭니다. 마지막 순간까지도 당부의 말을 잊지 않습니다. 바울은 영적인 아들 디모데에게 마지막 유언과 증언을 공식적으로 남기고 있습니다.

전승에 의하면 바울은 신앙을 이유로 로마 정부에 의해 처형을 당합니다. 그러나 디모데와 같은 회심자들에게 남겨준 그의 삶과 유산은 세상을 영원히 변화시켰습니다.

오늘의 묵상

죽음에 직면해 있다면 무슨 문제를 가장 염려하겠습니까?

Choosing to Run or Remain / 깊이 생각하기 /

달아나거나 남거나

예수님을 모르는 사람들과 어떻게 어울려야 할까요? 하나님의 말씀을 따르지 않는 사람들과 어떻게 더불어 살아야 할까요?

그리스도인으로서 내가 용납하지 못하는 행동을 하고 있는 그런 사람들 곁에 머물면서 그들을 도와야 한다고 생각했습니다. 그들 가운데 머물면서 하나님의 뜻대로, 곧 빛으로 사는 것이 그들에게 혹시라도 함께 어울리기에는 너무 선한 사람이라는 인상을 주는 것보다는 낫다고 생각했습니다. 죄에 몸을 내맡기고 조금이라도 괴로워한다면, 모두 나의 책임이라고 생각했습니다. 나는 하나님의 능력에 온전히 의존하고 있지 않았습니다.

그 이후 디모데에게 전했던 바울의 가르침을 알게 되었고 더 깊이 이해하게 되었습니다. 바울이 말합니다. "청년의 정욕을 피하고 주를 깨끗한 마음으로 부르는 자들과 함께 의와 믿음과 사랑과 화평을 따르라"(딤후

2:22). 바울은 디모데에게 꾹 눌러 참으며 죄 가운데서 강하게 머물러 있으라고 충고하지 않았습니다. 다른 길로 달아나라고 했습니다.

그 당시 아마도 30대 중반이었을 디모데는 바울을 만난 이후 그리스도인이 되었으나 아직도 청년의 정욕을 잘 알고 있었을 것입니다. 바울은 디모데와 우리에게 충고합니다. 어떤 경우에는 신앙인들이 위험한 상황을 피해야 한다고 말입니다. 때로는 하나님이 우리가 주님을 따르는 사람들과 함께 있기를 더 원하십니다.

C. S. 루이스의 설명이 이해를 돕습니다. "악한 사람들과의 접촉이 어려운 이유는 상황을 성공적으로 다루려면 단순히 좋은 의도만으로 되는 것이 아니고, 겸손과 용기까지도 필요하기 때문입니다. 하나님이 우리에게 허락하시지 않은 사회적, 지적 능력이 필요할 수도 있습니다. 따라서 가능한 경우에 그런 상황을 피하는 것은 독선이 아니며 오히려 신중함이라고 할 수 있습니다."

루이스와 바울은 신앙인들이 여전히 한계를 지닌 인간임을 이해하고 있었습니다. 우리에게는 하나님의 영과 능력이 함께하시지만, 실패하는 경우가 종종 있습니다. 명백한 유혹이 보이기 시작하면, 제대로 다루지 못할 상황에 자신을 그대로 노출하기보다는 달아나는 것이 더 낫습니다. 그것이 하나님이 원하시는 바입니다.

물론 균형이 필요합니다. 예수님께서는 가장 일반적인 죄인들과 시간을 보내시면서 우리에게 그 균형의 본을 보여주셨습니다. 바울은 디모데를 반대하는 사람들에 대해서도 "거역하는 자를 온유함으로 훈계할지니 혹 하나님이 그들에게 회개함을 주사 진리를 알게 하실까 하며 그들로 깨어" (딤후 2:25-26)나게 하실 거라고 설명합니다.

디모데의 경우처럼 우리도 삶과 믿음의 방식이 다른 사람들을 자주 접축하며 살게 됩니다. 하나님은 우리가 신실하고 친절하며 다투지 말고 정직하게 행동하기를 원하십니다. 달아나야 하는 경우도 있을 테고 남아서 친절하게 그러나 단호하게 하나님의 기준을 설명해야 하는 경우도 있을 것입니다. 각각의 상황에서 어떤 태도를 취해야 할지는 하나님의 인도에 따라 결정해야 합니다. 어떤 경우에도 하나님에 대한 신실함을 잃어서는 안 됩니다. 하나님이 힘과 담대함을 주실 때, 하나님을 따르기 위해 도움이 필요한 사람들의 삶 속으로 들어갈 수 있습니다.

오늘의 묵상

어떤 상황이 되면 하나님으로부터 멀어질 것 같습니까?
그런 상황을 만날 때 도망갈 수 있습니까?
하나님은 당신 삶의 어느 자리에서 머물면서 친절하고 온유하게 진리를 말하기를 원하실까요?
언제 달아나고 언제 머물러 있을지 분별할 수 있는 지혜를 구하십시오.

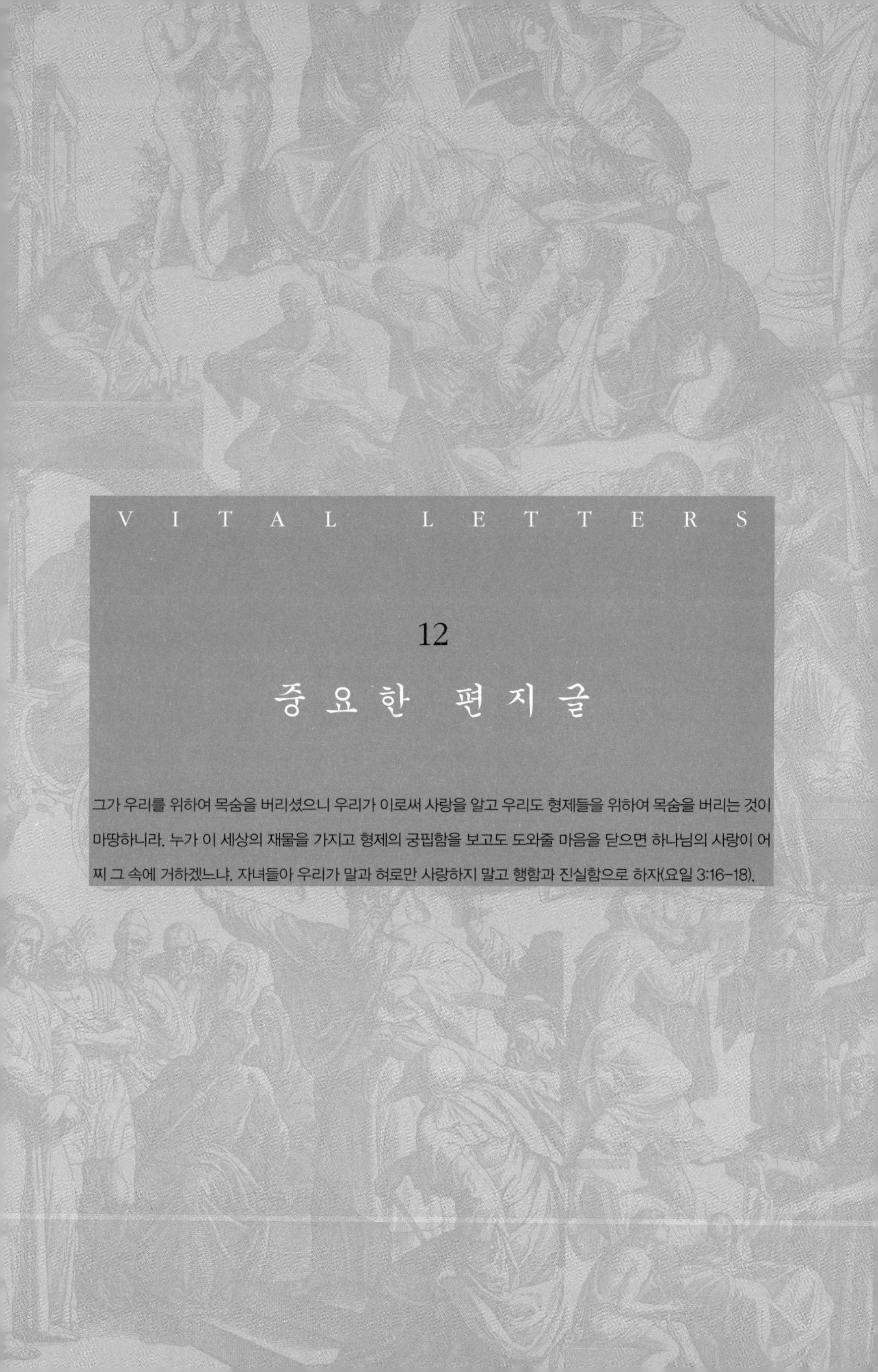

V I T A L   L E T T E R S

12
중요한 편지글

그가 우리를 위하여 목숨을 버리셨으니 우리가 이로써 사랑을 알고 우리도 형제들을 위하여 목숨을 버리는 것이 마땅하니라. 누가 이 세상의 재물을 가지고 형제의 궁핍함을 보고도 도와줄 마음을 닫으면 하나님의 사랑이 어찌 그 속에 거하겠느냐. 자녀들아 우리가 말과 혀로만 사랑하지 말고 행함과 진실함으로 하자(요일 3:16-18).

The Son Superior to Angels

그를 잠시 동안 천사보다 못하게 하시며
영광과 존귀로 관을 씌우시며
만물을 그 발아래에 복종하게 하셨느니라 하였으니
(히 2:7-8).

천사보다 뛰어나신 분 / 히 2:1-3:6 /

"모든 종교가 그렇게 다 다른가? 무엇을 믿든 가장 중요한 것은 신실함 아니겠는가?" 회의론자들은 이렇게 묻습니다. 이런 현대적인 질문들은 이미 수천 년 전에 제기되었습니다. 히브리서는 유대교와 신생 기독교 사이에서 갈등하던 초대교회 사람들에게 쓴 편지입니다.

어떤 사람들은 오랜 전통을 지닌 익숙한 유대교의 교리를 고수하고 싶어 합니다. 그렇게 하면 로마의 공식적 보호를 받을 수 있기 때문입니다. 그리스도인들은 박해의 대상입니다. 그리스도에 대한 믿음이 그런 위험을 감수할 만큼 가치가 있을까요?

히브리서는 그리스도를 선택해야 하는 결정적 이유들이 있다고 주장합니다. 전체적으로 더 낫다는 의미를 가진 표현이 여러 번 나옵니다. 예수님은 모세나 천사나 구약의 길보다 더 나으신 분입니다. 이 세상이 줄 수 있는 그 어떤 것보다 우월하신 분입니다.

시편의 장엄한 신학적 설명을 인용한 뒤 히브리서 기자는 잠시 멈추고 다시 생각합니다. "지금 우리가 만물이 아직 그에게 복종하고 있는 것을 보지 못하고"(히 2:8). 그리스도인들을 체포하고 고문하며 감옥에 던져넣는 이 세상이 과연 그리스도께 복종할 수 있겠습니까?

그 점에서부터 저자는 하나님이 이 세상에 내려오셔서 인간이 되신 것이 왜 중요한지를 설명합니다. 하나님은 인간의 모든 문제를 마술처럼 다 없애시지는 않았습니다. 오히려 누구나 겪는 고난들을 몸소 당하셨습니다. 히브리서는 신약의 다른 책들보다 예수님의 인성에 대해 더 깊은 설명으로 들어갑니다.

오늘 본문에는 예수님께서 이 땅에 오신 가장 큰 이유 두 가지가 기록되어 있습니다. 첫째, 죽음을 통하여 죽음의 세력으로부터 우리를 자유롭게 하시고 영생을 주시려고 오셨습니다. 둘째, 보통 사람들이 겪는 시험을 경험하셨으므로 우리가 시험을 이기도록 도와주시기 위해서입니다.

어떤 천사도, 저 멀리 천상에 계신 하나님도 그런 일을 성취하실 수 없었습니다. 예수님은 인류를 속박으로부터 자유롭게 하는 구속의 사명을 띠고 오셨습니다. 그리스도와 분리되어서는 죽음의 두려움과 실패의 연속, 죄의 속박에서 벗어나지 못한 상태로 살게 됩니다. 오직 예수님만이 우리를 자유롭게 해주십니다. 이것이 위험을 감수하면서도 그분은 믿을 만한 가치가 있다고 확신하는 이유입니다.

오늘의 묵상

예수님이 어떤 두려움이나 속박으로부터 당신을 자유롭게 하셨습니까?

A Call to Persevere

너희에게 인내가 필요함은
너희가 하나님의 뜻을 행한 후에
약속하신 것을 받기 위함이라
(히 10:36).

인내하라는 권면 / 히 10:5-10, 19-39 /

히브리서 기자는 그리스도인들에게 예수님이 우리를 위해 행하신 일로 인해 우리가 하나님께 가까이 갈 수 있다고 상기시킵니다. 두려워하거나 자기를 무가치하게 느끼거나 사랑받지 못한다고 생각할 이유가 없습니다. 용서하심을 받아들인 우리는 양심의 가책을 느끼지 않고 자유롭게 하나님께 나아갈 수 있습니다. 하나님께 가까이 다가갈수록, 성경을 통해 우리에게 주신 소망을 단단히 붙들 수 있습니다. 하나님은 우리가 하나님의 약속에 전적으로 의지하기를 원하십니다.

또한 저자는 힘들고 어려울 때에도 그리스도인들이 함께 모여 서로 위로하기를 권면합니다. 우리는 서로를 필요로 합니다. 하나님은 그의 백성들이 하나님하고만 외로이 걸어가기를 바라시지 않습니다. 그리스도인들이 서로에게 도움과 격려를 받기 원하십니다.

그리고 저자는 사랑의 하나님이 헌신하지 않는 사람들을 왜 징계하시는지 설명합니다. 하나님은 모든 사람들에게 예수님을 통하여 하나님 자신을 모두 내어주셨습니다. 그 은혜를 받아들이지 않는다면, 하나님과 단절된 상태로 살아가기를 선택하는 것입니다. 은혜의 성령에 반응하지 않는 것은 하나님과 관계를 끊는 것입니다. 하지만 예수님을 따르는 사람들은 확신이 있습니다. 하나님은 미쁘시며 아무리 힘들고 어려운 상황에서도 하나님의 약속은 성취되기 때문입니다.

오늘의 묵상

하나님께 나아가기가 두렵습니까?
두렵다면 그 이유는 무엇입니까?

By Faith

믿음은 바라는 것들의 실상이요
보이지 않는 것들의 증거니
선진들이 이로써 증거를 얻었느니라
(히 11:1-2).

믿음으로 / 히 11:1-40 /

10장 뒷부분에서 히브리서의 독자가 누구인지 잘 드러납니다. 기독교로 회심한 것이 그들에게 핍박을 가져왔습니다. 재산 몰수와 공개적인 모욕, 심지어 투옥까지도 당합니다. 초대 교인들은 그런 박해를 기쁨으로 즐겁게 받아들였습니다. 그러나 시간이 흘러도 시련이 계속되자, 사람들의 마음이 약해지기 시작합니다.

이렇게 좌절해 있는 사람들에게 히브리서 11장은 참믿음이 무엇인지를 설명하기 위해 믿음의 증거를 제시합니다. 믿음을 일종의 주술처럼 여길 수 있습니다. 믿음이 충만하면 부자가 되고 건강하며 모든 기도가 응답받는 만족스런 삶을 살게 된다고 생각하기 쉽습니다. 하지만 히브리서 독자들은 삶이 그런 단순한 공식에 따라 진행되지 않는다는 것을 발견합니다. 그 증거로 저자는 구약시대 믿음의 조상들의 삶을 길게 회고합니다. 어떤 사람들은 히브리서 11장을 '믿음의 명예 전당'이라고 부릅니다.

믿음 없이는 하나님을 기쁘시게 할 수 없다고 저자는 단호하게 말합니다. 그리고 믿음을 설명하는 단어들이 나옵니다. "인내하라", "견디라", "담대함을 잃지 말라" 등의 당부입니다. 그런 믿음의 결과로 승리한 영웅들이 있습니다. 적군을 물리치고 칼을 피하며 사자 우리에서도 살아남았습니다. 반면 불행한 결과를 맞은 이들도 있습니다. 채찍질을 당하고 사슬에 묶였으며 돌에 맞거나 톱질을 당하여 몸이 두 동강이 나기도 했습니다. 11장의 결론입니다. "이 사람들은 다 믿음으로 말미암아 증거를 받았으나 약속된 것을 받지 못하였다."

오늘 본문에서 설명하는 믿음의 이미지는 간단한 공식으로 표현할 수 없습니다. 때로는 믿음이 승리와 성공을 가져옵니다. 반면 어떤 희생도 감수할 용기가 필요한 경우도 있습니다. 히브리서 11장은 어느 믿음이 다른 믿음보다 우월하다고 주장하지 않습니다. 하나님은 궁극적인 주관자이시며, 이 세상에서든 다음 세상에서든 반드시 약속을 지키신다는 믿음에 근거하기 때문입니다. 그런 사람들에 대해서 저자가 말합니다. "그들이 이제는 더 나은 본향을 사모하니 곧 하늘에 있는 것이라. 이러므로 하나님이 그들의 하나님이라 일컬음 받으심을 부끄러워하지 아니하시고 그들을 위하여 한 성을 예비하셨느니라"(16절).

오늘의 묵상

그리스도인으로서 당신의 모습은 승리한 믿음의 영웅에 가깝습니까,
아니면 모든 희생을 감수하며 믿음을 지킨 사람들에 가깝습니까?

God Disciplines His Sons

주께서 그 사랑하시는 자를 징계하시고
그가 받아들이시는 아들마다
채찍질하심이라
(히 12:6).

자녀를 훈련하시는 하나님 / 히 12:1-28 /

히브리서 12장은 11장과 맞닿아 있습니다. 다만 구약 역사에 맞춰져 있던 초점이 독자들에게 옮겨갑니다. 저자는 믿음을 운동장에서 벌어지는 육상 경기에 비유합니다. 11장에 등장하는 믿음의 거인들은 앞서 달려간 사람들입니다. 그들은 구름같이 둘러싼 허다한 증인처럼 우리가 믿음의 경주를 하는 모습을 지켜보고 있습니다. 그러므로 히브리서는 "무거운 것과 얽매이기 쉬운 죄를 벗어버리고", "피곤한 손과 연약한 무릎을 일으켜 세워서" 열심히 달려가라고 코치합니다.

틀림없이 히브리서 독자들은 지난한 마라톤이 아니라 단거리 경주를 예상했을 것입니다. 그들은 영적 장거리 경주를 완주하기 위해 특별한 격려와 훈련이 필요합니다.

마라톤에 대한 비유는 그리스도인들의 신앙생활을 이해하기 쉽게 해줍니다. 왜 42.195킬로미터를 달리며 자신의 몸을 혹사해야 할까요? 대부분의 주자들은 운동이 주는 신체적 효과 외에도 개인적 성취감을 이유로 들 것입니다. 영적 마라톤의 경우도 마찬가지입니다. 시험을 이기고 역경을 극복하기 위해 필요한 훈련은 분명 좋은 결과를 가져옵니다. 강인한 성품과 순수한 양심입니다. 경주를 마치는 모든 사람들을 기다리고 있는 영원한 보상은 말할 것도 없습니다.

진정한 경주자는 앞서 달리는 선수에게만 시선을 고정시키고 달립니다. 그분은 당연히 믿음의 궁극적 기준이신 예수님이십니다. 예수님은 "그 앞에 있는 기쁨을 위하여" 끔찍한 십자가 고난을 참으셨습니다. 그런 예수님이 계시기에 "하나님은 이 땅에서 사는 것이 얼마나 힘든지 모르실거야"라고 불평할 수 있는 사람은 아무도 없습니다. 하나님은 이곳에서 사셨기에 아주 잘 알고 계십니다. 피곤하고 낙심하는 사람들에게 최고의 처방은 "믿음의 주요 또 온전하게 하시는" 분이신 예수님에게 시선을 고정하는 것입니다.

오늘 본문은 그리스도의 새 언약이 하나님이 이스라엘 백성과 맺으셨던 옛 언약보다 얼마나 더 좋은지, 기뻐하며 끝을 맺습니다. 새 언약은 새 창조와 새 나라로 완결될 것입니다. 결코 흔들리지 않는 나라입니다.

오늘의 묵상

영적 성숙이 마라톤 경주와 같다면, 어디쯤 달리고 있습니까?

철저한
믿음

히브리서는 한 장 전체를 믿음을 설명하는 데 할애합니다. 우선 믿음에 대한 유명한 정의로 시작합니다. "믿음은 바라는 것들의 실상이요 보이지 않는 것들의 증거"(히 11:1)라고 말합니다. 그리고 구약시대 사람들이 자신들의 믿음을 입증한 여러 방법들을 자세히 열거합니다.

아벨과 같은 사람들은 마음에서 우러나오는 제사를 드림으로써 하나님을 사랑하는 믿음을 보여주었습니다. 반면 이삭, 야곱, 요셉 등과 같은 사람들이 쓴 방법은 극단적이었습니다. 그들은 죽음이 확실해 보이는 순간에도 미래에 대한 하나님의 언약을 믿었습니다. 아브라함과 모세는 살던 고향을 떠나 이국땅으로 갔습니다. 노아는 방주를 지었고, 아브라함은 아들을 하나님의 제단에 바쳤으며, 그 밖의 여러 사람들이 옥에 갇히거나 고문을 당하거나 죽임을 당했습니다. 이 모든 사람들은 자기 자신과 자기의 계획들을 제물로 드려 하나님이 당신의 뜻을 행하시도록 했습니다. 오직 철저한 믿음만이 그들로 하여금 그런 선택을 할 수 있게 한 것입니다.

신학대학원 총장이었고 지금은 작가인 버논 그라운즈가 그런 믿음을 가진 현대인 세 명에 관해 이야기합니다. 영국 출신의 밀드레드 케이블은 자신이 중국 선교에 대한 소명을 받았다고 믿었습니다. 떠나기 전, 그녀는 한 남자와 사랑에 빠졌고, 둘은 결혼하고 싶었습니다. 그러나 남자는 영국에 남아서 전도하는 일에 강한 소명의식을 느꼈습니다. 수많은 기도와 눈물 속에 두 사람은 헤어졌고, 각자의 길을 가는 것이 하나님의 뜻이라고 확신했습니다. 밀드레드는 중국으로 가서 오랜 기간 머물면서 선교의 풍성한 열매를 맺었습니다.

가난했으나 하나님에 대한 사랑은 그 누구보다 부유했던 조지 뮐러는 영국에 다섯 개의 고아원을 설립하고 만 명이 넘는 고아들을 돌본 사람입니다. 전 세계적으로 주일학교들을 세우고 200만 권이 넘는 성경책과 성저 자료집을 출간했으며, 300만 권의 책과 팸플릿을 만들었고, 수많은 나라에서 활동하는 선교사들을 아낌없이 후원했습니다. 인간적인 생각으로는 불가능한 그 일들이 가능했던 것은 그의 믿음 때문이었습니다.

프랭크 로바크는 그의 사역 초기에 필리핀에서 문자 그대로 그가 경멸하던 사람들과 일했습니다. 불행하고 헛된 일을 하고 있다는 느낌을 지울 수 없었습니다. 어느 날 오후 언덕에 홀로 앉아서 울며 생각했습니다. 이런 삶을 더 이상 계속하고 싶지 않았고 차라리 죽었으면 했습니다. 그러다가 자기 연민과 교만으로 똘똘 뭉친 자신의 태도를 죽이고 다른 사람이 되었습니다. 그리고 전 세계의 수백만 명이 자기들의 언어로 하나님의 말씀을 배울 수 있도록 선교활동을 벌였습니다.

밀드레드 케이블, 조지 뮐러, 프랭크 로바크는 자신을 버린 사람들입니다. 욕망과 인간적 한계를 뛰어넘었습니다. 그 대신 그리스도의 생명을 취했고, 보이지 않는 것을 믿었으며, 하나님이 보이는 것과 보이지 않는 것 모두를 성취하시도록 기회를 드렸습니다. 조지 뮐러가 말합니다. "어느 날 저는 죽었습니다. 저의 의견과 좋아하는 것들과 기호와 의지가 함께 죽었습니다. 세상을 버렸습니다. 세상의 칭찬과 비난을 버렸습니다. 나의 형제와 친구들의 칭찬이나 비난을 버렸습니다. 그 이후로 오직 하나님께 인정받는 법만을 배웠습니다."

지금 이 증인들이 우리를 구름처럼 둘러싸고 있습니다. 케이블, 뮐러, 로바크, 노아, 아브라함, 그 외에 철저하게 믿음으로 살았던 수많은 사람들이 우리를 지켜봅니다. 우리도 용기를 가지고 하나님이 바라시는 믿음의 길을 달려가기 위해 자신을 버릴 수 있도록 기도합시다.

오늘의 묵상

하나님이 원하신다면 철저한 믿음의 삶을 살고 싶습니까?
하나님의 계획에 자신의 계획을 복종시키는 것에 대해 어떻게 생각합니까?
당신을 위한 하나님의 뜻을 더욱 소망하도록 계속 성장시켜달라고 기도하십시오.

Trials and Temptations; Listening and Doing; Favoritism Forbidden

오직 각 사람이 시험을 받는 것은 자기 욕심에 끌려 미혹됨이니
욕심이 잉태한즉 죄를 낳고 죄가 장성한즉 사망을 낳느니라
(약 1:14-15).

시험과 시련, 들음과 행함, 차별 금지 /약 1:1-2:10/

처음 두 문장을 읽으면 야고보의 스타일을 알 수 있습니다. 인사는 서둘러 간단히 끝내고, 바로 현안으로 들어가서 충고를 하기 시작합니다. 야고보는 사도 바울이 가진 높은 수준의 교육과 교양이 부족합니다. 이 서신에는 추상적인 신학을 찾아볼 수 없습니다. 그는 단순한 사람이고 농사짓던 사람입니다. 그는 자연에 대한 비유를 많이 사용합니다. 바다 물결, 시든 꽃, 산불, 봄비 등의 비유는 마치 속담처럼 함축성 있게 그의 사상을 표현합니다.

그가 이끌던 예루살렘 교회는 그 당시 박해를 받고 있었기 때문에, 시련을 겪고 있던 사람들을 격려하는 말로 시작하는 건 충분히 이해됩니다. 하지만 바로 다양한 다른 주제들로 넘어가서 믿음의 삶을 살라고 독자들을 권면합니다. 겸손하라! 입을 조심하라! 죄짓기를 멈추라! 야고보가 명령

합니다. 마치 구약시대 선지자처럼 직설적입니다. 그가 말하는 요점은 쉽게 파악됩니다.

"말씀을 행하는 자가 되고 듣기만 하여 자신을 속이는 자가 되지 말라" (약 1:22). 야고보서 전체를 관통하는 메시지가 이 한 구절로 요약됩니다. 자신이 언급하고 있는 일종의 위선적 실례들을 날카롭게 지적하면서 부유하고 권력을 가진 사람들을 우러러보는 교인들을 비판합니다. 핵심을 찌르는 메시지에는 모호함이라고는 찾아볼 수 없습니다.

차별 대우는 1900년 전인 그 당시만큼이나 오늘날에도 무시할 수 없는 사안입니다. 발신자의 염려가 서린 이 편지를 읽고 현대 독자들도 그 당시 독자들과 같은 딜레마에 직면합니다. 야고보의 충고는 이해하기 쉽습니다. 하지만 그가 충고한 대로 행동하는 것 역시 쉬울까요?

오늘의 묵상

누구에 대해서 편애하는 경향이 나타납니까?
부자들에 대해서? 민족에 대해서? 자신과 닮은 사람들에 대해서?
누구에 대해서 차별하는 경향을 보입니까?

Faith and Deeds; Taming the Tongue

내 형제들아 만일 사람이 믿음이 있노라 하고
행함이 없으면 무슨 유익이 있으리요.
그 믿음이 능히 자기를 구원하겠느냐
(약 2:14).

믿음과 행함, 입의 재갈 /약 2:14-3:18/

이 서신의 저자 야고보는 예수님의 형제였다고 추측됩니다. 그는 초대교회 지도자로서 가장 연장자이자 뛰어난 리더였습니다. 그는 예수님이 가르치셨듯이, 삶의 태도가 믿음의 신실함을 드러낸다고 가르칩니다. 선한 행위가 구원을 가져오지 않는 것은 분명합니다. 하지만 우리가 받은 구원으로 삶의 태도와 모습이 변화되지 않는다면, 진정으로 그리스도께 자신의 삶을 내어드린 것인지 스스로에게 물어야 합니다. "행함이 없는 믿음은 죽은 것"이라고 그는 말하고 있습니다.

진정한 믿음의 삶을 살 때 마주치는 심각한 위험 가운데 신체의 가장 작은 부분인 혀가 있습니다. 혀는 "쉬지 아니하는 악이요 죽이는 독이 가득한 것"이며 심한 상처와 해악을 야기할 수 있습니다. 그러나 혀는 치유와 생명의 원천이 될 수도 있습니다. 그리스도인들은 현명하게 말함으로써 말실수를 조심해야 하는 도전을 받습니다. 말이란 입 밖으로 내어놓든 안 내어놓든 문제가 됩니다.

성령의 도우심으로 생명을 주는 말은 내어놓게 하시고, 파괴시키는 말은 입 밖으로 나오지 않게 해주시기를 기도합니다.

오늘의 묵상

가장 최근에 생명을 주는 말을 한 때가 언제입니까?
자제하지 못하고 파괴적인 말을 쏟아놓은 적은 언제입니까?

Submit Yourselves to God

하나님을 가까이하라.
그리하면
너희를 가까이하시리라
(약 4:8).

하나님께 복종하라 / 약 4:1-17 /

그 어떤 관계도 마찬가지지만, 하나님과의 관계를 지속하는 길은 두 가지입니다. 성경은 우리에게 하나님의 사랑을 확신시켜주고 용서하심을 상기시키며 은혜를 설명합니다. 하나님이 우리와 관계 맺고 싶어 하신다는 것을 의심할 이유가 전혀 없습니다. 야고보는 그리스도인들에게로 다시 초점을 맞추어 하나님을 대하는 옳은 방법과 그릇된 방법 두 가지를 설명합니다. 우정, 사업 파트너, 결혼 등 우리 주변의 여러 관계들처럼, 하나님과의 관계도 그 관계가 잘 지속되기 위해서는 특별한 태도가 요구됩니다.

야고보는 오늘 본문에서 하나님은 우리의 전적인 헌신을 원하신다고 분명히 주장합니다. 초신자나 성장하지 못하고 정체해 있는 그리스도인들은 한쪽 발은 세상에, 다른 한쪽은 하나님을 향한 길 위에 올려놓은 상태라고 할 수 있습니다. 그러나 두 길을 모두 추구하며 살 수는 없습니다. 야고보는 이런 태도를 결혼에서의 불성실함에 비유합니다. 하나님과 맺은 언약을 속인다면, 하나님 보시기에 간음한 여인이 되는 것입니다.

신앙인 누구나 때때로 세상 속에 휩쓸려 있는 자신을 발견합니다. 물질, 성욕, 권력에 대한 야망, 자기 본위적 삶의 태도 등등. 그러므로 겸손한 마음으로 끊임없이 하나님께 자신을 복종시키는 노력을 해야 합니다. 세상에 빠지지 않을 만큼 영적으로 강건한 사람은 없습니다. 하나님이 깨끗게 하시지 않아도 될 만큼 성숙한 사람도 없습니다.

오늘의 묵상

오늘 하나님께 가까이 나아와 새롭게 씻겨야 하는 특별한 이유가 무엇입니까?

Patience in Suffering; The Prayer of Faith

너희 중에 고난당하는 자가 있느냐 그는 기도할 것이요.
즐거워하는 자가 있느냐
그는 찬송할지니라
(약 5 : 13).

고난 중에 인내하며 기도하라 /약 5:1-20/

야고보는 영적으로 성숙한 신앙인의 모습을 가르치는 실질적인 충고로 편지를 끝맺습니다. 부를 축적하거나 일꾼들에게 줄 삯을 남겨서도 안 됩니다. 인내하며 하나님이 승리하신 것을 본 과거의 모든 사람들을 기억하여 고난을 극복해야 합니다. 오직 믿음을 주는 말만을 할 것이며, 괴로움이든 기쁨이든 질병이든 모든 것을 위해 신실하게 기도해야 합니다. 하나님이 그 기도를 들으시고 응답하십니다. 우리가 기도할 때 하나님이 해결하시는 능력을 결코 과소평가해서는 안 됩니다.

끝으로 그리스도인들은 서로에게 미치는 영향력을 잊어서는 안 됩니다. 야고보의 권면은 다른 사람의 삶에 간섭하지 않는 것이 미덕인 현대 사회에서 중요한 개선책이 될 수 있습니다. 우리는 각자의 일에만 집중하며 다른 사람들은 그들의 결정대로 살도록 내버려둡니다. 이런 태도는 비판적,

율법주의적 환경보다는 바람직하다고 하겠습니다. 그러나 그런 태도가 극단으로 치우칠 때 그것은 전혀 성경적이지 않습니다. 그리스도인들의 공동체에서는 서로의 영적 삶에 헌신해야 한다고 야고보가 강조합니다. 사랑으로 돌보고 도와준다면, 형제자매를 하나님께로 돌아서게 할 수 있습니다.

오늘의 묵상

다른 신앙인이 하나님에 대한 믿음을 잃지 않도록
확신과 사랑으로 도전했던 경험이 있습니까?

은혜와 행함

몇 년 전 뉴하모니라는 곳에서 열린 회의에 참석한 적이 있습니다. 100여 년이나 된 유토피아 공동체를 재건한 곳이었습니다. 건물들을 지은 정교한 솜씨를 감상하고 진정한 그리스도인들의 일상생활을 기록한 안내판을 읽으면서, 이런 결과를 내놓은 넘치는 에너지에 감탄하지 않을 수 없었습니다. 미국식 이상주의와 종교적 열정이 빚어낸 결과였습니다.

다양한 형태의 완벽주의가 미국 토양에서 자라났습니다. 제2차 대각성 운동, 승리의 삶 운동, 예수부흥운동 등입니다. 그러나 최근에는 완벽을 추구하는 그런 요구가 거의 사라졌음을 깨닫고 새삼 놀랐습니다. 요사이는 오히려 반대 방향으로 기우는 경향이 있습니다. 일종의 반유토피아주의입니다. 예를 들어, 회복 운동은 완벽해질 수 없음을 스스로 고백하는 것입니다.

개인적으로는 이런 움직임을 선호합니다. 인간의 완벽성보다는 인간의 한계를 믿는 것이 훨씬 쉽다고 생각합니다. 그래서 은혜를 믿으며 나의 운명을 복음에 맡겼습니다. 하지만 이상하게도 뉴하모니에서 유토피아 공동체 사람들을 향한 알 수 없는 향수를 느꼈습니다. 검은 옷을 입고 들에서 바위를 깨고 있는 엄숙한 표정의 사람들, 욕망과 탐욕을 다스리기 위하여 더욱 엄격한 규칙을 고안하고 신약의 숭고한 명령들을 완수하기 위해 애쓰는 사람들의 모습이 눈에 선했습니다. 그들이 남긴 이름들이 가슴에 깊이 와 닿습니다. 뉴하모니, 피스데일, 뉴호프, 뉴헤이븐 등의 이름이 새로운 감동을 줍니다.

그러나 대부분의 유토피아 공동체는 박물관으로만 남아 있습니다. 완벽주의는 원죄라는 암초 주변을 맴돕니다. 역설적이지만 지고한 이상이 좌절과 패배주의를 초래합니다. 모든 선한 노력에도 불구하고 인류는 무죄 상태를 실현할 수 없습니다. 그리고 결국에 가서는 스스로를 비판하며 자책합니다. 그 비판은 주로 지도자들에게 영향을 받은 것입니다. "제대로 되지 않는다면, 분명 당신에게 무언가 잘못이 있소."

그러나 아직도 때때로 그런 완벽 추구에 대한 향수를 느낍니다. 한편으로 환멸, 옹졸함, 권위 남용, 영적 교만, 배타주의 등의 결과를 초래하지 않으면서 이상적 거룩함을 추구하고 지고한 단계의 삶을 지향하는 노력을 적절하게 하는 방법은 무엇일까요?

반대로 질문해봅니다. 사회로부터의 비판이 아닌 지지와 정직과 자기반성을 강조하는 우리 현대인들이 너무 낮은 목표를 추구하지 않을 방법은 무엇입니까? 미국 같은 개인주의 사회에는 자유를 남용할 위험이 늘 도사리고 있습니다. 반면 교회에는 은혜를 남용할 위험이 있습니다.

서신서를 읽고 거기서 강조하는 메시지들을 묵상하는 내내, 이런 의문들이 마음속에서 떠나지 않았습니다. 나는 평소와는 다른 순서로 서신서를 읽었습니다. 우선 기독교의 위대한 자유 헌장이자 옹졸한 율법주의에 대한 격렬한 비판서인 갈라디아서를 읽었습니다. 그 다음은 야고보서였습니다. 마르틴 루터가 '정말 보잘 것 없는 서신'이라는 말은 차마 못하고 못마땅해했던 책입니다. 에베소서를 읽고 고린도전서, 로마서, 그 다음은 디모데전서, 골로새서, 그리고 베드로전서의 순으로 읽었습니다. 예외 없이 모든 서신서에서 발견한 두 가지 메시지가 있었습니다. 하나는 거룩함이라는 높은 이상이고, 다른 하나는 구원이 그런 높은 이상에 도달하려는 노력에 있지 않음을 일깨우는 은혜의 안전망입니다. 이제는 은혜와 행함 사이의 갈등을 해결하려고 애쓰지 않을 것입니다. 왜냐하면 신약이 그렇게 하지 않기 때문입니다. 은혜와 도덕 가운데 그 어느 쪽의 힘을 줄여서 갈등을 해결해보겠다고 생각해서는 안 됩니다. 은혜는 "네, 그리고"를 의미합니다. "네, 그러나"가 아닙니다.

에베소서는 두 개의 실을 동시에 당깁니다. "너희는 그 은혜에 의하여 믿음으로 말미암아 구원을 받았으니 이것은 너희에게서 난 것이 아니요 하나님의 선물이라. 행위에서 난 것이 아니니 이는 누구든지 자랑하지 못하게 함이라. 우리는 그가 만드신 바라. 그리스도 예수 안에서 선한 일을 위하여 지으심을 받은 자니 이 일은 하나님이 전에 예비하사 우리로 그 가운데서 행하게 하려 하심이니라"(엡 2:8-10). 빌립보서도 같은 논리로 설명합니다. "항상 복종하여 두렵고 떨림으로 너희 구원을 이루라. 너희 안에서 행하시는 이는 하나님이시니 자기의 기쁘신 뜻을 위하여 너희에게 소원을 두고 행하게 하시나니"(빌 2:12-13). 베드로전서도 강조합니다. "너희는 자유가 있으나 그 자유로 악을 가리는 데 쓰지 말고 오직 하나님의 종과 같이 하라"(벧전 2:16).

초대교회도 이미 완벽주의적인 율법주의와 무질서한 자유 추구 사이에서 시소 타기를 했다는 사실에 다소 위안을 받습니다. 야고보서는 한 쪽 극단으로 치우친 사람들에게 쓴 편지입니다. 바울은 주로 다른 쪽 사람들에게 썼습니다. 각각의 서신서가 극단으로 치우친 것을 바로 잡아야 한다고 강조하지만, 모든 책에는 복음의 이중적 메시지가 분명히 드러나 있습니다. 교회는 두 가지를 다 추구해야 합니다. 거룩함을 추구하는 동시에 은혜 안에서 평안을 얻어야 합니다. 다른 사람을 비판하지 말고 자신을 돌아봐야 합니다. 자신에게 의존하지 말고 전적으로 하나님께 의존해야 합니다.

오늘의 묵상

당신의 성향은 완벽주의적 율법주의에 가깝습니까, 아니면 무질서한 자유 추구에 가깝습니까?
영적 삶을 사는 태도에 대하여 하나님과 이야기하십시오.
균형을 찾을 수 있게 도와달라고 기도드리십시오.

Praise to God for a Living Hope

그의 많으신 긍휼대로 예수 그리스도를 죽은 자 가운데서
부활하게 하심으로 말미암아
우리를 거듭나게 하사 산 소망이 있게 하시며
(벧전 1:3).

산 소망을 주신 하나님 / 벧전 1:1-2:3 /

복음서는 예수님이 시련과 박해를 받으시던 날 밤, 어둠 속에서 겁에 질려 웅크리고 있는 베드로를 그리고 있습니다. 그는 3년 동안이나 따라다니던 사람을 모르는 척합니다. 그러나 이 서신에서 베드로는 고난은 영광의 훈장이요, 어떤 희생을 치르더라도 그리스도께 헌신한다는 증거라고 자랑스럽게 말합니다. 호숫가에 나타나셔서 그를 다시 회복시켜주신 부활하신 예수님을 본 베드로는 완전히 변합니다.

베드로가 이 편지를 쓴 시점은 네로의 박해가 극심하던 시기였음이 거의 확실합니다. 전투에 임하는 심정이었을 기독교 공동체 내부에서는 급박한 의문들이 쏟아집니다. 도망갈 것인가, 저항할 것인가? 신자임을 드러내지 않아야 하는가? 목숨이 경각에 달려 있는 이 서신서의 독자들은 명확한 답변을 요구합니다. 더 나아가 고난의 의미에 대하여 설명을 들어

야 합니다. 왜 하나님이 이런 고난을 허락하시는가? 하나님은 이런 일들에 개입하시는가?

오늘 본문에서 보듯이 베드로는 고난의 원인에 집중하지 않습니다. 즉 원인보다는 고난의 결과에 초점을 맞춥니다. 그는 용광로가 금속을 정제하듯이 고난은 믿음을 단련시킨다고 대답합니다. 고난은 부, 지위, 권력 등과 같은 세상의 보상에 분산된 관심을 돌려 영원하며 없어지지 않을 다음 세상의 것에 집중하게 합니다. 그리고 그리스도인들이 박해를 통하여 믿음을 지킬 때, 이를 지켜보고 있는 세상 사람들은 그 믿음의 근원이신 하나님을 알게 될 것입니다.

분명 초대교회 그리스도인들은 바울의 충고를 마음에 새겼습니다. 박해는 그 어느 때보다 더 극심했는데도 교회의 성장은 폭발적이었습니다. 이 현상을 잘 표현한 고대 속담이 있습니다. "순교자의 피는 교회의 씨앗이다." 전승에 따르면, 베드로 자신도 순교한 것으로 전해집니다. 그는 십자가에 거꾸로 매달려 죽었는데, 자신은 예수님과 같은 모습으로 매달릴 자격이 없다고 생각했기 때문이랍니다.

베드로는 1장에서 절망의 이유가 오히려 큰 소망의 이유가 된다는 것을 설명합니다. 그는 모든 산고를 겪으며 탄생한 교회가 구약의 선지자들이 오랫동안 갈망하던 목표였다고, 아니 역사 전체의 목표라고 주장합니다.

오늘의 묵상

최근 고통을 겪으면서 그 이유에 대해서 깊은 회의를 품은 적이 있습니까?

Suffering for Doing Good

선한 양심을 가지라.
이는 그리스도 안에 있는 너희의 선행을 욕하는 자들로
그 비방하는 일에 부끄러움을 당하게 하려 함이라
(벧전 3:16).

선을 위한 고난 / 벧전 3:8-4:19 /

그리스도인들은 선을 위하여 고난받으며 그리스도인이 되었다는 이유로도 고난받을 수 있다고 베드로는 가르칩니다. 노골적인 신체적 박해가 자행되지 않는 현대 서구 사회에서는 베드로의 가르침이 다소 생소하게 들립니다. 그러나 중국이나 엄격한 회교 국가 등지에서는 엄연한 현실입니다. 그런 곳에서는 그리스도인들의 종교 행위가 금지되어 있습니다. 혹시라도 잡히면 매질이나 투옥을 당하고, 심지어 사형을 당하기도 합니다.

그러나 우리 문화에서도 그리스도인들은 오명으로 인한 고통을 당합니다. 예를 들어, 그리스도인은 교회 정치에만 관심 있다고 생각하거나 자신들과 교회 관련 문제들을 옹호하려고만 하는 광신자로 취급받기 십상입니다. 언론은 때로 모든 그리스도인들을 근본주의자로 매도하기도 합니다. 그 결과 초신자들은 다른 사람들이 가지는 그런 선입견들 때문에 자신을 그리스도인으로 드러내기를 꺼립니다.

"너희를 연단하려고 오는 불 시험을 이상한 일 당하는 것 같이 이상히 여기지 말라"(벧전 4:12)고 베드로가 말합니다. 만일 그리스도인으로 고난을 받으면 부끄러워하지 말고 도리어 그 이름으로 하나님께 영광을 돌려야 합니다(벧전 4:16). 다른 사람들이 어떻게 생각하든 자신의 신앙에 대해 당당하게 행동하며, 속에 있는 소망에 관한 이유를 묻는 자에게는 대답할 것을 항상 준비해둬야 합니다(벧전 3:15). 이런 태도야말로 그리스도인의 진정한 정체성을 드러낼 수 있는 열쇠입니다.

고난에 대해 충고하는 구절 사이에 베드로는 그리스도인의 삶에 대해 좀 더 언급합니다. 우리는 하나님의 뜻을 위해 삽니다. 우리의 뜻을 위해서가 아닙니다. 종말은 가까웠고, 그때가 되면 모든 사람이 하나님께 화답할 것입니다. 지금 우리를 비난하는 사람들까지도 말입니다. 그때까지는 사랑이 우리 삶의 중심이 되어야 합니다. 이해하지 못하는 사람들의 마음을 변화시킬 수 있는 것은 오직 사랑입니다.

오늘의 묵상

자신을 그리스도인이라고 인정하지 못하고 머뭇거렸던 때가 언제입니까?

Making One's Calling and Election Sure

그러므로 형제들아 더욱 힘써 너희 부르심과 택하심을 굳게 하라.
너희가 이것을 행한즉
언제든지 실족하지 아니하리라
(벧후 1:10).

부르심과 택하심을 굳게 하라 / 벧후 1:1-2:3 /

베드로전서가 보여주었듯이 신약 교회의 지도자들은 박해를 심각한 위협으로 여기지 않습니다. 오히려 그런 시련이 교회를 정제하고 힘을 강화시켜줍니다. 참 그리스도인들로 하여금 담대히 나서서 믿음의 용기를 드러낼 수 있게 합니다.

교회의 정말 위험한 문제들은 내부에서 나옵니다. 통일성의 문제를 생각해보십시오. 제자들과 나눈 마지막 저녁 식사에서 예수님은 그리스도인들이 "우리와 같이 하나가 되게"(요 17:11) 해달라고 기도하셨습니다. 그러나 한 세대가 지나기도 전에 교회는 바울을 따르는 파와 그 경쟁자들, 율법주의자들, 자유주의자들, 유대교 지지자들, 종말론자들, 그 외에 다양한 여러 무리들로 나뉘었습니다.

전형적으로 이런 무리들은 사소한 교리적 문제들에 집중하면서 시간과 에너지를 의미 없는 논쟁에 낭비합니다. 예를 들어, 이 서신은 종말 사상에 사로잡힌 그리스도인들을 향해 쓰인 것으로 보입니다. 어떤 참을성 없는 사람들은 그리스도의 재림에 대한 예언이 아직 완성되지 않았다는 것을 두고 예언 자체를 비웃기 시작합니다.

베드로후서에서 저자는 강한 어조로 그렇게 분리된 무리들의 잘못된 생각을 바로잡으려 합니다. 복음은 동화가 아니며 교묘히 만든 이야기를 모아놓은 것도 아니라는 것을 분명히 합니다. 베드로는 변화산에서 "이는 내 사랑하는 아들이요 내 기뻐하는 자라"고 말씀하시는 하나님의 음성을 들은 목격자입니다. 그 하나님이 재림을 약속하셨다면, 우리는 그 일이 일어날 거라 확신하며 기다려야 합니다.

신약의 여러 서신서들처럼 베드로후서가 강조하는 바도 무엇을 믿어야 하는가와 어떤 태도로 살아야 하는가 하는 문제 사이를 왔다갔다합니다. 베드로는 성품의 목록을 점진적 단계로 나열합니다. 믿음, 덕, 지식, 절제, 인내, 경건, 형제 우애, 사랑의 모든 품성들이 하나 됨을 방해하는 모든 유혹을 이겨낼 힘을 줄 것입니다.

베드로는 나이가 들었고 이제 곧 죽음을 맞이할 것입니다. 그가 고별 설교처럼 하는 마지막 말은 역시 그리스도인으로서 살아야 할 가장 근본적인 진리입니다. 거짓 지식에 대한 해답은 참된 지식이고, 부도덕한 삶에 대한 해답은 도덕적 삶입니다. 죽음을 준비하면서 베드로는 진리에 대한 마지막 탄원을 외칩니다.

오늘의 묵상

1장 5-7절에 언급된 일곱 가지 성품 가운데 당신의 삶은 무엇에 해당합니까?
더 노력해야 할 부분은 무엇입니까?

Refined by Fire / 깊이 생각하기 /

연단의 불

가끔씩 고난을 찬양하는 찬송을 듣게 됩니다. 그 찬송을 부르는 사람은 고난을 통해 얻게 될 유익을 기대하며 시련이 시작되는 걸 마치 환영이라도 하는 듯이 보입니다. 나는 종종 이런 찬송에 반발심이 생깁니다. 가사가 전달하려는 메시지는 매우 공감이 되고 마음에 듭니다. 그러나 과연 노래하고 있는 이 사람이 고난을 겪어봤을까 의문이 듭니다. 아무리 영적인 사람이라도 정말 고난을 환영할 수 있을까요?

야고보서 말씀을 되새겨봅니다. "내 형제들아 너희가 여러 가지 시험을 당하거든 온전히 기쁘게 여기라"(약 1:2). 그리고 로마서 말씀도 상기합니다. "우리가 환난 중에도 즐거워하나니"(롬 5:3). 메시지는 동일합니다. 그리스도인들은 고난의 긍정적인 면을 볼 수 있고, 또 봐야 한다는 것입니다. 두 말씀 모두 고난을 인내와 연결시키고 있습니다. 사도 바울은 거기에 연단과 소망의 유익을 덧붙입니다. 시련은 우리를 강하게 만들며, 또한 천국이 우리를 기다리고 있다는 사실에 눈을 뜨게 합니다. 이 땅의 삶과 고통은 우리 앞에 놓인 영원의 세계에 비하면 일시적일 뿐입니다.

베드로는 미래의 희망을 강조합니다. 하나님은 "썩지 않고 더럽지 않고 쇠하지 아니하는 유업을 잇게 하시나니 곧 너희를 위하여 하늘에 간직하신 것이라"(벧전 1:4)고 그가 말합니다. 마치 약속의 유언장을 쓰듯이 하나님이 간직하고 계신 것을 우리에게 상기시킵니다. 나는 그렇게 상기시켜줄 조언이 필요합니다. 그래서 고난이 도움이 됩니다. 만사가 형통할 때는 현재 누리는 안락에 만족하며 살기 쉽습니다. 현재 삶이 주는 단기적 즐거움에만 집중하려는 나의 비전은 근시안적인 미로 속을 헤맵니다. 천국에 대해서 다 잊고, 나를 기다리고 있는 유업은 거의 생각조차 하지 않습니다.

고난이 나의 의식을 바꿉니다. 베드로가 말한 대로, 고난은 나의 믿음을 단련하며 예수님과 동행하는 삶의 진리를 보지 못하게 했던 모든 미혹들을 다 태워버립니다. 고난은, 아니 고난만이 나로 하여금 정말로 중요한 것을 보게 합니다. 그러므로 이것은 기쁨을 주며 기뻐할 이유가 됩니다. C. S. 루이스가 말한 대로 "하나님은 우리에게 즐거움을 통해 속삭이시고, 양심을 통해 말씀하시며, 고통을 통해 외치십니다." 그런 단련의 과정에서 하나님의 음성을 더욱 선명하게 들을 수 있습니다. 하나님의 음성이 더욱 강하고 보다 직접적으로 들립니다. 나의 귀를 막고 있던 찌꺼기들이 모두 녹아 없어집니다.

고난에 관한 찬송 가운데 내가 진심으로 부를 수 있는 노래가 있습니다. "연단의 불이여, 내 마음의 한 소망은 거룩함일세." 이따금씩 지나간 고난과 현재의 문제들을 되돌아볼 때, 여전히 고난을 희망한다고 말할 수는 없습니다. 새로운 고통을 맞이할 준비가 되어 있다고도 못하겠습니다. 그러나 하나님이 그런 고난을 통해 내 안에서 선을 행하시기를 바라는 소망을 노래할 수는 있습니다. 과거에 그렇게 하셨으므로 하나님이 돌봐주실 것을 믿습니다. 하나님의 연단을 받는 것이 비록 고통스러울지라도, 나를 기다리는 더 나은 삶을 향하는 길임을 확신합니다. 그 삶은 고난에 대한 찬송을 더 이상 부를 필요가 없는 삶이기 때문입니다.

오늘의 묵상

과거의 어려웠던 때를 되돌아볼 때, 하나님이 연단을 통하여 당신을 더욱 강하게 하시고 성품을 만드시며 천국에 대한 소망을 품게 하신 것을 깨닫습니까?
지금 겪고 있는 어려움들을 깊이 생각해보십시오. 고통으로부터 선을 만들어 주시기를, 그리고 하나님이 창조하신 그 모습을 더욱 닮아가도록 도와달라고 기도하십시오.

The Sin and Doom of Godless Men

화 있을진저 이 사람들이여, 가인의 길에 행하였으며
삯을 위하여 발람의 어그러진 길로 몰려갔으며
고라의 패역을 따라 멸망을 받았도다
(유 1:11).

악을 행하는 자들의 멸망 / 유 1:1-25 /

아마 예수님의 형제였던 유다가 썼다고 추측하는 이 짧은 편지는 베드로후서와 여러 면에서 유사합니다. 두 서신 모두 교회에 나타나는 위험한 징후들을 염려하고 있고, 유다서의 내용이 베드로후서 2장과 거의 일치합니다. 그러나 유다는 더욱 날카로운 어조로 이야기합니다. 질병은 이미 퍼졌고 지금 뿌리 뽑지 않으면 몸 전체를 망가뜨릴 겁니다.

유다서의 접근법은 고등학교 학생들에게 마약과 음주 운전의 해로움을 주지시키기 위해 보여주는 무서운 영화와 비슷합니다. 그런 영화는 보는 이들의 마음을 불편하게 합니다. 바로 그것이 영화의 목적입니다. 유다는 구원에 관하여 기쁨의 메시지를 담은 편지를 쓰고 싶었으나, 몇몇 훼방꾼들이 일으킨 심각한 문제에 대해 주의하라는 편지를 먼저 쓸 수밖에 없었음을 고백합니다.

유다는 그들이 떠벌이는 말을 상세히 기록하고 있지는 않습니다. 하지만 그 말들이 주님의 특별한 말씀이라고 주장하면서 미혹하는 거짓 교사들에 의해 초대교회는 이미 병들었습니다. 이 거짓 교사들은 자신의 유익을 구하며 청중들이 듣고 싶어 하는 말만 합니다. 예를 들어, 하나님의 은혜는 너무 크므로 멋대로 살아도 벌을 받지 않는다고 가르칩니다. 유다는 그런 사상을 통렬하게 비판합니다. 유다는 이 사기꾼들을 은밀히 들어온 첩자라고 부르면서 교인들에게 참된 신앙을 위해 싸우라고 촉구합니다.

아이러니하게도 유다서의 한 부분만이 오늘날 많은 관심을 받습니다. 마지막에 나오는 아름다운 송영입니다. 분명 유다의 강력한 경고 메시지는 그 당시 독자들이 그랬듯이 오늘날에도 받아들이기가 쉽지 않습니다.

오늘의 묵상

성경의 근본 가르침에서 벗어난, 소위 영성 관련 책이나 교사에게 영향을 받은 적이 있습니까? 위험하다는 느낌을 받았습니까?

Love One Another

자녀들아
우리가 말과 혀로만 사랑하지 말고
행함과 진실함으로 하자
(요일 3:18).

서로 사랑하라 / 요일 3:1-24 /

제2차 세계대전 직후, 명석한 그리스도인 사색가 C. S. 루이스는 라디오 프로그램에서 신앙에 대한 자신의 믿음을 주제로 방송한 적이 있습니다. 후에 그 내용은 《순전한 기독교》라는 책으로 출간되었습니다. 그는 기독교 신앙의 가장 기초적이고 본질적인 핵심을 다루었습니다. 그러나 그 얇은 책조차 이 서신서의 기자인 사도 요한에게는 길고 복잡하게 보였을 것입니다. 요한은 가장 정제된 형태로 복음을 전하기 위해 어느 신약의 기자보다 간결한 표현을 쓰고 있습니다. 요한 서신서 3권을 다 합쳐도 헬라어 단어 300개 정도밖에 되지 않습니다.

제롬이라는 초기 그리스도인 작가는 요한을 에베소 교회에 실려 온 아주 늙은 노인이라고 언급하며 그에 관해 이야기합니다. 사람들이 유명한 사도에게서 메시지를 듣고자 몰려들었습니다. 그러나 사도 요한은 다만

"나의 자녀들이여, 서로 사랑하라"는 말만 반복했습니다. 왜 그러시냐고 묻자, 그가 대답했습니다. "주님의 명령이기 때문이오. 그 명령을 실천한다면 그것으로 충분하오."

하나의 목적에 집중하는 그런 태도가 요한 서신서에서 빛을 발합니다. 오늘 본문은 하나님이 우리에게 사랑을 무한히 베푸셨다는 것에 대한 놀라움과 감탄으로 시작합니다. 우리는 하나님의 자녀입니다! 그런데 요한은 너무도 명백한 질문을 합니다. 하나님의 자녀라면, 왜 그렇게 행동하는가? 좋은 부모의 자녀들은 자연히 부모를 닮으려고 애쓰지 않겠는가?

요한은 마지막까지 살아남았던 사도입니다. 그는 1세기 말까지 살았고 이 서신을 썼을 때는 80대였을 것입니다. 이미 그노시스파와 같은 엘리트 이단들이 교회 안에 싹트기 시작했고, 그리스도인들은 신학과 윤리에 관한 비밀스런 문제들을 뜨겁게 논쟁하고 있습니다. 요한은 손사래를 치며 이들을 말립니다. 그에게 있어 신앙의 증거는 너무도 명백합니다. "누가 이 세상의 재물을 가지고 형제의 궁핍함을 보고도 도와줄 마음을 닫으면 하나님의 사랑이 어찌 그 속에 거하겠느냐?"(17절) 그의 말씀은 산상수훈처럼 정곡을 찌릅니다. 하나님을 사랑하는 사람은 그렇게 행동합니다. 그렇게 간단한 문제입니다.

오늘의 묵상

당신의 생활신조를 한 마디로 말한다면 무엇이라고 하겠습니까?

God's Love and Ours

사랑하는 자들아 우리가 서로 사랑하자.
사랑은 하나님께 속한 것이니 사랑하는 자마다
하나님으로부터 나서 하나님을 알고
(요일 4:7).

하나님의 사랑, 우리의 사랑 / 요일 4:1-21 /

오늘 본문을 시작하는 요한의 경고는 그 당시만큼이나 오늘날에도 잘 적용됩니다. 초대교회는 각양각색의 영적 목소리에 노출되어 있습니다. 그 가운데는 재미있고 도움이 되며 신뢰할 만한 내용이 있습니다. 그러나 그리스도인들은 영적으로 보이는 가르침들이 전부 하나님으로부터 온 것은 아니라는 점을 명심해야 합니다. 예수 그리스도를 하나님의 아들이라고 인정하지 않는 사람들은 하나님의 영으로 감동받은 교사가 아닙니다.

존경받는 성서학자 프랭크 게블라인은 말합니다. "모든 진리는 하나님의 진리입니다." 진리는 하나님에게 헌신하지 않는 사람들에게도 명백히 드러나야 한다고 지적합니다. 그러나 우리는 유의해야 합니다. 거짓 교사들이 하나님의 진리임을 표방하면서 거짓을 섞어서 전할 수 있기 때문입니다. 요한은 그리스도인들이 성숙한 태도로 하나님의 것과 아닌 것을 분별해야 한다고 강조합니다.

이제 요한은 자신이 가장 선호하는 주제인 사랑으로 돌아가서, 우리를 향한 하나님의 사랑의 두 가지 측면을 강조합니다. 하나님에 대한 우리의 사랑에 앞서서 하나님의 사랑이 먼저 다가왔다는 것과 그 사랑 안에는 두려움이 없다는 것입니다. 하나님과 다른 사람들에 대한 우리의 사랑은 우리를 향한 하나님의 원초적이고 영원히 지속되는 사랑의 그림자입니다. 사랑함에 있어 문제가 있다면, 우리를 위한 하나님의 사랑을 제대로 알지 못한 것입니다. 그리고 하나님의 사랑을 있는 그대로 볼 때, 두려움은 사라집니다. 두려움은 사랑과 공존하지 못합니다.

오늘의 묵상

어떤 사람에 대해서 혹은 어떤 사람으로부터 두려움이 동반된 사랑을 경험한 적이 있습니까?

Faith in the Son of God

하나님의 아들을 믿는 자는 자기 안에 증거가 있고
하나님을 믿지 아니하는 자는
하나님을 거짓말하는 자로 만드나니
(요일 5:10).

하나님의 아들을 믿는 믿음 / 요일 5:1-15 /

요한은 사랑에 대하여 논하면서 편지를 마칩니다. 우리를 향한 하나님의 사랑을 안다면, 우리는 역으로 하나님과 그 아들 예수님을 사랑하게 됩니다. 이 사랑으로 인해 하나님의 명령을 따르고 우리에게 하시는 말씀을 신뢰합니다. 사랑이 성장하는 가운데 하나님을 기쁘시게 하기를 원하며 하나님의 뜻을 따르는 것이 짐으로 느껴지지 않습니다. 완벽하게 순종할 수는 없을 것입니다. 그러나 조금이라도 부담을 느낀다면, 그것은 우리 자신에게서 온 것이거나 하나님에 대한 대적의 원천으로부터 온 것입니다.

그리스도인은 이 세상을 이긴다고 요한이 선포합니다. 예수님이 우리를 위해 승리하셨습니다. 하나님이신 예수님이 육신으로 죽으셨고 부활하셨습니다. 요한이 살던 시대의 어느 유명한 선생이 그리스도에 대해 가르치기를, 본질적으로 인간이시고 짧은 기간 동안 신성을 가지셨으며 십자가 처형 전에 자기를 떠나셨다고 했습니다. 요한은 이 주장을 반박하면서, 예수님은 '성령과 물과 피'로써 완전한 하나님이심이 증명되었다고 강조합니다.

하나님의 사랑과 우리에게 약속하신 승리가 우리의 기도로 명백해질 것입니다. 하나님의 뜻을 따르려고 노력할 때 하나님이 도와주십니다. 우리의 필요를 채워주시고 우리에게 담대함을 주시면서 기도에 응답하십니다. 기도에 응답하시지 않는 것처럼 느껴질 때는 우리가 구하는 것이 하나님의 뜻에 합당한지 숙고해봐야 합니다. 신실한 사랑의 하나님이 약속을 어기실 리 없습니다. 하나님은 우리가 스스로 고집하지만 않는다면 우리를 위해 예비하신 가장 선한 것에서 벗어나 헤매도록 내버려두지 않으십니다.

오늘의 묵상

오늘은 무엇을 위해 기도합니까?
당신이 바라는 바를, 그리고 당신의 기도까지도 하나님의 뜻에 따라 이끌어주시기를 간구하십시오.

When to be Hospitable

누구든지 이 교훈을 가지지 않고
너희에게 나아가거든
그를 집에 들이지도 말고 인사도 하지 말라
(요이 1:10).

손님을 들일 때 / 요이 1:1-13; 요삼 1:1-14 /

사도 바울과 같은 전도자들이 세운 초대교회들은 주로 가정집에서 모였습니다. 나중에 바울은 디모데나 디도와 같은 사자들을 보내어 교회마다 순회 설교하러 다니는 사도들과 동행하게 합니다. 교인들은 전도여행을 하는 선생들을 자기 집에서 대접하기 시작합니다. 위험하기로 악명 높은 로마 여관에 묵지 않게 하기 위해서입니다.

그러나 머지않아 거짓 교사들이 그대로 따라 합니다. 그들은 복음을 왜곡하고 혼란과 불화를 조장합니다. 곧 종교적 협박꾼들이 등장하여 공짜 숙식을 요구합니다. 사이비 전도자들이 자꾸 생겨나는 문제를 어떻게 할 것인가 하는 문제가 대두됩니다. 그리스도인들은 그들에게도 후한 대접을 해줘야 합니까? 요한이서와 요한삼서는 바로 이 문제를 다루고 있습니다.

이 두 서신은 함께 읽는 것이 가장 좋은데, 신생 교회가 직면하는 문제의 두 측면을 각각 다루고 있기 때문입니다. 요한이서는 방문자들의 메시지와 의도를 신중하게 분별하라고 당부합니다. 그리스도에 관한 진리를 가르치지 않는 거짓 교사들을 대접하지 말라고 경고합니다. 사랑의 사도라는 별명이 잘 어울리는 요한은 경고의 내용을 담은 이 서신에서도, "서로 사랑하라"는 자신의 좌우명을 반복합니다.

반면 요한삼서는 진정한 그리스도교 교사들을 환대하였던 가이오라는 사람을 칭찬합니다. 가이오가 속한 교회는 외부에서 온 방문자들을 배척하기로 소문난 독재자가 지배하고 있습니다.

아주 간결한 형태의 이 두 서신은 이단과 교회 분열의 문제를 다루고 있습니다. 이 두 가지 문제는 어느 시대, 어느 곳을 막론하고 교회를 힘들게 해왔습니다. 그런 위험에 대비하기 위해 요한은 사랑과 신중함이 필요하다고 강조합니다. 그리스도인들은 누구를 받아들이고 지지해야 할지, 누구를 거부해야 할지 분별할 수 있어야 합니다.

오늘의 묵상

거짓 교사나 종교 사기꾼과 마주친 경험이 있습니까?

The Song of the Bible / 깊이 생각하기 /

성경의 노래

사랑을 다룬 요한의 서신을 성경의 끝부분에 배치한 것은 적절한 것 같습니다. 성경은 창세기 첫 페이지에서부터 인류에 대한 하나님의 사랑과 우리가 하나님을 사랑하고 또 서로 사랑하기를 바라시는 마음에 관한 긴 이야기를 들려줍니다. 그 이야기 초반에서 모세와 이스라엘 백성들이 노래했습니다. "주의 인자하심으로 주께서 구속하신 백성을 인도하시되 주의 힘으로 그들을 주의 거룩한 처소에 들어가게 하시나이다"(출 15:13). 그들이 부른 노래는 성경 전체를 요약한 노래입니다. 창조부터 영원까지 하나님이 그의 백성을 이끄시고 구속하셔서 마침내 그들의 진짜 집으로 데려가십니다.

모세와 이스라엘 백성과는 달리 하나님은 앞으로 무슨 일이 있을지 잘 알고 계셨습니다. 하나님이 모세에게 자신을 설명하십니다. "여호와라.

여호와라. 자비롭고 은혜롭고 노하기를 더디하고 인자와 진실이 많은 하나님이라. 인자를 천대까지 베풀며 악과 과실과 죄를 용서하리라. 그러나 벌을 면제하지는 아니하고 아버지의 악행을 자손 삼사 대까지 보응하리라"(출 34:6-7). 앞으로 수백 년을 백성들 대부분이 하나님을 위해서보다는 자신들을 위해서 살며 불순종할 것이고, 하나님은 창조하신 그들에 대해 사랑을 잃지 않으시며 끊임없이 용서하시게 됩니다.

이스라엘 백성들은 모세와 함께 광야에서 자신들의 눈으로 온갖 기적을 보았음에도 불구하고 여러 차례 불순종했습니다. 나중에 다윗은 그의 생명을 구하시고 왕으로 만드신 하나님의 순결한 손길을 거역하며 살인과 간음을 저질렀습니다. 세상의 모든 지혜를 가진 솔로몬도 하나님을 사모하기보다 재물과 여자들에 빠져 생을 마쳤습니다. 이스라엘이 두 왕국으로 갈리고 나서 두 나라 모두 이방신들과 물질의 유혹을 이기지 못했습니다. 하나님은 호세아를 통하여 길을 잃고 헤매는 자녀들에 대한 탄식과 사랑을 표현하셨습니다. 결국 그들은 하나님께 돌아왔으나, 방황하는 모습은 그리스도가 오실 때까지 계속되었습니다.

마침내 하나님의 아들이 죄와 징계로 이어지는 악순환의 고리를 끊고자 이 땅에 오셨습니다. 사랑의 삶을 사셨고 죄의 세력을 멸하시려고 죽으심으로써 하나님이 그렇게도 사랑하시는 자녀들을 구속하셨습니다. 그리스도는 성령을 통해 그리스도인들 안에 사시기 위해 부활하셨습니다.

그리스도를 따르는 사람들에게 가르침을 주는 여러 편지들을 살펴보았습니다. 이제 사도 요한은 다시 사랑이라는 주제로 돌아갑니다. "하나님이 우리를 사랑하시는 사랑을 우리가 알고 믿었노니 하나님은 사랑이시라. … 사랑 안에 두려움이 없고 온전한 사랑이 두려움을 내쫓나니"(요일 4:16, 18). 그는 사랑과 두려움이 인간의 삶에 있어서 가장 큰 영적 요인인 것을 잘 알고 있었습니다. 이 두 요인이 구약 시대 여러 사람들의 삶을 이끌었고, 오늘날도 하나님과의 관계에 있어 인류가 취하는 변덕스런 태도의 뿌리입니다. 두려움은 불순종을 야기합니다. 그러나 하나님의 사랑은 두려움을 정복하는 능력이 있습니다.

작가이자 학자인 헨리 나우웬은 모든 사람이 두려움의 집 아니면 사랑의 집에서 산다고 했습니다. 그가 설명합니다. "온전한 사랑이 두려움을 내쫓는다는 사도 요한의 말은 그 사랑이 하나님께로부터 오는 거룩한 사랑이라는 뜻이다. … 그러므로 가정이요 친밀한 장소이며 진정으로 우리가 속해야 할 곳은 인간의 손으로 만든 곳이 아니다. 그곳은 하나님이 우리를 위해 꾸며놓으신 곳이다. 우리 가운데 장막을 치셨고 우리를 초대하셨으며 그의 집에 우리를 위한 처소를 마련하시려고 이 땅에 오신 하나님이 만드신 곳이다."

우리를 향한 하나님의 사랑에 의지하면 됩니다. 하나님은 우리가 그의 사랑 안에 살고 그곳을 집으로 삼아서 그 사랑의 평안함으로 다른 사람들과 어울리기를 간절히 원하십니다. 우리를 인도할 성경이 우리에게 있습니다. 성경은 사랑의 집과 두려움의 집에서의 삶을 산 사람들에 관해 말씀하시는 하나님의 이야기책입니다. 선택은 우리에게 달려 있습니다. 흔들릴 때마다 성경을 펼쳐서 노래에 귀를 기울입시다. 사랑의 노래, 수천 년 전 이스라엘 사람들이 들었던 노래, 우리를 진정한 집으로 부르는 노래를 들어봅시다.

오늘의 묵상

행동을 결정하는 주된 요인이 두려움입니까, 사랑입니까?
하나님과의 관계를 채우고 있는 것이 두려움입니까, 사랑입니까?
두려움의 집에서 나와 사랑의 집으로 옮겨 갈 수 있도록 인도해달라고 간구하십시오.
성경 전체를 통하여 당신에게 주신 메시지에 확신을 갖도록 기도하십시오.

One Like a Son of Man

촛대 사이에 인자 같은 이가
발에 끌리는 옷을 입고
가슴에 금띠를 띠고
(계 1:13).

인자 같은 이 / 계 1:1-20 /

요한계시록이 없는 성경을 상상해봅니다. 구약시대 이후에 네 복음서가 나왔고 사도행전을 통하여 모험적 선교 사역이 소개됩니다. 서신서가 그 뒤를 잇습니다. 여기까지는 다 좋습니다. 그러나 한 가지가 빠졌습니다. 역사는 이제 어디로 진행될 것인가? 어디서 끝나겠는가?

예수님의 제자들은 모두 유대인입니다. 불의와 부정을 뒤엎고 화평과 사랑과 정의가 충만한 새로운 왕국으로 인도할 메시아에 대해 배우며 자랐습니다. 두 강도 사이에서 십자가 처형을 당한 예수님 앞에서 그들의 꿈과 희망이 사라졌습니다. 그러나 며칠 후 부활하신 예수님을 만나고 나서 그 소망이 되살아납니다. "주께서 이스라엘 나라를 회복하심이 이 때니이까"(행 1:6). 이 물음은 예수님이 승천하시기 직전 그들이 던진 마지막 질문이었습니다.

선지자들이 예언했던 평화와 정의의 나라가 예수님의 승천 이후 몇 년 안에 오리라는 믿음을 버리지 못했을 것입니다. 근대에 들어와서 우리는 두 번의 세계대전과 수많은 전쟁들, 두 차례의 핵폭탄 공격, 유대인 대학살, 구소련의 수용소 군도, 그리고 반쯤 미친 독재자들에 의해 자행된 수많은 학살 사건들을 겪었습니다. 선지자 이사야의 예언대로 칼이 보습으로 만들어지고 사자와 송아지가 함께 누울 그때는 언제입니까?

요한계시록은 두 마디로 메시지를 전합니다. "그냥 기다려라." 하나님은 이 땅에 대한 볼일이 아직 끝나지 않으셨습니다. 성경은 하나님의 명예를 걸고 이 땅이 본래의 온전한 상태로 회복되리라고 천명합니다. 그 일이 일어날 때 비로소 역사가 제 궤도를 달릴 것입니다.

이 책의 서두를 보면, 사도 요한은 지금 노동 착취를 당하는 식민지 밧모섬에 유배되어 있습니다. 그런 냉혹한 현실에서 그는 선지자 에스겔과 다니엘이 경험한 것과 놀라울 정도로 흡사한 환상을 봅니다. 요한이 본 환상의 자세한 내용을 정확하게 이해한다고 확신할 수 있는 사람은 아무도 없습니다. 그러나 첫 장은 왜 그런 환상이 보였는지 설명해줍니다. 요한이 예수님의 새로운 모습을 기술합니다.

맞습니다. 예수님은 말구유에 뉘인 아기였고, 선한 목자시며, 사도들의 선생이자 인류의 모범이시고, 십자가에서 돌아가신 하나님의 아들입니다. 그러나 다른 모습도 갖고 계십니다. 눈부시게 빛나는 초자연적 존재로 나타나셔서 요한을 땅에 엎드려 숨죽이게 했던 분입니다. 예수님은 인류가 망가뜨린 모든 것을 재창조하고 새롭게 하기 위해 다시 오실 이 세상의 창조주입니다.

오늘의 묵상

당신이 상상하는 예수님의 이미지 속에는 오늘 본문에 나온 모습이 포함되어 있습니까?

To the Churches in Ephesus, Smyrna, Pergamum, and Thyatira

그러나 너를 책망할 것이 있나니 너의 처음 사랑을 버렸느니라.
그러므로 어디서 떨어졌는지를 생각하고 회개하여 처음 행위를 가지라
(계 2:4-5).

에베소, 서머나, 버가모, 두아디라 교회 / 계 2:1-29 /

오늘 본문에 나오는 편지와 그 뒤에 이어지는 내용들은 초대교회 일곱 곳에 보내는 그리스도의 말씀입니다. 편지가 전해지는 지리적 순서를 보면, 항구 도시 에베소에서 시작하여 에게 해를 따라 북쪽으로 올라가다가 나머지 네 도시를 향해 남동쪽으로 내려오는 길을 따릅니다. 예수님은 요한이 살던 당시의 교회를 향해 말씀하셨고 그들이 가진 문제들을 언급하셨지만, 그 말씀은 미래에 속한 교회와 개개인에게도 적용됩니다. 신약의 서신서에 나오는 하나님의 말씀은 시대를 초월하여 모든 그리스도인들에게 해당됩니다.

그리스도는 에베소 교인들의 노력, 인내, 악한 자들에 대한 증오를 칭찬하십니다. 하지만 그들이 가장 중요한 것을 잊었다고 경고하십니다. 에베소 교회의 2세대 교인들은 겉으로는 신앙인처럼 살고 있으나 중심에는 그

리스도에게 헌신하는 마음이 없습니다. 첫사랑, 곧 예수님에게로 돌아올 것을 탄원하십니다.

서머나 교인들은 극심한 박해와 가난으로 고생하고 있습니다. 고난은 그들의 순수한 믿음을 지켜주었습니다. 예수님은 그들을 책망하지 않으시고 오히려 그들이 소유한 진정한 부를 간직하며 끝까지 믿음을 잃지 말라고 격려하십니다.

부자 도시 버가모 교회 주변에서는 이교도들이 그리스의 신들을 섬기고 있었습니다. 버가모에는 신실한 교인들도 살고 있으나, 일부 신자들은 적당히 타협하며 도시의 분위기를 따라갑니다. 그들은 이교도의 생활방식을 좇았고, 세상의 기준에 따라 교리를 변질시켰습니다. 교회가 타락하고 있습니다. 예수님께서 회개를 촉구하십니다.

두아디라의 교인들도 비슷한 문제에 직면해 있습니다. 사랑, 믿음, 봉사, 인내 등을 칭찬받지만, 그들로 하여금 행음하게 하고 우상의 제물을 먹게 한 여선지자 이세벨을 용납한 것에 대해 책망을 듣습니다. 이런 태도는 더욱 심한 고통의 대가를 치를 것입니다. 이세벨에게 미혹되지 않은 교인들에게 예수님은 다시 오실 때까지 인내하라고 격려하십니다.

오늘의 묵상

오늘 본문에서 읽은 예수님의 책망 가운데 가장 마음에 찔리는 것이 있다면 무엇입니까?
어떤 격려의 말씀이 당신에게 해당됩니까?

To the Churches in Sardis, Philadelphia, and Laodicea

네가 말하기를 나는 부자라 부요하여 부족한 것이 없다 하나
네 곤고한 것과 가련한 것과 가난한 것과 눈 먼 것과 벌거벗은 것을
알지 못하는도다
(계 3:17).

사데, 빌라델비아, 라오디게아 교회 / 계 3:1-21 /

오늘 본문에는 나머지 세 교회에 보내는 편지가 나옵니다. 그리스도는 사데 교회가 살아 있기는 하지만 실상은 죽은 것이라고 신랄하게 비판하십니다. 그 당시 사데는 주요 무역로에 위치한 부유한 도시였습니다. 우상숭배의 중심지인 그곳에도 교회가 있습니다. 일부 학자들은 이 편지가 세련된 건물과 수많은 교인들을 자랑하지만 정작 그리스도의 참생명의 증거는 부족한 오늘날의 교회에 적용된다고 말합니다.

빌라델비아 교회의 신실한 교인들은 참을성과 인내심을 칭찬받습니다. 기독교 신앙에 반대하는 유대인들이 그들을 핍박하지만, 언젠가 핍박하는 자들은 땅에 엎드러지며 그리스도와 그리스도의 사랑을 알게 될 것입니다.

라오디게아 교회에는 예수님의 가장 혹독한 책망이 주어집니다. 번창하

고 있는 이 도시의 교인들은 부유한 환경에 만족하며 자신들의 영적 빈곤에는 눈이 멀어 있습니다. 뜨겁거나 차가운 음료 외에 미지근한 것은 마시지 않는 그 당시의 관습에 비추어서 예수님은 생생한 메시지를 주십니다. 그들의 신앙은 미지근하여 예수님의 눈에 흡족하지 않습니다. 라오디게아가 번성한 이유는 양모 산업 때문입니다. 그 도시는 검은 양털로 만든 검정 옷으로 유명합니다. 그러나 그곳 사람들은 그릇된 생산품에 자부심을 가지고 있습니다. 그들에게 정작 필요한 것은 하나님과의 올바른 관계를 상징하는 흰 옷입니다. 마찬가지로, 라오디게아의 의술은 눈병에 대한 특별한 안약을 처방하지만, 사람들의 눈병을 제대로 고칠 수 있는 것은 영적 안목입니다.

하나님나라의 부요함에 눈 먼 사람들은 모두 눈을 뜨고 회개해야 합니다. 예수님께서 사랑의 마음으로 라오디게아와 오늘날의 신앙인들을 책망하십니다. 하나님의 백성인 우리들이 우리 자신의 시각이 아니라 하나님의 시각으로 세상을 바라보고 하나님과의 풍성한 관계를 누리며 동행할 것을 간절히 원하십니다.

오늘의 묵상

자신의 영적 빈곤을 처음으로 의식했던 때가 언제입니까?
하나님의 시각을 얻기 이전에는 눈의 초점이 어디에 맞춰져 있었습니까?

The Woman and the Dragon

용이 자기가 땅으로 내쫓긴 것을 보고
남자를 낳은 여자를
박해하는지라
(계 12:13).

여자와 용 / 계 12:1-17 /

이 본문에서 요한은 기상천외하고 우주적인 상징을 사용합니다. 임신한 여자가 태양을 옷 입었습니다. 머리가 일곱 개 달린 붉은 용이 거대한 꼬리로 하늘별의 3분의 1을 쓸어버립니다. 여자가 광야로 도망가고 하늘에는 전쟁이 벌어집니다. 요한계시록의 내용에 대해서 해석이 분분하기는 하나, 대부분의 사람들이 12장은 예수님의 탄생과 그 탄생이 우주에 미치는 영향과 관계가 있다고 추측합니다. 아기가 태어나자 온 우주가 무서워 떨었습니다. 어떤 의미에서 요한계시록 12장은 우주적 관점에서 성탄절을 묘사하고 있습니다. 말구유와 목자, 그리고 헤롯의 대학살 등 익숙한 장면에 새로운 이미지가 첨가됩니다. 지상에서 눈에 보이는 것들의 표면에는 잔물결이 일었습니다. 그러나 이면에서는 대혼란이 우주의 기초를 뒤흔들고 있었습니다. 헤롯 왕이 팔레스타인 지역의 모든 남자 아기들을 죽이려고 할 때도, 배후에서는 우주적 세력들 간에 전쟁이 벌어지고 있었습니다. 하나님의 관점에서, 그리고 사탄의 관점에서 성탄절은 단순한 아기 탄생 이상의 엄청난 의미를 지닙니다. 우주의 질서를 위한 개입이자 승리를 위한 결정적 진보였습니다. 요한계시록은 이 전쟁을 선의 세력과 무시무시한 용의 싸움으로 묘사합니다.

성탄절의 진정한 의미는 무엇일까요? 마태복음이나 누가복음에 나타난 모습일까요, 아니면 요한계시록에 나타난 모습일까요? 그들은 다만 관점이 다를 뿐 모두 같은 그림입니다. 12장에 나오는 그리스도의 탄생에 관한 묘사는 요한계시록 전체의 특징을 나타냅니다. 요한은 보이는 것과 보이지 않는 것을 뒤섞어 설명합니다. 일상의 삶에도 두 개의 역사가 동시에 진행되고 있습니다. 지상의 역사와 천상의 역사입니다. 요한계시록은 그 사이에 가로놓인 장막을 들추어서 두 역사를 동시에 보게 합니다. 우리가 선과 악 사이에서 결정하는 매일의 선택이 우리 눈에 보이지 않는 초자연적 우주에 영향을 미치고 있다는 놓칠 수 없는 메시지를 배웁니다.

요한계시록은 극단적으로 대조되는 이미지를 통하여 역사를 설명합니다. 선과 악, 양과 용, 예루살렘과 바벨론, 신부와 음녀 등입니다. 그러나 우리가 제한적으로 보는 세상이 어떠한가와는 상관없이 하나님이 온 우주 역사를 강력하게 주관하신다고 요한계시록은 주장합니다. 궁극적으로는 독재자들조차 하나님의 계획을 성취하는 일부가 될 것입니다. 본디오 빌라도와 로마 군인들이 그 진리를 입증했습니다. 그들은 예수님을 십자가 처형으로 제거했다고 생각했습니다. 그러나 그들의 행위로 세상의 구원이 이루어졌습니다.

오늘의 묵상

영적 전투를 경험해본 적이 있습니까?

The New Jerusalem; The River of Life

다시는 사망이 없고 애통하는 것이나 곡하는 것이나
아픈 것이 다시 있지 아니하리니
처음 것들이 다 지나갔음이러라
(계 21:4).

새 예루살렘과 생명의 강 / 계 21:1-22:5 /

성경은 시작한 곳에서 끝을 맺도록 구성돼 있습니다. 하나님과 인간 사이의 끊어진 관계가 마침내 회복되고 창세기 3장의 저주가 제거됩니다. 요한계시록은 에덴의 이미지를 빌려와 강과 생명나무를 묘사합니다. 하지만 이번에는 거대한 도성이 동산을 대신합니다. 하나님을 경배하는 자들로 가득 찬 도성입니다. 어떤 것도 그 도성을 더럽히지 못합니다. 죽음도 슬픔도 그 장면을 어둡게 할 수 없습니다. 애통함도 괴로움도 없습니다. 마침내 에덴 이후 처음으로 세상의 모습이 하나님이 원하시는 바와 일치합니다.

요한은 모든 유대인들의 꿈이 성취된 곳이 천국이라고 보았습니다. 벽옥과 황금으로 장식한 예루살렘 회복에 대한 꿈입니다. 오늘날 제3세계 망명자의 경우에는 가족의 재결합과 식량과 깨끗한 물이 풍부한 집이 천국이 될 것입니다. 천국은 모든 진정한 소망의 성취를 의미합니다. C. S. 루이스의 말에 따르면, 지구상의 모든 아름다움과 기쁨은 "우리가 발견하지 못한 꽃의 향기요, 우리가 듣지 못한 음악의 메아리이며, 우리가 한 번도 가보지 못한 나라의 새 소식입니다."

요한계시록은 우리의 소망이 단순히 환상이 아니라고 약속합니다. 반드시 실현될 것입니다. 새 하늘과 새 땅에서 깨어날 때, 우리가 꿈꾸던 것을 마침내 갖게 될 것입니다. 책의 서두를 장식했던 모든 나쁜 소식들로부터 엄청난 좋은 소식, 놀라운 복음이 들려옵니다. 결국은 해피엔딩입니다.

성경에 의하면 천국은 추가로 덧붙여진 것이거나 선택 사항이 아닙니다. 천국은 마침내 모든 피조물을 의롭다고 하시는 하나님의 마지막 선언입니다. 성경은 인간의 비극이나 절망을 결코 하찮게 보지 않습니다. 이보다 더 고통스러울 정도로 솔직한 책이 어디 있습니까? 그러나 성경은 한 가지 열쇠를 쥐어줍니다. 모든 것이 일시적이라는 것입니다. 현재의 느낌이 미래에도 지속되지는 않을 것입니다. 새 창조의 때가 옵니다.

파괴된 가정, 경제적 고통, 두려움 등으로 괴로워하는 모든 사람들에게 그리고 우리 모두에게 천국은 장차 올 때를 약속합니다. 이 땅에서 보내는 시간보다 훨씬 길고, 건강과 기쁨과 평화의 시간보다 훨씬 풍성한 미래입니다. 성경은 창세기를 그 약속으로 시작했습니다. 이제 똑같은 약속으로 끝을 맺습니다. 종말은 새로운 시작이 될 것입니다.

오늘의 묵상

새롭게 창조될 세상에서 소망하는 것은 무엇입니까?

Confidence in the Future / 깊이 생각하기 /

미래에 대한 확신

그리스도인이면서도 여러 해 동안 요한계시록을 피했습니다. 우선 이해하기 어려웠고, 더 큰 문제는 두려웠기 때문입니다. 요한계시록에 대한 수많은 해석을 읽어보았으나, 전부 적그리스도는 어떤 사람인가, 그리스도인들은 숫자 표식을 어떻게 새겨넣어야 하는가 등 상징적 표현에 대한 엉뚱한 해석뿐이었습니다. 어떻게 하면 그런 환상적인 책의 진리를 알 수 있을까요?

나는 성경의 다른 책들에 집중하면서 하나님의 직설적인 가르침을 붙잡고 내가 이해할 수 있는 것에 시간을 투자하기로 했습니다. 사색에만 잠기게 할 뿐이었습니다. 하나님의 열심을 발견하기보다는 두려움에 사로잡히게 하는 내용을 붙잡고 몸부림칠 이유가 무엇이겠습니까?

결국 글쓰기 작업의 일환으로 요한계시록을 공부하게 되었을 때, 예기치 않게 나의 관점이 바뀌었습니다. 의문은 그대로 남아 있었으나, 미래에 대한 시각이 전체적으로 새로워진 것을 느꼈습니다. 하나님은 현명하시며 동시에 사랑과 자비가 충만하십니다. 하나님의 권능이 다른 어떤 책을 공부할 때보다도 더 선명하게 느껴집니다. 예수님은 지상을 걸으셨던 하나님이시며, 동시에 그의 영으로 지금 우리 그리스도인들 속에 살아 계신 하나님이십니다. 다른 모든 세력을 강력한 힘과 권위로 영원히 다스리실 분이십니다. 요한계시록에 나타난 이미지들이 그 진리를 놀라울 만큼 현실적으로 그려줍니다. 이 미래가 그리스도인인 내 앞에 놓여 있으며, 그것을 아는 지식이 이 순간 내 삶의 모든 부분에 영향을 미칩니다.

신학자인 댈러스 윌라드는 천국과 영원에 대해 쓴 글에서 다음과 같이 말합니다. "존재함은 결코 멈추지 않을 것이다. 존재함을 멈추게 할 방법이 없다." 만일 이것이 사실이고 하나님이 정말로 이 세상 이후의 삶의 모든 것을 주관하신다면, 우리 관점은 즉각 바뀌어야 합니다. 지금의 삶은 우리가 상상조차 할 수 없는 미래의 맛보기이자 준비 과정입니다.

성경은 영원의 세계가 어떻게 다가올지에 대한 다채로운 환상과 다양한 설명 등을 제공할 뿐입니다. 지금 우리의 정신은 그 이상을 감당할 수 없습니다. 하지만 미래에 도래할 세계는 선명해질 것입니다. "우리가 죽음이라고 부르는 단계를 넘어갈 때는, 세상을 잃는 것이 아니고 처음으로 진짜 세상을 보게 된다. … 많은 사람들이 상상하듯이 영원의 안개 속으로 사라지거나 죽음의 창고에 들어가는 것이 아니다. 고립되거나 가사假死 상태로 존재하지도 않는다. 하나님은 우리를 그보다 훨씬 유용하게 쓰실 것이다." 잠이 드는 것이 아니라 꿈에서 깨어나는 느낌일 것 같습니다. 이 세상에서 하나님에 관해 배운 모든 것이 전혀 새로운 차원으로 바뀔 것입니다. 요한계시록에 등장하는 이미지처럼 생생하게, 그러나 혼란스럽거나 생소하지 않게 나타날 것입니다.

요한계시록은 성경의 출구에서 하나님이 흔드시는 깃발입니다. 우리에게 신나는 역사의 종말을 알려주는 깃발입니다. 이것을 놓치지 말라고 경고하십니다. 이것이 지금껏 우리가 기다려왔던 것이고, 요한계시록의 목적이며, 이 세상의 삶에 투자한 모든 것의 종착점입니다. 분명 요한계시록도 반드시 읽어야 할 책입니다. 이해하기를 거부할 수 없는 종말입니다.

이 세상에서 내 삶의 마지막이 어떻게 될지 나는 모릅니다. 고통스런 부르심을 받게 될지, 요한계시록이 보도하는 사건들의 전개를 보게 될지 알 수 없습니다. 어쩌면 이미 그 사건들의 일부를 보고 있는지도 모릅니다. 혹은 나의 자녀 세대에나, 아니면 몇 세대가 더 흐른 뒤 나타날 수도 있습니다. 하지만 내가 분명하게 알고 있는 것은 요한계시록이 나를 위한 책이라는 것입니다. 요한계시록이 없다면, 나를 붙들어주고 인도해줄 강력한 확신의 말씀 없이 허공에 매달린 느낌일 것입니다. 지금의 삶은 나에게 매우 중요합니다. 내가 영원의 세계로 가져갈 삶이기 때문입니다. 하나님이 놀랍고 경이로운 것을 마련해놓으셨습니다. 그러므로 하나님을 아는 사람들은 미래가 전혀 두렵지 않습니다.

오늘의 묵상

요한계시록에 대해 어떤 느낌을 가지고 있습니까? 미래가 두렵습니까?
요한계시록을 읽으며 깊이 묵상하십시오.
그리고 읽는 동안 하나님이 미래에 대한 하나님의 시각을 허락해주시기를 기도하십시오.
당신은 하나님께 속한 사람입니다. 그리고 하나님은 당신을 위해 근사한 것들을 준비해두셨습니다.

/ **참고문헌** /

Brennan Manning, *The Signature of Jesus*(Old Tappan, N.J.: Revell, 1988).

Brent Curtis and John Eldredge, *The Sacred Romance*(Nashville: Nelson, 1997), 《거룩한 로맨스》(포이에마).

Brother Lawrence, *The Practice of the Presence of God*(Destiny Image, 2007), 《하나님 임재 연습》(규장).

C. S. Lewis, *Reflections on the Psalms*(San Diego: Harcourt Brace Jovanovich, 1958), 《시편 사색》(홍성사).

C. S. Lewis, *The Problem of Pain*(New York: Macmillan, 1962), 《고통의 문제》(홍성사).

Catherine Marshall, *Meeting God at Every Turn*(New York: Bantam, 1980).

Catherine Marshall, *Something More*(Grand Rapids: Chosen, 1974).

Corrie ten Boom, *He Cares for You*(Grand Rapids: Revell, 1978).

Dallas Willard, *The Divine Conspiracy*(San Francisco: HarperCollins, 1998), 《하나님의 모략》(복있는사람).

Dietrich Bonhoeffer, *Life Together*(San Francisco: Harper & Row, 1954). 《신도의 공동생활》(대한기독교서회).

Elisa Morgan and Carol Kuykendall, *What Every Child Needs*(Grand Rapids: Zondervan, 1997).

Eugene Peterson, *A Long Obedience in the Same Direction*(Downers Grove, Ill.: IVP, 1980), 《제자도: 한 길 가는 순례자》, (IVP).

Frederick Buechner, *Peculiar Treasures*(San Francisco: Harper & Row, 1979).

Gary Smalley and John Trent, *Love Is a Decision*(Dallas: Word, 1989).

Hannah Whitall Smith, *The Christian's Secret of a Happy Life*(Old Tappan, N.J.: Revell, 1942).

Henri J. Nouwen, *Lifesigns*(New York: Doubleday, 1986).

J. B. Phillips, *Your God Is Too Small*(New York: Touchstone, Simon & Schuster, 1997).

J. I. Packer, *Keep in Step with the Spirit*(Old Tappan, N.J.: Revell, 1984), 《성령을 아는 지식》(홍성사).

Jim Cymbala and Dean Merrill, *Fresh Wind, Fresh Fire*(Grand Rapids: Zondervan, 1997). 《새 바람 강한 불길》(죠이선교회출판부).

John Maxwell, *Developing the Leader within You*(Nashville: Nelson, 1993).

John Muir, *The Wilderness World of John Muir*(Boston: Houghton Mifflin, 1982).

John Stott, *The Contemporary Christian*(Downers Grove, Ill.: IVP, 1992). 《현대를 사는 그리스도인》(IVP).

Larry Crabb, *Inside Out*(Colorado Springs: NavPress, 1988). 《영적 가면을 벗어라》(복있는사람).

Macrina Wiederkehr, *Seasons of Your Heart: Prayers and Reflections*(San Francisco: HarperSanFrancisco, 1991).

Mother Teresa, *A Simple Path*(New York: Ballantine, 1995), 《마더 테레사의 단순한 길》(사이).

Oswald Chambers, *My Utmost for His Highest*(New York: Dodd, Mead & Co., 1963), 《주님은 나의 최고봉》(토기장이).

Philip Yancey, *Church: Why Bother?*(Grand Rapids: Zondervan, 1998), 《교회, 나의 고민 나의 사랑》(IVP).

Philip Yancey, *Disappointment with God*(Grand Rapids: Zondervan, 1988), 《하나님, 당신께 실망했습니다》(좋은씨앗).

Philip Yancey, *The Jesus I Never Know*(Grand Rapids: Zondervan, 1995). 《내가 알지 못했던 예수》(요단).

Philip Yancey, *What's So Amazing About Gtace?*(Grand Rapids: Zondervan, 1997), 《놀라운 하나님의 은혜》(IVP).

Philip Yancey, *Where Is God When It Hurts?*(Grand Rapids: Zondervan, 1990), 《내가 고통당할 때 하나님 어디 계십니까》(생명의말씀사).

Ravi Zacharias, *Can Man Live without God?*(Dallas: Word, 1994), 《진리를 갈망하다》(프리셉트).

Richard E. Eby, *Caught Up into Paradise*(Grand Rapids: Revell, 1978).

Richard Forster, *Celebration of Discipline*(London: Hodder & Stoughton, 1978), 《영적 훈련과 성장》(생명의말씀사).

Richard J. Mouw, *Uncommon Decency*(Downers Grove, Ill.: IVP, 1992), 《무례한 기독교》(IVP).

Stephen R. Covey, *The Seven Habits of Highly Effective People*(New York: Simon &

Schuster, 1989), 《성공하는 사람들의 7가지 습관》(김영사).

Ted W. Engstrom, *The Pursuit of Excellence*(Grand Rapids: Zondervan, 1982).

Tom Sine, *Wild Hope*(Dallas: Word, 1991).

Tom Wolfe, *The Right Stuff*(New York: Farrar, Straus, Giroux, 1979).

Vernon Grounds, *Radical Commitment*(Portland, Ore.: Multnomah Press, 1984).